KB016934

불안을 먹는
사람들

ANXIOUS EATERS
by Janet Chrzan, Kima Cargill
Copyright © 2022 Columbia University Press
This Korean edition is a complete translation of the U.S. edition,
specially authorized by the original publisher, Columbia University Press.
All rights reserved.
Korean translation rights © 2024 Ruach
Korean translation rights are arranged with Columbia University Press
through AMO Agency, Seoul, Korea

이 책의 한국어판 저작권은 AMO에이전시를 통해 저작권자와 독점 계약한
루아크에 있습니다. 저작권법에 의해 한국 내에서 보호를 받는 저작물이므로
무단 전재와 무단 복제를 금합니다.

불안을 먹는 사람들

ANXIOUS
EATERS

재닛 츠르잔 • 키마 카길 지음

강경이 옮김

사람들은 왜 유행 식이요법에
빠져드는가

루아크

일러두기

— 단행본이나 논문집은《 》로, 신문, 잡지, 논문은〈 〉로 표기했다.
— 인명이나 책명, 잡지명, 논문명의 경우 본문에 처음 등장할 때만 원어를 병기했다.
— 국내에 번역 출간된 책은 한국어판 제목으로 표기했다.

감사의 말

"더할 나위 없이 충분합니다."

민속학자이자 저명한 교수, 스승이자 친구인 그리운 돈 요더Don Yoder 박사에게 이 책을 바친다. 요더 박사는 식사를 마친 뒤 이렇게 말하곤 했다. "감사합니다. 더할 나위 없이 충분합니다." 이 고풍스러운 표현은 펜실베이니아 퀘이커교도들에게서 유래했다. 충분히 먹고 난 뒤 더 달라고 하는 아이에게 욕심부리지 말라며 설득할 때 쓰는 표현이다 "케이크 한 조각을 더 먹겠다고? 아니야, 케이크는 더할 나위 없이 충분히 먹었어." 요더 박사는 이 말을 다르게 사용했다. 그에게 이 말은 충만하고 행복하다는 뜻이었다. 충분히 먹었고, 음식이 더 필요하지 않다는 말이었다. 이 책을 쓰는 동안 재닛의 머릿속에는 그 말이 계속 떠올랐다. 어쩌면 이 책의 씨앗이 된 질문들이 그 말에서부터 나왔을지 모른다. 충분히 갖는다는 것, 충분히 먹는다는 것은 무슨 뜻일까? 음식을 언제 그만 먹어야 하는지 어떻게 알 수 있을까? 거의 모든 유행 식이요법은 '인간은 그걸 할 수 없다'라고 가정한다. 식이요법의 가장 중요한 가정은 '자아는 아무리 먹어도 충분하다고 느끼지 않으므로 자아를 감시해야 한다'는 것이다. 엄격한 자기 통제와 자기 부정, 신비로운 규칙들이 없다면 몸은 지방으로 부어오를 테니 특별한 식이요법으로 규제해야 한다고 말이다. 하지만 그건 대체로 사실이 아니다. 요더 박사에게는 분명 사실이 아니었다. 그는 자신이 음식을 충분히 섭취한 시점이 언제인지 알았고, 거기에 감사할 줄 알았다. 그는 재닛에게 삶을 즐기고, 한계를 받아들이는 것에 대한 대단히 소중한 깨달음을 주었다. '더할 나위 없는 충분함'을 음미하고 감사하는 법을 알려주었다. 요더 박사에게 감사드린다.

감사해야 할 다른 사람도 많다. 그들의 도움이 없었다면 이 책은 존재하지 못했을 것이다. 가장 고마운 사람은 우리가 머릿속에서 끄적대고 있던 이 책을 쓰도록 제안하고, 오랜 구상과 여러 차례의 반복 작업을 거치는 동안 우리를 이끌고 안내해준 탁월한 편집장 제니퍼 크루Jennifer Crewe다. 인내심 있고 너그러운 그의 친절한 조언이 없었다면 이 책은 완성되지 못했을 것이다. 컬럼비아대학 출판사의 부편집장 셰니콰 라킨Sheniqua Larkin은 대단히 쾌활하게, 효율적이고 전문가다운 솜씨로 원고를 꼼꼼히 살펴주었다. 이 책의 편집자 수전 존Susan Zorn은 우리가 마음의 상처를 너무 많이 받지 않도록 배려하면서 어수선한 원고를 기록적인 시간 안에 정리해주었다. 동료검토자 네 사람은 귀중한 조언으로 우리의 가정과 실수를 교정하고, 우리의 추론을 강화하면서 책을 훨씬 더 훌륭하게 만들어주었다.

이 책은 많은 사람의 도움으로 나올 수 있었다. 헬렌 케이트 퍼니스 도서관Helen Kate Furness Library 관장 제니퍼 스톡Jennifer Stock은 어떤 식이요법 책이 도서관 이용자들에게 가장 인기 있는지 친절하게 통계를 뽑아주었다. 또 이 책을 위해 그 자료를 사용할 수 있도록 허락해준 델라웨어 카운티 도서관Delaware County Library 이사회에도 감사를 전한다. 오크몬트 농산물 직거래시장의 생산자들과 소비자들에게도 감사하다. 그들은 수백 시간에 걸친 대화와 조사, 면담에 참여해 음식에 대해 걱정하고 불안해한다는 것이 무엇을 뜻하는지 알려주었다. 몇해 동안 우리는 이 책에 실린 생각들을 학회와 세미나에서 발표했고, 패널 동료와 공동 연구자들 덕에 우리의 생각을 다듬고, 관점을 확장하고, 가정을 시험할 수 있었다. 지난 여러 해 동안 '음식과 사회 학회 Association for the Study of Food and Society, ASFS' 패널로 참여했던(그리고 날카롭고 지적으로 흥미로운 질문을 던졌던) 많은 회원과 리얀 채피Leighann Chaffee, 시에라 클라크Sierra Clark가 없었다면 우리는 이 책을 쓸 수 없었을 것이다.

워렌 벨라스코Warren Belasco와 파비오 패러세콜리Fabio Parasecoli, 캐롤 쿠니한Carole Counihan, 재키 리코타Jackie Ricotta, 켄 알발라Ken Albala, 레이첼 블랙Rachel Black, 에이미 벤틀리Amy Bentley, 스콧 앨베스 바튼Scott Alves Barton, 존 브렛John Brett, 레이 부시Leigh Bush, 미리엄 차이켄Miriam Chaiken, 샤를린 컴퍼Charlene Compher, 에밀리 콘토이스Emily Contois, 실라 크라이Sheila Crye, 존 도이치Jon Deutsch, 앨리스 줄리어Alice Julier, 앨런 램파트Ellen Lampert, 레슬리 수 리버맨Leslie Sue Lieberman, 마시 펠챗Marci

Pelchat, 글로리아 로드리게즈Gloria Rodriguez, 제이미 쉘러Jamie Schler, 크리스티 쉴즈Christy Shields, 로즈메리 트라우트Rosemary Trout, 윌리엄 워이스 위버William Woys Weaver에게 감사한다. 이들과 대화를 나누면서 얻은 깨달음이 유행 식이요법에 대한 우리의 생각을 형성했다. 또 신진 음식 학자를 따뜻하게 환영해주고 지도해준 '음식과 사회 학회'의 모든 회원에게도 고마움을 전한다. 마지막으로 에니드 블라이튼Enid Blyton 풍의《글루텐프리 대소동Five Go Gluten Free》이라는 기막힌 선물을 안겨주고, 음식과 인간을 주제로 매우 흥미로운 대화를 30년에 걸쳐 나눠준 영양인류학의 단짝 동료 엘리자베스 바든Elizabeth Barden에게 특별하고 끝없는 감사를 전한다.

차례

1장 우리는 왜 유행 식이요법을 사랑하는가 —— 41

미국인과 유행 식이요법 | 미국 예외주의와 음식 | 식이요법, 몸, 정체성, 그리고 시민성 | 음식 불안 | 계급과 소비주의 | 가난과 비만 | 종교로서의 유행 식이요법 | 유사과학 | 현대 문화로부터의 소외

2장 음식 배제 식이요법 —— 87

전형적인 '유행 식이요법' | 음식 배제 식이요법은 우리가 음식을 생각하는 방식에 어떻게 영향을 미치는가? | 가장 대중적인 음식 배제 식이요법은? | 음식 배제 식이요법은 왜 어려운가? | 적절한 식사란 무엇인가? 언어구조주의는 음식과 무슨 관계인가? | 총체적인 사회적 사실로서의 식사, 이상적 식사 모형을 포기하는 게 왜 그토록 힘든가? | 이상적인 식사 패턴이란 문화적이다 | 무엇이 '먹기에 좋은' 것인가? 그것은 당신의 식이요법과 어울리는가? | 친교 식사, '함께 먹기'를 뜻하는 근사한 말 | 왜 사교적인 사람은 유행 식이요법을 따르는 게 힘든가? | 음식 배제 식이요법은 효과가 있을까? | 그런데 식이요법자들은 정말 음식을 배제하고 있을까?

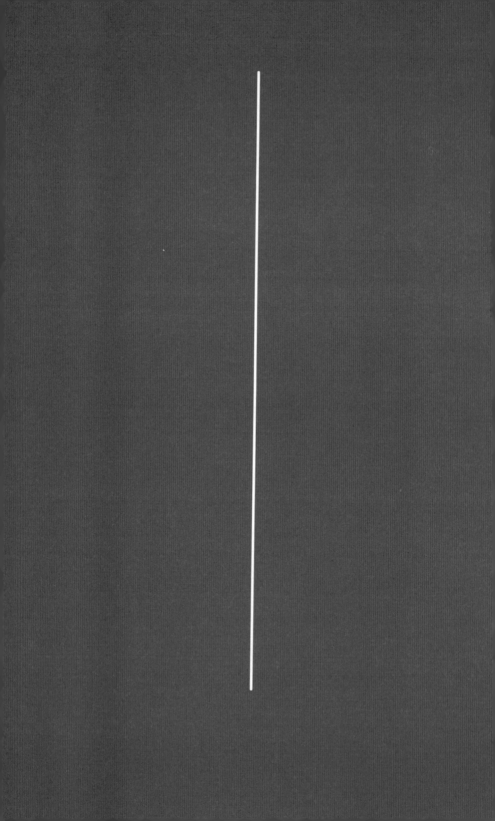

들어가는 말

어쩌면 다들 겪었을 일이다. 점심 약속으로 만난 친구가 살이 빠진 데다 기분이 무척 좋아 보인다. 메뉴판을 살피는 동안 친구는 자신이 특별한 식이요법을 시도하는 중이어서 먹을 수 없는 음식이 많다며 새로운 식이요법이 무엇인지 자세히 설명해준다. 당신은 귀가 솔깃해진다. 친구가 워낙 열성적일 뿐 아니라 건강해 보이니 '그 식이요법이 정말 효과가 있는 걸까?' 생각한다. 그러나 하루 중 특정 시기에 특정 음식을 먹어야 하고 다른 음식은 먹지 말아야 하는 식이요법이라니, 상당히 복잡하게 들린다. 이야기를 듣고 보니 친구는 아주 많은 음식을 피해야 하므로 먹을 수 있는 음식이 몇 가지 안 되는 듯했다. 특히 탄수화물, 지방, 과일, 유제품을 피해야 했다. 친구는 식이요법의 생물학적 근거와 인류 진화사와의 관계를 설명하면서 DNA에 좋은 음식만 먹는 식단이라고 말한다. 맑은 정신을 유지하고, 숙면을 취하고, 질병 없이 오래 살기 위해 더 오래되고 건강한 생활방식으로 돌아가는 중이라는 것이다. 그리고 그 식이요법을 따르면 모두 최선의 삶을 살 수 있다고 장담한다. 그 말을 한 뒤 친구는 버거를 주문하면서 빵과 소스, 치즈를 빼고, 감자튀김 대신 찐 브로콜리를 추가한다. 그리고 아이스버그 양상추에 랜치드레싱을 얹은 샐러드와 글루텐프리 초콜릿케이크를 시켜서 행복하게 먹는다. 그런데 당신은 그 식사가 친구가 방금 설명했던 식이요법을 따르는 것인지 다소 어리둥절해진다.

두 달 뒤 다시 만난 친구는 빠졌던 살이 다시 많이 찐 상태였다. 하지만 새로운 식이요법에 열광하고 있었다. 자신의 영양생리작용에 생체주기를 결합한 식이요법이라고 한다. 알고 보니 지난번 식이요법의 문제와 실패 원인은 '무엇을 먹느냐보다 그 음식을 언제, 어떤 음식과 같이 먹느냐가 중요하다'는 사실을 놓친 데 있다고 설명한다. 이제 친구는 올바른 길로 들어섰으니 다시 살찔 걱정 없이 평생 먹고 싶은 것을 아무 때나 먹을 수 있다고 말한다. 그는 글루텐프리 카르보나라 파스타에 베이컨을 추가로 더 넣어달라고 요청했고, 디저트로는 휘프드크림을 얹은 크렘브륄레(커스터드 크림 위에 단단한 캐러멜 토핑을 얹은 디저트-옮긴이)를 주문했다. 탄수화물이 든 음식은 점심에만 먹고, 일주일에 3일은 육류와 유제품을, 다른 날에는 채소와 콩, 탄수화물을 먹을 수 있다. 그러나 '글루텐Gluten'은 절대 먹지 않는다. 글루텐은 자연적으로 생긴 탄수화물이 아니라 새롭게 개량된 밀에서 나온 것인데다, 몸을 붓게 만들고 알레르기를 일으킨다는 것이다. 친구는 행복하고 확신에 차 보였지만 그의 점심 식사는 조금 이상했다. 어쨌든 당신은 햄버거와 감자튀김을 먹을 수 있다는 것이 행복했다. 그리고 밀을 비롯한 곡식에 든 단백질인 글루텐이 친구 말대로 어떻게 탄수화물로 변하는지 조금 궁금해진다. 우리가 쳐다보지 않을 때 슬며시 달라지는 걸까?

누구든 이처럼 새로운 식이요법에 열광하는 친구를 만난 적이 있을 것이다. 어쩌면 우리가 그런 친구였는지도 모른다. 다른 친구에게 듣거나, 인터넷 또는 잡지에서 보거나, 매력적인 연예인의 홍보를 듣고 새로운 식이요법을 선택한 적이 있을 것이다. 여러 식이요법은 대개 비슷한 약속을 한다. 체중 감량, 건강 증진, 수면의 질 개선, 집중력 강화, 인지능력 상승, 기분과 감정의 전반적 향상…. 달리 말해, 자기변신을 약속한다. 많은 식이요법은 건강에 좋지 않은 특정 음식이나 성분을 피하면 다양한 면에서 몸과 마음이 더 건강해질 것이라고 우리를 설득한다. 게다가 대체로 상당히 간단해 보인다. 적어도 처음에는 그렇다. 특정 음식을 먹지 않는 일은 그리 어렵지 않고, 요리하거나 음식을 고르는 선택지가 줄어드니 장을 보는 일도 훨씬 쉬워진다. 이들 식이요법은 몇 가지 '간단한' 규칙만 따르면 삶이 근본적으로 달라진다고 우리에게 약속한다.

이 책을 함께 쓴 우리 두 사람은 연구를 하고, 임상 현장에서 환자를 접하고, 일반 대중과 만나는 동안 전문가로서 이런 식이요법과 마주한 경험이 있다. 재닛 츠르잔은 영양인류학자Nutritional Anthropologist로 음식과 문화, 영양학, 영양의 진화를 비롯해 이와 연관된 주제를 가르친다. 사람들은 재닛의 직업을 알고 나면 '전문가'에게 평가와 인정을 받으려고 그들이 최근 시작한 식이요법에 대해 말하곤 한다. 재닛은 채소와 통과일 섭취를 늘리고, 학생들의 식사를 개선하며, 지역 농장과 향토 요리를 지원하는 프로젝트에도 참여했다. 그중에는 필라델피아 교외에 농산물 직거래시장을 만드는 활동도 있었다. 지역에서 생산한 식품과 신선한 채소를 지역사회에 더 많이 공급하고, 지역의 농업과 산업을 지원하기 위해 시장을 만들었고, 그 시장을 운영할 비영리 교육단체도 설립했다. 이 프로젝트의 명시적 목표는 '공동체 음식 교육'으로, 특히 지역 주민들이 건강에 좋은 음식을 선택하고 구할 수 있도록 돕자는 것이었다. 이 책에서 식이요법에 대한 재닛의 논평 가운데 많은 부분은 주로 농산물 직거래시장에서 영양 교육을 진행하며 사람들과 만나는 과정에서 나왔다.

2018년 여름, 재닛이 시장에서 어느 손님과 나눈 대화는 유행 식이요법에 대한 대화의 전형이었다. 세련된 말씨에 점잖아 보이는 손님은 유기농 농산물과 제빵제품에 대해 문의했다. 그는 평범한 음식에는 거부 반응이 있어서 유기농만 먹고, 알레르기 때문에 백밀가루와 백설탕은 피한다고 했다. 재닛은 어떤 거부 반응과 알레르기 증상을 겪는지 물었다. 손님은 오랫동안 특별한 이유 없이 몸이 좋지 않았다고 했다. 그러던 중 며느리가 어느 건강 전문가가 고안했다는 새로운 인기 식이요법에 대한 책을 추천했고, 그 책을 구해 무엇을 먹어야 할지 공부하기 시작했다. 식이요법 지도자인 저자는 인류의 진화 과정에 맞는 음식을 먹지 않은 탓에 그런 증상과 문제가 나타난다고 알기 쉽게 설명했다. 손님은 특히 빵이나 단 음식을 먹은 뒤에 '이상한' 느낌이 들었기에 그 책이 말한 것처럼 자신에게 밀가루와 설탕 알레르기가 있다고 생각했다. 그래서 알레르기를 관리하기 위해 통곡물 빵을 먹고 설탕을 피한다는 것이다. 그러니까 알레르기는 전문의의 진단이 아니라 스스로 내린 진단이었다. 식이요법 안내서에 실린 질문지를 풀어봤더니 자신에게 알레르기가 있는 게 분명하더라는 것이다. 이 손님이 설명한 식이요법은 전형적인 음식 배제 식이요법처럼 들렸다. 그의 경우에는 탄수화물을 배제했다. 대화를 나눈 뒤 손님은 장을 보러 갔다. 나중에 장바구니를 살펴보니 (일반적인 백밀가루와 흰설탕, 유기농 베리로 만든) 파이와 과일이 잔뜩 든 달콤한 혼합곡물(흰곡물도 포함된) 빵이 들어 있었다. 재닛이 특별 식이요법에 맞는 음식을 찾았느냐고 묻자 손님은 그렇다고 대답하면서 시장에서 파는 채소나 과일은 '유기농인지 확실치 않으므로' 사지 않았다고 했다. 그는 행복한 얼굴로 시장을 떠났고 재닛은 어떻게 합리적으로 보이는 사람이 비합리적인 식이요법을 선택했는지, 더 나아가 그 요법에 맞지 않는 음식을 자신이 '먹어야 할' 음식이라고 철석같이 믿으며 구매할 수 있는지 어리둥절했다. 우리 모두 이 손님처럼 우리가 잘 모르지만 고치고 싶은 문제를 해결해준다고 약속하는, 과학적인 것처럼 들리는 주장에 홀릴 때가 있다.

재닛이 지역의 한 도급업자와 나눈 또다른 대화도 있다. 그는 인터넷에서 '옛날 사람들 방식대로 먹어서 암을 고치는' 식이요법에 대해 읽었다면서 이름이 'ㅍ'으로 시작한다는 것만 기억했다. 재닛이 혹시 '팔레오Paleo'냐고 묻자 그 이름이 맞다고 했다. 재닛이 팔레오 식이요법으로 암을 고칠 수는 없다고 말하자, 그는 인터넷에서 보니 그 식이요법으로 암을 고쳤다는 사람이 많다고 했다. 재닛은 그가 봤다는 사이트가 혹시 식이요법 보조식품과 팔레오 식재료를 파는 곳인지 물었다. 그는 그렇다고 대답하며 그 제품을 구입하기 전에 재닛의 의견을 듣고 싶어 했다. 이 경우에는 두려운 질병을 예방하거나 치료할 수 있다는 약속이 그 식이요법을 시도하고, 심지어 관련 제품을 구매하려는 이유가 되기에 충분했다. 그는 판매 사이트의 증언이 제품에 호의적인 쪽으로 왜곡되었을 가능성에는 동의했지만, 그래도 어쨌든 팔레오 식이요법으로 암을 예방할 수 있다고 확신했다. (그에 따르면) 옛날 사람들은 암에 걸리지 않았기 때문이라는 것이다.

이 두 사례만이 아니다. 이런 대화는 농산물 직거래시장에서 수없이 되풀이되었다. 이를 보면 음식이나 식이요법, 건강, 영양에 관한 지식이 얼마나 기묘하고 인지부조화로 얼룩졌는지 알 수 있다. 또 이 대화들은 미국인들이 음식 섭취와 자아를 이해하는 방식을 상징적으로 보여주는 것이기도 하다. 대개 식이요법을 선택하는 욕망은 날씬한 몸매만이 아니라 질병 예방과도 관련이 있다. 재닛은 무엇보다 대체 왜 사람들이 식이요법에 이런 반응을 보이는지, 미국의 음식문화라는 큰 틀에서 여러 유행 식이요법을 어떻게 이해해야 하는지 알고 싶었다.

키마 카길은 임상심리학Clinical Psychology 교수로서 음식심리학과 문화심리학만이 아니라 소비주의 그리고 소비주의가 건강에 미치는 영향에 대해 가르친다. 그는 소비를 중심으로 한 풍요로운 문화가 과식에 미치는 영향을 연구한 바 있다. 키마는 식욕을 단지 생물학적 충동이 아니라 상품과 사치 경험, 음식, 약, 술을 소비하려는 더 넓은 욕망으로 본다. 또 식품산업과 제약산업이 어떻게 과학 정보를 왜곡하고, 혼란스러운 영양정보를 퍼뜨리고, 규제에 저항하며, 과소비의 병폐를 더 많은 소비로 해결할 수 있다고 사람들을 설득하면서 더 많은 소비를 유도하는지 연구했다. 그는 의료 현장에서 내담자와 상담하는 과정에서 체중을 감량하거나, 임신 성공률을 높이거나, 알레르기 증상을 치료한다는 영양요법과 유행 식이요법에 대해 자주 듣는다.

우리의 협업과 이 책은 재닛이 키마의 책 《과식의 심리학The Psychology of Overeating》을 동료검토하면서 우연히 시작되었다. 키마는 체중과 음식 문제로 힘들어하는 환자를 자주 만난다. 그는 환자들이 음식만이 아니라 상품 소비 문제와 씨름하는 이유를 이해하려 애쓰는 과정에서 그들이 자기 행동을 합리화하기 위해 동원하는 주술적 사고 체계를 탐구하게 되었다. 한 환자는 체중 조절을 위해 유행 식이요법을 줄줄이 시도했지만 성공하지 못했는데, 특히 글루텐을 먹지 않으면 몸의 수많은 문제가 해결되리라 확신했다. 키마는 《과식의 심리학》에서 이 환자 '앨리슨'이 글루텐프리 식단을 심신의 건강 문제를 단숨에 해결해줄 마법의 탄환으로 여기는 상황을 묘사했다. 그러나 책 초고에서 (영양 전문가가 아닌 사람에게는) 흔한 실수를 저질렀다. 글루텐을 탄수화물이라 설명한 것이다. 글루텐프리 식단은 미국에서는 탄수화물 공급원으로 가장 널리 소비되는 밀을 피하는 식단이므로 이해할 만한 실수였다. 인지적으로 우리는 밀을 탄수화물과 동일시할 때가 많기 때문에 밀의 어떤 성분이 문제를 일으킨다면 분명 탄수화물일 것이라 생각하기 쉽다. 우리 뇌가 우리를 둘러싼 세상의 지도를 그리는 방법을 고려하면 전적으로 이해할 만한 실수다. 하지만 글루텐은 단백질이다. 사실, 글루텐은 빵을 먹음직스럽게 만드는 탄성을 지닌 성분이다. 글루텐은 탄수화물보다 훨씬 잘 팽창하는데, 그 과정에서 공기방울을 수용해 빵이 부풀어오르게 한다. 글루텐이 없으면 빵이 아니라 크래커가 된다.

재닛이 이 실수를 알렸고 키마는 수정했다. 그리고 우리는 음식에 관한 생각과 실천이 어떻게 문화적 규범에 따라, 또한 우리가 아는(또는 안다고 생각하는) 것과 모르는 것에 따라 형성되는지 이야기를 나누기 시작했다. 그리고 둘 다 식사 행동에 관심이 많고 사람들이 무엇을 왜 먹으며, 그것이 정신과 신체의 건강에 어떻게 영향을 미치는지에 관해 중요한 임상경험과 참여관찰연구를 해본 적이 있다는 사실을 알게 됐다. 우리는 연구 참가자와 내담자에게 들은 유행 식이요법을 놓고 자주 토론하면서 왜 그렇게 많은 사람이 그런 식이요법을 선택하는지 이해하려고 했다.

이렇게 여러 해 동안 이어진 대화 속에서 우리는 서로 다른 분야의 관점에서 자신의 음식 연구를 바라보며 영감을 얻을 수 있었다. 재닛은 영양인류학자로서 인체생물학과 영양학, 의료인류학을 공부했고, 키마는 정신분석과 실존주의 상담이론을 훈련받은 심리학자로서 심리장애의 문화적 유래를 연구했다. 우리는 서로 "왜 사람들이 유행 식이요법을 따를까?"라는 퍼즐의 한 조각씩을 갖고 있다는 것을 깨달았다. 또 임상경험과 식이요법자의 행동, 학술 이론과 연구법에 대한 서로의 메모를 비교한다면 왜 사람들이 그런 선택을 하는지 훨씬 더 풍부한 문화적 맥락 속에서 이해할 수 있으리라고 생각했다.

유행 식이요법에 대한 단 하나의 정의는 없지만, 우리는 대개 거창한 약속을 하지만 과학적 근거가 거의 없거나, 많은 경우 틀렸다고 밝혀진 과학이나 유사과학에 기반한 식이요법을 유행 식이요법이

라 부른다. '패닝턴생물의학연구집단Pennington Biomedical Research Group'
은 유행 식이요법을 이렇게 정의한다.

- 한 가지나 몇 가지 식품군을 식단에서 배제해야 한다.
- 일주일에 2킬로그램 이상의 체중 감량 같은 빠른 결과를 약속한다.
- 개인의 경험담을 효과의 증거로 사용한다.
- 체중 감량에 도움이 된다는 특정 식품이나 특별 식품만 사용한다.
- 영양보조제나 약을 식이요법에 포함할 것을 추천한다.
- 유명인사가 극찬하거나 광고한다.
- 사실이라고 믿기 힘들 만큼 너무 좋다.[1]

또 유행 패션처럼 한 문화나 세대, 사회집단에서 시작되어 사
람들이 다소 짧은 시간 동안 열광적으로 따르는 일종의 집단행동이라
고 말할 수 있다. 오늘날 모든 식사 관행은 (채식주의 같은 지속적인 식
단이든 최근의 클린 이팅 같은 유행 식단이든) 대규모 온라인 공동체와 문
화 공동체를 거느리고 있으므로 유행하는 행동 양식이나 실천은 입소
문을 타고 퍼질 수 있다.

유행 식이요법의 인기를 부채질하는 주요 요소는 식이요법 창
시자의 카리스마와 매력이다. 창시자들이 자신의 식이요법으로 돈을
버는 방식을 비난하기는 쉽다. 사실, 그들은 책과 컨설팅, 유료 강연으
로 많은 돈을 벌어들인다. 그뿐이 아니다. 중요한 문화 인사이자 건강
분야의 'VIP'가 되어 관심과 찬탄을 몰고 다니기도 한다. 이들의 권위
는 유명인의 홍보, TV 토크쇼와 팟캐스트를 비롯한 미디어 출연, 이들

의 식이요법과 라이프스타일을 따르는 사람들의 인정과 승인을 통해 쌓인다. 책을 출판했다는 사실만으로도 많은 사람(특히 자비 출간이 얼마나 쉬운지 알지 못하는 사람)은 이들이 유식하고 신뢰할 만하다고 생각한다. 정확하지 않은 정보라면 책으로 나올 수 있겠느냐는 것이다. 게다가 이들의 메시지는 대단히 희망적이기까지 하다. 그들의 식이요법을 선택하는 모든 사람의 삶이 나아질 것이라고 장담한다. 건강과 삶의 질이 개선된다고 약속하면서 매혹적인 경험담도 제시하는데, 이들은 동경의 대상이 된다. 영화배우 기네스 펠트로Gwyneth Paltrow의 매력을 생각해보라. 그는 유명하고 아름다우며 경제적으로 성공한데다 사랑스러운 가족도 있다. 유행 식이요법 창시자들 중에는 추종자들에게 예언자나 영적 스승처럼 인식되는 사람도 있다. 특히 그들의 건강과 성공이 종교적·영적 인도에 힘입었다고 보이는 경우다. 사실, 그냥 돈만 번다면 사회적·문화적 인정과 성공을 얻는 것만큼 매력적이지 않을 것이다. 이런 식이요법 지도자들이 내뿜는 카리스마와 그들처럼 될 수 있다는 약속은 건강이나 외모, '최고의 삶'에 관심이 많은 이들에게는 대단히 매력적이다. 이들 식이요법은 많은 것을 이룰 수 있다고 약속한다. 건강이나 삶의 활기부터 부와 사회적 성공에 이르기까지. 솔직히 더 많은 인기를 끌지 않는 것이 놀라울 뿐이다!

우리 두 사람은 서로의 분야에서 성취한 연구 결과를 비교하고 논의하는 과정에서 우리의 예상과 어긋나는 놀라운 사실을 발견했다. 그러니까 유행 식이요법이 문화적으로 말이 된다는 것이다. 유행 식이요법은 무지나 게으른 사고, '희망적 사고Wishful Thinking', 의도적인 거짓의 산물이 아니라(가끔 이 모든 것과 관련 있을 때도 있지만), 뿌리가 깊고 오래된 문화적·심리적 과정과 필요의 산물이다. 문화적 체계 속에서 봤을 때 여러 유행 식이요법은 합리적이다. 그리고 모든 유행 식이요법은 중요한 문화적 서사와 사고체계를 표현한다. 생물학적 관점에서는 말이 되지 않을지라도 문화적 관점에서는 말이 되며, 사람들의 심리적 욕구를 충족시키므로 살아남는 것이다.

유행 식이요법은 일련의 걱정이나 불안을 진정시키기 위한 행동들이다. 체중이나 신체 치수, 식품 안전을 염려하는 구체적 불안일 수도 있고, 사회적 지위나 노화, 활력, 생식력과 관련된 더 넓은 실존적 불안일 수도 있다. '강박장애Obsessive-Compulsive Disorder'를 잘 아는 사람이라면, 강박장애가 두려움(강박적 사고)과 그 두려움을 진정시키기 위해 고안된 행동(강박적 행동)으로 이뤄진 불안장애의 일종임을 이미 알고 있을 것이다. 오염을 두려워하는 사람은 그 불안을 잠재우기 위해 물건을 강박적으로 씻거나 소독한다. 강박행동은 심리적 고통을 다스리는 치료나 부적 같은 것이다. 그렇다고 유행 식이요법이 임상장애일 수 있다고 말하려는 것은 아니다! 하지만 마음의 고통이 자아를 진정시키는 식사 행동으로 표출된다는 점에서 작동하는 심리는 강박장애와 비슷하다.

마지막으로 덧붙이자면, 이 책을 쓴 우리 역시 유행 식이요법으로부터 자유롭지 않다! 객관적이고 과학적인 거리를 두려고 애쓰지만, 우리도 이 문화 속에서 살아가는 평범한 구성원이고, 다른 모든 사람과 마찬가지로 손쉬운 해결책과 빠른 해법을 찾곤 한다. 유행 식이요법이 무엇보다 복잡하고 혼란스러운 식사 행동을 단순화하는 정신적 지름길이나 시스템으로 작동한다는 점을 기억하면 좋을 것이다.

마법의 탄환 효과

많은 유행 식이요법은 사람들에게 터무니없는 결과를 약속한다. 겉보기에 단순한 듯한 식단을 따르는 비교적 작은 노력으로 신체적 외모부터 정신 기능이나 긴 수명에 이르기까지 삶의 다양한 면에서 엄청난 보상을 얻을 수 있다고 말한다. 대개 부작용이나 위험이 거의 없고, 원인에서 결과로 곧장 이어지는 것처럼 묘사된다. 우리는 이런 약속을 '마법의 탄환_{Magic Bullet}'으로 여긴다. 식이요법을 선택한 사람은 간단한 행동 한 가지만 하면 된다. 약을 먹거나, 특정 음식을 배제하거나, 어떤 행동을 하면 모든 문제가 해결된다. 부정적 결과가 나타날 수 있다거나 효능이 없을 수 있다는 말은 거의 언급되지 않는다.

이런 유형의 사고를 일컫는 용어는 르네상스시대 독일 전설에서 유래한다. 쏠 때마다 어김없이 표적에 적중하는 '마법의 탄환'을 가진 명사수가 등장하는 이야기다. 수백 년 뒤에 의료계에서 '마법의 탄환'은 해로운 부작용 없이 질병을 치료하는 약이나 치료법을 의미하는 말이 됐다. 그러나 원래 전설에서 주목해야 할 점이 있다. 이 명사수가 '마법의 탄환'을 악마에게서 얻었다는 점이다. 그리고 마지막 탄환은 악마만이 쏠 수 있다. 그 탄환은 사수를 겨냥할 수도 있다. '마법의 탄환'에는 숨겨진 대가가 따른다는 말이다. 이 용어가 대중적인 의학용어가 되면서 전설의 어두운 측면은 잊히고 말았다. '마법의 탄환' 같은 치료법이 있다는 믿음은 강력할뿐더러 단순한 해법으로 (암 치료나 날씬한 몸매를 갖는 일처럼) 복잡한 문제를 해결하고 싶은 우리의 깊숙한 욕망을 드러낸다. 또 자기변신을 바라는 갈망도 끄집어낸다. 그러나 전설 속 명사수가 마지막 탄환을 마음대로 쏠 수 없는 것처럼, 이 해법도 늘 과녁에 명중하지는 않는다.

유행 식이요법은 자신을 변신시키고 이해할 수 없는 불안에서 벗어나려는 우리의 욕망을 공짜처럼 보이는 손쉬운 해법이 있는 쪽으로 이끄는 많은 문화적 관행 중 하나일 뿐이다. 사실, 많은 비평가가 유행 식이요법의 주요 특징은 식단 관련 비만이나 나쁜 건강, 무기력함 같은 문제를 간단히 고칠 수 있다고 약속한다는 점이라고 잘 지적했다(잘못된 믿음이 어떻게 식이요법을 정당화하는지에 대해서는 앨런 레비노비츠Alan Levinovitz를, 어떻게 유사과학이 마법의 탄환을 믿도록 부추기는지는 앤서니 워너Anthony Warner를 참고하면 좋다). 스팸메일함을 열기만 해도 완벽하고 쉬운 식이요법을 제안하는 수많은 메일이 쏟아진다. 소셜미디어에 올라오는 많은 낚시성 링크와 비슷하다. 공짜로 무언가를 얻을 수 있다(아주 작은 노력으로 살을 빼고 완벽한 건강을 얻을 수 있다)는 유혹은 뿌리치기 힘들다. 머리로는 사실일 리 없다는 것을 알지만, 그래도 어쩌면 이 식이요법으로 이번만큼은 신경에 거슬리는 초과 체중 10킬로그램을 감량할 수 있을지 모른다는 생각이 스치기 마련이다.

이 책에서 우리는 영양학과 인류학·심리학의 관점에서 유행 식이요법을 살펴보면서 이 식이요법들이 왜 인기 있는지, 어떻게 음식 선택에 따르는 불안을 관리하도록 돕고 자기변신을 약속하는지 이야기할 것이다. 식이요법을 다룬 대부분의 연구는 식단에 집중하며, 특정 식이요법이 참가자들의 몸과 사회생활에 미치는 영향을 주로 다룬다. 그러나 이 책은 유행 식이요법과 문화의 상관관계를 탐구한다. 달리 말해, 우리는 유행 식이요법을 문화와 경제의 맥락에서 이해하며, 한 개인이 유행 식이요법에 끌리는 심리적 이유를 알아보려 한다. 식이요법(특히 유행 식이요법)은 갑자기 나타나 문화적으로 인기를 끄는 게 아니다. 식이요법이나 신체 관리, 영양과 관련된 신념체계는 엘리트주의나 정체성, 정화 의례를 통해 자아의 변신을 꾀하곤 하는, 문화적으로 결정된 서사에 의해 창조된다. 그러므로 이들은 심리적 갈망과 이유를 충족시키고, 이들의 사용 패턴을 형성하고 실천을 정당화하는 문화체계를 통해 작동하며, 개인적으로든 집단적으로든 생물학적 몸에 영향을 미친다. 식이요법은 거의 항상 시대와 장소의 산물이다. 영양학이나 적절한 신체 관리에 관한 인식에 따라 신념체계가 달라질 때면 그로 인한 사회적·문화적 변화의 영향을 받는다. 사람들은 자신이 개인적 이유로 특정 식이요법을 선택했다고 느끼지만, 문화적 서사를 활용해 그것을 신체적·경제적·인지적인 면에서 합리적인 것으로 만드는 사회체계가 있기에 선택하게 되는 것이다. 중요한 말이니 다시 강조하겠다. 우리는 개인적이고 합리적인 이유로 어떤 식이요법을 선택한다고 느끼지만, 우리가 식이요법을 선택하도록 이끄는 힘은 우리의 의식 밖에 있다.

　이 책은 여러 식이요법의 영양 조언도 다루지만, 우리의 주요 목표는 유행 식이요법의 인기와 기능을 문화와 영양, 개인의 심리적 욕구와 관련해 탐구하는 것이다. 우리는 식이요법의 사고와 실천을 분석해 왜 특정 식이요법이 미국 사회에서 인기 있는지 더 잘 이해하기 위한 수단을 제공하려 한다. 우리는 이런 질문에 답하고 싶다. '왜 이 식이요법이 유행하는가?' '왜 지금인가?' 더 나아가 독자가 미래의 유행 식이요법을 사회문화적·심리적 맥락에서 비판적으로 이해할 수단을 제시하고 싶다. 시대마다 그 시대를 풍미하는 식이요법이 있는데, 이들은 몸과 자아, 사회관계를 이해하는 더 넓은 문화적·역사적 시대상을 반영한다. 우리는 이들 식이요법이 어떻게 문화와 역사 속에 자리한 자아를 나타내고 표현하는지, 왜 그냥 '덜 먹어라' 같은 간결한 해법이 더 난해한(그리고 자의적인) 식이요법보다 매력적으로 보이지 않는지 탐구할 것이다. 또 이런 영양학적 혼돈이 우리 문화의 산물인지, 그렇다면 유행 식이요법을 선택하는 이유와 기대를 사회적(이며 개인적) 실천과 신념을 토대로 어떻게 더 잘 이해할 수 있는지 물을 것이다.

아울러 식사 행동, 특히 유행 식이요법과 관련된 식사 행동은 거의 항상 사회적 행동이라는 것을 언급해야겠다. 임상 과정에서 우리는 개인적인 식사 행동에 대해서는 (식이장애의 경우 말고는) 거의 배우지 않는다. 이 책에서 다루는 식이요법은 모두 이름이 있고, 상표로 등록된 경우가 많으며, 공개적이고 사회적인 방식으로 실천된다. 이런 식이요법은 수행적 측면이 있어서 개인적인 신체 관리와는 구별되며, 문화적이며 관계적인 활동으로 이해해야 한다. 특히, 사람들이 온라인에서 영위하는 사회적 삶이 증가하고, 온라인 정체성을 공들여 다듬는 요즘에는 온라인 인플루언서들이 식이요법과 관련된 사람들의 견해와 행동에 어떻게 영향을 미치는지도 볼 수 있다. 사실, 우리가 보기에 많은 사람은 자신의 직관이나 선호가 아니라 그들이 직접 알거나 온라인에서 알게 된 사람의 영향으로 식이요법을 선택한다. 우리의 식단이 문화로부터 어떻게 미묘하면서도 무의식적으로 영향을 받는지 알게 되면 이렇게 묻게 될지 모른다. "그러면 어쩌라는 건가?" 우리는 사람들에게 자유의지가 없다거나, 음식 선택권이 없다고 말하려는 게 아니다. 정반대다! 심리학은 대개 우리가 우리의 선택과 행동을 의식적으로 인식할수록 긍정적 변화와 성장을 이룰 수 있다는 전제에서 출발한다. 그것이 프로이트의 주요 믿음이었으며, 많은 심리치료의 토대를 이룬다. 유행 식이요법의 작동 방식과 이들이 공통적으로 의지하는 유사과학의 원리를 많이 알수록 그들의 손아귀에서 해방될 수 있다고 우리는 진심으로 믿는다.

책의 구성

이 책은 서론(1장)과 결론(6장) 외에 네 장(2~5장)으로 구성되어 있다. 본론에 해당하는 2~5장은 각각 특정 유형의 식이요법을 하나씩 다룬다. 곧 비슷한 신념체계와 실천을 공유한 식이 유형들을 묶어 네 유형으로 분류한 것인데, 음식 배제, 음식 중독, 클린 이팅, 팔레오다. 같은 식이요법이 여러 해 뒤에 이름만 바뀌어 재등장하기도 한다. 각 장은 그 장에서 다루는 식이요법이 무엇인지 구체적으로 설명하고, 사람들이 그 식이요법에 끌리는 이유를 탐구하며, 그 식이요법을 통해 표현된 대중적이거나 문화적인 생각을 살펴본다. 아울러 식이요법이 인기를 얻게 된 심리적·사회적 이유를 분석한다.

음식 배제 식이요법

'음식 배제 식이요법Food Removal Diet'은 대개 과체중과 비만의 원인으로 알려진 한 가지 다량영양소를 배제한다. '앳킨스 식이요법

Atkins Diet'과 그 밖의 저탄수화물이나 무탄수화물 식이요법들이 여기에 속한다. 최근 들어서는 단순당(단당류와 이당류, 곧 포도당과 과당, 갈락토오스 같은 단순 탄수화물) 배제가 백설탕을 비롯한 모든 종류의 감미료를 배제하는 대중적 양상으로 변했다. 요즘 인기 있는 '안티탄수화물Anticarb'이나 '안티당Antisugar' 식이요법은 탄수화물이 과체중부터 암까지 많은 건강 문제와 관련 있다고 주장하면서 단순 탄수화물을 모두 제거하고 복합 탄수화물 섭취 역시 크게 줄여야 한다고 제안한다. 이런 식이요법은 칼로리를 제한하기 때문에 체중을 빠르게 감량시킨다. 그러나 감량된 체중을 유지하는 게 힘들고, 장기적으로 건강에 좋을 만큼 균형 잡힌 식단이 아니다. 이 식이요법을 유지하기 힘든데는 생물학적 이유만이 아니라 사회적 이유도 있다. 어떤 음식을 '좋은 음식'으로 여기는 것은 사회적으로 만들어진 생각으로, 이것이 사회적 식사와 식사 규칙을 결정하는데, 음식 배제 식이요법은 다른 사람과 함께 식사하는 것을 힘들게 만든다. 우리의 식이 패턴은 사회적으로 구성되고 상연되며, 음식을 요리하고 함께 먹는 것은 오랜 기간 인류의 주요 행동 특성이었다. 요즘 우리는 개인적으로 식단을 선택하는 것이 익숙하지만, 이는 인류의 문화행동의 역사에서 꽤 새로운 일이다. '무엇이 먹기에 좋은 음식인가'는 사회적으로 결정되지만, 최근까지도 함께 먹기에 좋은 음식은 대부분 개인도 먹을 수 있다고 간주되었다. 개인이 자신의 식단을 선택하는 이 새로운 시대는 우리에게 자유도 주지만 혼란도 준다. 장 폴 사르트르Jean-Paul Sartre의 표현대로 우리는 자유롭도록 저주받았다. 개인은 이제 오랫동안 전해 내려온 식사 지혜에 의존하지 않고, 식사 규칙을 사실상 새롭게 구성하기 시작했다. 요즘 대가족과 멀리 떨어져 사는 초보 부모들이 육아를 책이나 블로그를 통해 각자 배우는 것처럼 요리나 식단, 음식 선택도 개인적이고 고립적인 행동이 됐다. 그러나 특정 음식을 배제하는 식이요법을 선택하면 함께 나누는 식사 경험에 제약이 따르기 때문에 이런 식이요법은 오래 유지하기가 힘들다.

또 2장에서는 다량영양소를 배제하는 식이요법이 어떻게 겉으로는 쉬운 심리적·생물학적 해결책처럼 보이는지, 그리고 그것이 음식의 가치를 한 가지 주요 영양소로 환원하는 '영양주의Nutritionism'를 포함한 일종의 희망적 사고일 뿐인지 다룬다. 음식 배제 식이요법은 역사적으로 음식과 약물(압생트, 술, 마리화나, 지방, 설탕 등)을 둘러싸고 일어났던 도덕적 공황과 관련해 이해할 수도 있다. 도덕적 공황이 일어나면 개인과 사회의 도덕성을 회복하기 위해 몸에서 몰아내야할 악마화된 상품이 지목되곤 한다. 이런 반응은 강한 '내적통제위치Internal Locus of Control'(자신에게 일어나는 사건이나 상황에 대한 통제력이 자기 내부에 있다고 믿는 경향-옮긴이)를 지닌 문화에서 전형적으로 볼 수 있는 현상이다. 강한 내적통제위치는 서양인, 특히 미국인에게 주로 나타나는 태도로 자연과 자아, 운명을 정복하고 통제하려는 문화적 목표를 지탱한다.

음식 중독

음식 중독자는 음식 속의 한 성분이 누군가에게는 유독하거나 소화할 수 없는 성분이라고 믿는다. 이런 유독성이나 불내성은 부정적인 생리 반응이나 알레르기 반응, 중독으로 나타난다. 이렇게 생긴 중독은 몸에 해를 입히는 동시에 몇몇 경우에는 알코올 중독 환자가 알코올을 갈망하는 것처럼 강렬한 갈망을 일으킨다. '음식 중독Food Addiction'으로부터 회복하기 위한 식이요법은 대개 밀 제품과 설탕, 갈망을 자극하는 '계기Trigger' 식품을 배제한다. 이런 식이요법이 음식 배제와 다른 점은 밀 제품과 설탕이 몇몇 사람에게는 부정적인 생리 반응을 일으킨다는 통념에 기반한다는 점이다. 밀이 모든 사람에게 나쁘다는 게 아니라 특정 유형의 음식 성분이 어떤 사람에게는 문제(과민성, 알레르기, 중독)를 일으킨다고 가정한다. 물론, 우리는 음식 알레르기가 존재하며 어떤 사람에게는 대단히 위험하다는 것을 부정하려는 게 아니다. 그러나 음식 알레르기와 과민성, 중독에 대한 통념들이 생의학이나 증상학의 진단과 다른 것도 사실이다.

게다가 자신이 특정 성분에 알레르기나 과민성이 있다고 자가 진단을 통해 믿는 사람은 자신이 그 성분에 중독돼 있다고 믿곤 한다. 서로 어긋나는 믿음 같지만 '익명의 알코올 중독자 모임Alcoholics Anonymous, AA'이 중독 치료의 전형으로 자리 잡은 미국 문화에서는 말이 된다. AA 추종자들 사이에 오랫동안 퍼진 설명에 따르면, 알코올 중독자는 알코올에 '알레르기'가 있어서 나쁜 영향을 받지만, 비중독자들은 그런 문제가 없다. 그러니까 중독자들이 비중독자들은 느끼지 않는 끝없는 갈망을 느끼는 것은 이와 같은 알레르기나 중독 때문이라는 것이다. 식이요법을 홍보하는 책에는 대단히 위험하지만 중독성 있는 성분이 흔히 언급된다. 그 책들을 보면 AA가 인정한 중독 개념이 미국 문화 전반에 얼마나 깊이 스며 있는지 알 수 있다. 음식 중독에 대한 공포의 중심에는 주요 음식 성분이 놓여 있다. 식품에 함유된 특정 화합물이나 분자가 알레르기나 중독을 일으킨다고 가정하는 것이다.

이 장에서 우리는 고통을 이겨낸 경험을 치유 능력과 연결하는 민간요법 전통을 살펴보면서 의료인류학의 렌즈로 '고통 식이요법Affliction Diet'의 등장을 다룰 것이다. 질병에서 살아남은 경험에서 출발한 샤머니즘은 거의 모든 문화에 존재하며, 많은 전통에서 이런 질병 경험은 샤먼에게 치유자로서의 정당성을 제공한다. 예를 들어, AA에서는 알코올에 중독되었다가 회복 과정에 있는 사람만 다른 중독자를 도울 수 있다. 고통의 경험을 통해 치유자로서 자격을 얻는다는 믿음은 음식 중독에 관련된 책에서도 뚜렷이 드러난다. 이 책들은 고통과 회복을 거친 뒤 더 나은 삶을 얻게 된 저자들의 이야기를 들려주는데, 대개 이들의 책과 식이요법 제품, 치료법을 함께 홍보하곤 한다. 사실, 이런 패턴은 미국에서 체중 감량을 다룬 글에 흔히 나타나며, 인류학 이론에서 말하는 '고통받는 샤먼Afflicted Shaman'의 좋은 예다. 또 중독으로의 추락, 악화, 질병을 이겨낸 과정을 구원 서사의 틀로 표현하는 미국의 대중적인 AA와 금주운동 서사에도 반영된다. 이 서사에서 환자는 처음에 질병이 없는 건강한 상태였으나 사회적·신체적 타락으로 굴러떨어졌다가 중독성 있고 위험한 물질을 제거함으로써 사회적 인정과 신체적 건강을 되찾는다.

중독·고통·알레르기 식이요법이 매력적인 이유는 우리의 모든 문제를 설명할 단 하나의 이론을 제시해서다. 이를테면, 공황발작과 피로감, 편두통, ADHD가 밀 때문에 생긴다고 말한다. 그러나 우리의 모든 문제를 한꺼번에 설명해주는 이론보다 더 매력적인 것은 모든 문제를 한꺼번에 없애줄 해결책이다. 밀 같은 한 가지 성분을 식단에서 빼면 문제가 해결된다는 생각은 마법의 탄환 이야기와 같다. 이런 주술적 사고는 증상을 완화하는 일종의 플라세보 효과를 일시적으로 내지만 오래 지속되지는 않을 것이다. 그 이유는 무엇보다 이런 식이요법을 오래 지속하는 게 힘들어서다. 중독 모델을 따르는 식이요법은 컬트 또는 컬트적 행동과 유사할 때가 많다. 대개 카리스마 있는 지도자가 자신처럼 고통받는 사람들을 구원으로 이끄는 형식이라는 점에서 그렇다. 이 장에서는 컬트와 컬트적 행동을 연구하는 인류학과 심리학을 토대로 이런 유사성을 탐구할 것이다.

클린 이팅

　'클린 이팅Clean Eating' 운동은 위험한 식품첨가제를 더 적게 섭취하고 최대한 자연 상태에 가까운 식품이나 자연식품, 유기농식품, 비가공식품을 더 많이 섭취하려는 일련의 식이행동과 실천으로 구성된다. 많은 클린 이팅자('건강한 30일Whole 30' 실천자를 비롯해 비슷한 식이요법자들을 포함한)는 백설탕과 밀 제품, 그 밖에 몸에 해롭다고 알려진 식품을 피한다. 이런 면에서 클린 이팅은 다량영양소를 제한하거나, 글루텐을 배제하거나, 채식이나 비건 식단을 지지하거나, 진화 과정에서 비롯된 신체적 욕구를 반영한다는 팔레오 또는 재구성된 원시 식단을 권장하는 식이요법과 공통점이 있다. 클린 이팅은 해독과 요가, 마사지, 대체의학과 그 밖의 자기관리 프로그램처럼 해로운 환경 독소로부터 개인을 보호하거나 웰빙을 촉진하려는 여러 신체 활동과 자주 연결된다. 클린 이팅 식단은 비교적 무해하고, 정설로 인정받는 합리적인 영양 조언과 어긋나지는 않지만 '오소렉시아Orthorexia'로 기울 수 있다. 오소렉시아란 건강한 음식만 섭취하려는 강박적 욕구를 특징으로 갖는 식이장애다. 궁극적으로 클린 이팅은 음식 섭취와 식품 안전, 건강에 대한 불안을 통제하려는 수단이다. 음식 섭취는 두려운 일일 수 있고, 음식의 선택지가 거의 무한한 듯한 세상에서 '올바른' 음식을 고르는 일은 불안하고 어려울 수 있다. 특히 환경이 오염되어 위험해진 세상에서는 그럴 수밖에 없다. 사람들은 클린 이팅 식이요법의 규칙을 따르면 오염물질이나 건강에 해로운 물질로부터 자신을 지키기 위해 최대한 노력하고 있다고 안심할 수 있다.

몸이 외부의 해로운 영향을 차단하는 장벽 역할을 한다는 '몸의 순수성 개념'은 문화적으로 구성된 생각으로, 많은 문화에서 공통으로 나타난다. 사실, 서양에서는 몸의 신성함에 대한 믿음이 워낙 강하기 때문에 이런 믿음이 서양의학의 이론과 실천에 많은 영향을 미친다. 그러다 보니 많은 사람이 이 믿음을 당연하게 여기며, 몸의 침투성이 드러날 때마다 큰 불안을 느낀다. 실제로 많은 문화는 금식 같은 음식 의례를 사용해 몸과 세상의 상호침투성을 통제한다. 특정 음식을 금지하는 의례는 무엇이 '먹기에 좋은 것'이고, 음식을 어떻게 준비하고 섭취하고 폐기해야 하는지를 문화적으로 구성하는 활동에 속한다. 이 장에서 우리는 몸 그리고 몸과 환경의 관계를 다룬 이론들을 검토하면서 몸과 외부세계의 관계를 이해하고 음식 섭취에 대한 불안을 줄일 수 있도록 할 것이다.

사회든, 개인이든 여러 심리적 이유로 음식 의례를 선택한다. 불안과 공포를 가라앉히기 위한 음식 의례는 식단과 건강을 염려하는 사람에게 매력적으로 보인다. 많은 식이요법은 건강(수명과 수태력 등)을 개선할 뿐 아니라 오염물질로부터 음식과 몸의 순수성을 보호한다고 약속한다. 클린 이팅 식이요법자들을 연구한 다른 민족지학 연구를 보면, 사람들은 처음에는 몸의 순수성을 유지하거나 통제하고 있다는 느낌을 얻기 위해 식이요법을 시작하지만, 나중에는 그 선택으로 자신이 다른 사람들보다 우월하다고 느끼곤 한다. 우리는 이와 같은 사회적 감정만이 아니라 클린 이팅 유형의 식이요법이 지구온난화나 식품 안전, 식품기업의 부정행위 같은 더 광범위한 실존적 위협에 대처하는 부적처럼 사용되는 방식을 살펴볼 것이다.

팔레오 또는 프라이멀 식이요법

매우 인기 있는 구석기시대 식이요법은 소비자들에게 농업시대 이전 구석기 인류가 먹었음 직한 음식(이나 그에 상당하는 현대 식품)을 먹도록 권고한다. 우리 몸은 농업과 식량 생산체계의 현대화 속도만큼 빨리 진화하지 못했으므로 인류의 유전자가 현대 식단에 맞게 변화하지 않았다는 것이다. '팔레오 식이요법Paleo Diet'의 열성팬들은 현대의 많은 퇴행병이 현대 음식 때문에 생겼으므로 오래전 식단으로 되돌아감으로써 농업시대 이전 인류의 건강을 되찾을 수 있다고 주장한다. 안타깝게도 고대 인류가 무엇을 먹었는지 재구성하기란 어렵다. 고고학 연구를 통해 음식 재료를 밝혀내기 어렵기 때문이기도 하고, 우리 종의 잡식성 때문이기도 하다. 그런데도 많은 사람이 팔레오 식이요법이야말로 체중을 관리하고 건강을 유지하는 유일한 길이라고 믿는다. 상상으로 재구성된 구석기 식단의 몇몇 요소는 영양학적 장

점만이 아니라 고고학적 타당성도 지니지만, 우리 조상이 무엇을 먹었는지 과학적으로 결론을 내리기 힘들기 때문에 진정한 구석기 식단을 정의하기란 불가능하다.

5장에서 우리는 어떻게 상상된 과거의 황금기가 사회적 역할 수행과 대중의 식이요법 수용에 영향을 미치는지 살펴볼 것이다. 팔레오 식이요법에서 음식은 건강과 영양의 황금기로 되돌아가거나, 그런 시대를 재창조하기 위해 생물학적 정체성(인종주의적이고 성차별적일 때가 많은)을 구성하는 데 쓰인다. 이 장에서 우리는 초기 호미니드(현생 인류를 이루는 직립보행 영장류 - 옮긴이)가 음식을 준비하고 먹었던 방식이 우리의 진화에 어떤 중요성을 지니는지도 살펴볼 것이다. 고인류학 연구에 따르면, 이들이 무엇을 먹었는지보다는 불이나 음식 공유가 인류의 진화에서 더 중요한 역할을 했을 가능성이 있다. 우리는 현재 인류의 생물문화적 건강 패턴으로 이어진 진화의 경로와 과거를 탐구하는 연구와 이론들을 검토할 것이다.

이런 이론들을 검토하다 보면 구석기 식단을 둘러싼 생각의 초점을 영양성분에서 식사의 사회적·문화적 맥락으로 옮길 수 있고, 우리 종에게 잡식성 식단이 어떤 중요성을 지니는지 더 잘 이해할 수 있다. 더 나아가 우리는 팔레오와 비슷한 유형의 식이요법이 어떻게 사람들의 관심을 사로잡는지, 이 현상이 인간을 길들이는 문명에 대한 양가감정을 어떻게 표현하는지도 들여다볼 것이다. 팔레오 식이요법은 혈거인의 행동과 생활양식이라 간주되는 라이프스타일과 함께 실천되곤 하는데, 이는 자연 상태의 인류로 되돌아가고픈 소망을 표현한다. 이 소망은 도시화와 기술 진보를 둘러싼 실존적 불안을 나타낸다고도 볼 수 있다. 따라서 자아의 더 원시적인 일부와 연결되는 행동은 현대사회의 위협을 막는 부적처럼 기능한다. 이 장은 인류학적·영양학적 증거를 통해 고대의 식단을 검토한 다음 어떻게, 왜 많은 사람이 과학적 사실을 거부하면서까지 상상된, 어쩌면 이상화되기조차 한 과거를 선호하는지도 묻는다. 또 이처럼 이상화된 과거의 식단을 둘러싼 혼란스럽고 권위적인 메시지들 사이에서 길을 찾는 방법도 간략히 다룬다.

마지막으로

우리의 주제는 야심찬 동시에 매우 단순하다. 바로 유행 식이요법이 말이 된다는 걸 보여주는 것이다. 모든 문화는 구성원들이 건강을 유지하고, 영양을 섭취하며, 함께 식사를 즐길 수 있도록 '먹기에 좋은 것'이 무엇인지에 대한 믿음을 구성한다. 과거에 이 믿음은 대개 음식의 풍요보다 부족에 대처하기 위해 만들어졌다. 그러나 요즘 우리는 상업적 식품시장이 잘 발달된 풍요로운 세계화 시대에 살고 있다. 풍요로움은 '무엇이 먹기에 좋은 것'인지에 대한 상충하는 정보로 이어지며 소비자의 혼란과 불안을 낳았다. 이 문제는 특히 신자유주의 경제에 만연한데, 좋은 선택이든 나쁜 선택이든 자신의 건강과 행복에 대한 책임은 오직 자신에게 있으며, 음식 선택과 적절한 몸 관리가 건강 유지의 기본이라는 메시지를 담고 있다. 자유의지와 자기 훈육, 외부와 구획된 합리적 자아의 개선과 통제 같은 개념들이 이런 사고를 떠받치며, 대개 우리가 의식하지 못하는 방식으로 우리 생각에 영향을 미친다.

'의료인류학Medical Anthropology'은 몸과 자아의 통제, 신성한 자아 같은 개념들이 건강에 영향을 미치는 방식에 대해 깊은 통찰을 제공한다. 좋은 시민이란 자신을 철저히 통제하는 시민으로 여겨지는 미국 사회에서 통제는 울림이 특히 큰 개념이다. 그러나 통제가 필요한 모든 행위에는 통제를 풀 수 있는 기회가 허락될 때가 많다. 사람들은 이상적인 행동을 위한 엄격한 통제와, 해방과 전복의 의례를 통한 통제 상실 사이를 아슬아슬하게 오간다. "베가스에서 일어난 일은 베가스에 남겨진다"라는 말은 촌철살인의 경구일 뿐 아니라 좋은 태도와는 어긋나는 행동을 합리화하는 구절일 수 있다. 통제와 통제 상실의 순환은 여러 문화에서 깊은 역사가 있다. '반전(또는 역전) 의례 Rituals of Reversal(or Inversion)'는 방종과 무절제가 허락되는 특별한 시간이다. 이런 문화적 기대와 패턴을 특히 음식과 관련해 관리하려면, 자기 인식과 어느 정도의 자기 통제가 필요한데, 이 상황은 인지부조화와 불안으로 이어질 수 있다. 현대사회에서 통제 관리는 자기 정체성과 관련된 지극히 중요한 일이지만, 이 성배를 지키기란 아주 힘들다.

이처럼 상충하는 메시지들(과 아찔한 음식 풍요) 속에서 길을 찾기 위해 사람들은 어떤 음식을 선택해야 하는지 안내해줄 수많은 수단을 고안한다. 통제와 지위, 건강, 정체성, 순결, 치료 효능에 관한 주요 정보를 현실에 적용해 음식 선택의 길잡이로 삼곤 한다. 웰니스와 자기돌봄산업은 우리가 개인과 지구, 공동체의 건강을 위해 무엇을 먹어야 할지 알려주는 수많은 정보 가운데서 빙산의 일각일 뿐이다. 그리고 대개 상업적이다. 소비자들은 어떻게 이 덤불 속을 무사히, 효율적으로 헤쳐나갈 수 있을까? 좋은 식단을 권장하는 처방이나 메시지들을 어떻게 평가할 수 있을까? 무엇보다 끊임없이 선택해야 하고, 올바르게 선택해야 하는 상황에서 맞닥뜨릴 불안을 관리하는 방법을 어떻게 찾을 수 있을까? 이 책에서 함께 답을 찾아보자.

1장

우리는 왜
유행 식이요법을
사랑하는가

처음부터 우리는 팔레오나 클린 이팅 같은 특정한 유행 식이요법을 중심으로 책을 구성하면 좋겠다고 생각했다. 식이요법은 음식에 대한 사고체계(대개 이름이나 상표가 붙은)이며, 많은 사람은 자신이 식이요법을 자유롭게 선택한다고 생각한다. 우리는 많은 사람에게 익숙하고 인기 있는 식이요법을 중심으로 책을 구성하면 독자가 직관적으로 이해하기 쉬울 것이라고 의견을 모았다. 그러나 책을 쓰다 보니 여러 장에서 같은 생각을 반복해 말할 때가 많았다. 이런 반복을 보면서 우리는 거의 모든 식이요법이 '겉으로는 근본적으로 달라 보일지라도' 똑같은 두려움과 신념, 환상에 기반한다는 생각을 굳히게 됐다. 그것이 이 책의 핵심 주장이다. 곧 모든 유행 식이요법은 똑같은 소망과 환상을 연료로 가동되며, 이 소망과 환상은 식이요법 전반만이 아니라 여러 시대에 걸쳐서 거듭 나타난다.

이에 우리는 각 장마다 비슷한 개념과 생각을 되풀이하는 대신 1장에서 유행 식이요법의 폭넓은 호소력과 그 기저에 놓인 보편적 진실을 설명할 주요 개념을 다루기로 했다. 우리는 음식학의 성과를 참고했다. 음식학은 역사학과 사회학, 인류학, 심리학, 지리학, 경제학을 비롯한 여러 학문을 결합한 광범위한 학문 분과다. 여기에서 우리는 주요 개념과 관련된 대표 학자와 그들의 책을 간략히 소개할 것이다. 다음 장들에서는 특정 식이요법을 구체적으로 다루면서 가장 두드러진 개념을 골라 적용할 것이다. 우리 목표는 독자가 식이요법 문화와 행동에 관해 인류학자와 심리학자처럼 생각할 수 있게 하는 것이다.

미국인과 유행 식이요법

미국인은 다른 문화권 사람들보다 식이요법에 관심이 더 많고, 식이요법을 정체성의 중요한 일부로 여길 가능성이 더 크다. 미국인은 자유, 특히 '~으로부터의 자유freedom from' '~을 향한 자유freedom to'와 관련한 권리 의식이 강하다. '~으로부터의 자유'란 개인의 행위가 (사회나 정치, 문화의) 장애물에 제한되지 않을 자유를 뜻한다. '~을 향한 자유'는 자신의 이익 추구를 비롯해 개인이 행동할 권리를 말한다. 이 개념들은 사회와 문화, 법과 깊은 관련이 있지만, 많은 미국인은 주로 자아나 개인의 권리와 연결해 생각하는 편이다. 그러니까 자유란 곧 자기결정권이라고 여긴다. 최근 코로나 팬데믹 시기에 마스크 착용을 둘러싼 문화 전쟁에서만큼 이런 태도가 극명하게 드러난 때도 없었다.

이 생각들은 누구든 구속되지 않을 권리와 마음대로 할 권리가 있다는 믿음으로 변질될 수 있다. 이처럼 개인을 강조하는 자아 개념은 자아실현과 자기변신, 자율성에 대한 믿음과 소망을 동반한다. 곧 자신과 자신을 둘러싼 세상을 변화시킬 능력이 개인에게 있다고 믿으면서 그런 변화를 소망하게 되는 것이다. 미국인들은 무척 개인화된 존재로서 자아를 개선하고 완성하는 것을 평생의 과제로 삼는다. 이처럼 개인 성장과 변신을 우선시하는 풍조는 자기계발서와 치료법, 메이크오버 프로그램의 인기에서도 드러난다.

개인이 성장할 수 있다는 믿음은 개인이 자신의 행동을 통제하고, 몸을 길들이고, 자기 운명을 좌우할 수 있다는 생각에서 출발한다. 이런 믿음이 보편적이거나 타고난 성격 특성처럼 보일지도 모르지만 사실 상당히 독특하고 특수한 문화 현상이다. 전 세계의 많은 사람은 자기 운명이 자신에게 달렸다기보다 더 큰 경제나 문화, 환경의 영향에 좌우된다고 여긴다. 이를테면, 배우자나 직업, 집을 자유롭게 선택할 수 있다는 생각은 지구의 상당수 사람에게 여전히 낯설다. 이와 달리 대부분의 미국인은 자신의 성공과 운명을 좌우할 사람은 자신뿐이라고 믿는다. '퓨연구소Pew Research Center'가 최근 44개국 사람들을 조사한 결과 "인생의 성공은 대체로 우리가 통제할 수 없는 힘에 의해 결정된다"라는 말에 미국인의 57퍼센트가 동의하지 않았다. 이 수치는 다른 나라보다 높고, 세계 중간값인 38퍼센트를 훌쩍 뛰어넘는다.[1]

정치사학자 대니얼 로저스Daniel Rodgers에 따르면, 개인이 세상을 통제할 수 있다는 미국인의 믿음은 지난 수십 년 동안 오히려 '증가'했다. 그는 "제2차 세계대전 이후 사회적 환경과 상황, 제도, 역사로 촘촘히 얽혀 있던 인간 본성에 대한 개념은 이제 선택과 행위주체성, 수행, 욕망을 강조하는 개념에 자리를 내주었다. 사회에 대한 강한 서사는 더 약한 서사로 대체되었다. 상상의 공동체는 축소되었고, 구조와 권력의 개념은 흐릿해졌다"라고 말한다.[2] 문화의 초점이 집단에서 개인으로 옮겨간 상황에서 아마 많은 미국인은 '어떤 사람도 섬이 아니다'라는 생각에 동의하지 않을 것이다. 곧 누구도 온전히 자립할 수 없으며, 잘 살려면 타인에게 의존할 수밖에 없다는 주장을 반박할 것이다. 5장에서 살펴볼 팔레오 식이요법의 합리적 근거를 설명할 때 특히 대안 우파나 '남성권' 옹호단체의 남성들은 자아가 사회적 영향을 받는다는 생각을 거듭 거부한다. 이들에게 지배욕은 자신들이 구성한 이상적 남성성의 일부이며, '혈거인' 본성과 연결되곤 한다.

심리학에는 '통제위치Locus of Control'라는 개념이 있다. 사람들이 사태의 결과를 자신이 얼마나 통제할 수 있다고 믿는지를 가리키는 말이다.[3] '내적'통제위치가 강한 사람은 삶에서 일어나는 사건이 자신의 행동과 의지력, 자기결정, 가치에 따라 결정된다고 믿는 경향이 있다. '외적'통제위치가 강한 사람은 자신이 통제할 수 없는 외부의 힘 때문에 사건이 일어난다고 생각한다. 예를 들어, 시험 결과를 받았을 때 내적통제위치가 강한 사람은 자신의 지능이나 노력을 결과의 원인으로 생각하는 반면, 외적통제위치를 가진 사람은 교사나 시험 환경을 원인으로 볼 가능성이 높다.

미국인들의 통제위치는 (여느 성격 특성과 마찬가지로) 개인마다 광범위한 차이가 있지만, 퓨연구소의 연구에 따르면, 세계의 그 어떤 문화권보다 내적통제위치가 강하다. 이 특성은 식단이나 영양, 몸을 대하는 미국인의 관점에 당연히 영향을 미친다. 통제위치는 건강 심리학자들이 폭넓게 연구해온 주제다. 이를테면, '다이어트 신념 척도 Dieting Beliefs Scale'는 체중이 개인이 통제할 수 없는 운이나 유전자 같은 요인에 좌우된다고 생각하는지, 아니면 개인의 의지와 노력으로 통제할 수 있다고 생각하는지를 측정한다.[4] 경험적 연구로 입증되지는 않았지만, 통제위치와 식이요법에 대한 믿음이 문화적으로 구성된다는 점을 감안하면 미국인들은 체중에 관한 한 '내적통제위치'가 아주 강할 것이라 짐작할 수 있다. 그렇지 않다면 수십억 달러 규모의 식이요법산업을 어떻게 설명할 수 있겠는가? 우리가 식이요법 책을 사고, 체중 감량 프로그램에 가입하고, 특별한 식품을 먹는 것은 이런 도구를 사용해 자신을 변화시킬 수 있다고 믿기 때문이다.

역사를 알면 어떻게, 왜 미국인들이 유행 식이요법을 적극 따르게 되었는지 이해하는 데 도움이 된다. 워렌 벨라스코의 역작《변화를 위한 식욕: 대항문화는 어떻게 식품산업에 도전했는가Appetite for Change: How the Counterculture Took on the Food Industry》와《음식: 주요 개념들Food: The Key Concepts》이 좋은 예다.[5]《음식: 주요 개념들》은 음식학의 주요 개념을 소개하고, 미국인들이 해마다 식이요법에 어마어마한 시간과 돈을 소비하는 사실을 상기시키면서 미국인과 비만과 식이요법의 유별난 관계를 설명한다. 벨라스코는 미국인의 식이요법 집착이 미국 문화 깊숙이 자리한 여러 특성에서 나온다고 본다. 이를테면, 개인이 자기 의지로 완벽한 삶을 살 수 있다는 믿음, 자연을 통제할 수 있다는 믿음, 젊음의 이상화, 몸을 대하는 기계론적 관점, 프로테스탄트 노동 윤리, 소비자본주의로 문제를 해결할 수 있다는 확신 등이다.

이것들이 합쳐져 몸이란 끝없이 주무르며 변형할 수 있는 것이고, 개인은 자신의 체형에 당연히 책임이 있으며, 젊어 보이도록 적당히 마르지 않는다면 도덕적 비난을 받아 마땅하다는 문화적 사고체계가 형성된다. 게다가 미국인들은 돈을 내고 구입한 상품과 서비스로 문제를 해결하고, 정체성을 창조하며, 몸을 만들 수 있다고 믿기 때문에 소비 과정과 구조상 식이요법이 탄생할 수밖에 없다. 식이요법은 구매할 수 있는 상품과 관계없이 따로 존재하지 않는다. 광고가 가득한 블로그와 책, 식단 컨설팅, 식이요법 상품, 특허 식품들이 식이요법을 창조하고 인증하며 소비체계를 구성한다. 브랜드 충성도로 자아 정체성을 구매하고 창조할 수 있는 선택지가 없는 사회라면 식이요법은 아무 의미가 없을 테고, 추종자도 존재하지 않을 것이다. 따라서 식이요법은 일련의 행동이자 사고체계이며 소비재이고, 사회적 정체성이다.

여러 학자가 미국에서 유행한 식이요법의 역사를 다뤘다. 예를 들어, 하비 리벤스테인Harvey Levenstein의《음식 그 두려움의 역사Fear of Food》는 미국에서 발생했던 먹거리 파동의 역사와 집단적 위험으로부터 개인을 보호하기 위해 고안된 식이요법의 신념과 실천들을 정리했다.[6] 리벤스테인은 다양한 먹거리 파동을 인식론적 범주에 따라 분류했고, 식품 오염에 대한 대중의 인식에 따라 식이요법에 대한 신념이 커졌다 줄어드는 주기를 추적했다. 미국의 음식 소비 역사를 살펴본 그의 전작들인《식탁 혁명: 미국 식단의 변화Revolution at the Table: The Transformation of the American Diet》와《풍요의 역설: 현대 미국 식사의 사회사Paradox of Plenty: A Social History of Eating in Modern America》를 토대로 한《음식 그 두려움의 역사》는 식이요법의 신념과 실천이 어떻게 예측 불가능하게 변화해왔는지, 이 신념과 실천이 신대륙의 풍요로운 자연만이 아니라 건강과 질병, 식단의 관계에 대한 대중의 이해에 따라 어떻게 형성되는지 보여준다. 그는 신대륙 식단의 풍요로움과 더불어 새로움과 가능성 때문에 극단적 형태의 식단들이 등장했고, 최근에는 과체중을 해결한다는 유행 식이요법들이 생겨났다고 주장한다.[7]

식이요법산업의 상업적 면모는 힐렐 슈워츠Hillel Schwartz의《결코 만족할 수 없는: 식이요법과 판타지, 비만의 문화사Never Satisfied: A Cultural History of Diets, Fantasies, and Fat》에서도 다룬다. 이 책은 미국의 유행 식이요법을 다룬 최초의 학술서다. 슈워츠는 비만, 체중과 관련된 생각들과 식이요법을 검토하면서 이렇게 말한다. "식이요법은 느닷없이, 야만인이나 방랑하는 성자처럼 어디에서 오는지 모르게 나타났다가, 나타날 때만큼이나 쉽고 빠르게 사라지는 것 같다." 돈으로 구매할 수 있는 새로운 치유법을 찾기 위한 끊임없는 탐색이야말로 미국식 식이요법을 규정하는 중요한 특징이다. 식이요법은 과체중을 해결할 최신이자 최고의 수단으로 식이요법을 홍보하는 다이어트산업과 연결되기 마련이다. 슈워츠는 식이요법은 늘 무언가를 팔 기회와 묶여 있다고 말한다. 책과 컨설팅으로 아이디어를 팔고, 약이라고 표시된 가짜 약을 팔고, 비만의 원인으로 지목된 식품을 대체할 식품을 판다. 그는 이런 상황을 '식이요법과 식이요법 식품, 식이요법 음료, 식이요법 책, 식이요법 전문 의사, 식이요법 약, 식이요법 도구를 파는 떠들썩한 장터'라고 요약한다. 이들 중 많은 것이 새로운 이름과 새로운 얼굴, 새로운 체중 감량 기회를 내세우며 재탕된다.[8]

미국에서는 몇 가지 문화 변수가 결합해 식이요법산업이 성장하기에 좋은 환경이 만들어졌다. 이 변수로는 음식의 풍요(구세계에 비해), 개인이 자기 자신을 통제하고 책임질 수 있다고 믿는 문화, 개인의 문제든 사회의 문제든 시장이 해결할 수 있다는 만연한 신뢰가 포함된다. 이 변수들이 모여 이윤을 추구하는 식이요법 시장과 끊임없이 등장하는 새로운 유행 식이요법에 대한 욕구가 성장할 수밖에 없는 환경을 창조한다.

미국 예외주의와 음식

그런데 미국은 예외적인가? 몇몇 미국인(특히 정치인)은 미국이 예외적이라고 말한다. 물론, 그 표현 방식과 의미는 개인의 정치적 신념과 교육 경험에 따라 다르다. 그러나 분명 미국의 식이요법은 예외적이긴 하다. 식민지 시대부터 음식의 풍요는 미국의 두드러진 특징이었다. 학술서 저자든, 대중서 저자든 현재 미국의 높은 과체중과 비만율을 흔히 SAD, 곧 '미국표준식단Standard American Diet, SAD'과 연결한다. 이들은 미국 식단이 다른 선진산업국들의 식단과 비교해봐도 꽤 다르고 예외적이라고 분명하게 지적한다(그러나 다른 여러 나라도 식습관과 과체중과 비만 비율에서 미국을 따라잡기 시작했다는 증거가 늘어나고 있다).

SAD(얼마나 의미심장한 두문자어인가!) 비판은 식이요법 권위자들 사이에 널리 퍼져 있다. 인터넷에 이 단어를 검색하면 수천 개의 결과가 뜬다. 1~10페이지까지 SAD를 지지하거나 옹호하는 글은 거의 또는 아예 나오지 않는다. 모든 평가가 부정적이다. 몇몇은 SAD 개념을 사용해 팔레오나 앳킨스 등 SAD의 해악들을 없앤다는 엇비슷한 식이요법을 홍보하는 페이지다. 미국의 국민 식단에 어떤 식으로든 문제가 있다는 생각은 워낙 일반적이어서 의문시되지도 않을 정도다. SAD에 대한 설명은 극도로 부정적인 논평으로 방향을 틀곤 한다. 심지어 임상 조언에서도 미국 식단을 규탄하는 분위기가 압도적이다. 명망 있는 학술지 〈뉴트리션 인 클리니컬 프랙티스Nutrition in Clinical Practice〉에 실린 동료검토 리뷰 논문의 첫 문단도 이를 잘 보여준다.

> 미국표준식단SAD으로도 불리곤 하는 서구식 식단의 유래는 1만 년 이상 지난 신석기시대까지 거슬러 올라갈 수 있다. 바로 이 시기에 농업과 축산업이 진화해 동물과 곡물 소비가 증가했다. 오늘날의 서구식 식단, 곧 SAD는 (문화마다 조금씩 다르긴 하지만) 일반적으로 정제 탄수화물과 지방이 많은 육류, 첨가 지방으로 과도한 칼로리를 흡수하지만 통곡물과 과일, 채소의 여러 영양소는 결핍된 전반적인 식사 패턴을 일컫는다. 이 식사 패턴은 지나친 나트륨 섭취로 이어지며 요즘 놀라운 수준의 과체중과 비만율만이 아니라 2형당뇨와 고혈압, 심장병처럼 식단 관련 질환과 증상의 원인이 되어왔다.[9]

이 문단은 SAD를 육류, 지방, 탄수화물, 나트륨 함량이 높은 식단으로 정의하고, 오늘날의 높은 비만율의 원인이 농업과 축산업의 발달에 있다고 말한다. 달리 말해, 식단을 둘러싼 '상황'보다 식단의 '내용'을 강조한다. 우리가 살이 찌는 것은 과도한 음식 섭취와 활동 감소를 조장하는 일련의 복잡하고 상호연결된 상황 때문이 아니라 나쁜 음식 때문이라고 보는 것이다. 학계와 전문가 사이에서도 이와 같은 전면적 비판이 흔한 것을 보면, 불안한 시민과 식이요법 지도자들이 왜 특정 음식이나 성분을 그토록 아무렇지 않게 배제하는지 이해할 만하다.

일단 어떤 음식의 핵심 성분에 책임을 돌리고 나면, 유일한 해법은 그것을 완전히 배제하는 것이 될 수 있다. 방금 인용한 논문은 로렌 코데인Loren Cordain을 비롯한 여러 학자가 함께 쓴, 훨씬 더 권위 있는 논문에 많은 빚을 지고 있다. 〈아메리칸 저널 오브 클리니컬 뉴트리션American Journal of Clinical Nutrition〉에 실린 코데인 외 학자들의 논문은 현대사회에서 비만과 질병의 관계를 훨씬 더 복잡한 맥락에서 다룬다. 그러나 저자들은 또한 "미국과 많은 서구 국가에서 식단과 관련된 만성질환은 단일 요인으로는 질병률과 사망률에 가장 큰 영향을 미친다. 현대 서구인 사이에 유행하는 만성질환은 대개 성인 인구의 50~65퍼센트에 영향을 미치지만, 수렵채집 사회나 덜 서구화된 사회에서는 드물거나 거의 존재하지 않는다"라고 말한다.[10] 해결책은 간단해 보인다. SAD와는 다른 식단을 선택하는 것, 가급적 과거의 식단을 따르는 것이다. 자, 이렇게 해서 팔레오를 비롯한 유행 식이요법이 등장해 특정 식품이나 다량영양소를 먹지 말아야 한다고 주장할 무대가 마련되었다.

물론, 미국식 식단에 대한 이런 비판에는 어느 정도 타당한 면이 있다. 식이요법을 홍보하는 저자들은 마이클 폴란Michael Pollan과 배리 글래스너Barry Glassner, 배리 팝킨Barry Popkin, 마이클 모스Michael Moss, 매리언 네슬Marion Nestle, 마크 샤츠커Mark Schatzker 같은 현대식품체계를 비판한 여러 저자의 의견을 그대로 따른다.[11] 미국의 식품체계에는 분명 문제가 있으며, 미국인의 평균 비만율은 39.8퍼센트로 어느 다른 고소득 산업국보다 높다. 미국은 경제협력개발기구OECD 국가 중 비만율이 가장 높다(OECD 평균은 19.5퍼센트다). 가장 낮은 일본은 3.7퍼센트, 프랑스는 15.3퍼센트, 영국은 26.9퍼센트다.[12] 그러나 이런 통계가 나오는 원인은 지극히 복잡하며 이 책의 주요 관심사가 아니다. 미국인의 비만은 무수히 많은 요인과 관련 있다. 몇 가지만 꼽자면, 단일한 음식문화의 부재, 활동 부족, 농업 보조금 지급으로 인한 상품작물의 과잉 생산이다. 게다가 식품회사의 강력한 로비 때문에 식품 광고나 학교 점심 메뉴를 규제하려는 시도조차 많은 정치적·문화적 장애물에 부딪힌다. 음식이 풍요로우니 1인분 식사량과 일과 중 간식 섭취 횟수가 늘고, 이는 더 많은 음식 섭취와 비만으로 이어진다.[13]

로버트 폴버그Robert Paarlberg의 재치 있는 책《과잉의 미국: 미국 예외주의의 어두운 면과 탐식The United States of Excess: Gluttony and the Dark Side of American Exceptionalism》은 미국 예외주의와 풍요라는 개념을 다룬다.[14] 폴버그는 농업생산과 국제무역, 식량 불안의 관계를 수십 년간 연구했고, 이를 토대로 미국 예외주의를 독특한 관점에서 설명한다. 이 책을 읽으면 어떻게 경제와 역사가 문화적 행동과 사회적 산물에 영향을 미치는지 생각해보게 된다. 폴버그는 값싸고 풍부한 에너지(석유와 가스, 전기)와 식량 공급이 미국인의 식량과 에너지 소비를 부추겼다고 주장한다. 에너지와 식량의 지나친 소비는 국가 경영의 실패 때문이기도 하다. 미국의 다층적인 통치체계와 지역 행정부 조직 앞에서는 에너지 소비나 음식 섭취를 통제하려는 어떤 규제도 쉽게 거부되거나 차단된다. 미국은 비만율만 높은 게 아니라 1인당 CO_2 배출량도 세계 최고다. 다른 부유한 선진국의 거의 두 배나 된다.[15] 폴버그는 이런 식량과 에너지 소비가 문화와 밀접하게 얽혀 있고, 일반적인 문화적 가치를 드러낸다고 이야기한다. 또 "다른 부유한 국가의 시민들과는 뚜렷이 구별되는 시민들, 곧 정부의 권위를 불신하고, 사회의 책임보다 개인의 책임을 강조하며, 종교를 받아들일 준비가 되어있고, 과학과 기술을 유별나게 낙관하는 시민들"을 키워내는 문화적 신념체계와 관련 있다고 말한다.[16] 이처럼 문화적으로 구성된 생각과 가치가 결합해 전 국가 차원에서 음식과 에너지 소비를 줄이려는 시도를 막아선다.

폴버그는 결과의 책임과 원인을 개인에게 돌리는 경향 때문에 미국은 완화(예방)보다 적응(치료)을 반기며 "이미 비만인 사람들을 위한 사회적 인정과 기반시설 확충, 의료적 치료를 해법으로 선택할 때가 더 많다"고 지적한다. 따라서 미국인들은 정부가 공공보건 부분에 개입하는 것을 원하지 않는데다 비만을 개인의 책임으로 보는 경향까지 있으므로, 가당 음료 과세에는 반대하면서 개인적으로 식이요법을 시작하거나, 비만대사수술을 받거나, 체중 감량 약품을 복용할 가능성이 크다. 폴버그는 책 끝부분에서 이런 모순을 충격적인 말로 요약한다. "기후변화에 대응해 미국은 자신, 오직 자신만을 보호하는 방향으로 나아가고 있다. 정부보다 개인의 책임을 강조하는 미국의 비만 대응은 운이 좋은 시민들, 곧 비만을 피할 만큼 잘 교육받고 의학적 치료를 받을 여유가 있는 시민들에게는 효과적이다. 그러나 교육을 덜 받았거나 동원할 자원이 더 적은 미국인들, 특히 빈곤한 약자들에게 공공정책의 강력한 뒷받침 없는 개인의 책임은 적절하지 않다."[17] 폴 버그는 왜 미국인들이 공공보건 프로그램을 지지하기보다 개인적인 식이요법이나 운동 프로그램을 기꺼이 선택하는지 설명하면서 어째서 유행 식이요법이 미국에 그토록 만연한지 알려준다. 날씬한 몸이 계급과 인종을 드러내는 기호이자, 미국 문화에서 '승자' 위치에 있다는 것을 보여주기 때문이라는 것이다.

식이요법, 몸, 정체성, 그리고 시민성

헬렌 조이 바이트Helen Zoe Veit의 뛰어난 책《현대적 음식, 도덕적 음식: 자기 통제와 과학, 20세기 초 현대 미국식 먹기의 출현Modern Food, Moral Food: Self-Control, Science, and the Rise of Modern American Eating in the Early Twentieth Century》은 날씬한 몸이 좋은 시민성의 체현으로 인식되는 현상을 탐구했다.[18] 바이트의 책은 유행 식이요법 연구에 깊은 통찰을 더한다. 마른 몸이 어떻게 좋은 시민성과 도덕성, 자기 훈육, 지적이고 종교적인 가치의 상징이 되었는지 다양한 자료를 들어 설명한다. 그는 1910년 무렵을 중대한 전환점이라고 말한다. 이 시기에 패션은 날렵한 선을 강조하는 방향으로 달라졌으며, 영양학은 소비자들에게 칼로리의 가치(와 위험)를 알렸고, 곧이어 제1차 세계대전이 일어나자 식량 소비를 줄여 군대와 동맹국을 위해 식량을 보내자는 음식절약운동이 일어났다. 바이트가 설명한 대로 "정부는 음식절약운동을 긴축 생활의 도덕적 가치를 홍보할 기회로 봤고, 올바른 신체적 자기

통제와 개인의 정치적 자기 통제를 연결"했다.[19]

이 절약운동은 현대 문화에 대한 반감에도 호소했다. 더 소박했던 과거를 동경하는 향수를 자극했고, 청교도와 개척자들의 식단을 전쟁 승리를 위한 도덕성이나 긴축 생활과 동일시했다. 식량 개혁가들은 좋은 영양을 공급하는 것이 개인의 신체만이 아니라 국가 경제를 위해서도 반드시 필요하며, 나쁜 영양을 공급하는 것은 국가안보를 위협한다고 믿었다. 또 자기 통제와 도덕적 행동, 금욕주의를 개인의 몸만이 아니라 정치체계와 연결했다. 좋은 사람, 좋은 시민은 절제력과 경제적 능력을 가졌으며, 애국적이며, 무엇보다 마른 사람이었다. 음식 섭취를 줄임으로써(또는 줄이고 있다고 생각함으로써) 반드시 날씬해지는 것이 아닌데도 체중 감량을 약속하는 유행 식이요법이 등장할 문화적 여지가 만들어졌다. 과거에도 '플레처리즘Fletcherism'(소량의 음식을 오래 씹어 삼키는 식사법으로 20세기 초반 미국의 영양학자 플레처가 제안했다 - 옮긴이)처럼 더 나은 소화나 켈로그의 식단처럼 전반적인 건강을 약속하는 유행 식이요법이 있었지만, 체중 감량만을 강조하지는 않았다. 그러나 20세기가 진행되면서 식이요법은 무엇보다 날씬한 몸을 약속했고, 건강과 활력 증진은 체중 감량의 부수적 효과가 되었다.

더 우려스러운 움직임은 도덕성과 애국주의, 자기 통제, 날씬한 몸, 훈육이 결합하는 과정에서 '우경학Euthenics'(환경 인자의 개선을 통해 인종을 개량하려는 학문 - 옮긴이)이라는 인종주의 이데올로기를 끌어안기도 했다는 것이다. 우경학은 '지능과 자기 훈육은 백인에게만 진정으로 허락된 고등 자질'이므로 백인만이 날씬한 몸과 애국심을 가질 수 있다는 통념을 강화했다.[20] 이런 인종주의는 음식 섭취를 자발적으로 줄이고, 날씬하고 건강한 몸을 관리하는 데 필요한 자기 통제가 청교도적 가치에 기반한다는 수정주의적 서사로 심화되었다. 아프리카계 미국인과 그 밖의 비백인 집단은 자기 통제력이 부족하고, 심지어 음식 섭취를 자발적으로 줄이기 위해 필요한 애국심이 없다고 봤다. 음식 절약 문제를 더 복잡하게 만든 것은 아껴야(그래서 유럽으로 보내야) 할 음식이 바로 '백인종'의 자연스러운 식단으로 알려진 식품, 곧 밀과 소고기였다는 사실이다.

당시 인종에 대한 통념에 따르면, 서로 다른 인종은 서로 다른 식단을 필요로 하는데, 앵글로색슨 백인에게는 육류가 자연스럽거나 이상적인 음식이었다. 전쟁에 동원하기 위한 선전은 긴축 생활을 통해 인종을 개량할 수 있다는 주장도 폈다. "우리는 지금 더 적게, 더 소박하게 먹는다. 따라서 더 강한 인종이 될 것이다." 백인의 음식은 '깨끗한' 음식, 곧 순수하고 순결하며 소박한 음식이기도 했다. 그리고 이는 미국의 초기 식민지 정착자와 청교도들이 먹었던 것과 같은 음식으로 간주되었다. 실제로 살찐 사람은 음식을 아끼지 않을 테니 '무책임한' 사람으로 취급받았고, 음식을 아끼고 애국적인 사람은 '올바르게 마르고 군살 없는' 사람으로 통했다.[21] 곧 살찐 사람은 애국하지 않는 시민, 날씬한 사람은 훌륭한 미국인이었다. 심지어 '살찌고 게으른' 이웃을 책임감 없는 시민으로 생각해 정부에 신고하는 경우까지 있었다. 바이트가 내린 결론대로 "날씬함의 이상은 사회질서에 대한 진보주의 시대(미국 역사에서 대략 1890~1920년에 해당하며 미국인들의 삶을 개선하기 위해 사회, 정치, 경제 분야에서 다양한 개혁운동이 일어난 시기—

옮긴이) 사상의 핵심을 이루는 근본적인 지적·도덕적 신념, 특히 신체적 자기 통제가 도덕적·정치적 자치 능력을 보여준다는 신념에서 나왔으며, 이런 신념은 점점 확고"해졌다.[22] 여기서 '진보'라는 표현이 요즘과 같은 정치적 함의를 갖지 않는다는 점을 짚고 넘어가야겠다. 당시 진보는 이성과 과학을 사용해 국가와 사회, 개인을 개량하려는 사상과 운동을 뜻했다. 그리고 안타깝게도 '우생학'과 '인종주의'를 포용할 때가 많았고, '우경학', 곧 환경의 영향으로 인종을 개량하겠다는 생각이 영양학과 식단 관리를 통해 완벽한 인종을 만들 수 있다는 생각과 밀접하게 연결되곤 했다.

바이트의 사회적 개념 분석에 묘사된 몸과 계급, 인종, 시민성은 오늘날에도 낯설지 않다. 날씬함은 내면의 성격 특성이 외면으로 발현된 것으로 간주된다. 그러나 이런 성격 특성은 인종이나 경제적 지위와 연결되면서 '좋은' 특성은 백인의 것으로, '나쁜' 특성은 흑인이나 유색인, 가난한 사람들, 앵글로색슨 백인이 아닌 사람들의 것으로 인식된다. 날씬한 (백인) 시민은 똑똑하고, 자제력 있고, 활기차고, 경제적 생산성이 높고, 사회적 책임감과 신앙심이 강하며, 훌륭한 애국 시민이라는 배역을 맡는다. 나머지는 당연히 멍청하고, 게으르고, 가난하고, 통제 불능이고, 비도덕적이며, 이기적이고, 신앙심과 애국심이 없다. 이와 같은 종류의 인종주의적 관점이 생긴 것은 20세기 이전이었지만 바이트에 따르면, 이 편견이 신체 치수와 연결되기 시작한 것은 제1차 세계대전 이후부터다.

바이트는 설득력 있는 분석을 통해 건강과 시민성, 인종이라는 사회적 개념이 어떻게 연결되는지 잘 보여주었다. 그리고 이런 문화적 연결은 슬프지만 오늘날에도 흔한 듯하다. 그러므로 이 연관성이 요즘 식이요법자들에게서 관찰될 수 있고 사회적으로 중요한 의미가 있을 것이라 가정하기 쉽다. 그러니까 식이요법 수용과 사용 패턴이 어떤 식으로든 인종과 민족 집단의 영향을 받거나 그에 따라 결정된다고 생각할 수 있다. 그러나 대체로 그렇지 않은 듯하다. 식이요법에 관한 연구와 조사를 전반적으로 검토한 결과, 서로 다른 인구집단별로 식이요법의 수용과 실천 패턴이 달라 보이지는 않는다. 한 가지 예외는 많은 대안 우파 남성들의 마음을 사로잡은 팔레오 식이요법이다(5장에서 이야기하겠다). 하지만 이 현상은 인종 차이나 백인 우월주의보다는 여성 혐오와 더 관련 있는 듯하다. 물론 팔레오 식이요법이 특정 부류의 백인 남성에게 인기가 있다고 해서 다양한 경제 수준과 배경을 지닌 그 밖의 남성이나 여성에게 인기가 없다는 말은 아니다. 유행 식이요법의 약속은 집단을 차별하지 않는다. 건강과 체력이 좋아진다는 약속에는 누구든 귀가 솔깃해지는 법이므로 모두 이런 식이요법에 끌리기 마련이다. 키워드와 주제 검색을 사용해 인종과 민족, 젠더를 비롯해 그 밖의 '상호교차적 범주들Intersectionalities'(학자들이 이런 범주들을 생각할 때 즐겨 쓰는 개념이다)과 유행 식이요법의 수용과 효능, 공동체의 관계를 다룬 동료검토 학술논문을 아무리 찾아봐도 앞에서 언급한 팔레오 식이요법 이상은 나오지 않았다. 건강과 행동 요인이 어떻게 서로 다른 인구집단에 영향을 미치는지에 관심이 많은 요즘의 문화적 상황을 생각했을 때 상상하기 힘든 결과라 할 만하다. 하지만 이해할 만한 일이기도 하다. 우선, 유행 식이요법의 매력이 워낙 광범위한데다 영양 효능과 관련된 실험에는 어려움과 비용이 따른다. 게다가 인종 차이를 가정한 연구는 권장되지 않고(서로 다른 집단별 차이보다 같은 집단 내부에 대체로 더 많은 생물학적 변이가 있으며 '인종'은 생물학적 범주보다 사회적 범주에 가깝다는 경고를 염두에 두어야 한다), 명시적으로 인종에 기반한 연구는 (좋은 목적이라 해도) 윤리적 우려를 불러일으킬(그리고 연구비를 조달하기 어려울) 수 있다.

그리고 건강 프로그램을 고안하고, 책을 쓰고, 건강 상담을 제공하는 식이요법 지도자 다수가 백인 중산층(또는 중상층)이긴 하지만, 그들의 메시지가 같은 백인 중산층만 겨냥하지는 않는다. 식이요법과 라이프스타일 요리책은 다양한 문화의 요리를 변형한 요리법을 선보임으로써 그들의 식이요법이 출신 배경과 관계없이 모두를 위한 것이라는 신호를 보낸다. 이들 요리책과 라이프스타일 안내서를 읽으면서 'X' 식이요법이 'Y' 부류에 속하는 사람을 겨냥한다고 확실히 말하기는 꽤 힘들다. 게다가 아바타 사용 때문에 식이요법과 관련된 온라인 공동체 구성원들의 인종이나 젠더, 민족 정체성을 파악하기도 어렵다. 그렇다고 서로 다른 집단의 식이요법 선택이 어떻게 다른지에 대한 질문이 흥미롭지 않다는 건 아니다. 이런 연구는 지원비를 받기도, 연구를 수행하기도 정말 힘들다는 말을 하려는 것이다. 어쩌면 필요한 연구일지도 모른다. 특히 유행 식이요법과 관련된 생물문화적 믿음과 행동이 특정 집단의 건강에 영향을 미친다면 말이다. 더 흥미로운 연구는 서로 다른 인종, 소득, 지역, 정체성 집단이 어떻게 유행 식이요법을 받아들이고 경험하는가를 다루는 연구일 것이다. 이런 연구는 아직 발표되지 않았으므로, 서로 다른 인구집단이 어떻게 유행 식이요법을 인식하고 사용하고 변형하고 수행하는지 그리고 그런 선택이 정체성이나 사회적 수행에 어떻게 영향을 미치는지 다룬 연구가 나오기를 바란다.

마른 몸과 인종주의의 관계에 대한 바이트의 분석을 다시 떠올려 보면, 이처럼 사회적·인종적 분류와 몸을 연결하는 유해한 사고방식이 유행 식이요법산업과 체중 감량 욕구를 키우는 것은 분명하다. 살찐 몸은 매력이 없을 뿐 아니라 사회적 정체성을 격하시킬 만한 특성들의 표현으로 인식되기 때문이다. 어쨌든 "돈은 많을수록, 몸은 날씬할수록 좋다"라는 말이 흔히 인용되는 세상이다. 이는 부자는 날씬하고, 가난한 사람은 살찔 가능성이 많다는 생각을 깔끔하게 표현하는 격언이다. 사회학자 앨리스 줄리어는 비만과 빈곤을 다룬 연구에서 계층화된 사회에서 비만은 중요한 기능을 한다는 결론을 내린다. 살찐 몸은 낙인으로, 살찌지 않은 몸은 미덕으로 간주되기 때문이다.[23] 이 책은 살찐 몸이나 인종, 민족을 주제로 다루지는 않는다(다른 학자와 건강 전문가들이 이 주제를 노련하고 권위 있게 다루었다). 그러나 어떻게 날씬한 몸과 살찐 몸에 대한 문화적 믿음이 정체성과 시민성, 자아 개념에 영향을 미치고, 체중 감량을 부추기며, 유행 식이요법이 번성하기에 좋은 환경을 제공하는지 이해하는 것은 중요하다. 날씬하고 건강한 몸이 미국이라 불리는 예외적 문화의 이상을 상징한다면, 또한 개인적·사회적 성취의 신체적 표현이라면, 미국에 유통되는 엄청나게 많은 음식과 점점 증가하는 비만율, 번성하는 식이요법 시장은 심각한 인지부조화를 일으킬 수밖에 없다.

음식 불안

비만으로 계층 사다리에서 아래 칸으로 추락할지 모른다는 공포는 현대의 삶과 소비를 둘러싼 많은 불안 가운데 하나다. 분명 음식은 그 자체로 불안을 일으킨다. 개인적 차원에서 느끼는 걱정과 불안이 있고, 식이 패턴이나 신념에 영향을 미치는 문화적 차원의 음식 불안 서사도 있다. 피터 잭슨Peter Jackson은 《불안한 식욕: 음식과 소비문화Anxious Appetites: Food and Consumer Culture》에서 이런 불안을 탐구했다.[24] 잭슨의 초점은 식이요법 열풍은 아니다. 하지만 음식에 대한 공포를 다룬 이 책은 왜, 어떻게 식이요법 열풍이 문화적으로 중요한지 이해하는 데 도움이 된다. 그의 초점은 굶주림을 두려워하는 사회가 아니라 풍부한 음식과 선택지 속에서 언제, 어떤 음식을 선택하는 게 올바른 것인지, 그 음식들 '안'에 무엇이 있는지를 불안해하는 사회에 있다. 사람들은 식품 안전만이 아니라 식품이 건강에 어떤 영향을 미칠지도 우려한다. 식품 안전에 대한 우려는 식품의 외부적 또는 비본질적 요인으로 인한 오염 가능성에 대한 두려움이고, 식품의 영향에 대한 두려움은 식품 내부의 고유한 영양과 성분, 곧 식품의 본질적 속성에 대한 두려움이다.

이 불안들은 개인이 특정 음식에 느끼는 두려움이 아니라 문화적인 음식 불안 서사다. 그리고 이는 문화적 서사로서 실천 공동체에 의해 집단적 영향을 발휘하며 사회적으로 공유된다. 음식에 대한 위험이 인지되면 소비자들은 음식 구매와 섭취 습관을 재고하기 때문에 일상의 리듬과 의례가 교란된다. 인류학자들은 음식 불안이 일상적 관습에 균열을 일으킴으로써 사회적·개인적 정체성 형성 과정을 변화시키며, 안정감을 흔들고, 더 나아가 공포와 불안 상태를 창조한다고 주장한다. 음식 불안은 자아의 수행 역시 중대하게 방해한다. 이는 내적 불안(건강에 미칠 영향이나 살찐 몸과 경제적 추락에 대한 두려움)일 뿐 아니라 외적 불안(다른 사람이 자신의 음식 선택과 섭취에 대해 무엇이라 생각할지에 대한 두려움)이기도 하다. 사람들이 음식 선택에 대해 두려움을 느끼는 이유는 그 선택이 정체성을 협상하고 관리하는 사회적 공간에서 일어나며, 자신이 되고 싶고 다른 사람들 눈에 보이고 싶은 유형의 자아를 수행하는 과정이어서다. 이는 자아와 타자 사이의 끊임없는 대화가 필요한 과정이다. 소비재를 통해 자아를 확인하는 동시에 자아를 타자에게 대상으로 내보이는 과정이기 때문이다. 여기에 체중이 늘지 모른다는 걱정과 계급이나 지위, 사회적 '체면'을 잃을 수 있다는 두려움을 더해보라. 그러면 식이요법 열풍이 이해될 것이다. 특히 이런 식이요법이 간단명료하고 쉽게 따라 할 수 있는 신념과 실천을 통해 널리 인정받는 문화적 음식 서사를 따름으로써 자아의 가치를 입증하고 사회적 가치를 증명할 수 있다고 약속한다는 점을 생각하면 그 인기가 더더욱 이해될 것이다. 대부분의 유행 식이요법은 몇 가지 쉬운 단계만으로 놀라운 결과를 얻을 수 있다고 장담한다.

상품의 풍요와 (과)소비, 정체성 형성, 두려움이 위태롭게 뒤엉킨 상황에서 적절하게 먹고 이상적 신체 치수에 도달하라는 사회적 규범을 수행하려면 엄격한 자기 통제와 훈육이 필요하다. 게다가 요즘 어떤 음식을 어떻게 먹는 것이 사람들 사이에서 인정받는지 알려면 문화적 지식도 깊이 갖춰야 한다. 평범한 미국인에게 가해지는 이런 압박은 모순적이지만 문화적 명령에 가깝다. 날씬하고, 근육질의 건강한 몸을 가져야 한다는 명령 말이다. 곧 시민-소비자의 바람직한 내적 자질을 시각적으로 보여주는 몸, 그러니까 지적이며, 유능하고, 자제력 있고, 애국적이며, 경제적 성공을 이룬 시민-소비자의 몸을 소유해야 하는 것이다. 잘못된 체형과 신체 치수를 내보였다가는 사회적 지위와 계급이 위태로워진다. 그러나 동시에 우리를 둘러싼 환경은 지나치게 많은 음식을 제공하고, 실제로든 개념적으로든 지나치게 많은 소비 기회와 기대를 제시하며, 특정 상품을 구매하고 적절한 라이프스타일을 드러냄으로써 자아 정체성을 창조하고 개발하도록 부추기기 때문에 인지부조화가 생긴다. 게다가 워렌 벨라스코가 언급한 대로 사회 환경은 "개인이 자기 의지로 완벽한 삶을 살 수 있다는 믿음, 자연을 통제할 수 있다는 믿음, 젊음의 이상화, 몸을 대하는 기계론적 관점, 프로테스탄트 노동 윤리, 소비자본주의로 문제를 해결할 수 있다는 확신"을 갖도록 우리를 길들인다.[25] 이런 환경에서 통통한 사람이 느끼게 될 심리적 압박을 상상해보라. 욕망의 표출을 미덕으로 여기고, 끊임없는 간식 섭취와 소비, 소비주의를 통한 자아 표현을 부추기는 문화 속에서 식욕을 통제하기가 얼마나 불가능한지 상상해보라. 저녁거리를 사기 위해 대형 마트 매대 앞에 선 사람들은 이처럼 혼란스럽고 위태롭게 뒤엉킨 모순적인 문화적 명령들에 압도되어 무엇을 선택해야 할지 알 수 없을 때가 많을 것이다.

이런 선택은 공적 영역에서 서로 상충하는 영양 지식들 때문에 더욱 어려워진다. 구글 정보부터 연예인의 최신 메이크오버에 이르기까지 수많은 영양 지식은 영양학을 잘 아는 사람조차 혼란스럽게 할 정도다. 정보의 풍요는 음식의 풍요와 닮았고, 음식과 관련한 결정과 실천을 더 어렵게 만든다. 바이트가 보여준 것처럼 통제는 애국심과 건강한 몸, 좋은 시민, 성공한 사람, 심지어 올바른 사람과 떼려야 뗄 수 없는 자질이다. 미국 문화에서 날씬한 몸과 연결되는 특징은 너무나 압도적으로 긍정적이고, 살찐 몸에 달라붙는 특징은 너무나 수치스럽고 부정적이어서 '패자'의 확실한 상징처럼 인식되기도 한다. 이러니 유행 식이요법이 등장하지 않을 수 없다. 날씬한 몸에 걸린 판돈이 너무 크기 때문에 식이요법 열풍이 생기지 않을 수 없다. 게다가 식이요법의 단순성은 너무 많은 정보와 너무 많은 음식으로 뒤엉킨 매듭을 손쉬운 해법으로 단번에 잘라낸다. 유행 식이요법산업의 창조에 일조하는 문화적·심리적 과정을 벤다이어그램으로 만든다면, 다양한 믿음들(음식의 내재적이며 외재적인 속성, 식이요법 선택의 사회적 의미, 몸과 자아, 사회적 지위에 대한 생각 등)이 수렴하는 지점에서 음식과 관련해 단순하고 쉽게 이해할 수 있는 자아 서사의 필요성이 나타날 것이다. 곧 유행 식이요법이 말이 되는 이유는 사회적·문화적·언어적·생물학적으로 구성된 우리의 세상과 밀접하게 연결되어서다. 유행 식이요법이 말이 되는 이유는 집단적 인정과 소속감이 생성되는, 유의미하고 문화적으로 중요한 사회적 공간을 개인에게 제공해서다.

계급과 소비주의

사회경제적 계급과 성공의 또다른 지표는 소비다. 한 사람이 구매하고 사용하는(그리고 먹는) 것은 신체 치수와 체형만큼 확실한 계급 지표가 된다. 그러나 소비주의는 비만을 부추기는 요소이기도 하다. 소비는 교환과 생산, 사용이라는 사회경제체계를 조직하는 주요 수단일 뿐 아니라 개인의 정체성과 일상에서 중심을 차지한다. 소비자의 선택은 자신이 누구인지를 정의하고 창조하며, 한 사람이 구매하고 소유하고 보여주기로 선택한 것에 따라 그의 사회적 정체성과 기회가 만들어진다.[26] 소비주의는 폴버그가 탐구한 과잉을 환영한다. 사실, 소비주의는 과잉에 의존한다. 과잉이 있을 때 이른바 자기 결정이나 자기창조가 가능하기 때문이다. 그리고 과잉이 필요한 상황이라면, 과잉 생산과 과잉 소비를 줄이기 위한 노력은 거의 없을 것이다. 에너지부터 음식까지 그리고 옷과 가정용품의 무분별한 구입까지 과잉이 허용된다. 풍요는 또한 음식 섭취를 부추긴다. 1인분 섭취량의 변화와 음식 섭취 증가를 다룬 여러 연구가 이를 입증한다.[27] 많은 면에서 풍요는 더 살찐 인구를 만들어내기에 완벽한 처방이다. 특히 거다 리스Gerda Reith가 주장한 것처럼 소비 자체에 심리적 중독성이 있다면 더욱 그렇다.[28] 리스는 사회학과 경제사를 사용해 어떻게 상품 소비가 정체성의 표시가 될 뿐 아니라 필연적으로 (심리적) 중독성을 지니는지 설득력 있게 분석한다. 그는 소비를 우연적이거나 부수적으로 생긴 습관으로 보지 않는다. 소유욕은 현대 자본주의 상품체계의 출현에 필수적이라 주장한다.

리스는 사례 연구에서 소비의 중독성, 특히 마약과 알코올, 음식, 도박(탈물질적 소비의 형태인) 소비의 중독성을 보여주기 위해 상품에 대한 서구 철학의 개념을 살펴보고, 생산되고 거래되고 사용되는 '사물'로서 상품의 역사를 바라봤다. 서구 문화 안에서 중독의 개념을 검토한 여러 사람처럼 리스도 (정신질환진단및통계편람DSM-5에 명시된 대로) 중독을 통제 상실과 연결한다. 그는 그 이유를 이렇게 설명한다. "신자유주의 소비문화에서 '질병'으로서 중독에 대한 이해는 오랜 기간 이어져온 통제 상실에 대한 우려의 연장선에 있다. 중독은 데카르트적 이분법의 경계를 서성이는 증상으로, 신체 질환인 동시에 정신장애이며, 이는 몸과 정신 사이의 혼종 지대 어디쯤에 자리한다."[29] 중독을 통제 상실과 연결하는 설명 방식은 18세기 서구 사회의 문화와 상업에서 유래한다. 당시에는 담배와 설탕을 비롯해 식민지나 외국의 생산품이 서구 사회로 풍요롭게 유입되면서 노동계급도 이런 소비재를 사용할 수 있게 되었다. 이 상황은 오용과 남용에 대한 두려움을 부채질했다. 상류층은 사용해도 되는 물질이 하류층에게는 허용되지 않았는데, 하류층이 이 물질들을 소비하는 것은 계급 특권을 침해하는 것이며 문화적으로 결정된 암묵적인 사치금지법을 위반한 것으로 간주되었다. 게다가 상류층은 마약을 비롯한 상품의 소비를 더 잘 관리할 수 있다고 생각되었다. 그러니까 그들은 통제력을 보여줄 가능성이 더 많다는 것이다. 여러 다른 저자들도 설탕처럼 예전에는 상류층의 전용품이던 상품을 하류층이 사용하게 되면서 등장한 사회적 '문제들'을 탐구했다.[30] 그러나 리스는 이런 상품의 사용을 자본주의 체제의 핵심 목적과 연결한다. 그의 분석에 따르면, 자본주의는 상품을 생산하기 위해 선택과 통제, 사용, 남용에 의지한다.

　자본주의가 소비를 부채질하기 위해 과잉 생산을 필요로 하듯, 식품체계도 소비자들이 욕망하는 것을 공급하기 위해 초과 생산과 과잉을 필요로 한다. 따라서 소비자는 자신을 스스로 관리·감독해야 한다. "비만과의 전쟁이 겨냥해야 하는 표적이 정치경제체계에 있을지라도 전투는 주로 개인 소비자들의 몸과 뇌, 주체성 차원에서 벌어지기 때문"이다.[31] 살찐 사람은 낙인이 찍히지만 음식이 어디에나 널려 있는 상황이라면 적절한 자아를 만들기 위해 식이요법이 꼭 필요하다. 리스는 "이제 과잉은 소비자본주의 체제의 본질적 속성처럼 보이기 시작했다. 이 관점에서 보면, 살찐 몸들과 병적인 도박꾼들, 폭음하는 사람들, 고질적 흡연자들은 이성과 생산성의 그림자 속에서 형성된 문화적 형상으로 모습을 드러내며, 책임 있고 통제된 소비를 말하는 이데올로기를 물리적으로나 상징적으로 거스르는 존재로 기능한다"라고 말한다.[32] 요즘의 비만 비하도 마찬가지로 살찐 사람에게 부정적인 딱지를 붙인다. 통제력 없고, 나약하고, 성공하기 힘들고, 중독자가 될 가능성이 있다는 딱지인데, 이는 합리성과 지성이 부족하고 잠재적으로 위험한 인물이 될 수 있다는 것을 뜻한다. 승자독식 사회에서 살아남으려면 성공해야 하고, 문화적 요구와 기준에 맞게 성공을 수행해야 한다는 것을 잘 아는 계층상승 지향적 시민들에게 살찐 사람은 분명 위험 인물로 보일 것이다.

가난과 비만

우리는 비만과 빈곤을 결정하는 사회구조의 중요성과 비만과 빈곤, 계층 이동의 연관성을 무시할 수 없다.[33] 비만의 원인은 복잡하지만, 비만과 가난의 연관성은 분명하며 잘 알려져 있다. 식량 불안정과 빈곤은 서로 관련이 있고, 둘 다 높은 비만율과 연결된다. 공공보건 연구에 따르면, 미국에서 빈곤율이 높은 거의 모든 주가 비만율도 높다.[34] 이 주들은 식량 불안정과 기아 비율도 높다.[35] 많은 인구집단에서 가난과 비만, 식량 불안정 사이의 연관성이 관찰되는데, 식량 불안정을 가난의 또다른 측면으로 이해하면 좋다. 이 통계는 직관적인 이해를 거스르는 듯 보인다. 왜냐하면 식량 불안정이 심한 곳일수록 비만율이 낮을 것이라고 가정하기 쉽기 때문이다. 그러나 사회와 경제, 정치, 인구 구성과 관련된 여러 이유로 미국의 가난한 사람들은 비만일 가능성이 높다. 이와 같은 연관성은 공공보건학과 영양학, 역학에서 많이 탐구되었는데, 그 원인은 복잡하고 다원적이다.[36] 그러나 인구 구성 차원에서 검토했을 때 이 연관성은 소득 차이와도 연결된다. 부유층과 빈곤층의 소득 차이가 클수록 빈곤층의 비만율이 더 높게 나타난다.[37] 이런 일치는 결정적인 인과관계는 아니지만 비만이 가난과 식량 불안정만이 아니라 불평등과도 관련 있을지 모른다는 사실을 암시한다. 또 이 연관성은 전 세계적으로 나타난다.[38]

리처드 윌킨슨Richard Wilkinson과 케이트 피킷Kate Pickett은 《평등이 답이다: 왜 평등한 사회는 늘 바람직한가The Spirit Level: Why More Equal Societies Almost Always Do Better》에서 어떻게 비만이 불평등과 관련이 있는지 이해하기 쉽게 설명하며, 헤라르도 오테로Gerardo Otero는 가난한 사람이 어떻게, 왜 살찔 가능성이 더 많은지 엄밀하게 분석한다.[39] 간단히 말해, 가난한 사람은 더 값싸고, 칼로리 밀도가 높은 가공식품을 구매할 확률이 높다. 최근 입증된 바에 따르면, 가공식품은 더 많은 칼로리와 더 적은 섬유질을 섭취하게 함으로써 체중을 증가시킨다.[40] 신선한 과일과 채소는 일반적으로나, 칼로리당 가격으로나 초가공식품보다 더 비싼데다, 가난한 지역에서는 구하기가 더 어렵다. 게다가 가난한 동네일수록 운동 기회가 적다. 공원이 별로 없거나 밖을 돌아다니는 것이 위험할 수 있기 때문이다. 또 가난한 사람들은 교대제 노동이나 여러 일을 하다 보니 직접 요리할 시간을 내기가 힘들다.[41] 이런 특성들이 모여 가난한 사람이 비만이 되기에 좋은 환경을 만든다. 따라서 덜 부유할수록 살찔 가능성이 더 크다. 곧 신체 치수는 부와 소득과 반비례한다.[42] 사회학자 배리 글래스너는 불평등과 빈곤이 가난한 사람을 비만에 취약하게 만드는 수많은 조건을 유발하듯, 부자들은 날씬한 몸을 유지할 수 있게 해주는 환경적 조건(특권이라고 불러도 좋을)을 누린다고 지적한다. 곧 "차별이나 만성 스트레스를 겪지 않고, 더 많은 사회적 인맥을 가지며, 더 많은 교육을 받고, 체중 감량 약이나 개인 트레이너를 구매할 돈이 있으므로 부유층은 더 건강하고 더 날씬한 몸을 유지할 수 있고, 그 결과 더 높은 소득을 얻고 차별은 덜 경험하게 된다"는 것이다.[43] 그는 이 상황을 행운의 선순환이라 부른다. 그렇다면 특권을 누리지 못하는 사람들에게 돌아가는 부정적 순환 고리도 분명 있을 것이다.

경제적으로 위태로운 사람일수록 비만 위험이 높은 사회적 상황은 식이요법 유행과도 무관하지 않다. 과체중인 사람들은 임금 불이익을 경험한다는 유의미한 자료들이 있다. 특히 여성은 살이 찔수록 소득이 줄고 더 낮은 지위에 고용되는 경향이 있다. 따라서 체중이 늘면 사회적 지위를 잃게 된다고 주장할 수 있다.[44] 게다가 미국에서는 살찐 사람이 되는 것에 상당한 수치가 뒤따라오는데, 이 수치는 과체중인 사람들, 그중에서도 과체중인 여성에 대한 차별로 표현된다.[45]

우리가 음식 중독 치유운동을 (책과 온라인 자료, 대화를 통해) 살펴볼 때 온라인에서 접한 음식 중독자 이미지 중 전부는 아니라 해도 많은 이미지가 사회적 지위가 낮아 보이는 살찐 사람이 저렴한 패스트푸드나 기름진 음식, 달콤한 간식을 폭식하는 모습이었다. 음식 중독에 관련된 대부분의 책과 경험담은 체중 감량을 통해 불행이나 절망을 얼마나 줄일 수 있는지 묘사했다. 이 경험담들은 살찐 사람이 살을 빼면 경제적으로 훨씬 큰 성공을 거둘 수 있다고 전제한다. 경제적 성공은 중독 치료와 체중 감량 프로그램이 칭송하는 '새로운 당신'을 상상하는 데 꼭 들어가야 할 요소다.[46] 살찐 사람은 일자리를 얻기가 더 힘들고, 하층계급에 속할 가능성이 더 높고, 성공하기 어렵다는 문화적 믿음은 옳든 그르든 무시하기 힘들다. 결국 이는 중산층 열망계급에 속한 이들이 식이요법을 선택할 수밖에 없는 강력한 이유가 된다. 사회경제적 하층계급의 신체 치수와 라이프스타일, 정체성, 사회적 지위 사이에 연관성이 있다는 가정은 더 날씬한 허리만이 아니라 새로운 삶까지 약속하는 식이요법산업의 성장을 부채질한다.

종교로서의 유행 식이요법

제2차 세계대전 이후 급속히 달라진 미국 문화의 또다른 측면은 많은 미국인이 점점 세속화되었다는 점이다. 과거에는 가족이나 부족, 종교가 사람들의 사회적·도덕적 욕구를 충족시켰지만, 현대 미국과 세속화된 서구 도시의 많은 곳에서 이제 사람들은 가족과 가까이에 살지 않거나 기성 종교에 속해 있지 않을 가능성이 크다. 삶을 안정시키는 사회구조가 사라진 산업화된 도시 환경에서 삶은 의미가 모호해지고 힘들어졌다. 사람들은 독자적 정체성을 끊임없이 재창조하는 일을 점점 부담스럽게 느꼈고, 공동체와 규칙, 옳고 그름을 판단할 권위를 바랐지만, 그것은 충족될 수 없는 욕망이었다.

퓨연구소의 최근 보고서에 따르면, 미국인의 23퍼센트가 자신을 무신론자나 불가지론자로 여기는데, 이는 2007년의 16퍼센트보다 증가한 수치다. 밀레니얼세대의 70퍼센트는 종교가 없고, 종교가 자신의 삶에서 중요하지 않다고 말한다.[47] 이런 세속화로 많은 사람은 한때 종교가 제공했던 체계와 정체성을 찾아다닌다. 유행 식이요법은 음식에 대한 신조와 의례를 고안하고 처방함으로써 한때 종교가 했던 일을 대신한다고 말할 수 있다. 종교처럼 유행 식이요법도 혼돈에 의미를 부여하고, 우리에게 도덕적 지침과 위안을 준다. 미국처럼 세속화된 도시 문화와 공간에서 유행 식이요법은 그 어느 때보다 매력적이다. 몇몇 사람에게는 새로운 종교처럼 기능하기 때문이기도 하고, 요즘 들어 건강과 장수, 몸이 문화적으로 유례없이 중요하게 여겨지기 때문이기도 하다.

역사학자 하비 리벤스테인은 미국에 널리 퍼진 먹거리 공포를 설명한 책에서 미국인들에게는 청교도적 금욕 전통이 남아 있어서 쾌락과 탐닉을 경고하는 영양 전문가의 조언에 귀가 솔깃해지기 쉽다고 주장한다.[48] 탐닉에 대한 죄책감에 금욕을 통해 구원에 이를 수 있다는 믿음이 더해지면 음식을 제한하거나 자기를 학대하는 음식 컬트가 매력적으로 보일 수 있다. 예를 들어, 칼로리를 제한하는 장수 식이요법자들은 여러 해 동안 매일 40퍼센트의 칼로리 감량을 힘들게 실천한다. 인간과 다른 동물을 대상으로 한 과학적 연구들의 엇갈린 결론에도 불구하고, 그렇게 칼로리를 제한하면 더 긴 수명을 누리고 암이나 당뇨를 비롯한 여러 질병에 걸릴 확률을 낮출 수 있다고 믿기 때문이다.[49] 아주 많은 종교가 그렇듯, 대단히 많은 유행 식이요법도 금식과 금욕주의, 회심, 갱생을 주요 신조로 제시할 때가 많다.

제임스매디슨대학의 종교학자 앨런 레비노비츠는 유행 식이요법을 믿게 되는 사회적·심리적 과정을 분석하며 종교로서의 식이요법을 연구했다. 그는 믿음을 위해 사실에 대한 판단을 중지하는 태도가 유행 식이요법과 종교의 공통점이라고 말한다. 유행 식이요법을 믿게 되는 길은 신앙에 이르는 길과 비슷하다. 연관성을 인과성과 동일시하는 유사과학과 집단적 인정을 통과하는 길이다. 종교와 유행 식이요법 둘 다 오래되었다고 알려진 관습과 사고체계를 테크놀로지보다 선호하는 한편, 현대 과학을 무시한다. 레비노비츠는 유행 식이요법의 역사를 살펴보면서 거의 모든 유행 식이요법이 '똑같은 원형적 신화와 똑같은 미신'을 재탕한다고 지적한다. 이를테면, 2000년 전 중국의 도교 수행자들은 쌀을 먹지 않으면 수명을 연장할 수 있다고 생각했다. 이들은 농업으로 재배한 곡물이 내장에서 썩어 질병과 죽음을 일으킨다고 믿었다. 도교 수행자들은 추종자들에게 야생식물 위주로 식단을 바꾸면 '완벽한 건강과 영원한 젊음, 영생, 하늘을 나는 능력과 염력'을 얻을 수 있다고 장담했다.[50] 이 도교 수행자들은 농업시대 이전 사람들은 자연적이고, 행복하고, 장수하는 삶을 살았다면서 과거로 돌아가길 제안했다. 이 이야기에는 몇 가지 원형적 신화가 등장한다. 바로 잃어버린 낙원과 완벽한 건강, 장수하는 삶, 영원한 젊음이다. 당대의 삶에서 상실된 것들을 특정 음식을 거부함으로써 되찾을 수 있다고 말한다. 그리고 그것이 바로 도덕적(종교적) 과업이 된다. 오늘날 자기변신을 꿈꾸는 우리의 환상은 다른 형태를 띤다. 아마우리는 특정 식이요법으로 염력을 얻기보다는 암을 예방하거나 치료하고, 날씬해지며, 숙면을 취하고, 충만한 행복을 느낄 수 있다는 말을듣게 될 것이다. 도교 수행자들의 식이요법은 2000년 전 일이다. 그게핵심이다. 유행 식이요법들은 추종자들에게 삶의 의미를 제공하는 기존의 문화적 서사를 반복한다. 시대가 바뀔 때마다 같은 말을 되풀이하면서 사람들이 무척 욕망하는 비슷비슷한 효과를 최소한의 노력으로 얻을 수 있다고 약속한다.[51]

레비노비츠는 많은 유행 식이요법이 종교적 믿음체계처럼 비합리적일 수 있다고 확신한다. 종교와 유행 식이요법 모두 똑같은 사고방식을 사용하기 때문이다. 그는 유행 식이요법에 대한 잘못된 믿음을 조장하는 여러 사고방식을 지적하는데, 예를 들어 '특징주의Doctrine of Signature'(또는 유사성의 원칙)가 있다. 특징주의는 어떤 물질의형태를 통해 효능을 알 수 있다는 생각이다. 빨간 음식은 피에 좋고,육류는 우리를 튼튼하게 하고, 지방은 뚱뚱하게 만든다는 것처럼 말이다. 당신이 먹는 것이 곧 당신이라는 말 그대로 지방fat을 먹으면 살이 찔 것이다.[52] 레비노비츠는 "겉보기에 주술적 사고는 종교적 믿음보다 과학과 더 비슷하다. 단순하고 직관적으로 납득이 가능한데다,초자연적 존재를 가정하지 않는 방식으로 자연세계를 설명하는 규칙을 따르기 때문이다"라고 설명한다.[53] 비슷한 맥락에서 그는 설탕은대중적으로 구매 가능한 물건이 되기 전까지 건강식품으로 취급받았다고 말한다. 그러니까 지배계급이 먹는 식품일 때는 건강에 좋다고 알려진 식품이었던 것이다. 그런데 하층계급이 설탕을 구매할 수 있게 되면서 설탕 섭취는 도덕적 문제로 인식되기 시작했다. 식품과 사회 개혁가들은 사탕을 몸과 마음의 독이라 부르며 어린이들의 사탕 섭취를 비난했다. 이처럼 계급적 특권이 도둑맞았을 때 그 특권과 연결된 상품의 가치는 재구성된다. 이 상황에서 인류학자들이 '적절한 장소를 벗어난 물질Matter Out of Place'이라 부르는 것, 곧 도덕적 혼란을 일으키는 물질이 생긴다.[54]

레비노비츠는 이와 같은 문화적 과정이 대단히 비합리적이며, 유행 식이요법의 작용과 효능을 오해하거나 맹목적으로 신뢰하게 만든다고 이야기한다. 신비로운 만병통치약과 슈퍼푸드에 대한 신뢰, 특정 음식이 암을 유발한다는 오해, 잃어버린 낙원을 되돌려준다는 치료법, 쉽고 간단하고 부작용 없는 기적의 식이요법에 대한 믿음은 이처럼 잘못된 생각에서 비롯된다. 식이요법의 효과를 입증하기 힘들 때조차 이런 잘못된 생각들을 토대로 식이요법의 효능에 대한 믿음이 자란다.

역사학자 에이드리엔 로즈 비타Adrienne Rose Bitar는 역사 및 문화 연구의 렌즈로 미국의 식이요법 열풍을 분석했는데, 그는 식이요법 열풍이 시대와 장소의 산물이자 한 사회 내에서 더 광범위한 관심사를 정의하고 표현하는 독특한 문화적 관습이라고 말한다. 비타는 "우리가 우리 자신에 대해 우리에게 들려주는 이야기들 … 미국 문화가 자신의 과거와 미래에 대해 들려주는 이야기들을 형성하는 데 있어서 이런 텍스트들이 하는 역할"을 분석한다.[55] 비타가 검토하는 유행 식이요법(팔레오, 에덴Eden[성경에 기반한], 프리콜로니얼Precolonial, 디톡스Detox)들은 모두 과거에 존재했다는 가공의 황금기로 돌아감으로써 현대의 병을 치유할 수 있다고 약속한다. 그는 이들 식이요법의 서사가 한결같이 타락, 순수의 상실, 그로 인한 병든 몸과 마음을 이야기한다고 주장한다. 각 식이요법은 이상적인 과거의 공간 속에서 인류의 기원과 완벽한 상태, 건강을 정의하는데, 이 공간으로부터 한 걸음씩 멀어질수록 점점 불행해지고 건강이 나빠졌다고 가정한다. 그리고 그 식이요법을 통해 미국인들은 이상화된 과거를 체현한 미래의 완벽한 자신을 상상한다. 그러나 이런 신화를 창조하는 것은 바로 현재의 문화적 욕망과 곤경이다. 비타의 분석은 특히 에덴 식이요법 유형들을 다룰 때 설득력이 있다. 성경의 권고에 따른다는 이 유형의 식이요법들은 예수가 바라는 대로 먹고 성경을 올바르게 실천하면 올바른 체형을 갖게 되므로 이 식이요법을 따르면 날씬해질 수 있다고 약속한다. 비타에 따르면, 이 식이요법의 핵심 서사는 미국 문화가 비만의 주범이라는 것이다. 기독교에서 죄악으로 여기는 탐식이나 나태나 다른 유형의 개인적 행동이 아니라, 미국 문화 자체에 비만의 원인이 있다고 보는 것이다. 많은 기독교 식이요법 책들은 비만의 원인을 이처럼 문화에서 찾는다. 그들에게 비만은 미국이 비도덕적임을 보여주는 표시다.

에덴 식이요법 유형들은 모두 (팔레오, 프리콜로니얼, 원시인, 디톡스 식이요법과 더불어) 문제의 근원이 식이요법자의 몸이 아니라 미국 문화의 식품체계에 있다고 굳게 믿는다. 문제는 현대 미국의 생활방식과 유독한 현대 문화라고, 더 단순하고 더 '자연'적이고 더 경건

하고 도덕적인 생활방식(그 유명한 과거의 황금기)으로 돌아가야만 건강을 되찾을 수 있다고 공언한다. 비타가 지적한 대로 "팔레오와 프리콜로니얼, 디톡스 식이요법과 아주 비슷하게 종교적 식이요법도 현대 문화와 건강의 관계를 병리화하면서 현대의 질병을 사회적 타락의 생물학적 표현으로 해석"한다. 그는 "식이요법 책들은 대단히 설득력 있지만 … 그들이 들려주는 이야기는 특별하지 않다. 그들은 미국 문화의 근원적 신화를 반복한다. 바로 역사적 위기의 순간에 등장해 세상을 재창조할 준비가 된 유능하고 순결한 미국인 아담의 이야기다"라고 말한다.[56] 비타의 분석에 따르면, 식이요법 책들은 정치체계의 표현으로 볼 수 있는 개인의 몸을 되살리고 회복시킬(적어도 그렇게 할 수 있다고 인식할) 여지를 미국인들에게 허락한다. 유행 식이요법은 자아와 국가의 서사를 다시 쓸 기회를 무한히 확장하며, 끊임없이 재창조할 여지를 제공한다. 본질적으로 식이요법 책들은 미국이라는 국가와 개인의 자아가 특별하고 예외적이며, 언덕 위에 빛나는 도시를 건설하고, 이상적인 날씬한 몸매로 신체를 변형시키고 완성시킬 수 있다는 뿌리 깊은 희망의 표현이다.

유사과학

우리는 유사과학적 주장이 모든 유행 식이요법을 떠받치고 있다는 것을 거듭 확인할 수 있었다. 유사과학이란 사실에 입각해 과학적이라 주장하지만 입증된 적 없는(대체로 과학적 접근법에 적절하지도 않은) 진술이나 사고, 실천을 일컫는다. 식이요법과 관련된 유사과학적 주장들은 합리적 판단보다 직감적인 '휴리스틱Heuristics'(복잡하고 불확실한 상황에서 빠르고 효율적인 결정을 내리는 인지적 지름길로, 편견이나 오류로 이어질 수 있다-옮긴이)을 조장하는 인지 메커니즘을 사용해 사람들을 조종한다. 유사과학적 주장에서 가장 흔한 경향은 진짜 과학의 탈을 쓰는 것이다. 다음 인용문에서 알 수 있듯, 유행 식이요법은 신뢰감을 주는 전문용어를 자주 사용하고, 특정 음식이나 식습관의 좋은 점이나 나쁜 점을 과장한다.

> 독소와 항산화물질, 슈퍼푸드와 관련한 주장이 아주 많고, 이런 주장에는 '천연'('인공'이나 '조작'과 반대되는) 같은 수식어가 잔뜩 등장한다. 예를 들어, 아사이베리와 케일 같은 슈퍼푸드 열풍은 이 식품들의 항산화지수나 해독 효능을 찬양한다. 이때 등장하는 용어들 중에는 구체적으로 과학적 의미를 가진 것도 있지만, 일반인이 그 의미를 알 것 같지는 않다. 마찬가지로 특정 식품의 효능에 대한 주장들(예를 들어, 케일은 몸속에서 건강에 좋지 않은 음식을 용해할 수 있다는 주장)은 모호하고 입증되지 않았다. 그럼에도 이 단어들이 연상시키는 직관적 의미들이 이 음식들에 대한 사람들의 인식과 행동에 영향을 미친다.[57]

식이요법의 유사과학적 사고를 지적하는 책들은 아주 많다. 우리는 그 장르를 '반박 식이요법' 도서라 부른다. 그 책들은 과학적·사회적 근거를 들며 어떤 유행 식이요법의 신빙성을 떨어뜨리려는 식이요법 책이거나, 그보다 덜 험악하게는 식이요법을 여러 사회적 요소나 문화적 균열의 결과로 설명하려는 책들이다. 유행 식이요법에 대한 반박 도서는 학자나 노련한 대중 작가, 저널리스트가 쓰기도 하는데, 학술서부터 비방에 가까운 책까지 다양하다. 학술서가 아닌 반박 도서 중에는 재미있는 책이 많다. 앤서니 워너의《앵그리 셰프: 건강식에 관한 진실과 나쁜 과학The Angry Chef: Bad Science and the Truth About Healthy Eating》은 과학적 추론이 부족하다고 유행 식이요법 지지자들을 통렬히 꾸짖는 한편의 열띤 장광설이다. 종교에 대한 글을 쓰는 것으로 더 잘 알려진 데이미언 톰슨Damien Thompson은 중독과 유행 식이요법, 대체의학의 비합리성을 비판하는 책을 두 권 출간했는데, 둘 다 논리정연하고 재미있다.[58] 매트 피츠제럴드Matt Fitzgerald의《식이요법 컬트: 인기 식이요법의 놀라운 오류와 건강식 안내서Diet Cults: The Surprising Fallacy at the Core of Nutrition Fads and a Guide to Healthy Eating for the Rest of Us》처럼 자신이 고안한 새로운 '합리적' 식이요법(이 또한 평생에 걸친 체중 관리를 약속한다)을 제시하기 위해 유행 식이요법을 비판하는 도서도 있다.[59]

학자들도 이와 같은 인식론적 문제 제기에 뛰어드는 추세다. 식이요법 책이 어떻게 과학을 무시하는지에서부터 음식에 관한 사고가 어떻게 특정 세계관을 표현하는지 또는 문화가 어떻게 사람들을 예측 가능한 방식으로 믿고 행동하도록 길들이는지에 이르기까지 광범위한 주제를 다룬다. 학자들은 저널리스트나 일반 저자들만큼 선동적으로 유행 식이요법을 비난하지는 않지만, 자기 분야의 방법과 이론을 사용해 식이요법 선택과 식이요법 열풍을 부추기는 사고체계를 설명하려 애쓴다. 이들(그리고 데이미언 톰슨처럼 학술적인 책을 쓰는 일반 저자)은 식이요법의 비합리성에 경악하며, 전공 분야의 이론과 접근법을 토대로 유행 식이요법을 지탱하는 믿음이 얼마나 잘못됐고 비논리적이며 비과학적인지 보여준다.

예를 들어, 미네소타대학의 진화생물학자이자 행동생태학자인 마를린 주크Marlene Zuk는《섹스, 다이어트 그리고 아파트 원시인: 70만 년의 진화를 거슬러 올라가는 위험한 추적기Paleofantasy: What Evolution Really Tells Us About Sex, Diet, and How We Live》에서 인체생물학과 진화생물학을 바탕으로 팔레오 식이요법을 비판한다. 재미와 깊이를 모두 갖춘 이 책은 팔레오 식이요법의 바탕이 되는 믿음의 생물학적 오류를 파헤칠 뿐 아니라 오래되고, 이해하기 쉽고, 이상적인 식단에 대한 욕망을 오늘날의 가치 속에서 파악하려 한다. 주크는 영양학자는 아니지만 인체생물학과 진화, 특히 성행동의 진화에 대한 지식을 활용한다. 그의 조금 색다른 설명을 읽는 동안 독자는 음식과 성, 사회체계가 예나 지금이나 얼마나 밀접하게 연결되어 있는지 잘 이해할 수 있다. 주크는 육식(많은 팔레오 식이요법 추종자들은 육류를 과거의 주요 식품으로 여긴다)을 둘러싼 근거 없는 신화를 꼬집고, 오늘날의 영양 문제를 과거의 렌즈로 이해하려는 시도의 과학적 한계와 진화학 연구의 어려움을 지적한다. 또 수렵채집 사회를 과거 모든 인류의 표본으로 보는 접근법의 방법론적 문제, 마지막으로 고고학 유물을 사용한 추론의 한계를 언급한다.

주크는 젠더의 관점에서 어떻게 팔레오 판타지가 남성 지배적, 가부장적 상상을 뒷받침하는지 그리고 그 상상 속에서 여성이 어떻게 행위주체성이나 진화적 중요성이 없는 성적 대상으로 그려지는지도 다룬다. 사냥 가설과 전능한 알파 남성이라는 잘못된 환상에 의문을 제기하고, 육아를 지원하기 위한 사회구조와 가족·친족 네트워크의 역할도 살펴본다. 또 인간 사회집단의 진화를 다른 영장류나 척추동물과의 관계 속에서 설명한다. 그의 분석에서 특히 흥미로운 지점은 '호모사피엔스Homo Sapiens'의 과거와 현재에서 아이의 생존과 건강한 성장을 보장하는 음식 공유를 강조한다는 점이다. 생물인류학 전공자인 재닛은 주크의 분석이 타당하다고 생각한다. 주크는 이렇게 말한다. "우리의 현재나 미래를 구속하기 위해 과거를 사용하기보다 우리의 기원을 이해하는 한 가지 방법으로 과거를 사용해야 한다. 팔레오 판타지는 우리의 모든 것(몸과 마음, 행동)이 환경과 조화를 이루던 시대를 불러낸다. 그러나 앞에서 살펴봤듯이 그런 시대는 존재하지 않았다."[60]

현대 문화로부터의 소외

미국의 유행 식이요법 인기를 둘러싼 인식론과 트렌드에 공통으로 나타나는 몇 가지 중요한 생각들이 있다. 미국인들은 자신의 몸과 음식이 대단히 불만족스러운 모양이다. 현재 미국의 식단에는 건강 문제를 야기하는 고질적 결함이 있고, 과거의 이상적 식단으로부터 추락하고 타락했다는 데 모두가 동의하는 것처럼 보인다. 이런 결함은 음식 성분(탄수화물이나 글루텐, 당 같은)의 본질적·내재적 결함으로 간주되거나, 건강에 좋지 않은 음식을 만들어내는 과정이나 오염된 환경으로 인한 외재적 결함으로 인식된다. 음식과 마찬가지로 우리 몸도 현대 환경과 불화하거나(팔레오 식이요법의 주장처럼) 병들고 고통받고 있다고 생각된다. 그래서 취약한 사람에게는 음식이 위험하거나 중독성을 지닐 수 있다는 믿음이 만연하다. 이 트렌드를 보면 미국인들은 몸과 자아가 안팎으로, 다양한 전선에서 공격당한다고 생각하는 듯하다. 그러므로 음식으로부터 자아를 지켜야 한다. 식품체계(사회가 창조하고, 정치가 지휘하며, 경제가 조직한)가 우리에게 영양보다 독을 제공하고 있기 때문이다. 그래서 외부로부터의 침투를 막기 위해 자아와 음식 섭취를 통제해야 한다고 강조한다. 이런 흐름을 보면 몇몇 미국인은 자아가 문화와 갈등하며, 개인과 사회 사이에 균열이 있다고 인식하는 것 같다.

물론, 유행 식이요법이라는 개념을 미국 문화의 은유로 활용하는 것은 이론적으로 오류가 있다. 하지만 최근 인기를 끄는 너무 많은 식이요법이 이른바 유독한 식품체계에 대한 해독제로 인식되는 것을 보면, 미국의 식품체계에 대한 불신이 문화적으로 어느 정도 공유된 것처럼 보인다. 자신을 지켜야 한다는 집단적 인식이 존재하는 것이다. 식품체계 문제를 다룬 많은 책은 우리가 먹는 음식이 대단히 잘못되었다고 사람들을 설득해왔다. 그중에는 식품 음모론자들이 만든 책도 있고, 동료검토를 거친 연구와 근거 없는 추측을 뒤섞어 견고한 논증을 담아낸 것처럼 보이는 책도 있으며, 학자와 건강 전문가들이 충실한 연구를 토대로 쓴 책도 있다. 안타깝게도 대중은 이 책들의 차이를 판단하거나, 무엇이 타당하고 타당하지 않은지 알기가 무척 어렵다. 예를 들어, 재닛이 사는 지역의 도서관은 인기 있는 음식 관련 도서를 다양하게 구비해놓는다. 피상적인 안내서부터 깊이 있는 과학

도서까지 그 특성이 다양하지만, 모두 '식이요법과 건강' 책장에 꽂혀 있으므로 똑같이 타당한 책들처럼 보인다. 데이비드 A. 케슬러David A. Kessler와 마이클 모스, 마크 샤츠커처럼 명망 있는 공공보건 관료와 저널리스트의 책들이 스티븐 건드리Steven Gundry와 마크 시슨Mark Sisson 처럼 선동적인 유행 식이요법 저자의 책들과 나란히 꽂혀 있는 것이다.[61] 이 가운데는 서구 식단을 논리적으로 살펴보면서 오늘날 식품체계의 구조적 불균형을 보여주는 훌륭한 책도 있다. 반면, 피상적인 책들은 대개 식품체계의 위험성만 강조하는 편이다. 두 유형 모두 차분한 서술과는 거리가 있는 편이어서 생물학이나 보건학을 배우지 않은 광범위한 독자에게는 불안감을 준다. 농산물 직거래시장을 찾는 손님이나 일반 대중과 대화를 나누다 보면, 식품체계에 대한 문제 인식과 최신 식이요법을 선택하는 것 사이에 분명한 연관이 있다는 것을 알 수 있다. "식품 대기업들이 우리 먹거리에 독을 집어넣고 있으니 저는 클린식과 글루텐프리 식품을 먹어요. 마이클 모스 책을 읽고 클린식이 필요한 이유가 분명해졌어요"가 전형적인 반응이다. 사실, 이들 비평가 중에는 특정 식품, 심지어 식품 유형 전체(이를테면 가공식품)를 거부하면서 그 대신 더 자연적이고, 더 오래된 음식을 먹어야 한다고 추천하는 사람도 있다. 마이클 폴란이 《푸드 룰: 세상 모든 음식의 법칙Food Rules: An Eater's Manual》에서 언급했고, 이제는 악명 높은 조언이 된 명언("음식을 먹되 너무 많이 먹지 말라. 주로 채식을 하라. … 당신의 증조할머니가 음식으로 보지 않을 것은 무엇도 먹지 말라")이 클린 이팅과 팔레오 같은 식이요법을 옹호하기 위해 거듭 인용되고 있다.[62] 많은 사람에 따르면, 농장에서 수확한 신선한 음식과 채집한 먹거리를 찬양하는 폴란의《잡식동물의 딜레마The Omnivore's Dilemma》는 곧장 팔레오 식이요법으로 이어진다. 이때 작동하는 논리는 현재의 식단이 우리에게 나쁘다면, 과거에는 당뇨와 글루텐민감성, 비만, 암 같은 문제가 없었을 테니 옛날 식단이 분명 더 좋으리라는 것이다. 그 논리대로라면 클린 이팅이나 탄수화물 배제, 팔레오 식이요법이 대중의 식단과 건강 문제를 해결할 가장 좋은 방법이 된다.

　사람들은 식이요법을 개인의 선택으로 인식한다. 곧 식이요법자들은 특정 식이요법이 특정 시기에 특정 사람에게 제시되는 다양한 문화적 경로가 있다는 것을 인지하지 못한다. 자신들이 어떤 식이요법을 왜 선택했는지 분명하게 알지 못할 수도 있다. 식이요법이 약속한 결과를 그저 기대할 뿐이다. 또 그 식이요법의 수행을 통해 사회적 인정을 얻고 음식 선택을 둘러싼 불안을 줄일 수 있으리라 믿는다. 식이요법의 역사적·경제적·문화적 차원은 난해하다. 식이요법자들은 그 식이요법을 '해야만' 하며, 그렇게 했을 때 건강에 도움이 되리라는 것만 안다. 개인이 식이요법을 선택한다고 믿다 보니 사회적·문화적·심리적 요인들이 식이요법과 관련된 생각과 행동에 어떻게 영향을 미치는지 보지 못한다. 식이요법을 선택하는 일은 개인적이고 과학적인 행동처럼 보이지만, 모든 식이요법은 문화적이다. 식이요법의 타당성을 인정하는 영양학이나 과학 연구도 문화적으로 결정되고 만들어진다. 생물학적으로 정확한 정보를 전달하는 연구일지라도 마찬가지다. 식이요법 선호를 다루는 연구에서 그 결과와 자료가 생물학적 사실을 표현한다 할지라도 연구의 질문과 수행, 그 식이요법의 사회적 인정은 문화적 패러다임에서 나온다.

현대의 식이요법 유행은 말이 된다. 곧 개인의 특별한 필요에 맞춘 제한된 식단을 통해 부정적인 사회적·문화적·생물학적 영향으로부터 개인을 보호할 수 있다고 말하기 때문이다. 사람들은 외부 세계로부터, 위험한 성분을 함유한 식품과 환경적·사회적 독소로 오염된 식품으로부터 자신을 지켜야 한다. 은유적으로 말해 식이요법자는 오염된 바다에 떠 있는 식이요법의 섬이다. 현대 유행 식이요법 시장의 확산과 논조에서 우리는 개인과 사회, 개인과 문화 사이의 심각한 균열을 느낄 수 있다. 많은 사람이 자신의 건강과 안전을 지킬 유일한 방법은 세상과 자신 사이에 벽을 두르는 것이라고 믿게 되었으니 말이다.

2장

음식 배제 식이요법

전형적인 '유행 식이요법'

'음식 배제 식이요법Food Removal Diet'에 대해서는 모두 들어본 적이 있을 것이다. 어쩌면 친구가 하고 있을 수도 있고, 당신이 하고 있을 수도 있다. 음식 배제 식이요법은 특정 음식을 엄격히 제한하는 것이다. 목적은 살을 빼거나, 질병을 예방하거나, 전반적인 건강을 개선하거나, 우리 종의 생물학적 필요에 맞춘 이상적인 식단을 먹거나, '최고의 삶'을 살기 위해서다. 음식 배제 식이요법은 다소 예측할 만한 주기로 인기를 얻었다 잃곤 한다. 새로운 주창자가 나타나 지나간 열풍을 재창조해 이름을 바꿔(방법은 바꾸지 않을지라도) 홍보하는 식이다. 어느 10년 동안은 지방 섭취를 금지하는 식이요법이 유행하고, 다음 10년 동안은 탄수화물 섭취를 제한하는 식이요법이 유행한다. 그

때마다 금지된 식품군을 배제한 간단하고 따라 하기 쉬운 요리법을 제시하는 책들이 신속하게 쏟아진다(그리고 몇 년 뒤에는 중고매장 선반을 가득 채운다). 유명인과 건강 프로그램 지도자들이 나서서 음식 배제 식이요법을 칭송하기도 한다. 당신이 건강과 행복을 얼마나 소중히 여기는지 친구와 가족, 인스타그램 팔로워들에게 보여주고 싶다면, 1~2년은 그렇게 먹는 수밖에 없다. 음식 배제는 유행 식이요법의 전형이다. 손쉬운 해결책과 빠른 체중 감량을 약속한다. 식단에서 특정 식품군을 통째로 빼기만 하면 다 해결된다. 이런 식이요법이 왜 인기를 끄는 걸까?

음식 배제 식이요법에는 대개 상표가 있는데, 식이요법자들은 특별 음식 또는 유료 회원권을 구입하거나, 영양 전문가나 개인 트레이너에게 돈을 써야 한다. 역설적으로 결국 음식을 '추가'하는 식이요법으로 끝날 때가 많다. 배제해야 할 음식을 대체한다는 특별 음식이 추가되는 것이다. 소비가 문제를 만드는 게 아니라 해결한다는 믿음에 따라 쇼핑으로 문제를 해결하려는 미국인에게는 귀가 솔깃해지는 방법이다. 이 식이요법은 '부족함의 상품화'에 해당한다. 각 브랜드와 소비시장은 사람들에게 개선할 여지가 있는 온갖 부족한 면을 상기시킨다.[1] 우리가 보기에 식이요법자들은 문제를 해결하기 위해 상품을 구매하는 과정에서 행위주체성을 느끼는 것 같다. 그들은 늘 조금씩 덜 먹는 것보다 특정 식품을 구매하는 것이 더 효과적이라 여긴다.

쇼핑과 지출, 먹기는 모두 소비에 대한 믿음에서 나온다. 그러나 더 많은 소비로 과체중을 해결하려는 시도는 질병을 치료로 착각하는 것과 다름없다. 건강을 찾아 소비재 시장을 영원히 떠돌게 될 뿐이다. 가장 유서 깊고 성공적인 식이요법에 속하는 '웨이트워처스 Weight Watchers'조차 브랜드 식품과 온라인 서비스를 개발하기 오래전부터 구독 회원제를 활용했다. 웨이트워처스의 창립자 진 니데치Jean Nidetch는 1960년대에 체중을 상당히 감량한 뒤 살을 빼고 싶은 사람들이 돈을 내고 참가할 수 있는 모임(나중에 웨이트워처스가 된)을 만들 아이디어를 떠올렸다. "뭐라고? 돈을 내면서 살을 뺄 사람은 없어." 사람들은 비웃었지만 웨이트워처스는 그들이 틀렸다는 것을 입증했다.

재닛은 유행 식이요법을 주제로 사람들과 대화하는 것을 좋아하는데, 음식 배제 식이요법은 대개 식사량을 줄이기보다 한 가지 이상의 음식을 식단에서 배제한다. 사람들은 칼로리 섭취를 줄이거나, 신진대사를 개선하거나, 건강을 회복하거나, 빠르게 체중을 감량하기 위해 이 식이요법을 시작한다. 음식 배제 식이요법이 인기를 끄는 이유는 특정 식품 유형을 배제하는 것이 먹는 빈도를 줄이거나 고칼로리 식품(지방 함량이 높은 간식) 대신 저칼로리 식품(과일 같은)을 먹는 방법보다 진짜 식이요법처럼 느껴져서다.

심지어 '음식 섭취 줄이기'라는 개념이 전반적인 섭취량이 아닌 특정 식품군(이나 다량영양소) 섭취 줄이기를 뜻하게 된 듯하다. 이와 관련해서 전형적이면서 흥미로운 두 사례가 있다. 두 사례 모두 관련된 사람들이 자신에 대한 성찰력이 있고, 식이요법과 그 효과에 대해 모순된 감정을 지녔다는 점에서 흥미롭다. 첫째는 '앳킨스'와 '건강한 30일' 식이요법에 관련된 사례다. 앳킨스는 탄수화물 식품 대부분을 배제하고, '건강한 30일'은 탄수화물 대부분과 많은 지방, 글루텐, 설탕, 술을 금지하며 건강을 빠르게 개선시킨다고 약속한다. 둘 다 신속한 체중 감량 효과를 자랑한다. 한번은 재닛이 반려동물 용품 가게에 갔을 때였다. 점원이 고양이에게 가장 좋은 사료로 단백질 100퍼센트의 무탄수화물 사료를 추천했다. "이 사료는 탄수화물이 없어서 좋아요. 우리가 탄수화물을 먹으면 안 되듯이 고양이들도 그렇습니다. 탄수화물은 인간에게 아주 안 좋잖아요." 재닛은 고양이는 육식동물이어서 많은 양의 탄수화물이 필요하지 않지만, 인간은 잡식동물이어서 다양한 유형의 탄수화물이 들어간 균형 잡힌 식사가 필요하다고 말했다. 점원은 그게 사실이라면 '왜 모두' 탄수화물이 나쁘다고 생각하는지 물었고, 다양한 유형의 탄수화물이 무슨 뜻인지도 궁금해했다. 탄수화물의 생화학을 주제로 간단한 대화를 나눈 뒤 점원은 여자친구의 식이요법으로 화제를 돌렸다. 여자친구가 식이요법을 자주 하는데 대개 탄수화물을 줄이는 방법이라고 했다. 한동안 앳킨스를 했고, 요즘은 '건강한 30일' 프로그램을 하다 말기를 반복한다는 것이다. 그는 여자친구의 식이요법 때문에 식사가 더이상 즐겁지 않다고 말했다. "그게 말이에요. 저는 파스타를 좋아하고 가끔 피자도 먹고 싶은데, 여자친구가 같이 먹지 않으니 진짜 식사를 하는 것 같지가 않아요." 그렇다고 식이요법으로 살이 빠지는 것처럼 보이지도 않는다는 것이다. 살이 빠졌다가도 식이요법을 멈추면 다시 찔 뿐 아니라 더 찌기도 했다. 여자친구는 훨씬 더 엄격하게 '나쁜 음식은 모두' 먹지 않기 위해 효과가 확실한 식이요법을 다시 찾고 있다. 재닛은 우리 몸이 칼로리 감량을 경험한 뒤에 어떻게 체중 증가로 보상하는지, 탄수화물 배제가 왜 그리고 어떻게 빠른 체중 감량(그리고 이후의 빠른 체중 증가)을 일으키는지 설명해주었다. 고양이와 인간에게 필요한 영양에 대해 대화를 나눈 뒤 점원은 고양이에게 좋은 음식이 과일을 먹는 영장류로부터 진화한 우리 종에게는 그렇지 않을 수 있다는 의견에 동의했다.

둘째 사례는 '연말 연휴에 찐 살을 빼고 몸을 정화'하기 위해 금주하는 1월 챌린지의 일환으로 '건강한 30일을 하려는' 친구들과 나눈 대화. 그들은 과음과 과식으로 보낸 연말 연휴의 '독소를 제거'하기 위해 1월에는 늘 '건강한 30일'을 한다고 했다. 그리고 이렇게 덧붙였다. "정말 힘들어. 매주 친구들과 저녁을 먹는데 음식을 함께 먹기가 어렵거든. 가끔은 다들 '건강한 30일'을 하는 중이니까 음식을 쉽게 정할 때도 있어. 그래도 포도주 한 잔쯤은 정말 음미하며 마시기도 해. 그렇다고 취하거나 하는 건 아니고, 그냥 느긋하게 저녁을 즐기면 좋잖아. 사실, 음식은 밋밋하지. '건강한 30일'을 위한 요리법이 많이 나와 있지만, 한동안 그런 음식을 먹고 나면 뭔가 부족한 느낌이 들어. 안 그래?" 재닛은 친구들에게 '건강한 30일' 식사가 즐겁지 않은데 왜 하는지 물었다. "몸을 비우기에 제일 좋은 방법이잖아. 나쁜 음식을 모두 피하기만 하면 몸의 염증과 독소가 사라지니까. 하지만 계속 그렇게 먹는 건 정말 힘들지. 파스타나 맛있는 사워도우 빵이 그리워지기 시작하거든. 그래도 그 다이어트는 정말 좋아. 그래서 크리스마스 때 찐 살을 빼려고 한 달간 하는 거야." 재닛이 '건강한 30일'로 살이 빠졌는지 묻자 친구들은 잘 모르겠다고 말했다. "살 빼는 게 문제가 아니야. 몸에서 독소를 제거하고, 한 해를 새출발하는 게 중요하지. 그런데 2월이 되면 1월에 못한 걸 보상할 만큼 먹고 마시기도 해!" 한 달간 술을 절제하고, 의식적으로 건강에 좋은 식사를 하려는 계획은 좋은 생각이다. 많은 문화는 건강과 성찰, 몸의 회복을 위해 금식을 활용한다. 하지만 이 사례에서 엿볼 수 있듯, 사람들과의 교제를 힘들게 하는 식이요법은 역효과를 낼 수 있다.

　이 두 대화에는 생각해볼 만한 몇 가지 주제가 있다. 첫째, 식이요법은 효과가 없을 수 있으며, 절제를 보상하기 위한 탐식으로 체중이 증가할 수 있다. 둘째, 사람들은 특정 음식을 그리워하므로 식이요법을 힘들어한다. 셋째, 식이요법은 가치 있는 개인적·사회적 관습을 중단시키기 때문에 쉽지 않다. 넷째, 사람들과 함께 식사하지 못하므로 사교적 만남이 어려워지거나 복잡해진다. 다섯째, 식이요법자들은 식이요법 식단을 따르는 게 너무 힘들고, 일상에서 음식을 늘 즐겁게 먹지 못한다고 생각한다. 게다가 사람들은 다양한 이유로 식이요법을 합리화하지만 그 이유들이 정확하지 않을 수도 있다. 곧 식이요법으로 반드시 독소가 제거되거나 이른바 염증이 줄어들지 않을지도 모른다. 그러면 왜 사람들은 힘들고 즐겁지도 않은 식이요법을 계속 시도하는 걸까? 재닛은 많은 대화를 나눈 뒤 식이요법이 힘들고 즐겁지 않다는 것이 바로 식이요법 선택을 정당화하는 이유가 아닌가 하는 생각이 들었다. 식이요법의 고충이 효능과 연결되고, 엄청난 희생을 치렀으니 원하는 바를 이루리라는 주술적 사고로 이어지는 듯했다. 18세기 후반에 벤저민 러시Benjamin Rush가 황열병을 치료하기 위해 썼던 '영웅적 의술Heroic Medicine'(사혈과 하제 같은 극단적 치료법을 일컫는 말 – 옮긴이)처럼, 치료법이 너무나 극단적이고 충격적이며 고통스럽기 때문에 그만큼 뚜렷하고 긍정적인 결과가 나올 수밖에 없다고 생각하는 것이다. 키마는 식이요법과 운동을 시작했다가 중단하길 반복하는 커플을 상담한 적이 있다. 그들은 일단 식이요법과 운동을 시작하면 거의 자학에 가까울 정도로 몰두했다. 술은 아예 입에 대지 않았고, 삶은 닭가슴살과 찐 브로콜리를 비롯해 '건강에 좋다'고 알려진 단조로운 음식들만 먹었다. 개인 트레이너가 있는 부티크 짐에 한 달에 수백 달러를 지불했고, 대단히 복잡하게 들리는 '부트캠프' 프로그램에도 참여했다. 그들이 묘사한 바에 따르면, 타이어를 통과해 달려가서 줄을 타고 올라가 종을 울린 다음 집라인을 타고 내려와 팔벌려 뛰기와 크런치를 아주 많이 하는 프로그램이었다. 그들은 새로운 식단이나 운동에 익숙하지 않으므로 2주 정도가 지나면 식단은 지루해서 더이상 먹지 못하고, 운동은 그 사이 얻게 된 부상과 근육통, 탈진으로 중단하고 만다. 일단 식이요법을 중단하면 두 사람은 대개 패스트푸드 식당에서 밥을 먹고, 밤에는 칵테일과 포도주를 마셨다. 운동은 전혀 하지 않았다. 물론, 체중은 빨리 제자리로 돌아왔고 패배감은 어마어마했다. 주목할 만한 점은 그들이 이 양극단 사이 어디쯤에서 무언가를 해내기가 어렵다는 것이었다. 키마는 매일 동네를 산책하거나, 간단한 칠리요리와 맥주 한두 잔으로 맛있는 저녁을 먹도록 커플을 설득하려 했지만 성공하지 못했다. 그들은 타협안이 충분한 효과를 내지 못할 것이라면서 매력을 느끼지 않았다. 대신 블로그와 소셜미디어에서 본 극단적이거나 지속가능하지 않은 라이프스타일을 따라 하다 그만두기를 반복했다.

우리는 사람들로부터 유행 식이요법을 지속하지 못한 이야기, 실패한 이야기를 듣고 또 들었다. 대개는 식이요법 식단의 무언가가 '옳지 않은 것 같았고' 오랜 기간 유지하기 어려웠다고 했다. 탄수화물 감량 식이요법이 보통 14일이나 30일 프로그램을 권유하고, 그다음에는 차츰 탄수화물 섭취를 늘릴 수 있도록 하는 것도 아마 그런 이유 때문일 것이다. 하지만 이런 식이요법이 실패하는 것은 '익숙한 식사Meal' 또는 '친교 식사Commensality'라는 개념과 충돌하기 때문이기도 하다. 뿌리 깊은 이 두 문화적 관습은 많은 사람에게 먹기란 무엇인지를 규정한다. 결국, 사람들이 먹는 것은 (개별적인 음식이 아니라) 식사다. 그러나 음식에 대해 글을 쓰거나 생각할 때는 음식을 일종의 영양 꾸러미처럼 다루거나, 일상적인 먹기 관습과 관계없는 개별적 범주로 바라볼 때가 많다. 특정 다량영양소를 배제하는 식이요법이 시간이 흐를수록 점점 힘들게 느껴지는 이유는 우리의 뇌와 문화에 자리 잡은 기대에 따라 완전한 식사는 탄수화물이나 지방을 포함해야 해서다. 우리 문화는 우리가 특정한 방식으로 먹도록 우리를 길들였다. 그렇게 먹지 않을 때 우리는 콕 짚어 말할 순 없지만 무언가가 잘못됐다고 느낀다. 마찬가지로 우리 대부분은 함께 먹는 것을 소중히 여긴다. 먹는 것과 관련해 우리가 좋아하는 이미지는 대개 함께 먹기와 연결되어 있다. 어쨌든 우리는 가족 식사를 가치 있게, 친구와 함께 먹는 것을 소중하게 생각한다. 우리는 많은 문화적 의례를 식탁에 둘러앉아 특별한 음식을 배불리 먹으며 기념한다. 흥겨운 만찬이 빠진 크리스마스나 옷을 빼입은 사람들이 탁자에 빼곡하게 앉아 웨딩케이크를 나눠 먹지 않는 결혼식을 생각해보라. 이슬람 문화에서 한 달 동안 낮 시간대에 종교적으로 금식하는 라마단 기간에도 엄숙하고 성찰적인 금식 시간만큼이나 사회적으로 중요한 관습은 하루의 금식을 마치고 함께 나누는 식사(이프타르)다. 먹기에 대한 우리의 생각에는 함께 먹기가 늘 들어 있기에 소중한 사람들과 즐기는 식사를 어렵게 하는 식이요법은 시간이 흐를수록 매력이 떨어진다. 문화적으로 구성된 두 개념, 곧 '식사'와 '친교 식사'의 개념과 어긋나기 때문에 음식 배제 식이요법은 실천하기 힘들고, 중단할 가능성이 높다.

음식 배제 식이요법은 우리가 음식을 생각하는 방식에 어떻게 영향을 미치는가?

전형적인 '유행 식이요법'인 음식 배제 식이요법은 대체로 한 가지 다량영양소와 그와 관련된 식품들을 배제한다. 이 식이요법을 시작하면 칼로리 섭취가 줄고, 문제의 원인으로 지목된 다량영양소가 함유된 음식을 배제하기 위해 자신의 식습관을 주의 깊게 감시하므로, 단기적으로는 효과가 있을 때가 많다.[2] 사람들은 자신의 음식 섭취를 적극 관찰하고 기록하는 동안 칼로리가 높은 음식을 덜 구매하거나 덜 먹는 경향이 있다.[3] 다량영양소는 베이컨의 지방이나 햄버거의 빵처럼 눈에 보일 때가 많기 때문에 식단에서 배제하기가 쉽다. 지방을 잘라내거나 빵을 빼면 식이요법자로서 과제를 수행한 셈이다. 또 어떤 음식에 어떤 영양이 함유돼 있는지에 대한 문화적 지식이 있으므로 그 개념을 이해하기도 쉽다. 우리는 빵에는 탄수화물, 스테이크에는 단백질, 버터와 기름에는 지방이 있다는 것을 안다. 이런 사고 과정 때문에 우리는 음식에 대해 생각할 때 '영양주의'를 받아들이게 된다. 영양주의란 음식철학자 기오르기 스크리니스Gyorgy Scrinis가 소개한 개념으로, 사람들이 음식의 가치나 효능을 과학적으로 밝혀진 영양소를 중심으로 생각하는 경향을 일컫는다.[4] 달리 말해, 사람들은 음식의 가치를 음식에 함유된 영양소와 비타민, 그 밖의 성분의 수학적 총합으로 인식하곤 한다. 따라서 영양주의는 당연히 환원주의적 사고방식이며 부정확할 때가 많다. 문화적 규범에 따라 이름표가 붙은 음식들(이를테면 빵은 탄수화물)은 대개 하나의 이름표로 표현할 수 있는 것보다 영양학적으로 훨씬 복잡하기 때문이다. 그러나 이와 같은 사회적 개념 때문에 단순해 보이는 음식 배제 식이요법이 가능해진다. 한 가지 영양소를 한 가지 음식과 연결하는 문화적 명명법으로 음식 배제 식이요법이 쉽게 수용될 수 있는 것이다. 음식이 좁은 의미로 정의되기에 특정 음식을 배제하는 일이 합리적이고 받아들일 만한 일이 된다. 만약 우리가 음식을 사회적 범주에 따라(저녁 식사 때 먹는 음식이나 다른 사람들과 먹는 음식, 파티 음식, 종교 음식처럼) 정의한다면, 특정 음식을 배제하는 식단을 납득하기 훨씬 힘들었을 것이다. 그러나 우리는 영양주의와 환원주의적 명명법을 받아들였기 때문에 어떤 음식을 그 음식에 함유된 가장 피하고 싶은(또는 가장 명백한) 다량영양소와 동일시하는 인식론이 널리 퍼질 수 있었다.

영양주의는 우리의 뇌로 하여금 같은 부류의 다른 음식도 같은 다량영양소 식품군으로 분류하게 한다. 그래서 음식에 들어 있는 어떤 특정 성분이 음식과도 연결되고 다량영양소와도 연결되면서 음식과 다량영양소가 동일시된다. 글루텐이 완벽한 사례다. 글루텐이 밀 제품에 들어 있다는 것은 '모든 사람이 안다'. 그리고 밀은 영양학적으로나 화학적으로는 훨씬 더 복잡하지만, 문화적으로는 '탄수화물' 식품군에 속한다. 따라서 실제로는 단백질에 속하는 글루텐이 밀과 탄수화물 둘 다를 뜻하게 된다. 이는 역방향으로도 작동한다. 그러니까 글루텐이 탄수화물이라고 생각하므로 '글루텐프리' 식단과 탄수화물 배제 식단을 같은 것으로 보는 것이다. 많은 미국인은 밀을 문화적으로 가장 중요한 주곡으로(경제적으로는 옥수수가 가장 중요하긴 해도) 여기기 때문에 이런 인식이 퍼지기 쉽다. 그리고 이와 같은 인식론적 결합에서 글루텐은 탄수화물로 분류된다. 글루텐을 피하는 사람들은 글루텐을 밀의 핵심 성분이라 여기는데, 밀은 문화적으로 탄수화물로 인식되고 있어서다. 그러나 글루텐은 밀에 있는 여러 단백질(그리고 영양학적으로 중요한 성분들) 가운데 하나다. 이 사고방식을 벤다이어그램으로 그린다면, 서로 다른 원들이 가운데에서 만나 작게 겹치는 부분이 생기는 대신, 원들을 팬케이크처럼 쌓아 올린 벤다이어그램이 나올 것이다. 이런 벤다이어그램에서 중첩되지 않는 나머지 부분은 더이상 기호론적으로 유의미하게 인식되지 않는다. 오직 중심만 현실로 인식되어 쌓아올린 원들의 사회적·기능적 현실을 구성한다.[5] 이렇게 해서 글루텐은 위험한 탄수화물이 되고, 밀만이 아니라 모든 탄수화물 함유 식품에 잠재적으로 숨어 있을지 모를 성분이 된다. 물론, 셀리악병 환자들은 이런 인식론적 오류를 저지르지 않는다. 셀리악병에 걸린 사람들은 그들을 위한 식사법을 교육받을 테니 말이다(글루텐을 피해야 하는 셀리악병 환자는 인구의 1퍼센트에 미치지 않는다).

이와 같은 이름표 붙이기가 현실에서 어떻게 일어나는지 보여주는 또다른 사례를 들어보겠다. 백설탕과 관련된 사례다. 몇 년 전 재닛은 지역의 초등학교 학부모회로부터 아이들 간식으로 골드피시 크래커가 괜찮은지를 두고 전쟁을 벌이는 두 학부모 집단을 중재해달라는 요청을 받았다. 학부모 집단1(방목팀이라 부르자)은 골드피시 크래커는 쿠키나 사탕이 아니고, 모든 아이가 좋아하므로 괜찮은 간식이라고 생각했다. 학부모 집단2(통제팀이라 부르자)는 골드피시 크래커에 백설탕이 들어 있어서 아이들 건강에 해로우므로 간식으로 부적절하다고 생각했다. 방목팀은 크래커를 조금 먹는 것 가지고 건강에 해롭다고 여기는 게 말이 안 된다고 주장했다. 게다가 아이들이 그 크래커를 정말 좋아하고, 친구들과 나눠 먹는 것을 즐기므로 친절과 배려를 가르칠 수 있다고 봤다(이게 바로 음식의 기능이 얼마나 복잡할 수 있는지 보여주는 사례). 영양학자가 보기에 골드피시 크래커에서 가장 눈에 띄는 성분은 설탕이 아니라 소금이었다. 1온스 기준으로 (2000킬로칼로리 식단을 기준으로) 일일 나트륨 권장 섭취량인 250밀리그램의 10퍼센트가 들어 있었다. 탄수화물이 들어 있긴 했지만 1온스 기준으로 복합 탄수화물이 20그램이었으니, 일일 권장 섭취량의 7퍼센트 정도였다. 그리고 지방은 5그램, 곧 일일 권장 섭취량의 8퍼센트가 함유돼 있었다. 어린이에게 필요한 열량이 2000킬로칼로리보다 훨씬 적다는 점을 감안하면, 골드피시 크래커를 간식으로 먹는 동안 많은 양의 나트륨을 섭취하는 셈이고, 그건 탄수화물 섭취보다 더 우려되는 일이었다. 영양성분표에는 1온스 기준으로 설탕이 1그램 미만만 들어 있다고 분명히 명시돼 있었다. 재닛은 통과일과 당근스틱을 일상적인 간식으로 주되 가끔씩 골드피시 크래커를 얇게 썬 사과나 잘게 자른 채소와 함께 주라고 권고했다.

그때부터 분위기가 험악해지기 시작했다. 이제 와서 생각해보니 흥미로워지기 시작했다는 말이 맞겠다. 통제팀은 재닛의 의견이 틀렸다고, 골드피시 크래커는 백설탕 덩어리여서 건강에 치명적이라고 말하며 물러서지 않았다. 인류학적으로 관심을 기울일 만한 경험이었다. 통제팀은 탄수화물은 당이고, 당은 염증과 비만, 당뇨를 일으키며 중독성이 있다고 반박했다. 재닛은 그 크래커에 들어 있는 탄수화물은 주로 긴 사슬 복합 탄수화물(포도당과 과당, 갈락토오스 같은 단당류가 아니라)이고, 복합 탄수화물은 인간에게 필요한 열량과 섬유질, 필수 미량영양소의 토대를 제공하는 필수 영양소라고 설명했지만, 통제팀은 골드피시 크래커는 설탕으로 만들어졌고, 긴 사슬 탄수화물도 단당류로 구성되므로 어쨌든 설탕이라고 맞섰다. 여기에서도 식품의 범주를 팬케이크처럼 쌓아 올리는 경향을 볼 수 있다. 그렇게 해서 가장 두려운 성분이 음식 전체를 규정해버렸다. 물론, 탄수화물이 연결된 당으로 구성된다는 것은 맞는 말이지만, 그렇다고 복합 탄수화물이 백설탕이라거나 몸에서 위험한 물질로 분해된다는 것을 뜻하지는 않는다. 포도당은 뇌가 인지기능을 위해 의존하는 필수 단당류다. 골드피시 전쟁을 통해 우리는 어떻게 문화적으로 결정된 범주가 식품의 생물학적 의미와 기능을 정의하는지 볼 수 있다. 그리고 문화적 범주는 사회적으로 구성되므로 대단히 현실적이고 합리적인 범주처럼 보인다. 그래서 영양소와 성분에 대한 오해가 증식할 수 있는 것이다.

가장 대중적인 음식 배제 식이요법은?

우리는 한 가지 이상의 식품이나 다량영양소를 피해야 할 것으로 지목하는, 매우 다양한 체중 및 건강관리 방법을 통칭하기 위해 '음식 배제 식이요법'이라는 용어를 골랐다. 음식 배제 식이요법이 호소력 있는 부분적인 이유는 지역마다 다양한 종교적·생태적 이유로 특정 음식을 피하는 문화적 관습이 있어서일 것이다.[6] 그 관습은 특정 음식을 배제한다는 점에서 클린 이팅이나 팔레오 같은 유행 식이요법과 만나는 지점이 있다. 하지만 피하는 음식의 종류가 유행 식이요법보다 더 많고, 영양소만을 중심으로 음식을 정의하는 경향은 덜한 편이다. 음식 배제 식이요법은 특정 영양소를 배제의 대상으로 삼는다. 이런 식이요법이 가능해진 것은 음식을 생물학적 성분으로 정의하는 문화적인 음식 명명 과정과 영양주의 때문이다. 음식 배제 유형으로 분류될 만한 식이요법들은 몇 가지 비슷한 행동습관을 공유한다. 특정 음식 성분의 악마화나 배제도 그중 하나다. 1960년대와 1970년대에는 식이지방이 두려움의 주요 표적이었던 반면, 1980년대에는 앳킨스와 신속하게 그 뒤를 이은 '존 식이요법Zone Diet' '설탕 파괴자 식이요법Sugar Busters Diet' '설탕 중독자 식이요법Sugar Addicts Diet' 등의 인기 덕에 탄수화물 섭취가 금지됐다.[7] 1990년대 '구석기 식이요법Paleolithic Diet'의 출현은 육류와 지방에는 우호적이었지만 탄수화물을 적대시하는 정서에 일조했고, 탄수화물을 비난하는 통속과학에 더욱 힘을 실었다.[8] 2000년대 초반에는 팔레오의 인기와 클린 이팅의 등장과 더불어 (글루텐 같은) 미량영양소에 대한 두려움이 생겼다. 곡물(팔레오)과 가공식품, 특히 설탕과 백밀가루(클린 이팅과 팔레오)에 대한 우려 때문에 탄수화물에 대한 부정적 인식이 자리 잡았다.

최근에는 '케토 식이요법Keto Diet'이 대중의 상상을 사로잡았다. 하지만 케토는 앳킨스를 살짝 변형한 형태이며, 식이 탄수화물을 거의 배제해 '케토시스Ketosis'라는 생리적 상태에 도달하는 것을 중요시한다. 케토시스는 영양주의와 같은 논리를 따른다. 단, 케토 식이요법에서는 환원주의적 렌즈가 음식 대신 몸으로 향한다는 점이 다르다. 영양주의가 특정 영양소를 지목해서 그것을 좋은 건강 상태나 날씬함과 연결한다면, 케토 식이요법의 환원주의는 케토시스라 불리는 몸의 생리적 상태를 좋은 건강 상태나 날씬함과 연결한다. 어쨌든, 케토 식이요법은 이전에 등장했던 많은 식이요법의 핵심을 새로운 버전으로 살짝 편집해 '케토 프렌들리!'를 외치며 시류에 편승했다.

　서구에서 음식 배제 식이요법의 역사는 길고 파란만장하다. 많은 사람이 특정 음식을 과도하게 먹으면 과체중이 된다고 막연하게 알기는 했지만, 1863년에 소개되어 엄청난 인기를 누린 '밴팅Banting'의 고단백질 식이요법 이전에는 유행으로 자리 잡을 만한 식이요법이 거의 없었다. 사실, 최근까지도 앳킨스 식이요법이 등장하기 전까지 누군가 '밴팅 중'이라고 말하면 탄수화물을 피하는 중이라고 인식했다. 밴팅의 의사는 과체중 당뇨병 환자의 간에는 당이 과다하다는 강의를 듣고서 그에게 당과 '전분질' 음식을 자제하라고 권고했다. 의사의 권고를 따른 밴팅은 살이 빠졌고, 건강이 좋아졌다. 그는《대중에게 보내는 비만에 대한 서한Letter on Corpulence, Addressed to the Public》이라는 소책자를 자비 출간했는데, 그의 식이요법은 탄수화물과 지방, 몇몇 채소의 섭취를 제한했고(그러나 그을린 토스트는 포함했다), 돼지고기와 송아지고기를 배제했지만 술은 허락했다. 술을 허락한 것은 빅토리아시대 남성들의 음주 문화를 고려했을 때 시대를 반영한 선택으로 보인다. 그의 식이요법은 언론의 조롱을 받았지만 엄청난 인기를 끌었다. 그는 자신의 식이요법을 알리기 위해 경험담과 자가진단, 자가치유 전략을 사용했다. 요즘 유행 식이요법도 공통적으로 사용하는 전략이다. 밴팅의 고단백질, 저지방, 저탄수화물 양생법은 이후 수십 년간 체중 감량 식이요법으로 받아들여졌다. 이 식이요법은 남성들의 사냥과 사격, 낚시 문화와 정체성에 우호적이어서 부유층 남성의 계급과 젠더 이상형에도 잘 들어맞았다. 팔레오 식이요법의 선조라 할 만하다. 대서양 양안에서 '밴팅'이 널리 인기를 끌면서 허리 치수를 줄이는 타당한 방법으로 음식을 배제하는 식이요법이 문화적으로 수용될 만한 길을 닦은 것이다.[9]

다음 세기 동안 여러 유행 식이요법이 나타났지만(그리고 사라졌지만) 1970년대와 1980년대 '밴팅'이 앳킨스 식이요법으로 재유행하면서 어떻게, 왜 살이 찌는지, 살을 빼는 가장 좋은 방법은 무엇인지에 관한 담론을 바꿔놓았다. 처음에 앳킨스는 5단계 식이요법을 제안했고, 나중에 개정판에서는 4단계로 줄였다. 1단계에서는 최소 2주 동안 일일 탄수화물 섭취량을 20그램 미만으로 줄여야 한다.[10] 2단계에서는 체중 감량 목표에 도달할 때까지 일일 탄수화물 섭취량을 주마다 5그램씩 추가한다(최대 일일 섭취량이 40~60그램에 이를 때까지). 탄수화물은 식단에 채소를 더 많이 넣는 방법으로 보탰는데, 3단계인 '체중 유지 준비' 단계에서는 '순탄수Net Carbs'(식품에서 식이섬유를 제외한 탄수화물의 총합 – 옮긴이) 10그램씩을 매일 다시 추가하면서 체중 감량을 늦추고 건강하고 지속적인 탄수화물 섭취 수준을 모색한다. 마지막 유지 단계에서는 감량된 체중이 유지되는 한 하루에 최대 100그램까지 탄수화물을 섭취할 수 있다. 에이미 벤틀리는 앳킨스 식이요법의 원리를 깔끔하게 정리했다.

대부분의 탄수화물=나쁨, 단백질=좋음, 지방=과소평가. 앳킨스 식이요법의 기저에 깔린 전제는 탄수화물(녹말과 당)이 체중 감량을 막는 주범이라는 것이다. … 우리 몸은 기능하기 위해 열량이 필요하므로 탄수화물로 만들어진 포도당(혈당이라고도 불리는)을 태운다. 탄수화물 섭취량을 줄이면 우리 몸은 몸에 저장된 체지방을 태워 에너지를 얻게 되므로 살이 빠진다. 또 탄수화물(앳킨스 어법으로 '탄수Carbs'라 부르는)을 줄이면 몸에서 포도당을 조절하는 호르몬인 인슐린 생산을 안정화하고 제한하는 데 도움이 된다. 앳킨스는 혈류에 너무 많은 인슐린이 있으면 체중 감량을 막을 뿐 아니라 인슐린 과잉증 같은 질병으로 이어질 수 있고, 이는 아주 많은 건강 문제를 일으킨다고 본다.[11]

이 견해들은 여러 해에 걸쳐 정교해지면서 지방을 섭취해도 되는 근거를 제시하기에 이른다. 요즘 앳킨스와 저탄 식이요법이 반복하는 주장에 따르면, 식이지방 섭취는 체지방 축적으로 이어지지 않는다. 이들의 주장에 따르면 체지방은 혈당 증가 때문에 생긴다. 혈당이 증가하면서 인슐린 분비를 자극해 우리 몸이 지방을 저장하게 만든다는 것이다. 그러므로 다른 다량영양소가 아니라 탄수화물이 체지방의 원인이며, 식이지방은 혈당 수치를 높이지 않으므로 열량(칼로리) 섭취는 문제가 되지 않는다.[12] 1972년 앳킨스는 이와 같은 식이 처방을 정당화하기 위해 인간은 자연 상태에서 주로 육류를 먹고 산다고 주장했으며, 그 근거로 진화와 원시인 식단을 언급했다.[13]

나중에 앳킨스 식이요법은 3단계로 변신했다. 1단계와 2단계에서 일일 탄수화물 섭취량은 각각 20그램과 40그램이고, 유지 단계에서는 100그램이다.[14] 요즘 앳킨스 식이요법은 식이요법자가 자신의 단계를 직접 고를 수 있게 한다. 앳킨스닷컴은 식이요법 성공을 보장하기 위해 식사 배달 서비스와 전화앱, 쇼핑 리스트, 식단계획표를 제공한다(www.atkins.com/products를 보라). 앳킨스 박사는 2002년에 사망했지만 '뉴 앳킨스 혁명'의 깃발 아래 무수한 출판물이 나오고 있다. 그 책들에는 식단과 요리법, 성공 사례, 자가치유를 위한 격려, 체중 증가와 감소의 생물학적·영양학적 이유에 대한 피상적 설명이 잔뜩 실려 있다. 대개 책들 제목은 간단하고 빠른 체중 감량과 오늘부터 시작되는 '상쾌한 변화!'를 약속한다.[15] 앳킨스는 저탄수화물, 칼로리 무제한 식이요법이지만, 유지 단계를 제외한 나머지 단계에서는 대개 전통적인 식단대로 먹기가 어렵기 때문에 많은 사람은 아마 '무탄수 No-Carb' 식이요법으로 생각할 것이다. 앳킨스를 포함해 여러 음식 배제 식이요법은 문제의 원인으로 지목된 한 가지 음식이나 다량영양소만 먹지 않으면 음식을 마음껏 즐길 수 있다고 말한다. 먹고 싶은 대로 먹으면서 살을 뺄 수 있다는 약속이 아마 이런 식이요법이 갖는 심리적 매력의 큰 부분일 것이다. 배고픔이나 구속 때문에 힘들 필요도 없고, 식욕과 행동을 제한하지 않아도 된다니, 구미가 당길 만하다.

앳킨스를 비롯한 유행 식이요법의 또다른 매력은 '인지적 지름길Mental Shortcut'이라는 개념으로 설명할 수 있다. 인지적인 면에서 보면, 한 가지 식이요법 규칙을 따르는 것이 칼로리 섭취 전반을 힘들게 관리하는 것보다 훨씬 쉽다. 물론, 그냥 적게 먹기에 성공하는 사람도 있지만, 영양을 공부하고, 성분표시를 읽고, 식사량을 관리하기 위해 음식의 무게를 재거나 기록하고, 기본적인 영양 지식을 습득하는 일은 체중 감량을 원하는 많은 사람에게는 엄청난 에너지가 필요한 일이다. 달리 말해, 어려울 뿐 아니라 시간이 많이 든다. '무탄수' 같은한 가지 규칙을 따르는 단순한 시스템은 우리의 인지적 주의를 해방시켜 다른 일에도 관심을 기울일 수 있게 한다. 케이크믹스를 사용하면 케이크 만들기가 훨씬 간편해지는 것처럼, 유행 식이요법은 이런인지적 지름길 덕택에 쉽게 시작할 수 있다.

애킨스와 유사하고 인기도 비슷하게 누리는 식이요법으로 '사우스 비치 식이요법South Beach Diet'이 있다. 심장병 전문의 아서 애것스턴Arthur Agatston이 개발하고 2003년에 처음 출시된 이 식이요법은 '나쁜' 탄수화물(단순당, 가공 밀가루, 고혈당 음식)을 제한하는 대신, 섬유질 함량이 높은 음식과 기름기 없는 육류 그리고 식물에 함유된 건강에 좋은 지방(단일불포화 지방과 고도불포화 지방)을 섭취하라고 말한다. 애킨스처럼 사우스 비치도 체중 감량을 촉진하도록 고안된 단계를 제시하지만, 순탄수가 아니라 다량영양소 섭취 비율을 기준으로 삼는다. 1단계에서는 일일 칼로리 섭취량의 25~30퍼센트를 단백질로, 20~30퍼센트를 좋은 탄수화물로, 40~50퍼센트를 지방으로 먹는다. 2단계에서는 '좋은' 탄수화물을 차츰 증가시키고, 3단계에서는 칼로리의 대략 30퍼센트를 탄수화물로 흡수할 수 있는 라이프스타일을 제안한다.[16] 애것스턴은 백설탕과 가공식품, 여러 과일을 비난한다. 바나나가위험한 음식이라는 생각을 널리 퍼뜨린 사람이 바로 애것스턴이다. "디저트치고는 건강에 좋은 음식처럼 보일지 몰라도 이 녀석은 살인자입니다." 그는 또한 당 중독이라는 것이 실제로 존재해서 체중 감량을 방해하므로, 당과 가공식품을 피해야 한다고 말한다. 사우스 비치는 영양학적 관점에서는 균형 잡힌 식단이지만, 금지하는 음식에 '치명적' '해로운' '건강 위험' 같은 딱지를 붙이기 때문에 음식을 이분법적 관점에서 바라보도록 한다. 사우스 비치도 유행 식이요법의 흔한 수법에 의존한다. 성공 사례, 식이요법의 효과와 과학에 대한 저자의 설명(유사과학으로 빠지곤 하는), 효과를 장담하는 희망적인 경험담들을 제공한다.[17] 저자는 과학으로 입증된 식이요법이라고 거듭 주장하지만, 이 식이요법을 소개하는 첫 책에는 참고문헌이 없다. 나중에 나온 책들은 장별로 정리된 참고문헌 목록을 제공하지만, 본문에는 출처 표시가 빠졌다. 독자는 본문 속 진술과 그 진술을 뒷받침하는 과학을 확실히 연결할 수 없다. 예를 들어, 다음과 같은 진술에 아무 출처도 달려 있지 않다. "당신이 식이요법에 번번이 실패하는 이유가 성격 결함과 무관하다는 것을 이해하면 … 당신은 나약하거나 미숙하지 않다. 당신은 인슐린 내성이 있고 당에 중독됐을 가능성이 높다."[18] 게다가 이 식이요법의 효과를 입증하는 동료검토 연구를 하나도 제공하지 않는다. 효과를 입증하는 증거라고는 본문과 따로 노는 참고문헌 목록 그리고 다른 사람에게도 효과가 있었다는 보증뿐이다. 전형적인 유행 식이요법의 수법이다.

2008년 애컷스턴은 운동 프로그램을 덧붙여서《초강력 사우스 비치 식이요법The South Beach Diet Supercharged》을 출간해 변화된 버전을 소개했고, 2014년에는 글루텐 반대자들에 동조하는《사우스 비치 다이어트 글루텐 솔루션: 빠른! 체중 감량과 건강 개선을 위해 의사가 제안하는 맛있는 글루텐 경계 플랜The South Beach Diet Gluten Solution: The Delicious, Doctor-Designed, Gluten-Aware Plan for Losing Weight and Feeling Great—

FAST!》을 썼다. 2019년에는 케토 유행에 올라타《뉴 케토 프렌들리 사우스 비치 다이어트The New Keto Friendly South Beach Diet》를 내놓기도 했다.[19] 새로운 수정안이 나올 때마다 하나 이상의 요리책과 매뉴얼이 함께 출간돼 꾸준한 출판 수입을 올렸다. 이 현상을 보면 유행 식이요법의 가장 본질적인 특징은 팔리는 상품이어야 한다는 것을 알 수 있다. 바로 거기에 사우스 비치의 위력이 나타난다. 유용한 조언과 음식 목록, 식단 계획, 요리법이 포함된 대단히 실용적인 프로그램을 제공하기 때문이다. 사우스 비치 웹사이트에서는 각 단계를 위한 다양한 가격의 밀키트를 구매할 수 있고, 배달도 신청할 수 있다. 사우스 비치 식이요법 안내서들은 배경 지식을 설명하는 몇 개의 장이 있긴 하지만, 족히 3분의 2는 식이요법의 '방법'과 '요리법'을 다룬다. 제목에서 '케토 프렌들리'를 선언한 책에서는 배경 지식이 60쪽이고 요리법과 식단은 229쪽을 차지한다. 요리법은 향신료를 아낌없이 사용한데다 매력적인 사진 덕에 맛있게 보이고, 빠르고 쉽게 따라 할 만하다. 구하기 힘든 재료나 특정 브랜드 재료에 기대기보다는 신선 채소를 많이 쓴다. 과장된 성공 사례와 근거가 빈약한 과학만 아니면 사우스 비치 식이요법을 시도하는 것은 그리 나쁘지 않은 듯하다. 누군가에게 해가 되지 않을뿐더러 균형이 잘 잡힌 식단이고, 새로운 습관을 익히기에도 좋을 것이다. 사실, 재닛은 사람들이 저탄 식이요법에 대해 질문하면 사우스 비치를 추천하지만, 탄수화물 섭취를 극도로 줄이는 1단계는 건너뛰고 2단계나 3단계부터 시작하라고 조언한다.

애것스턴 박사의 사우스 비치 식이요법은 지난 수십 년간 체중 감량과 건강관리 프로그램의 중요한 추세를 보여준다. 앞에서도 언급한 건강을 위해 특정 음식을 배제하는 경향이다. 음식 배제는 자기계발 건강관리의 주요 전략이 되었고, 탄수화물(특히 밀)이나 글루텐처럼 탄수화물 연관 성분이 주로 배제됐다. 다른 식품군도 배제될 때가 있긴 하다. 토마토를 비롯한 가짓과 식물(가지, 감자, 피망)은 관절염을 비롯한 병을 일으킨다고 비난받는다. 알칼리 식이요법은 몸을 산성화시킨다는 음식(밀, 정제당, 육류, 가공식품)을 배제한다. 영양학적으로 입증되지 않았는데도 추종자들은 특정 음식을 제거하면 건강과 활력을 회복한다고 주장한다. 배제 음식 목록 가운데는 색다른 것도 더러 있다. 하지만 대개 전분질이 많은 음식(특히 밀), 설탕, 가공식품, 고혈당음식(바나나와 감자 등)이 문제 식품으로 지목된다. 이런 음식 배제는 과거 밴팅의 식이요법과 닮은 점이 있다. 그리고 서로 다른 식이요법이 서로의 타당성을 보장한다. 따라서 한 가지 식이요법을 선택하고 나면, 다른 식이요법도 마찬가지로 타당해 보인다. 식이요법마다 적절한 식단에 대한 생각이 비슷하기 때문이다. 이렇게 서로 다른 식이요법들이 모여 건강에 관한 일관된 믿음을 형성하면, 그 믿음은 논쟁의 여지가 없는 것처럼 보이기 시작한다.

예를 들어, 최근 의사들이 고안한 여러 건강 식이요법은 앳킨스와 사우스 비치의 많은 방법을 재탕한다. 이런 다이어트의 정당성을 보장하는 것은 창시자의 자격이다(창시자의 의학 학위가 식이요법학이나 소화기내과와 거리가 멀지만). '페리콘 식이요법Perricone Diet'은 피부과 전문의가 만들었고, 대부분의 곡물, 글루텐, 붉은 고기, 설탕, 감자, 가공식품, 과자, 튀긴 음식, 고혈당 과일을 금하지만, 생선을 비롯한 오메가3 지방산 공급원과 다량의(그리고 비싼) 전용 보충제는 섭취가 권장된다. 28일 프로그램인 이 식이요법은 몸을 되살리고 염증을 제거함으로써 '완벽한 회춘'을 약속한다.[20] 스티븐 건드리 박사는 '렉틴Lectin'의 위험을 경고한 것으로 유명해졌다. 그는 렉틴이 비만과 질병을 일으킨다고 주장한다. '새는 장 증후군Leaky Gut Syndrome'에 대한 공포를 널리 퍼뜨린 장본인이기도 하다. 렉틴은 식물, 특히 통곡물과 콩, 완두콩, 채소에 들어 있는 단백질이다. 건드리 박사의 식이요법에서 피해야 할 음식은 밀가루, 가공식품, 설탕, 콩류, 과일 대부분, 많은 채소와 가짓과 식물이고, 유전자조작농산물GMO과 제초제를 사용한 모든 식품도 거부해야 한다. 다른 음식 배제 식이요법처럼 저탄수화물과 고단백질 식이요법이며 몇몇 지방은 괜찮다고 말한다.[21]

'뒤캉 식이요법Dukan Diet'은 4단계의 고단백질 식이요법이라는 점에서 앳킨스의 많은 부분을 재탕한다. '공격' 단계인 1단계에서는 단백질만 먹고, 탄수화물이나 지방은 전혀 먹지 않는다. '순항' 단계에 들어서면 단백질만 들어간 식단을 먹는 사이사이 며칠씩 비녹말성 채소를 첨가할 수 있다. 탄수화물은 귀리 시리얼만 먹을 수 있다. 목표치 체중에 도달할 때까지 이 식단을 따른다. '정착' 단계에서는 소량의 빵과 소량의 과일, 채소를 먹을 수 있다. 마지막 '영구적 안정화' 단계에서는 더 많은 음식이 허락되지만, 일주일에 하루는 '공격' 단계로 되돌아가야 한다. 또 매일 귀리 시리얼을 먹어야 한다.[22] 윌리엄 데이비스William Davis 박사의 '밀가루 똥배 식이요법Wheat Belly Diet'은 현대 밀 품종들을 많은 건강 문제와 비만의 원인으로 꼽는다. 그의 공식에 따르면, 문제는 글루텐이지만 밀과 탄수화물을 함유한 식품의 여러 성분도 문제를 일으킨다. 따라서 모든 곡물(쌀을 포함해서)과 모든 가공식품(통조림 수프부터 과자와 디저트에 이르기까지), 감자, 콩류, 글루텐프리 식품(곡물 기반 녹말을 함유하므로), 설탕, 청량음료와 과일 주스, 맥주, 건과의 섭취가 금지된다. 허락되는 식품은 채소와 생견과류, 육류와 달걀 단백질, 유제품, 붉은 포도주, 초콜릿이다.[23] 이런 식이요법은 위험하다는 딱지가 붙은 음식 성분을 건강을 악화시키는 원인으로 규정하는데, 과학으로 입증된 주장은 아니다. 창시자들은 모두 임상진료를 하는 의사들로 자신의 전문성을 주장하면서 대부분의 의사가 질병의 인과관계를 잘못 알고 있다고 말한다.[24] 우리는 현직 의사들의 전문성을 무시하지는 않지만, 이들의 책이 동료검토를 거쳐 학술지에 발표된 연구에 기반하지 않았다는 사실을 언급하고 싶다. 이 식이요법들은 음식 섭취를 전반적으로 조절하기보다 '나쁜' 음식을 배제하고 특정 음식을 제한하는 방식으로 빠른 체중 감량과 회춘을 약속한다. 대부분은 체중 증가가 음식을 과하게 먹거나 운동량이 부족해서가 아니라, 특정 성분이나 식품 속 화학물질 때문이라고 주장하므로 칼로리를 제한하지 않는다. 모두 탄수화물, 특히 밀가루 제품을 체중 증가와 질병의 궁극적 원인으로 지목한다.

그중 가장 대표적인 식이요법이 이 장 초반에 언급한 '건강한 30일'이다. 이 요법은 앞에서 나열한 금지의 대부분을 30일 일정에 적용해 몸을 건강한 상태로 되돌리고 독성을 제거하며 체중을 감량한다고 알려져 있다. '건강한 30일'은 고혈압부터 다발성경화증에 이르기까지 몸에 생길 수 있는 거의 모든 질병에 간단명료하고 자신 있게 하나의 해법을 제안한다. 특히 염증에 관심이 많다. 그래서 '설탕 괴물을 처단'하고, 술과 곡물을 피하고, 땅콩은 거절하고(콩과 간장도), 유제품을 거부해야 한다(우유와 치즈, 요거트는 '몸에 이롭지 않으므로'). 알고 보면 상당히 단순하다. 모든 설탕과 알코올, 곡물, 콩류, 유제품, 제과제빵 제품과 간식을 먹지 않으면 된다. 그리고 육류와 해산물, 달걀, 채소, 천연지방을 섭취하면 된다. 그뿐 아니라 '건강한 30일'은 영양성분표에서 주의해야 할 성분 목록을 아주 길게 제공하면서 그것들을 먹어도 되는지, 아닌지에 대한 정보를 자세히 알려준다. '건강한 30일'의 저자들인 하트윅Hartwig 부부에 따르면, 피자 한 입만으로도 효과가 달라진다. 곧 '잠재적으로 문제가 될 만한 모든 음식'을 30일 내내 식단에서 100퍼센트 제거하지 않으면 효과가 없다.[25] 하트윅 부부는 그들이 창시한 이 식이요법을 설명하는 다섯 권의 안내서와 수없이 많은 요리책을 비롯한 자료들을 출간했다. 하지만 그들의 주요 수익은 아마 온라인 코칭과 구독 서비스에서 나올 것이다. '건강한 30일'은 꽤 복잡한 식이요법이어서 많은 노력이 필요하지만, 어쩌면 그런 고충이 따르기 때문에 사람들은 효과가 있다고 느끼는 듯하다.

요약하자면, 이런 식이요법이 다른 체중 감량 식이요법과 다른 점은 특정 음식 또는 성분을 배제하거나 크게 줄인다는 데 있다. 식단의 변화는 건강과 웰니스에 관한 서사로 정당화된다. 특히 특정 음식이나 영양소가 비만을 비롯해 부정적인 생물학적 결과를 일으킨다는 서사를 들려준다. 식이요법의 목적은 주로 건강 개선에 있지만, 활기를 회복하면 체중까지 줄어든다고 약속한다. 과체중과 비만은 칼로리 과다 섭취보다는 '나쁜' 성분을 몸에 받아들여 나타나는 질병 증상이므로 대부분의 음식 배제 식이요법은 칼로리를 제한하지 않는다. 이들 중 색다른 것은 사우스 비치다. 사우스 비치는 다량영양소들을 일일 음식 섭취량의 특정 비율만큼만 섭취하라고 권하며, 배제 음식이 적은 편이다. 또 단순 탄수화물에서 복합 탄수화물 섭취로 전환할 것을 추천한다. 모든 식이요법은 탄수화물(특히 밀, 가공 밀가루, 설탕) 섭취를 반드시 제한해야 한다는 데 동의한다. 이론상 이런 식이요법은 '쉬워' 보이지만(많은 제목에 '쉬운'이나 '간단한'을 사용한다), 창시자든 추종자든 계속 유지하기는 힘들다고 모두 인정한다. 식이요법의 어려움에 대한 묘사는 대개 책 끝부분에 숨겨져 있다. 한 경험자는 이렇게 말한다. "그 음식들을 내 삶에서 없애고 싶지 않아요. 하지만 사회에는 좋은 음식이 있고 나쁜 음식이 있죠. 어쩔 수 없어요."

음식 배제 식이요법은 왜 어려운가?

음식 배제 식이요법은 어쩌면 다른 문화권 사람들은 납득할 수 없는 방식으로 미국인들에게 문화적 설득력이 있는지 모른다. '모 아니면 도' 같은 양자택일 사고를 하는 경향이 있는 미국인들과 분명 잘 맞는다. 게다가 다른 문화에서처럼 무엇이 적절하고 적절하지 않은 식사인가를 결정하는 확고한 문화적 규칙에 따른 사회적으로 구성된 국민 요리가 없는 상황도 이런 식이요법의 확산을 부추겼을 것이다. 개별 음식과 음식 선택을 둘러싼 과열된 논란에서 가끔 우리는 먹는 행위는 모두 식사라는 의례를 통해 경험된다는 사실을 잊곤 한다. 한 가지 음식이나 한 가지 영양소에 집중하느라 그 사실을 의식하지 못하는 것이다. 식사는 보통 두 가지 이상의 음식으로 조합되는데, 이는 사회적으로 구성되고 문화적으로 결정된다. 반면, 간식은 한 가지로만 구성되어도 괜찮다. 오전 중간쯤에 사과 하나를 먹거나 저녁 식사 후에 영화를 보면서 감자칩이나 쿠키를 먹는 것을 떠올려보라. 그러나 식사를 간식으로 대체하는 것은 분명 달갑지 않다. 그것이 적절한 식사가 아니라는 것을 알기 때문이다. 적절한 식사란 무엇인지 잠시 생각해보라. 적절한 식사는 어떤 요소로 구성되는가? 질감은 어떤가? 맛은? 음식의 가짓수나 종류는? 점심 식사는 저녁 식사와 어떻게 다른가? 간식은 하루의 식사 일정에서 어떤 자리를 차지하는가? 아침 식사로 먹는 음식을 저녁 식사로 먹을 수 있는가? 아니면 그건 우리가 생각하는 식사에 대한 균형감 같은 것을 깨는 일인가? 머릿속에서 '이게 저녁 식사라고?'라는 속삭이는 무언가가 있는가? 만약 식사에 어떤 규칙이 있다고 느낀다면 그 규칙은 어디에서 온 것인가? 성장기에 배웠는가? 아니면 그냥 다들 따르는 규칙인가? 또는 음식 선택과 관련해 개인의 선호나 지식을 반영해 창조한 질서인가? 만약 개인이 만든 규칙이라면, 무엇을 기준 삼아 어떻게 구성했는가?

그냥 묻는 질문들이 아니다. 거의 모든 사람은 그들 문화에서 생각하는 '적절한 식사'가 반영된 음식 규칙을 배운다. 이 규칙은 우리 뇌에 자리 잡고 앉아 우리가 장을 볼 때나, 식당에서 메뉴를 고를 때나, 식단을 짜고 요리할 때 영향을 미친다. 키마가 대학을 다닐 때 '미트볼 샌드위치를 아침 식사로 먹는 여학생'으로 소문 난 친구가 있었다. 아침 식사로 미트볼 샌드위치를 먹는 것이 일반적으로 인정된 음식 규칙과는 워낙 어긋나고 대단히 이상해 보였기 때문에 사람들 사이에서 그 친구를 묘사하는 특징이 된 것이다. 우리가 새로운 먹기 방식을 선택한다 해도 대개는 무엇을, 언제, 어떻게 먹고 준비할지 우리에게 알려주는 문화 테두리 안에서 결정된다. 이와 같은 규칙은 실용적인 동시에 사회적이다. 우리 자신에게는 우리가 적절한 방식으로 먹고 있는지 알려주고, 다른 사람에게는 우리가 한 문화의 일부인지, 그 집단에 소속됐는지(왜냐하면 적절한 방식으로 먹으니까) 말해주는 음식의 문법과 언어를 창조하기 때문이다.

적절한 식사란 무엇인가?
언어구조주의는 음식과 무슨 관계인가?

인류학자들은 음식이 문화적 문법의 패턴을 드러내는 상징적 구성체이며, 이런 문법에는 식사가 어떻게 구성되는지도 포함된다는 것을 인식해왔다. 언어를 듣거나 읽을 때 우리는 어떤 문장이 옳지 않거나, 어떤 단어가 문장에 어울리지 않게 잘못 쓰였는지 알아차린다. 마찬가지로 음식을 사용하는 데도 구조가 있어서 우리 뇌와 문화적 자아에 우리 식사가 올바른지 알려준다. 단어와 단어 사용 방식이 언어 사용을 구조화하는 언어적 지도를 보여주듯, 식단을 구성하는 개별 항목과 음식도 하나의 기호로 읽을 수 있다. 클로드 레비-스트로스Claude Levi-Strauss는 음식 사용은 인간의 사고와 문화 패턴의 은유적 과정을 보여준다고 주장했다. 그는 언어학 이론을 끌어와서 한 요리를 구성하는 변별적인 특징들을 '요리소Gustemes'라 일컬었다. 요리소는 요리 언어를 구성하는 요소이며, 우리는 이들을 읽어냄으로써 사회문화적 과정을 이해할 수 있다. 레비-스트로스는 음식 가공을 사회적 자아의 인식을 반영하는 문화적 텍스트로 상정한다. 따라서 날것인 물질에서 익힌 음식이 되는 과정은 인간 동물이 사회적 존재로, 곧 자연에서 문화로 변화하는 것과 상동적 관계를 이룬다고 봤다.[26] 이론적인 설명으로 들리겠지만, 단어가 아닌 음식으로 의미를 전달하는 언어를 생각해보라. 당신이라면 저녁 식사에 친구들을 초대해서 요리되지 않은 재료를 대접하겠는가? 그렇게 하지 않을 것이다. 무례한 행동이기 때문이다. 아마도 당신은 요리 기술과 경험을 사용해 당신에 관해 무언가를 보여주고, 손님들을 존중하면서 그들을 즐겁게 할 식사를 준비할 것이다. 마찬가지로 손님들도 무엇을 기대해야 할지 안다. 알아볼 수 있는 요소들(코스, 요리, 구조, 음식 유형)로 구성된 식사가 준비되리라 예상할 것이다. 만약, 요리되지 않은 날것의 재료를 대접받는다면 깜짝 놀랄 것이다. 요리(와 음식 공유) 행위는 사람들을 집이나 사회집단 안으로 끌어들여 환영하고 친구로 인정하는 은유다. 요리가 자연을 (음식) 문화로 변화시키듯 요리된 식사를 공유하는 것은 이방인을 친구로 변화시킨다. 이것은 우리가 문화 행위자로서 '읽는' 음식 언어의 많은 요소 중 하나의 예일 뿐이다. 대개 우리는 어떻게 또는 무엇을 읽고 있는지 생각하는 일조차 없이 이런 음식 언어를 읽고 있다.

메리 더글러스Mary Douglas는 다른 구조적 접근법으로 음식 선택과 사용, 섭취를 분석해 기호화된 사회구조의 패턴을 보여준다. 한 끼 식사의 적절한 짜임새와 하루 식사의 구성, 일 년마다 반복되는 식사 행사와 의례의 규칙들은 무엇을(그리고 어떻게) 먹어야 하는지 그리고 인간의 상호작용과 교류는 어떠해야 하는지에 대해 무언의 규칙을 반영한다.[27] 더글러스는 영국 가족들을 관찰한 결과 대부분 세 부분으로 구성된 식사 규칙을 따른다고 말한다. 주력 음식 한 가지와 비주력 음식 두 가지로 구성되는 한 끼 식사 패턴은 하루 동안 주력 식사(저녁) 한 번과 비주력 식사(아침과 점심) 두 번을 먹는 형식으로도 반복된다. 세 부분으로 구성된 식사는 육류를 중심에 두고, 녹말식품과 채소가 따라오는 형태로 표현된다(A+2b 패턴으로 요약할 수 있다. 육류, 감자, 채소에 그레이비 같은 소스가 함께 나오곤 한다). '적절한' 저녁 식사는 주요리(육류나 육류 대용품)에 부요리 두 가지가 추가되는 구성이다. 서양이나 북반구의 음식 배제 식이요법이 일반적으로 단백질 섭취를 줄이지 않는 많은 이유 가운데 하나는 아마도 단백질을 식사의 중심으로 여기는 생각을 가지고 있어서일 것이다.

음식 규칙을 다룬 메리 더글러스와 마이클 니코드Michael Nicod의 연구를 보면, 영국인들은 한 끼 식사에 무엇이 포함되어야 하는지에 대해 뚜렷한 기대를 갖고 있다. 저녁 식사는 점심 식사와 다르고, 점심 식사는 간식과 다르지만, 각각을 연결하는 일련의 구조적 규칙이 있다. 저녁 식사에는 육류와 감자, 채소가 들어가지만, 점심 식사에는 육류와 감자 유사식품(빵)이 포함된다. 저녁 식사에 주요리가 빠지면 제대로 된 저녁 식사가 아니라는 문화적 인식이 있고, 이 인식은 매일의 식사를 구성하는 지침이 된다. 한 가지 요소를 빠뜨리면 식사는 간식처럼 중요성이 덜한 범주로 떨어진다. 명석한 분석을 심하게 단순화한 설명이지만, 음식 규칙에 따라 무엇을 먹어야 적절하고 좋은지가 결정되며, (영국의 경우에는) 저녁 식사에는 문화적으로 적절한 식사 방식에 필요한 모든 요소가 반드시 들어가야 한다는 것을 알 수 있다. 어떤 식사든 탄수화물 기본 음식(감자든, 빵이든, 다른 형태의 녹말성 식품이든)은 보통 들어가야 한다.

"오늘 저녁으로 뭘 먹지?"라고 자신에게 물어보라. 아마 주력 음식(이를테면 "프라이드치킨")과 둘 이상의 부수 음식("감자와 시금치 볶음, 통옥수수")으로 구성된 답을 할 것이다. 식사를 묘사하는 언어학적 구조는 식사에 대한 사고방식을 보여준다. 이 경우에 식사는 주요리에 기타 음식이 더해진 것이라고 생각하고 있음을 알 수 있다. 북미 사람들에게 햄버거가 한 끼 식사인 이유도 A+2b 구조(육류, 탄수화물, 양상추·토마토)를 유지하기 때문일 것이다. 아니면 정말 식사처럼 버거+감자튀김+음료의 구조여서일지도 모른다. 점심은 샌드위치 하나로 충분할 수 있는데, 샌드위치 역시 A+2b 구조다. 샌드위치의 속은 주력 요소이고, 빵과 소스, 양상추는 비주력 요소에 해당한다. 땅콩버터 젤리 샌드위치는 완벽한 사례다. 샌드위치가 땅콩버터 없이 빵과 잼으로만 구성된다면 다과에 곁들이는 간식이 될 것이다. 간식은 주력 식품을 빠뜨려도 괜찮다. 이 패턴은 다른 식사나 음식 행사 구조에도 영향을 미친다. 하루의 주요 식사는 스타터(아마 수프나 샐러드)와 주요리, 디저트로 구성된 더 복잡한 3부 코스(A+2b)를 따를 때가 많다. 명절이나 특별 행사 때의 식사는 A+2b 패턴을 기본으로 하되 코스가 더 추가되고 그레이비 같은 비주력 음식이 더해진다. 크리스마스 만찬 역시 A+2b에 맞춰 세 가지 코스로 구성될 것이다. 스타터로 햄과 비스킷, 샐러드가 나온 다음, 두 번째 코스로 칠면조 고기와 그레이비를 얹은 감자, 완두콩과 당근이 나오고, 마지막으로 디저트(호박 파이와 아이스크림, 휘프트크림)가 준비될 것이다. 핵심은 우리가 먹기의 규범으로 인식하는 구조가 있어서 식사를 구성할 때 그 구조를 무의

식적으로 재생산한다는 것이다.

이 모든 것이 그럴듯하지 않게 들린다면, 유럽 출신 선조를 둔 많은 서양인이 '음식' 하면 A+2b 구성을 떠올린다는 중대한 증거가 더 있다. 앤 머콧Anne Murcott의 연구에 참가한 웨일즈 사람들은 '적절한 식사'를 '육류와 감자, 채소' 또는 '육류와 채소 두 가지'를 포함하는 것으로 정의했다. 이 결과는 이후 다른 영국 학자들의 연구에서도 재현됐다.[28] 더 최근 들어 앨런 워드Alan Warde와 루크 예이츠Luke Yates가 입증한 바에 따르면, 이런 선호는 2000년대에도 여전하다. 단, 더 젊은 인구집단은 감자를 파스타나 피자로 대체할 가능성이 높아 보였다.[29] 이 연구에서 참가자들에게 식사의 주요리는 '기본과 중심, 곁들임 음식'으로 나뉜다.[30] 이 분류는 더글러스와 니코드의 분류를 변형한 것이다. 점심 식사에서 기본 식품은 주로 빵이지만, 평일 저녁 식사에서는 '감자나 파스타, 밥'으로 구성되는데, '기본으로는 감자가 가장 흔하고 중심으로는 가금류 요리가 선호'된다.[31] D. 마셜D. Marshall과 C. 페팅거C. Pettinger는 지난 수십 년 사이에 메뉴의 확장, 곧 그들이 메뉴 다원주의와 요리 다양성이라 부르는 현상이 일어났지만, 새로운 형식에서도 여전히 밥이나 파스타, 가끔은 이국적인 요리에서 유래한 탄수화물 기본 음식이 포함된다는 사실을 언급한다.[32] 따라서 우리가 식사를 묘사할 때는 대개 중심 식품(육류나 육류 대용물)을 언급한다고 해도 식사의 기본은 여전히 탄수화물이다. 탄수화물 음식은 적절한 식사의 구성에서 인지적·문화적 중요성을 가진다.

이런 패턴은 스칸디나비아 국가를 대상으로 한 연구에서도 재현된다. 스칸디나비아에도 광범위한 계급과 가족의 식사 구성에 영향을 미치는 적절한 식사 개념이 있다.[33] "세 끼 식사 구조가 있다. 샌드 위치를 기본으로 하는 아침 식사는 주로 혼자, 집에서 먹는다. 점심 식사는 직장에서 먹는데, 집에서 싸 온 오픈 샌드위치 두 조각이다. 평일 저녁 식사는 이른 저녁에 먹는 간단한 가족 식사로, 상당히 간편하게 요리할 수 있다(이를테면 미트볼에 감자와 당근을 곁들인다)."[34] 감자는 모든 스칸디나비아 국가에서 가장 중요한 기본 식품이고, 핀란드와 스웨덴에서는 빵으로 대체되기도 한다.[35] 핀란드 사람들은 중심에 육류를 배치하고, 기본 식품(저녁에는 감자, 점심에는 빵)과 채소를 함께 먹는다. 사실상 A+2b 패턴을 따른다.[36] 노르웨이를 대상으로 한 연구에서 안챈 바흐르 부게Annechen Bahr Bugge와 레이다 알모스Reidar Almås는 적절한 식사의 개념은 계급에 관계없이 일관되며, 여성들은 A+2b 구조를 이상적인 가족 식사로 여긴다는 사실을 발견했다.[37] 연구 참가자들이 문제가 있다고 보는 식사는 포장 음식이나 냉동식품, 노르웨이 전통이 아닌 간고기 요리(이를테면 햄버거나 케밥)를 중심에 배치한 것이었다. 이런 식사는 대개 적절한 2b도 부족했다. 채소나 감자가 없고, 그레이비 대신 가공 소스를 사용했다. 감자(그리고 탄수화물 요리)는 가족 식사에 꼭 필요한 음식이었다. 이 연구자들은 여성들이 '적절한 식사'라는 표현을 어떻게 사용하는지 분석한 결과 전통, 유행, 치료 모델이라는 세 가지 식사 모델을 발견했다. 전통 모델은 A+2b 패턴을 엄밀히 따르고, 유행 모델은 코스를 더 추가하거나 비싸고 새로운 재료를 사용하며(대체로 노동계급이 아니라 중산층 가정에서 먹는다), 치료 모델은 영양을 강조한 식사로, 중심이 건강에 더 좋다고 알려진 식품으로 대체되고, 채소가 더 많이 들어간다.[38] 이 연구를 통해 계급이나 건강, 정체성 수행을 위해 음식을 사용할 때조차 성장기에 문화적으로 깊이 내면화된 규범적 모델을 여전히 따른다는 것을 알 수 있다. 적절한 스칸디나비아 식사가 어떤 형식인지 떠올리려면 아마 이케아에서 흔히 볼 수 있는 스웨디시 미트볼을 생각하면 될 것이다. 라지나 스몰 사이즈로 주문할 수 있는 이 식사는 로스티드 포테이토나 매시드 포테이토를 선택할 수 있고, 그레이비소스와 링곤베리 잼이 항상 곁들여진다. 소량의 채소도 요청할 수 있지만, 대부분은 중심(미트볼), 기본(감자), 사이드(링곤베리)를 그레이비소스와 함께 먹는다. 감자와 그레이비소스, 베리가 더해져 중심인 미트볼을 적절한 식사로 만드는 것이다.

이 패턴이 북미 지역에서도 나타날까? 인류학자와 사회학자, 영양학자들은 미국의 식사 형식을 광범위하게 탐구하면서 식사 패턴의 문화적 충성도와 지속성을 설명해왔다. 식사 형식이나 패턴은 음식 선택과는 다른 문제다. 많은 연구는 '점심 식사나 저녁 식사로 접시 위에 무엇이 놓이길 기대하는가'라는 문제보다 음식 선택이나 섭취 시간, 일일 섭취량을 비롯해 그 밖의 음식 지표를 주로 다룬다. 초기 연구들은 대개 사회계급과 민족, 지역과 관련된 음식 민속문화나 경제에 관심이 있었다. 예를 들어 존 W. 베넷John W. Bennett과 동료들은 일리노이의 민속문화에 관심을 두고 주민들이 먹는 음식과 식사 패턴을 조사했다. 그들은 인터뷰를 통해 각 식사마다 가장 대중적이거나 전형적인 음식이 무엇인지 찾아냈다. 가장 중요하고 잘 먹는 식사로는 "삶은 감자나 튀긴 감자, 건조콩 요리, (동물성 기름으로 요리한) 그린빈이나 리마콩, 삶은 돼지고기나 돼지비계 튀김, 얇게 썬 신선한 토마토, 식초로 '숨을 죽인' 신선한 양상추, 토마토를 곁들인 마카로니, 파이나 케이크, 커피(크림이나 캔우유를 넣은)"가 들어갔다.[39] 이 요리들은 탄수화물과 지방, 단백질을 상당히 포함한데다 계절 채소가 첨가되므로, 다량영양소와 여러 식품 유형이 균형을 이루었다. 연구자들은 또한 주요리에 부요리와 계절 식품이 더해지는 패턴을 발견했는데, 대체로 감자-콩-돼지고기 구성 같은 기본 규칙을 따랐다. 이 연구의 초점은 식사 형식은 아니었지만, 여기서 찾아낸 주요 식단인 감자-콩-돼지고기 기본 식단은 A+2b 모델을 반영한다. 연구에 따르면, 일리노이의 가족들에게는 식사 패턴과 구성물에 영향을 미치는 오랜 음식문화가 있었고, 음식 관습이 일상적 삶의 구조에 깊이 새겨져 있었다. 캔자스시티를 대상으로 한 연구에서 노지 제롬Norge Jerome은 식품 섭취 빈도를 묻는 인터뷰를 사용해 식사 패턴을 파악했다. 이 연구에 따르면, 캔자스시티 주민들 역시 주요리, 주요 부요리, 주변적인 부요리를 분명히 구별했다. 또 많은 지역 주민이 먹는 비교적 많지 않은 식품 목록이 식사 구조에 영향을 미친다는 것을 이해하고 있었다.[40] 주민들이 주로 먹는 식품을 보면, 이들의 식단이 주로 녹말식품과 저렴한 육류에 의존하며, 채소와 과일이 다양하게 들어가지 않는다는 것을 알 수 있다. 가장 두드러지게 소비되는 채소는 감자였고, 마카로니앤치즈와 캐서롤처럼 서로 다른 재료를 조합한 요리가 인기 있었다. 주요리에는 모든 다량영양소가 풍부했고, 주요 식단은 쉽고, 일관되며, 널리 이해되어 적절한 식사 방식을 잘 보여주었다. 사실상, 서로 다른 가족들이 무엇을 먹어야 할지에 대해서는 문화적 의견이 크게 일치했다. 이 연구를 통해 우리는 주변적이고 부차적인 음식은 시간의 흐름에 따라 변화할 가능성이 큰 반면, 주요 음식은 식사 구조의 안정적 요소로 남는다는 사실을 알 수 있다.[41]

이와 같은 초기 연구들은 대개 음식 섭취를 식사로서보다는 경제 상황이나 민족 문화와 관련해 탐구했다. 그러나 나중에 발표된 연구는 식사 형식을 다룰 때가 많았다. '러셀 세이지 요리 유형 분류 프로젝트The Russell Sage Project on Gastronomic Categories'는 미국의 세 인구집단의 식사 양식을 기록했는데, 세 집단은 오글라라 수족과 필라델피아의 이탈리아계 미국인, 노스캐롤라이나의 시골 거주민이다.[42] 이탈리아계 미국인들의 식사 패턴은 A+2b와는 조금 달랐지만 뚜렷한 구조가 있었고, 일상적인 식사와 특별 행사에 자주 등장하는 메뉴들이 있었다.[43] 이를테면, 이탈리아적 정취가 담긴 식사(한 냄비 요리), 소스를 곁들인 파스타로 구성된 식사, 앵글로 스타일로 육류와 감자로 구성된 '플래터' 식사, 샌드위치 식사(주로 점심을 위한), 특별한 날을 위한 레스토랑 식사였다.[44] 육류와 감자로 구성된 플래터 요리는 당연히 북유럽의 A+2b 형식인 반면, 파스타 요리는 파스타+소스+부식 형식이다. 축하연과 기념일을 위한 식사는 이 형식들에 부요리와 코스를 더 추가해 확장하거나 변형한다. 재닛은 이탈리아계 미국인들의 음식 문화가 여러 세대 이어져 내려온 필라델피아 외곽에 살고 있어서 이런 식사에 매우 익숙하다. 필라델피아의 이탈리아계 미국인들의 식사 구조와 구성은 많은 앵글로색슨계 미국인이 먹는 것과 비슷하지만, 소스를 곁들인 파스타가 주기적으로 저녁 식탁에 올라오리라는 기대가 있다. 이 식사 형식들이 결합되는 축하연은 이탈리아계 미국인들의 전통이 지역의 식사 관습에 가장 뚜렷한 영향력을 행사하는 공간이다. 결혼식과 명절에는 '반드시' 식탁에 올려야 하는 전통 요리와 메뉴가 있다.

아마 지역의 주요 음식 서비스 제공처가 이탈리아 식당들이어서 그런지 지역 주민들은 주최자가 이탈리아계 미국인이 아닌 축하연에서도 그런 식사 구성을 예상한다. 이때의 메뉴는 대개 두 가지 식사 형식을 결합하고, 많은 주요리와 부요리를 덧붙이는 형태다. 파스타 샐러드, 저민 고기, 생선 요리, 오븐에 구운 닭(또는 카차토레나 다른 이탈리아 요리법을 쓴), 페퍼 소테, 소시지(주요리와 한 냄비 요리 형식으로) 같은 것들이 구운 감자와 그린빈, 채소, 샐러드, 이탈리아의 전채요리 안티파스티와 함께 등장한다. 이런 메뉴는 지역 문화에 워낙 깊숙이 박혀 있어서 이 음식들이 빠지면 사람들은 파티가 파티답지 않다고 느낀다. 재닛이 관찰해보니 사람들은 뷔페 테이블을 두 번 이상 오간다. 처음에는 샐러드와 좋아하는 파스타를 접시에 담아 오고, 그다음에는 저민 고기(그레이비나 호스래디시 소스를 얹은)와 구운 감자, 채소로 만든 부요리를 가지고 온다. 온갖 종류의 음식을 접시에 쌓을 수 있는 근사하고 풍요로운 뷔페에서도 사람들은 A+2b 식사 형식을 재현하는 경향이 있다. 파스타 없이 소스만 주거나, 구운 감자 없이 프라임립만 대접할 수 없는 것과 비슷하다. 인류학자였다면 우리가 내면화한 음식의 통합적 관계가 이런 자리에서 예상되고 적절하다고 보이는 식사 형식을 좌우한다고 말할 것이다. 그리고 그렇게 예상된 식사를 구성하는 음식들에는 모든 다량영양소가 포함돼 있다. 어쩌면 그래서 탄수화물을 오랜 기간 배제하는 게 어렵고, 탄수화물 배제 식이요법을 선택한 사람들이(필수적으로 배제해야 하는 셀리악병 환자들과 달리) 몇 주 만에 탄수화물 배제 식단을 포기하는지도 모른다. 음식 배제 식이요법을 따르는 일은 잘 모르는 외국어로 말하려고 애쓰는 것과 비슷하다. 모국어로 말할 때보다 불편하고 진이 빠진다.

그렇다면 나머지 미국인들은 어떨까? 많은 사람이 이런 식으로 식사를 구성할까? 아니면 나이든 사람들이나 유럽계 공동체에서만 그렇게 하는 걸까? 물론, 수치화하기는 어렵다. 그리고 식사에 관한 많은 연구가 식사 구성보다는 성분에 집중한다. 요즘의 가족과 개인을 조사한 최근 연구에 따르면, 모든 식품군이 들어가는 규범적인 식사 개념이 여전히 일반적이고, 이는 식사 패턴에 영향을 미친다. 식사 공유를 다룬 앨리스 줄리어의 명민한 분석은 사람들이 여전히 A+2b 구조를 고수하고 있다는 것을 보여준다. "무엇을 식사로 간주하는가는 대단히 논란이 많고 이데올로기적 함의를 지니는데다, 개인의 생애 경험과 사회적 지위까지 개입하는 문제"일지라도 말이다. 줄리어의 조사 참가자 중 한 사람(마거릿)은 "요즘은 채식을 하는지 … 알레르기가 있는지 혹시 먹지 않는 음식이 있는지 물어봐야" 하기 때문에 함께 먹기가 더 어려워졌다고 토로한다. 이는 식단 관리에 관한 개인의 선택을 중요시하는 동시에 식사 공유의 사회적 중요성을 높이 평가하는 문화에서 살아가는 사람의 혼란을 드러낸다. 또다른 참가자(매리언)는 격식을 갖춘 디너 파티에는 녹말 성분 주식을 포함한 A+2b가 적절하다고 말한다. "우리는 대개 전통 요리인 쌀 필라프와 파슬리를 얹은 닭고기를 준비해요. 사람들은 신경 쓰지도 않아요. 그냥 직접 요리할 필요가 없으니 기분이 좋을 뿐이지요. 제가 보기엔 그래요. 그리고 롤빵도 먹고, 샐러드도 먹고, 디저트도 먹지요." 줄리어는 "참가자들이 메뉴를 묘사하는 말들은 주로 지역색 없는 '미국' 음식, 거의 전형적인 뉴잉글랜드 요리를 구성하는 예법 안내서의 권고들에서 바로 따온 듯하다. 더글러스처럼 말하자면 A+2b가 식사 구조를 결정한다"라고 말한다.[45] 곧 식사를 구성하는 요소 하나하나가 중요하진 않지만, 이런 요소들이 모여 적절한 식사로, 특히 음식을 함께 나누는 적절한 사교 행사로 경험되려면 구조적 규범을 따라야 하는 것이다.[46]

에이미 벤틀리는 어떻게 마사 스튜어트Martha Stewart의 라이프스타일 요리책들이 계급을 효과적으로 드러내는 A+2b 식사 구조를 활용해 어떻게 백인 헤게모니를 구성하는지 설명한다.[47] 벤틀리의 통찰력 있는 관찰에 따르면, 스튜어트의 음식은 특별함과 과시적 소비를 표현하고 전달하는 정교한 메뉴를 제공함으로써 특정 유형의 백인 중상류층의 식사 구조(와 계급 가치)를 홍보한다.

잡지와 요리책에 넣으려고 찍은 사진 속 마사 스튜어트 음식을 보면, 스튜어트는 A+2B 형식을 지나치게 평범하고, 지나치게 부르주아적이라 여기는 것 같다. 마사 스튜어트에게 이상적인 식사 공식은 'E 위에 올려진 BAC+D'에 더 가깝다. 미국표준식단보다 복잡하고, 그렇기 때문에 더 세련된 버전이다. 육류(A)가 없지는 않지만, 채소와(나) 파스타(B)에 완전히 덮여 있거나 부분적으로 가려져 있고, 이 채소와(나) 파스타는 허브(C) 같은 부차적 채소에 둘러싸인다. 허브(C)는 부차적이라고는 하지만 주요 채소(B)만큼 식사에서 중요하다. BAC에 D, 곧 디핑소스(스튜어트는 이 용어를 그다지 좋아하지 않지만)가 따라 나온다. 음식 못지않게 중요한 것은 이 모든 것이 은식기와 유리제품, 냅

킨, 식탁보, 식탁 중앙의 장식물(E) 사이에 근사하게 자리 잡고 있다는 점이다. 이런 구성의 전체적인 효과로 마사 스튜어트의 음식은(적어도 부분적으로는 다양한 사회경제적 배경의 여성이 접근할 수 있는 요리법처럼 보일 때조차도) 특정 계급의 백인성을 구현할 수 있다.[48]

이 문단이 잘 표현하는 것처럼, 스튜어트의 음식은 계층 상승 열망을 두드러지게 표현한다. 그의 음식들은 익숙한 형식(A+2b)을 활용하지만, 그것을 더 정교화해 상승된 경제적 지위와 문화 자본을 무심코 드러낸다. 적절한 음식은 적절한(그리고 우월한) 계급 정체성과 동일시된다. 마사 스튜어트 리빙은 비서구 문화권의 요리법을 활용할 때도 낯선 식사 구조를 중산층 미국인 독자가 받아들이기 쉽도록 익숙한 형식으로 변형한다. 정교화든, 변형이든 모두 A+2b 구조의 영향력을 강화한다.[49]

줄리어의 조사 참가자들이 포틀럭 파티를 두고 보인 반응들은 계급 소속감과 사회적 공간의 수행을 위해 음식이 사용되는 방식을 잘 보여준다. 포틀럭 파티는 한 가지 유형의 음식이 너무 많아질 위험이 있으므로 이상적인 식사 모형에서 이탈하기 쉬운 문제가 있다. 더글러스가 식사 구조를 사용해 친밀감과 소속감의 사회적 범주를 설명했음을 고려했을 때 포틀럭 형식으로의 전환은 사회적 구조를 느슨하게 풀어 식탁에 받아들여질 만한 사람의 유형을 확장하는 것을 뜻한다. 포틀럭 파티에서는 식사 형식을 포기함으로써 사회적인 위계가 느슨해질 뿐 아니라 주인과 손님 사이의 위계적 역학도 거부된다. 그러나 다음 응답자의 반응에서 볼 수 있듯, 바로 이런 차이가 너무 뚜렷하므로 오히려 A+2b 형식의 절대적 정상성을 강화하기도 한다. "포틀럭 파티에서 중요한 건 적응이라고 생각해요. 거슬리는 것들이 있겠지만 포틀럭 파티가 원래 그런 거잖아요. 디너 파티처럼 섬세하게 조율되는 게 아니니까요."[50] 식사 구조는 자아와 영양, 교제에 대한 우리의 생각에 워낙 깊숙이 얽혀 있으므로 우리는 그 요소들을 따로 분리할 수 없다. 확실한 것은 식사 구조의 일부가 없을 때 그 부재가 너무 강렬하게 느껴지기 때문에 우리가 제대로 먹고 있다는 확신이 흔들릴 뿐 아니라 우리의 자아감각까지 혼란스러워진다는 것이다.

　최근 또다른 연구에 따르면, 건강식을 짤 때도 문화의 주요 음식을 활용하거나 식사 구조를 지키는 것이 대단히 중요하다. 아마, 음식 배제 식이요법을 지속하기가 무척 힘든 것도 그런 이유일 것이다. 에이미 트루벡Amy Trubek은 가족들이 저녁 식사로 무엇을 요리하는지, 건강한 식단을 먹어야 한다는 요구를 두고 어떻게 협상하는지 궁금했다. 트루벡과 학생들은 사람들이 어떻게, 무엇을, 왜 요리하는지에 대해 말할 때 가장 두드러지게 반복되는 주제를 확인하기 위해 저녁 식사 준비 과정을 녹화했다. 건강을 위한 음식 섭취에 대한 대화를 언어학적으로 분석하면 표준적인 A+2b 식사의 중요성이 드러난다. 요리하는 사람들은 건강한 음식 섭취가 균형 잡힌 식사와 관련 있다는 것을 아주 잘 알고 있다. 또 언제, 어떻게 그 규칙을 깨야 할지를 둘러싼 갈등도 있다. 예를 들어, 조사 참가자 테레사는 이렇게 언급했다. "제가 요리할 때는 균형 잡힌 식사가 되는데, 음식을 포장해 와서 먹을 때는 샐러드와 채소를 먹는 일에 그다지 신경 쓰지 않게 되더라고요." 트루벡에 따르면, "테레사가 집에서 저녁 식사를 준비할 때는 '균형 잡힌 식사를 하라'는 영양학적 금언을 지키려 하지만, 환경이 바뀌면 지키길 포기하거나 거부"한다.[51] 테레사의 이야기를 들어보면 규칙 위반이 규칙의 타당성을 더 공고히 한다는 것을 알 수 있다. 트루벡은 건강과 관련한 대화를 분석하면서 응답자들이 건강한 식사 구성에 대해 이야기할 때 문화적 규칙과 패턴을 떠올린다고 말한다. 메리 더글러스가 표준 형식으로 언급한 '육류와 채소 두 가지'가 가장 흔한 구성이다. 이런 모습은 건강을 추구하는 스칸디나비아 요리의 연구 결과를 재현한다.[52] 트루벡은 또한 공급원이나 생산 기준 같은 요소도 건강한 음식의 정의에 영향을 미친다고 언급한다. 이를테면, 지역에서 생산된 신선한 유기농 재료로 만든 균형 잡힌 식사가 건강에 좋다는 인식이다. 곧 건강한 식사는 특정 재료로 구성되는데, 유기농이거나, 지역에서 생산되거나, 방목되거나, 저지방이거나, 사람들이 건강에 좋은 음식의 표지로 여기는 특성을 지니는 것이 이상적이다. 결국, 건강한 식사를 만드는 일에는 다양한 요소를 절충하는 과정이 따르지만, 식사 구조의 개념은 대체로 변함없다는 것을 알 수 있다.

총체적인 사회적 사실로서의 식사, 이상적 식사 모형을 포기하는 게 왜 그토록 힘든가?

식사 구조는 음식이라는 '총제적인 사회적 사실Total Social Fact'을 구성하는 요소로 생각할 수 있다. 곧 음식은 한 사회의 구성을 드러내는 상호 연결된 구조인 것이다. 사회학자 에밀 뒤르켐Émile Durkheim에 따르면, 사회적 사실은 "개인의 외부에서 강제력으로 개인을 구속하는 행위 양식과 사고 양식, 감정 양식들로 구성"된다.[53] 뒤르켐은 어떻게 사회적 구조가 개인을 형성하는지 다룬 반면, 더 인류학적인 연구를 했던 마르셀 모스Marcel Mauss는 어떻게 사회적·심리적 삶의 구조가 함께 엮여 문화적 의미와 실천을 만들어내는지 탐구했다. 그는 총체적인 사회적 사실을 "가치, 효용성, 이익, 사치, 부, 소유, 축적, 소비, 방종적이고 과시적인 지출이라는 개념들"을 아우르는 법적, 경제적, 종교적, 심미적, 정치적 현상으로 정의한다.[54] 음식은 사회적 현상들과 밀접하게 관련되므로 식품체계와 그 의미를 추적하면 한 사회의 구성에 대해 많은 것을 알 수 있다. 모스는 어떻게 상호성이 사회적 삶을 정의하는지, 어떻게 서로 선물을 교환하는 것이 사회집단과 개인들을 의무의 관계로 엮는지에 관심이 있었다. 일단 우리가 음식 교환(과 공유)으로 관심을 돌리고 나면, 상호 연결된 사회구조라는 모스의 포괄적 개념에 음식이 포함된다는 것을 분명히 알 수 있다. 그러므로 식품의 생산과 교환, 소비(그리고 다양하고 복잡한 형태)를 이해하면 '먹기에 좋은' 음식을 창조하는 경제적·사회적·생물문화적 체계의 윤곽을 그리는 데 도움이 된다.

오드리 리처즈Audrey Richards는 최초로 음식을 중심 주제로 연구한 인류학자 가운데 한 사람이다. 그는 모스의 개념을 음식과 영양과 관련해 분명하게 설명한다. "개별 유기체의 삶에서 그것(음식)은 반복적으로 충족시켜야 하는 필요지만, 인간 사회의 더 넓은 영역에서는 사회적 무리 짓기의 본질과 그 행위 양식을 다른 생리적 기능보다 더 크게 결정한다."[55] 그러나 식사 관습은 일반적인 문화 행위자들의 눈에는 거의 보이지 않는다. 우리는 식사 규칙을 배우고, 무엇이 먹기에 좋은 음식인지, 그것을 어떻게 먹는지 익히지만, 왜 우리가 그렇게 생각하고 행동하는지는 대개 깊이 생각하지 않는다. 그러므로 A+2b 식사 패턴(모든 다량영양소를 포함하는) 같은 식사 관습의 심층구조는 우리의 의식 깊숙한 곳에 파묻힌 채 별다른 생각이나 분석 없이 행동으로 옮겨진다. 따라서 이 심층구조들은 개인의 실천과 사회적 삶에 내재적 요소로 자리하면서 우리가 어떻게 먹어야 할지 안내한다. 그래서 무시하기가 아주 힘들다. 이것이 바로 유행 식이요법, 특히 특정 음식을 배제하는 식이요법이 실패하는 이유를 이해하는 열쇠다. 이들은 식사란 무엇인가에 대한 기본 규칙을 깨는데, 우리는 이 규칙의 작동을 의식하지 못하므로 식이요법을 계속하지 못하는 자신을 비난한다. 문화와 요리의 관례를 위반하는 것이 불가능하다는 사실을 이해하지 못하는 것이다. 이는 또한 많은 사람이 유행 식이요법을 시도하고 실패하기를 반복하는 이유도 설명해준다. 유행 식이요법을 시도할 때마다 조금만 더 노력하면 해낼 수 있을 것 같은 느낌이 들고, 그래서 다음 식이요법은 성공할 수 있을 것처럼 보이기 때문이다.

우리는 무언가를 하는 법에 대한 우리 내면의 모델을 따르지 못할 때 자신과 다른 사람들에게 '왜' 그런지 해명해야 한다. 설명과 논의가 필요한 상황이 생기는 것이다. 사회적 존재로서 우리는 우리가 왜 규범을 따르지 못하는지 다른 사람들에게 설명해야 하는데, 이 설명 행위는 문화에 내장된 그 규칙의 영향력을 오히려 강화한다. 예를 들어, 몇 년 전 재닛의 집에 묵은 손님은 앳킨스 식이요법 중이었다. 이 손님은 외식을 좋아했는데, 특히 패스트푸드와 패스트캐주얼

레스토랑에서 식사하는 것을 즐겼다. 그런데 그 손님은 재닛이 요리한 음식에 탄수화물이 들어 있을까 봐 무척 불안해했다. 그는 식당에서 식사할 때마다 무엇을 주문할지, 식이요법에서 허용하는 식품으로 대체하는 것이 왜, 어떻게 중요한지에 대해 직원과 긴 대화를 나눴다. 식사에 포함된 식품 항목에 대해 말하면서 메뉴의 일부를 왜 대체해야 하는지 그 근거를 거론했으며, 체중 감량과 탄수화물 배제 전략을 자세히 설명했다. 게다가 많은 식당에는 쉽게 재료를 대체할 만한 메뉴가 있는데도(또는 그냥 빵을 안 먹고 남겨두면 될 텐데도) 그런 메뉴는 선택하지 않았다. 대신 일반적으로 녹말식품이 포함된 요리를 주문한 다음, 직원과 흥정을 벌이며 요리의 구성을 바꾸길 좋아했다. 이를테면, 파스타를 주문하면서 파스타 면을 호박이나 당근으로 대체해주길 요청했다. 재닛은 이 손님이 식사 시간마다 자신이 식이요법 중임을 스스로에게 상기시키고 있다는 사실을 깨달았다. 그의 메뉴 선택은 식이요법 규칙을 따르기 위해 복잡하지만 필요한 사회적 수행이었고, 왜 자신이 평범하게 먹지 않는지 다른 사람에게 해명하는 사회적 신호였다. 재닛이 보기에 그는 자신의 메뉴 선택을 스스로 받아들일 수 없었기에 식이요법을 유지하려면 이런 의례적 수행이 꼭 필요했다. 그러니까 함께 식사하는 동료와 자기 자신에게 탄수화물을 안 먹는 이유를 해명하고, 자신이 사회적 기대와 관습을 깨고 있다는 사실을 잘 알고 있음을 알리기 위해 탄수화물이 포함된 식사의 정상성을 소리 내 표현해야 했던 것이다. 탄수화물 배제는 워낙 큰 인지부조화를 일으키므로 이 손님은 탄수화물이 식사에서 빠진 것에 대해 계속 언급해야만 그 식이요법을 유지할 수 있었다.

설마 그럴까 싶겠지만, 당신도 혹시 이런 상황을 경험한 적이 있는지 생각해보라. 음식 배제 식단을 유지하는 사람과 식사를 하거나, 당신이 그런 식단을 먹는 사람이었던 적이 있는가? 식이요법을 따르기 위해 어떤 종류의 협상이 진행된 적이 있는가? 메뉴 변경에 대해 설명이 필요했는가? 아니면 그냥 인정을 구하고 받았는가? 추측하건대, 아마 식이요법이나 그 식이요법이 제한하는 음식과 그것을 따르는 이유에 대해 긴 대화를 나눈 기억이 있을 것이다. 이 모두가 일반적으로 기대되는 식사 실천이나 관습을 지키지 않는 이유를 해명하는 복잡한 댄스의 일부다. 자신과 다른 사람에게 그 행동이 문제적이지 않다는 것을 상기시키려면 상황의 특수성을 강조해야 한다. 재닛은 그 손님이 집에서 식사하지 않으려는 이유는 주인이 대접한 음식을 먹어야 하는 의무(좋은 예절에 꼭 필요한 책임)와 탄수화물 배제 식단을 유지하기 위한 협상을 해야 한다는 이중 부담을 피하고 싶어서였다고 생각한다. 그는 자신의 식사에서 탄수화물을 배제하기가 워낙 힘들었기 때문에 주인에게 자신의 필요에 맞는 식단을 부탁하기가 불가능하다고 느꼈을지 모른다. 재닛은 탄수화물이 들어간 음식을 먹지 않아도 되도록 탄수화물이 '곁들임'으로 나오는 식사를 준비하겠다고 거듭 제안했지만, 손님은 식단을 관리하기 위해 외식을 하겠다고 고집을 부렸다. 이는 주인-손님 관계의 거절이자 궁극적으로 모든 사람에게 상당한 사회적 혼란을 일으키는 일이었다.

A+2b 모델의 문화적 영향력을 잘 보여주는(그리고 이 모델이 어떻게 구조적 영향력을 미치는 사회적 사실인지에 부합하는) 마지막 사례는 미국농무부가 보급한 건강한 식사를 위한 '마이플레이트My Plate' 프로

그램이다.[56] 마이플레이트 그림은 다섯 가지 유형의 음식이 놓인 접시를 보여준다. 다섯째 유형은 음료이고, 나머지 네 유형은 단백질과 곡물, 채소, 과일이다. 그러나 무엇을 먹어야 할지에 대한 설명에서는 과일과 채소를 하나의 범주로 취급한다. "접시의 절반은 과일과 채소로 채워라. 채소를 다양하게 먹어라." "접시의 절반을 과일과 채소로 채워라. 통과일을 주로 먹어라." 접시는 네 부분으로 나뉘어 있지만, 두 부분은 서로 비슷한 것으로 인식되므로 한 범주로 묶인다. 이런 생각은 우리 언어에서도 분명하게 드러난다. 영양학자와 공공보건 교육자들은 "과일과 채소를 더 많이 먹어라"라는 조언을 자주 한다. 따라서 마이플레이트는 네 범주 이상이 그려지긴 했지만, 개념적으로는 A+2b 모델이다. 마이플레이트는 미국 전역에서 음식에 관해 가르칠 때 이용되므로 거의 모든 아이와 어른이 쉽게 이 모델을 알아본다. 마이플레이트 같은 모델은 단지 최적의 영양을 연구하는 과학이 빚은 산물이 아니다. 사실, 최적의 영양이라는 개념도 대단히 문화적이다. 각 인구집단은 무엇을 먹어야 할지에 관해 매우 뚜렷한 생각을 지니고 있다. 마이플레이트 같은 그림과 보건교육 프로그램은 자기지시적 생물문화 과정이다. 좋은 음식이라는 개념이 그런 음식이 실제로 좋다는 것을 입증하기 위한 연구를 추동하기 때문이다. 우리는 우리가 찾고 싶은 것을 찾고, 우리의 문화적 모델과 선호를 확증할 연구를 설계한다. 그렇다고 이런 모델이 문화적 기대 때문에 본질적으로 편향되어 있다는 말은 아니다. 문화적 모델이 과학적 탐구를 움직인다는 말일 뿐이다.

이상적인 식사 패턴이란 문화적이다

세상의 다양한 지역(다양한 문화)은 적절한 식사를 구성하는 서로 다른 방식을 갖고 있다. 예를 들어, 많은 미국인은 와플과 달걀, 베이컨, 머핀 같은 아침 식사가 별개로 있는 것이 문화적 전통임을 깨닫지 못한다. 전 세계 많은 지역에서는 아침 식사로도 다른 때와 같은 음식(이를테면 생선, 밥, 국)을 먹는다. 재닛은 캘리포니아 북부에서 광둥어를 쓰는 중국인 친구들과 함께 자랐다. 이 친구들에게 저녁 식사란 다양한 질감과 재료, 맛으로 구성된 여러 요리를 밥과 함께 먹는 것이다. 육류와 채소, 과일 요리가 밥과 함께 식탁에 놓인다. 이 구성을 '판차이飯菜'라 부른다, 판은 곡물을, 차이는 함께 나오는 요리들을 말한다.[57] 중국 음식에서 치료용 식단이나 이상적 식단은 음양(습함과 건조함, 차가움과 뜨거움, 단단함과 부드러움처럼 쌍을 이루는 특징들), 사체질(따뜻함, 차가움, 습함, 건조함), 오행(토, 금, 화, 목, 수), 오미(신맛, 쓴맛, 단맛, 매운맛, 짠맛), 오취(누린내, 탄내, 향기, 비린내, 구린내) 같은 범주가 균형을 이룬 식단이다.[58] 이는 중국 의사들이 최적의 건강을 증진하기 위해 제안한 매우 복잡한 체계지만, 아마 평범한 가족의 식사는 밥과 국, 두 개의 요리로 구성될 것이다. 이 식단은 표준적인 미국 식단과는 완전히 다르다. 표준적인 미국 식단에는 큰 고깃덩이 하나와 소량의 녹말 음식, 채소가 곁들여진다. 벤틀리가 지적한 것처럼, 미국의 음식 유행 선도자들은 집에서 중국 음식을 요리할 때 밥보다 고기에 강조점을 두어 A+2b 틀로 변형한다(그리고 맛과 질감, 체질적 요소를 무시한다).[59] 마찬가지로, 중국 식당의 음식도 미국화되어서 고기를 중심에 놓고 밥과 반찬을 곁들인 요리가 런치 플레이트나 주요리 형식으로 제공된다. 이런 메뉴는 중간 가격대 또는 저렴한 중국 식당에서 볼 수 있다. 그러나 최고급 중국 식당은 원래 문화의 식사 구조를 고수하는 경향이 있다.[60] '에스닉Ethnic' 식당이 인기를 끄는 것은 아마 사람들이 식사 규칙을 따라야 할 필요가 없는 특별 행사를 위해 외식을 할 때는 익숙하지 않은 식사 구조를 받아들이는 경향이 있어서일 것이다. 그러나 집에서 가족을 위해 요리할 때는 규범적인 식사 구조가 적용되고, 메뉴도 예상 가능한 패턴과 비슷하게 변형된다.

이처럼 예상 가능한 식사 모델의 영향은 학생들에게서 잘 드러난다. 학생들 스스로는 더 모험적인 메뉴를 선호한다고 생각할지라도 말이다. 재닛은 음식과 문화에 대한 어느 강의에서 학생들에게 화이트보드에 '좋은 식사'가 담긴 접시를 그리는 협동 활동을 진행한 적이 있다. 학생들이 서로 다른 문화의 식사 양식에 대해 깊이 생각해보고, 어떻게 문화가 무엇이 좋은 음식인지에 대한 결정에 관여하고, 어떻게 이상적 영양 섭취의 개념이 음식 선택에 영향을 미치는지 토론할 기회를 주기 위한 활동이었다. 압도적으로 많은 학생이 큼직한 고깃덩이(나 채식주의자인 경우는 고기 대체식품)를 가운데 놓고 한 가지 녹말식품과 몇 가지 채소를 주위에 둘렀다. 학생들은 이런 구성을 바꾸는 데 대단한 반감을 보였다. 모두 채소를 더 먹어야 건강에 좋다는 데 동의하면서도 요리의 중심인 고기(A)를 'b' 요소로 대체하고 싶어하지는 않았다. 재닛은 필라델피아의 고등학생들과도 이 활동을 했는데, 그들은 고기가 식사의 중심이며 '감자나 파스타'가 그다음으로 중요하고, 마지막으로 중요한 것이 채소라고 훨씬 더 떠들썩하게 주장했다. 재닛의 화이트보드 활동을 통해 더글러스의 A+2b 모델이 실제로는 A(단백질)+B(녹말식품)+b(채소)라고 표현되는 것이 더 정확하다는 것을 알 수 있었다. 학생들이 선호하는 식사 패턴은 '고기와 감자'의 문화적 우위와 중요성을 드러낸다. 고등학생들은 A+B가 없으면 식사가 아니지만, 채소(b)는 없어도 괜찮다고 강력히 이야기했다.

무엇이 '먹기에 좋은' 것인가?
그것은 당신의 식이요법과 어울리는가?

물론, 음식을 분류하는 체계로는 식사 구조 외에도 많은 것이 있고, 이 체계들에는 문화적·개인적·경험적 의미들이 뒤섞여 있을 때가 많다. 더 넓은 문화적 체계 속에 자리 잡은 개인적 분류체계를 연구하는 학자도 있다. 문화적 분류체계가 가장 중요하긴 하지만, 사회적으로 구성된 몇몇 중요한 실천이나 의미도 개인의 음식 분류와 묘사에 영향을 미친다. 타니스 퍼스트Tanis Furst 외 학자들은 음식 선택을 일련의 동심원 모형으로 표현한다. 가장 큰 동심원에는 가능한 모든 분류가 있고, 그다음 원에는 '문화적으로 인정된' 분류가, 또 그 안에는 '사회적으로 유의미한' 분류가, 사회적 원 안에는 '개인적으로 작동하는' 분류가 있다.[61] 물론, 문화적 분류는 개인이 경험과 실천 속에서 음식을 분류하고 이해하는 데 영향을 미치지만, 구체적인 것들은 문화행위자들에 의해 사회적·개인적 차원에서 조정된다. 그리고 이런 문화행위자들은 문화적 음식 분류체계에 대해 거의 무의식적이면서 좀처럼 발화되지 않는 지식을 갖고 있다. 대개 개인은 이항대립체계를 이용해 음식을 분류한다. 좋다/싫다, 건강에 좋은/좋지 않은, 싼/비싼, 가공된/신선한, 편리한/편리하지 않은, 식단에 포함하려 애쓰다/피하려 애쓰다 같은 체계다. 이와 같은 이항대립체계는 생물학과 음식 관습, 사회계급, 의례 주기, 상징적 특성, 감각 속성에 대한 개념들을 혼합하고 활용한다. 인류학적 관점에서 보면, 개인은 다양한 수단을 사용해 음식을 분류하지만, 그들에게 주어진 선택지는 문화적 환경과 사회적 경험에 따라 결정된 테두리 안에 있다. 곧 개인은 자신이 '좋은 음식/나쁜 음식'이라는 이항대립체계로 건강에 좋은 식단을 선택한다고 생각하겠지만, 사실은 문화와 사회생활이 제공한 선택지 안에서 고르는 것이다. 적절한 식이요법과 마찬가지로 적절한 식사도 개인에게 보이지 않는 외부 영향에 따라 대체로 결정된다.

　무엇이 먹기에 좋고, 그것을 어떻게 먹어야 하는지에 대한 생각을 문화적·언어적 구조가 형성한다는 것을 살펴봤으니, 이 장 앞에서 제시한 문제로 돌아가보자. 당신은 적절한 식사를 어떻게 정의하는가? 그 정의는 유행 식이요법을 실천하도록 허락하는가? 아침이나 점심, 저녁으로 먹기에 적절한 음식의 유형은 무엇이며, 어떤 메뉴가 거기에 해당하는가? 당신의 부모나 다른 어른들은 일관된 식이행동의 본보기를 당신에게 보이고, 설명하고, 당신에게 바라는 식사법을 가르쳤는가? 당신의 부모와 가족이 무엇을 먹고 즐겼다고 기억하는가? 그것이 음식에 대한 당신의 생각에 어떻게 영향을 미쳤는가? 고등학교와 대학을 다니는 동안 또래들에게 새로운 식사 방식을 배운 적이 있는가? 당신에게 이상적이거나 완벽한 식사는 무엇인가? 당신은 그런 식사를 어떻게 구성하게 되었는가? 당신은 그 식사의 식품 각각에 어떤 가치를 두는가? 어떤 기억과 연상이 그 가치들에 영향을 미치는가? 당신은 당신이 생각하는 이상적인 식사를 어떻게 배웠는가? 그 식사를 준비하는 법을 어떻게 습득했는가? 요즘에는 음식에 대해 어떻게(친구, 인터넷, 책, 요리 수업) 알게 되는가? 당신은 어떤 식사가 '적절한 식사'가 아니라는 것을 어떻게 아는가? 어떤 요소가 없거나 또는 있어서 문제라고 생각하는가? 다른 나라의 음식을 먹을 때 새로운 식사 구조를 편안하게 받아들이는가? 아니면 낯선 메뉴 때문에 그 음식을 이해하거나 받아들이기 힘들어하는가? 사회적 경험이 당신의 음식 습관 형성에 어떤 영향을 주었는지 파악할 수 있는가? 당신은 개인적 선호와 사회적·문화적 영향을 구별할 수 있는가? 당신의 좋고 싫음이 어떻게 형성되었는지 이해할 수 있는가? 어쩌면 당신만의 화이트보드 활동을 해봐도 좋을 것이다. 접시 하나를 그린 다음 음식으로 채워보라. 접시에는 무엇이 담겼는가? 당신이 그린 식사에는 음식 배제 식이요법을 위한 여지가 있는가? 아니면 음식을 배제하면 무언가 혼란스럽고 잘못된 것 같은 느낌이 들 것 같은가?

친교 식사, '함께 먹기'를 뜻하는 근사한 말

음식은 본질적으로 함께 나누는 것이다. 음식을 다른 사람과 함께 먹지 않는다면, 음식의 본질을 억압하는 것이다. 자신에게나 다른 사람들에게나 음식을 파괴하는 것에 가깝다.
　－마르셀 모스,《증여론The Gift》, 70쪽.

〈스타트렉Star Trek〉 팬이라면 우주탐사선 엔터프라이즈에서는 음식이 리플리케이터에서 나온다는 것을 안다. 리플리케이터는 공용 식사 공간 벽에 설치된 전자레인지 크기의 간편한 상자다. 이 기계 앞에서 원하는 음식을 말하면(거의 모든 음식이 가능하다!) '징' 소리와 함께 마법의 광선이 음식과 접시를 만든 다음 쟁반에 올려 내놓는다. 당신은 그 식사를 들고 동료들이 있는 탁자로 가서 함께 흥겨운 식사를 즐긴다. 함께 먹고는 있지만, 다른 사람의 욕구나 욕망에 상관없이 개인적 선호에 따라 식사를 주문했으므로 엄밀한 의미에서 하나의 식사를 공유하는 것은 아니다. 따로, 또 함께 먹는 것이다. 〈스타트렉〉의 식사 장면은 우리가 우리의 식품체계가 작동하는 방식에 대해 품고 있는 환상을 보여준다. 우리는 '현명한 선택'을 권하면서도 음식을 생산하고 준비하는 시간과 경제적 비용은 무시하는 세상에 산다. 우주탐사선 엔터프라이즈호가 보여주는 미래의 삶이 전적으로 허황된 환상인 까닭은 현실에서 우리가 무엇을 먹느냐는 우리에게 달린 일이 아니어서다. 그것은 우리 문화가 창조한 음식체계에 따라 결정된다. 접시 위에 놓인 음식 구성은 기만적이다. 우리는 무엇을 먹는지가 개인의 선택이라는 말을 듣지만, 우리의 문화적·사회적 환경이 음식의 생산이나 구매, 사용을 지휘한다는 것을 지금쯤 분명히 이해했을 것이다. 사회경제체계가 우리 접시 위에 무엇이 놓일지를 결정한다. 우리가 그 접시를 스스로 구성했다고 기만적으로 생각할지라도 말이다. 우리에게 '적절한 식사'를 가르치는 문화적 과정은 개인적으로 내면화되고 경험된다. 무엇이 적절한 식사인가를 둘러싼 평가는 우리 머리 안에서 일어나며, 우리의 자아감각과 정체성을 반영한다. 그러나

'먹기에 좋은' 것을 알려주는 문화적 과정이 있다 해도, 우리가 어떤 음식을 먹을지 결정하는 더 직접적이고 중요한 이유는 우리가 대개 식사를 다른 사람과 함께 먹는다는 점이다. 함께 식사할 때 우리는 음식을 공유하며 같은 음식을 먹는 편이다. 또는 식당(과 우주탐사선 엔터프라이즈호)에 있다면 같은 음식을 먹지는 않을지라도 함께 먹는다. 음식을 중심으로 함께 모이는 것은 워낙 중요한 일이기에 친교 식사를 방해하는 식사 방식을 고수하기란 무척 힘들다. 많은 음식 배제 식이요법은 함께 먹지 못하게 하기에 실패한다. 음식 제한으로 친교 식사를 거부했을 때 뒤따르는 힘든 사회적 대가를 치러야 하기 때문이다.

'친교 식사Commensality'는 함께('com')와 테이블('mensa')이 합쳐져 '같은 테이블에서 먹는 사람'을 뜻하는 라틴어 'Commensalis'에서 나왔다. 이 단어는 '동료Companion'와도 밀접한 관련이 있다. 마찬가지로 라틴어에서 유래한 단어인 '동료Companion'는 함께('com')와 빵('panis'), 곧 음식을 공유하는 사람을 뜻한다. 물론 'Companion'이라는 단어는 인간의 식단에서 곡물이 얼마나 중요한지, 사회성에서 어떤 역할을 하는지도 가리킨다. 어쨌든 빵은 쉽게 공유할 수 있다. 한 조각을 떼어내거나 잘라서 친구에게 줄 수 있다. 전 세계의 많은 나라는 빵과 소금, 음료를 손님에게 제공하는 의례가 환대에 필수적이며, 손님이 주인의 보호를 받고 있음을 알리는 중요한 신호라는 것을 안다. 이런 관습은 오후 방문객에게는 커피와 케이크를 제공하거나, 늦은 시간의 방문객에게는 칵테일과 약간의 안주를 제공하는 것으로 변형될 테지만, 그 상징과 의도는 여전히 같다. 손님에게 그들을 환영한다는 것을 알리는 의례인 것이다. 음식 공유는 사회적 유대를 보여주고 다진다. 많은 기독교인이 따르는 성찬식과 비슷하다. 성찬식에서 교회 구성원들은 곡물로 만든 제병의 형태로 그리스도의 몸을 섭취하고, 그의 피의 상징인 포도주를 마시면서 세속에서의 공동체와 신과의 교감을 받아들인다. 성찬식은 그리스도 안의 공동체를 상징하는 동시에 인간 공동체를 결속한다. 클로드 피슐러Claude Fischler에 따르면, "참가자 각자가 똑같은, 분할되지 않은 음식, 곧 그리스도의 몸과 피를 상징적으로 공유하는 상황을 만들려면 성찬식에 대한 기독교적 견해를 이해해야" 한다. 또 그들은 은유적으로 똑같은 것을 먹고 있으므로 이 의례는 사람들을 상징적으로 연결한다.[62] 아주 비슷하면서 마찬가지로 의미 있는 관습은 크리스마스 오프와테크를 나누는 폴란드 전통이다. 오프와테크는 크리스마스 관련 이미지나 종교적 금언이 찍힌 접시만 한 웨이퍼인데, 많은 폴란드 가족의 크리스마스 이브 만찬에 꼭 들어간다. 사람들은 작은 조각을 떼어내 옆 사람에게 건네며 서로의 행복을 빈다. 웨이퍼를 나누는 행위는 소속감과 사랑, 가족의 구성원임을 나타낸다.

초기 인류학자들은 실제 음식에는 딱히 관심이 없었지만, 종교적·사회적 삶에서 음식 공유의 중요성에는 주목했다. 개릭 맬러리Garrick Mallory는 《아메리칸 앤스로폴로지스트American Anthropologist》 제1권에서 이렇게 주장한다. "식사, 요리, 접대 … 그리고 훈련된 미각을 지닌 손님들과 함께하는 흠잡을 데 없는 디너 파티는 고등 문명을 가장 강력히 보여주는 일상적 증거라고 말해도 지나치지 않을 것이다. 야만인은 입에 밀어넣는다. 최고의 미개인들은 그저 먹을 뿐이다. 교양 있는 사람만 정찬을 즐길 수 있다."[63] 이 문장은 함께 먹기의 다양한 의미와 상징적 행위와 더불어 엄청난 계급 특권을 표현한다. 이 글이 인류학 분야에서 쓰인 최초의 철학적 논문 중 하나라는 점을 고려하면, 함께 먹기는 그냥 끼니를 떼우는 것보다 훨씬 중요하다는 것을 알 수 있다. 음식과 마찬가지로 친교 식사도 대단히 중요한 사회적 사실로서 공동체를 창조하고 정의하는 수많은 문화적 행위와 실천을 보여준다. 친교 식사 의례는 한 문화의 사회구조와 가치에 대해 많은 것을 드러낸다.

대단히 의례적인 유월절(이스라엘 민족의 이집트 탈출을 기념하는 유대교의 축제일 - 옮긴이) 만찬에서 음식 접시에는 유월절과 관련된 중요한 상징이 담긴다. 쌉쌀한 허브인 마로르는 노예제의 쓴맛을, 구운 정강이뼈를 일컫는 제로아는 유월절 희생양을 상징한다. 소금물도 노예제의 눈물을 나타내기 위해 쓰인다. 이 만찬은 세대와 세대 사이의 정서적 경험과 문화적 공간을 연결하며 먼 장소와 조상의 의례를 환기시킨다. 이 의례는 스토리텔링만이 아니라 재연이다. 한 민족의 이야기를 결코 잊히지 않게 이야기한다는 점에서 종교적 정체성에서만이 아니라 역사에서도 중요한 요소다. 그런 의미에서 유월절 만찬은 심리적 '유전자'를 다음 세대로 전달하고, 구술사를 통해 정치적 정보를 전수하는 기제다.[64] 사회정치적 역사를 다음 세대로 전수하는 일에서 음식과 음식 의례가 얼마나 중요한 역할을 하는지는 종교 축일과 관련된 유대인들의 재미있는 금언에서 볼 수 있다. "그들은 우리를 죽이려 했다, 우리는 이겼다, 자, 먹자."

M. E. 로스M. E. Ross와 C. L. 로스C. L. Ross는 가톨릭 미사를 비슷한 방식으로 이해한다.

전오이디푸스기를 특징짓는 잠재적 공간에서의 이상화 행동, 곧 내재화된 이미지와 외적 표상 사이의 융합은 (가톨릭) 미사에도 반영된다. 미사는 무엇보다 부재한 것을 현존하게 만들려는 시도다. 심리학 용어로 말하자면 이행적Transitional 시도이며, 신학 용어로는 일종의 매개Mediation다. 이런 매개의 가장 명백한 예는 현실계와 상상계 어디쯤에 위치한 빵/몸의 상징이다. 이 상징은 신의 현존이 직접 분명히 드러나지 않을 때 신의 현존을 불러내고, 그렇게 함으로써 그 근원과 재결합하려는 인간의 욕망을 충족한다.[65]

현재와 과거, 죽은 자와 산 자를 연결하려는 비슷한 의례는 셀 수 없이 많다. 유대교의 유월절 식사, 가톨릭 미사, 심지어 추수감사절 만찬에 이르기까지 이런 의례들은 종교와 가족, 민족 정체성의 빵과 버터라 부를 만하다. 음식과 관련한 의례들은 민족 구성원의 자격을 정의하고 심리적 '유전자'를 세대에서 세대로 전달하는 경험이다. 간단히 말해, 개인적이며 집단적인 경험의 서사다.

민족지를 쓰면서 함께 먹기 행동을 다루지 않기란 거의 있을 수 없는 일이므로 친교 식사는 인류학자와 사회학자들에 의해 깊이 연구되었다.[66] 피슐러만이 아니라 제프리 소발Jeffrey Sobal과 메리 K. 넬슨Mary K. Nelson도 친교 식사의 의미를 연구했고, 최근《친교 식사: 일상 음식에서 축하연까지Commensality: From Everyday Food to Feast》라는 책에서 포괄적인 분석을 제시했다.[67] 팔레오 식이요법을 다룬 이 책 5장에서는 음식 공유의 진화적 중요성을 다루는데, 친교 식사를 연구해온 재닛이 함께 먹기가 어떻게 영양 섭취에 영향을 미치는지 전반적으로 소개한다.[68] 허버트 마이즐먼Herbert Meiselman이 엮은 식사에 관한 책에는 친교 식사의 중요성을 논의하는 많은 글이 실려 있다.[69] 지금 소개한 참고자료들은 이 분야에서는 빙산의 일각에 불과하지만 이 정도로도 충분하다. 유행 식이요법과 관련해서 정말 중요한 점은 함께 먹기에 대한 사회적 기대가 어떻게 개인의 식이요법 수행에 영향을 미치는지 이해하는 것이다. 우리 머릿속에서 친교 식사는 사람들과 교제하는 법과 워낙 깊이 연결되어 있어서 친교 식사 자리를 피하기란 매우 힘들다. 친교 식사가 중요한 것은 음식 때문이 아니다. 사회생활을 가능케 하기 때문이다.[70]

함께 먹기는 공동체 생활을 수행할 공간을 창조함으로써 사회적 세상을 구성한다. 탄치뱅Tan Chee-beng은 친교 식사의 많은 기능을 일람표로 깔끔하게 정리했다. 여기에서 우리는 그가 제시한 개념과 범주를 발판 삼아 어떻게 사회적 삶 때문에 유행 식이요법을 따르는 일이 어려운지 이해해보려 한다.[71] '가정 친교 식사Domestic Commensality'는 말 그대로 집에서 가족과 함께 먹는 식사를 뜻한다. 누구와 언제, 어디에서, 무엇을 먹는지(그리고 음식이 어떻게 분배되는지)는 가정 영역 안에서 결정되며 아이들의 영양과 건강에 영향을 준다. 또 가정 내의 역할과 지위를 보여준다. 가정 친교 식사는 식사와 식사 요소를 다룬 많은 연구에서 중점적으로 다루었다. 많은 사회에서 함께 먹기는 성적 관계에서든, 부모와 자식 관계에서든 깊은 친밀감을 표현한다. 모체와 태아가 피를 공유하고, 출산 뒤에는 모유를 공유하는 것은 함께 먹기의 가장 직접적이며 기원적인 형태다.[72] 이런 종류의 직접적인 음식 공유는 가장 분명한 유대다. 음식을 공유한다는 것은 서로 밀접하

게 연결되었다는 신호다.[73]

재닛은 음식과 문화에 대해 가르치면서 학생들에게 두 여성이 한 접시에 담긴 음식을 함께 먹는 모습을 보면 무엇이 떠오르는지 묻곤 한다. 학생들은 대개 두 사람이 룸메이트거나 절친한 친구 사이일 것이라 말한다. 어른과 작은 아이가 한 접시의 음식을 함께 먹는 상황에 대해서는 유아에게 밥을 먹이는 부모일 거라고 말한다. 한 남자와 한 여자가 같은 접시의 음식을 함께 먹는 모습에서는 두 사람이 애인 사이라는 것을 어떻게 표현해야 하는지 생각하는 동안 어색한 침묵이 길게 흐른다. 그러다가 결국 대답이 나오는데, 두 사람이 같이 자는 사이라는 것을 표현하는 재미있는 완곡어법이 많이 쏟아진다. 두 남자가 한 접시의 음식을 같이 먹는 모습에 대해 물으면, 침묵이 훨씬 더 길게 이어진다. 그러다가 누군가 헛기침을 몇 번 하고는 "어, 아마 연인이 아닐까요? 아니면 미식가? 아니면 게이 미식가?"라고 말하는데, TV 프로그램 〈퀴어 아이: 삶을 리셋하라Queer Eye for the Straight Guy〉의 영향을 받은 인식을 보여준다. 성별과 나이에 관계없이 같은 음식을 공유하는 사람들을 보면 대개 그들이 친밀한 사이라는 문화적 가정을 내린다. 대부분의 문화에서 여러 다른 행동보다 먹기와 성행위에 대한 갈등과 규칙이 많은 것은 결코 우연이 아니다. 먹기와 성행위 둘 다 몸의 경계가 침해되고, 체액이 교환되며, 잠재적으로 위험이 가장 큰 사회적 행위다.

'친족과 공동체의 친교 식사Kin and Communal Commensality'는 가정 친교 식사를 확장해 더 많은 친족과 공동체 구성원들을 받아들인다. 대개 축하연이나 종교 의례를 위해 열리는데, 생애주기의 주요 순간을 기념하는 연회가 좋은 예다. 세례식과 생일, 결혼식, 축일, 심지어 장례식까지. 일반적으로 여러 문화에는 이 행사에 누가 참여하고, 무엇을 대접해야 하며, 어떻게 행동해야 하는지에 관한 매우 분명한 규칙들이 있다. 이런 음식 의례는 사회적 결속을 강화한다. 물론, 사회적 위험(정치 음모에 대해 열을 올리는 삼촌의 이야기를 지겹게 들어야 하는 상황 말고도)이 제기되기도 한다. 모리스 블로흐Maurice Bloch는 함께 먹기가 사회적 연결 행위이며, 또다른 사회적 연결 행위인 성행위만큼이나 중요하고 (거의 그만큼) 위험하다고 설명한다. 친인척들과 떨어져 지낸다면 그들이 당신에게 등을 돌릴 수도 있지만, 축하연이나 결혼식을 위해 함께 모이면 유대감을 다지는 데 분명 도움이 된다. 블로흐는 대부분의 친족이나 공동체의 축하연은 주식으로 쓰이는 녹말식품처럼 재배식물을 사용하는 주요리들, 사람들이 알아볼 수 있고 독이 들어 있지 않을 음식들로 구성된다고 말한다. 반면, 야생에서 채취한 음식은 공동체의 구성에서 상징으로서의 사회적 가치가 없으므로 사회의 '문화적' 개념을 반영하지 않는다.[74] 누구를 초대할지를 둘러싼 갈등이 일어날 수도 있다. 축하연 테이블에 앉을 수 있다는 것은 가족이나 공동체에 소속되어 있다는 것을 뜻한다. 이를 완벽히 보여주는 사례가 결혼식이다. 초대 명단에 누구를 넣어야 할지(누구를 빼도 괜찮을지)를 고심하며 전략을 짜느라 몇 달이 걸린다. 그리고 결혼식 축하연 음식은 문화적으로 깊은 의미가 있는데, 소속감과 정체성, 문화적 유산을 표현한다. 이탈리아계 미국인 신부가 조상의 음식을 포기하는 것은 결합과 포용을 축하하는 의례에서 정체성이나 가족을 거부하는 일이나 다름없을 것이다. 따라서 할아버지가 좋아하는 소시지앤페퍼 요리가 뷔페에 포함되어야만 한다. 그것을 빼먹는다면 공동체를 받아들이지 않는 일이 될 것이다.

'의식적·종교적 친교 식사Ceremonial and Religious Commensality'에는 성찬식이나 교회 식사처럼 신앙을 표현하는 상징적 의례가 있다. 또 단체 만찬과 기금 모집 행사를 비롯해 음식 공유를 강조하는 다양한 종류의 공동체 축제들이 있다. 이 축제들은 같은 종교 신도로든, 환영받는 이웃으로든 공동체 전체가 참여하므로 종교적인 동시에 사회적인 것이 많다. 이때 음식 공유의 좋은 사례로는 '이드알피트르Eid al-Fitr'와 '이프타르Iftar'를 꼽을 수 있다. 이드알피트르는 라마단 기간이 끝나는 날 금식을 마치며 벌이는 축제고, 그보다 덜 격식적인 이프타르는 라마단 기간 중 하루의 끝에 먹는 식사를 말한다. 필라델피아 교외의 그리스정교회 교회들은 바자회와 춤, 집에서 요리한 그리스 요리를 선보이는 축제를 매해 여는 것으로 유명하다. 대체로 세속적인 행사지만 교회에서 열리며, 종교 공동체와 밀접하게 연결돼 있다. 워낙 재미있고 음식이 아주 맛있는데다 이웃과 친구들을 만날 수 있으므로 지역의 거의 모든 사람이 참여한다.

이런 종류의 의례와 축제는 정체성이나 공동체의 중요한 문화적 표현이므로 인류학자들은 이들을 열심히 관찰한다. 축제와 사회성과 관련된 중요한 생각들을 거의 모두 다룬 두 가지 훌륭한 연구가 있다. 니나 에트킨Nina Etkin의 연구는 사회적 식사가 건강과 공동체 결속에 어떻게 영향을 미치는지 이해하기 위해 음식 탐구 접근법을 사용했고, 마틴 존스Martin Jones의 연구는 사회적 식사가 어떤 종류의 사회적 기능을 촉진하는지 이해하기 위해 축제를 살펴봤다.[75] 무수히 많은 민족지가 공동체 축제에서 무슨 일이 일어나는지, 누가 그리고 왜 참여하는지, 무엇을 먹는지, 먹는 동안 어떻게 행동하는지를 기술한다. 이런 축제의 이상적 성과는 공동체가 함께 모여 공유된 정체성과 소속감을 창조하거나 재생산하는 것이다. 축제의 음식들은 그리스정교회 축제에서처럼 참가자들에게 중요한 의미가 있고 공동체의 생업과 유산을 대표한다. 예를 들어, 포도주 생산 지역에서는 많은 지역산 포도주와 계절식으로 포도 수확을 축하할지 모른다. 매력적인 축제의 이미지는 포도주 생산 공동체를 낭만적으로 보이게 만들어 여행자로 하여금 축제에 참여해 선망하는 공동체의 일부가 되는 환상적인 여행 경험을 갈망하게 만든다. 물론, 포도덩굴을 보살피거나, 포도주를 숙성시키는 참나무통을 치우거나, 포도농장에서 노동을 할 필요는 없을 것이다. 그래서 여행 광고에는 사람들이 함께 먹는 장면이 아주 많다. 여행자가 명예 구성원이나 손님으로서 공동체 사람들과 함께 어울리는 진짜 경험을 하게 될 것임을 뜻하는 장면이다. 여행자는 축제 음식을 함께 먹음으로써 외부자에서 내부자로 슬쩍 변신해 잠시 그 공동체에 소속된다.

'정치적 친교 식사Political Commensality'도 있다. 연회와 음식 공유가 정치적 목적을 위해 조직되는 경우다. 여기에서 '정치적'이란 권력의 표현을 뜻한다. 왕이 백성들에게 음식을 제공하는 행사, 민족 소속감과 패권을 찬양하는 배타적 연회, 고위 인사나 고위 관료를 대접하기 위한 근사한 정찬 같은 다양한 행사를 포함한다. 역사학자 폴 프리드먼Paul Freedman은 연회와 공적 축하연이 어떻게 배제(누가 초대되지 않는가)나 무엇을 누구에게 대접할 것인가를 통해 위계질서를 보여주는지 설명한다. 더 존중받는 손님일수록 더 근사한 음식이나 더 많은 음식을 대접받고 더 권위 있는 자리에 앉는다. 이처럼 눈에 분명히 보이는 차이들로 사회적 서열을 분명하게 드러낸다. 연회, 특히 주최자가 자신의 부와 특권, 미각을 뽐내는 연회는 과잉을 허락할 때가 많다.[76] 이런 연회는 정부 권력층과 관련될 때도 있지만, 기업이 잠재적 협력자나 경쟁자, 고객을 상대로 영향력을 과시하기 위해서 열릴 때도 있다. 이때의 식사는 앞에서 논의한 의례적 식사와는 다르다. 공동체 행사가 결속을 표현했다면, 정치적 친교 식사는 권력과 서열을 표현하기 위해 준비되기 때문이다.

'환대 친교 식사Hospitality Commensality'는 친교 식사라는 말을 들으면 즉시 떠오르는 디너 파티일 때도 있고, 결혼식이나 졸업식처럼 훨씬 격식을 갖춘 행사일 때도 있다. 이때의 식사는 가족 식사를 친구까지 확장함으로써 누군가가 집에 찾아오는 것을 환영하는 의례로 볼 수 있다. 사실, 더글러스가 연구했던 것도 이런 종류의 환대였다. 그는 "음료는 이방인과 지인, 일꾼들, 가족을 위한 것이다. 식사는 가족과 가까운 친구, 예우받는 손님을 위한 것이다. 이 시스템이 작동하는 중요한 원리는 친밀감과 거리를 구별하는 선이다"라고 했다.[77] 환대 친교 식사에서 개인이나 가족(또는 집단)은 타인에게 음식을 제공한다. 이 식사의 목표는 흥겨움이고, 이론상 참가자 사이에는 우열의 차이가 없어야 한다. 환대의 규칙은 문화적으로 기호화되는데, 대부분의 어른은 그 상징을 읽고 기호를 이해한다. 성공적인 디너 파티를 위한 요리책과 예절 안내서가 아주 많은 것도 그런 이유에서다. 부모가 자녀에게 식탁 예법을 가르치는 것도 바로 이런 종류의 친교 식사를 위해서다(물론, 식탁 예법은 다른 유형의 식사에도 필요하다!). 환대의 자리는 주인과 손님 모두에게 대단히 긴장되는 자리일 수 있다. 디너 파티의 분위기를 망친 일화나 손님을 대접할 때 하지 말아야 할 행동을 했던 일화는 이때의 긴장을 드러낸다. 줄리어가 간략히 설명한 것처럼, 대접하고 대접받는 일의 스트레스 때문에 환대는 복잡한 문제가 된다. 누가 참석할지, 어떻게 그리고 무엇을 대접할지, 적절한 참가 양식은 무엇인지를 둘러싸고 많은 사회적 협상과 불안이 일어난다.[78] 환대 친교 식사는 식당에서 함께 먹는 형태가 될 수도 있다. 미리 주문한 메뉴(주인이 지불한)를 함께 먹거나, 같은 음식이 아니더라도 개인이 함께 또는 따로 음식을 주문해 먹을 수도 있다. 식사를 어디에서 하든, 무엇이 나오든 이런 친교 식사가 중요하다는 것은 주인과 손님이 따르리라 기대되는 많은 규칙(예법)이 있다는 사실에서 드러난다. 블로흐는 이렇게 많은 규칙이 있는 것은 환대가 결속의 기회일 뿐 아니라 거부의 기회가 될 수도 있는데, 거부의 기회라면 음독으로 끝날지도 모르기 때문이라고 지적한다.[79] 요즘 디너 파티 손님들은 혹시 주인이 음식물에 독극물을 슬쩍 넣지 않았을까 두려워할 일은 거의 없겠지만, 좋은 인상을 남길 수 있을지, 적절한(그리고 자신이 열망하는) 계급과 역할에 맞는 행동을 할 수 있을지에 대한 불안을 느낄 때는 많을 것이다. 환대의 자리는 즐거움과 위험이 공존하는 장소다. 그래서 마사 스튜어트가 제국을 세울 수 있었고, 부모들이 식탁에서 나이프를 혀로 핥지 말라고 주의를 주는 것이다.

우리는 여기에 여섯째 친교 식사 형태가 될 만한 것을 덧붙이고 싶다. 어쩌면 환대를 위한 친교 식사를 다듬은 형태일지도 모른다.

우리는 이 형태를 '나눔 친교 식사Shared Commensality'라 부르려 한다. 아마 독자에게 가장 친숙한 형태일 텐데, 친구들과 식당이나 카페에서 어울리는 것을 말한다. 이때의 식사는 직접적인 환대는 아니지만, 환대의 형식을 띨 수 있다. 피슐러는 국가나 문화별로 선호되는 식사 비용 나누기 방식을 눈여겨봤다. 그의 연구에 따르면, 독일인과 미국인은 자기가 먹은 음식값만 내는 걸 선호하는 반면, 이탈리아인과 스위스인, 프랑스인들은 계산서의 비용을 똑같이 나누기를 선호한다.[80] 식사 비용을 나누는 방식과 상관없이 함께 어울려 식사하는 것은 많은 사람에게, 특히 젊거나 도시에 사는 사람에게 주된 사교 형식이다.[81] 다른 유형의 친교 식사가 중요한 문화적 과제를 수행하듯(이런 식사 자리는 본질적으로 문화적 공간이라 말할 수 있다), 나눔 친교 식사를 하는 동안 우정이 깊어지거나 로맨스가 싹틀 수 있다. 또 나눔 식사 자리는 사업이나 다른 사회적 문제를 협상하기 위한 중립적 공간이 될 수도 있다. 더 나아가 다양한 요리를 어떻게 먹는지 배우거나 새로운 음식을 시도하는 자리가 되기도 한다. 당신은 아마 이런 친교 식사를 수행하는 법에 대한 비공식적 규칙을 머릿속에 갖고 있을 것이다. 식당이나 가격대를 의논하고, 만날 시간을 정하고, 어떻게 주문할지 그리고 서로의 접시에 있는 음식을 함께 먹는 것이 적절한지에 관련해 대강의 그림이 있을 것이다. 카페는 중립적이고 공유된 공간이기에 사람을 만나 서로 알아가거나, 좋은 친구와 다시 만나기에 편안한 영역이다. 또 직장도 아니고 집도 아닌 '제삼third'의 장소이고, 새로운 가능성이나 사교 형식에 개방적이기에 사회적 존재로서 우리의 정체성을 형성하는 데 '매우' 중요한 곳이다. 대부분 친구와 시간을 보내는 주요

장소일 것이다.[82]

자, 얼른 생각해보라. 당신이 식사를 함께하거나 커피를 마시기 위해 친구를 마지막으로 만난 때가 언제인가? 당신의 집에서 친구와 함께 식사한 때는? 정식 만찬에 참여한 때는? 공동체 축제나 종교 행사에 간 적은? 가족이나 룸메이트와 함께 밥을 먹은 때는? 피크닉이나 바비큐 파티, 명절 식사는 어떤가? 여러 행사의 기억을 하나하나 떠올려보라. 당신은 음식을 떠올리는가? 아니면 사람들을 떠올리는가? 아니면, 둘 다를 떠올리는가? 아마 사람들이 먼저 떠오르고, 음식은 그다음에 떠오를 것이다. 우리는 사회적인 종이고 함께 먹는 것을 좋아하기 때문이다.[83] 그래서 친교 식사가 그토록 중요한 것이다. 음식 공유는 음식만의 문제가 아니다. 가끔은 음식과는 전혀 관계가 없고, 우리가 아끼는 사람들과 만나는 기회일 뿐인지 모른다. 이 장은 코로나 팬데믹이 절정에 달해 사회적 거리두기 때문에 식당이 문을 닫고 친구를 만나는 일이 거의 불가능해진 시기에 쓰였다. 사회적 상호작용이 사라진 상황은 모두에게 고통을 준다. 우리는 친구를 만나지 못할 때 그 만남이 우리의 자아감각과 '세계 속의 삶'을 즐기는 데 얼마나 중대한지 깨닫는다. 고립은 불안과 불행, 우울을 가져다준다. 그러니 상상해보라. 음식 배제 식이요법 때문에 친구와 어울리는 일이 팬데믹 기간처럼 늘 어려워진다면 어떻겠는가. 우리는 음식을 공유하는 종으로 진화했다. 혼자 먹을 때가 잦다 해도 음식 공유는 사회적·문화적·생물학적·구조적으로 여전히 우리에게 중요하다.[84] 따라서 유행 식이요법을 따르고 있어서 음식을 공유할 수 없다면, 그건 사회적 규범(영양규칙이 아니라)을 어기는 것이 된다. 함께 나누는 음식을 거부함으로써 우리는 연결을 거부하고, (블로흐에 따르면) 그 음식이 잠재적으로 위험할 수 있고, 관계도 그럴 수 있다는 신호를 보낸다. 어떤 면에서는 친구와 '절교'하기 좋은 방법이다.

음식 배제의 사회적 대가로 타인과 교감할 여지가 줄어들기 때문에 장기적으로 식이요법을 유지하는 것도 어렵다. 흥미롭게도 팬데믹으로 인한 고립은 음식 배제 식이요법이나 유행 식이요법을 실천하기에 완벽한 환경을 만들었다. 친교 식사나 식사 공유가 줄었기 때문이다. 따라서 배제하는 음식이 많은 다이어트를 해도 사회적 비용이 거의 들지 않을 것만 같았다. 그러나 실제로는 그렇지 않았다. 사람들은 식이요법 처방대로 음식 먹는 것을 멈추고, 위로 음식을 다시 찾아 체중이 증가하는 경우가 많았다. 〈뉴욕타임스New York Times〉의 한 기사는 셰프보야디 라이올리 통조림과 치토스, 감미료가 첨가된 아침 시리얼, 치즈 스프레이(아마 사람들이 입속에 바로 짜넣고 있을) 같은 추억의 음식 판매가 급증했다고 보도했다.

단 몇 달 전만 해도 로스앤젤레스의 작가 수 스미스는 자신이 건강하게 먹는다고 생각했다. 그는 케일과 퀴노아를 넣은 샐러드를 즐겼다. 칼로리를 계산했고, 식단에서는 정제당을 제거했다. 또 유제품을 피했다. 그러나 지난달, 코로나바이러스 때문에 집에 머물게 되면서 스미스는 완전히 다르게 장을 보고 먹기 시작했다. 슈퍼마켓에서 스파게티오 통조림과 골드피시 크래커 큰 통 두 개를 카트에 넣었다. 유제품에도 푹 빠졌다. "저는 아이스크림을 먹고 있어요. 아이스크림 바 말이에요." 스미스는 말한다. "그리고 오늘 밤에는 시금치 아티초크 라자

나를 만들 거예요. 거기에도 유제품이 아주 많이 들어가요. 지금은 음식에서 얻는 위로가 너무 필요하거든요."[85]

이를 통해 우리는 사람들이 팬데믹으로 극심한 스트레스를 받는 동안에는 음식 배제 식이요법의 인지적 부담을 추가로 감당할 수 없다는 것을 깨달았다. 따라서 취미 생활과 마찬가지로 유행 식이요법을 따라 하려면 대체로 어느 정도 안정되고 예측 가능한 삶이 필요하다는 것을 알 수 있다. 그래야 식이 제한의 스트레스를 완화할 수 있다. 아주 짧은 기간 동안의 제한이라도 말이다.

왜 사교적인 사람은 유행 식이요법을 따르는 게 힘든가?

이번 장은 친구들과 어울릴 수 없기 때문에 '건강한 30일' 식이요법을 실천하기 힘들다고 느낀 한 커플의 사례로 시작했다. 그들은 다이어트를 시작했다가 그만두기를 반복했고, 자신들이 체중을 감량하고 있는지 확실히 알지 못했다. 어쩌면 당신도 음식 배제 식이요법을 따르는 누군가와 함께 식사한 적이 있을 것이다. 먹을 만한 장소를 찾거나 식당에서 음식을 주문하는 일이 힘들었던 적이 있는가? 아니면 당신이 식이요법을 따르는 동안 사람들과 어울리는 게 불편했던 적이 있는가? 당신은 식단 선택과 친구와 만나야 할 필요를 어떻게 조율했는가? 친구의 식이요법 때문에 함께 보내는 시간이 달라져 짜증스러웠던 적은? 에스텔 마송Estelle Masson은 식이요법이 어떻게 프랑스와 영국의 사교 생활에 영향을 미치는지 연구했는데, 그에 따르면, "모든 면담자가 다른 사람과(가족 구성원, 친한 친구, 동료, 지인 할 것 없이) 함께 식사하는 것이 얼마나 어려운지, 가끔은 불가능했는지 이야기했다. … 그들은 사회적 관계망에 자신의 식단을 맞출 수 없어서 다른 사람과의 관계가 심각하게 흔들렸다고 말했다". 특히 '먹기는 곧 함께 먹기'를 뜻하며 혼자 먹는 것을 피하는 나라인 프랑스의 식이요법자들은 특히 큰 어려움을 겪었다.[86] 마찬가지로 조아나 안젤리나 펠레라누Joana Angélica Pellerano와 마리아 지메네스-미나세Maria Gimenes-Minasse 역시 유행 식이요법이 친구들 사이의 사교 문제와 연결된다고 보고한다. 조사 참가자들은 식이요법 때문에 가족과 친구와 마찰이 생겼다고 토로했다. "제가 아주 엄격한 식이요법 단계에 있어서 거의 단백질만 먹었거든요. 그때는 함께 식사할 수 있는 사람 수도 제한되었던 것 같아요." 또다른 응답자는 이렇게 말했다. "저는 말을 많이 하지 않아요. 이미 친구들과 언쟁을 벌였거든요. 왜냐하면 그게 틀을 깨는 거잖아요. 그래서 사람들이 잘 받아들이지 못해요. 제가 미쳤다고 생각하죠. … 그러다 보니 언제부터 제가 미친 사람처럼 보이는 게 지겨워졌어요. … 너무 지겨워서 이제 사람들과 더는 말하지 않아요. 오늘도 저를 이해하는 한두 사람하고만 대화했어요. 왜냐하면 저는 재미없고 미친 사람이니까요. 식이요법 때문에요."[87] 사실, 피아 얄리노야Piia Jallinoja 외 학자들의 연구에 따르면, 스웨덴에서 저탄 식이요법자들은 음식과 연결된 즐거움이나 사회적 상호작용에 가치를 덜 두는 편인데, 이는 식이요법 선택이 개인의 성격 특성을 반영한 결정일 수도 있다는 것을 보여준다.[88]

미국에서는 버지니아 소울-스미스Virginia Sole-Smith가 식이요법자들을 인터뷰했다. 면담자 한 사람은 '더이상 친구와 식사를 할 수 없어서 친구 관계가 달라진 것 같다. 식이요법을 따르기 위해 식당에서 메뉴 고르는 일이 너무 힘들어 식사 초대에 응하지 않게 됐다'는 취지로 이야기했다. 또다른 여성은 '월스 프로토콜Wahls Protocol'(대단히 구속이 많은 저탄 식이요법)을 따르고 있었는데, 그 역시 친구들과의 만남을 피했고 먹는 즐거움을 잃었다. 그는 4개월 동안 매일 아홉 컵의 채소를 먹었고, 간을 비롯한 내장육을 주당 약 450그램씩 섭취했다. 곡물이나 유제품, 콩에는 손도 대지 않았다. 그는 친구들과 밖에서 밥을 먹을 수 없었다. 모든 식사는 미리 계획된 식단을 따랐는데, 내장육을 먹을 때는 토할 것 같았다고 한다. "먹는 시간이 기다려지지 않았어요. 그냥 하루에 세 번 기계적으로 해야만 하는 일이었죠."[89] 식이요법에 실패했을 때 그는 식이요법이 아니라 자기 자신을 비난했다. 식이요법을 제대로 수행하지 못했다고 생각해서다. 하지만 사회적 교감과 먹는 즐거움을 차단한다는 점에서 그가 따른 식이요법은 유지하기가 너무 힘든 것이었다. 더 극단적 사례로 '장수 식이요법Longevity Diet'이라 알려진 엄격한 칼로리 제한 식이요법도 있다. 식이요법자들이 자신이 섭취한 칼로리와 영양을 스프레드시트에 꼼꼼히 기록해야 해서 사회적 고립을 일으킬 뿐 아니라 진이 빠지게 만든다. 아주 소수의 사람만 이 식이요법을 유지했는데, 이마저도 온라인 지원 공동체(http://www.crsociety.org)가 없었다면 불가능했을 것이다. 음식을 연구하는 학자들은 장수 식이요법자들이 흥미롭겠지만, 우리가 보기에 이 식이요법을 따르는 사람들의 심리는 다른 식이요법을 따르는 사람들의 심리와는 조금 달랐다. 장수 식이요법자들은 노화나 죽음에 집착하기 때문에 이 책에서 다루는 유행 식이요법을 따르는 사람들의 동기와는 대체로 다르다.

우리는 그토록 많은 유행 식이요법이 단기간 통과해야 하는 단계들로 구성되는 것은 오랜 기간 따라 하는 게 불가능해서가 아닐까 생각한다. '건강한 30일'의 기간은 말 그대로 30일이다. 앳킨스와 사우스 비치, 뒤캉도 기간이 정해진 여러 단계로 구성되며, 처음에는 제한적 메뉴에서 시작해 다른 음식을 차츰 추가한다. 케토는 저탄수나 무탄수 라이프스타일 플랜으로 시간을 제한하지는 않는다. 그리고 탄수화물을 전부 줄이는 게 아니라 쉽게 소화되는 탄수화물의 섭취만 크게 제한한다. 그래도 파스타나 빵을 오랜 기간 먹지 않다 보면 사회적 상호작용이 급격히 줄어들 수 있다. 재닛의 집에 머물던 손님 사례가 이를 잘 보여준다. 식이요법 효과를 검토한 영향력 있는 한 연구에 따르면, 식이요법을 유지하기 힘든 이유 중 하나에 사회적 이유가 포함된다. 연구는 "저탄수화물 식사는 상당히 한정된 규모의 집단에 머물게 해 문화적 경험을 제한하는 경향이 있다"라고 말한다.[90]

이런 식이요법은 참여자들에게 체중 감량을 시작하기 위해서는 음식을 극단적으로 제한하는 도입 단계가 필수라고 장담하지만, 창시자들도 극단적인 식이 제한은 유지하기 힘들다고 인정한다. 애것스턴은 자신이 창시한 사우스 비치 식이요법에 대해 이렇게 썼다. "음식에 관한 한 2~3주 동안은 전적으로 받아들일 만한 식단이다. 그러나 이후에는 조금 지루해진다. 그때부터 문제가 발생한다."[91] 이 문구는 식이요법이 실패하는(그의 주장에 따르면 아주 가끔 일어나는 일인) 이유를 설명하는 부분에 눈에 잘 띄지 않게 들어가 있다. 그는 사우스 비치를 따라 하려면 너무 많은 것을 포기해야 하므로 쉽지 않은 일이라는 것을 분명히 밝힌다. 그래서 사람들은 식이요법을 중단해 체중이 다시 늘었다가, 음식을 제한하는 1단계로 돌아갔다가, 식사가 지루하고 힘들어서 또다시 포기해버린다. 애컷스턴은 음식 제한이 어렵기 때문에 속임수와 실패가 생긴다는 것을 인정하지만, 음식의 '맥락'보다는 음식 자체에 초점을 맞춘다. 혼자 먹기를 즐기는 사람의 실패 이유는 음식이 맛없어서일 수도 있다. 하지만 사람들은 대개 다른 사람과 함께 식사하는 것을 즐기기 때문에 음식 제한은 분명 친교 식사를 제한한다. 앞에서 인용한 응답자들의 논평을 보면 저탄 식이요법자들이 사교활동에서 문제를 겪는다는 것을 알 수 있다. 재닛은 아버지가 앳킨스 식이요법을 시작했다가 여러 번 중단했던 것을 기억한다. 아버지는 친구들과 밥 먹는 걸 좋아했는데 식이요법에 돌입할 때마다 그 만남을 위한 선택지가 줄어들었다. 심지어 식이요법을 유지하기 위해 식이요법을 함께하는 친구까지 만들었다. 그들은 탄수화물을 신중하게 제한하면서 일주일에 몇 차례 함께 밥을 먹었다. 하지만 8~9일째가 되면 어김없이 식이요법을 중단했다. 다른 친구들이 밥을 먹자고 불러냈기 때문이다. 식사를 함께 즐기는 동안 그들은 식이요법 버스에서 슬쩍 하차했고, 그렇게 식이요법은 중단됐다. 그러다가 몇 달 뒤 늘어나는 허리 치수에 경악하며 다시 해보기로 결심하면서 이번에야말로 성공하리라 확신한다! 그러나 다시 계획을 지키지 못하고 뷔페를 찾아 감자 샐러드와 프라이드 치킨을 행복하게 먹는다. 결심을 굳게 지키도록 도와주는 친구와 함께 식이요법을 한다 해도 음식 제한이 많은 식이요법은 아주 짧은 기간이 아니면 유지하기 어렵다. 식이요법 때문에 사회적으로 고립된다면 그게 얼마나 힘든 식이요법인지 상상해보라.

음식 배제 식이요법은 효과가 있을까?

다양한 식이요법 책과 블로그에는 많은 성공담이 담겨 있다. 멋진 결과를 장담하는 1인칭 경험담들이다. 온 가족이 좋아할 빠르고 쉬운 요리법과 건강이나 원기 회복, 친구들의 감탄을 약속한다. 그런데 약속대로 되는가? 대답은 '그렇다'이기도 하고 '아니다'이기도 하다. 어떤 식이요법이든 장기간 신중하게 따르면 어느 정도 체중을 감량할 수 있다. 문제는 식이요법을 계속 유지하는 것인데, 안타깝게도 대부분은 실패한다. 유형에 관계없이(저탄수화물, 저지방, 저칼로리 등) 특정 음식의 섭취를 장기간 줄이면 살은 빠질 것이다.[92] 식이요법 효과 연구의 문제는 교란변수 때문에 효과를 검증하기 힘들다는 데 있다(저탄 식이요법은 대개 칼로리를 함께 제한하고, 고지방 식이요법은 반드시 탄수화물을 제한한다). 또 임상연구는 개인적인 식이요법과는 매우 다르게 설계된다. 임상시험 내부에서조차 정의와 이행, 결과변수에 관련된 문제들이 있다. D. L. 카츠D. L. Katz와 S. 멜러S. Meller는 "편향과 교란을 배제하는 방법론을 사용해 최고의 식이요법이라는 월계관을 차지하려는 경쟁 식이요법들을 비교하는 엄정한 장기 연구가 아직 없다. 여러 이유로 보건대 그런 연구가 가능해 보이지 않는다. 이처럼 직접적인 비교가 없는 가운데 특정 식이요법이 다른 식이요법보다 우월하다고 입증되었다는 주장은 터무니없다"라고 말한다.[93] 그동안 비교 연구가 없지는 않았다. 그 결과들이 설득력을 가진 건 아니지만 흥미롭긴 하다. 발표된 연구를 함께 묶어 분석하는 메타분석적 연구들도 있다. 이런 연구는 잘 설계된 연구 결과들을 반영하는 편이다. 그럼에도 결과변수는 비슷하다. 저탄 식이요법은 단기간을 기준으로 했을 때 더 성공적인 편이지만, 6개월이 지나면 다른 식이요법과 체중 감량 면에서 효과가 비슷하다.[94]

우선 대부분의 임상연구는 2형당뇨나 비만(체질량지수 30이상), 심혈관질환 같은 의료적 이유로 체중 감량이 필요한 위기 집단을 대상으로 한다. 이 범주에 속하는 사람들은 동기 부여, 상담, 의료 관찰, 동료그룹 활동, 환자의 선호에 따른 식이요법 조정 같은 의료 지원 덕에 식이요법을 더 잘 따를 수 있다.[95] 많지 않은 장기 연구 가운데 하나는 첫해에 95.4퍼센트, 둘째 해에 84.6퍼센트라는 식이요법 유지율을 보고했지만, 연구 대상이 위기 집단으로서 의료 지원과 관찰을 받는 상태였고 네 가지 식이요법 양식이 느슨하게 적용됐다.[96] 예를 들어, 저탄수화물 식이요법 집단은 일일 탄수화물 섭취량을 최대 120그램까지 허용했는데, 이는 대부분의 탄수화물 배제 식이요법이 제안하는 섭취량보다 꽤 많다. 서로 다른 다량영양소 섭취 기준을 사용하는 연구들은 정확한 비교가 어렵다.

서로 다른 식이요법의 결과를 주로 임상집단을 대상으로 비교한 많은 연구가 있다. 대부분의 연구에서 저탄 식이요법은 저지방 식이요법이나 다른 식이요법과 비교했을 때 첫 3~6달 동안은 가장 많은 체중 감량을 끌어냈지만, 6개월 뒤에는 상당히 비슷했다.[97] 물론,

저탄 식이요법의 효과를 체중 감량만이 아니라 여러 결과변수를 기준으로 측정하는 연구는 훨씬 많다. 연구 대부분은 환자들을 추적 관찰하는 기간이 1년을 넘지 않고, 이 기간에만 체중 감량 정도를 기록한다.[98] 메타분석과 리뷰를 통해 이런 일반적 동향을 확인할 수 있다.[99] 그러나 다양한 연구의 '저탄' 정의가 일치하지 않아서 일일 탄수화물 섭취량이 20그램 미만부터 120그램까지 오르락내리락한다. 대부분은 일일 섭취량 50그램쯤을 목표로 삼는다. 카츠와 멜러는 이렇게 지적한다. "탄수화물 제한 식이요법은 칼로리 제한 식이요법이기도 하다. 칼로리 제한이 없다면 저탄고지 식이요법은 오히려 체중을 증가시키고 신진대사 역효과를 일으키는 데 일조할 수 있다. … 탄수화물과 칼로리 섭취의 공분산 때문에 저탄수화물 식사가 신진대사에 미치는 영향을 측정하는 게 복잡하다."[100] 사실, 주요 다량영양소의 섭취를 줄이는 방식으로 음식을 제한하면 그 식단이 저열량식인 한 체중이 감소할 가능성이 크다.

그러나 탄수화물 섭취를 줄일 때 생기는 이점이 있으므로 상황이 그렇게 단순하지는 않을 것이다. 먼저 고단백, 고지방 식단은 포만감 신호를 보내 허기를 줄여주므로 식이요법을 포기할 가능성이 덜하다.[101] 단백질과 지방 섭취가 증가하면 인슐린 반응이 둔화되고, 렙틴 수용성이 개선되는 한편 그렐린 수용성을 감소시켜 배고픔을 억제한다.[102] 매우 적은 탄수화물 섭취량으로 생기는 식이요법 초기의 빠른 체중 감량은 수분 감소와 포도당신생합성과 관련 있다. 포도당신생합성 과정에서는 뇌 기능에 필요한 포도당을 생성할 재료를 공급하기 위해 지방 분해가 일어나면서 지방분자 안의 탄소 사슬이 쪼개지는 것이다. 단기간의 체중 감량 식이요법이 실패하는 것은 요요현상 때문인데, 지방 분해로 인한 보상적 체중 증가로 체중 감소 효과가 약화되어서다.[103] 탄수화물을 전혀 또는 거의 섭취하지 않는 식이요법은 지속 가능하지도, 건강하지도 않다. 여기서 우리가 다루는 것은 단백질과 잠재적으로는 지방 섭취량의 증가를 동반한 저탄 유지 식이요법(하루 탄수화물 섭취량 20~120그램)이다. 탄수화물 섭취량의 범위가 넓긴 하지만 저탄 식이요법의 결과를 추적한 동료검토를 거친 임상연구에서 다루는 것은 이런 식이요법들이다. 그리고 이 정도의 섭취량은 앞에서도 언급했듯 체중 감량을 유지하기 위해 정말 도움이 되는 듯하다. 장기간 꾸준히 따르기만 한다면 말이다. 따지고 보면 이런 식이요법은 칼로리 감량 식이요법일 때가 많고, 바로 그 이유로 효과가 있을 것이다.

탄수화물 섭취량을 (하루에 20그램 미만으로) 극도로 낮춘 식이요법 역시 쉽지 않거나 건강에 좋지 않다. 단기간을 넘어 지속하면 안전하지도 않다. 반면, 탄수화물을 (이상적으로는 하루에 40~120그램까지) 줄이는 식이요법은 꾸준히 지속하면 정말 효과가 있다.[104] 전반적으로 탄수화물을 줄이는 일은 쉽지 않지만, 특정 종류의 탄수화물(특히 단순당)을 줄이는 것은 음식 습관을 요란하게 바꾸지 않아도 할 만하다. 그 결과 일어나는 체중 감량은 탄수화물이나 심지어 칼로리 감량 못지않게 새로운 식습관과 신중한 식사 선택의 결과이기도 하다. 우선, 음식에 단맛을 내는 포도당과 과당 같은 단순당을 제한해야 한다. 이들은 쉽게 흡수되고 인슐린을 급상승시킨다. 단순당을 제한한다는 것은 탄산음료나 달콤한 스낵, 쿠키, 포테이토칩을 비롯해 쉽게 구할 수 있는 간식들을 피한다는 뜻이다. 사우스 비치 식이요법은 복합당과 채소를 허락하는 반면, 백설탕(단순당)과 가공 밀가루(스낵과 제빵제품의 재료인) 같은 정제식품은 배제한다. 사실, 얄리노야와 동료들의 조사에 따르면, 저탄 식이요법자들은 정제식품은 피하는 반면, 채소와 통곡물은 식단에 포함해야 한다고 말한다.[105] 이런 실천만으로도 칼로리 섭취를 급격히 줄일 수 있다. 특히 하루종일 간식을 먹는데 익숙한 사람에게는 효과가 클 것이다. 간식을 먹지 않는 것(또는 식이요법에서 승인하는 음식으로 대체하는 것)만으로도 칼로리 섭취를 제한하기에 시간이 흐르면 체중을 감량할 수 있다. 식이요법을 하는 동안더 많은 섬유질과 단백질, 지방을 먹어서 포만감을 느낀다면 박탈감도 없을 것이다. 악명 높은 '아몬드 100칼로리' 한 봉지는 도넛을 애타게 찾지 않고 오후를 무사히 보내는 데 도움이 된다! 또 간식 섭취 줄이기는 식사 양식이나 사회적 상호작용과 관련된 문화 규칙을 위반하지 않는다. 대개 간식은 혼자 먹기 때문이다. 간식을 먹지 않도록 자신을 설득하는 것이 쉬운 일은 아니지만, 혹시나 당신이 특정 정체성(앳킨스 식이요법자나 케토 식이요법자 같은)에 걸맞는 라이프스타일을 실천하거나 식이요법 전략과 실천을 위한 도움을 받기 위해 온라인이나 오프라인 모임에 참가할 생각이라면 그것보다는 쉬울 것이다. 간단히 말해, 간식을 줄이거나 다른 음식으로 대체하는 방식으로 단순당 섭취를 낮출 수 있으므로 성취하기가 어렵지 않은 목표다.

그러나 우리는 저탄 식이요법이 개인이나 집단의 비만을 해결해줄 방법이라고 주장하려는 것은 아니다. 단순당 섭취를 줄이는 것은 아마 우리 모두에게 좋은 것이겠지만, 장기간 탄수화물을 많이 줄이는 방법은 효과적이지 않다. 윤리적이지 않다고도 말할 수 있다. 육류 생산은 농업 분야에서 기후변화의 주된 원인이기 때문이다.[106] 우리 행성은 저탄이나 팔레오, 케토, 다른 동물단백질 식단으로 인류를 먹여 살릴 만큼 많은 육류를 공급할 수 없다. 그 식단이 대단히 비싸다는 것은 말할 필요도 없다. 이는 현실적이지 않고, 집단 차원에서 합리적인 식단으로 볼 수도 없다. 하지만 탄수화물 섭취량을 낮추되 견과류나 콩류 같은 식물성단백질을 섭취하는 '에코-앳킨스Eco-Atkins' 식이요법을 사용하거나, 앳킨스와 사우스 비치에서 복합 탄수화물 섭취량을 증가시킨 3단계 또는 유지 단계를 따른다면 안전하게 체중을 감량할 수 있다.[107] 이런 식이요법은 이트-랜싯Eat-Lancet 위원회가 기후 건강을 위해 추천하는 식단에도 잘 맞고, 포만감을 줄 만한 섬유질도 충분히 제공한다. 안토니오 파올리Antonio Paoli와 동료들의 연구에 따르면, 환자들이 저탄 식이요법에서 벗어나 지중해(식물성 지향) 식단으로 전환하는 동안 성공적으로 감량한 체중을 유지했다.[108] 이런 식이요법은 단순당 섭취를 제한하고, 섬유질과 복합 탄수화물의 섭취를 늘리며, 채소나 과일을 더 많이 먹도록 권장한다. 모두 건강한 체중 관리를 위해 이미 제시된 권고사항들이다.

그런데 식이요법자들은 정말 음식을 배제하고 있을까?

어쩌면 저탄수화물(이나 고단백질, 고지방) 식이요법에 관한 이 모든 탐구는 의미 없는 일인지 모른다. 실제 삶에서 식이요법은 엄격한 실천보다는 실천하고 싶은 소망에 가깝기 때문이다. 클린 이팅을 하고 있다거나 유기농식품을 먹는다는 선언은 실제 음식 섭취보다는 자신이 추구하는 미덕에 관한 언급일 가능성이 크다. 마찬가지로 케토나 저탄 식이요법을 한다고 해서 반드시 그 식단을 따른다고 말할 수도 없다. 얄리노야와 동료들의 연구를 보면, 저탄 식이요법자는 정제식품을 일반적으로 피하는데, 자신들이 흰 밀가루나 설탕을 먹지 않고 있어서 저탄 식이요법을 하고 있다고 믿는 경향이 있다.[109] 저탄 식이요법은 밴팅이나 앳킨스가 고안한 식이요법은 아니지만, 탄수화물 섭취를 제한하는 방법인 것은 맞다. 또 저탄 식이요법자들은 '탄수화물'은 곧 제빵제품이라고 생각하기 때문에 실제로는 탄수화물을 제한하지 않으면서 제한하고 있다고 착각하는 경우도 있다. 예를 들어, 재닛은 최근 농산물 직거래시장에서 흥미로운 대화를 나눴다. 한 손님이 탄수화물은 암을 유발하기 때문에 피하고 있다면서 자신의 건강에 적절한 식단을 알려달라고 재닛에게 요청했다. 재닛은 일반적으로 가장 좋은 식단은 영양소가 골고루 담긴 균형 잡힌 식단이고, 채소와 과일을 많이 먹어 비타민 섭취를 늘리면 좋다고 말했다. 그러자 손님은 이렇게 답했다. "그렇지 않아요. 탄수화물은 나쁘거든요. 암을 일으키니까요. 저는 이제 탄수화물은 먹지 않아요." 그는 이 말을 하면서 (유기농으로 보이는) 감자를 장바구니에 넣고 있었다. 재닛은 이 손님이 무슨 음식을 먹는지, 왜 감자는 괜찮다고 생각하는지 알고 싶었다. 그러나 그가 말하는 '탄수화물'이 무엇인지 묻기에는 때와 장소가 적절치 않다고 판단했고, 필요한 물건이 시장에 다 있기를 바란다고만 말했다. 분명 그는 탄수화물을 피하지 않으면서 피한다고 생각하고 있

었다.[110]

마찬가지로 케토의 인기가 급상승하면서 많은 저탄수화물 요리책과 라이프스타일 프로그램이 등장했다. 이런 요리법 중에는 설탕과 밀가루를 유사식품이나 특허식품으로 대체해서 마치 설탕과 밀가루를 제외한 듯 보이는 것이 많지만, 원래 탄수화물이 들어가는 요리법에는 감소된 양이기는 하지만 어쨌든 탄수화물이 여전히 포함돼 있다. 이를테면《케토 베이킹Bake It Keto》에는 곡물과 설탕 대신 나한이나 감미료(저칼로리 설탕 대체제라는), 스워브(특허상표 설탕 대체제), 콜라겐 펩타이드, 아몬드 가루를 사용해 베이킹하는 법이 나오는데, 그램당 탄수화물과 단백질 비율은 일반적인 빵과 비슷하지만 지방 비율은 더 높은 빵이 만들어진다.[111]《저탄 바이블Low-Carb Bible》에 실린 초콜릿 플랑 요리법은 나트라테이스트 브랜드의 설탕 대체제 24갑과 무가당 탈지연유, 무지방 우유를 사용한다.[112] 설탕은 가짜지만 유제품은 분명 많은 젖당을 제공하는데, 젖당은 몸에서 갈락토오스와 포도당으로 가수분해된다. 관련된(명시적으로 저탄수 지향은 아닐지라도) 요리책인《곡물프리, 설탕프리, 유제품프리 가족 요리The Grain-Free, Sugar-Free, Dairy-Free Family Cookbook》는 설탕 대신 씨를 제거한 대추를 사용하고, 밀가루 대신 카사바 전분이나 바나나를, 크림이나 우유 대신 감미료가 첨가된 코코넛 크림을 쓴다.[113] 이 책을 여기에서 언급하는 이유는 이 책이 케토를 언급하지는 않지만 델러웨어 지역 도서관 시스템에서 '케토'와 '저탄'을 검색했을 때 나오는 책이기도 하고, 어느 저탄식이요법자가 식단을 짜고 요리를 할 때 이 책을 많이 참고한다고 재닛에게 언급해서다. 마크 시슨(팔레오 옹호자에서 케토 지도자로 변신한)

은 식단에서 모든 형태의 곡물과 단 음식을 제거하고, 엄청 긴 피해야 할 음식 목록을 제시하는데, 감미료가 첨가된 견과류즙과 요거트, 그 밖에 흔치 않은 탄수화물 공급원들은 허락한다. 적어도 기존 식이요법(앳킨스, 사우스 비치, 존 식이요법 등) 안내서들은 일관성 있고 탄수화물을 투명하게 줄인 메뉴를 제공했다.[114]

마지막으로 사람들이 자신이 먹고 있다고 말하는 것이 실제와 늘 일치하지는 않는 사례를 소개하겠다. 소셜미디어 인플루언서인 비지 필립스Busy Philipps가 자신의 루틴과 식이요법에 대해 〈뉴욕타임스〉와 인터뷰한 내용이다. 그는 어느 특허상품 글루텐프리 쿠키를 먹는다면서('인플루언서'임을 기억하라) "가능한 한 글루텐 없는 식단을 유지하는 걸 좋아한다"라고 언급했다. 그러고는 핫타말레 캔디를 간식으로 먹는다고 했는데, 이 캔디는 설탕과 옥수수 시럽으로 만들어진다(글루텐프리이긴 하다). 그리고 이렇게도 말했다. "우리는 루비로사에서 저녁을 주문해요. 저는 페페로니가 들어간 보드카 피자와 시저 샐러드, 아페롤 스프리츠 칵테일을 포장하지요."[115] 피자도, 시저 샐러드도 글루텐프리 식품이 아닌데 그는 자신이 '가능한 한 글루텐프리'하게 산다고 생각한다. 아페롤 스프리츠 칵테일은 알코올과 당이 들어가긴 하지만 글루텐은 없다. 그는 글루텐프리하게 사는 사람이라는 정체성을 선택했고 다른 사람에게도 자신을 그렇게 정의하지만, 현실적으로는 글루텐프리하게 살고 있지 않았다. 그럼에도 그 점에 대해 어떤 인지부조화도 느끼지 않는 듯하다. 유행 식이요법들은 자신이 추구하는 가치를 드러내거나 자기를 브랜드화하는 라이프스타일 은유로 변모했기 때문에, 글루텐프리 라이프스타일이나 탄수프리 라이프스타일,

케토 라이프스타일로 살기 위해 실제로 그런 식이요법을 실천해야 하는 것은 아닌 듯하다. 그냥 자신을 특정 라이프스타일 지지자로 정한 다음 피자를 맛있게 먹으면 된다.

요약하자면, 음식 배제 식이요법은 문화적으로도, 심지어 인지적으로도(영양주의 관점에서는) 합리적으로 들린다. 그러나 식사 구조나 친교 식사와 관련된 문화적 규칙 때문에 이를 행동으로 실천하기는 매우 어렵다. 음식의 생물학적 효능과 개인의 '현명한 선택'에 대한 우리의 믿음이 친구 또는 가족과 함께 문화적으로 적절한 식사를 하려는 사회화된 욕구와 충돌하는 것이다. 어쩌면 그래서 (앞 사례들에서 알 수 있듯) 음식을 제한하는 유행 식이요법을 엄격하게 따르기보다 우리가 무엇을 먹는지에 대해 악의 없는 작은 거짓말을 하기가 더 쉬울 것이다.

3장

음식 중독

키마는 음식심리학 수업 초반에 학생들에게 이렇게 묻곤 한다. "여러분 중에 음식 중독 같은 것이 있다고 생각하는 사람이 있나요?" 그러면 거의 모든 학생이 손을 든다. 그런데 한 주 뒤에 같은 질문을 던지면 아무도 손을 들지 않는다. 왜? 처음에 학생들은 직관적으로(어쩌면 대중문화의 영향으로) 음식을 먹는 행위는 저항하기 어려운 일이기에 중독적이라고 생각한다. 그리고 많은 학생이 체중과 과식 때문에 고민한다고 털어놓는다. 그러나 중독에 대한 과학적 자료를 공부하고 나면, 음식 중독이 중독 진단의 기준을 충족하는지 확신하지 못한다. '미국정신의학회American Psychiatric Association'도 같은 결론에 도달했다. 적어도 지금까지는 그렇다. 사실, 음식의 중독성은 과학적 합의가 거의 이뤄지지 않은 문제다. 입증되지도 않았고, 연구자들 사이에서 논란도 많다. 한편, 아주 많은 사람이 음식은 중독적이라고 믿으며

'음식 중독'이라는 용어로 먹기와 관련해 겪는 문제를 표현한다. 이는 과학자들이 말하는 것과 무관하게 문화적·심리적으로 중요한 일이 벌어지고 있다는 것을 뜻한다.

스스로를 '음식 중독자'라 규정한 이들은 자신을 회복 중인 중독자로 여기며 '익명의 알코올 중독자 모임AA'과 비슷하게 후원자 Sponsor(AA를 비롯한 중독 치유 모임에서 초심자 회원의 회복을 돕는 경험 많은 회원 – 옮긴이)나 12단계(AA에서 시작된 중독 회복을 위한 지침 – 옮긴이)가 있는 치료 프로그램을 따른다. 예를 들어, 케이 셰퍼드Kay Sheppard의《처음 한 입부터: 음식 중독 회복을 위한 완벽한 안내서From the First Bite: A Complete Guide to Recovery from Food Addiction》[1]의 한 독자는 서평란에 "설탕과 밀가루는 내게 술 다음으로 즐거움을 준다. … 이 책은 음식으로 취하는 습관을 떨쳐내고 몸과 정신이 회복 과정으로 들어설 수 있게 해주는 진정한 책이다"라고 썼고, 다른 독자는 "음식 중독자를 위한 빅 북(AA에서 발행한《익명의 알코올 중독자들: 100명이 넘는 사람이 알코올 중독을 극복한 이야기》라는 책의 별칭 – 옮긴이)"이라고 표현했다. 많은 독자가 이 책 덕에 구원받았고 지긋지긋한 식이요법을 끝냈다고 썼다. 그런가 하면 그냥 또 하나의 식이요법 책일 뿐이며 사실상 사람들이 자신을 중독자로 착각하게 만드는 책이라는 의견도 있다. "이 프로그램을 따르는 사람들은 영원히 식이요법 중일 것이다. 그들은 식이요법 버스를 내렸다 다시 타기를 반복한다. 이 책은 식이요법에 더 많은 것을 걸게 만들 뿐이다. 설탕과 밀을 마약으로 바라보게 하고, 헤로인 중독자처럼 그런 음식에 중독됐다고 여기게 만들기 때문이다." 이 독자(폴라 C.)는 "이 책의 제목은 '음식 통제광이 되어 식이

장애로 죽는 법'으로 바꾸어야 한다"라면서 자신이 이 책에서 추천하는 식이요법 때문에 치명적일 수 있는 새로운 행동 문제를 겪었다고 털어놓았다. 마지막으로 또다른 독자(헬레나 R.)는 이렇게 썼다. "이 책을 극찬하는 모든 리뷰는 케이 셰퍼드 야후에 속한 소수의 열성팬들이 쓴 것이 분명하다. … 이 책의 온갖 주장에도 이 '음식 프로그램'이 효과가 있다는 증거는 하나도 없다. 또 짧고 간헐적인 경우 말고는 통계적으로 유의미한 수의 사람이 '절제'에 도달했다는 증거도 없다. 셰퍼드는 이 책이 홍보하는 주장에 타당성을 뒷받침할 어떤 자료도, 동료검토를 거친 어떤 연구도 제시하지 않는다. 이 책은 다른 모든 식이요법 책들과 함께 쓰레기통으로 들어가야 마땅하다"라고 혹평했다.[2]

음식 중독에 대한 다른 대중서들도 유행 식이요법의 전형적 패턴을 따른다. 강렬한 1인칭 서술 형식이 많고, 카리스마 있는 지도자나 임상의(연구 과학자가 아니라)가 자신의 접근법으로 많은 환자를 치료했다고 유사과학적이거나 준과학적 언어로 주장한다. 예를 들어, 베라 타만Vera Tarman의 《음식 중독자들: 음식 중독으로부터의 회복Food Junkies: Recovery from Food Addiction》은 과식과 폭식, 거식증, 폭식증을 '음식 중독'이라는 넓은 범주로 함께 묶은 다음(과학자들은 인정하지 않는 범주다), "의학 연구자의 관점에서 음식 중독이라는 제대로 알려지지 않은 복잡한 문제에 도전하겠다"라고 말하지만, 사실 그는 의학 연구자가 아니다.[3] 타만의 책은 독자 서평에서 알 수 있듯 근본적으로 체중 감량을 이야기하는 책이다. 곧 중독에 관한 책이 아니라 살을 빼고 싶거나 중독 모델이 직관적 이해에 도움이 된다고 생각하는 사람을 위한 다이어트 책이다.

경험과 정체성으로서 음식 중독

구매자이자 독자이자 지지자가 간단한 12단계(또는 10단계, 4단계, 심지어 1단계까지!) 프로그램을 따라 하기만 하면 갈망이나 욕망, 중독, 성가신 살로부터 해방되어 더 나은 자신이 되고, 즉각 건강과 행복을 얻을 수 있다고 약속하는 주장에서 허점을 찾기란 어쩌면 너무 쉬운 일일 것이다. 이런 책들은 독자의 마음을 사로잡기 위해 과장된 제목을 사용한다.《갈망 치료: 당신의 갈망 유형을 알아내고 자연적인 식욕 조절 기능을 깨워라 … 24시간 안에 중독적인 단 음식과 녹말을 내던지고 체중 증가를 멈춰라The Craving Cure: Identify Your Craving Type to Activate Your Natural Appetite Control … Drop Addictive Sweets and Starches–and Stop Weight Gain–in 24 hours》라는 제목도 있고,《식이요법은 왜 실패하는가: 과학이 알려주는 갈망을 멈추고 살을 빼고 건강해지는 방법Why Diets Fail: Science Explains How to End Cravings, Lose Weight, and Get Healthy》《음식 기분 해법: 불안과 우울, 분노, 스트레스, 과식, 알코올과 마약 문제를 한번에 없애고 상쾌해지는 자연적 방법The Food-Mood Solution: All-Natural Ways to Banish Anxiety, Depression, Anger, Stress, Overeating, and Alcohol and Drug Problems-and Feel Great Again》도 있다.[4] 회복 서사와 운동을 연결하는 경향은 팸 피크Pam Peeke의 2012년 베스트셀러《허기 치료: 과식과 음식 중독을 위한 3단계 해독과 회복 플랜The Hunger Fix: The Three Stage Detox and Recovery Plan for Overeating and Food Addiction》에 이르러 분명해진다.[5] 닐 버나드Neal Barnard의 책 제목은 재닛의 눈길을 끌었다.《치즈 트랩: 중독 타파는 어떻게 체중 감량, 활기 증진, 건강에 도움이 되는가The Cheese

Trap: How Breaking a Surprising Addiction Will Help You Lose Weight, Gain Energy, and Get Healthy》.[6] 이 제목의 '트랩trap'이라는 단어에는 'A'자 대신 쐐기 모양의 치즈가 그려져 있고, 이 맛있는 금빛 치즈 조각 깊숙한 곳에 고약해 보이는 낚싯바늘이 도사리고 있다. 물론, 낚싯바늘에는 줄도 달려 있어서 치즈를 순진하게 한 입 베어 먹은 사람이 갇히게 될 함정을 은유적으로 상징한다. 재닛은 우연히도 치즈를 아주 좋아해서(지역에서 치즈 생산의 중요성을 다루는 강연을 몇 차례 하기도 해서) 치즈를 중독성 있는 위험한 음식으로 표현하고, 치즈를 식탁에서 완전히 몰아낼 것을 지지하는(아니, 요구하는) 주장이 책 한 권 분량으로 출간되었다는 것에 경악했다. 이런 책의 제목들은 과장된 듯 보이지만 체중 때문에 고통받거나 자신이 음식에 중독됐다고 확신하는 수많은 사람에게는 의미심장하고 현실적으로 들린다.

음식 중독은 많은 공적 영역에서 실재하는 위험한 질병으로 인식되지만, 음식을 중독 회로와 연결하는 과학적 증거는 여전히 빈약하다. 그러나 그건 문제가 되지 않는다. 음식 중독은 우리 문화에서 이미 타당한 질병 범주가 되었기 때문이다. 이제 자신을 음식 중독자라 부르는 것이 허용될뿐더러 말이 될 정도다. 게다가 이를테면 아편이나 알코올에 중독됐다고 공개적으로 말하는 것보다 낙인이 훨씬 덜하다. 익명의 알코올 중독자 모임을 비롯해 그 밖의 12단계 치유 프로그램은 대개 회원의 익명성을 요구한다. 이 모임의 회원들이 가볍게 알고 지내는 사람이나 낯선 사람에게 자신이 중독자라고 대놓고 말하는 경우는 드물다. 그러나 음식 중독 회복 프로그램은 낙인이 덜한 정체성을 제공한다. 중독이라는 심각한 질병에 음식 선택과 회피와 연결된 '정체성 정치Identity Politics'를 한데 묶어 환자 역할과 지위를 안전하게 수행하도록 허락한다. 음식 중독에 낙인이 찍히지 않는 것은 문화 범주상 음식이 악덕한 것으로 분류되는 경우가 훨씬 적기 때문일 것이다. 음식은 모든 사람이 사용하지만 마약 사용은 불법이다. 그리고 어쩌면 음식 중독 때문에 특정 음식을 회피하는 것은 자신의 자아를 특별하거나 고통받거나 관심과 연민, 친절이 필요한 사람으로 만들고 이를 행동으로 보여주는 방법일지도 모른다. 아니면 중독은 요즘 우리가 음식에 대해 말할 때 쓰는 단순한 인기 표현에 불과한지도 모른다. "난 저 쿠키 못 먹어! 완전 설탕 중독이거든. 얼른 치워!" 음식 중독이 왜 이렇게 문화적으로 널리 인정받는 고통과 곤경의 서사가 되었는지는 확실치 않다. 그러나 이미 인정받고 있기 때문에 생물학적 관점에서 질환으로 진단하기에는 문제가 있을지라도 문화적으로 실재하며 문화 내부적으로 타당성을 지닌 질병으로 다뤄야 한다.

몇 년 전 재닛은 친구 낸시에게 농산물 직거래시장에서 필요한 게 있는지 물었다. 이에 낸시는 "바게트 먹고 싶다!"라고 말했다. 재닛이 대답했다. "좋아, 하나 사갈게." "아, 아냐." 낸시가 말했다. "난 바게트 먹으면 안 돼. 탄수화물 중독이라서 먹을 수 없어⋯. 조금만 먹어도 멈출 수 없거든. 하나를 다 먹게 돼. 자제를 못 하니까 집에 빵을 두지 않아. 다 먹어버리니까." 재닛은 낸시의 경험을 더 잘 이해하고 싶어서 몇 가지 질문을 던졌다. 그러자 어떤 패턴이 드러났다. ① 먹기를 멈출 수 없다-'자제력을 잃는다.' ② 한 입만 먹어도 자제력을 잃곤 한다. ③ 주로 집에 혼자 있을 때 겪는 문제다. 밖에서는 빵 접시를 다 비우지 않는다. ④ 다른 제빵제품을 먹을 때도 가끔 일어난다. ⑤ 낸시가 아는 한 다른 종류의 음식을 먹을 때는 일어나지 않으므로 탄수화물에만 중독된 것이다. ⑥ 낸시는 빵과 제빵제품만 '탄수화물'이라고 생각한다. 탄수화물이 많은 음식에 들어 있으며, 다양한 탄수화물 공급원이 있다는 것을 알지 못한다. 낸시는 빵과 페이스트리에는 '그 속에' 탄수화물이 들었지만, 다른 음식에는 없다고 생각했다. 이와 같은 통속적 분류는 생물학적으로는 말이 되지 않을지 몰라도, 문화적으로는 말이 되는 사고체계다. 간단히 말해, 탄수화물은 맛있거나 달콤한 밀 제품에 들어 있고, 이 음식들은 특정 사람에게 중독을 일으킨다는 생각이다. 알코올 중독 개념처럼 한 입만 먹어도 주체할 수 없는 폭식을 촉발하기에 충분하다. 중독이 일어나는 과정은 과학적으로 잘 알려져 있지 않지만, 이런 생각은 중독이라 불리는 질병에 대한 미국인들의 통속적 믿음을 드러낸다. 또 음식에 관한 통속적 믿음도 반영한다.

그 뒤에도 재닛은 교육과 소득 수준이 다양한 여러 사람으로부터 이와 비슷한 견해를 수백 번 들었고, 심지어 글루텐 알레르기 때문에 탄수화물에 중독된다는 말까지 접했다. 음식 중독에 대한 사람들의 인식이나 믿음도 증가했다. 2016년 구글에서 '음식 중독'을 검색하면 1280만 개의 결과가 나왔지만, 2021년에는 2억 4900만 개가 올라왔다. 이와 비슷하게 '탄수화물 중독'은 2016년에는 54만 4000개가 검색됐지만, 2021년에는 250만 개라는 엄청난 결과를 내놓았다. 이런 단어를 검색하다 보면 음식 중독을 물리친다는 제품이나 유료 서비스를 제공하는 전문 사이트가 워낙 많다 보니, 자가진단과 걱정의 개미굴 속으로 빨려 들어가기가 너무나 쉽다. 웹사이트 'www.carbohydrateaddicts.com'은 음식 중독을 이해하기 쉽게 정의하고,

중독 여부를 확인할 수 있는 설문지를 제공하는데, 인구의 75퍼센트 이상이 탄수화물 중독자라고 주장한다. 마찬가지로 '익명의 음식 중독자 모임'(www.*foodaddictsanonymous.com*)은 자가진단 체크리스트를 제공하면서 이렇게 말한다. "음식 중독은 주로 빨리 분해되어 혈당으로 변하는 설탕과 밀가루 같은 정제 탄수화물을 섭취한 뒤 더 먹고 싶다는 통제할 수 없는 갈망으로 나타난다. 통제할 수 없는 갈망 때문에 음식 중독자는 설탕이나 밀가루, 밀을 끊지 않는 한 삶의 질이 악화된다. 육체적·정서적·사회적·영적 측면 전부 또는 몇몇에서 삶의 질이 떨어질 수 있다." 이와 엇비슷한 사이트와 업체, 프로그램, 제품은 아주아주 많다. 연관 사이트를 간추린 목록만 봐도 탄수화물 중독이 실재하며, 위험하고, 대단히 널리 퍼진 질환이라고 확신하게 된다.

그러나 그렇지 않다. 탄수화물 중독을 설명할 수 있는 생물물리적 기제는 없다. 인류는 탄수화물에 끌리도록 설정돼 있고, 탄수화물은 인간에게 꼭 필요한 다량영양소다. 탄수화물은 알코올이나 니코틴, 마약과 같은 방식으로 중독을 촉발하지 않는다. 사실, 건강한 모든 사람에게는 탄수화물 흡수를 촉진하는 기제가 있다. 인슐린이라 불리는 이 기제는 혈류에서 당을 제거해 식사를 제때 하지 않으면 몸에 떨림을 일으킬 수 있다(알코올로 생기는 진전섬망으로 인한 떨림과는 다르다). 우리는 과일을 먹는 영장류에서 진화했기에 탄수화물을 찾도록 만들어졌고, 과일을 비롯한 탄수화물 공급원은 모든 문화의 요리에서 여전히 중요한 위치를 차지한다. 그럼에도 많은 사람이 자신이 설탕이나 탄수화물에 중독됐다고 생각한다. 폭식장애와 달리 특정 식품이나 그 식품에 함유된 영양소 때문에 생물물리적 중독 과정이 생긴다는 믿음이다.

이 현상을 민족지학으로 더 잘 이해하기 위해 우리 두 사람은 음식심리학자와 영양인류학자로서 내담자와 학생들을 만난 경험만이 아니라, 친구나 지역 주민과의 상호작용을 활용했고, 지역 도서관에서 음식 중독에 관한 책들, 특히 대출 빈도가 아주 높은 책들을 검토했다. 그러자 음식 중독이라는 개념이 몸과 건강에 대한 개인의 인식과 음식을 둘러싼 대중 담론에 영향을 미치는 뚜렷한 패턴을 찾을 수 있었다. 그렇다고 자신이 음식에 중독됐다고 믿는 사람이 어떤 식으로든 현혹되었다는 뜻은 아니다. '중독'은 미국에서 매우 강력한 용어다. 미국인들은 많은 종류의 문화적·생물학적 과정을 중독의 결과로 받아들이며, 중독이라는 이름표가 붙은 여러 사회적·문화적 문제를 진지하게 바라본다. 이 책에서 하고 싶은 말은 많은 사람이 중독으로 간주하는 경험이 생물학적 과정이 아니라 문화적이거나 심리적 과정이라는 것이다. 곧 음식 중독은 심리나 행동의 문제이며, 불안을 줄이고 마음을 진정시키는 일련의 행동에 대한 심리적 의존을 낳는다고 보는 것이 설득력 있다. 아니, 타당하다. 이는 강박적 먹기를 경험하는 사람들에 대한 키마의 연구에서 분명히 드러난다. 키마의 연구는 정서적·행동적 의존이 어떻게 작동하는지에 대한 충실한 연구다. 그러나 '중독'은 신체적 원인을 내포하는 용어로 자주 사용되므로, 대중의 언어에서 중독 서사는 행동 모델에서 미끄러져 생물물리적 실재로 가정되곤 한다. 폭식장애(정신질환진단및통계편람에서 진단명으로 자리 잡은)와 음식 중독에 대한 혼동이 (심지어 전문가 사이에서도) 있는데,[7] 음식 중독은 정신의학 진단명이 아니다(이 점은 나중에 자세히 다루겠다).

물론, 이는 지나치게 단순화한 설명이다. 하지만 음식 중독의 언어는 앳킨스 박사 같은 식이요법 지도자와 AA에서 나온 것이 많다. 앳킨스 박사는 1980년대에 사람들이 탄수화물에 중독되었다고 주장했다. 요즘 앳킨스 식이요법 플랜은 사람들이 설탕에도 중독되었다고 주장한다. 이 두 가닥의 믿음이 하나로 결합하면서 설탕과 탄수화물에 중독성이 있다고 믿을 만한 거의 의심할 여지 없는 근거들이 창조되었다. 사실, 앳킨스 박사는 인슐린 반응 자체가 중독을 증명한다고 말했다. 인슐린이 혈류에서 포도당을 제거함으로써 더 많은 포도당을 끝없이 갈망하게 만드는 것이 바로 중독이라고 말이다. 필수 다량영양소인 포도당을 세포로 이동시키기 위한 완벽하게 자연적인 시스템을 두고 당을 끊임없이 갈망하게 하는 중독적 반응으로 왜곡한 것이다.[8] 탄수화물 섭취를 피해야 한다고 권장한 사람은 앳킨스만이 아니었다. 밴팅이 창시한 최초의 저탄 식이요법은 지금까지 지속되는 이런 관행을 위한 무대를 마련했다.[9] 여기에서 차이는 앳킨스는 설탕과 탄수화물에 중독성이 있다고 주장했다는 점이다. 중독이론의 또다른 유명한(비주류이긴 하지만) 지지자는 낸시 애플턴Nancy Appleton이다. 그가 1998년《설탕을 몰아내라Lick the Sugar Habit》를 출간한 이후 많은 자가출간 도서들이 등장해 설탕 섭취를 중독을 넘어 골다공증부터 치질에 이르는 여러 질병과 연결했다. 애플턴의 책 제목들(《설탕에 의한 자살Suicide by Sugar》《살인자 콜라Killer Colas》)은 선명하다. 그는 이런 책들을 내기 전에는 자연식품과 치유에 관한 책을 썼고, 가끔은 자신을 그냥 '박사'로, 또 가끔은 '의학박사'로 소개했다.[10] 그의 영향력 있는 웹사이트는 설탕이 치명적인 이유 144개를 나열하는데, 이 목록은 수천

회 다운로드되고 공유되었다(https://nancyappleton.com을 보라). 애플턴의 웹사이트와 책들은 이와 비슷한 많은 책의 경향을 따른다. 자가 치유를 강조하거나 기존 의료 관행을 비난하면서 자신의 방법이 독자에게 효과가 있다고 장담한다.

음식 중독이라는 주제로 출판에서 성공하는 세 가지 길

일반 대중을 위한 음식 중독 책들은 대개 세 가지 패턴 중 하나를 따른다. 첫째는 앞에서 예로 든 것처럼 영양학자이자(또는) 건강 지도자가 쓴 책들이고, 둘째는 유명인이나 건강 지도자 지망생이 쓴 중독 회고록이다. 셋째는 12단계 치유 프로그램과 절제를 유지하는 법에 관해 조언하는 회복 안내서들이다. 유형이 겹치긴 하지만 대체로 저자의 자격(진짜든 믿을 수 없든)과 해법의 초점에 따라 구별할 수 있다. 이들 책과 프로그램은 클린 이팅이나 음식 배제 식이요법 책들과도 겹치는 부분이 있다. 건강산업이 어떻게 독성과 중독이라는 개념을 활용해 오염이나 질병에 대한 두려움을 키우는지 볼 수 있다. 그 결과 중 하나는 해독을 다룬 여러 책이 음식 중독이나 탄수화물 중독을 근거로 클린 이팅 식이요법을 옹호한다는 것이다. 예를 들어, 마크 하이먼 Mark Hyman은 지난 수십 년 동안 식이요법이나 건강에 관련된 책을 수 없이 출간했는데, 대체로 당시의 유행 식이요법을 따라가지만, 설탕이나 탄수화물 대부분을 끊어야 한다는 주장은 늘 한다. 최근 출간한 책 제목은 《혈당 솔루션 10일 해독 식이요법: 몸의 능력을 깨워 지방을 태우고 빨리 살을 빼라The Blood Sugar Solution 10-Day Detox Diet: Activate Your Body's Natural Ability to Burn Fat and Lose Weight Fast》다.[11] 그는 앳킨스의 인슐린 이론을 끌어다 체중 증가의 이유를 설명하지만, 식이요법은 12단계 지침과 회복 개념에 기반한 절제 프로그램(탄수화물 해독)의 틀로 포장한다. 이 과정에서 그는 설탕 섭취가 건강에 나쁘다는 가정을 정당화하고, 체중 관리 방법을 클린 이팅이나 음식 배제 식이요법과 연결한다. 아마 이 책은 체중 감량을 위해 이 다이어트에서 저 다이어트로 옮겨 다니는 독자에게는 특히 주목받았을 것이다. 그들은 이런 생각의 많은 부분에 익숙하기 때문이다. 실제로 그의 책은 체중 증가와 다양한 식이요법을 평생 반복하다가 결국 하이먼 박사의 방법으로 성공했다는 흔한 경험담으로 시작한다. 사실, 거의 모든 식이요법 책의 서두를 장식하는 이야기들과 비슷하다. 이런 이야기는 독자에게 당신만 불행한 게 아니라고 안심시키면서 책에 소개된 식이요법이 권위 있고, 믿을 만하며, 삶을 변화시킬 것이라 주장한다.

설탕 중독을 다룬 또다른 유명한 초기 주창자로는 리처드 헬러 Richard Heller와 레이첼 헬러Rachael Heller 박사 부부가 있는데, 이들은 탄수화물 중독의 제국에서 많은 책을 출간했다. 1993년《탄수화물 중독자의 식이요법: 식이요법 요요의 평생 해법The Carbohydrate Addict's Diet: The Lifelong Solution to Yo-Yo Dieting》부터 시작해서 2010년까지 12권이 넘는 책을 냈고, 요즘에도 웹사이트와 사업을 유지하고 있다. 헬러 부부는 진짜 의사지만 그들의 식이요법 제국은 여러 다른 식이요법 지도자들이 사용하는 패턴과 잘 들어맞는다. 거의 매해 자신들의 식이요법을 조금씩 변형해 요리책부터 동기부여 책까지 출간하고 있다. 이들은 모든 탄수화물을 금지하지 않고, 가공식품과 설탕을 배제하며, 심장 건강을 위한 지침을 따르며 체중을 감량하는 합리적인 식이요법 계획을 제공한다. 나쁜 식이요법은 아니다. 여기에서 언급하는 이유는 이 책의 성공(과 저자들의 전문적 권위)이 대중으로 하여금 탄수화물 중독이라는 개념을 타당하게 여기도록 만들어서다. 그들의 웹사이트에는 10점 만점짜리 비과학적 탄수화물 중독 테스트가 있다(책에도 똑같은 테스트를 넣었다). 이 테스트를 해보면 누구든 탄수화물 중독으로 고통받는 상태일 것이다.

1. 아침 식사를 배불리 먹은 뒤 점심이 되기 전에 배가 고픈가?
2. 녹말 음식이나 과자, 정크푸드, 단것을 먹기 시작하면 멈추기가 힘든가?
3. 방금 식사를 마쳤는데도 부족한 느낌이 들 때가 가끔 있는가?
4. 음식을 보거나 냄새를 맡거나 심지어 생각만 해도 군침이 돌 때가 가끔 있는가?
5. 배가 정말 고프지 않아도 먹을 때가 가끔 있는가?
6. 야식을 참지 못할 때가 가끔 있는가?
7. 푸짐한 식사를 한 뒤 거의 약에 취한 것처럼 매우 나른해지는가?
8. 오후에 이유 없이 피곤하고/피곤하거나 배가 고픈가?
9. 거북할 만큼 배가 부른데도 계속 먹을 때가 가끔 있는가?
10. 다이어트를 하고 또 하지만 살이 빠졌다가 다시 찌는가?[12]

자꾸 먹고 싶은 욕망이 있는지 묻는 질문들이고 분명 여러 중독 체크리스트와 비슷하다. 하지만 음식에 대한 행동 반응에 대해 잘 못된 자가진단을 내리게 할 가능성이 있다. 실제 중독을 확인하는 진단 테스트로는 결정적이지 않지만, 자신이 '음식 때문에 고통받는'(음식 문제로 곤경에 처한) 사람이라는 정체성을 확인하는 수단으로는 이상적이다. 불안한 식이요법자로 하여금 자신의 문제가 행동이 아니라 생화학적 질환 때문이라고 확신하게 만든다. 하지만 현실에서 이 질문지의 많은 행동은 정상적인 식이행동 범주에 들어간다.

물론, 식이요법 지도자들이 창조한 이런 설탕 중독 치유 프로그램과 책들은 아주아주 많다. 그리고 클린 이팅이나 팔레오, 음식 배제 식이요법을 옹호하는 많은 식이요법 지도자들도 탄수화물, 특히 가공식품 안에 든 탄수화물에 중독성이 있다는 신조를 받아들인다. 전반적인 시대정신은 탄수화물 중독자라는 개념에 호의적이어서 중독 문제를 명백히 겨냥한 책들이 늘 베스트셀러 목록에 들어 있고, 식이요법 저자들을 매혹시키는 주제가 된다. 최근 인기를 얻은 책으로는 제디콥 테이텔바움Jacob Teitelbaum의 《지금 당장 설탕 중독을 극복하라! 당신의 설탕 중독을 치료하고 자신감과 체중 감량의 길로 안내할 최신 프로그램!Beat Sugar Addiction Now! The Cutting-Edge Program That Cures Your Type of Sugar Addiction and Puts You on the Road to Feeling Great - and Losing Weight!》이 있다.[13] 테이텔바움은 섬유근육통부터 만성 통증에 이르기까지 다양한 건강 문제를 다룬 책도 썼다. 다른 예로는 앞에서도 나열했던 팸 피크와 잭 챌럼Jack Challem, 마크 하이먼, 닐 버나드의 책들이다. 거의 모든 책에는 저자가 이미 문제로 규정한 질환을 독자가 자가진단할 수 있는 질문지 같은 것이 실려 있다. 테이텔바움은 설탕 중독의 네 가지 유형을 밝히면서 독자가 자신의 중독 유형을 진단할 수 있도록 척도 질문지를 제공한다. 피크는 '예일 음식 중독 척도Yale Food Addiction Scale, YFAS'를 간추려 사용하고, 니콜 애브나Nicole Avena와 존 탤벗John Talbott도 그렇게 한다. 챌럼은 "사람들은 내게 기분 변화가 심하다고 말한다" 같은 구체적 문장을 비롯해서 감정 상태를 묻는 예/아니오 질문지(타당성이 검증되지 않은)를 만들어 사용한다.[14] 줄리아 로스Julia Ross의 《갈망 치료》는 다섯 부분으로 구성된 갈망 유형 설문지를 사용해 독자의 특수한 증상을 진단한다. 그에 따르면, '걱정과 불안을 자주 느끼는' 사람은 '뇌 안의 햇빛', 곧 세로토닌 결핍 상태인 '우울한 갈망자'다.[15] 이런 유형의 척도 설문지, 특히 '잠들기 힘들다'거나 '당신은 완벽주의자다' 같은 모호한 증상을 묻는 질문지는 독자가 질환을 가지고 있고, 저자가 그 질환을 치유할 수 있다고 믿게 하기에 완벽하다. 그렇게 해서 설탕 중독을 이루 말할 수 없는 고통과 체중 증가의 원인으로 지목하며, 설탕 중독을 치유하면 수많은 질병을 쉽게 해결할 수 있다고 약속한다.

　　모호하게 표현된 척도 설문지로 중독을 확인하고 진단하는 방법은 책을 사고 식이요법을 시작하도록 유혹하는 흔한 수법이다. 하지만 중독 이유에 대한 설명을 재탕하는 것은 곤란하다. 독자가 서로 다른 저자의 책에서 똑같은 이유를 거듭 접한다면 유일무이한 전문가로서 식이요법 지도자의 권위가 흔들리기 때문이다. 그래서 여러 저자의 중독 과정에 대한 설명에는 약간의 변이들이 존재한다. 12단계 프로그램은 설탕과 탄수화물의 유해성을 토대로 중독을 설명하지만, 많은 중독 치료 프로그램처럼 문제가 중독자 내부에 있다고 이야기한다. 로스는 중독의 원인이 신경전달물질 불균형에 있다면서 아미노산이 음식 욕망을 통제하는 역할을 한다고 주장한다. 그래서 단백질을 주로 먹으면(팔레오 식이요법자처럼) 음식에 대한 갈망이 자연스럽게 줄어든다고 말한다. 애브나와 탤벗도 도파민과 렙틴, 인슐린을 비롯한 호르몬에 대한 몸의 반응이 설탕 때문에 불균형해지는 것을 문제로 지목한다. 그들은 "식사와 관련된 화학물질은 마약을 갈망하게 하는 뇌 영역에도 영향을 미칠 수 있다"라면서 음식과 마약을 유사하게 그린다. 애브나와 탤벗의 책은 신경과학자로서의 애브나 박사의 연구를 반영했기 때문에 일반 독자를 겨냥한 책들보다 훨씬 과학적이다(참고 자료가 충실하다). 버나드는 치즈에는 많은 소금과 기름이 함유되었고(옳은 말이다), 아편제도 있어서(흠…) 중독성이 있다고 말한다. 우유에 함유된 단백질 카세인이 뇌에서 아편제 기능을 하는 카소모르핀 조각들로 분해된다는 것이다. 곧 카세인이 치즈로 농축될 때 그가 '유제품 마약'이라 부르는 것이 된다고 말한다.[16] 챌럼은 적절한 '신경영양소'로 갈망을 줄일 수 있으며 고단백, 고섬유, 영양보충제로 채운 식단을 통해 기분을 개선하거나 중독 과정을 끝낼 수 있다고 주장한다. 또 포도당 섭취의 영향을 받아 부정적 효과를 촉진하는 호르몬과 신경전달물질이 무엇인지 나열하지만, 이런 연관성을 입증하는 참고자료는 제시하지 않는다. 마지막으로 피크는 음식 중독이 도파민 분비 순환으로 생기는 신체 현상이라고 주장하며, 폭식을 핸드폰 중독과 신용카드 빚, 마약과 알코올 남용, 일 중독처럼 도파민을 분비하는 다른 형태의 '가짜 마약' 행동과 연결했다. 그는 일주일에 몇 차례를 셰파니스 식당에서 식사하는 방식으로 설탕 중독을 치료했다. "나는 '농장에서 식당으로'를 주창한 로커보어Locavore들의 탄생지에서 유명한 요리사이자 친구인 앨리스 워터스Alice Waters가 준비한 눈부시게 근사하지만 비싸지 않은 점심을 먹곤 했다. 젊은 여성인 나는 유기농식품이 얼마나 맛있는지 깨달았다. 내 몸은 과일과 채소, 통곡물과 기름기 적은 단백질을 갈망하기 시작했다."[17] 셰파니스 식당은 결코 비싸지 않은 곳이 아니다. 아주 비싼 식당인데다 꽤나 고급스럽고 희소성 있는 문화적 공간이다. 피크는 이곳을 치유의 장소로 언급함으로써 쉽게 구할 수 없고 비싼, 유기농 재료가 건강의 궁극적 원천이라 주장하는 여러 건강 전문가의 영역에 자신의 식이요법을 확실하게 가져다놓았다.

실제로 신경전달물질과 호르몬 반응 기제에 관한 주장의 많은 부분이 과학적으로 가치가 있으며, 무척 맛있는 초가공식품이 뇌의 쾌락중추에 보상을 주어 과식을 부추긴다(이 점은 곧 다루겠다)는 증거가 있다. 그러나 이는 '초기호성'이 음식 섭취를 부추긴다는 뜻일 뿐이다. 그 경로가 중독적인지 아닌지는 과학으로 명확히 (어쩌면 아직) 입증되지 않았다. 먹기가 중독성 있는 '행동'이 될 수 있다는 주장은 이해할 만하지만, 이는 식품 속 특정 영양소에 '생물학적'으로 중독되는 것과는 다르다. 그러나 우리는 자신이 음식 섭취를 통제할 수 없다고 '느끼는' 사람들이 자신을 중독자로 생각할 수 있다는 점을 존중해야 한다. 또 행동 중독과 물질 중독의 구별이 어쩌면 의미가 없을 수도 있다는 점을 인정해야 한다. 중요한 것은 그들이 자신에게 질병(문화 내부적으로 사용되는[느껴지는] 고통의 관용구)이 있다고 인식한다는 점이고, 따라서 우리는 그들이 자기 상태를 중독의 언어를 통해 경험할 권리를 받아들이고 공감해야 한다.

중독 투병기

음식 중독을 정당화하는 둘째 유형의 책은 중독 투병기다. 많은 투병기가 12단계 치유 프로그램을 회고하고 찬양하며, 폭식장애와 음식 중독을 한 범주로 뭉뚱그려 식이장애 행동을 설명하기 위해 생물학적 중독 기제를 활용한다. 가장 유명한 투병기는 미카 브레진스키Mika Brzezinsk의 《집착: 미국의 음식 중독과 나의 음식 중독Obsessed: America's Food Addiction–and My Own》이다.[18] 그는 '예일 음식 중독 척도'를 사용해 중독 행동 패턴을 설명하고 진단한다. 또 자신과 다른 사람들의 개인적 이야기를 들려주며 음식 중독은 생물학적 질환이라고 결론 내린다. 그에 따르면, 문제는 가공식품이 주는 순간적 쾌락이다. 그는 샘 카스Sam Kass와 데이비드 카츠David Katz 같은 저자들의 믿을 만한 책을 근거로 들며 미국 식품의 유해성을 고발한다. 해결책은 가공식품을 멀리하고 '정서지능Emotional Intelligence'을 키우는 것이다. 또다른 흥미로운 책은 윌리엄 리스William Leith의 《굶주린 세월: 음식 중독자의 고백The Hungry Years: Confessions of a Food Addict》이다.[19] 그는 철학적·심리학적·저널리스트적 접근법으로 자기 행동을 식이요법산업과 식품체계의 환경 속에서 이해한다. 그는 음식 중독은 여러 중독적 행동 패턴의 하나일 뿐이라면서 중독의 원인을 자기 내부에서, 불행했던 어린 시절과 심리적 문제에서 찾는다. 그의 해법은 앳킨스 식이요법을 실천하면서 심리 상담을 받는 것이었다. 그는 앳킨스의 체계적이고 제한적이며 따라 하기 쉬운 식단을 통해 일상적인 식이 전략을 실천한 덕에 중독의 고통을 덜 수 있었다고 고백한다.

탤벗과 애브나의 《식이요법은 왜 실패하는가》 역시 탤벗 자신의 음식 분투기로 시작한다는 점에서 다른 중독 투병기들과 비슷하다. 탤벗은 설탕 중독만이 아니라 설탕 섭취를 차츰 줄이는 치료법을 설명하기 위해 애브나와 함께 책을 썼다.[20] 탤벗과 애브나는 각 단계마다 제거해야 할 음식을 순서대로 나열한 긴 목록을 제시하면서 탤벗 자신의 치료 과정을 자세히 묘사한다. 이와 같은 서사 기법은 12단계 치유 프로그램만이 아니라 중독 자가치유 안내서에서 많이 사용하는 방법이다. 사실, 각 장의 구성은 전형적인 마약 중독 투병기와 비슷한데, 갈망과 재발, 사회적 상황에 대처하는 법 등을 다루고 있다. 그러나 책의 해법은 식단 관리가 중심이다. 비만과 체중 감량에 대한 앤디 미첼Andie Mitchell의 흥미로운 자서전은 책 도입부에서 음식 중독 행동을 생생하게 묘사한다. 지은이는 스무 번째 생일 파티에서 케이크를 통째로 다 먹어버렸던 경험을 이야기한다. "나는 첫 조각을 잘라내 포크로 떠서 입에 넣은 순간을 기억한다. 그건 마치 고층건물 꼭대기 난간 위에 아슬아슬하게 서 있는 것처럼 신이 나는 동시에 무서운 느낌이었다. 눈 깜짝할 사이에 추락할 수도 있다는 느낌. 그러나 케이크를 다 먹어버리겠다고 정확히 언제 결심했는지는 기억 나지 않는다."[21] 중독성 물질(알코올이든, 크랙이든, 헤로인이든)이 사용자에게 미치는 영향을 아주 정확하게 묘사한 글이다. 중독의 결과(와 그로 인한 통제 상실)는 거의 똑같다. 미첼의 글은 누군가 음식 섭취에 대한 통제를 상실할 때 느끼는 고통을 현상학적으로 설득력 있게 표현했다. 이런 고통은 낸시 굿먼Nancy Goodman이 《그것은 음식과 나의 싸움…나는 이겼다It Was Food vs. Me … and I Won》에서 생생히 그리고 있다. 그의 책은 음식 중독을 폭식장애로 묘사한다. "내게 다른 선택지가 없었던 것도 아니다. 나는 살아남기 위해 손에 잡히는 대로 입에 집어넣어야 하는 홈리스 같은 처지가 아니었다. 아름다운 가족과 멋진 집이 있었고, 주방은 음식으로 가득했다. 내면의 무언가가 끔찍하게 잘못된 느낌이었지만 그것이 무엇인지, 왜 그런지는 몰랐다. … 나는 설탕 가루를 뿌린 베이글과 수납장에 가득한 음식을 먹어댈 여자처럼 보이지 않았다." 그는 이어서 이렇게 이야기한다. "어떤 행사에 가든, 어떤 집에 가든, 밤이든 낮이든 나는 음식으로부터 안전하지 않았다. 음식은 늘 그곳에서 나를 기다렸고, 나는 아무것도 할 수 없었다."[22] 이 묘사는 음식 앞에서 느끼는 무력감과 통제 상실을 정확히 보여준다. 이와 같은 방식으로 식이요법 경험을 기록한 책은 무척 많고, 그중 여러 책이 체중 문제와 폭식을 음식 중독의 틀로 설명한다. 저자들이 12단계 중독 치유단체에 속해 있다고 인정하거나, 뇌의 중독 회로를 자극하는 음식에 대해 탐구하지는 않을지라도 말이다. 다양한 유형의 고통이 음식 사용의 문제로 이어질 수 있다는 것은 분명하다. 어쩌면 그런 고통이 증상을 형성하는 문제일지도 모른다. 신체적이거나 정서적·사회적 고통을 겪고 있는 사람에게 이상 식이행동은 고통에 대한 대응 기제이자 병의 증상이다. 이 증상에 음식 중독이라는 이름을 붙이면 불편한 느낌과 병에 관한 의미 있는 서사를 창조하게 된다. 의료인류학자들은 이런 서사를 가리켜 '고통의 문화적 관용구Cultural Idiom of Distress'라 부른다.

12단계 중독 치유 프로그램

어쩌면 결국 과식에도 '익명의 중독자들' 같은 모임이 필요한지도 모른다. 너무 많이 먹기(그리고 멈추지 못하기)는 술을 지나치게 마셔서 알코올 중독자가 되는 것과 비슷하지 않은가? 이런 모임 중 최초로 만들어진 '익명의 과식자들Overeaters Anonymous, OA'은 1960년 익명의 도박자들 모임에 참석한 적이 있는 한 여성이 창설했다. 그는 '12단계 중독 치유 프로그램'이 강박적 과식에도 효과가 있을 것이라고 생각했다. OA 사이트에 따르면, 이 단체는 전 세계 75개국 이상에 지부를 두었다. 사이트에는 회원들의 인상적인 경험담과 정보가 풍부하게 담겨 있고, 10문항 질문지가 있어서 자신의 과식 여부를 쉽게 진단해볼 수 있다. 질문들은 폭식이나 과식 경향이 있는 사람이라면 누구든 쉽게 '예'라고 답할 만한 것들이다. OA는 이렇게 주장한다. "1. 우리는 음식 문제로 고심하거나 자신에게 음식 문제가 있는지 알고 싶은 모든 사람을 위한 단체다. 2. 우리는 강박적 음식 섭취도 알코올 중독처럼 질병이라고 믿는다. 3. 우리는 AA의 12단계 회복 지침을 기반으로 신체적·정서적·영적으로 삶을 변화시키려 한다." OA는 AA에서 직접 빌려온 절제 개념을 옹호하지만, 절제 대상은 특정 음식이 아니라 강박적으로 먹는 행동이다. "절제는 강박적 음식 섭취와 강박적 식이행동을 자제하는 한편 건강한 체중에 이르게 해서 유지하도록 만드는 행동이다. '익명의 과식자 12단계 지침'을 따르면, 이를 통해 신체적·정서적·영적 건강을 회복할 수 있다."[23] 워크숍이나 모임 자료에서는 과식과 강박행동을 자극하는 음식을 피하기 위해 식단 짜기가 중요하다고 강조한다. 음식 문제가 있는 사람이라면 누구든 이 단체의 회원이 될 수 있다. 거식증이나 대식증, 폭식증을 가진 사람이든, 강박적으로 운동을 하는 사람이든, 체중과 연관된 '신체이형증 Dysmorphia'(자신의 신체적 외모에 심각한 결점이 있다는 왜곡된 인식을 갖는 증상 – 옮긴이)이 있는 사람이든, 누구든 들어갈 수 있다. 음식 문제가 널리 인정되는 상황을 고려했을 때 OA는 문제적 식이행동 패턴을 가진 사람을 위한 자가치유 모임이라고 말하는 것이 정확하다.

OA에서 갈라져 나온 또다른 단체들은 회원들에게 OA와는 조금 다른 지침과 중독에 대한 정의 그리고 기대를 제시한다. 1987년에 출발한 '익명의 음식 중독자 모임Food Addicts Anonymous, FAA'은 끊어야 할 대상으로 강박적 섭식행동보다 탄수화물과 설탕, 가공식품에 집중한다. FAA는 중독의 원인이나 대상이 되는 음식들이 현상학적으로 알코올과 같은 중독물질이라고 말한다. FAA의 활동 방식을 묘사한 부분에서 이 점을 잘 알 수 있다. "12단계 지침은 중독적인 음식을 절제하고(끊고), 건강한 영양 프로그램(식단 계획)을 따르고, 12단계를 이행하면 음식 중독을 관리할 수 있다고 믿는다. 우리 중 많은 사람이 중독적인 음식을 끊은 뒤 기적적인 삶의 변화를 경험했다."[24] FAA 식단은 피해야 할 설탕과 설탕 대체제, 밀 제품 목록을 제시하지만, 다른 탄수화물 공급원(옥수수, 보리, 쌀, 귀리 등)은 섭취를 허락한다. 무엇을, 어떻게 먹어야 할지에 대한 긴 설명은 다음과 같은 명료한 지시로 끝난다. "우리 식단은 설탕과 밀, 밀가루를 먹지 않기 위한 방법이다. 우리가 폭식하는 음식의 기본 성분들을 배제하는 것이다. 우리는 설탕과 밀가루, 밀, 과도한 양의 지방(끈적이고 기름지고 튀긴 음식들)을 멀리한다. 그러나 기초식품군을 심하게 제한하지 않으므로 섭취량을 줄이는 식이요법과는 다르다."[25] 요약하자면 FAA는 설탕과 밀 제품에 중독성이 있다고 규정하고, 회원들에게 이들을 식단에서 뺄 것을 요구하며, 중독적인 음식을 끊을 수 있도록 12단계 모델을 사용한다. OA의 또 다른 분파인 '회복 중인 익명의 음식 중독자 모임Food Addicts in Recovery Anonymous, FA'의 실천은 FAA와 아주 유사하다. 이 단체는 12단계 지침을 사용하는 음식 단체 중 가장 인기가 있다. 회원이 수천 명이고 다른 단체보다 지부도 더 많다. 이 단체 역시 FAA처럼 생물학적 중독 반응을 일으키는 원인으로 특정 음식을 지목하는데, 이들 음식을 피하면서 12단계를 실천하는 것을 절제라고 정의한다. OA 질문지와 비슷한 20문항 질문지를 사용해 회원들이 자신을 음식 중독자로 인식하도록 이끈다. 질문지에 포함된 증상으로는 과식(폭식이나 조금씩 계속 먹기), 토하기(식욕 이상 항진증), 필요량보다 적게 먹기, 비만(과 당뇨, 심장병, 수면 무호흡 같은 관련 문제), 강박적 운동 또는 다이어트, 음식이나 체중에 대한 집착, 음식이나 체중, 신체 이미지와 관련된 우울과 수치심, 고립, 절망감 등이 있다. 더 나아가 FA에서 '절제'는 AA의 '절주'와 동일하며 뚜렷한 정의를 갖는다. 계량된 식사 분량을 먹되 간식은 멀리하고, 밀가루와 설탕을 찾지 않으며, 폭식을 유발하는 음식을 피하는 것이다.[26] 강박적 섭식행동만이 아니라 설탕과 밀, 폭식 유발 음식을 중독적이라고 규정한다는 점에서 FA는 OA와 FAA의 요소들을 결합한 듯 보인다. FA는 또한 2013년《회복 중인 익명의 음식 중독자 Food Addicts in Recovery Anonymous》를 출간해 이목을 끌었다. '그레이 북 Grey Book'이라고도 불리는 이 책에는 AA의 유명한 '빅 북'에 실린 것과 비슷한 중독 극복 경험담들이 수록돼 있다. 이 책은 해마다 개정된다. FA의 금지 음식 목록은 온라인 웹사이트에는 없지만 책에는 실려 있고, 음식 절제에 대한 조언도 제공한다. 이를테면 음식 절제에 대해 "설탕이나 밀가루로 만들거나 이런 재료가 뿌려진 음식을 피하고, 메이플시럽과 꿀, 옥수수시럽처럼 설탕만큼 강력한 영향을 미치는 감미료를 배제하며, 알코올 또한 설탕 함량이 높고, 이미 알코올에 중독된 사람에게는 위험할 수 있으므로 식단에 포함하지 않는다"라고 이야기한다. 파스타와 디저트, 빵에 대해서도 마찬가지다.[27] 회원들은 후원자와 함께 중독 행동을 촉발하는 음식을 알아낸 뒤 이를 피하려고 노력한다. 아울러 전통적인 12단계 지침의 영적·사회적 조언을 따르고, 식단을 신중하게 지키면서 절제를 실천한다. FA가 FAA와 다른 점은 회원들에게 절제 전략의 일환으로 개인적인 식단을 구성하도록 한다는 점이다. FA는 분명 더 크고 더 잘 조직된 프로그램이며, 전문적인 출판 분과를 통해 책과 회복 팸플릿, 잡지를 발행한다.

음식 중독에 관한 익명의 중독자 단체는 이 외에도 무척 많다.[28] 1960년대 후반 OA는 설탕과 고탄수화물을 금지하는 식단을 회색 종이에 인쇄한 '그레이시트 식단 계획'을 배포했는데, 그 뒤 OA에서 갈라져 나온 단체로 '익명의 그레이시터스Graysheeters Anonymous, GSA'가 있다. GSA 회원들은 강박적 섭취에 관심을 갖기보다 저탄수화물 식단을 유지하는 데 더 집중하길 원했다. GSA 회원들은 후원자와 함께 식단 계획을 따르면서 각 단계를 이행하기 위해 애써야 한다. '음식 중독으로부터 회복Recovery from Food Addiction, RFA' 단체는 그레이시트의 처방을 따르긴 하지만, 케이 셰퍼드의 1989년작 《음식 중독: 몸은 안다《Food Addiction: The Body knows》[29]를 계기로 설립됐다. RFA의 식단 지침은 셰퍼드가 출간한 두 권의 책과 AA가 발간한 '단계 따르기'와 관련한 텍스트들을 참고한다. RFA에 따르면, "RFA 회원은 설탕과 밀가루, 밀의 섭취를 절제하는 것을 삶에서 가장 중요한 일"이라 믿으며 "절제 없이는 삶을 누릴 수 없다"고 이야기한다.[30] 셰퍼드의 책들은 음식 중독 회복 문화 내부에서 굉장한 영향력을 가진다. 12단계를 따르는 다른 익명의 중독자 단체에서 발간하는 자료들처럼 중독 과정에 대한 설명과 중독과 회복 경험담 그리고 아주 많은 긍정적 메시지를 포함하고 있다. 여러 단체가 강조하는 것에서 짐작할 수 있듯, 이들은 설탕과 밀 제품을 배제하는 그레이시트 처방을 따르고 탄수화물을 중독물질로 정의한다는 점에서 OA와 구별된다. OA는 강박적인 먹기를 중독으로 정의하지만, 중독을 특정 음식과 연결하지는 않는다. OA에서 갈라져 나온 단체들은 중독인자를 행동에서 생물학적 과정으로 대체했고, 알코올과 마약의 중독 경로를 탄수화물에 투사했다. 이 점은 대단히 중요한 인식론적 변화다. 문제의 초점이 개인의 행동에서 신체의 생물학적 과정으로 전이되면, 무엇이 현상학적 고통을 일으키는지에 대한 이해가 극도로 달라진다. 이 단체들은 음식 중독에 대한 서사를 심리사회적 질병에서 외부 독소로 인한 생물물리학적 질환으로 바꾼다. 그러면 절제를 실천하는 일이 알코올과 마약 끊기를 위한 실천과 비슷해지고, 음식 중독자라고 확인된 사람들은 다른 중독자들과 비슷한 회복 담론을 갖게 된다. 무엇보다 설탕과 탄수화물이 독소이며 중독물질이라는 설명은 알코올이나 마약 중독과 비슷한 서사를 활용하므로, 음식 중독은 진짜 '질환'이자 통속적인 병인론과 치료 과정이 따라오는 '질병'이 된다. 설탕을 중독물질로 설명하면 통제할 수 없는 과식은 생물학적 질병이자 누구든 걸릴 수 있는 병이 되는 것이다. 술을 마시는 사람이라면 잠재적으로 알코올 중독자가 될 수 있는 것과 같다. 설탕이 중독물질이라면 설탕을 끊는 것이 문화적으로 봤을 때 합리적인 선택이 된다.

음식 이야기

AA는 '술 이야기Drunkalogue'로 유명하다. 술 이야기는 회원들이 어떻게 술에 중독되어 삶을 잃었고, '밑바닥'을 경험했으며, 술을 끊기 위해 12단계의 길을 걷기 시작했는지에 대한 이야기다. 이야기들에는 회원이 겪은 최악의 음주 경험과 그로 인한 심각한 결과들(이혼, 입원, 투옥, 알아볼 수 없는 문신)이 세세히 묘사된다. 그리고 술 이야기의 서사 형식은 고스란히 음식 중독 회복기로 옮겨와 어떻게 음식 중독을 인지하고 극복했는지에 대한 이야기의 언어적 로드맵이 된다. 이야기들은 반복적이고, 예측 가능하며, 대단히 교육적으로 중독(알코올 중독이든 음식 중독이든)을 수행하는 법을 알려준다. AA가 수백 권의 중독 회복기를 발간하는 동안 음식 중독 회복 문화 역시 '단계 밟기'를 통해 온전한 정신을 되찾고 체중을 감량한 인상적인 이야기들을 책으로 펴내며 뒤를 빠짝 쫓고 있다.

FA에서 발간한 '그레이 북'을 읽다 보면 그 이야기들이 서로 얼마나 비슷한지, 음식 중독의 기제를 설명하는 표현들이 알코올 중독과 얼마나 일치하는지 알게 돼 놀란다. 중독의 계기가 되는 음식은 알코올에 끌려다니는 것과 비슷한 통제 상실을 일으킬 수 있다. 알코올은 FA 회원들이 설탕으로 주로 구성된다고 생각해 피하는 것이기도 하다. 이처럼 통제력을 잃었던 이야기들은 그들이 '중독에 취약한 성격'이어서 음식만이 아니라 알코올이나 다른 마약에도 취약하다는 중독 서사에서 자주 언급되는 믿음을 강화한다. 중독에 취약한 유형이 있다는 생각도 AA에서 곧장 가져온 것이다. 그러나 서사의 기승전결이 중요한데, 그것도 AA와 같다. 음식 이야기의 서사는 대개 이렇게 전개된다. 개인이 통제력을 상실해 단 음식을 너무 많이 먹는다. 그래서 삶의 여러 면이 무너져내려 밑바닥을 경험한다. 가망이 없다. 한 친구가 FA를 추천한다. FA에서 중독자 자가치유 모임과 후원자를 발견하고, 12단계를 밟으며 먹기를 조절해 중독을 통제한다. 이런 노력은 체중 감량과 재정적·사회적·정서적 성공으로 이어진다.

케이 셰퍼드는 AA의 서사를 베낀 음식 중독 서사의 경향을 잘 보여준다. 사실, 그가 원래 AA 회원이었다는 점을 생각하면 놀랍지 않다. 셰퍼드의 음식 이야기는《처음 한 입부터: 음식 중독 회복을 위한 완벽한 안내서》에 실려 있다. 그는 이혼하고 직장을 잃은 뒤 어머니와 살기 시작하면서 술을 끊었다. 셰퍼드의 어머니는 그가 늘 무언가를 먹고 있다는 것을 눈치챘다. 어머니도 음식 중독자였는데 셰퍼드에 따르면, 음식 중독으로 사망했다. 셰퍼드는 "나는 술에 미쳤던 것처럼 음식에 미쳐 있었다"라고 말한다. "몸은 안다. 자신이 중독물질에 민감하고, 그런 물질에 늘, 예외 없이 중독 반응을 보이리라는 것을."[31] 셰퍼드는 친구를 통해 OA를 알게 되었고, 12단계를 밟으며 하느님을 따르기 시작하자 삶에 축복이 내리기 시작했다. 그의 책은 기독교인들에게 매우 인기 있다.

음식 중독 과정을 묘사하는 서사 전개에서 음식 중독과 그 증상은 실제 삶에서 일어나는 진짜 경험이 된다. 중독 회고담은 음식 앞에서 자신이 어떻게 스스로를 통제할 수 없었는지, 어떻게 음식을 남용했는지 자세히 설명한다. 마약을 투약했을 때 생기는 통제 상실과 똑같이 묘사하기 때문에 음식 중독 반응이 마약 반응과 비슷하게 사람을 취하게 만든다고 믿게 된다. 한 회고담은 "마침내 마음대로 약을 맞을 수 있게 되었다. 나는 회사 건물을 살짝 빠져나가 가까운 가게로 가서 사탕과 냉동 디저트를 사들고 돌아와 아무도 모르게 사무실 문을 잠갔다. 그리고 먹었다. 맛을 보거나 느끼기 위해서가 아니라 내 몸속에 그 물질을 집어넣기 위해서였다. 나는 당을 주입하고 있었다"라고 고백하며 이렇게 이어간다. "며칠 동안 나는 폭식으로 숙취 상태에 빠져 있어서 전화 회신을 할 수 없었다."[32] 또다른 회고담에서 크리스티나는 "당을 입속에 밀어넣고 또 밀어넣은 그날 밤, 나는 내가 누구인지 알 수 없었다"라고 고백한다.[33] 클라라라 불리는 사람은 "음식 절제 식단을 다시 시작하려 해봤지만 계속 굴러떨어졌다"라고 말한다. 이런 표현은 알코올 중독자들의 절주와 비슷하게 음식 절제가 성공 아니면 실패로 이어진다고 생각하게 만든다. 음식 중독 회고담들에는 '마약만큼 위험한 음식'이라는 개념을 뒷받침하는 것처럼 보이는 (잘못된) 과학적 진술이 들어 있을 때도 있다. 이를테면, 다음처럼 무해해 보이는 진술도 그런 경우다. "과일조차 중독적일 수 있다. 많은 사람은 자신이 망고와 바나나, 체리처럼 과당 함유량이 높은 과일을 피해야 한다는 사실을 알고 있다." "주스는 탄산음료만큼 유독한 음료의 좋은 예다." 그다음에는 락토오스와 카세인에 대한 유해성 서사가 반복된다. "왜 사람들이 요거트나 코티지 치즈를 그토록 좋아하는지 궁금했던 적이 있는가? 그 안에 락토오스와 카세인 형태의 천연 감미료가 들어 있어서다. 이것들은 위에서 카소모르핀으로 분해한다. 카소모르핀은 어떤 사람에게는 중독성이 있는 오피오이드펩타이드다." 저자들은 "언제든 또는 몇 해 동안 음식 절제를 한 뒤라도 중독 계기 음식을 다시 접하면 중독적 섭식행동이 되풀이될 수 있다"라면서 마약과의 유사성을 강조한다.[34]

이들은 AA에서 중독을 묘사할 때 쓰는 용어를 음식 중독과 관련해서도 쓴다. 해독, 금단 증상, 밑바닥 경험, 재발, 하루하루 살아내기 같은 표현을 사용하면서 가끔은 아주 소량의 음식으로도 극명한 반응이 일어났다고 묘사한다. "한동안 끊었다가 밀을 먹었는데 쇼크 상태에 빠졌다"라거나 "슈가 콜라 한 입만 먹었을 뿐인데 심한 두통에 시달렸다. 콜라를 끊는 동안 나는 절망적이고, 초조하고, 피곤하고, 짜증이 나고, 갈망을 느꼈다" "내게 중독성 있는 음식을 몸속에 넣으면 몸이 반응한다" 같은 표현들이다.[35] 이는 독소로 지각된 물질에 대한 강력한 '노세보Nocebo' 반응이다(노세보는 어떤 물질의 섭취가 해로울 것이라는 믿음 때문에 생기는 부정적 결과다).

이 이야기들은 금지 음식이 마약처럼 위험하므로 피해야 한다는 믿음을 뒷받침한다. 또 자신이 음식 중독자라고 생각하는 사람들이 진짜 고통받고 있고, 그들이 매우 생생한 고통을 해결할 방법을 찾고 있다는 것을 우리에게 상기시킨다.

중독 회복기들은 절제나 회복 과정도 중요하게 다룬다. 회복 반응은 마약 중독에서 회복되는 과정과 비슷하게 묘사되는데, 글쓴이들은 금지 음식을 끊고 난 뒤 다시 태어난 듯한 황홀함을 느꼈다고 말한다. "절제는 내 몸과 마음, 영혼을 정화했다. 음식 중독은 다른 중독과 마찬가지로 중독자에게서 자아를 빼앗아간다."[36] "나는 마침내 내가 집으로 돌아왔다는 것을 알았다. … 그들의 눈과 몸에서 회복을 볼수 있었다. 그들은 해결책을 찾았다."[37] 이런 황홀감은 영혼의 재탄생과도 자주 연결된다. "나는 내 몸 전체에 온기가 퍼지는 것을 느꼈다. 그 뒤로 계속 나는 내가 사랑받고 있다는 것을 알았다. 나는 나를 이끄는 위대한 힘 속에서 있는 그대로의 모습으로 특별하다." "신이 내 분노를 거두어갔다. 오늘 나는 주체할 수 없는 기쁨을 느낀다." 이처럼 변화의 느낌은 사회적 변화와 재탄생으로 연결된다. 동료애와 서로를 돌보는 중요성도 회복 서사의 주요 요소로서 거의 모든 '음식 이야기 Foodlalogue'에 세심하게 묘사된다. 많은 사람은 그들을 걱정하는 누군가의 추천으로 프로그램을 알게 되고, 프로그램에서 여러 사람을 만나 도움을 받으며 문제를 해결했다고 말한다. 한 회원은 친구와 점심을 먹으러 갔던 일을 회상한다. "친구는 나처럼 과체중이었지만, 그날점심 식사에는 채소가 들어 있었다. 분명, 무언가 달라져 있었다. 친구에게 어떻게 된 일이냐고 묻자, 12단계에 대해 알려주었다. 내 삶의 모든 것이 바로 그 순간을 위해 나를 준비시킨 듯한 느낌이 들었다."[38] 대부분의 AA 이야기의 기승전결은 추락, 밑바닥 경험, 동료 발견, 회복 그리고 사랑과 사회적 지지와 인정, 영적 은총의 세계로 들어가기로 구성된다. 사람을 변화시키는 12단계의 힘은 사람과 사람의 연결에서 나온다. 물론 단계 밟기는 혼자 해야 하는 일이기는 하다. 음식 중독자는 변화를 통한 재탄생을 경험하는데, 그 과정은 다른 사람과의 동료애와 교감이 있기에 가능하다.

회복기들을 읽고 있으면 사람들이 고통받고 있고, 그 고통이 무척 생생하다는 것을 알 수 있다. 그들은 진짜 고통을 겪고 있고, 중독물질이라는 딱지가 붙은 음식을 절제하는 프로그램을 통해 치유를 경험한다. 그것은 신체적·정서적·영적·사회적 치유 과정이며, 성공한 사람은 사회 속에서 이전과는 아주 다른 역할을 하며 더 행복한 사람이 될 수 있다. 다른 익명의 중독자 단체처럼, 이런 프로그램은 개인의 정체성을 '병에 걸린' 사람에서 '회복 중인' 사람(건강하고 축복받은 달라진 사람)으로 변화시킨다. 그러나 '음식 중독'에 대한 대중의 이해와 대응을 더 깊이 파고들기 전에 음식을 중독물질로 보는 것에 찬성하거나 반대하는 과학적 근거들을 검토해볼 필요가 있다. 그다음에 왜 그토록 많은 사람이 음식에 중독성이 있다고 느끼는지, 그 느낌을 인류학과 심리학으로 어떻게 설명할 수 있는지 이야기하겠다.

'음식 중독'이 있다는 근거

과식과 폭식은 한동안 연구 대상이었지만 신경과학자들이 음식의 중독성이라는 것을 연구하기 시작한 것은 최근 들어서다. 음식 중독이 있다는 근거는 세 가지 주요 주장으로 정리된다. ① 초기호성 식품의 신경학적 보상, ② 중독과 연관된 성격 특성, ③ 마약과 고도 정제식품 생산의 유사성.

음식 보상의 신경화학에 대한 실험실 연구는 '기호성Palatability',

곧 음식이나 음료가 제공하는 '쾌락적 보상'을 검토한다. 최근에는 '초기호성Hyperpalatability'이라는 용어가 고당이나 고염, 고지방 가공식품을 가리킬 때 쓰인다.[39] 이런 식품은 쥐나 사람의 뇌에서 쾌락 중추의 변화와 연관된다.[40] 과학자들이 조금씩 알아낸 바에 따르면, 과식은 ① 음식 보상(이 주는 강화와 동기부여 효과)과 ② 쾌락적 가치(음식의 기호성과 쾌락을 주는 성질)라는 두 가지 연결된 기제 때문에 일어난다. '기호성'과 '보상'이라는 용어는 대개 서로 바꿔 쓸 수 있지만 동시에 일어나는 서로 다른 과정을 가리킬 때가 많다. 신경과학자 커트 베리지Kirt Berridge는 많이 인용되는 중요한 논문에서 음식의 동기부여 효과를 '좋아하기liking'로, 음식의 쾌락적 측면을 '원하기wanting'로 표현했다.[41] 이렇게 좋아하기와 원하기를 구별하면 우리가 강렬히 욕망했던 행동이나 물질로부터 얻는 쾌락이 차츰 줄어드는 것을 설명할 수 있다. 달리 말해, 우리는 어떤 것을 몹시 갈망하다가도 그 물질을 얻고 나면 기대만큼 마음에 들지 않거나, 기대했던 보상을 얻지 못한다고 느낄 수 있다. 이 현상은 중독의 주요 특징이며, 중독자들이 중독 경험을 '최초의 황홀감을 쫓아다니는' 삶으로 자주 묘사하는 이유다.

음식 중독 개념을 지지하는 연구의 둘째 영역은 자신을 음식 중독자로 여기는 사람들과 다른 중독자들의 성격 유사성에 주목한다. '음식 중독자'는 중독성 물질 남용자와 비슷한 성격 특성이 있고, 기분을 조절하기 위해 음식을 사용한다는 증거가 있다. 이를테면 충동성은 중독적 음식 소비와 관련이 있다. 절박한 감정을 느낄 때 더 무모하게 행동하는 경향이 있다고 보고한 개인들은 중독적 섭식 증상을 더 많이 보인다.[42] 다른 연구에 따르면, 자신을 음식 중독자라고 생각하는 많은 사람이 부정적인 기분 상태에서 벗어나기 위해 음식을 사용하며,[43] 특히 지방과 당 함량이 높은 음식을 감정 조절을 위해 자주 먹는다.[44]

흥미롭게도 우울할 때 탄수화물을 더 찾는 것도 다른 중독성 남용 물질들이 기분 조절제로 사용되는 방식과 비슷하다.[45] 예를 들어, 초기호성식품을 먹인 쥐들은 금단 증세와 내성, 부정적인 결과에도 그것을 계속 사용하는 패턴을 보였다.[46] 마찬가지로 조사에서 음식 중독 증상이 있다고 답한 사람들은 음식과 관련된 갈망을 더 많이 경험하고, 기호성이 높은 식품을 섭취할 때 신경이 더 강하게 활성화되었다.[47] 다른 연구들은 체질량지수와 불법 마약 사용 사이에 역관계가 있는데, 비만인 사람은 '물질사용장애Substance Use Disorder'(알코올, 마약, 니코틴 같은 물질의 지나친 사용에 따른 신체적·심리적 장애 – 옮긴이)에 빠질 위험이 더 적고, 니코틴 사용이나 마리화나 남용 비율 역시 더 낮았다.[48] 이와 같은 연구를 보면, 과식을 하면 마약을 덜 사용하게 되는 것 같다. 어쩌면 음식 자체가 마약처럼 기능하기 때문인지도 모른다. 사실, '중독 전이Addiction Transfer'라 불리는 현상에서 음식은 알코올이나 마약을 절제한 결과로 선택한 새로운 '마약'이 될 수 있고, 그러다 보니 회복 중인 중독자들의 체중이 증가할 때가 잦다.[49]

음식 중독이라는 개념을 지지하는 셋째 연구 영역은 식품생산 과정에 주목한다. 설탕이 제공하는 심리적 보상 말고도 많은 연구자는 정제식품(특히 설탕) 생산 과정이 우리가 과거에 섭취하던 자연적 에너지원보다 마약 생산이나 정제 과정과 더 비슷하다는 점을 지적한다.[50] 생산 과정에서 일어나는 화학 변화는 마약 생산의 특징이며, 더 강력한 효력과 혈류로의 빠른 흡수 효과를 일으킨다. 예를 들어, 코카 잎은 자연 형태로는 가벼운 각성제일 뿐이지만, 고도로 정제되어 코카인이나 크랙이 되면 기하급수적으로 강력해진 쾌락적 보상을 전달하며 훨씬 중독적인 물질이 된다.[51] 마찬가지로, 과거의 마리화나는 가벼운 황홀경만을 제공했지만, 이제는 대단히 강력한 환각성 혼합물이 되었고, 마리화나 성분을 농축한 오일이나 함유 음식의 형태로 사람들이 섭취한다.[52] 설탕 같은 고도 정제식품의 중독적 잠재성이 더 크다는 생각을 뒷받침하는 실험실 연구들도 있다. 쥐를 대상으로 한 연구에서 연구자들은 단 용액의 보상 가치가 정맥에 주사한 코카인보다 더 크다는 것을 발견했다.[53]

연구자 애슐리 기어하르트Ashley Gearhardt와 동료들은 음식 중독이라는 개념을 인정해야 한다고 주장하며 초기호성식품과 중독성 마약의 유사성을 다음과 같이 정리했다.

1. 도파민과 오피오이드 신경 회로를 활성화한다.
2. 인공적으로 증가된 보상치를 제공한다.
3. 혈류로 빨리 흡수된다.
4. 신경생물학적 시스템을 변화시킨다.
5. 내성을 낳는 보상기제를 유발한다.
6. 보상적 특성을 강화하기 위해 첨가물과 혼합된다.
7. 중독물질과 관련된 자극이 갈망을 일으킨다.
8. 부정적 결과에도 섭취된다.
9. 사용을 줄이고 싶은 욕망에도 소비된다.

10. 사회적 약자에게 훨씬 큰 영향을 미친다.

11. 높은 공중보건비용 지출을 유발한다.

12. 태아기 노출은 장기적 변화를 낳는다.[54]

'음식 중독'이 없다는 근거

앞에서 언급한 연구를 보면 음식에는 중독성이 있다고 확신할 수 있을 것 같지만, 그것이 이야기의 끝은 아니다. 일부 과학자들은 음식 중독이라는 개념의 타당성을 주장하지만, 전체적으로 과학계 내부에서는 동의하지 않는 의견이 많고, 많은 연구자는 음식 중독이라는 명칭이 오해를 일으키며 부정확하다고 반대한다.[55] 이걸 생각해보라. 200년 전에 살던 사람 중에 음식에 중독된 사람이 있는가? 사과 중독이나 캐슈넛 중독, 연어 중독에 관한 이야기는 들어본 적이 없을 것이다. 하지만 200년 전 사람들 가운데 술이나 담배, 아편에 중독된 이가 있는가? 물론이다. 이 물질들은 내재적으로 중독성을 지닌다. 도취나 의존, 금단 증상을 일으키는 특정 향정신성 화합물을 함유해서다. 이런 중독성 물질은 자연적으로 만들어지는 경우가 드물고, 대개 가공이나 정제 과정을 통해 창조된다.

여기에서 흥미로운 점을 발견할 수 있다. 중독 행동을 끌어내는 거의 모든 식품이 공유하는 한 가지 특성이 있다. 인공 화학물질이나 재료 때문에 맛이 크게 변화되거나 강화된 식품이라는 것이다. 예를 들어, 흔히 팔리는 쿠키에는 중추 신경자극제인 메스암페타민과 같은 보상을 주는 속성이 많다.[56] 기호성과 수익성이 아주 높은, 고도로 가공된 형태의 설탕이나 소금을 함유하기 때문이다. 이렇게 만들어진 설탕이나 소금은 우리 할머니 세대가 쓰던 것이 아니다. 식품공학자들이 소비자가 저항할 수 없도록 가공한 합성물이다. 우리는 그것들을 중독물질의 정의에 부합하는 향정신성 합성물이라 부르는 것이 정당하다고 생각한다. 예를 들어, 식품회사 카길(이 책을 쓴 키마 카길과는 관계가 없다)이 보유한 소금 포트폴리오 중에는 소금 결정이 피라미드 사면체 형태여서 일반적인 소금보다 세 배 빨리 녹고 더 빠른 자극을 뇌에 전달하는 것도 있다.[57] 이는 자연의 코카잎이 크랙 코카인과 거리가 먼 것만큼이나 천연 소금과 거리가 멀다. 인공적으로 맛을 내는 화학물질을 가공식품에서 제거하면 제품은 팔리지 않을 것이다. 인공 향료가 전혀 들어 있지 않은 도리토스 칩은 어떨까? 담백한 옥수숫가루만 남는다. 먹을 수는 있겠지만 그리 맛있지는 않을 테고 중독성과는 분명 거리가 있을 것이다. 달리 말해, 중독성을 뺀 음식만 남는 것이다.

중독 비슷한 행동을 일으키는 모든 식품이 가공식품인 것은 아니다. 중독 행동을 일으키는 음식은 케이크와 파스타, 칩, 쿠키처럼 거의 대부분 탄수화물을 많이 함유한 음식이기 때문에 '탄수화물 중독자Carboholic'가 살짝 더 적합한 용어일지 모른다. 그러나 '탄수화물 중독자'도 아주 정확한 표현은 아니다. 바나나나 콩류처럼 평범한 탄수화물은 일반적으로 갈망이나 폭식, 중독 같은 행동을 일으키지 않기 때문이다. 실험실 연구에서 중독 행동을 끌어내는 것은 정제된 성분을 함유한 고도로 변성된 탄수화물뿐이다. 이론상으로 이런 중독성 강한 음식을 일반 가정에서 만들 수는 있지만 대개는 그렇지 않다. 대부분의 사람이 술을 직접 증류하거나, 커피콩을 직접 볶거나, 메스암 페타민을 직접 제조하지 않는 것과 마찬가지다. 중독성 물질을 만드는 일에는 시간이 많이 들어간다. 그래서 그 물질의 생산은 시장의 몫이 되고, 최종 사용자와는 분리된 복잡한 생산망과 유통망을 통해 생산되고 거래된다.

음식 중독이라는 개념에 회의적인 많은 연구자는 중독과 비슷한 식이행동이 있다는 것은 인정하지만 '음식 중독'은 체계적 증거가 없는, 겉으로만 그럴듯한 설명이라고 말한다.[58] 그들은 '음식 중독'은 적절하지 않은 명칭이라고 주장한다. 곧 "음식은 영양학적으로 복잡하고 일반적인 생리 환경에서 인간이 특정 '물질'을 섭취하기 위해 특정 음식을 갈망한다는 것을 입증할 증거가 거의 없기 때문"이다.[59] 따라서 학자들은 음식에 중독성이 있다고 말하려면 모든 음식이 잠재적으로 똑같이 중독 과정과 관련될 수 있어야 한다고 이야기한다.

또다른 연구자들은 용어가 필요하다면 음식 중독 대신에 '먹기 중독Eating Addiction'이 더 정확한 표현이라고 제안한다. '먹기 중독'이라는 용어는 단일한 중독물질 섭취보다 행동에 초점을 두기 때문이다. 이 견해에 따르면, '먹기 중독'은 도박처럼 행동 중독에 속한다. 행동 중독도 중독장애로 인정되긴 하지만, 초점이 마약 사용의 약리적 기제보다 반복적이고 지나친 행동에 있다는 점에서 물질사용장애와는 다르다. 그러나 학자들은 중독 개념을 확장하는 것을 경계한다. '중독'이라는 용어가 쇼핑 중독이나 섹스 중독, 게임 중독, 음식 중독처럼 무언가를 지나치게 하는 것을 가리키기 위해 이미 대중문화에서 흔히 쓰이고 있어서다.[60] 개념을 부적절하게 확장하면 중독 모델의 신경생물학적 토대와 설명 효과를 잃게 될 위험이 있다.[61] 정신생물학자 존 블런델John Blundell과 동료들도 많은 사람이 설탕에 대한 갈망을 경험 하지만, 그건 아마 뇌가 정상적으로 기능하기 위해 끊임없이 포도당 을 필요로 하기 때문일 것이라고 지적한다. 그렇다면 음식 갈망은 생 존에 필요한 어떤 기능도 하지 않는 코카인이나 헤로인 같은 마약에 대한 갈망과는 근본적으로 다르다고 할 수 있다.[62] 게다가 도파민 영 역을 활성화하는 자극은 운동이나 음악 감상, 미술 감상처럼 아주 많 은 활동에서 일어나지만, 우리는 이런 활동을 중독적이라고 보지 않 는다.

음식의 잠재적 중독성을 둘러싼 과학계의 논쟁과 상관없이 식 품산업은 분명 중독적인 음식을 생산할 의도가 있다는 점에 주목할 필요가 있다. 사실, 지난 수십 년에 걸쳐 발전해온 식품과학이라는 거 대하고 비밀스러운 세상의 유일한 목표는 거부할 수 없는 맛을 지닌 사탕이나 과자, 아이스크림, 에너지바, 요거트, 내추럴 워터, 고급 스 무디 등을 창조하는 것이다. 식품과학이 찾는 성배는 실험 심리학자 하워드 모스코위츠Howard Moskowitzs가 만든 개념인 '지복점Bliss Point'이 다.[63] 모스코위츠는 정교한 미각 실험과 수학적 모델링을 통해 음식의 향미를 최적화하는 과정에서 설탕처럼 매력적인 맛에는 어떤 기준점 이나 티핑포인트가 있어서 이 지점을 넘어 더 많은 성분을 추가하면 음식의 기호성이 줄어든다는 것을 발견했다. 모스코위츠는 시장 조 사와 모델링 기법을 사용해 설탕과 소금, 지방의 쾌락적 보상이 이상 적으로 수렴하는 정확한 지점을 찾을 수 있었고, 그 신경학적 지점을 '지복점'이라 불렀다. 음식과학자들은 놀랍도록 정교한 지복점의 과학을 사용해 레이즈의 비스킷앤그레이비 칩스 같은 상품을 개발하는 일에 전문인으로서의 삶을 바치고 있다.

요약하자면 과학계에서 '음식 중독'이라는 개념은 논쟁의 대상이다. 정신의학적으로는 '먹기 중독'이 '도박 중독'처럼 행동 중독이라 불리는 범주에 들어가는 공식적 진단명으로 입증될지 모르겠다. 그러나 '먹기 중독'이라는 용어는 인간의 뇌에 중독 같은 과정을 일으키는 요소가 실제로 음식에 있다는 사실을 간과한다. 어쩌면 '설탕 중독'이나 '가공식품 중독'이 더 타당한 용어일지도 모른다. 최근 들어 '가공식품 중독'을 인정하고, 과학적으로 정의하고, 진단과 치료법을 밝히려는 노력들이 있다.[64] 환영할 만한 접근이다. 지금까지 '음식 중독' 개념이 유행 식이요법산업과 자기계발서들 손아귀에서 휘둘리며 개념의 타당성에 대해 혼란을 일으켜왔으니 말이다. 사회학자 캐런 스로스비Karen Throsby는 음식 중독 개념이 언론에서 다뤄지는 방식을 분석했고, 과학적 발견을 보도할 만한 언론보다 타블로이드 언론에서 훨씬 많이 언급되었다는 사실을 발견했다.[65] 그는 타블로이드 언론이 중독 서사의 극적이고 개인적인 이야기를 선호한다고 지적한다. 왜냐하면 이런 언론들이 사회적 규범과 위계질서 재생산에 중요한 역할을 하는 공간이자 더 중요하게는 중독이 '형성'되는 곳이기 때문이라는 것이다. 중독이 타블로이드 같은 언론을 통해 형성된다는 말은 중독이 무엇을 뜻하고 어떻게 재연되는지가 문화적으로 정의되고 동의를 얻는다는 뜻이다. 우리가 바로 다음 부분에서 살펴볼 주제다.

사회적으로 구성된 장애

대중매체에서 워낙 '음식 중독'을 많이 언급하기 때문에 우리는 앞에서 음식 중독이라는 개념의 타당성을 둘러싼 과학 연구의 논쟁을 소개하는 것이 중요하다고 생각했다. 그러나 그 논쟁이 이 책의 핵심은 아니다. '음식 중독'이라는 개념 전체가 행동에 대한 서구적·의학적 모델에 의존한다. 곧 과학적으로 정의되고 증상이 이해되는 암이나 루푸스 같은 질병처럼 중독도 증상과 행동, 치료가 있는 질환이라는 생각에 기반한다. 그러나 중독을 연구하는 많은 과학자는 중독을 설명하는 방식에 대해 매우 조심스러워한다. 예를 들어, 2014년 95명의 과학자는 〈네이처Nature〉에 항의 서한을 실었는데, 이 학술지가 중독을 '뇌의 오작동'이라 묘사한 것을 비판했다. 그들은 "물질 남용은 사회와 심리, 문화, 정치, 법, 환경적 맥락과 분리될 수 없다. … 좁은 관점에서 중독을 보면 사람들의 환경이나 선택이 중독 행동에 미치는 거대한 영향을 축소시키고 만다"라고 지적했다.[66] 정신의학은 정신장애에 대한 생물학적 관점을 받아들이고 전개하지만, 많은 사회과학자는 중독을 그것을 낳은 사회적·물질적 맥락과 뗄 수 없는 '실제 사건Events-In-Practice'으로 본다.[67] 심리학과 인류학의 교차점에 선 우리 두 사람도 문제 행동의 의료화에 의문을 제기하며, 사람들을 고통스럽게 하는 행동 패턴을 다르게 설명하는 방식을 찾고자 한다.

중독은 의학적으로 정의 내리기가 무척 까다롭다. 무엇이 실제로 중독성 물질이 되는지에 대한 합의가 없기 때문이다. 그러다 보니 미국에서는 지난 200년 동안 중독성 물질로 낙인찍힌 다양한 물질(몇 가지만 예로 들면, 술, 마리화나, 압생트, 담배, 설탕)을 둘러싼 도덕적 공황이 많았다. 그러나 이 '물질'들이 늘 위험하거나 중독적인 것으로 인식되었던 것은 아니다. 많은 경우 나중에 오명이 풀렸다. 예를 들어, 압생트는 수십 년 동안 격렬한 퇴치 대상이었지만 훗날 다른 술보다 위험하지 않다고 밝혀졌다.[68] 사실, 압생트를 둘러싼 소동의 많은 부분은 성분에 대한 과학적 오해에서 비롯되었다. 지금 보면 대중적 희생양 만들기의 사례처럼 보인다.[69] 심지어 LSD도 처음에는 합법적인 상업용 치료제였다. 1960년대 초반까지도 '델리시드Delysid'라는 상표명으로 과학과 임상 연구원들의 의학 연구에 쓰였다. 그러다가 하버드대 교수 티머시 리어리Timothy Leary가 LSD를 기분전환 약제로 사용하며 효능을 알리기 시작한 뒤 문화적·정치적 풍조가 바뀌었고, 과학계도 뒤를 따랐다. 이 사례들을 보면 무엇이 마약인지, 무엇이 중독적인지에 대한 우리의 생각이 불안정하고, 문화적·정치적 풍조에 따라 달라지며, 특히 도덕적 공황의 영향에 취약하다는 것을 알 수 있다.

프랑스 철학자 자크 데리다Jacques Derrida가 제안한 더 넓은 비판적 접근법에 따르면, 마약은 객관적·과학적·물리적으로 정의할 수 없다. 오히려 "도덕적이고 정치적인 평가의 토대 위에 세워진 비과학적 개념"이다.[70] 따라서 우리가 중독이 사회적 구성물임을 받아들인다면, 우리는 사회학자 하워드 베커Howard Becker가 그의 중요한 논문 〈마리화나 사용자 되기Becoming a Marihuana User〉에서 주장한 것처럼, 어떤 물질에 마약이라는 꼬리표를 붙였을 때 그 꼬리표가 그 물질의 사용자 '되기'에 얼마나 영향을 미치는지 생각해볼 수 있을 것이다.[71] 더 심리학적인 용어로 표현하자면, 이런 관점에서 중독 행위는 사회적으로 인정된 고통 표현의 수단일 뿐이다. 그러므로 음식을 마약이라 부르면, 음식은 사람들이 중독을 수행할 때 선택할 수 있는 중독물질 목록에 들어가게 된다. 그러나 앞에서 언급한 수많은 음식 중독에 관한 연구가 스스로를 중독자로 여기는 사람을 연구 대상으로 삼는 점을 생각했을 때, 이런 연구가 같은 신경생물학적 문제를 공유한 집단을 실증적으로 연구하는 것인지, 아니면 같은 사회적 정체성을 공유한 사람들을 병리화하는 것인지에 대한 의문이 생긴다.

여러 개의 유효한 중독 개념이 있다고 해도 의미의 모호성 때문에 도덕적 개념과 과학적 개념이 뒤섞일 여지가 여전히 있는 듯하다. 음식 중독 개념의 타당성을 인정하는 과학자들조차 음식 자체에 도덕적 속성을 부여한다. 그 도덕화의 많은 부분은 설탕을 표적으로 삼는다. 예를 들어, 1972년 설탕을 비난하며 사람들에게 많은 영향을 미친 존 유드킨John Yudkin의 《설탕의 독Pure, White, and Deadly》에 대해 요즘의 내분비학자 로버트 러스틱Robert Lustig은 "선지자적인 책"이라 평했고, 자신을 "유드킨 신봉자"라 표현했다. 분명 종교적인, 심지어 컬트 같은 뉘앙스를 풍기는 표현들이다. 그는 또 이렇게 말했다. "이 사람이 1972년에 말한 모든 것이 신의 정직한 진리다. 진정한 예언을 읽고 싶은 사람이라면 이 책을 … 이 사람이 말한 것은 하나도 빠짐없이 실현됐다. 나는 이 사람에게 경외심을 느낀다."[72] 러스틱은 인기 강의 "설탕: 씁쓸한 진실Sugar: The Bitter Truth"에서 설탕을 악이라 불렀다. 한편 과학 저술가 마크 샤츠커는 설탕을 '하얀 죽음'이라 일컫기도 했다.[73] 설탕을 둘러싼 도덕적 공황은 사실 전혀 새롭지 않다. 설탕은 정신적 흥분과 성적 타락, 과잉행동을 일으킨다는 비판을 받아왔고, 여전히 많은 사람이 설탕 섭취를 ADHD의 원인으로 착각한다. 샌프란시스코 시장 하비 밀크Harvey Mik를 살해한 댄 화이트Dan White의 유명한 '트윙키 변호Twinkie Defense'는 설탕이 살인 행동의 원인이라고 주장했다.[74] 설탕에 사람을 타락시키는 힘이 있다는 서구의 공포는 역사적으로 뿌리가 깊다. 민담과 동화에는 단 것으로 순진한 아이들을 유혹하는 마녀 이야기가 자주 등장한다.

따라서 음식의 중독성에 대한 요즘 사람들의 두려움을 중독물질에 대한 과거의 도덕적 공황과 나란히 놓고 봐야 할지도 모른다. 그리고 이와 같은 도덕적 공황들은 무엇이 중독물질인가에 대한 문화적서사를 중심에 두고 요동친다. 이와 같은 맥락에서 '음식 중독'을 생각하면, 어떻게 중독이 수행되는지만이 아니라 어떻게 과학이 역사적·사회적 맥락에서 수행되는지를 이해하는 데 도움이 된다. 과학과 중독 둘 다 문화적으로 합의되고 구성된 개념이며, 시간의 흐름에 따라변화한다.

무엇보다 명백한 사실은 '음식 중독'이라는 용어가 많은 사람에게 강한 공감을 일으키며, 사람들은 과학자들이 이 용어를 인정하건 말건 그다지 신경 쓰지 않는다는 점이다. 예를 들어, 아침 방송 토크쇼 진행자 미카 브레진스키는 자신의 책《집착: 미국의 음식 중독과나의 음식 중독》에서 이렇게 말한다.

나는 내가 특정 음식에 중독됐다고 말하는 것을 꺼리지 않는다. 내게 중독은 적절한 단어다. 내 행동 패턴에 잘 맞고, 내가 내린 형편없는 선택들을 설명하는 데 도움이 된다. 모든 사람이 동의하지는 않는다.

내가 이 책을 쓰는 동안 이야기를 나눈 과학자와 의사, 치료사 중에는 음식이 중독적일 수 있다는 생각을 미심쩍게 여기는 사람도 있었다. 음식이 우리의 가장 근원적인 생물학적 필요 중 하나를 충족시키기 때문이다. 살려면 숨을 쉬어야 하듯 살려면 먹어야 한다. 사실, 음식 중독이라는 말에 코웃음 치며 이렇게 말하는 소리를 듣기도 했다. "그 다음은 뭔가요? 공기에도 중독됐다고 말할 참인가요?"[75]

미카가 여기에서 하는 말에는 우리 같은 학자들이 존중해야 할 것이 있다. 그는 자신에게 '중독'은 적절한 단어라고 말한다. 중독은 그의 행동과 선택을 설명하는 단어다. 중독이라는 개념이 실험실 연구나 동료검토를 거친 연구에서 과학적으로 타당성이 입증됐는지는 그에게 중요하지 않다. 그에게 중요한 것은 '음식 중독'이라는 용어가 자신이 실제 삶에서 몸으로 겪은 경험을 설명해준다는 것이다. 이 용어는 그에게 자신의 경험에 대해 생각할 길을 터주었고, 자신이 납득할 만한 서사를 만들어주었다. 이를 고상한 학술 용어로 '현상학 Phenomenology'이라 부른다. 1인칭 관점에서 경험한 대로의 의식에 대한 연구를 뜻한다. 심리학 책을 많이 읽은 사람이라면 심리학 책들이 1인칭 관점에서 경험한 것을 중요시하지 않는다는 사실을 알 것이다. 그보다는 관찰 가능한 행동에 대한 자료를 수집하는 통제 실험을 더 중요시한다. 실험 연구법은 과학적 증거의 황금률이기에 어떤 것이 사실인지 정말 증명하고 싶다면 통제된 실험 연구가 필요하다. 하지만 스스로에게 물어보라. 실험 연구에서 주관적 경험의 자리는 어디인가? 그것이 바로 현상학 철학자(와 인류학자와 심리학자)가 '체험

Lived Experience'이라 부르는 것이다. 학자이자 임상의로서 우리는 사람들이 실제 삶에서 겪는 체험이 우리가 실험 연구를 통해 생산할 수 있는 지식과는 다르지만, 그럼에도 중요하다고 생각한다. 미카도 같은 생각이다. 그는 자신의 체험이 전통적인 과학의 앎의 방식과는 다른 앎의 방식이라고 표현한다. 우리는 음식 선택 문제로 힘들어하는 사람이 아주 많다는 것을 안다. 그들에게 '음식 중독'은 납득이 가는 개념이다. 그래서 우리는 '음식 중독'을 과학적으로 타당한 DSM 진단은 아니지만 '문화권 증후군Culture-Bound Syndrome', 곧 '고통의 관용구Idiom of Distress'로 여긴다. 문화마다 그 문화권 사람에게 고통을 표현하는 수단이 되어주는 암묵적 증상 목록이 있기 마련이다. 우리는 내면화된 이 '메뉴'에서 삶의 고통을 표현할 수단을 무의식적으로 고를 수 있다. '문화권 증후군'은 의료인류학과 문화정신의학에서 등장한 용어인데, 처음에는 이른바 '민속병Folk Illness'을 설명하기 위해 만들어졌다. 식민주의의 영향이 강했던 인류학의 초창기에 많은 현장 연구는 유럽인들이 오지에서 원주민을 연구하는 형태였다. 이 무렵의 인류학자들은 원주민들에게서 관찰한 정신적 고통이나 정신질환을 표현하는 데 익숙하지 않았다. 거의 모든 정신질환에 문화 특수성이 있다고 보는 대신 그들은 서구의 정신의학 진단체계가 보편적이라 생각했고, 그들이 관찰한 질병 행동은 과학을 모르는 원시 부족에게 나타나는 지역적이고 특이한 표현이라고 여겼다. 이런 문화적 우월감에도 정신의학은 민속병을 기록하는 것이 중요하다고 생각했고, 1994년 DSM 진단체계에서 민속병을 "대체로 특정 사회나 문화권에 한정되며, 반복적이고, 특정한 양식이 있는, 우려스러운 일군의 경험과 관찰에 대해 일관

된 의미를 부여한 지역적이고 민속적인 진단 범주"라고 정의했다.[76]

　가끔 '질병 은유Illness Metaphor'로도 불리는 이 장애들은 해당 문화권에서는 병든 상태로 보지만, 다른 문화권 사람들에게는 낯설거나 오해되는 행동, 증상, 표현으로 인식된다. 예를 들어, 남아시아의 증후군 '코로Koro', 곧 '오그라든 음경'은 성기나 가슴이 몸속으로 움츠러든다는 비합리적 공포를 특징으로 갖는 장애다. 서구 정신의학 용어로는 신체이형장애의 지역 특정적 표현으로 생각할 수 있을 것이다. 남아시아에는 '다트Dhat'도 있다. 다트는 정액을 잃을지 모른다는 두려움이 특징이다. 정력에 대한 불안이나 성충동과 자위에 대한 수치심을 표현한 '장애'일 가능성이 있다. 이와 비슷하게, '다이진교후쇼'(대인공포증)는 일본의 문화권 증후군인데, 자신의 입냄새나 체취, 위생이 다른 사람에게 불쾌감을 줄지 모른다는 지독한 불안이 특징이다. 이 병을 앓는 사람은 불안이 너무 심해서 수치심을 느끼게 될지 모를 사회적 만남을 피해 은둔한다. 일본은 대체로 집단의 조화와 질서, 청결을 중요시하는 사회임을 생각하라. 일본의 사회와 교육, 전문 분야에서 성공하려면 이와 같은 중요한 사회규범에 순응해야 한다. 따라서 이런 사회적 불안이 청결하지 못한 것에 대한 두려움으로 표현되는 것도 이해할 만하다. 이를테면, 불쾌한 체취를 풍겼다가는 참담한 결과가 뒤따를지 모른다. 사회에서 따돌림당할 수도 있다. 그러므로 다이진 교후쇼를 생각하면, 얼마나 많은 심리장애(와 유행 식이요법)가 문화적으로 이해될 만한 것인지 알 수 있다. 이런 증상들은 논리적이다. 우리의 모든 불안은 우리 내면 깊숙한 곳의 공포, 최악의 시나리오가 현실이 될지 모른다는 두려움에서 나온다. 그러므로 다이진 교후쇼는 일본의 사회적 맥락에서는 완벽하게 논리적인 불안장애다.

많은 학자는 거식증이나 ADHD 같은 서구의 많은 장애가 문화권 증후군 정의에 부합한다고 말한다. 지역 특정적인 성격이 있고, 세계의 다른 지역 사람에게는 대체로 낯설어서다. 이를테면, 1980년대에 수전 보르도Susan Bordo는 거식증이 서구 문화의 정신병리를 집약한 장애라고 주장했다. 그는 거식증에 대해 "성격 구조의 극단적 표현보다는 우리 시대의 다원적이고 이질적 고통들이 놀랍도록 중층결정된 증상으로 보인다. 거식증을 가진 개인의 정신경제에서 거식증이 다양한 방식으로 기능하듯, 다양한 문화적 흐름과 동향이 거식증으로 모여 그 안에서 완벽하고, 정밀한 표현을 발견한다"라고 말한다.[77] 다이진 교후쇼가 일본 문화에서 불안의 논리적 표현으로 기능하는 것처럼 보르도에 따르면, 거식증도 그렇다. 문화적·심리적 고통을 표현하는 진단 범주로서 지역적으로 유효하다. 이는 다른 문화권 사람에게는 아주 낯설고 이해하기 힘든 방식이기도 하다.

문화권 증후군이라 불린다고 해서 그 질병이 실재하지 않는 것도, 생물학적 토대가 없는 것도 아니라는 것을 이해하는 게 중요하다. ADHD는 문화권 증후군일 수도 있지만, 동시에 뇌의 생물학적 변화와도 관련이 있다. 우리 행동과 문화, 환경, 문화적 맥락이 신경에 영향을 미치기 때문이다. 예를 들어, 스트레스와 트라우마를 경험한 뇌는 시간이 흐르면서 변화한다. 아주 많은 장애와 질병은 어떤 면에서 트라우마와 관련이 있거나 트라우마에서 나온 결과다. 그러므로 DSM 진단장애들을 문화권 증후군으로 여긴다고 해서 정신질환 원인에 대한 생물학적·신경학적 가능성을 배제하는 것은 아니다. 질병 발생의 위치를 개인이나 개인 내면만이 아니라 문화로도 재분배하는 것이다. 달리 말해, 장애가 신경화학적이거나 신경해부학적 이상에서 나올지라도 문화적 이상에 따라 활성화되거나 악화될 수 있다. 그러나 우리는 개인의 진단에 영향을 미치는 문화적 병리를 보기 힘들 때가 많다. 그건 우리가 '어떻게 개인이 문화의 진단 대리인 역할을 하는지' 보지 못하는 사각지대에 있기 때문이다.

미국인들은 몇 가지 이유로 이와 같은 진단 대리인 역할에 취약하다. 첫째, 역사적으로 심리학 분야는 연구 단위로서 개인에게 지나치게 집중해 인종과 계급, 젠더, 지역, 민족이 자아 구성에 미치는 영향을 무시할 때가 많았다. 둘째, 서구의 자아는 지나치게 고도로 개인화되어서 자신을 탈역사적이고 외부와 경계를 두른, 자기충족적인 존재로 경험한다. 그러니까 상호의존적인 사회구조와 분리돼 있다고 여긴다. 셋째, 생물학적 또는 화학적 불균형 모델이 널리 퍼져 있기 때문에 개인과 뇌를 진단과 치료의 기본 단위로 생각한다. 이 모든 영향이 합쳐져 문화적 질병을 우리 외부에 있는 무언가의 표현이라기보다는 내부적으로 경험하게 한다.

인류학과 심리학 분야가 발전하면서 문화권 증후군에 관한 견해는 더 정교해졌다. 고통의 보편적 형태라고 널리 알려진 우울증이나 조현병조차 세계의 어느 지역에서 일어나느냐에 따라 아주 다양한 증상과 표현을 보여준다. 예를 들어, 중국에서는 슬픔과 우울이 감정보다는 신체로 표현된다. 절망을 대단히 감정적인 측면으로 표현하는 미국인들과 달리 많은 중국인은 우울이나 슬픔을 가슴이 무겁거나 시리다고 묘사한다.[78] 그러다 보니 최근에는 '문화권 증후군'이라는 용어에서 벗어나려는 움직임이 일었다. 이 용어가 보편적인 주류 정신 질환(이를테면 서구의 질환)이 있고, 그보다 중요성이 떨어지는 토착적인 원시질환이 있다고 은연중 암시하기 때문이다. 의료인류학과 문화 정신의학에서 등장한 더 섬세한 용어는 '고통의 문화적 관용구'다. 이는 심리적 고통과 그 원인, 대처 전략과 치료 패턴을 경험하고 이야기하는 집단적이고 공유된 방식을 일컫는다.[79]

우리는 '음식 중독'이 바로 그런 고통의 관용구라고 생각한다. 다시 미카 브레진스키의 글로 돌아가보자. 그는 이렇게 말한다. "물론, 우리 각자는 자기 행동에 책임이 있고, 결국 우리가 무엇을 먹을지는 우리 자신이 결정한다. 그러나 우리는 그 결정을 진공 상태에서 내리지 않는다. 너무 많은 미국인이 과체중이거나 비만인 상황을 보면, 더 큰 무언가가 벌어지고 있음이 틀림없다. 우리 모두가 도덕성이 부족할 리는 없다."[80] 이 글에서 그는 자신의 심리적 고통을 납득하려고 애쓰고 있다. 이런 고통을 경험하고, 원인을 인식하고, 대처 방안과 치료법을 탐색하는 집단적이고 공유된 방식을 찾고 있는 것이다. 과학적 타당성과는 관계없이 '음식 중독'이라는 개념은 그 방법을 제공한다. 우리 문화에서 중독 치유의 12단계 모형이 인기 있을 뿐 아니라 중독물질과 치료법에 대한 지식이 널리 공유되는 현상을 고려하면, 음식 중독이 고통의 문화적 관용구가 되었다는 것은 놀랍지 않다. 중독 개념을 음식에 적용하는 것은 직관적인 선택이며, 과학의 승인과 무관하게 익숙하고 의미 있는 서사를 우리에게 제공한다.

고통의 관용구, 의료인류학, 그리고 음식 중독의 현실

음식 중독이 다름 아니라 '고통의 관용구'이기 때문에 '실재'한다면 어떨까? 중독자라는 정체성을 가진 사람에게 몸으로 겪은 음식 중독의 체험이 현상학적 의미가 있는 것이라면? 음식 중독이 문화적으로 인정된 치료법으로 치료하고 진단할 수 있는 병이라면? 음식 중독은 종래의 의사(나 영양학자)에게는 민속병으로 보일지 몰라도, 12단계 치유 모임에 속한 사람들의 경험담에서 확실히 알 수 있듯 그것을 겪는 사람에게는 생생한 병이다. 먹기에 대해 쓰거나 말할 때 '중독'이라는 단어가 널리 쓰이는 것을 보면, 식사에 대한 우리의 생각에 중독이라는 개념이 얼마나 깊이 박혀 있는지 알 수 있다. 따라서 우리는 사람들이 자신이 음식에 중독됐다고 진심으로 믿는 현실을 존중해야 한다. 자신이 먹기를 통제할 수 없다고 느끼는 사람에게 그들의 중독 경로는 현실적이고, 파괴적이며, 그들을 개인적·사회적으로 규정하는 조건이다. 그리고 12단계 같은 치유법으로 치료할 수 있는 비공식적 증상이기도 하다. 그러므로 우리는 어떻게, 왜 이런 치유체계가 중독자로서의 정체성을 내면화한 사람에게 효과가 있는지 물어야 한다.

우리는 어떻게, 왜 음식 중독이 식이요법이나 각종 프로그램, 자가치유 모임을 통해 효과적으로 치료되는지 설명하는 데 의료인류학의 고전 이론들이 도움이 되리라 생각한다. 또 식이요법이 자신을 중독자로 여기는 사람에게 통제 불능이 된 먹기에 대해 통제력을 회복할 수 있는 분명한 길을 제시하며 플라세보 효과를 낸다고 본다. 아울러 우리는 FAA 회원과 심지어 유행 식이요법 지도자들도 이미 같은 질병을 극복했기 때문에 '고통받는 치유자Afflicted Healer'로서 그 질병을 진정으로 치료할 수 있는 샤먼 같은 역할과 형상을 갖는다는 가설을 제시한다. 자기 고통을 극복했던 경험은 다른 민속 치료 관행에서와 마찬가지로 현대 미국인들에게도 치유자로서 정당성을 부여한다. 또 샤먼 치유 의례에서처럼 음식 중독자들이 선택한 치료 프로그램도 새로운 변화된 정체성을 창조한다. 그들은 자신의 질병 경험 덕에 새로운 자아 인식을 받아들이고 체화할 수 있다.

고통의 관용구, 설명 모형, 그리고 체험적 체화

의료인류학에서 '고통의 관용구'라는 용어는 매우 분명한 정의를 가지고 있으며 음식 중독의 문화적 기능을 깔끔하게 묘사한다. 그리고 현재 활동하고 있는 인류학자들 사이에서는 문화권 증후군의 개념을 대체로 대신한다. 문화권 증후군은 특정 문화의 생각과 관습으로부터 나온 질병이다. 생의학적 질병 범주나 진단과 늘 연관되지는 않지만, 문화 행위자들에게는 질병으로 인정되며 문화 내에서 알려진 병인과 특징, 치료법을 가진다.[81] 알코올 중독은 문화권 증후군일 수 있다는 주장이 있어왔고, 서구의 중독 개념은 다른 문화에서 생각하는 질환으로서의 중독 개념과는 크게 다를 수 있다.[82] 하지만 어쩌면 중독은 문화권 증후군으로는 좋은 후보가 아닐 것이다. 여러 문화에 걸쳐 일어날 뿐 아니라 인식 가능한 심리적·생물학적 과정을 갖기 때문이다.

음식 중독을 이해하는 데는 고통의 관용구가 훨씬 효과적인 지름길이다. 마크 니히터Mark Nichter가 처음 제안한 바에 따르면, "'고통의 관용구'는 특정 사회에서 고통을 경험하고 표현하는 사회적·문화적으로 영향력 있는 수단이다. 고통의 관용구는 과거의 외상적 기억만이 아니라 분노와 무력감, 사회적 배제와 불안 같은 현재의 스트레스 요인과 미래의 불안이나 상실, 걱정 요인을 환기시키고 표현"한다.[83] 그뿐 아니라 니히터는 이 용어가 "고통을 표현하는 널리 인정되고 공통적으로 공유된 방식"을 가리킨다면서 "이런 고통의 경험과 표현을 승인하고 관리할 뿐 아니라 … 대체로 낙인찍히지 않으면서 고통에 대해 소통하는 특정한 방식들이 문화마다 있다"라고 말한다.[84] 이런 증상의 사례로는 신체적 증상으로 나타나는 식이 문제와 심리적 스트레스를 들 수 있다.[85] 고통받는 사람들은 고통의 관용구를 사용해 자신의 문제를 문화 속에서 인정된 진단과 익숙한 질병으로 표현할 수 있다. 그뿐 아니라 이런 질병은 건강과 기능에 영향을 미치는 구조적·환경적 조건 때문에 생긴다고 인식된다. 그러므로 누군가 "나는 음식 중독자입니다"라고 말하면, 주변 사람은 그의 자가진단을 이해하고 받아들이며, 그의 문제가 문화적으로 타당하다고 인정하고, 그런 문제들이 (어느 정도는) 이를테면, 가공식품에 너무 쉽게 접근할 수 있는 환경 같은 요인들 때문에 생긴다는 것을 깨닫는다. 고통의 관용구와 연결되는 개념으로 '설명 모형Explanatory Model, EM'이 있다. 한 문화가 질병 과정을 설명하는 방식이다. 바이런 굿Byron Good은 "질병은 근본적으로 의미론적이거나 의미가 있으며 … 모든 임상

활동은 본질적으로 해석적"이라고 주장했다. 또 질병의 의미망은 "질병과 관련된 단어나 상황, 증상, 느낌으로 짜인 망이며, 고통받는 사람이 이해할 수 있도록 질병에 의미를 부여한다"라고 말한다.[86] 한 질병의 상태는 사회적으로 구성되며 문화 행위자들이 인식할 수 있는 언어적 수행을 통해 전달된다. 문화적으로 구성된 질병 상태의 개념은 사회집단 안에서 인식되고 공유되며 사회적으로 존중되고 합리적이라 여겨진다. 아서 클라인먼Arthur Kleinman은 "설명 모형은 어떤 질병과 그 치료에 대해 임상 과정에 관련된 모든 사람이 사용하는 개념들"이라고 간단히 말한다. 그는 이런 설명 모형은 분명하게 정의되고 인식 가능한 "① 병인 ② 증상 시작 시간과 형태 ③ 병리생리학적 설명 ④ 병의 경로(심각성의 정도와 환자 역할의 유형-급성, 만성, 장애 등) ⑤ 치료법"을 갖는다고 말한다.[87] 설명 모형은 '질환Disease'이 아니라 '질병Illness'을 묘사한다. 서로 겹치는 개념이긴 하지만, 질병은 '증상과 고통에 대한 본질적인 인간적 경험'인 반면, 질환은 '손상된 생물학적 구조와 기능에 대한 의사의 진단'을 지칭한다. 질병은 '내부자적Emic' 용어고, 질환은 '외부자적Etic' 용어다.[88] 설명 모형은 실제 삶에서 겪는 아픔의 체험을 특정 문화의 맥락에서 정의한다. 또 무엇보다 질병 상태를 내부자적인 관점에서 현상학적으로 이해하는 수단이기도 하다. 따라서 '음식 중독'이라는 용어를 들으면 대부분의 사람에게 떠오르는 일련의 증상이 있다. 먹기에 대한 통제 상실, 달콤한 음식이나 가공식품 선호, (다른 중독처럼) 절제가 필요한 문제 같은 것들이다.

마지막으로 '음식 중독'을 이해하는 또하나의 중요한 방식은 중독 수행이 어떻게 '환자 역할Sick Role'로 기능하는가다. 1958년 탤컷

파슨스Talcott Parsons는 질병은 사회제도 내부에서 발생하는 일종의 일탈이라고 주장했다(질병이 행동 규범으로부터의 일탈이라는 말이지, 아픈 사람의 도덕적 일탈을 뜻하는 게 아니다). 따라서 문화는 아픈 사람이 회복해서 사회체제로 복귀할 수 있도록 건강에 이르는 분명한 길을 안내해야 한다. 그는 미국에서 환자 역할은 네 가지 분명한 요소로 구성된다고 말한다. 첫째, 질병은 자발적으로 걸리는 것이 아니며 환자는 아픈 것에 책임이 없다. 둘째, 병에 걸린 사람은 노동 같은 일반적인 역할 기대를 면제받아야 할 정당한 이유가 있다. 셋째, 병에 걸린 사람은 회복을 위해 애쓸 의무가 있다. 넷째, 아픈 사람은 유능한 의료진의 돌봄을 구해야 한다.[89] 음식 중독의 경우를 보자면, 환자 역할은 고통에 대한 대응을 단계별로 정의하며, 아픈 사람에게 건강한 상태로 되돌아가기 위해 해야 할 행동들을 제시한다. 환자 역할의 단계별 수행은 그 사람이 진짜 아프고 회복을 위해 진심으로 애쓰고 있다는 것을 다른 사람들에게 보여준다. 무엇보다 다른 사람에게 인정받는 특별한 지위를 아픈 사람에게 허락한다. 그것은 다른 사람에게 그 질병을 존중하고, 아픈 사람을 고통받는 사람으로서 특별히 배려하도록 하는 정체성이다. 또 다른 사람에게 특별한 관심과 대우를 받는 (아픈 사람이라는) 새로운 정체성을 공개적으로 채택할 사회적 수단이다.

　이 모든 개념이 난해해 보인다면, 더 간단한 비유로 요약해보겠다. 이런 의료인류학 개념들이 제안하는 것은 질병 상태의 증상들은 사회적으로 구성되며, 한 사회 안에서 사람들이 그 상황의 정의(설명 모형과 환자 역할)에 동의하기 때문에 의미 있게 이해될 수 있다는 것이다. 곧 하나의 문제에 대한 일종의 문화적 약어에 해당한다. 당신이 '빵 중독'이라고 누군가에게 말한다면, 그 사람은 당신이 중독에 대한 문화적 개념들(위험하고 매력적인 물질, 통제력 상실, 너무 많은 빵을 먹음으로써 생길 수 있는 생물물리학적 피해)을 표현하고 있으며, 무엇보다 문화적으로 적절하게 인식되는 치료법(냉철한 음식 배제, 자가치유 모임 참여, 12단계 밟기, 개인적 경험담, 아픈 사람이나 중독된 사람으로의 정체성 변화)을 사용해 문제를 치료할 수 있다는 것을 이해한다. 여기에는 이해할 만한 병인론과 치료 패러다임, 환자 역할이 포함된다.

그뿐 아니라, 음식 중독을 고통의 관용구로 이해한다는 것은 그것을 사회와 문화의 맥락 속에서 외적으로 구성된(그러나 개인적으로 체화된) 외상으로 본다는 것이다. 원인은 구조적이지만 체험은 개인적이며 고통스럽다. 음식 중독을 고통의 관용구로 이해하면 이 질병이 외상을 일으키는 공유된 사회적·물리적 상황에서 나온다는 것을 설명할 수 있다. 빵 중독의 경우, 이 외상의 원인은 개인적인 것(개인의 생물물리학적 문제)에서부터 생태적인 것(요즘 재배되는 밀은 오염되거나, 탄수화물이 가득하거나, 우리의 진화 상태에 맞지 않기 때문에 위험하다는), 정치적이거나 경제적인 것(밀은 보조금을 많이 받아 값이 싸기 때문에 우리 식단에 당이 지나치게 많이 올라온다는)에 이르기까지 다양할 수 있다. 중독 서사는 또한 치유에 필요한 단계(적절한 환자 역할 서사와 과정에 참여하기)를 받아들이는 표현이 된다. "나는 빵에 중독됐어"라는 아주 단순한 표현 속에 이 모든 다원적 의미들이 깔끔하게 포장돼 있는 것이다. 당신이 다른 사람에게 그 말을 한다면, 당신은 예전과는 다른 정체성을 지니고 있다는 것을 알리는 일이 된다. 그러니까 자신이 병에 걸렸으며, 아픈 사람에서 건강한 사람으로 변화하는 과정에 있다는 것을 말이다.

아픈 사람에서 건강한 사람으로 변화하는 과정은 음식 중독에서 어떻게 일어날까? 음식 중독에 관한 책들은 대개 고통받는 자아에 대한 서사로 시작한다. 음식 중독이라는 자가진단을 내리게 된 일탈 행동과 먹는 행위를 생생히 묘사한다. 앞에서도 다루었듯, 이런 이야기는 출처에 상관없이 아주 비슷하다. FA의 '그레이 북'에 실린 이야기들은 새로운 식이요법을 시작하고, 중독자로서 새로운 정체성을 받아들이고, 12단계 프로그램을 따를 결심을 하고, 결국 새로운 사람, 회복 중인 사람으로서 건강한 느낌을 회복하기 전에 필자들이 겪었던 문제를 묘사한다. 따라서 이야기는 비슷할 때가 많다. 가족이나 사회의 문제로 어린 시절에 겪은 외상이 있고, 그 외상을 보상하거나 달래기 위해 과식을 하고, 바닥까지 추락했음을 깨닫는 사건이 생기고, 도움을 구하고, 도움을 받고, 식단과 사람이 달라지고, 새로운 정체성과 자아인식과 더불어 건강이 회복되는 식이다. 이 서사에 묘사된 치료적 경로의 모든 부분이 환자 역할 과정과 비슷하며, 심지어 음식 중독을 고통의 관용구로 표현하고 있다. 무엇이 잘못됐는지, 어떻게 치료할지를 알려주는 뚜렷한, 이해하기 쉬운 설명 모형이 있고, 변화 과정에 의미가 부여된다. 치유는 서사 수행(이야기를 하고 치유 단계를 밟는)을 통해 일어나는데, 서사 수행에는 '질병과 관련 있고 환자에게 질병이 어떤 의미인지 알리는 말이나 상황, 증상과 느낌의 망'으로 구성된 질병의 어휘가 사용된다.[90] 아픈 사람에서 건강한 사람으로 변화하는 것은 서사가 달라질 때, 곧 아픈 사람에서 건강한 사람으로 정체성이 전환된 것을 알릴 때 일어난다.

고통의 컬트

더 나아가 음식 중독자로서의 정체성 갖기는 인류학의 또다른 개념인 '고통의 컬트Cult of Affliction'와도 연결해볼 수 있다. '고통의 컬트'에 참여한다는 것은 자신이 환자 역할을 수행 중이며 치료 과정에 있다는 것을 뜻하며, 자신이 아프다는 것을 문화적으로 적절한 방식으로 드러내는 일이다. 이 개념은 처음에 영국의 인류학자 I. M. 루이스I. M. Lewis가 어떤 고통이나 질병을 공유하고, 함께 모여 해결책을 찾고, 서로의 치료를 돕는 사람들의 집단을 설명하기 위해 사용했다.[91] 문화사회인류학자 빅터 터너Victor Turner는 고통의 컬트가 더 큰 사회구조에서 어떤 자리를 차지하는지 분석하면서, 고통받는 사람을 한 가지 사회적 범주에서 또다른 사회적 범주로 이동시키되, 대체로 완전한 회복은 일어나지 않는 과정이라고 묘사한다. 컬트 안에서 얻은 새로운 지위 덕에 고통받는 자는 다른 사람의 치유를 도울 수 있는데, 그 과정에서 고통받는 자로서의 특별한 지위는 잃지 않는다. 오히려 그는 신성한 도덕적 공동체의 구성원인 동시에 지도자로서의 특징을 띠게 된다.[92] 고통의 컬트는 개인에게 고통을 주는 사회적 모순에 대처하기 위해 생겨난다. 이를테면 성별 사이의 긴장(터너가 연구한 문화 집단에서 볼 수 있듯)이나 미국 문화에서 흔히 나타나는 개인성과 공동체성 사이의 불화 같은 것들이다. 마리아 스워라Maria Swora는 이런 불화로 미국인들은 소외감을 느끼며, AA 같은 단체에 참가함으로써 그 소외감을 달랜다고 주장한다.[93] 12단계 치유단체들은 공통의 문제를 공유한 사람들끼리 안전한 사회적 연결 기회를 제공함으로써 더 큰 공동체와의 어긋난 연결을 치유하는데, 이를 고통의 컬트로 볼 수도 있다.[94] 미국 문화는 공동체로부터 개인의 고립을 부추기는 경향이 있고, 이 고립은 개인의 몸과 공동체에 병을 일으킨다. 사실, 아시아의 소수 민족인 몽족(묘족) 사이에서 행해지는 샤먼 치료도 샤먼이 중개하는 고통의 컬트를 통해 고립을 치료한다고 볼 수 있다. 몽족의 샤먼은 일단 환자의 병을 확인한 다음 그 고통에 공감하는 동료들의 공동체로 환자를 받아들이고, 그의 정체성을 변화시켜 사회에서 새로운 역할과 지위를 갖게 해주는 방식으로 환자를 치료한다.[95]

원인이 불분명하고 모호하며, 소외처럼 구조적으로 생긴 고통이야말로 고통의 컬트가 도움이 될 만한 병이다. 의사의 진단이 있고 기존의 생의학적 절차로 치료되는 질환에는 환자의 권리 옹호를 위한 변호단체가 있을지언정 고통의 컬트가 있는 경우는 드물다. 원인이 복합적이거나, 진단과 치료가 어렵거나, 심리적 문제라 보이는 질병들은 자가치유 모임을 탄생시킬 가능성이 훨씬 많다. AA를 비롯한 그 밖의 자가치유 단체들이 완벽한 사례다. 이 단체들은 실제로 중독치료가 거의 존재하지 않았던(그러나 고통은 생생했던) 시절에 만들어졌다. 고통의 컬트는 집단 구성원 전체에 영향을 미치지만, 한 개인의 치료 능력을 넘어서는 문제들에서 나온다. 이를테면, 유행병과 포스트식민사회에서 경험하는 경제적 압박, 젠더 불균형 같은 것들이다. 이런 컬트는 "평범하지 않은 역경, 곧 사람이나 영적인 힘 때문에 생기며, 그 힘을 달래거나 영적 영역에 개입함으로써만 고칠 수 있다고 보이는 역경 … 사회적 갈등과 중첩된 불운"에 응답한다.[96] 고통의 컬트는 문제를 정의하고 치료 과정을 지원하며, 고통을 겪는 사람을 도울 지원 모임도 제공한다. 본질적으로 이런 컬트는 고통에 사회적 의미를 부여하며, 사회적 소외 때문에 생기거나 기존 의료 패러다임으로는 치료할 수 없는 고통으로부터 잠시 벗어날 수 있게 해준다. 사람들은 비슷한 믿음을 지닌 사람들과 함께 모여 그들의 고통에 공감하는 동료들의 공동체 속에서 증상을 완화할 새로운 방법을 찾도록 서로 돕는다. 알코올이나 음식을 통제할 수 없는 데서 생기는 두려움은 서양의학이나 약으로 쉽게 치료할 수 없지만, 믿을 만한 안내자이자 동료인 다른 환자들의 공감을 통해서는 치유될 수 있다. 그 모임이 교회 지하실에서 이뤄지든, 온라인 포럼이나 공동체에서 이뤄지든 말이다.

플라세보, 노세보, 그리고 치유 의례

음식 중독자들은 자신들이 먹는 것을 통제할 수 없고, 이런 행동이 특정 식품이나 영양소 때문에 일어난다고 말한다. 그리고 대부분의 치유단체는 그들이 생각하는 절제 상태를 유지시키기 위해 중독 행동을 자극하는 식품을 삼가라고 이야기한다. 그 식품들은 대개 단순당이거나 밀 탄수화물일 때가 많다. 외부의(외부자적인) 영양 전문가가 보기에는 먹는 행위를 통제할 수 없었다는 경험담이 거의 말이 되지 않는 것처럼 들린다. 탄수화물은 영양 균형과 건강을 위해 필요한 필수 다량영양소이기 때문이다. 음식 중독자들은 중독을 촉발하는 음식을 섭취했을 때 거의 재앙에 가까운 반응을 맛보고, 절제했을 때도 마찬가지로 강렬한 생물물리적 회복과 완화를 경험한다고 묘사한다.

예를 들어, 한 남자는 스파게티를 몇 입 먹자마자 가슴에 이상한 느낌이 들면서 바닥에 쓰러졌다고 한다. 그는 인슐린쇼크라고 자가진단을 내렸고 자기 몸이 '명백히, 틀림없이 밀에 반응'한다고 생각했다. 그 뒤 그는 어느 중독 치유단체의 동료모임의 도움으로 밀을 식단에서 배제했는데, 그러자 강렬하지만 긍정적인 생물물리적 반응이 생겼다고 고백했다.[97] 이와 같은 즉각적인 증상의 발현은 생물학적으로 불가능하다. 신체는 그런 방식으로, 그렇게 빨리 작동하지 않는다. 이는 질병을 일으킨다고 알려진 자극에 대한 플라세보(또는 부정적 반응일 때는 노세보) 반응이다. 이 증상이 생의학적으로 설득력이 있는 건 아니지만, 증상을 경험하는 이들에게는 아주 생생하므로, 중독 반응을 자극한다고 알려진 영양소를 섭취했다고 생각할 때 일어나는 진짜 반응으로 봐야 한다.

사람들 대부분은 플라세보 반응이란 약리작용을 하지 않는 약처럼 생물학적 효과 없이 생기는 긍정적 치료 반응이라고 이해한다. 더 문화적인 정의를 내리자면 '치료 개입의 상징적 측면이 한 사람의 건강 상태에 일으키는 변화'다. 곧 일종의 심신 치료인 것이다.[98] 플라세보 반응은 문화적 사고체계의 영향을 받으며, 환자와 의료진이 약의 작용 방식과 기대 결과에 대해 비슷한 생각을 공유하느냐에 달려 있다.[99] 플라세보에 대한 종래의 생각은 플라세보 반응이 전적으로 환자의 마음에서 일어나는 것이지 생물학적 치료법에 대한 진짜 반응이 아니라는 것이었다. 그러나 그건 사실이 아니다. 플라세보는 사회적·심리적 기대로 생기는 복합적인 자가치유 경로와 연결되며, 뇌와 몸에 진짜 생리학적 변화를 일으킨다. 플라세보 효과 자체에만 초점을 두기보다는 치료 과정 전체를 검토하는 것이 더 효과적이다. 환자의 기대와 환자-의사의 관계, 의료서비스에 대한 정서적 반응, 자기실현 의식이 긍정적 결과에 영향을 미치는 방식을 검토해야 하는 것이다. 이 책의 논의를 위해 가장 중요한 것은 환자와 의료서비스 제공자의 관계일 것이다. 이 관계가 고통의 컬트 안에서 보이는 신뢰와 돌봄의 관계와 비슷하기 때문이다. 브루스 배럿Bruce Barret과 동료들은 플라세보 반응에 영향을 미치는 환자와 의료서비스 제공자의 관계를 이렇게 정리한다. 치료에 대해 긍정적으로 말하기, 격려하고 안심시키기, 신뢰와 도움을 주는 관계 쌓기, 환자의 관점과 가치 존중하기, 환자의 건강관과 세계관 지지하기, 환자의 긍정적 기대를 위한 의식과 의례 수행하기.[100] 실제로 따뜻하고 고무적인 의사와 환자의 관계가 통증 관리나 약물 중독 치료 같은 여러 임상 상황에서 플라세보 효과를 강화한다는 것이 증명되었다.[101] 이런 플라세보 반응은 기대와 암시, 관찰, 희망과도 연관되며, 긍정적 결과를 촉진하는 의례 수행의 역할도 무시할 수 없다.[102]

민간의학은 대체로 그 문화적 맥락 안에서 효과를 내기 때문에 인류학자들은 어떻게 플라세보 효과가 민간의학의 치료 의례나 관습과 연결되는지를 매우 흥미롭게 바라봐왔다. 민간의학의 치료 의례에는 증상을 치료할 만한 과정이 전혀 없는데도 치료 의례를 경험한 환자 대부분은 병이 치료됐거나 증상이 가벼워졌다고 말한다.[103] 치료 의례를 비롯해 사회적 환경에서 수행되는 치료법들은 아마 기대와 사회적 학습, 사회적 상호작용, 정서적 반응을 통해 치료 효과를 내며, 치료 수행에 사용되는 치유의 은유들을 통해 말과 행동만으로도 그럴듯한 치유 과정을 만들 수 있는 듯하다. 사실 "증상이나 질병에 이름 붙이는 것만으로도 일련의 기대와 가능성, 경험을 해석하고 사유할 방법이 만들어진다. 이때 치료 결과는 환자의 기대만이 아니라 어떻게 다른 사람이 그 진단명에 반응하는지에도 달려 있다".[104] 이런 인류학적 이론에서 가장 중요한 것은 플라세보 효과가 약(약리작용을 일으키지 않는다고 가정된)에 대한 믿음의 문제가 아니라 환자가 치유 반응을 내면화하고 체화하게끔 만드는 사회적 과정과 밀접히 연결된다는 점이다. 치유 반응은 치유 과정에 사용되는 상징들을 믿도록 만들어주는 문화적 의미체계 안에서 일어난다. 예를 들어, 의사들이 질병이 무엇인지 설명하고, 관심을 보이고, 증상에 대한 통제를 약속할 때 환자는 자신이 겪는 경험의 의미를 질병에서 치유로 전환해 해석할 수 있다.[105] 대니얼 모어먼Daniel Moerman은 의사의 돌봄과 권위만이 아니라 치료의 형식이나 색, 수가 환유적·도상적·상징적 의미를 형성하며, 환자에게 의료 과정이 진짜이고 효과적이라는 믿음을 준다고 설명한다.[106] 이 설명은 지나치게 언어적인 관점으로 보일 수 있겠지만, 자가치유 단체들이 중독과 절제 서사에 기반한 치료 방식을 사용한다는 점을 생각해보면 말이 된다. AA는 동료 중독자와 유대감을 쌓고 이야기를 주고받는 모임을 통해 중독 경험에 의미를 부여하고, 통제 상실 경험을 설명하며, 가장 중요하게는 절제를 실천할 틀을 제시한다. 이 단체들에서 중요시하는 '단계 밟기Working the Steps'는 의례 행위와 이야기하기의 결합이다.

연구에 따르면, 플라세보 과정은 여러 사회적·심리적·신체적 행동과 반응을 통해 체화된 변화를 만들어내는 듯하다. 곧 "처음에는 체화된 감각적 경험이던 것에 시간이 흐르면서 서사와 설명, 의미가 부여되며 인지적 경험이 되는 것"이다.[107] 이 인류학자들은 인지적 플라세보가 일어나는 과정(기대, 대인관계를 통한 도움, 희망, 자기효능감 같은)이 체화된 변화를 창조하는 치유 의례이며, 환자를 변화시키는 치유적 사건으로 작용한다고 주장한다.[108] 변화가 일어나는 이유는 "생물신경학적 치유 기제가 … 직접적으로 체화된 경험(수행적이고 감각적인 경험을 포함한)을 면역과 내분비학, 통증 반응과 연결"해서다. 그들은 이 과정이 진화에 따라 선택된 생물-심리-사회적 반응이라고 주장한다. 이런 치료 경로를 사용할 수 있는 개인은 더 건강해지고 후손을 더 많이 남길 수 있다는 것이다. "게다가 플라세보 반응을 돕거나 자극하고, 건강을 회복하는 유기체의 회복탄력성을 강화할 만한 사회적 기제(의례, 공감, 이타주의, 긍정적 사회관계 등)는 사회적 수준에서 긍정적인 '선택압Selective Pressure'을 받게 된다."[109] 이게 무슨 말일까? 아마 인간은 다양한 자극으로부터 긍정적인 플라세보 반응을 발현하도록 생물학적·문화적 선택압을 받고 있으며, 그로 인한 생물학적 치유 과정은 여러 사회적 상징체계를 통해 질병의 의미를 변화시켜 건강을 회복케 하는 다원적인 치유 과정이라는 말이다.

플라세보 과정은 치유 과정에서 보완대체의학의 일환으로 작용한다. 많은 보완대체의학 치료법은 건강이나 웰니스에 대해 유행식이요법자들이나 음식 중독자들의 믿음과 비슷한 설명 모형을 제공한다. 이를테면, 인공식품이나 가공식품보다 자연식품이 좋다는 믿음, 보충제가 건강에 도움이 된다는 생각, 대체과학이나 통속과학에 대한 신뢰, 오염된 재료나 특정 재료에 대한 두려움 같은 것들이다.[110] 파스타 몇 입을 먹고 부정적 반응을 일으켰던 사람의 사례처럼 식품 섭취는 긍정적(플라세보)이거나 부정적(노세보)인 신체 반응을 즉각 일으킬 수 있다. 코리 해리스Cory Harris와 티머시 존스Timothy Johns는 음식 섭취와 관련해 체화된 플라세보/노세보 반응을 이해할 모형을 만들었고, 상징이 의미를 생산하고 신체적 반응을 일으키는 동인임을 언급했다. 식품 라벨만으로도 지각에 영향을 줄 수 있는 것이다. 많은 사람이 유기농식품이 일반식품보다 맛이 더 좋다고 생각하는 이유이기도 하다. 해리스와 존스는 "상징은 우리 몸과 마음이 생리적 차원에서 해석하는 의미를 창조하며, 우리의 음식 선택과 건강에 좋든 나쁘든 영향을 미친다"면서 "소비자에게 잘 알려진 사람이 건강 개선을 위한 음식(이나 식이요법 프로그램)을 처방하거나 제안하거나 준비할 때, 그 추천자와 소비자 사이의 상호작용이 약효처럼 음식의 총효과에도 영향을 미친다. 추천자의 말과 태도, 신뢰도, 행동이 소비자의 신뢰와 희망, 공감, 자신감, 무엇보다 회복에 영향을 미치는 신경적·생리적 반응을 끌어낼 수 있다"라고 주장한다.[111] 두 사람은 자세하고 종합적인 모형을 통해 어떻게 음식이 언어로 정의되는지, 사용자가 음식의 특성에 대해 어떤 믿음을 갖고 있는지에 따라 생기는 수많은 음식 반응들을 연구했다. 이를테면, 자신이 유당불내증이 있다고 믿을 때(실제로는 아닌데도) 우유를 마시면 부정적 반응을 보이는 사례를 들 수 있다.

상징으로서 언어는 체화된 반응에 영향을 미치며 긍정적인(또는 부정적인) 플라세보 반응을 만들어낼 수 있다. 자기가 음식에 중독됐다고 믿는 사람들의 경우에는 이런 플라세보 반응이 어떻게 작용할까? 그들의 서사는 아주 분명하다. 한 모금만 마셔도 병이 생기고, 한 입만 먹어도 재발하며, 한 번의 '실수'로 건강을 해치는 과정으로 다시 추락하는 서사다. 중독과 회복 과정을 다룬 서사들은 회복 모임에 적극 참여한 사람의 것이든, 자가치유 안내서를 통해 간접적으로 참여한 사람의 것이든 매우 비슷하다. 스워라에 따르면, AA 모임은 이야기를 이용해 '알코올 중독자에게 자신의 과거를 서술하고, 이해하고, 변명할 서사의 틀을 제공함으로써' 기억과 정체성을 다시 쓰고, 다시 가공하도록 한다. 그리고 "AA 모임에서 경험은 대단히 가치 있는 것이므로, 알코올 중독자 개인의 과거는 이 도덕 공동체의 모든 회원에게 유용하게 쓰인다. 기억이 치유될 뿐 아니라 기억이 다른 사람들을 치유"하는 것이다.[112] 반복되는 이야기 속에서 기억과 의미가 다시 쓰이고, 중독자는 더이상 환자가 아니라 치유 중인 사람인 동시에 다른 사람을 치유할 수 있는 사람으로 변신한다.

자신의 식습관이나 체중이 극도로 못마땅하고, 스스로 음식에 대한 통제력을 잃었다고 느낀다고 상상해보라. 당신은 왜 이런 느낌이 드는지, 왜 다른 사람과 다른지, 왜 계속 음식을 먹는지 알지 못한다. FAA 자료에서든, 자가치유 안내서에서든, 온라인 포럼에서든 거의 모든 음식 중독 연대기는 이렇게 시작한다. 그때 누군가가 당신에게 손을 내밀며 말한다. "나도 그런 적 있어. 우리는 같은 문제를 갖고 있어. 그런데 나는 지금 회복 중이고 좋아졌어. 먹는 것을 통제할 수 있거든. 게다가 내게는 '절제'를 유지할 수 있도록 돕고 정서적으로 나를 지원하는 친구들이 있어. 우리 모두 비슷한 사연을 갖고 있지. 너만 그런 게 아니야!" 진단과 치료 계획, 공감은 바로 성공적인 플라세보 반응을 위해 필요한 단계들이다.[113] 회복을 위한 단계는 명료하게, 다소 간단한 의례(설탕와 밀을 피하라)로 표현되며, 당신에게 스스로 문제를 통제하고 있다는 느낌을 준다. 당신은 당신과 비슷한 삶의 이야기들에 둘러싸여 정서적 안정감을 느끼고, 그 이야기들은 늘 해피엔딩으로, 성공했을 때 어떤 느낌인지에 대한 묘사로 끝난다. 동료들의 이야기는 당신의 이야기이기도 하므로 당신은 이야기하는 사람과 같은 감정을 공유한다. 동료 회원이 현재 누리는 좋은 삶과 회복에 대해 듣는 동안 당신은 긍정적 감정을 느낀다. 그렇게 이야기를 듣는 동안 긍정적인 변화를 내면화(그리고 체화)하게 된다. 회복을 경험한 친구들의 이야기에서처럼, 당신 자신과 당신의 문제를 이해하는 설명 모형도 병에서 회복으로 달라진다. 성공적인 회복 이야기가 반복될 때마다 중독을 나타내는 인지적 상징이 희망과 신뢰, 치유의 상징으로 바뀌고, 이 새로운 의미들은 당신의 자기 인식과 정체성으로 체화된다. 당신은 변화된 것이다.

치유 과정, 의례 상징, 그리고 체화

앞에서 우리는 플라세보 반응과 치유 관습이 회복 과정에서 어떻게 작용하는지 설명하기 위해 '상징' '의례' '체화'라는 단어를 사용했다. 낯설게 들리는 이 단어들은 의학보다는 주술의 일부처럼 들린다. 우리는 플라세보의 작동 방식에 대한 앞의 논의가 상징이 어떻게 의학적 믿음과 실천에 영향을 미치고 측정 가능한 결과에 기여할 수 있는지 보여줬기를 바란다. 의례가 현대의 치유 과정에서 어떻게 작용하는지는 이해하기 어려울 수 있다. 그리고 '체화Embodiment'라는 개념은 아마 훨씬 더 모호하게 느껴질 것이다. 그러나 상징과 의례, 체화 같은 과정들은 일반적인 웰니스 프로그램에, 심지어 생의학에도 본래 포함돼 있다. 인류학자들은 치유 과정의 의례 상징을 이해하기 위해 다른 문화의 민속의학체계를 연구하는 경향이 있지만, 상징은 현대 병원에도 가득하다. 이를테면, 의사의 흰 가운, 간호사와 외과의사의 수술복, 아픈 사람을 응원하기 위해 보내는 꽃 등이다. 이들 하나하나는 우리가 해석하는 상징이며, 대부분의 문화 행위자가 그 의미를 안다. 흰 가운은 권위와 지식의 표시이며, 수술복은 의료 시술이 진행되고 있음을 알려주고, 꽃은 빠른 회복을 바라는 마음과 관심을 표현한다. 그러나 모든 상징처럼 이들도 자의적이다. 의사의 가운은 다른 색이었을 수도 있다. 지위를 표현하기 위해 특별한 모자를 쓸 수도 있고, 수술복은 깨끗한 스웨트팬츠와 티셔츠로 대체될 수도 있다. 또 꽃 대신 다른 애정의 표시가 담긴 것을 선택할 수도 있을 것이다. 그러나 우리가 꽃을 보내는 이유는 꽃이 모든 사람에게 이해되는, 사회적으로 구성된 의미를 전달하고 있어서다. 음식 사용도 마찬가지로 상징적이며(생일 케이크나 명절 음식을 생각해보라) 치료나 건강 관습에 영향을 미친다. 그리고 이 책의 논의에서 가장 중요한 것은 치유 효과를 높이고, 우리가 건강을 경험하는 방식을 바꾸기 위해 치유자와 환자 모두 상징 의례를 사용한다는 것이다.

의례는 어떤 의식의 일부로 나타나는 문화적으로 구성된 행위거나, 지정된 방식으로 수행되는 일련의 행위다. 대부분의 종교 관습은 정해진 의례를 가지고 있다. 문화적 삶의 많은 부분도 우리가 늘

'의례'로 의식하지 않을지라도 이런저런 형태의 의례로 형성되어 있다. 개인에게도 일상이나 주변 환경과의 관계를 정리하기 위해 수행하는 의례가 있을 수 있다. 습관, 곧 의례를 바꾸면 일상이 달라지고, 우리가 하루를 이해하는 방식도 변화한다. 또 일상을 바꾸면 우리가 세상과 상호작용하는 방식이 바뀌므로, 우리가 누구인지도 달라진다고 말할 수 있을 것이다. 치유체계를 창조하는 상징 의례의 힘은 잘 알려져 있는데, 이는 음식 중독에도 적용할 수 있다.

치료 의례는 많은 변수와 요소가 있지만, 대체로 문화적으로 결정되는 행위체계다. 의례가 의학에서 어떻게 작동하는지 더 쉽게 이해하려면 고통의 원인을 유형별로 분류하고(병인학), 치료 의례의 기술과 절차를 정리하고, 치유 과정을 검토하고, 치료 효과가 무엇을 뜻하는지 살펴볼 필요가 있다.[114] 물론, 이는 일종의 설명 모형이지만, 각 치유 과정마다 의례가 어떻게 작동하는지 보여준다. 예를 들어, 문화적으로 지목된 고통의 원인이 건강에 좋지 않은 생활방식이거나 스트레스 관리 능력 부족, 부족한 신앙, 개인의 도덕적 실패일 수 있다. 대부분의 종교적인 치유체계에는 이를 극복하기 위해 고안된 의례가 있다. 운동이나 명상일 수도 있고, 신성에 다시 귀의하는 것이거나 행동 변화와 참회일 수도 있다. 치유 의례에는 신성한 사물 다루기, 정화, 문제 물질 제거, 생물학적 변화나 심리적 변화를 일으킬 무언가를 섭취하기, 심령 치료와 최면이 포함될 수 있다. 치유 의례의 많은 유형은 환자가 자신의 질병을 새로운 방식으로 보도록 만드는 인지적 재구조화 과정이다. 앞에서 언급한 대로 의미를 바꾸는 것이다.[115]

상징적 치유는 의미와 은유의 조작만이 아니라 지위를 바꾸는 의례를 통해서도 일어난다. 이를테면 '중독자'에서 '회복 중인 자'로 지위를 바꾸는 것이다. 로렌스 커메이어Lawrence Kirmeyer는 "치료의 수사학은 은유를 사용해 강력한 문화적 신화의 서사를 환기시킨 다음, 그 서사와 환자가 신체로 직접 느끼는 경험을 연결"하고, 그들의 의미를 조정함으로써 환자에게 변화를 일으킨다고 말한다.[116] 치료 효과를 내기 위해 달라지는 의미들에는 다음과 같은 것들이 포함된다. ① 환자(환자의 의미는 특정 문화에서 인정된 고통의 개념에 따라 달라진다) ② 치유자(치유자의 역할은 문화적으로 구성된 효험과 권위의 개념에 따라 달라진다) ③ 처방된 의례 시간과 장소(병의 위협을 통제하고, 특정한 치유 효과를 불러낼 수 있는 장소가 지정된다) ④ 병을 변화시키기 위한 상징적 행위 ⑤ 회복에 대한 기대.[117] 환자와 치유자, 공동체가 상호작용하면서 사회적으로 인정된 일련의 행위들을 통해 의미와 원형, 은유를 사용해 이런 요소 하나하나를 조정하면서 병든 상태를 건강한 상태로 바꿔나간다. 음식 중독 치유단체의 경우에는 회원 가입과 모임 의례, 이야기 공유, 중독 계기 식품 배제를 포함하는 단계 수행을 통해 각 요소가 달라진다. 중독자가 의례를 수행하는 동안 그들은 '회복 중'이라고 불릴 수 있다. 그들이 새로운(변화되고, 변화시키는) 행동을 유지하는 한에서는 말이다.

인류학자들은 치유 의례가 어떻게 상징 변화를 통해 효과적인 결과를 만들어내는지 보여주었다. 데보라 C. 글릭Deborah C. Glik에 따르면, 고통받는 사람은 치유 집단과 자신을 동일시하고, 역할극과 새로운 정체성 형성에 참여하고, 새로운 믿음체계를 받아들이는 의례들을 거치는 과정에서 변화한다.[118] 분명, 중독 치유단체에서도 회원 모임에 자주 참여하고, 서로의 이야기를 공유하며, 새로운 정체성을 창조하고, 자신과 고통을 새롭게 이해하는 과정에서 변화가 일어난다. 또 많은 의례 과정에서 치료의 효험은 환자가 변화의 과정에 적극 참여하느냐에 달려 있다.[119] 변화는 질병과 그 원인에 이름을 붙임으로써 체계를 제공하는 의례의 언어를 통해 일어난다(설명 모형과 비슷하게 들린다). 새로 회복한 건강을 정신적·언어적으로 확인하는 일은 통제감이나 자기효능감에 도움이 된다. 매러디스 맥과이어Meredith McGuire 는 "문제를 파악하고 그에 따른 일련의 조치를 연결하는 과정은 개인에게 그 문제를 붙들 '손잡이'를 제공하기 때문에 개인이 고통스러운 어떤 상황을 바꿀 수 있다고 느끼기 위해(희망을 갖기 위해) 꼭 필요하다. 문제에 이름을 붙이면, 아픈 사람이 그 병을 위해 개인적 자원을 동원할 능력을 더 강화할 수 있다"라고 말한다.[120] 치유자나 샤먼이 환자를 위해 무언가를 하는 것만으로 늘 충분한 것은 아니다. 치료 의례의 효과를 위해서는 환자도 의례에서 역할을 해야 한다. 이 역시 의례적 상징 행위로 볼 수 있다. 이런 행위를 통해 행위주체성이 치유자에서 환자로 전이되므로 환자는 자신의 치유를 책임지게 된다. 이는 환자가 심리적으로 자신을 더 적극적이고, 힘 있고, 효능감을 가진 존재로 변화되었다고 볼 수 있게 만드는 방법이다. 치료 단계 밟기와 절제 유지하기는 환자가 스스로 통제하는 의례적 행위이며, 이를 성취했을 때 중독자는 효능감과 변화를 얻을 수 있다. 이 행위들은 대개 상징적이지만, 중독자의 전망이나 행동, 자기 인식에 실제로 변화를 일으킨다. 플라세보 반응에서와 마찬가지로 의미 있는 문화적 상징을 동원하거나 변화시키는 의례 행동은 의례에 참가한 사람의 몸도 변화시킨다. 이런 의례 행동들은 심신 관계에 부여된 의미를 바꿈으로써 몸을 변화시키고, 체화의 경험도 바꾼다.

우리는 '체화'라는 용어를 반복해서 사용했다. 가장 기본적인 의미에서 체화는 "거주하는 세계 속에서 세계와 더불어 상호작용하는 투과적·내장적·감각적이고 생생한 몸적 체험이고 … 세계 속의 몸적 존재"다.[121] 치유 과정을 이해할 때 체화라는 개념은 몸을 대상이 아닌 주체의 자리에 가져다 놓으며, 인간이 질병과 건강을 몸의 감각을 통해 경험한다는 것을 인정한다.[122] 체화와 경험, 치유를 가장 활발히 연구하는 이론가인 토머스 초르다스Thomas Csordas는 어떻게 의례가 현상학적 치유로 해석되는지 탐구한다. 그는 "지각 현상의 생활세계에서 우리의 몸은 우리에게 대상이 아니다. 오히려 반대로 지각하는 주체에 통합된 일부"이며 "몸이 대상이 아니라 주체로, 체험의 관점에서 인식될 때 몸과 마음의 구분은 훨씬 불분명해진다"라고 말한다. 초르다스는 환자를 행동과 상징의 다양한 마디를 통해 그들의 몸적 존재 (체화)의 지각을 변화시키는 전인적 인간으로 이해한다. 그는 "나는 효험이 발생하는 위치가 증상이나 정신장애, 상징적 의미, 사회적 관계가 아니라 이 모든 것을 포괄하는 자아에 있다고 생각한다"라고 말한다.[123] 의례는 참여자 사이의 사회적·문화적 연결 속에서 변화를 만들어내고, 신성을 통해 힘을 얻을 기회를 주며, 환자의 행동이나 감정·인지를 변화시키고, 환자에게 증상이 효과적으로 치유되었다는 확신을 준다.[124] 치유자는 문제를 확인하거나 진단하고, 문화적으로 적절한 의례를 제공하고, 정서적으로 환자를 지원하고, 치유가 이루어졌음을 확인해야 한다. 그러나 의례 과정이 일어나는 장소는 환자의 몸이고, 의례 활동(말이나 행위, 행동, 감정)은 체화된 경험으로서 변화를 창조하는 동시에 치료가 효과적이라는 것을 보여준다. 이 설명에 따르면, 회복이 일어나는 이유는 환자가 의례를 거치는 동안 치유의 상징이 환자 안에서 몸으로 감각되어서다.

　체화라는 개념은 앞에서 제시한 플라세보 효과와 의례 상징이 어떻게 작용하면서 치료 결과에 영향을 미치는지에 대한 설명과 상당히 비슷하게 들릴 것이다. 사실, 이 설명들은 서로 잘 맞아 떨어진다. 특히 몸으로 감각된(체화된) 중독과 회복의 경험을 이해하는 방식이 그렇다. 문화적 상징을 조정함으로써 환자와 치유자, 공동체의 관계를 변화시키며, 환자는 치유됐다는 느낌을 받고, 공동체는 환자를 치유한 자가 된다. 치료 과정은 경험되는 동시에 이해된다. 인지적이고 신체적이며 사회적인 과정이다. 대부분의 중독 치료 모임에는 치유가 일어나기 위해 필요한 모든 요소가 있다. 이 요소는 회원들 사이의 관계를 바꾸고, 의례 행위와 영적 권한 부여, 공동체의 지원을 통한 치유 과정을 제공하며, 공유된 서사를 통해 치유되고 있다는 느낌을 타당화한다. 심지어 자가치유 안내서들도 이런 표준을 따른다. 대개 저자가 어떻게 고통받았는지, 어떻게 문제를 해결했는지, 저자의 해결법을 독자가 어떻게 사용할 수 있는지 이야기한다. 이 모든 것이 끝없이 이어지는 약속과 경험담으로 포장된다. 자가치유 모임처럼 이런 안내서들도 틀에 박힌 공식을 사용해 정당성과 권위를 표현하는데, 물론 이 역시 문화적으로 정의되고 인정된 의례에 속한다.

샤먼으로서의 고통받는 치유자

치료 의례가 음식 중독 치료에 효과가 있는 마지막 이유는 문화적 의미를 지니는 치유체계를 활용해서다. 바로 샤먼으로서의 상처받은 치유자다. 우리 두 사람이 보기에 FAA 회원들과 음식 중독 치유 안내서의 저자들은 다른 사람의 치유를 도울 만한 정당한 권위를 인정받은 현대의 샤먼으로 기능한다. 많은 사람은 샤먼을 이국적이고 약에 도취된, 문화적 '타자'로 여기겠지만, 치유자-샤먼의 개념은 꽤나 보편적이다.[125] 샤먼은 문제의 근원을 확인(진단)하고, 상황을 바로 잡기 위해 의례를 수행하며, 환자에게 영적 세상과 관계를 개선할 의례적 과제를 제시하고, 신체와 영혼이 효과적으로 치료되리라는 상징적 약속을 제공한다. 샤먼은 신적 존재와 교감하면서 환자를 대신해 호소한다. 신화적인 이야기를 사용해 질서와 믿음, 안정을 다시 느낄 수 있는 경험을 창조하며, 환자와 공동체가 다시 연결되도록 돕는다.[126] "샤먼은 삶의 산만하고 혼란스럽고 불확실한 부분들로부터 의미를 구출한다. … 신체적 통증과 몸의 질병이 우주의 불균형과 무질서의 국소적 발현으로 설명된다. … 이런 몸의 통증은 영적 생태계의 교란이 몸으로 표현된 것일 뿐이다. 샤먼의 치유 의례는 삶에 도덕적 해석과 의미를 제공한다."[127] 샤먼은 환자에게 세상을 재해석해준다. 질병 상태의 의미를 재구성하고, 환자가 영적 세계의 은혜를 유지하기 위해 필요한 의례를 제공한다. 이는 전형적인 치유 의례의 일반적 단계지만, 중독 치유단체의 단계형 프로그램의 전형이기도 하다. 이 모임에서 동료 회원들은 중독자가 '위대한 힘Higher Power'(AA의 12단계 지침에 따른 표현이며, '신God'이나 '우리보다 위대한 존재Power Greater than Ourselves'로 표현을 바꿔 반복된다 - 옮긴이)의 인도를 받아들이도록 돕고, 절제를 통해 더 심한 중독을 피하는 명료한 지침을 건네며, 공감하는 동료들이 모인 돌봄의 공동체 속으로 중독자를 받아들인다.

거의 일반적으로 샤먼의 권위는 고통, 대체로 환자와 같은 종류의 고통을 직접 경험해봤다는 데서 나온다. 이것은 낯선 문화적 개념이 아니라, 그리스신화 속 치유의 신 케이론의 이야기를 통해 서양 의학에 큰 영향을 미친 개념이다. 케이론은 아클레피오스에게 의술을 가르쳤는데, 아클레피오스는 치유자의 원형이자 그리스의 아클레피오스 치유 컬트의 창시자다. 케이론과 아클레피오스 모두 치료할 수 없는 상처를 입었다. 두 사람이 다른 사람을 치유할 수 있는 능력은 이들의 지속적인 고통에서 나온다. 사실, 두 사람 모두 자신들의 상처 덕에 의사로서 고유한 재능을 지니게 되었다.[128] '입문병Initiatory Illness'은 치유자로서 여정을 시작하는 데 필수적이며, 샤머니즘을 다룬 민족지학을 살펴보면 모든 샤먼은 환자로 출발한다는 점을 분명히 알 수 있다.[129] 사실 "병을 앓았던 경험은 비슷한 아픔을 겪는 다른 사람들을 치료할 자격을 강화한다. 이런 연구들은 치유적 권위의 전부는 아니라 해도 많은 부분이 경험으로부터 나온다는 틀을 보여준다. 이 다양한 사례의 공통점은 아팠던 경험을 통해 다른 사람의 몸을 돌보고 다루며 병든 상태를 건강한 상태로 변화시킬(그런 변화를 직접 경험했던 사람으로서) 권위를 갖추게 된다는 것"이다.[130] 치유자는 "치유자 내면에서 깨어난 공감과 연민" 때문에 치유를 도울 수 있다.[131] 아팠던 경험 이후 샤먼-치유자는 다른 사람을 도울 지식과 힘을, 곧 돌봄 능력을 얻는다.

샤먼의 치유는 변화 과정의 각 단계마다 의례 상징을 조정하는데, 은유와 의미를 통해 효과를 낸다. 커메이어는 샤먼을 탄생시키고, 샤먼에게 권위를 부여하는 단계를 이렇게 제시한다.

1. 상처 입은 치유자는 자신의 상처를 깨닫지 못하거나 직시하길 두려워한다. 그는 자신이 돕는 사람들과 자신은 다르다고 생각한다.
2. 초기 입문식은 개인적 상처를 억누르는 억압과 부정을 걷어내고 상처 입은 치유자가 자신의 그림자를 대면하게 한다.
3. 상처 입은 치유자는 그림자와 어둠에 짓눌리고, 자신을 자신의 상처와 완전히 동일시할 것이다. 그는 치료를 찾아 자기 밖으로 눈을 돌린다.
4. 이 상처를 인정할 때 '내면의 치유자'가 깨어난다.
5. 상처 입은 자는 자신이 완전히 치유될 수 없음을 깨닫게 되고, 상처 입은 자 내면의 치유자는 내면의 상처와 계속 교감함으로써 자신의 힘을 키운다. 치유자는 무관심한 상태로 남지 않고 … 이런 과정이 제한적이고 불완전하기는 하지만 계속 걸어가야 할 길로 보게 된다.[132]

이 단계들은 치유모임 회원이 되고, 중독자로서 자신을 받아들인 뒤 회복 중인 자로서의 정체성을 발전시켜가는 일반적인 치유 서사에서 반복된다. 이 서사에는 '문제의 부정, 자신이 중독됐다는 사실을 인정하지 못함, 자신만의 문제가 아님을 차츰 깨닫고 공유된 해법을 알게 됨, 동료집단 내부에서 새로운 지위를 받아들임, 중독자로서 다시 중독에 빠질 위험을 인정함, 다른 사람을 도우면서 치료 과정을 유지함'이 포함된다. 치유 안내서에 실린 이야기들 역시 비슷하다. 저자들은 자신의 문제를 차츰 깨닫고, 문제를 해결하고, 그 뒤 다른 사람에게 손을 내밀어 그들의 진단과 치유를 돕게 된 과정을 이야기한다. 그러나 그들 자신은 결코 완전히 치유되지 않는다. 그들은 건강한 상태를 유지하기 위해 늘 단계(의례)를 따른다.

마지막으로 마이클 윈켈먼Michael Winkelman이 나열한 샤먼 치유의 세 가지 양상도 중독과 회복 과정을 구성하는 요소와 비슷하다. 이 세 가지 양상은 의식의 변화로 나타나는 황홀경, 인도 정령의 존재, "자아를 비롯한 다른 정체성 역학을 변화시키고 사회적 동일시를 제공하며 … 사회적 조율을 위한 메커니즘을 건네는 공동체 의례와 토템 신앙"이다.[133] 그는 이런 양상 하나하나가 치유자-샤먼의 신경 회로를 변화시키고, 치료받는 사람들에게도 같은 신경생물학적 변화를 일으킨다고 주장한다. 음식 중독과 하나씩 대응시켜보자면, 황홀경은 아마 치유되고 건강해졌다는 느낌으로 넓게 해석할 수 있을 것이다. 변화된 의식이란 중독으로 고통받는 사람이 느끼는 통제 상실감(비정상적인 음식 섭취로 이어지는)으로부터의 변화라고 말할 수 있을 것이다. 인도 정령은 치유를 이끄는 더 위대한 힘과 대응시킬 수 있고, 공동체 의례는 절제를 권유하는 동료 관계와 연결된다. 이 양상들은 '중독 상태의 인정, 단계 밟기, 동료집단에서 다른 사람 돕기'로 이어지는 치유단체의 서사 전개와 이상하리만치 비슷하다.

식이요법 지도자는 샤먼인가?

음식 중독과 전통적인 샤먼 의례 사이의 유사성을 보면 다음과 같은 질문을 던질 수밖에 없다. 식이요법 지도자들과 식이요법 자기계발서 저자들도 고통받는 독자와 추종자들에게 현대의 샤먼 같은 역할을 하는가? 이들은 전통적인 샤먼과 같은 서비스, 곧 진단과 개입, 치료 의례, 안심을 제공하는가? 만약 그렇다면 독자이자 추종자들도 저자와의 관계를 치유자-샤먼의 관계로 경험하는가? 추측일 뿐이지만, 아마도 그럴 것이라 생각한다. 물론, 샤먼 의례의 모든 양상과 요소가 식이요법에 드러나지는 않지만, 핵심적인 많은 기능은 중첩된다. 특히 강력한 팬층을 거느리며, 온라인 서비스와 상담을 제공하고, 학회나 대회에 참석해 추종자들을 만나는 저자들일수록 더 그렇다. 예를 들어, 줄리아 로스의 《갈망 치료》는 '기도하는 사람에게' 책을 헌정함으로써 더 위대한 초월적 힘을 상기시킨다. 첫 장에서는 문제를 묘사하면서 그들만의 문제가 아니고 그들의 잘못도 아니라며 독자를 안심시킨 다음, 문제의 원인들을 나열하고(주로 가공식품), 문제에는 이유와 해법(진단과 치료)이 있다고 보장하며, 독자가 저자인 자신을 믿어야 하는 이유를(자신 역시 입증된 중독 치료에서 나온 치료법을 경험하고 사용하므로) 설명하고, 이미 수천 명에게 효과가 있었으므로 독자에게도 이 프로그램이 효과가 있을 것이라고 약속한다.[134] 팸 피크의 《허기 치료》는 다이어트에 관한 미국의 텔레비전 시리즈 〈도전! FAT 제로 The Biggest Loser〉의 미션 성공자 타라 코스타Tara Costa의 서문으로 시작한다. 타라는 피크 박사를 기적을 행하는 사람이라 소개한다. 그는 "나는 피크 박사를 만난 날을 결코 잊지 못할 것이다. … 피크 박사는 많은 여성 무리에 둘러싸여 있었는데, 모두 큰 소리로 웃고 있었다"면서 "나는 그가 당당한 풍채에 또한 대단히 포용력이 큰, 진정한 영향력을 지닌 여성임을 한눈에 알아볼 수 있었다. … 그는 말과 행동이 진정으로 일치하는 의사였다"라고 이야기한다. 아울러 "음식 중독자 동료들이여, 내 말을 믿으시길. … 이 책은 당신의 삶을 바꿀 수 있다. … 당신은 회복될 수 있다. … 당신은 할 수 있다. 바로 지금이다. 회복을 향한 여정을 시작하자"라고 말한다.[135] 이와 같은 확언과 경험담은 치유자-샤먼의 권위를 구성하는 핵심 요소다. 이처럼 다정하게 안심시키는 말이 없다면, 독자는 저자가 그들을 도울 수 있는지 의심할지 모른다. 경험담 없이 그냥 프로그램(치료법이나 식이요법)을 제시한다면 상징적 효험을 제공하지 못할 것이다. 이 저자들이 진짜 치유자가 되는 이유는 다른 사람이 그들에게 치유력이 있다고 믿게 할 은유를 제공해서다. 그들은 현대의 샤먼들인가? 아마도 그럴 것이다.

음식 중독은 진짜 있는가?

음식 중독은 진짜 있는 걸까? 음식 중독은 통제력을 마비시키는 생물물리적 증상으로 발현하는 타당한 질환일까? 아니면 공동체로부터의 소외와 식품 안전에 대한 복잡한 우려를 표현하는 고통의 관용구일까? 그걸 구별하는 것이 중요할까? 이 점에 대해 우리 두 사람은 의견이 일치하지 않는다. 키마는 음식 중독은 실제 생물물리적 증상과 질환이 아니라고 주장한다. 반면, 재닛은 뚜렷한 돌봄 치료법이 있는 문화적으로 유의미한 질병이라고 말한다. 음식 중독은 중독 개념이라는 강력한 문화적 상징을 사용해 금지된 약물과 같은 파괴력을 음식 성분과 연결한다. 마찬가지로 음식 중독자들은 중독 치료를 위해 자신들의 행동과 정체성을 바꾸는 치유의 은유를 사용한다. 스스로를 음식 중독자라 여기는 사람들에게 이런 치료법은 실제로 효과가 있어 보인다. 이것은 질환인가, 아니면 질병인가? 그것이 중요한가? 어쨌든 환자가 체화된 고통을 경험하고 있다면 현상학적으로 아픈 것이며, 우리는 그들의 고통을 존중하고 치유 과정을 응원해야 할 것이다.

4장

클린 이팅

클린 이팅이 실제로 무엇을 뜻하는지에 대해서는 이견이 많지만, 대체로 위험하다고 알려진 음식 첨가물을 줄이고, 자연식품과 천연식품, 유기농식품, 최소한으로 가공된 식품을 더 많이 섭취하도록 고안된 식이요법으로 묘사된다. 클린 이팅을 따르는 많은 사람은 백설탕과 밀 제품을 비롯해 몸에 해롭다고 간주되는 여러 음식을 피한다. 이런 면에서 클린 이팅 운동은 다량영양소 또는 글루텐을 제한하거나, 채식 또는 비건식을 지지하거나, 진화에 따른 신체의 필요를 반영한다고 알려진 '팔레오' 또는 재구성된 원시 식단을 권장하는 식이요법과 겹치는 부분이 있다. 클린 이팅은 해독과 요가, 마사지, 대체의학, 그 밖의 자기관리 프로그램처럼 개인을 해로운 환경 독소로부터 보호하거나 웰빙을 촉진하려는 다른 신체 활동과 연결될 때도 많다. 클린 이팅 식단은 비교적 무해하고, 정설로 인정받는 합리적인 영양 조언과 어긋나지 않지만, 오소렉시아로 기울 수도 있다. 오소렉시아는 '건강한' 음식을 섭취하려는 강박적 요구로 나오는 행동들이다. 궁극적으로 클린 이팅은 음식 섭취와 식품 안전, 과잉 섭취에 관련된 불안을 통제하는 수단이다. 음식 섭취는 두려운 일이 될 수 있다. 선택지가 거의 무한해 보이는 세상에서 '올바른' 음식을 선택하는 일은 혼란스럽고 무서운 일이 되기에 충분하다. 특히 환경이 오염되고 잠재적으로 위험한 세상에서는 더욱 그렇다. 이 상황에서 클린 이팅은 환경 오염물질과 건강을 악화시키는 것으로부터 자신을 보호하기 위해 할 수 있는 모든 일을 하고 있다고 느낄 수 있게 해주는 음식 의례와 체계를 제공함으로써 불안을 해소한다.

클린 이팅을 따르는 사람들과 이야기를 나누고, 클린 이팅을 홍보하는 많은 책과 블로그, 웹사이트를 살펴보면서 우리는 클린 이팅과 그 라이프스타일을 받아들이고 유지하게 만드는 몇 가지 동기를 찾아냈다. 첫째 동기는 식품에 들어가는 첨가제와 약품들에 대한 일반적인 공포나 걱정이다. 인공 첨가제와 약품은 현대의 농업과 식품 가공, 운송, 저장, 준비, 요리에서 중요한 역할을 한다. 이 과정들에서 농부와 식품 회사, 요리사(전문 요리사건, 집에서 요리하는 사람이건)들이 비료와 농약, 식품안정제, 방부제, 인공조미료 같은 화학물질을 사용하기가 더욱 쉬워졌다. 각종 화학물질은 암과 자폐, 알레르기 같은 심각한 질병을 포함해 건강에 부정적 영향을 미친다고 알려져 있으므로 두려움의 대상이 된다. 따라서 클린 이팅은 유기농식품 구매와도 상통한다. 많은 유기농식품 구매자들도 음식에 영향을 미치는 외부 약품을 걱정한다. 그러나 유기농식품과 농업을 지지하는 것이 사람들이 클린 라이프 스타일을 선택하는 유일한 동기는 아니다. 클린 이팅은 개인의 몸과 식품 노동자, 환경에 나쁘다고 알려진 화학물질 섭취를 관리하는 수단이긴 하지만, 유기농식품 구매 동기와 비슷하게 대부분의 소비자는 환경이나 '음식 정의Food Justice'보다는 개인의 건강을 훨씬 더 걱정하는 편이다. 따라서 클린 이팅은 앤드류 사스Andrew Szasz가 '거꾸로 뒤집힌 격리Inverted Quarantine'라 부른 행동들에 속한다고 볼 수 있다. '거꾸로 뒤집힌 격리' 상태에서 소비자들은 환경에 위험을 초래하는 요인을 줄이기 위해 정치 행동을 하기보다 개인적 차원에서 '쇼핑으로 안전에 이르려고' 시도한다.[1] 그가 책을 쓰던 시기에는 클린 이팅이라는 개념이 문화적으로 두드러지지 않았지만, 클린 이팅 실천자들의 행동은 위험한 환경에 대한 공포를 집단적 행동보다는 개인적 행동으로 덜어내려는 믿음과 실천이라는 개념에 깔끔하게 들어맞는다. 클린 이팅의 경우에는 외부적이고 해로울 수 있는 요소에 대한 불안에 신자유주의적·개인주의적으로 대응하는 방식이며, 이 선택을 정당화하고 강화하는 여러 형태의 '미덕 과시Virtue Signalling'를 가능하게 한다.

둘째 동기는 '깨끗한Clean'이라는 단어의 힘(과 인식론적 유용성)과 관련이 있다. '깨끗한'은 매우 강한 단어로, 마음속에서 도덕적 이분법을 구성케 한다. '깨끗한'의 반대가 '더러운' 말고 무엇이겠는가? 이런 이분법에는 도덕적 함의가 있다. 깨끗함/더러움은 좋음/나쁨에 관한 생각과 연결되므로 우리에게 강력한 문화적·심리적 연상작용을 일으킨다. 이 개념들은 잠재적으로 온 세상을 깨끗함/더러움 또는 좋음/나쁨 같은 도덕적 범주로 나눌 수 있다. 깨끗함과 더러움이 한 쌍을 이루므로 깨끗하지 않은 음식은 우리 머릿속에서 '더러운' 것으로 분류되며, 역겨운 반응을 일으킨다.[2] 영양학자들은 음식을 좋은 음식이나 나쁜 음식으로 여기지는 않겠지만(영양학자들은 음식을 먹는 사람의 필요와 관련해 맥락적·관계적으로 본다), 음식에 대한 언어는 음식을 고정된 범주에 집어넣음으로써 우리가 그 음식에 대해 생각하거나 그 음식을 사용(또는 회피)하는 방식을 결정한다. 어떤 음식을 '깨끗한' 음식이라 부르면, 구매와 이용, 섭취가 장려되는 것이다. 음식 마케터들은 이 현실을 열성적으로 활용한다. 음식을 부각시키거나 구별하는 형용사를 붙이면 잠재적으로 더 큰 수익을 불러올 수 있기 때문이다.

통제는 깨끗함의 개념과 밀접하게 연결되는 동기다. 클린 이팅 추종자들은 자신을 깨끗하게 유지하려 한다. 따라서 도덕적으로 좋은 사람이 되려면 음식 섭취를 통제하는 것이 아주 중요하다. 도덕적 이분법 때문에 음식 선택은 여러 면에서 단순해진다. 통제를 잃지 않으려면 '깨끗하다'고 인식되는 음식을 항상 선택해야 한다. 그러나 선택하는 행위 자체가 통제력 발휘를 뜻한다. 늘 옳은 선택을 거듭해야 하기 때문이다. 사실, 클린 이팅을 홍보하는 저자들의 이야기에서 기승전결 구조는 대체로 그들이 음식 섭취를 통제하지 못했을 때(내 삶이 궤도를 이탈했을 때) 살이 찌고 병에 걸리고 우울했으며, 클린 이팅 식이요법을 실천함으로써(다시 삶을 통제함으로써) 살이 빠지고 건강이 좋아졌다는 것을 표현한다.[3] 물론, 이런 서사는 회복 문학에서 흔하게 나타난다. 또 20세기 미국에서의 식량 배급과 애국주의, 날씬한 몸의 도덕성에 대한 헬렌 조이 바이트의 주장과도 이어진다.[4] 바이트의 책은 날씬한 몸의 도덕성이 문화적으로 구성되는 과정을 특히 국가적 소속감과 시민성의 창조라는 맥락에서 좋음과 나쁨이라는 이분법적 개념과 연결한다. 곧 '통제를 잃지 않는 것은 좋은 것이며, 통제를 잃지 않는 것은 깨끗한 것이며, 깨끗한 것은 좋은 것이다'라는 개념이다. 이런 동어반복이 거부할 수 없는 문화적 명령이 된다. 이런 동어반복이 거듭되는 동안 서로를 정당화하고 강화하며, 우리가 우리 자신에 대해 생각하는 방식에 깊은 영향을 미치기 때문이다.

클린 이팅의 많은 부분은 오염물질로 인식된 것을 몸에 들이지 않는 것을 목표로 하므로, 지지자들은 몸의 경계를 유지하고, 그 안에서 보호받는 개인의 순수한 형상을 창조해야 한다는 것에 집중한다. 한 문화가 몸과 환경의 관계를 어떻게 상상하는지는 사회적 관계와 의학 이론, 식이요법에 중요한 영향을 미치므로 '경계를 두른 몸 Bounded Body'에 관한 문화적 생각들은 인류학의 주요 초점이기도 하다. 몸의 순수성이라는 개념, 곧 몸이 해로운 외부 영향을 막는 보호벽으로 기능한다는 생각은 많은 문화에서 보편적이다. 사실, 서양에서는 몸의 신성함에 대한 믿음이 워낙 강해서 서양의학의 이론과 실제의 많은 부분을 결정해왔다. 그래서 대부분의 사람이 의문시하지 않고 자연스럽게 받아들이는 현실이 됐다. 그러다 보니 몸의 다공성이 드러나면 극심한 불안을 느낀다. 우리가 우리 몸과 외부 세계의 관계를 생각하는 방식에 따라 먹기에 대한 불안은 증가할 수도 감소할 수도 있다. 클린 이팅 이데올로기에서 몸은 경계를 두른 총체, 곧 환경으로부터 보호되어야 할 총체로 그려진다.

클린 이팅의 정의와 역사

1994년 이전에 '클린 이팅'이라는 용어와 그 변이형들을 사용한 출판물은 대개 코셔나 할랄, 그 밖의 다른 종교에 기반한 식사 규칙을 다룬 책들이었다. 그러다가 1990년대 중반에 이 용어가 보디빌더들 사이에서 사용되기 시작했다.[5] 그러다 클린 이팅이 광범위하게 알려지게 된 계기는 토스카 르노Tosca Reno의《잇 클린 다이어트The Eat-Clean Diet》가 나오면서다. 르노는 이 책에서 가공하지 않은 과일과 채소를 먹고 가공식품은 되도록 먹지 않는 식사를 옹호했다. 비슷한 시기에 마이클 폴란이《잡식동물의 딜레마》《마이클 폴란의 행복한 밥상In Defense of Food》을 출간했는데, 두 권 모두 포장 음식의 섭취를 줄이고, 대형마트 선반에 쌓여 있는, 지나치게 조작되고 가공된 식품을 거부하라고 말한다.[6] 폴란은 '클린 이팅'이라는 용어를 사용하지는 않았지만, 방향은 비슷했다. 그는 자신의 주장을 이렇게 요약한다. "음식을 먹되 너무 많이 먹지 말라. 주로 채식을 하라." 그는 나중에《푸드 룰》이라는 후속편을 냈는데, 대단히 인기 있는, 통속적인 지혜의 총람인 이 책에는 "당신의 증조할머니가 음식으로 보지 않을 것은 무엇도 먹지 말라"와 "우유를 파란색으로 물들이는 시리얼은 멀리하라" 같은 경고가 담겨 있다.[7] 분명 폴란과 르노 두 사람은 미국인들이 과체중과 비만, 당뇨의 역학을 이해하기 시작하던 시점에 문화적으로 큰 영향을 끼쳤다.

이후 몇 년 사이에 '클린 이팅'이라는 개념이 자리 잡았지만 여전히 구체적 정의는 없었다. 2008년에 〈클린 이팅Clean Eating〉이라는 잡지가 출간되었는데, 거기에서는 클린 이팅을 "자연이 건네주는 대로 또는 가능한 한 그와 가까운 방식으로 음식을 섭취하는 것"이라고 정의하며 "클린 이팅은 식이요법이 아니라 음식과 음식 준비에 대한 라이프스타일 접근법이다. 건강하고 행복한 삶을 살기 위해서는 진짜 음식을 먹어야 한다"라고 이야기한다.[8] 매 호 앞부분 편집장 페이지의 눈에 잘 띄는 곳에 게재된 이 정의는 이어서 다음과 같이 주장한다. "배고플 때 먹고, 배가 부르면 그만 먹어라. 가능하다면 유기농식품을 선택하라. 하루에 물 2리터 이상을 마셔라. 술은 항산화물질이 풍부한 적포도주를 하루에 한 잔만 마시는 것으로 제한하라. 영양성분표 읽는 법을 익혀라. 백밀가루와 설탕, 빵, 파스타 같은 정제식품과 가공식품을 피하라. 트랜스지방과 튀긴 음식, 고당분 음식을 멀리하라. 보존제와 착색제, 해로운 응고제, 안정제, 유화제, 지방 대체제를 피하라. 지역에서 생산된 계절식품을 먹어 탄소발자국을 줄여라." 이와 같은 정의와 함께 일련의 건강 목표가 제시되고, 좋은 음식과 나쁜 음식만이 아니라 음식 안에 들어 있는 좋은 성분과 나쁜 성분까지 정의한다. 대부분의 사람이 자신이 먹는 음식을 직접 키우고 요리할 입장이 아니라는 점을 생각하면 지키기가 거의 불가능한 목록이기도 하다.

클린 이팅에 대해 더 먼저 글을 썼거나 더 존경받는 작가들 중에는 정규 영양사들이 있는데, 이들은 나중에 등장한 저자와 추종자들의 글보다 덜 극단적인 정의를 제시한다.《바쁜 가족을 위한 클린 이팅Clean Eating for Busy Families》의 저자 미셸 두다시Michelle Dudash는 클린 이팅을 단순히 "자연 상태에 가장 가까운 음식을 선택하고, 계절 음식을 다양하게 즐기며, 지역에서 재배한 음식을 섭취하고, 지구에 좋은 인도적인 방식으로 생산한 음식을 구입하며, 한 입 한 입을 즐기며 먹는 것"이라 정의한다.[9] 부분경화유, 인공식품착색료, 감미료, 질산염, 많은 양의 정제 설탕, 소금 등을 피해야 한다고 제안하기도 하지만, 이런 제안은 장기적인 건강을 위해 식생활을 개선하려는 사람들을 상담하는 정규 영양사나 영양학자들이 제시하는 일반적인 영양조언에서 크게 벗어나지 않는다. 이와 비슷하게, 다이앤 웰런드Diane Wellands는 클린 이팅을 "'가공'되지 않은 자연식품, 자연 상태에 가까운 식품을 먹는 것, 곧 인공적인 재료나 불필요한 '식품첨가제'가 들어가지 않은 음식을 먹는 것을 뜻한다"라고 정의한다. 그다음에 그는 작은따옴표로 표시한 단어들을 정의하고, 정제식품이 무엇인지도 이야기한다. 정제식품에는 백밀가루, 백미, 백설탕이 포함된다고 말한 다음, 클린 이팅은 "포화지방과 칼로리가 넘치지 않는" 자연스러우면서 균형 잡힌 식사를 뜻한다고 덧붙인다. 클린 이팅을 하는 사람은 소량을 먹되 더 자주 먹고, 매일 운동을 해야 한다. 그는 또한 몇몇 사람에게 "클린 이팅은 가공식품과 정제식품을 배제하는 것만을 뜻하지 않는다. 클린 이팅을 따르는 사람은 유기농식품이나 자연식품만 찾으며, 합성 살충제나 비료를 살포한 것, 호르몬으로 키운 것은 모두 배제한다. 또한 다른 누군가에게 클린 이팅은 밀과 유제품이 없는 식사까지 포함한다"라고도 말했다.[10] 《더미를 위한 클린 이팅Eating Clean for Dummies》 2판은 기본 원칙을 도표로 제시한다. 자연식품 먹기, 가공식품 피하기, 정제 설탕 없애기, 하루에 소량으로 5~6번 식사하기, 직접 요리하기, 단백질과 탄수화물을 함께 먹기 등이다.[11] 전체적으로 보면 문제가 될 만한 지시는 아니지만 '없애기'('줄이기'나 '피하기'가 아닌) 같은 단어의 사용은 클린 이팅 실천자들에게 문제를 일으킬 수 있고, 흑백논리적 행동을 제안하기 때문에 오소렉시아를 부추길지도 모른다. 그러나 영양학적 관점에서 보면, 이런 조언들은 적당히, 상식적으로 실천하는 한 그다지 문제가 되지 않는다.

클린 자본주의

최근 상당히 많은 기사와 기명 논평이 클린 이팅 유행을 비판했는데, 그 근거는 정당했다. 《앵그리 셰프》의 반박처럼 많은 비판은 클린 이팅이라는 이름이 만드는 혼란이나 반과학적 관점, 클린 이팅이 건강과 웰니스에 미치는 효과에 대해 오해를 불러일으킬 만한 언급을 지적한다.[12] 여러 블로그와 책을 살펴보면 클린 이팅을 권하는 저자들 가운데 너무 많은 사람이 기본적인 영양 원칙을 이해하지 못하고 있다는 것을 알 수 있다. 이를테면, 식품에 들어 있는 '화학물질' 이 무엇을 뜻하는지 모른다.[13] 그러나 가장 큰 문제는 아마 클린 이팅의 지나친 상업화일 것이다. 많은 책과 블로그는 클린식품으로 포장된 제품을 홍보하며 식품 판매업자의 광고 대행사 역할을 하는 듯하다. 새뮤얼 엡스타인Samuel Epstein과 베스 립슨Beth Leibson의 책 《굿 클린 푸드Good Clean Food》에 소개된 추천 매장들이나 '더 그레이셔스 팬트리The Gracious Pantry' 블로그의 티파니 매컬리Tiffany McCauley가 제시한 필수 구비 품목의 방대한 목록을 예로 들 수 있다. 매컬리는 클린 이팅을 위한 세 가지 방법을 제시하면서 "여러분이 고려할 만한 정보를 제공할 따름이며 … 더 그레이셔스 팬트리는 어떤 방법이 다른 방법보다 더 낫다고 생각하지 않는다"라고 언급함으로써 부정확한 정보에 대한 책임을 회피한다.[14] 의학과 심리학, 영양학 전문가들은 이런 태도에 문제가 있다고 이야기한다. 매컬리를 비롯한 이른바 여러 웰니스 전문가들은 자신을 전문가라고 소개하지만, 자신의 권고나 그 권고를 따를 때 생기는 결과에 대해서는 어떤 책임도 지려 하지 않는다. 학계의 학자들이나 자격을 갖춘 전문가들은 부적절하거나 위험한 전문적 조언을 제공했다가는 무시무시한 대가를 치른다. 전문 분야에서 지위를 잃거나 임상면허증이 취소될 수도 있다. 그러나 이 '웰니스 전문가'들은 소셜미디어 덕에 규제의 틀 밖에서 활동하는 게 가능하다.

매컬리는 '방법1'에서 "화학물질과 첨가제, GMO식품, 보존제, 그 밖의 그다지 자연적이지 않은 가짜 음식이 요즘 마트 선반을 점령한 듯 보인다"라고 언급한다.[15] 이 문장은 마트에서 판매하는 많은 식품은 혐오스러운 성분을 포함하고 있으므로 가짜 식품이라는 뉘앙스를 풍긴다. 또 과거에는 음식이 진짜였고, 깨끗했으며, 좋았다고, 아니 적어도 요즘처럼 가짜는 아니었다고 암시한다. 이는 잠재적으로 불안을 일으킬 만한 상황을 만든다. 마트 선반에 가짜 식품밖에 없다면 어떻게 그것을 피할 수 있겠는가. 그러나 두려워하지 마라. 매컬리에게 해결책이 있다. 그는 (다른 여러 온라인 식이요법 홍보대사처럼) 영양과 라이프스타일, 웰니스에 대한 코칭만이 아니라 추가 조언과 도움을 제공하는 회원 전용 유료 포럼도 운영한다. 매컬리는 영양학자는 아니다. 웹사이트에 따르면, "요리책 저자, 레시피 개발자, 재택근무하는 엄마"다.[16] 토스카 르노도 포럼과 유료 조언을 제공하는 유료 회원제를 운영할 뿐 아니라(http://toscareno.com/blog) 음식이나 운동, 라이프스타일 개선과 관련된 스파 프로그램과 온라인 강좌를 회비를 받고 진행한다. 사실, 다양한 상품(코칭, 책, 식품, 라이프스타일, 웰니스 강화)을 구매할 수 있는 선택지를 제공하지 않는 블로그를 찾기란 매우 어렵다. 물론, 이런 비즈니스 모델의 전형은 많이 거론되는 기네스 펠트로의 '구프Goop' 브랜드다. 구프 사이트에서 '클린Clean'을 검색하면 650달러짜리 믹서기부터 비교적 저렴한 5.99달러짜리 '활성탄 치약'까지 판매 상품 수백 가지가 뜬다. 브랜드 충성도가 높은 열성적인 구프 팬의 구매 선택지는 식품부터 화장품, 책, 옷, 여행 소품에 이르기까지 다양하다.

　클린 이팅은 흑백논리적 사고방식으로 음식을 분류하도록 부추기며, 잠재적으로 음식에 대한 불안과 문제적 식이 패턴을 낳을 수 있다. 예를 들어, '클린'은 구프의 2019년 1월의 디톡스를 위한 주제였다. 여기서 이렇게 언급한다. "알레한드로 융거Alejandro Junger 박사의 《클린Clean》 프로그램의 기본적인 배제 식이요법 규칙을 따라 다음 식품들을 금지한다. 카페인, 알코올, 유제품, 글루텐, 옥수수, 가짓과 식물(토마토, 가지, 고추, 감자), 콩, 정제 설탕, 조개류, 백미, 계란. '금지' 식품은 영양밀도가 높은 잎채소와 십자화과 채소, 영양가 높은 곡물, 씨앗, 저지방 단백질로 대체된다."[17] 구프의 회피식품 목록은 대단히 많은 음식을 배제하고 있으므로 사회적 식사나 그것을 준수하는 일을 어렵게 만든다. 융거의 책은 델러웨어 지역 도서관 시스템에서 가장 인기 있는 '클린' 책이어서 2019년 7월 기준으로 여섯 권이 100회 이상 대출되었다(토스카 르노의 책은 대출 횟수에서 2위를 차지한다). 융거의 프로그램은 대부분의 클린 이팅 식이요법과는 다르다. 그는 음식의 영양성분이나 화학성분보다는 음식이 어떻게 몸에 영향을 미치는지에 초점을 맞춘다. 어쩌면 지나치게 단순한 묘사겠지만, 그에 따르면 이 프로그램으로 음식과 환경의 독소로 생기는 일련의 증상들을 치료할 수 있다. 곧 장을 산성화해 부정적인 건강 효과를 줄줄이 일으키는 증상들을 치료할 수 있다는 것이다. 클린 이팅의 필요성을 보여주는 증상들은 모호하지만 두려워할 만한 것들이다. 이를테면 아팠다가 회복하는 속도가 느려짐, 아침에 눈 뜨기가 어려움, 피로감, 감기에 잘 걸림, 불안감, 멍이 잘 생김 등이다.[18] 흥미롭게도 이 증상들은 1900년대 초반에 인기가 시들해진 '신경쇠약Neurathenia'이라는 구식 심리학 용어의 증상과 거의 정확히 일치한다. 신경쇠약은 쇠약함과 어지러움, 피로를 느끼는 여성에게 주로 사용되었던 용어다. 이 용어는 결국 '아메리카니티스Americanitis'라는 별명을 얻게 됐다. 윌리엄 제임스William James가 유행시킨 이 별명은 미국인들이 특히 신경쇠약에 잘 걸린다는 널리 퍼진 믿음 때문에 생겼다(미국인들이 특히 유행 식이요법을 따르는 경향이 있다는 우리의 주장과 비슷하다!)[19]

산성과 알칼리성에 초점을 둔 융거의 관점은 자연식품 섭취를 늘려 식이 습관을 개선하려는 클린 이팅의 원래 방식과는 다르다. 융거는 식이요법의 초점을 '하기Doing'(자연 상태의 과일과 채소를 더 많이 먹기 등)에서 그가 유독하다고 여기는 음식을 '회피하기'로 바꾸길 권장한다. 그의 프로그램은 또한 음식의 의미도 변화시킨다. 곧 음식은 최적의 건강을 위해 신중하게 선택해야 할 것이 아니라 몸속에서 약이나 독으로 작용하는 것이었다. 키마가 상담했던 내담자 중에는 불임을 해결하려고 이런저런 식이요법을 계속 시도하는 사람이 있었다.

융거의 식이요법도 그 내담자가 시도한 것 중 하나였는데, 그는 한동안 pH 불균형이 불임의 원인이라고 믿었다. 융거의 식이요법(과 다른 모든 식이요법들)을 시작한 뒤 그는 몸이 즉시 좋아지고, 활력이 생겼으며, 숙면을 취하게 되었다고 느꼈다. 월경주기의 황체기(여성이 임신했지만 아직 그 사실을 알지 못할 수도 있는 시기)에는 착상이나, 임신의 초기 신호인 구역질이 나거나, 유방이 커지는 것 같은 느낌이 자주 들었다는데, 안타깝게도 임신은 아니었다. 그와 키마는 그 증상이 아마 희망적 사고와 플라세보 효과의 결합에서 나온 것 같다고 결론을 내렸다. 많은 면에서 음식과 식이요법은 플라세보 효과를 일으킬 가능성이 의약품보다 더 많다. 현실에서는 그렇다. 적어도 미국에서는 의사들의 위약(플라세보) 처방이 법적으로 허락되지 않기 때문이기도 하다. 그러므로 위약은 임상시험에서만 쓸 수 있다. 반면, 미국에서 식이요법과 보충제, 기능성 식품, 영양보충물질은 거의 규제되지 않고 널리 사용되므로 플라세보 효과를 일으킬 가능성이 무척 크다. 여러 해동안 키마는 불임 문제로 씨름하는 많은 환자를 상담했는데, 대부분은 불임 문제를 해결하기 위해 유행 식이요법을 자주, 많이 사용하는 편이었다. 실제로 '난임 영양사'라는 분야가 성장하고 있어서 이 분야의 종사자들이 증명되지 않은 식이 조언을 절박한 여성들에게 퍼뜨리곤 한다. 물론, 식단이 난임 문제를 해결하는 데 전혀 효과가 없다는 말을 하려는 것은 아니다. 식단과 비타민, 미네랄, 신체 활동은 분명 건강과 질병 요인에 잠재적으로 영향을 미칠 수 있다.

추측할 수 있다시피 문제는 식이요법 저자와 옹호자들이 나쁘거나 더럽거나 유독하다고 믿는 음식에 초점을 맞출 때 발생한다. 델러웨어 지역 도서관 시스템에서 무척 인기 있는 '클린 이팅' 책에 속하는 《굿 클린 푸드》는 엄격하고 단호한 표현으로 어떻게 특정 음식이 유독해질 수 있는지 설명한다. 책은 우유, 소고기, 농약과 관련 있는 '더티 더즌Dirty Dozne'(미국의 비영리단체 환경실무그룹이 잔류농약이 많은 순으로 선정하는 12가지 농산물 목록 – 옮긴이), 옥수수, 콩, 닭, 달걀을 다루고, GMO식품을 회피하는 법과 다양한 질병으로부터 몸을 해독할 필요에 대해 말한다. 저자들은 미래 동향(클린 푸드 판매 사이트 편람)과 믿을 만한 생산자들을 소개하는 장으로 책을 끝맺는다. 이 마지막 부분이야말로 진짜 중요한 의미가 있다. 슈퍼마켓 체인 홀푸드마켓을 포함해 그들이 선호하는 여러 판매처를 위한 광고처럼 보이기 때문이다. 책 앞부분에서 저자들은 "'모든 것을 적당히 하라'라는 생각은 우리 몸에 맞지 않다"라고 권위 있게 말하면서 일반 식품에서 나온 독성을 제거하기 위해 몸을 '해독'해야 한다고 이야기한다. 이 책에서 우리는 몸을 관리하기 위한 인식론으로서 좋은 것과 나쁜 것, 깨끗한 것과 유독한 것을 구분하는 이분법적 사고를 보게 된다.[20] 좋은 것과 나쁜 것에 대한 이들의 분석을 보면, 미국의 '환경실무그룹Environmental Working Group'이 해마다 발표하는 '더티 더즌'과 '클린 피프틴Clean Fifteen' 목록이 떠오른다. 이 목록은 저자들이 농약을 다룬 장에서 참고하는 자료이기도 하다.[21] 이렇게 좋은 음식과 나쁜 음식을 알려주는 목록과 처방은 건강 효능과 연결되며, 좋은 삶을 살고 좋은 사람이 되기 위한 사회적·도덕적 범주들과도 이어진다. 클린 이팅과 식이장애적 행동(오소렉시아), 심지어 공식적인 식이장애(신경성 식욕부진증) 사이의 관계는 과학 문헌[22]과 대중 언론[23]에서 검토되기도 했다.

'클린'의 호소력 이해하기

우리 경험에 따르면, 음식에 들어 있는 '독소'에 대한 소비자의 우려는 상당히 생생하다. 이런 우려는 음식이 어떻게 생산되며, 어떻게 우리 몸과 지구에 영향을 미치는지에 대한 모순된 정보에 기반한 잠재적 위험 평가에서 나온다. 1960년대부터 식품 속 살충제와 식품 가공과 연관된 잠재적 문제들에 대한 대중의 인식이 주목할 만하게 높아졌고, 《굿 클린 푸드》의 두 저자 모두 부모들이 식품첨가제가 건강 문제, 특히 아이들의 과잉행동을 일으킨다고 우려하는 환경에서 자랐다.[24] 식품첨가제와 과잉행동의 관련성은 근거가 없다고 입증됐지만, 여러 해 동안 반복된 먹거리 파동은 인구의 상당 비율이 현대식품이 건강 문제를 일으킬 수 있다고 믿게 하기에 충분했다. '웨스턴 A. 프라이스 재단Weston A. Price Foundation' 같은 매우 활동적인 단체들이 생겨나서 '현대 음식이 유독하고 위험하며 클린 이팅(과 팔레오)에 가까운 식사 습관으로 건강을 지키거나 회복시킬 수 있다'고 믿는 많은 회원을 모았다. 재닛의 경험에 따르면, 이 단체들의 생각은 로컬푸드와 유기농식품 애호가들에게 대단히 인기 있고, 유기농, 로컬, 클린식품을 구매하는 근거로 제시될 때가 많다. 펜실베이니아에서는 농부들과 펜실베이니아 더치 공동체의 많은 사람이 웨스턴 A. 프라이스 재단을 열성적으로 따르며, 로컬푸드를 지지하는 많은 이들은 이 단체에서 발행된 책과 잡지를 타당한 정보로 여긴다. 추종자들은 이 단체의 창시자가 했다는 말을 자주 인용한다. "우리는 의료비에 모든 돈을 쓸 수도 있고, 좋은 음식에 쓸 수도 있다." 이 단체의 웹사이트는 안전하고 건강한 식생활을 위한 지침을 분명히 제시한다. 클린 이팅이 유행하기 전에 만들어진 지침이지만 클린 이팅의 여러 핵심 지침과 비슷하고, 나중에 클린 이팅 책에 언급될 유독식품 대부분을 언급한다.[25] 웨스턴 A. 프라이스 재단은 환경실무그룹(훨씬 더 사실에 입각한 과학적 관점을 제공하는)처럼 식품에 함유된 첨가제와 살충제의 위험을 대중에 알린 여러 단체 가운데 하나일 뿐이다. 이런 담론은 대단히 널리 퍼져 있고, 영향력이 매우 강하며, 대체로 타당하다.[26]

클린 이팅의 인기는 우연이 아니다. 식품체계의 변화와 그렇게 생산된 식품이 몸에 안 좋은 영향을 끼친다는 데 대한 대응이다. 달리 말해, 2000년대 중반에는 클린 이팅의 개념과 언어에 널리 공감하게 할 만한 환경이 조성돼 있었다. '하트먼그룹Hartman Group'(자연식품과 유기농식품, 웰니스식품을 전문으로 하는 유명한 자문회사이자 마케팅 대행사)에 따르면, 소비자들은 '클린' 식품은 오염되지 않고(자연적이고 유기농이며, 덜 가공된), 투명하며(성분을 주저 없이 밝히며 알기 쉬운), '믿을 만하고, 소박하고, 신선하고, 진짜'일 것이라 기대한다.[27] 더 나아가 하트먼그룹에 따르면, 클린식품은 "유기농식품, 자연식품에 대한 관심과 선택이 자연스럽게 진화"한 것이며 고급 식품시장에 속한다.[28] 하트먼그룹은 '클린'이라는 개념이 현대 소매 환경에서 식품 마케팅에 미치는 놀라운 영향력을 인정한다. '클린'과 '내추럴' 같은 단어는 소비자들에게 특히 중요하다. 심리학자 폴 로진Paul Rozin과 동료들에 따르면, 유럽인과 미국인을 대상으로 '내추럴'이라는 명칭의 언어학을 검토한 결과, 소비자 대부분이 이 단어를 들으면 아주 긍정적인 의미를 떠올리며, 첨가제나 GMO가 들어 있지 않다는 뜻으로 받아들인다.[29] 그들은 또한 대부분의 사람에게 '내추럴'이라는 개념이 음식의 본질적 성분보다는 생산 과정과 더 밀접히 연결되며, 따라서 '내추럴' 식품을 인공적으로 변형되지 않은 식품으로 여긴다는 사실을 발견했다. 사람들은 감산, 곧 가공 중에 음식의 성분을 제거하는 것에 대해서는 그다지 걱정하지 않는 경향이 있다. 이는 흥미로운 일인데, 왜냐하면 감산은 식품의 성질을 부정적으로 변화시키고, 저지방 치즈나 우유처럼 부자연스러운 제품을 만들 때가 많기 때문이다. 로진과 동료들은 그 이유가 대부분의 언어에서 첨가나 첨가 과정을 가리키는 용어는 흔히 쓰이지만, 감산 과정을 가리키는 용어는 잘 쓰이지 않아서일 것이라고 추측한다. 그들은 이런 언어적 상황을 '첨가우세Additivity Dominance'라고 부른다. 첨가우세 경향 때문에 식품의 품질과 자연성을 인식할 때 순결성이 대단히 중요하게 인식되는 것 같다고 말한다.[30] 이처럼 깨끗하고 순결한 음식은 오염되거나 더럽고, 심지어 위험하다고 간주되는 물질에 대한 해독제나 부적 같은 기능을 한다고 여겨지는 듯하다.

'클린'의 의미와 유용성

'클린'은 우리 문화에서 힘이 센 단어다. 소비재 전반에 적용했을 때도 그렇고, 식품에 대해서는 더더욱 그렇다. 깨끗함과 더러움은 서로 대비되면서 문화적 의미와 과정의 영향으로 '좋음'과 '나쁨'이라는 도덕적 범주와 연결된다. 이런 이분법은 우리가 마주하는 모든 대상과 생각, 심지어 사람에도 영향을 미친다. 우리는 깨끗함/더러움, 좋음/나쁨에 가치를 부여하는 경향이 있다. 인류학에서는 이를 '이항대립'이라 부른다. 문화는 서로 반대되지만 짝을 이루는, 관계적으로나 개념적으로 뗄 수 없이 이어진 자연스러운 언어적 범주를 만들어낸다. '영웅'과 '악당'이라는 개념이 대표 사례다.[31] 문화는 세상과의 상호작용을 관리하고 범주화하는 수체계를 고안하는데, 이분법은 자연스러워 보이는 패턴과 분류 방식을 제공한다. 또다른 예는 기독교의 삼위일체로, 이는 3으로 분류하는 사례에 속한다('과거, 현재, 미래' '제자리, 준비, 출발' '정신, 신체, 영혼' 같은). 일본에서는 5가 그와 같은 영향력을 지닌다. 우리는 문화화되는 동안 세상을 적절한 수의 특징과 범주들로 정리하는 법을 배운다. 심리학자들은 이를 '도식Schemata'이라 부른다. 3은 사물을 분류할 때 강력한 의미로 작용하지만, 2는 거의 모든 문화적 구성물을 도덕적으로 분류하는 훨씬 더 강력한 수단으로 기능한다. 우리 생각과 행동을 이원적 구조로 구성하기 때문이다. 어쩌면 전능한 유일신을 믿는다고(일신론) 고백하는 문화체계에서는 자연스러운 일일 것이다. 그러나 유일신이라는 개념은 '신이 아닌 것'이라는 범주를 창조한다. 많은 일신론적 세계 종교에서 '신이 아닌 것'은 신과 반대되는 악이다. 기독교에서 이 악한 존재는 '사탄'이라 불리며, 신자들에게 많은 두려움과 불안을 일으킨다. 모든 창조물은 신(이며 좋은 것)에게 속하거나 사탄(이며 악한 것)에게 속한다. 우리 정신은 사소해 보이는 것부터 대단히 심각한 것까지 모든 개념과 행동, 사물을 이 두 범주 가운데 하나로 분류하도록 문화적으로 길들여졌다. 두 범주가 존재하는 상황을 창조하려 애쓰기조차 한다. 양당 정치체계가 좋은 사례다. 양당체계는 서로 대립하는 양당의 정책과 지침을 반영한 체계처럼 보인다. 이런 체계는 투표자들이 양당의 정책을 완전히 반대되는 것으로 인식하게 만들지만, 실제로는 이항대립체계가 암시하는 것보다 서로 겹치는 부분이 훨씬 많다. 이분법적 체계는 워낙 영향력이 강하기 때문에 우리는 더 많은 범주의 가능성을 생각하지 못하고, 자신도 모르게 무의식적으로 거의 모든 상상 가능한 개념이나 사물, 과정을 좋고 나쁨(더 오랜 용어로는 선과 악)이라는 본질주의적 개념에 집어넣는다. 어떤 것을 '좋은' 것으로 생각한다면 그와 반대되는 '나쁜' 것을 반드시 떠올리기 마련이다.

이와 같은 이분법을 음식과 관련해 생각해보자. 우리는 어떤 음식은 '좋은' 음식으로, 또다른 음식은 '나쁜' 음식으로 생각하게끔 유도된 적이 얼마나 많은가? 인터넷에서는 상당히 많은 낚시성 링크가 당신이 결코 먹지 말아야 할 음식이라든가, 항상 먹어야 할 음식을 알려준다. "의사들이 절대 먹지 말라는 음식!" 같은 제목과 함께 대개 과일(바나나)이나 채소(토마토)처럼 쉽게 알아볼 수 있는 음식 사진이 실려 있다. 사실, 데이비드 징크젠코David Zinczenko와 매트 굴딩Matt Goulding(〈맨즈 헬스Men's Health〉 편집장들)이 쓴 '먹어야 할 음식, 먹지 말아야 할 음식!Eat this, not that!' 시리즈는 클린 이팅 홍보자들이 쓴 무척 인기 있는 책에 속하는데, 거의 모든 음식을 먹어야 할 종류와 피해야 할 종류로 분류한다. 이 시리즈의 책 가운데는 심지어 "최선의 음식과 최악의 음식"이라는 부제가 붙은 것도 있다. 좋은 음식과 나쁜 음식의 은유를 정말 잘 포착한 단어 선택이다. 토스카 르노는 훨씬 더 선명한 이분법을 고안해서 '죽은 음식과 살아 있는 음식'으로 음식을 나눈다.[32] 그에 따르면, 클린 이팅 음식은 살아 있다. 죽은 음식은 정제되고, 가공되고, 화학물질을 함유하고, 농약으로 재배된 음식이다. 이런 분류는 대단히 강력하게 음식을 구분하는 방식이다. 우리 두 사람은 연구 참가자와 환자들이 어떤 음식을 '나쁘다' '좋다'라고 선언하며, 어떻게 그 음식을 피하거나 즐기는지에 대해 이야기하는 것을 일일이 나열할 수 없을 정도로 많이 겪었다. 재닛을 만난 사람들은 그가 영양학을 공부했다는 사실을 알자마자 거의 이렇게 물어본다. "○○ 식품이 정말 나쁜가요?" 이런 질문에 대한 최선의 응답은 "어디에서 그런 얘기를 들으셨어요"나 "그런 이야기가 음식이 우리 몸에서 작용하는 방식에 맞는 것 같나요?"라고 물은 다음, 음식 선택과 식이요법에 대한 토론을 자유롭게 이어가는 것이다. 하지만 대체로 질문한 사람은 복잡한 대답을 원하지 않고, 재닛이 그 식품이 나쁘다고 확인해주거나, 아니면 자신이 좋아하는 음식을 계속 즐길 수 있도록 허락해주기를 바랄 뿐이다. 그래서 재닛은 진짜 대화로 이어지길 바라며 "그건 복잡한 문제예요. 왜 물어보세요?"라고 간단하게 답하곤 한다.

자, 이제 '클린'이라는 단어에 적용했을 때 이 이분법이 얼마나 강력할지 상상해보자. 우리는 "청결함은 신성함에 이르는 길이다"라는 말을 얼마나 많이 들었는가? 이 말이 함의하는 개념적 분류는 분명하다. 곧 청결한 것은 신과 같고, 신은 좋은 것이고, 그렇다면 신이 아닌 것은 신과 반대되거나 악하므로 청결하지 않은 것(더럽고, 유독한 등)은 악하다는 것. 따라서 식이요법에 '클린'이라고 이름을 붙이기만 해도 머릿속에 떠올릴 수 있는 모든 음식이 자동적으로 좋거나 나쁜 음식으로 분류되기 마련이다. 우리 뇌는 그런 이분법에서 벗어날 수 없다. 이분법적 사고가 우리 문화와 정신에 너무 깊숙이 박혀 있어서다. 그리고 '우리는 우리가 먹는 것'이므로 클린 푸드를 먹는다면 좋은 사람이 되지만, 더러운 음식을 먹는다면 나쁜 사람이 된다. 심지어 더 인기 있고 유명한 클린 이팅 책 중에는 제목이 《굿 클린 푸드》인 것도 있다. 부제목이 책의 장르를 알려주는데, "GMO와 성장촉진호르몬, 암과 그 밖의 질병 유발 제품을 피하기 위한 현명한 쇼핑법"이다.[33] "굿 클린 푸드"라는 제목은 클린 이팅이라는 인상적인 식이요법의 이름을 변형해서 우리 자신과 다른 사람을 평가하고, 우리의 자아개념과 자존감을 좌우하는 개념으로 만들어버렸다. 이 식이요법을 믿는 사람에게는 먹기가 이분법적 도덕 행위가 된다. 따라서 자기가 더럽거나 나쁘다고 여기는 음식을 먹는 사람을 보면 그 행동과 연결되는 도덕적 가치를 그 사람에게 부여하게 된다.[34] 어떤 음식도 중립지대에 있을 수 없으므로 어떤 식이행동을 하든 좋은 사람이 되거나 나쁜 사람이 될 수밖에 없다. 그러니 '클린'이라는 이름이 최근 몇 년 사이에 가장 강력한 광고 도구가 된 것은 놀라운 일이 아니다. 제정신인 사람이라면 '클린' 푸드를 구매해 청결하고 좋은 사람이 되라는 명령을 무시할 수 없을 것이다.[35]

클린과 투사

이 책에서 다룬 여러 식이요법과 달리 클린 이팅은 분명하게 합의된 원칙이나 음식 규칙이 없다. 사실, 연구를 시작했을 때 우리는 클린 이팅이 대단히 인기 있고, 클린 이팅을 중점적으로 다루는 수많은 잡지와 책, 블로그, 소셜미디어 계정이 있다는 것은 알고 있었지만, 클린 이팅이 정확히 무엇인지는 이해할 수 없었다. 몇몇 자료에 따르면, 클린 이팅은 유기농식품과 비GMO식품을 먹는 것이고, 다른 자료에 따르면, '가공식품'을 먹지 않는 것이다(대부분의 사람은 '가공'식품을 제조식품, 포장식품, 정크푸드로 여기지만, 엄밀히 말해 요리되거나 염장되거나 훈제되거나 보존된 음식, 곧 날것이 아닌 모든 음식은 가공식품이다. 우리는 칩스와 쿠키, 크래커, 설탕이 많이 든 간식처럼 고도로 정제된 식품은 '초가공'식품이라 부르길 선호한다). 또 어떤 자료에 따르면, 클린 이팅은 첨가제나 설탕, 유제품, 글루텐이 없는 음식을 먹는 것이다. 물론, 어떤 식이요법이든 원칙을 둘러싼 논란이 어느 정도 있기 마련이지만, 클린 이팅은 추종자들 사이에서도 합의된 원칙이 거의 없는 듯하다.

그런데 제대로 된 정의나 지침이 없는 식이요법이 대체 어떻게 수백만의 추종자를 끌어모으는 걸까? 한마디로 우리는 그것이 '클린'이라는 용어 때문이라고 생각한다. 먹기와 관련된 '클린' 개념에는 사람들에게 깊이 호소하는 무언가가 있다. 사람들이 '클린'을 그토록 욕망하도록 만드는 시대정신을 우리는 어떻게 이해해야 할까? 우리는 '클린'이라는 단어가 강렬한 심리적 연상을 불러일으키며, 사람들로 하여금 오염과 정화에 대한 자신의 생각을 이 단어에 투사하게 한다고 생각한다. '투사Projection'란 프로이트까지 거슬러 올라가는 오래된 정신분석 개념이다. 프로이트에 따르면, 우리는 잘 모르거나 특성이 모호한 누군가에게 우리의 상상이나 무의식에서 나온 성질을 부여하려는 경향이 있다. 원래 '투사'는 자신의 것으로 인정할 수 없는 금지된 생각이나 동기, 욕망, 감정을 외부 세계로 돌리거나, 곧 투사하거나 다른 사람의 것으로 여기는 것을 일컫는다. 시간이 흐르면서 이 용어는 더 일반적인 의미로 쓰이게 됐고, 불확실하거나 모호한 자극에 '어떤 특성이든' 부여하는 과정을 가리키게 됐다. 달리 말해, 투사는 우리의 내적 필요에 부합하는 외적 세계를 창조할 수 있도록 해준다. 외적 자극이 모호할수록 우리의 상상력으로 채울 수 있는 '텅 빈 스크린'에 가까워진다. 그래서 무수히 많은 〈뉴요커New Yorker〉의 만화와 우디 앨런의 영화들이 부추긴 고정관념에서 정신분석가들은 감정을 표현하지 않고 말을 하지 않는 사람들로 그려진다. 프로이트 정신분석에서는 정신분석가가 개성을 숨길수록 텅 빈 스크린처럼 환자의 투사를 더욱 자유롭게 끌어낼 수 있다고 이야기한다. 최근에는 이런 투사의 예로 이메일이나 문자 메시지로 오해가 많이 생긴다는 생각을 들 수 있다. 이메일이나 문자 메시지에는 언어를 조절하는 표정이나 어조가 없기 때문에 메시지를 보낸 사람이 의도하지 않은 감정을 그에게 잘못 투사하기 쉽다(이 문제를 일부 해결해준 이모티콘의 발명은 감사할 만한 일이다). 텅 빈 스크린이 되어 우리의 투사를 끌어내는 것은 사람만이 아니다. 미술과 음악 그리고 음식도 텅 빈 스크린으로 기능할 수 있다. 우리가 보기에 클린 이팅은 다른 유행 식이요법보다 바로 이런 텅 빈 스크린 기능을 더 많이 수행한다. 클린 이팅 옹호자들은 자신만의 '클린' 버전을 상상하고, 그에 상응하는 식이요법을 통해 불결하거나 불순한 느낌과 관련된 심리적 고통을 해결하려 한다.

앞에서 언급한 심리학자 폴 로진과 동료들의 상세한 연구에 따르면, 혐오의 기원은 부분적으로든 전체적으로든 음식 거부이며, 병원체를 피하려는 동기가 혐오 감정에 일조한다. 혐오의 여러 유형이 있지만, 음식과 연관된 혐오는 대개 오염물질로 인식되는 불쾌한 대상과 관련이 있다. 이런 혐오 감정에 뒤따르는 행동은 거리 두기나 거부하기다. 클린 이팅은 그 신념체계가 모호하고 누구에게 물어보느냐에 따라 답이 다양하긴 하지만, 모두 순결과 오염이라는 개념을 중심으로 돌아가는데, 그에 따른 결과가 식이요법이다. 곧 불순한 음식을 거부하고, 심지어 도덕적으로 부정하는 행동인 것이다. 로진은 또한 불순한 음식 섭취의 위협이 '사람은 자신이 먹는 음식의 특성을 지니게 된다'(곧 우리는 우리가 먹는 것이다)는 대중적인 믿음으로 표현된다고 주장한다.[36] 다른 여러 심리학자가 혐오와 공포 모두 식이장애와 관련 있음을 발견했다는 사실도 주목할 만하다.[37] 앞에서 우리는 오소렉시아(건강에 좋은 음식을 먹으려는 집착)를 언급했다. 하지만 오소렉시아를 식이장애로 인정해야 한다는 과학적 주장과 근거가 쌓이고 있긴 해도, 오소렉시아는 아직 공식적으로 인정받은 식이장애는 아니다.[38]

대부분의 종교와 문화에서 순화와 정화, 구원 의례가 있는 것을 보면, 정화에 대한 욕망은 어쩌면 원형적이다. 예를 들어, 기독교의 세례는 죄를 씻어내고 재탄생이나 새로운 시작을 추구하는 의례다. 또 가톨릭교회의 고해성사는 도덕적 부정을 무효화해 고해자를 깨끗하거나 경건한 상태로 되돌리는 의례다. 마찬가지로 우리가 보기에 클린 이팅은 식습관 때문에 자신이 더럽혀졌다고 느끼는 사람이 더러움을 정화하거나 원상태로 되돌리려는 현상으로 이해할 수 있다. 최근 불거진 먹거리 파동과 환경오염 증거들에서 우리는 정화를 향한 현대인의 욕망이 어디에서 나오는지 부분적으로 더듬어볼 수 있을 것이다.

오염과 독소의 공포에 대한
반응으로서 '클린'

《팩트풀니스Factfulness》에서 한스 로슬링Hans Rosling은 1950년대 DDT 살충제로 인한 먹이사슬의 오염이 '케모포비아Chemophobia'를 일으키기 시작했다고 주장한다. 케모포비아란 오염물질에 대한 대중의 공포를 일컫는데, 편집증과 비슷하다.[39] 로슬링은 이런 공포가 백신 반대캠페인 같은 운동에서 표현된 위험한 반과학적 세계관과 규제에 대한 깊은 불신과 관련 있다고 본다. 클린 이팅 운동의 몇몇 수사학에서도 일종의 케모포비아와 반과학적 견해가 표현된다. 예를 들어《간단하게 실천하는 클린 이팅Clean Eating Made Simple》은 클린 이팅을 소개하며 이렇게 말한다. "수십 년 전부터 과학은 사람들에게 장기적인 건강을 위해 어떤 영양소를 먹어야 하는지 조언을 쏟아붓기 시작했다. 이런 연구가 급증하면서 생긴 문제가 있다. 조언이 계속 달라지기 때문에 사람들이 무엇을 먹어야 할지 그 어느 때보다 더 혼란스러워졌다는 것이다. 매일 또다른 연구가 어떤 영양소가 어떤 점에서 좋다고 짚어주면 … 사람들은 혁신적인 다음 연구가 나올 때까지는 앞다투어 그 영양소를 식단에 추가한다."[40] 이 책은 신뢰할 수 없는 과학과 의심스러운 연구의 문제를 해결할 '기본으로 되돌아가는' 해법이 바로 클린 이팅이라고 말한다. 그러나 이 주장이 특히 놀라운 점은 이 책에 저자명이 없고, 조언하는 사람(또는 사람들)의 자격이나 경력에 대한 정보도 없다는 것이다. 책을 출간한 로크리지 출판사는 저자가 없는 식이요법 책을 많이 출간한 곳이다. 이 책은 도서관에서나 아마존에서 꽤 인기 있는 책이지만, 역설적이게도 영양학에 대한 과학자들의 권위를 철저히 거부하는 동시에 아무런 권위도 주장하지 않는다.

《간단하게 실천하는 클린 이팅》은 모든 과학적 조언을 거부함으로써 목욕물 버리려다 아기까지 함께 버리는 잘못을 조장하고 있다. 키마와 재닛 모두 이와 같은 상황을 빈번하게 마주쳤다. 일반 대중은 모순적으로 보이는 영양 조언과 지침 때문에 무척 혼란스러워한다. 물론, 일관성이 없는 것처럼 보이는데다 시간이 흐르면 달라지는 공중 보건지침이 사람들을 짜증스럽고 어리둥절하게 만든다는 것은 이해한다. 하지만 어느 분야에서든 과학은 그렇게 이뤄진다. 우리가 교실에서 학생들에게 가르치려고 애쓰는 한 가지가 바로 과학은 대화이고, 가끔은 논쟁이며, 끊임없이 성장하고 진화한다는 것이다. 만약 당신이 수술을 받아야 한다면, 지난 20년 동안 아무 변화나 개선 없이 똑같은 방식으로 수술하는 의사를 원치는 않을 것이다. 최신식 절차와 봉합술, 마취술이 사용되기를 바랄 것이다. 그렇게 개선을 이루려면 과학자들은 동료검토를 거치는 학술지에서 자신들의 이론과 방법론을 끊임없이 검증하고 논쟁해야 한다. 그러므로 과학의 혜택을 보고 싶다면, 과학이라는 것이 지식을 검증하고 다듬는 어수선한 과정이라는 것을 받아들여야 한다. 키마와 재닛은 《간단하게 실천하는 클린 이팅》의 독자 서평을 살펴보면서 한 사람도 이 책에 저자 이름이 없다는 점을 언급하지 않았다는 사실이 우려스러웠다. 실제로 누가 책을 썼는지 아무도 주목하거나 신경 쓰지 않는 것처럼 보였다! 오히려 한 독자는 이렇게 언급했다. "해마다 마이플레이트MyPlate.gov와 식품 피라미드의 정보만이 아니라 알고 보면 병들고 소진되고 활기 없

는 '의사'와 '전문가'들의 영양 조언도 달라진다."[41] 좋게 보면 이 견해
는 많은 사람이 몇십 년 동안 일관성 없는 식이 조언들 속에서 옥석을
가리느라 느껴온 혼란과 피로감을 나타내는 것이지만, 나쁘게 보면
정부의 규제책과 과학에 대해 의심하면서 모든 사람이 각자 진실을
판단해야 한다는 제안으로도 볼 수 있다.

역사학자 하비 리벤스타인의 주장도 비슷하다. 그는 끊임없이
달라지는 식단 조언들 때문에 자의적인 식사 규칙을 따르는 불안하고
혼란스러운 사람들의 집단이 생겨난 상황을 지적한다.[42] 다른 학자는
소비자와 식품생산 과정 사이의 거리가 점점 멀어지면서 불안이 높아
졌다고 설명한다. 공급 사슬이 눈에 보이지 않으므로 불신과 의혹의
여지가 더 늘어난다는 것이다.[43]

어쩌면 클린 이팅 추종자들에게 암암리에 퍼진 이런 반과학적
사고가 놀라운 발견을 설명해줄지 모른다. 클린 이팅 운동의 역사를
연구하면서 우리는 '구글 트렌드Google Trends'를 사용해 시기별, 지역별
로 클린 이팅의 인기를 분석했다. 구글 트렌드는 일정 기간 구글에서
검색된 용어의 상대적 빈도수를 살펴볼 수 있어서 연구 도구로 훌륭
하고, 설문조사나 인터뷰 같은 전통적인 연구 도구보다 인간의 행동
양식을 훨씬 잘 드러내고 예측할 때가 많다.[44] 인구밀도를 감안해 통
계를 조정했을 때 2018년 7월(우리가 분석을 실행한)까지 클린 이팅에
대한 관심이 가장 높은 지역은 알래스카와 뉴햄프셔, 아이다호, 노스
다코타였다. 클린 이팅이 해안 도시들에 거주하는 유명인이나 부유층
과 밀접하게 연결되는 점을 고려하면 놀라운 발견이었다. 이 결과는
도시 부유층을 연상시키는 듯한 클린 이팅의 여러 대중적 언어나 이

미지와 맞지 않았다. 인구밀도가 낮은 이런 주들의 공통점은 맹렬한 개인주의 문화를 공유한다는 것이다. 이는 뉴햄프셔주의 모토인 "자유롭게 살든가 아니면 죽든가Live Free or Die"로 잘 표현된다. 이 주들은 공통적으로 자유지상주의에 대한 지지가 강하고 아동 예방접종률이 다른 주에 비해 낮다.[45] 추측하건대, 이 지역들에서 클린 이팅이 관심을 끄는 것은 정부 권력에 대한 회의주의나 자립정신과 일맥상통하는 면이 있기 때문인 듯하다. 목록 윗부분을 차지한 다른 주는 앨라배마와 웨스트버지니아, 미시시피다. 과체중과 비만율이 높고 탄산음료와 초가공식품을 많이 섭취하는 지역이므로 이해할 만한 결과다.[46] 구글 트렌드에서 어떤 식이요법을 조사하든 이 주들이 목록 윗부분에 나타나는 것으로 봐서 지역 주민들이 무엇을 먹어야 할지 고심하며 다양한 식이요법을 궁금해 한다는 것을 알 수 있다.

인구밀도에 맞춰 조정한 데이터에 따르면, 클린 이팅은 대도시보다 시골 지역의 관심사였다. 그럼에도 클린 이팅 하면 이른바 웰니스 블로거와 유명인, 그중에서도 기네스 펠트로와 그가 건설한 구프 제국이 더 많이 연상된다. 사실, 소셜미디어에서 클린 이팅과 그 다양한 버전을 검색하면, 초록색 스무디와 젊고 날씬한 백인 여성의 이미지가 주로 등장한다. 바로 이들 웰니스 블로거들이 클린 이팅이라는 용어를 대중화하고, 클린 이팅 하면 도시적이고 부유한 백인 엘리트를 떠올리도록 만든 장본인들이다. 우리는 이와 같은 이미지와 연상작용 때문에 클린 이팅이 엘리자베스 커리드 할켓Elizabeth Currid-Halkett이 '열망계급Aspirational Class'(문화 자본과 소비 선택을 통해 자신을 드러내고 자신의 열망을 성취하려는 출세 지향적인 새로운 문화 엘리트 계층 - 옮긴이)이라 부른 것의 지표가 되었다고 생각한다.[47] 옛 문화 엘리트들이 과시적 소비로 지위를 드러냈던 것과 달리, 열망계급은 생각이나 사회의식, 특정 집단 안에서 공유된 믿음과 행동으로 위계를 표시한다. 이 새로운 엘리트들은 자신들의 희소한 지식을 사용해서 커리드 할켓이 '비과시적 소비Inconspicuous Consumption'라 부른 것을 통해 더 나은 사람이 되기를 열망한다. 최근 들어 비과시적 소비는 계급과 사회적 지위를 표현하는 수단이 된 듯하지만, 어떤 면에서는 후기 자본주의 사회의 대량 소비를 관리하는 심리적 도구일 수도 있다. 서구 산업 국가의 점점 늘어나는 풍요와 과도한 물질적 소유에 대한 반응으로 이해할 만하다. 클린 이팅은, 더 넓은 관점에서 보자면, 지나친 물질적 소유에 대한 문화적 고투의 일환이자 질서와 혼란, 평안과 불안을 둘러싼 담론의 일부일 수 있다. 또 열망계급을 연상시키는 소셜미디어의 이미지들 때문에 클린 이팅 운동에 대한 백래시가 생겼는지 모른다. 공개적으로 선언된 누군가의 열망이 다른 사람에게는 고고한 체하는 비판으로 느껴진다면 말이다.

《21세기 가정의 삶Life at Home in the Twenty-First Century》에서 사회과학자들은 현대 중산층 미국 가정의 물질적 세상을 더 잘 이해하기 위해 고고학적·민족지학적 방법으로 그들을 연구했다.[48] 그들이 발견한 결과에 따르면, 각 가정은 엄청나게 많은 소유물과 쌓아둔 간편식품, 줄어드는 여가시간과 씨름하고 있었다. 그들은 물질적 상품을 축적해두는 것에는 지나친 쇼핑으로 인한 경제적 부담만이 아니라 훨씬 많은 대가를 치러야 한다는 것을 깨달았다. 각 가정의 집은 물건들로 어수선했는데, 이런 어수선함이 심한 심리적 스트레스를 유발하고 있었다. 스트레스 호르몬인 코르티솔을 측정했을 때 부모, 특히 어머니의 우울이 증가한 상태였다. 물론, 미국의 보관산업이 엄청나게 성장하는 것도 우리가 너무 많은 소유물을 관리하는 데서 느끼는 고충과 직접 연결된다. 물품보관소는 물건을 쌓아두는 창고일 뿐 아니라 과소비의 스트레스를 외부로 돌릴 수 있게 하는 심리 방어기제로도 기능한다고 볼 수 있다. 물건들을 보관소에 넣어둔다는 것은 그것들을 내다 버리는 어려운 결정을 대면할 필요가 없다는 뜻이다. 또 물건들을 눈에 띄지 않는 곳으로 보낸다는 것은 그것들을 내다 버릴 어려움을 겪지 않아도 된다는 뜻이고, 그럼으로써 소유로 인한 문제도 감출 수 있다는 말이다. 마찬가지로, 많은 사람은 음식과 음식 선택의 문제 앞에서 당황스러움을 느낀다. 이런 문제는 유행 식이요법만이 아니라 지방흡입술, 체중 감량을 약속하는 보조제, 몸매와 웰니스 관리를 제공하는 온갖 종류의 '메디스파Medi-Spa'의 등장에서도 볼 수 있다.

클린 이팅은 정리와 미니멀리즘을 강조하는 넓은 움직임의 일부로 볼 수 있다. 클린 이팅이 인기를 끈 시기에 〈리얼 심플Real Simple〉 같은 잡지와 곤도 마리에Marie Kondo의 《인생이 빛나는 정리의 마법The Life-Changing Magic of Tidying Up》, 마르가레타 망누손Margareta Magnusson의 《내가 내일 죽는다면: 삶을 정돈하는 가장 따뜻한 방법, 데스클리닝The Gentle Art of Swedish Death Cleaning》 같은 책들이 유행했다.[49] 흥미롭게도 정리와 미니멀리즘 운동을 다루는 책과 잡지, 소셜미디어에서도 클린 이팅에서와 똑같은 이미지와 미감을 볼 수 있다. 예를 들어, 가장 인기 있는 클린 이팅 책 10위나 15위 안에 드는 책들을 펼치면, 모두 하얀 타일과 대나무 그릇, 아연으로 도금된 철 양동이, 나무 상자, 투박한 노끈, 작은 스푼 같은 이미지들이 나온다. 이 이미지들은 '삶을 더 단순하게 만들기'에 전념하는 잡지인 〈리얼 심플〉이 보여주는 미니멀리스 미학과 똑같다. 이와 비슷하게 라이프스타일 블로그 구프는 "몸과 마음, 영혼은 떼려야 뗄 수 없이 연결되며, 더 좋은 물건을 더 적게 사는 것이 더 낫다"라는 브랜드가치에 따라 엄격하게 선별된 제품만 관리하고 판매한다고 말한다.[50] 따라서 클린 이팅과 정리 운동은 풍요의 징후이자 수십 년에 걸친 과소비 문화에 대한 응답으로 볼 수 있다.

다른 관점에서 보자면, 인간은 도구와 음식, 소유물, 부를 축적하도록 타고났다. 인간의 역사 대부분 동안 이런 '축적 행동'에 제동을 거는 것이 있었다. 바로 제한된 자원 공급이었다. 그러나 이 책을 읽는 대부분의 독자(와 우리 저자들)에게는 소비에 제동을 거는 것이 거의 없다. 우리는 우리의 집과 배를 소비재와 장비, 옷, 아이스크림, 포테이토칩스로 쉽게 채울 수 있다. 충동에 제동을 걸 만한 것이 우리의 의지력 말고는 거의 없기 때문에 우리는 통제 상실로 방종해진 느낌이 들 수 있고, 그래서 불안이 생길 수 있다. 이때의 불안은 클린 이팅이나 정리로 향하기 쉽다. 이런 운동들은 일종의 방어기제들로, 간혹 우리가 통제할 수 없는 강력한 내면의 힘을 다루는 데 도움이 된다.

유기농식품과 클린 이팅

많은 클린 이팅 지지자들은 유기농식품을 택하면 살충제와 비료, 보존제, GMO식품의 섭취를 줄일 수 있다고 주장한다. 모든 저자와 인플루언서가 유기농식품을 선택하라고 주장하지는 않지만, 대부분은 유기농식품을 먹는 것이 바람직하고 GMO식품은 피하는 것이 좋다고 암시한다. 많은 사람에게는 이와 같은 선택이 클린 이팅의 건강 원칙을 받아들여 라이프스타일을 바꾸는 첫 단계가 된다. 많은 지지자는 관행적인 농업생산 과정이 위험하다고 보며, 유기농식품 선택이 불신과 두려움의 대상인 화학물질을 줄이는 길이라고 여긴다.[51] 화학물질을 피하는 것이 많은 클린 이팅 실천자가 가장 중요하게 여기는 목표이므로, 유기농식품 구매는 클린 이팅을 수행하는 데 있어 중요한 부분이다. 예를 들어, 재닛의 농산물 직거래시장을 찾은 많은 소비자는 농약이 남아 있을 가능성이 큰 채소와 과일만큼은 유기농으로 사기 위해 환경실무그룹이 발표하는 '더티 더즌 앤 클린 피프틴' 목록을 들고 다닌다. 토스카 르노는 자신의 두 번째 책《클린 잇 식이요법 재충전!The Clean-Eat Diet Recharged!》[52]에서 이 목록의 한 버전을 제시하기도 했다. 클린 이팅의 초기 저자들은 자연 상태에 가까운 식품을 추천했지만, 나중에 나온 책과 블로거들은 화학물질로부터 해를 입지 않으려면 유기농식품을 먹어야 한다고 제안할 때가 더 잦았다. 유기농식품 섭취는 〈클린 이팅〉 잡지에 실린 "클린 이팅은 무엇인가?"에 대한 셋째 정의에 포함될 정도로 중요하게 인식된다. 첫째와 둘째 정의는 "자연이 주는 대로 음식을 섭취하라"와 "배고플 때 먹고, 배가 부르면 멈춰라"다.[53] 사실, 많은 사람의 머릿속에서 유기농식품은 불순물이 섞이지 않은 자연식품이므로, 첫째 정의도 유기농식품을 언급한다고 할 수 있다. 농산물 직거래시장에서 소비자들은 생산자들에게 판매하는 식품이 '유기농인지', 거기에 무언가를 뿌렸는지(구체적으로 무엇을 뿌렸는지 묻는 경우는 거의 없지만), GMO를 쓰지는 않았는지 묻곤 한다. 소비자들이 유기농식품을 선호하는 이유는 많은 사람이 클린 이팅을 선택하는 이유와 겹치며, 그런 선택의 동기인 두려움도 비슷하다. 따라서 소비자들에게 유기농이 무엇을 뜻하는지, 그리고 소비자들이 그것을 어떻게 사용하는지 살펴보면 클린 이팅 실천자들이 왜, 어떻게 신뢰받는 상품을 구매함으로써 음식 불안을 관리하는지 탐구할 수 있다.

농산물 직거래시장에서 최근에 나눴던 두 대화는 적어도 그곳을 찾는 소비자들에게 클린 이팅과 유기농식품이 서로 어떻게 연결되는지 보여준다. 한 손님이 어느 농부에게 물었다. "작물에 뭔가를 뿌리셨나요?" 농부가 대답했다. "통합 해충관리시스템을 사용해 뿌릴 필요를 줄이고 있지만, 몇몇 작물은 나무를 보호하기 위해 뿌리기도 합니다." 손님은 흥분한 목소리로 답했다. "그러면 클린식품도 아닌데 왜 여기 농산물 직거래시장에 있는 거예요? 여기 음식은 모두 유기농에 클린이어야 한다구요!" 손님은 물건을 사지 않고 떠났다. 이 대화가 중요한 이유는 유기농법에 대한 소비자의 이해 부족을 드러내서다. 이와 비슷한 사례인데, 어느 날 재닛이 시장의 단골손님에게 어느 농부의 딸기가 맛있다고 말했다. 손님은 충격을 받은 표정으로 재닛을 보며 말했다. "아, 아니요. 저는 그거 못 먹어요. 저는 깨끗한 유기농만 먹어요. 너무 예민해서 일반 식품을 먹으면 진짜 아파요. 당장 몸에 막 뭐가 나거든요. 제가 아주 예민해요." 이 대화에서도 손님은 음식 반응에 대한 이해가 부족한 모습을 보였는데, 그의 응답은 음식에 들어 있을지 모를 위험 요인과 그가 자신을 어떤 종류의 구매자(와 어떤 종류의 사람)로 여기는지를 드러냈다. 재닛은 이 시장에서 젊은 손님들과 그들이 유기농식품을 구매함으로써 '클린'하고 '케미컬 프리'하게 살기로 선택한 것에 대해 긴 이야기를 두 번 이상 나눈 적이 있다. 클린 이팅을 위해 그들이 쓰는 방법은 유기농식품 구매하기, 환경실무그룹의 지침 따르기, 목초 먹인 육류와 유제품 사기, 패스트푸드나 가공식품에 의존하지 않고 직접 요리해서 먹기 등이었다.

재닛은 소비자들의 유기농식품 구매 동기가 무엇인지 알아보기 위해 2015년과 2016년 농산물 직거래시장 소비자들을 대상으로 실시한 조사(660명의 설문 응답과 7명의 유기농 구매자를 대상으로 한 심층 면접)에 식품 선호와 동기를 묻는 척도화 질문과 개방형 질문을 포함했다. 조사 결과를 보면, 소비자들은 환경 독소로부터 자신을 보호하고, 일반 식품에 들어 있는 화학물질이 일으킨다고 믿는 건강 문제를 피하기 위해 유기농식품을 구매했다. 응답자의 74퍼센트가 유기농식품 구매를 선호했으며, 55퍼센트는 유기농식품을 사기 위해 시장에 왔고, 88퍼센트는 시장에 유기농식품이 더 많아지기를 바랐다. 한 개방형 질문은 구매 동기를 묻는 것이었다. "유기농식품 구매를 선호한다면 그 이유는 무엇입니까?"라는 것이었는데, 이 질문은 200개의 자유로운 답변을 끌어냈다. 재닛은 질적 연구방법의 하나인 '근거이론 Grounded Theory'를 사용해 응답에 언급된 첫째 이유를 바탕으로 응답을 여섯 개의 넓은 범주로 분류했다. '농약이나 GMO, 화학물질 피하기'(48.5퍼센트), '건강 염려'(28퍼센트, '더 건강한' '더 좋은 영양' '질병 피하기' 같은 단어를 단서로 함), '환경'(10퍼센트), '깨끗함 그리고/또는 순수함'(3.5퍼센트), '맛'(2.5퍼센트) 등이다. 그리고 나머지 8퍼센트에는 여러 응답이 섞여 있었는데, 주로 '로컬푸드'나 '지역 농장 후원'이 언급됐다. '깨끗함'을 언급한 것을 포함해서 건강과 관련된 답변을 합하면 응답자의 80퍼센트가 개인 건강을 이유로 유기농식품을 구매했다.

재닛은 환경적인 이유로 유기농식품을 구매하는 사람이 더 많을 것이라고 예상했기 때문에 조사 결과에 놀랐다. 그러나 대부분의 연구에 따르면, 사람들은 이타적(환경적) 이유보다는 개인 건강을 이유로(농약과 그 밖의 잠재적인 식품 독소를 피하기 위해) 유기농식품을 구매할 때가 더 많다.[54] 유기농식품 구매 동기를 탐구한 여러 연구도 순수와 청결, 건강에 대한 욕구를 언급한다. 이런 동기들은 클린 이팅 운동보다 더 오래됐다. 그렇다고 그 동기가 라이프스타일로서의 클린 이팅 선택과 직접 연결되는 것은 아니다.[55] 더 최근 발표된 하트먼그룹의 보고서에 따르면, 미국 소비자의 거의 절반(46퍼센트)이 GMO식품을 피하고 싶어 하는데, 유기농식품이나 클린식품을 먹으면 GMO식품을 피할 수 있을 것이라고 생각했다.[56] 이와 같은 사례들을 통해 유기농식품 구매와 클린 이팅의 동기가 매우 유사하며, 이 선택을 하는 개인들은 식품 공급체계에 대해 비슷한 공포와 가치, 믿음을 공유할 가능성이 있다는 것을 알 수 있다.

재닛은 소비자의 동기가 환경을 보호하려는 소망보다 자신의 건강에 대한 두려움에서 나온다는 것을 알고 놀랐지만, 어쨌든 그 결과는 클린 이팅자들과 유기농식품 구매자들이 식품 속 화학물질에 대해 공통으로 갖는 깊은 인지적·정서적 우려를 보여준다. 결과를 보면, 식품이 오염됐을지 모른다는 문화적 서사가 사회적으로 유효하고 인정된 현실로 변모해 클린 이팅과 유기농식품 구매를 추동하고 있었다. '클린'이라는 단어가 힘이 아주 센 것처럼 '유기농'이라는 단어도 마찬가지다. 소비자들이 이 단어들의 의미를 늘 정확히 아는 것은 아니라 해도, 둘 다 소비자에게 식품의 안전을 나타내는 약호로 작용한다.[57] 설문지 답변 중 여덟 개가 유기농식품 구매 동기를 설명하면서 '클린'이라는 단어를 썼고, 몇몇은 그냥 '클린이어서'나 '가족을 위한 클린식품'이라고 표현했으며, '클린'이라는 단어를 화학물질을 덜 사용한 식품과 연결한 답변도 있었다. "나는 불필요한 화학물질을 먹고 싶지 않고, 농부들이 되도록 '클린' 농산물을 키울 방법을 찾도록 응원하고 싶다." "나는 화학물질이 없는 신선한 '클린' 농산물을 먹고 싶다." 35개의 응답이 화학물질을, 55개의 응답이 비료를 피해야 한다고 언급했다. 소비자들은 안전에 대한 우려를 거듭 표현했다. "'클린'은 건강에 더 좋고, 살충제를 쓰지 않은 식품을 찾기 위해 내가 믿는 유일한 이름이다." "나는 농약 사용량이 걱정스럽기 때문에 더티 더즌 목록에 있는 것들은 관행 농법의 농산물이므로 구입하지 않으려 한다." "나는 농약으로 뒤범벅되지 않은 농산물을 사려 한다. 사과처럼 더티 더즌에 속하는 식품은 유기농을 선택한다." 응답을 전부 소개할 수는 없지만, 의미는 분명하다. 대다수 응답이 농약이나 첨가제, 화학물질, GMO 등 '몸에 해로운 물질'을 피하고 싶다는 소망을 드러내고 있다는 점이다. 이들에게 대체로 '클린'과 '유기농'이라는 단어는 그 자체로서의 의미보다는 클린 이팅이 아닌 것으로부터의 안전을 뜻하는 듯하다. 다시 말하지만 그것들은 일종의 약호다. 우리가 먹는 음식 '속'에 들어 있을지 모를 어떤 것에 대한 불안을 줄여주는 승인 도장인 것이다.

경계를 두른 몸

유기농식품 구매자들의 면담 녹취록을 살펴보면 '유기농' 구매와 클린 이팅 사이의 일치점이 더 뚜렷이 드러난다. 면담 대상자들은 유기농식품 사용에 대해 대답하기로 동의했으므로 클린 이팅에 대한 생각은 면담에서 직접 다루지 않았다. 그러나 응답자들의 진술은 클린 이팅의 목표와 비슷했으며, 소비자들이 식품 구매를 통해 어떻게 정체성과 건강을 인식하는지 말해주었다. 모든 응답자가 눈에 띄게 반복하는 주제가 몇 가지 있었다. 음식 속 화학물질이 일으킨다고 생각되는 질병(특히 암)을 피하려는 바람, 자신과 가족을 위험한 화학물질로부터 안전하게 지키려는 소망, 질병을 일으키는 해롭고 위험한 화학물질로부터 몸을 적극 보호해야 한다는 믿음이다. 자기를 지키려는 관심은 현대 식품체계에 대한 두려움으로 나타났고, 클린 이팅과 유기농식품 구매가 오염이나 신체, 건강을 둘러싼 문화적 우려에 대한 합리적 대응으로 인식되고 있었다.

인류학은 몸이 문화적으로 구성되고 경험되며, 사회와 개인의 '신체성Physicality'이 모두 기호학적 의미와 행동체계를 통해 이해된다고 이야기한다. 음식이 그렇듯 몸은 우리를 둘러싼 세계가 상징적으로 조직되는 구조를 제공하므로 생각하기에 흥미로운 주제다.[58] 몸은 인류학에서 매우 큰 주제지만, 여기에서는 왜 클린 이팅이 문화적으로 이해할 만한 현상인지 설명하는 데 도움이 될 몇 가지 관련 이론에 집중하겠다. 첫째는 오염물질과 더러운 것에 대한 이론으로, 메리 더글러스가 그의 주요 저작《순수와 위험: 오염과 금기 개념 분석Purity and Danger: An Analysis of Concepts of Polution and Taboo》에서 '적절한 장소를 벗어난 물질Matter Out of Place'이라 묘사한 것이다.[59] 둘째는 우리가 몸을 환경으로부터 우리를 보호하는 요새로 상상하는지, 아니면 은유적·생물물리적으로 뒤섞임이 가능한 투과성이 있는 존재로 보는지에 대한 이론이다. 인간은 섬일까? 아니면 대양을 구성하는 하나의 요소일까? 몸의 경계에 대해 생각하는 것은 매우 난해한 문제이며 문화마다 생각이 다르다.[60] 마지막은 '위험 사회Risk Society'에 관한 이론이다. 현대사회에서 사람들은 제조업이나 공업, 농업 과정에서 발생한 오염이나 범죄, 병원균 같은 인간이 만든 위험에 갈수록 많이 노출되고 있다. 이 위험은 계급과 교육 수준에 따라 차별적으로 노출되는데, 상류층일수록, 부유할수록, 교육을 잘 받은 사람일수록 위험을 회피하고 오염된 것으로부터 보호받을 수 있는 환경에 산다.[61] 위험 인식은 다른 두 개념이 생겨나는 토대로서, 클린 이팅자와 유기농식품 구매자들이 느끼는 오염된 음식에 대한 공포의 많은 부분을 설명한다.

메리 더글러스는 위험을 인식하는 일이 위험 노출에 대한 문화적 반응으로 일어난다고 본다. 물론 그것이 바로 위험 사회 이론의 요점이다.[62] 물질이 적절한 장소를 벗어날 때, (문화적 범주와 규칙에 따라) 무언가의 일부가 되어서는 안 되는 것이 그곳 또는 그곳 내부에서 발견될 때 위험이 발생한다. 이때 적절한 장소를 벗어난 물질을 품은 무언가는 순수와 신성함을 잃는다. 적절한 장소를 벗어난 물질은 위험한 것, 더러운 것이 되어 다른 것을 오염시키고 모독하고 파괴할 잠재력을 지니게 된다.[63] 더러운 것(적절한 장소를 벗어난 물질)에 대한 인식은 문화에 의해 결정되는데, 문화는 기호학적 또는 상징적 질서체계를 창조함으로써 사물과 개념을 분류하고, 심지어 사람도 분류한다. 있어야 할 곳에 있지 않은 물질은 간편한 분류를 거스르는 것들이 그러하듯 위험하고 더러운 것이 된다. 문화의 상징체계는 불순한 것을 본질적으로 악한 것으로 분류하는 도덕적 분류체계이므로 불순한 것은 위험으로 분류된다. 불순한 것과의 접촉은 도덕 규칙을 위반할 때처럼 부정적인 사회적·물리적 대가로 이어질 수 있다. 사람이나 사물, 개념이 침투당하거나 더럽혀졌을 때 오염이 일어나고, 그 대가는 도덕적 분개부터 사회적 배척, 질병과 죽음의 상태에 이르도록 버려짐까지 이른다. 더글러스의 말을 인용하자면 "불결함이 적절한 장소를 벗어난 물질이라면, 우리는 질서를 통해 그것을 다루어야 한다. 패턴이 유지되려면 불결함이나 더러운 것이 포함돼서는 안 되는 것"이다.[64] 메리 더글러스의 도움을 빌려 우리는 '화학물질'이 농업과 식품 가공 과정에서 사용되었을 때 (우리 응답자들이 창조한 분류체계에 따르면) 얼마나 심각하고 비도덕적으로 오염된 식품이 생산되는지 이해할 수 있다. 이런 오염물질은 식품을 더럽히고, 질병을 야기하는 물질이다. 다음 인용에서 알 수 있듯 응답자들은 암을 특히 두려워하는데, 음식의 화학물질과 암을 구조적으로 연관 지었다.

모든 화학물질은 사람에게 좋지 않아요. 그 화학물질이 건강 문제를 많이 일으킨다고 생각해요. 과거에는 지금처럼 암이 발병하지 않았어요. 제 생각에는 우리가 먹는 음식에 들어 있는 화학물질이 우리에게 영향을 미치고 암을 일으키는 것 같아요.

저는 작물이 어떻게 재배되는지 알고 나서 관행 농법으로 재배된 농산물을 먹지 않게 됐어요. 살균제나 살충제 같은 것들이 작물 전체에 침투해서 없앨 수가 없잖아요. 아무리 씻어도 음식에서 떨어지지 않아요. 작물 내부에 흡수돼 있으니까요.

다양한 화학물질로 더럽혀지지 않은 식품을 소비하는 것이 개인적으로 건강에 더 좋다고 생각해요. … 그건 살충제와 화학물질로 오염되지 않았고 영양이 더 풍부할 것 같아요. 우리 환경에는 독소가 아주 많으니 그 독소가 우리에게 미치는 영향을 통제할수록 더 좋지요. 우리의 공기, 물, 땅이 오염됐잖아요. 그게 모두 암을 일으킬 위험이 있는데, 위험은 덜 무릅쓸수록 좋지요. 우리가 지구를 오염시켰기 때문에 환경이 암을 일으키고 있는 거예요. 그리고 이 나라는 GMO를 성분표에 표시하지 않고 있는데, 저는 GMO도 피하고 싶어요.

남편이 암 진단을 받은 뒤로는 되도록 유기농식품을 사려고 애써요.

조사 결과에서 암을 비롯한 건강 문제(당뇨, 자폐증, 신장 질환)가 거듭 등장했다. 사람들은 음식에 든 '화학물질'이 건강 문제를 일으키므로 화학물질을 피해야 질병을 막을 수 있다고 인식했다.

이와 같은 생각은 클린 이팅을 다룬 책에서 자주 반복된다. 토스카 르노는 나쁜 건강이 살충제와 첨가제 때문이라고 거듭 말하면서 암과도 관련 있다고 이야기한다. 융거는 현대의 '오염된' 관행 식품을 먹는 것과 질병을 분명하게 연관 짓는다.[65] 이 설명 모형은 음식이 외부의 화학물질(더러운 것), 곧 적절한 장소를 벗어난 물질로 더럽혀졌기 때문에 위험하다고 가정한다. 따라서 화학물질을 피하려면 신중한 경계와 노력이 필요하다. 그것들이 음식에 침투한 다음 몸의 경계를 부수고 들어가 돌이킬 수 없는 해를 끼치기 때문이다. 도덕질서체계는 사회질서체계이기도 하기에 이를 유지하려면 몸을 강력히 통제하고, 몸과 환경 사이의 경계를 신중히 감시해야 한다.[66] 조사 응답자들이 표현한 사고와 실천은 메리 더글러스의 생각을 반영하는데, 문화적으로 봤을 때 분명 합리적이다.

앞의 설명 모형은 몸에는 보호벽 역할을 하는 튼튼한 경계가 있어야 하며, 그 경계가 무너지면 질병이 생긴다는 믿음에 의존한다. 물론, 이 설명은 피부에 둘러싸여 병원체(오염물질)의 침투로부터 몸을 보호하는 면역체계를 이해하는 주된 방식이다. 인류학자인 에밀리 마틴Emily Martin에 따르면, 우리 문화가 면역체계를 설명하는 모형은 전쟁이다. 몸이 포위되면 백혈구를 비롯한 면역체계가 저항하며 병원체를 내쫓고(몸이 해독된다), 몸은 자연적인 경계로 구획된 상태로 돌아간다.[67] 그는 "눈에 보이지 않는 다종다양한 적들에 포위당한 인간의 몸은 놀랍도록 복잡한 내부 경호부대를 소집해 침략자와 싸운다"라고 말한다.[68] '경계를 두른 몸'은 더글러스가 은유(순수와 위험)와 음식 공유의 관습에서 사회적 공간을 정의하는 상징적 경계를 탐구할 때 연구의 초점이기도 했다.[69] 자넷은 몸의 은유적 경계에 대한 더글러스의 강연을 들은 적이 있다. 그때 더글러스는 몇 가지 질문을 던졌다. 당신은 당신의 몸을 어떻게 생각하는가? 당신의 몸은 방어가 필요한 요새인가? 아니면 어떻게든 침투할 수 있는 존재인가? 이 질문을 하는 이유는 당신이 당신의 몸에 대해 어떻게 생각하는지가 당신이 건강과 질병을 어떻게 바라보는지 그리고 사회에서 당신의 위치를 어떻게 생각하는지를 결정해서다. 또 몸은 국경(민족국가를 떠올리게 하는 은유)이 필요한 곳인가? 오직 경계태세와 힘으로만 침략군(병원체)을 방어하는 곳인가? 같은 질문이었다.[70] 마틴에 따르면, 우리는 우리의 몸-자아와 비자아(외부 세계) 사이에 분명한 경계를 세워야 하고, 이 경계는 면역체계를 통해 비자아를 철저히 죽임으로써 유지되어야 한다고 문화화되었다.[71] 자아는 모든 잠재적 침략자를 몰아내야만 건강하다. '자연스럽게' 오롯이 자신으로 있을 때만 건강한 것이다.

침투 불가능한 요새로서의 몸에 대한 욕구는 클린 이팅에 대한 책을 쓴 저자들이 클린 이팅이 필요한 이유와 몸에 대해 서술하는 방식에서 뚜렷이 드러난다. 또 농산물 직거래시장의 조사 참가자들이 유기농식품 구매 동기를 말할 때도 분명히 나타난다. 그들은 외부의 침략으로부터 자신을 보호해야 하고, 잠재적으로 해로운 화학물질을 몸에서 제거해야 할 필요를 강하게 느낀다.

유전자조작농산물이 문제인 이유는 그 농산물들이 제초제에 저항하도록 변형된 상태에서 제초제가 뿌려지고, 그 제초제가 몸속에 들어와 우리 몸을 망가뜨려서다. 유전자조작 농산물은 더 튼튼하도록 변형되었기 때문에 우리 몸에 들어오면 더 강해져서 몸을 공격한다. 전사가 되도록 변형되었으므로 우리에게 해를 끼치는 것이다.

사람들이 얼마나 아픈지 정말 두려울 정도다. 유기농법이 표준이 아

니라 예외인 것이 안타깝다. 정말 말이 안 되는 일이다. 나이 든 세대
는 생각이 다르다. 그들은 살충제가 우리에게 해를 입히지 않는다고
생각한다. 그들은 그 모든 화학물질이 좋은 것으로 받아들여지던 시
대에 성장했다. … 내가 유기농으로 바꾼 이유는 살충제가 우리에게
어떤 해를 끼칠 잠재성이 있는지 알지 못하는 상태로 그것에 노출되
는 것이 두려워서다. 이 행성에서 살아온 47년 동안 나는 점점 병들어
가고 있다.

휴먼스 오브 뉴욕Humans of New York 페이스북의 2019년 7월 21
일자 게시물도 비슷한 의견이다.

부모님은 잘 모르셨다. 그냥 식료품점에 있는 음식을 사셨다. 시리얼,
쿠키, 통조림. 그리고 나 역시 잘 몰랐다. 나는 그냥 어린애였다. 집에
있는 음식을 먹었다. 라벨에는 내가 이해하지 못하는 말들이 적혀 있
었다. 이것 첨가, 저것 첨가, 더 오래 유지되도록 만드는 화학물질, 더
싸게 만드는 화학물질, 더 걸쭉하게 만드는 화학물질, 모두 붙어 있도
록 만드는 화학물질. 그러나 나는 하나도 묻지 않았다. 그들이 광고에
어린이를 언급했기 때문이다. 나는 다른 아이들이 그 음식을 먹으면
서 홍보하는 모습을 늘 봤다. 정부도 도움이 되지 않았다. 정부는 모든
사람이 따르는 피라미드와 도표를 주었다. 모든 것이 괜찮아 보였다.
그러나 그 모든 것이 쓰레기였다. 이제 엄마와 아빠와 오빠는 당뇨를
앓는다. 내게는 자궁근종과 그 비슷한 병들이 생겼다. 최근에는 암 징
후가 보여서 갑상선을 제거했다. 나는 이 모든 것이 연결돼 있다는 생

각이 든다. 그들은 우리에게 약을 팔 수 있도록 독을 판다. 나는 이제 좋은 음식을 먹으려고 애쓰고 있다. 배우려고 노력 중이다. 그러나 배우면 배울수록 어디로 가야 할지 잘 모르겠다. 마트 선반에 놓인 모든 것이 살인자라는 걸 알게 되었다. 과일과 채소에도 화학물질이 들어 있었다. 완전한 확신을 가지려면 내 농장이 있어야 할 것 같다. 그런데 그건 가능한 일이 아니다.

게시물을 쓴 이는 우리 주변 환경이 위험하다고 확신하기 때문에 몸 주위에 경계를 두르고 싶어 한다. 글쓴이의 확신은 또한 몸에서 병원체(화학물질과 불순물)를 추방해 몸의 신성함과 건강을 회복하려면 몸을 '해독'해야 한다는 합리적 추론으로 이어진다.[72] 침입을 허락한 실책에 대처하려면 경계를 더 강화하고 침략 물질을 제거해야 한다. 그런 의미에서 구프가 제안하는 '1월을 위한 디톡스'는 제멋대로 보낸 연말에 대한 자연스러운 응답이다.

요새로서의 몸

몸을 전투 중인 요새로 인식할 때 생기는 또다른 암묵적인 결론은 빛나고 건강한 피부가 중요하다는 것이다. 피부가 1차적 보호벽이라면, 피부 건강은 그 아래 놓인 몸-요새의 상태를 보여주는 상징이 된다. 팟캐스트 '메이드 오브 휴먼Made of Human'은 클린 이팅의 부작용으로부터 회복 중인 픽시 터너Pixie Turenr의 말을 인용했는데, 그에 따르면 클린 이팅 옹호자들이 사진 속에서 너무나 '빛나고' 깨끗해 보이므로 클린 이팅을 하면 자신도 '빛나게' 되리라 믿었다고 한다.[73] 재 닛의 설문 응답자 중 한 사람도 이렇게 말했다. "유기농식품을 먹으 면 몸과 마음의 상태가 더 좋아져요. 피부도 더 깨끗해 보이고 활력도 더 생기죠." 책과 블로그들은 피부가 깨끗한 사람들(대개 여성이고 운 동복이나 수영복을 입고 있을 때가 많은)이 미소 짓는 사진을 끝도 없이 보여주며 깨끗한 피부, 빛나는 피부, 건강한 피부를 빈번하게 언급한 다.[74] 르노는 피부에 대해 이렇게 말한다. "나는 클린 이팅 덕에 피부 가 무척 좋아졌다고 생각한다. … 피부를 살로 이뤄진 외피라고 … 두 꺼운 매트리스 같은 층이라고 생각하라. 피부는 그렇게 탄력성과 방 어벽 같은 특징을 모두 가졌다." 그리고 더 나아가 이렇게도 말한다. "당신이 막 들이켠 콜라가 당신 피부를 공격해 엘라스틴과 콜라겐을 덩어리지게 만든다. 이제 섬유질들은 유연성을 잃었기 때문에 더이 상 제 할 일을 할 수 없다. 그 결과는? 시간이 흐르면 피부는 누르스 름해지고, 초췌해지고, 탄력을 잃고, 심지어 회색을 띠기 시작한다. 절 대 실수하지 말라. 설탕은 피부를 노화시킨다."[75] 융거가 2009년 출간 한 《클린》의 2012년 확장판 뒤표지에 인용된 보그닷컴Vogue.com의 추 천사에는 이렇게 쓰여 있다. "제대로 따라 한다면 당신의 반짝이는 피 부와 날씬한 몸매에 대한 칭찬은 케이크 위에 올려진 프로스팅일 뿐 이다. 당신의 자연치유력이 회복되고, 인슐린 수치가 적절히 조절되 며, 간이 해독될 것이다." 마지막으로 〈하퍼스 바자 매거진Harper's Bazaar Magazine〉에 실린 비욘세의 메이크업 아티스트의 말을 들어보자. "요즘 사람들의 식단을 보면 지난 몇 년 전보다 더 깨끗해졌어요. 살충제, 호 르몬제, 심지어 음식에 대한 두려움 때문에 사회 전체가 식단에 훨씬 많은 관심을 쏟지요. 그게 우리 피부에도 도움이 됩니다."[76] 이런 언급들은 피부가 몸의 불투과성을 약화시키는 위험한 공격자들과 싸우며 몸을 방어한다는 것을 분명히 한다. 피부는 최전선에 놓인 경계, 곧 방어벽이고, 그 밑에 놓인 몸의 건강 상태를 드러낸다. 생기 있고 빛나는 피부는 식이요법이 효과가 있으며, 그에 따라 건강이 최적화되었고, 오염을 막는 방어벽이 튼튼하다는 증거다.

　　우리를 둘러싼 환경이 위험하기 때문에 각 개인이 자신을 보호해야 한다는 확고한 믿음은 위험 사회와 그 반응인 '거꾸로 뒤집힌 격리'를 이해하는 데 핵심이다. '거꾸로 뒤집힌 격리'는 사회학자 앤드류 사스가 그의 저서 《안전에 이르는 길을 쇼핑하기Shopping Our Way to Safety》에서 제시한 개념이다.[77] 그는 시민들이 환경보호정책을 강화하거나 잠재적 안전문제를 규제할 공적 행동보다는 안전한 상품(유기농 식품과 '클린'식품)을 개인적으로 구매하고 소비하는 것을 선택하면서 환경오염 물질과 안전문제에 대한 대응이 공적 영역에서 사적 영역으로 옮겨갔다고 주장한다. 시민들은 집단적 방식으로 효과적으로 행동해야 한다고 느끼기보다 갈수록 각 개인이 스스로의 길을 찾아야 한다고 느낀다. 이는 위험 사회에 대한 반응이자 문화적 수용이다.[78] 위험인자에 대한 노출이 계급이나 교육 수준, 사회적 지위에 따라 결정된다면, 부유층일수록 환경오염 물질의 영향을 적게 받을 가능성이 높다. 유기농식품처럼 안전을 보장하는 상품을 소비할 여유가 있기 때문이다. 유기농 상표가 붙은 제품을 이용하는 것은 정체성이나 미덕을 과시하는 것, 그 밖의 다른 사회적 수행과 연관되지만, 한편으로 유기농식품은 교육 수준이 높은 부유층이 선호하는 고급 상품으로 느꺼지기도 한다. 다음 인터뷰도 이런 상황을 보여준다.

시어머니는 유기농 문제에 대해 제가 조금 미쳤다고 생각해요. 정말
무서운 일인데, 시어머니의 여동생은 농산물을 표백제로 씻어서 유기
농으로 만들 수 있다고 말했다더군요. 그게 말이 되나요? 사람들이 제
대로 알지도 못하면서 뭔가를 믿는 것은 정말 무서운 일이에요. 일의
전모를 이해하지 못하고, 작물이 어떻게 재배되는지도 모르죠. 제 동
생은 이게 완전 돈 낭비라고 생각해요. … 하지만 제가 이해해야지요.
동생은 돈이 없으니까요. 돈이 있다면 유기농을 사지 않겠어요? 저는
우리가 유기농을 살 수 있어서 운이 좋다는 걸 알아요. 유기농은 더
비싸니까요. 하지만 그럴 만한 이유가 있죠.

우리는 유기농에 대해서는 절대 말하지 않아요. 솔직히 가족과 그 이
야기를 하면 감정이 상하거든요. 제 가족은 유기농을 사지 않기 때문
에 제가 유기농을 언급하면 비판으로 느껴요. 반대로 저는 가족이 저
를 비판한다고 느끼고요. 모든 사람이 여유가 있는 건 아니니 모두가
유기농을 살 수는 없지요. 가족은 제가 가르치려 들거나 비판한다고,
유기농을 사지 않아서 자기들을 멸시한다고 생각하는 것 같아요. 가
족이 그렇게 생각할 수밖에 없는 이유를 잘 알아요. 교육받지 못했으
니까요.

앞의 인터뷰들은 유기농식품 구매가 잠재적으로 중상층이라는
정체성을 드러내면서 소비를 수행하는 과정에 속하며, 외부 위험으로

터 자신과 가족을 보호하려는 필요에 기반한다는 것을 분명히 보여준다. 사실, 입증된 연구에 따르면, 중상층이고 교육 수준이 높을수록 가족 식사에 쓰는 시간이 더 많고, 집에서 요리한 더 건강해 보이거나 덜 가공된 음식을 가족 식단으로 더 많이 내놓는다.[79] 음식을 요리하고 아이들에게 유기농식품을 제공하는 것은 고결한 문화적 행동이 된다. 자녀를 오염물질로부터 보호하는 것은 사회적으로 구성된 좋은 부모, 좋은 엄마라는 개념의 중요한 부분이기 때문이다. 그러나 이와 같은 행동은 경제적 능력(과 시간)만이 아니라 가족을 위협하는 위험을 인지하고 소비 패턴을 전환할 문화 자본과도 결부되어 있다. 궁극적으로 이런 부모들은 가족의 둘레에 경계를 만들고 있는 것이다. 환경 속 병원체와 위험을 쫓아내기 위한 '거꾸로 뒤집힌 격리'라 할 수 있다. 침투할 수 없는 사회적 공간을 만들려는 이들의 시도는 물리적 위해로부터 개인을 지키는 '경계를 두른 몸'에 대한 설명 모델을 반영한다. 인류학자들이 알고 있는 것처럼 몸은 생각하기에 좋은 도구다. 우리가 몸과 몸의 취약성을 어떻게 생각하는지는 우리가 우리를 둘러싼 사회적·물리적 환경을 어떻게 바라보는지에 영향을 미친다. 앞에서 든 사례들에서 유기농식품과 클린식품에 의해 보호되는 가족은 요새로서의 몸과 상통한다.

클린 이팅의 영양

클린 이팅의 영양 효능은 어떨까? 클린 이팅 식이요법을 따르면 건강이 개선될까? 많은 블로거와 요리책 저자, 추종자들은 그렇다고 말하지만, 그건 그들이 추천되는 음식에 건강을 투사해서지 그 음식이 균형 잡힌 일반 식단보다 영양가가 더 높아서는 아니다. 그러나 영양 전문가들은 우리가 먹어야 하는 것과 먹는다고 말하는 것과 실제로 먹는 것이 아주 다를 때가 많다는 것을 잘 안다. 클린 이팅 추종자들은 음식의 영양학적 질을 아주 중요하게 생각한다. 이에 여러 블로그와 책에서 음식 조리법을 다루고, 많은 클린 이팅 요리책이 출간되고 있다. 요리책과 온라인 자료는 기껏해야 새로운 요리법과 장보기 요령을 제공하면서 가공식품을 최소한으로 섭취하라고 권장한다. 안타깝게도 클린 이팅은 건강이나 체중을 간단하게 관리하는 방법으로 묘사되지만, 이 식이요법을 실천하는 과정에서 불안감이 생길 수 있고, 불안은 불안정한 식이행동으로 이어질 수 있다.

제대로 된 정의가 없는 클린 이팅의 전반적인 모호함 때문에 이 식이요법의 영양학적 질을 연구하는 것은 꽤 어렵다. 재닛은 동료 검토 학술지들에서 클린 이팅 추종자들이 실제로 무엇을 먹는지 조사한 연구를 단 하나도 발견하지 못했다. 클린 이팅 블로그에 소개된 요리법들의 영양성분을 분석한 연구가 한 편 있었고, 클린 이팅을 둘러싼 태도를 검증한 연구가 몇 편 있었지만, 실제 섭취를 살펴본 연구는 없었다.[80] 방법론적 관점에서 보면 이해할 만한 일이다. 이 주제에 관심 있는 연구자가 있다 해도 연구를 위해 어떻게 클린 이팅을 정의하거나 조작화하겠는가? 대부분의 추종자가 클린 이팅을 선택하는 근거로 양질의 영양을 들긴 하지만, 그들이 이 식이요법의 긍정적 결과로 생각하는 것은 영양 섭취와 직접적인 연관성이 있어 보이지 않는다. 예를 들어, 〈클린 이팅〉 편집장 앨리샤 타일러Alicia Tyler는 매우 인기 있는 요리책《모든 계절을 위한 클린 이팅: 신선하고 단순한 매일 식사Clean Eating for Every Season: Fresh, Simple Everyday Meals》를 썼다. 그는 책에서 '클린 이팅을 해야 할 10가지 (아주 좋은) 이유'를 제시하는데, 그 중에는 음식과 관련된 이유가 하나도 없다. 게다가 모두 추측된 결과들이다. 이유 하나하나가 약속이다. '주의력이 좋아질 것이다. 더 영리해질 것이다. 돈을 아끼게 될 것이다. 더 오래 살게 될 것이다. 관계 맺기가 나아질 것이다. 정력이 좋아질 것이다. 성생활이 만족스러워질 것이다. 지구의 존속을 돕게 될 것이다. 더 강해질 것이다. 더 행복해질 것이다' 같은 것들이다.[81] 이것들은 식생활을 변화시키면 신비롭게 얻게 되는 마술 같은 효과들이다. 어떤 면에서는 장수를 누리고, 왕성한 정력을 얻게 되리라 약속하는 포춘 쿠키와 비슷해 보이기도 한다. 여기에 나오는 항목 하나하나는 권위 있게 들리는 약간의 영양학적 정보를 제공하긴 하지만, 엄밀히 따지면 클린 이팅과 관계가 없는 정보들이다. 이를테면, 이탈리아 여성들은 채소를 더 많이 먹기 때문에 더 나은 성생활을 즐길 수밖에 없다고 확언하기도 한다. 이처럼 놀랍고 부러운 결과를 제공한다니, 독자는 굳이 실제 식이요법에 대해 따져볼 필요도 없다. 약속 자체가 너무나 매력적이기 때문이다.

우리가 부딪히는 첫째 문제는 '클린 이팅'이라는 용어와 연결되는 의미와 실천이 다양하고 개인적이기 때문에 이 식이요법이 실제로 무엇으로 구성되는지 알 수 없다는 점이다.[82] 따라서 우리는 요리법에 드러난 영양학적 질을 평가하는 간접적인 방식 말고는 클린 이팅의 영양값을 알아낼 방법이 없다. 한 비교 연구에 따르면, 만성질환 예방을 위한 WHO 식이 섭취 기준과 비교했을 때 클린 이팅 자료의 요리법들은 기준보다 더 많은 지방과 단백질, 섬유질을 함유했다.[83] 섬유질을 더 많이 섭취하는 것은 언제나 좋은 생각이지만, 지방 섭취를 늘리는 것은 그다지 현명한 생각이 아니고, 너무 많은 단백질을 섭취하는 것 역시 낭비인데다 신장 기능에 문제를 일으킬 수 있다. 그러나 요리법은 지침이지 사람들이 실제로 먹는 것은 아니므로 우리는 그 요리법이 실제 클린 이팅 경험을 나타내는지 알 수 없다. 이 비교 연구는 클린 이팅 식사들이 영양 전문가가 보기에 만족스러울 만큼 건강하지 않을 수도 있지만, 균형 잡힌 식단이라는 관점에서 보면 문제가 있는 요리법은 아니라는 점을 말해준다.

클린 이팅 책들의 조언과 요리법을 검토한 결과, 재닛이 보기에 클린 이팅은 자연 상태에 가까운 식품 섭취를 권장하며 전적으로 안전하다. 대부분의 요리법은 단순하고, 신선식품 조리에 집중했으며, 다량영양소와 미량영양소의 일일 권장 섭취량을 쉽게 만족시킬 듯했다. 〈클린 이팅〉에 실린 요리법들은 과거에 음식 잡지 〈이팅 웰Eating Well〉과 〈쿠킹 라이트Cooking Light〉에 실렸음 직한 요리법과 대단히 비슷하다. 영양 전문가가 위험 신호를 보내야 할 요리법은 아니라는 말이다. 이와 대조적으로 '토스카의 평범한 클린 이팅 데이'는 여섯 끼로 구성된 하루 치 식단을 제시하는데, 밀과 설탕을 배제했지만, 오트밀과 채소로 탄수화물을 보충한다.[84] 이 식단은 단백질 함량이 매우 높다. 아침에 4개의 달걀흰자, 점심에 참치 140그램, 간식으로 닭고기 140그램, 저녁에 연어 140그램과 총 5테이블스푼의 넛버터, 케피어 간식(이 또한 단백질을 함유한다)을 먹는다. 이 식단은 비싸고 평균 활동량을 지닌 여성의 일일 필요량보다 훨씬 많은 단백질을 제공한다. 탄수화물이 포함되므로 (앳킨스와 그 밖의 다른 '케토' 식이요법과 달리) 즉각적인 케토시스를 일으키지는 않을 것이다. 다양한 채소의 섭취량이 매우 많기는 하지만, 넛버터와 샐러드드레싱, 소스에 들어간 기름 때문에 지방 함량도 높다. 아마 단기간은 시도할 만하지만, 전체적으로는 준비 시간이 오래 걸리고 음식에 질릴 수 있다. 또 문제를 일으킬 만큼 높은 단백질을 함유하기 때문에 지속 가능하지는 않을 것이다. 게다가 음식 공유나 사교 행사에도 적합하지 않다.

마찬가지로 '구프의 1월의 디톡스 식단'도 성분과 다양성이 지나치게 한정돼 있고, 사회적 식사를 매우 힘들게 한다. 거기에 일종의 식이장애로 간주될 만큼 음식을 제한한다. 아주 짧은 기간 동안은 그다지 해롭지 않겠지만, 그 이상 실천했을 때는 심리적·영양학적으로 문제가 있을 수 있다. 반면, 여러 클린 이팅 요리책은 무척 흥미롭고, 식사 공유에도 적절하며, 실용적인 요리법을 제공한다. 또 요리 초보자들에게 중요한 주방 기술을 알려준다. 대부분의 요리법과 식단에 대한 조언은 누구에게든 해를 끼치지는 않겠지만, 아마 체중 감량 면에서는 약속된 목표를 이루지 못할 것이다. 가공식품 섭취를 줄이고 채소 섭취를 늘리는 요리법은 더 나은 식습관을 갖게 하고, 잠재적으로 건강을 개선시킬 것이다. 그리고 앨리샤 타일러의 요리책에 실린 몇몇 요리법은 정말 맛있어 보인다.

문제의 핵심으로 다시 돌아가자. 사람들이 실제로 클린 이팅을 어떻게 실천하는지는 책과 블로그의 조언과는 매우 다를 수 있고, 그것이 문제가 될 수도 있다. 패스트푸드를 먹던 사람이 자연식품을 먹는 식단으로 갈아타는 것은 언제든 환영할 만한 일이지만, 이 변화를 극단적으로 밀고 가서 건강식에만 집중한다면 어떻게 될까? 사실, 클린 이팅에 대한 백래시는 클린 이팅 추종자들 사이에서 증가하는 오소렉시아와 관련 있다. 재닛은 클린 이팅 추종자 중에 이상 식이패턴 징후를 보이는 듯한 사람을 많이 접했다. 클린 이팅과 그 밖의 비슷한 '건강주의Healthism'(건강을 개인의 재산과 의무로 보며, 건강관리의 책임을 전적으로 개인에게 전가하는 믿음과 태도 – 옮긴이)는 깨끗하지 않거나, 건강해 보이지 않거나, 올바른 방식으로 생산되지 않은 음식을 섭취하는 것에 대한 두려움으로 이어질 수 있다.[85] 한때 유명한 클린 이팅 블로거였던 픽시 터너는 어떻게 클린 이팅이 정체성과 자존감을 창조하는지, 따라서 클린 이팅 규칙을 따르지 않았을 때 어떻게 자아인식이 손상되며 자신이 오염되거나 불결해질지 모른다는 두려움에 사로잡히는지 설명한다. 터너는 클린 이팅을 일종의 종교적 믿음으로 묘사하는데, 그 실천을 포기했을 때 따를 대가에 대한 두려움, 죄악에 대한 두려움을 동반한다고 말한다.[86] 이는 메리 더글러스의 오염과 위험에 대한 이론과 완벽히 일치한다. 터너의 설명을 보면, 클린 이팅 식이요법이 처방한 대로 음식을 먹어야 한다는 극심한 압박 때문에 불안과 행동 경직성이 일어날 수 있다는 것을 알 수 있다.

재닛은 클린 이팅 추종자들 사이에서 실제로 음식 불안을 목격했다. 재닛은 농산물 직거래시장에서 한 젊은 여성 소비자와 농부가 대화하는 자리에 있었다. 이 젊은 소비자가 농부에게 물었다. "과일과 채소를 많이 들고 오셨네요. 작물에 뭔가를 뿌리시나요?" 농부는 채소들은 유기농으로 재배했지만, 여유가 없어서 인증은 받지 않았고 과일은 유기농 설명서에서 허용한 대로 노균병을 막기 위해 황산구리

용액과 산화칼슘(보르도액)을 뿌린 나무의 것이라고 대답했다. 소비자는 혼란스러운 표정으로 말했다. "작물에 뭘 뿌린다면 유기농 농부가 아니시잖아요." 농부는 대답했다. "아닙니다. 우리는 유기농법을 따르기 때문에 유기농이 맞지만, 농장이 너무 작아서 인증만 받지 않았을 뿐이에요." 젊은 소비자는 눈에 띄게 흥분해서 질문을 반복했다. "작물에 뭘 뿌린다면서 왜 유기농이라고, 깨끗하다고 말씀하시는 거예요? 유기농 클린식품이면 화학물질을 사용해서는 안 되죠!" 이에 농부는 다시 설명했다. "아닙니다. 우리는 유기농 인증만 받지 않았을 뿐이라니까요. 우리는 유기농법을 사용해요. 우리가 쓴 약제는 이 지역에서 사용이 허락된 것이고 필요한 겁니다." 여기에서 대화는 중단됐다. 젊은 소비자는 "안 좋은 음식이네요. 저는 먹을 수 없어요"라고 말하며 나가버렸다. 재닛은 이 소비자가 시장을 돌아다니는 모습을 관찰했다. 그는 판매대마다 멈춰 서서 몇 가지 질문을 던졌는데, 농업 관행을 거의 모르는 데다 감정적인 그 소비자의 질문에 판매자들은 분명 어리둥절해했다. 나중에 재닛이 그를 따라가 만났을 때 그의 장바구니에는 아무것도 없었다. 그는 이렇게 말했다. "이곳에 막 이사 왔는데 먹거리를 살 만한 농산물 직거래시장이 있다는 말을 들었어요. 그런데 여기 음식은 모두 오염돼 있어요. 저는 클린식을 먹는 사람인데, 이 음식들은 저를 오염시킬 겁니다." 그는 대단히 감정적이었고 눈에 띄게 흥분해 있었다. 재닛이 사람들이 어떻게 농사를 짓는지, 유기농법이 어떻게 운영되는지에 대해 설명해도 달라지지 않았다. 이 소비자는 먹거리 생산 방식에 대해 아는 것이 워낙 없었기 때문에 '작물에 무엇을 뿌렸는가, 아닌가'라는 이분법적 사고로 자신의 두려움을 다스리고 있었다. 하지만 '뿌리는 것'이 진짜 무엇을 뜻하는지 실은 모르고 있었다. 그의 설명 모형에 따르면, 무엇을 뿌리든 음식을 위험하게 만들 독성으로 분류된다. 케모포비아의 예라 할 만했다.[87] 이 소비자가 정직한 농부들에게 무엇을 뿌리냐고 물어보는 한, 원하는 답은 듣지 못할 것이다. 펜실베이니아의 유기농 농부들은 노균병을 막기 위해 허가된 용액을 뿌리기 때문이다. 어쩌면 이 소비자의 경우 음식은 그가 이해하지 못하거나 정확히 무엇인지 알 수 없어서 쉽게 표현할 수 없는 두려움의 대리물이었는지도 모른다.

클린 이팅과 연결된 오소렉시아가 음식보다는 불안에 관한 문제라는 것을 보여주는 또다른 사례가 있다. 재닛이 집에서 바비큐 파티를 열 때였다. 손님으로 왔던 한 10대 소녀가 햄버거에 들어가는 고기를 어디에서 샀는지 물었다. 재닛은 농산물 직거래시장에서 샀다고 말하며 농부의 이름을 말해주었다. 그러자 그 손님이 물었다. "깨끗한 고기인가요? 저는 클린식을 하는 사람이거든요." 재닛이 '클린'을 어떤 의미로 쓰는지 묻자 소녀는 어리둥절한 표정을 지으며 다시 말했다. "제가 먹으려면 깨끗한 고기여야 해요." 깨끗한 게 어떤 것이냐고 다시 묻자, 그는 불쾌한 표정으로 손을 움켜쥐며 말했다. "아시잖아요. 화학물질을 안 쓰는 거요." 어떤 화학물질을 뜻하는지 묻자 그는 대답하지 못했다. 재닛이 그 농장에 자신이 직접 가보았고 아주 관리가 잘 되고 있었으며, 고기는 목초를 먹이면서 방목해 키운 동물에게서 나온 것이라고 말하자 소녀는 몹시 불안한 표정으로 듣고 있다가 대답했다. "아, 그러니까 화학물질을 쓰는지, 안 쓰는지는 모르시는군요. 그럼, 저는 안 먹을래요." 이 대화는 채소에 대해 이야기할 때도 반복됐다. 재닛이 토마토와 샐러드 채소는 텃밭에서 유기농으로 키웠다고 말하자 소녀는 잠시 안도한 듯 보였다. 그러다가 혹시 재닛의 이웃들이 마당에 무엇을 뿌리는지 물었다. "화학물질은 떠다니면서 먹거리를 오염시키잖아요"라는 이유에서다. 결국 그녀는 접시에 아무것도 담지 않았다. 식이장애로 발전할 가능성이 있는 우려스러운 신호였다. 이 대화에 대해 많은 논평을 할 수 있겠지만, 재닛이 보기에 이 대화는 분명 음식에 관한 것이 아니었다. 이해할 수 없거나 확인할 수 없기 때문에 쉽게 표현할 수 없는 두려움의 자리를 대신한 것이 음식일 뿐이었다. 이 손님도 직거래시장에서 만났던 소비자처럼 먹거리에 무엇이 들어 있을지, 무엇이 첨가되었을지 두려워했지만 먹거리가 생산되는 방식에 대해서는 거의 아는 것이 없었다. 알지 못하기 때문에 두려움은 더욱 커졌다. 무엇이 안전한지 이해할 만큼 농업생산 과정에 대한 정보가 없었기에 그 두려움을 진정시킬 방도가 없는 것이다. 이때 '클린'은 음식 섭취를 둘러싼 불안을 달래기 위해 존재하는 부적 같은 기호일 뿐이다.

이제 이야기할 마지막 일화는 '클린'이 의례적 상징으로서 얼마나 강력하게 기능하며 식품 마케팅에 이용될 수 있는지, 어떻게 '클린'이라는 상징이 사람들의 식습관이나 영양 섭취에 영향을 미칠 수 있는지 보여준다. 몇 년 전 유기농식품 마트가 농산물 직거래시장에서 멀지 않은 곳에 문을 열었다. 개업식 날에 매장 대표가 재닛에게 특별히 매장을 안내해주었다. 그곳에 있는 동안 재닛은 직거래시장에 더이상 오지 않는 한 손님을 우연히 마주쳤다. 그는 직거래시장에서 파는 식품이 건강에 충분히 좋지 않다고 생각하는 사람이었다. 그는

100퍼센트 유기농에 글루텐프리 식품을 원했고, GMO 농산물이 들어간 식품과 스낵, 디저트, 케이크 등은 사지 않았다. 이 손님은 개업한 마트에 세 자녀를 대동해 왔는데, 카트에는 통조림과 냉동식품, 포장식품이 가득했다. 포테이토칩스와 사탕, 쿠키도 많이 들어 있었다. 그는 함박웃음을 지으며 재닛을 보면서 자랑스럽게 말했다. "너무 좋지 않아요? 이 음식들은 유기농이고 깨끗해요. 음식이 얼마나 다양한지 보세요! 농산물 직거래시장에서도 이런 식품을 팔아야 하는데. 이게 클린 푸드죠!" 재닛은 어안이 벙벙했다. 그 식품들은 가공식품이었고 대체로 달거나 짠 스낵이었으며, 그 손님이 예전에 건강하지 않은 음식이라 부르며 직거래시장에서 팔면 안 된다고 비난했던 페이스트리와 케이크도 포함돼 있었기 때문이다. 재닛은 '유기농'과 '클린'이라는 단어가 붙지 않았다면(그리고 영양 전문가의 관점에서 보자면) 어쩌다 가끔 먹는 특별 간식 정도로 여겼을 식품들이 이 상징적 단어의 힘으로 안전하고 건강에 좋은 식품 카테고리로 분류될 수 있다는 것을 깨달았다. 또 유기농과 클린이라는 카테고리가 식생활 건강에 대한 어떤 말과도 관련이 없다는 것을 알게 되었다. 그뿐 아니라 이런 상징들에 대한 믿음 때문에 식습관과 영양 섭취 패턴이 달라질 수 있었다. 사람들이 자연식품보다 유기농이나 클린이라는 이름을 단 간식을 선호하고, 부모들은 이런 이름표가 붙은 정크푸드를 아이들에게 허락할 수 있다. 특히 실제 농업생산 과정을 잘 알지 못하는 소비자일수록 '클린' 같은 식품 카테고리에 대한 믿음으로 자신이 선호하는 브랜드의 식품만 선택하면서 농장에서 생산된 자연적인 먹거리를 외면하게 될 수 있다. 그 선택은 영양 섭취와 신체 건강에 부정적 영향을 미칠 것이다.

그렇다면 결론은 무엇인가? 클린 이팅은 제대로 정의된 식이요법이 아닐뿐더러 영양성분을 검증하기도 어렵다. 클린 이팅의 가장 기본적인 규칙(자연 상태에 가까운 제철 음식을 먹어라, 직접 만든 요리를 더 많이 먹어라 같은)은 모든 사람에게 훌륭한 충고로 작용하지만 식재료를 구하고 준비하려면 훨씬 많은 주방 노동이 필요하다. 안타깝게도 클린 이팅은 너무나 막연한 식이요법이어서 오소렉시아를 비롯해 문제가 있는 식이 패턴으로 발전할 수 있다. 클린 이팅에 대한 믿음은 영양학적 건강에 도움이 되기보다는 심리적 불안을 달래는 자기 위안으로 기능할 가능성이 있다.

클린 이팅에 대한 백래시

클린 이팅에 대한 백래시는 신속하고 강력했다. 클린 이팅이 유사과학적이고, 지나치게 단정적이며, 식이장애를 유발한다는 주장들이 제기된 것이다. 이른바 '앵그리 셰프'라 불리는 앤서니 워너는 클린 이팅 운동의 여러 생각에 처음으로 공개적으로 이의를 제기한 사람 중 하나다. 워너는 그의 책과 소셜미디어를 통해 식사와 관련된 미신들과 음모론, '위험한 멍청이 짓'에 익살맞게 도전했다. 특히 독소에 대한 사람들의 인식과 독소에서 벗어나려는 소망에 관해서는 무자비했다. 예를 들어, 그는 이렇게 말한다. "음식 섭취를 통제해서 우리 몸을 해독할 수 있다는 생각은 대표적인 사이비과학적 개소리다. 생물학적 관점에서 전혀 말이 되지 않고, 그 효과가 사실이라는 증거도 거의 없다." 워너는 근거 없고, 대단히 수익성 높은 여러 식이요법 트렌

드에 이의를 제기하며 끊임없이 분노를 터뜨렸다.[88]

앵그리 셰프와 달리 우리는 이런 믿음과 그 기저에 깔린 두려움을 지닌 사람들에게 화가 나지는 않는다. 오히려 우리는 공감하는 입장에서 이 두려움과 그로 인한 행동들이 개인과 우리 문화에 대해 무엇을 말해주는지 이해하려 한다. 인류학과 심리학의 렌즈가 만나는 지점에서 개인의 신념과 행동을 사회적·문화적 현상의 표현으로, 문화 전체의 대리자로 바라볼 수 있다. 이런 생각은 1980년대 신경성 식욕부진증(거식증)이 단지 개인적인 정신장애가 아니라 한 문화의 정신병리를 결정화한 장애라고 주장했던 철학자 수전 보르도에게서 나왔다. 보르도는 거식증이 "성격 구조의 극단적 표현보다는 우리 시대의 다면적이고 이질적인 몇몇 고통이 놀랍도록 중층결정된 증상에 가깝다. 거식증이 거식증 환자 한 사람 한 사람의 정신경제에서 다양한 방식으로 기능하는 것과 마찬가지로, 다양한 문화적 추세나 흐름이 거식증으로 모여 그 안에서 완벽하고, 정확한 표현을 찾아낸다"라고 썼다.[89] 비슷한 논리를 사용해 우리는 독소와 식품 오염에 대한 공포를 문화적 정신병리의 새로운 결정체로 생각해볼 수 있다. 한 문화가 극단적인 가치나 관습을 가질 때마다 그 문화에는 그 극단성을 개인의 병리처럼 보이는 것으로 표현하는 동시에 우리 모두를 위한 대리자 역할을 하는 개인들이 존재하기 마련이다.

'문화권 증후군'이나 '고통의 관용구'라 언급되기도 하는 이런 대리 장애들은 병든 상태임을 알리는 일련의 인정된 행동과 증상, 표현을 동반하는 질병의 은유다. '음식 중독' 장에서 논의한 것처럼, 문화적으로 인정된 병은 그 문화가 가진 더 큰 사회적 관심이나 우려를 반영하는 여러 고통 때문에 발생할 수 있다. 클린 이팅은 우리가 사는 시대와 장소에서 생긴 특수한 두려움, 곧 비만과 독성, 혼란에 대한 두려움을 관리하기 위한 것으로 보인다. 모든 문화에는 고통을 표현할 수단으로 사람들에게 제공되는 증상 목록이 있다. 일종의 내면화된 '메뉴'다. 우리는 이 목록에서 삶의 고통을 표현할 방법으로서 일련의 증상을 무의식중에 선택한다. 식이요법의 유행과 추세를 이렇게 이해하면 연민의 관점에서 그 추종자들에게 다가갈 수 있다. 이를테면 우리는 하루에 40번씩 손을 씻는 강박장애를 앓는 사람을 비웃지 않을 것이다. 강박적 손 씻기는 강박장애의 여러 발현 증상 중 하나일 뿐이지만, 전염과 질병, 오염에 대한 집착적인 공포에서 나오는 흔한 증상이기도 하다. 강박적 손 씻기로 그런 공포를 멈추거나 관리하는 것이다. 달리 말해, 강박은 불안하고 극도로 고통스러운 생각이며, 강박행동은 그런 생각을 진정시키거나 멈추기 위한 수단이다. 강박행동은 잠시나마 자신을 진정시키며 위안을 준다. 클린 이팅은 임상적 강박장애보다 덜 극단적이기는 하지만, 비슷한 역학을 따른다. 진정과 정화를 위한 행동으로 불안을 다스리기 때문이다. 클린 이팅이 긍정적인 느낌을 주는 이유는 자신에게 위안을 주어서다. 그러나 다른 자기 진정 행동과 마찬가지로 그로 인한 평온은 짧을 때가 많고, 기저에 깔린 불안은 계속 고통을 준다. 우리는 이와 같은 두려움이 적어도 그 두려움과 씨름하는 사람에게는 타당한 두려움이라 본다. 그리고 이 두려움과 불안을 관리하고 진정시키기 위한 '클린 이팅'은 심리학적으로 말이 된다.

클린 이팅은 전염과 독성에 대한 두려움을 관리하는 방법일 뿐 아니라, 수십 년에 걸친 음식과 소비재의 과소비에 대한 반응으로 볼 수도 있다. 또 산업과 농업생산 과정이 일으키는 환경오염에 대한 매우 현실적인 우려도 반영한다. 클린 이팅은 더 균형 잡히고, 더 자연 상태에 가까운 식품으로 구성된 식단을 따르도록 장려할 수 있지만, 한편으로는 섭식에 대한 불안을 일으키고 오소렉시아를 조장할 수도 있다. 많은 사람에게 클린 이팅은 자신과 환경오염에 대한 불안을 관리하는 적응적이며 효과적인 기제가 될 수 있다. 그러나 어떤 사람에게는 적응이 쉽지 않고, 몸을 상하게 하거나 돈과 시간을 낭비하게 만들고, '클린' 푸드에 집착하게 하는 결과로 이어질 수 있다.

5장

팔레오 식이요법

엄청나게 인기 있는 '구석기 식이요법Paleolithic Diet'(줄여서 팔레오Paleo)은 농사를 짓기 이전 구석기 인류가 먹었다고 상상되는 음식(이나 그것과 거의 비슷한 현대의 음식)을 먹도록 권장한다. 이 장에서는 구석기와 프라이멀Primal(원시), 석기시대Stone Age, 진화Evolutionary, 선조Ancestral, 혈거인Caveman 식이요법을 하나의 집합으로 묶고, 이 모두를 '팔레오'라고 지칭한다. 각 식이요법 신봉자들은 각각을 다르게 정의하리라는 것을 잘 안다. 각 식이요법의 차이를 의미 있고 중요하게 여기는 추종자들에게 무례를 범할 생각은 없다.

일반적으로 이런 식이요법을 뒷받침하는 근거는 우리 몸이 농업체계와 식품체계만큼 빨리 진화하지 않았기 때문에 몸이 아직 적응하지 못한 음식을 제공하는 식단에 유전학적으로 준비되지 않았다는 것이다. 팔레오 식이요법에 열광하는 사람들은 현대 퇴행성 질환의 많은 부분이 현대 음식 때문이며, 옛날 식단으로 돌아가면 농업시대 이전의 건강한 상태로 회복될 수 있다고 주장한다. 이를 '불일치 이론Mismatch Theory'이라 부르기도 한다. 그러니까 우리 몸이 우리가 사는 시대와 진화론적으로 불일치한다는 생각이다.[1] 팔레오 식이요법 옹호자들은 인류의 식단이 가공하지 않은 날것 그대로의 야생 상태 음식을 더 많이 포함해야 한다고 말한다. 따라서 육류는 방목해서 키우거나 야생에서 잡아야 하며, 유제품은 피해야 하고, 곡물을 비롯한 다른 탄수화물도 먹지 않아야 한다. 다량영양소 측면에서 보면 팔레오는 앳킨스·저혈당·저탄수화물 식이요법과 비슷하다. 그러나 앳킨스 유형 식이요법의 초점은 체중 감량에 있는 반면, 팔레오는 음식 그 이상을 다루며, 완전히 '기본으로 돌아가는' 라이프스타일을 처방할 때가 잦다. 따라서 앳킨스 유형과는 아주 다른 이미지와 언어를 사용하고, 더 넓은 문화적·심리적 신념과 실천을 끌어낸다.

팔레오 식이요법의 어려움 가운데 하나는 옛날 식단을 재구성하기가 힘들다는 점이다. 왜냐하면 인류의 잡식성 때문이기도 하고, 고고학적 과정으로 당시 식재료를 분명히 알기 어렵기 때문이기도 하다. 수천 년 동안 인류는 아주 다양한 음식을 먹고 생존해왔기에 식단을 정확히 재구성하는 것은 아무리 잘해도 타당성이 희박할 뿐이다. 팔레오 식이요법의 몇몇 요소는 영양학적 장점과 고고학적 타당성을 가진다. 그러나 우리 조상이 무엇을 먹었는지 진짜 아는 것은 어렵고, 그 음식들에 대체로 접근할 수 없으므로 진정한 구석기 식단이 무엇인지는 인류의 과거를 재구성하는 일에 전문지식을 가진 과학자들조차 파악하기 힘든 일이다.[2] 그러나 이 책의 관심은 사람들이 구석기시대를 얼마나 정확히 이해하느냐보다 왜 이런 라이프스타일이 사람들의 마음을 끄는지, 그것이 '팔레오가 되려는Go Paleo' 사람들에게 어떤 의미가 있는지에 있다. 팔레오는 음식과 영양을 넘어 라이프스타일로 확장된다는 점에서 이 책에서 다루는 여러 식이요법과 유독 다르고, 그렇기 때문에 그 추종자들에 대한 정보가 비교적 많다. 팔레오운동은 수면과 햇빛 노출, 섹스, 육아, 심지어 신발 선택에 이르기까지 광범위한 행동 지침을 제시하므로, 이 운동의 기반을 심리학적·인류학적 측면에서 이해할 만한 자료가 무척 풍부하다.

팔레오 식이요법에 대한
백래시와 폭로

팔레오 식이요법을 깎아내리는 데 전념하는 책과 강의들이 있다. 팔레오처럼 강렬하고 광범위한 반박을 자극하는 식이요법은 드물다. 이를 보면 팔레오 현상에 우리가 탐구할 만한 가치가 있는 문화적 의미가 있다는 것을 알 수 있다. 예를 들어, 고고유전학자 크리스티나 워리너Christina Warinner는 TEDx 강연에서 팔레오가 고고학적 현실에 조금도 근거하지 않는다는 흥미로운 주장을 펼쳤다.[3] 워리너는 고고학적 증거를 토대로 팔레오 열광자들의 흔한 믿음, 이를테면 사람은 육류를 먹도록 진화했으며 구석기시대 사람들은 곡물을 먹지 않았다는 믿음이 옳지 않다고 지적한다. 더 나아가 구석기 식단은 단 하나가 아니며, 기후와 지역에 따라 큰 차이가 있는 다양한 식단이라고 설명한다. 이 강의는 본질적으로 워리너 박사의 연구 분야에서 구석기

인들에 대해 알려진 기본 정보를 요약한 정도다. 대단히 충격적인 강의는 아니다. 아마 "고고유전학 개론"이라는 제목이었다면 거의 200만이 넘는 조회수가 나오기는커녕 TEDx 강연이 되지도 않았을 것이다. 이 강연이 TEDx 강연이 될 수 있었던 것은 '팔레오 식이요법에 대한 진실 폭로'라는 형식 때문이다. 이와 비슷하게 진화생물학자 마를린 주크는 그의 책《구석기 판타지Paleofantasy》의 서론에서 팔레오 추종자들은 인류가 구석기시대 이래 진화하지 않았다고 잘못 가정한다고 주장하며, 그 반론을 제시하겠다고 약속한다.[4] 그는 진화론적으로 과거의 인류가 무엇을 먹었는지에 대해 과학자들이 타당한 결론을 내리기란 불가능하며, 따라서 구석기 인류의 식단에 대한 팔레오 추종자들의 생각이 '구석기 판타지'에 불과하다고 주장한다. 책의 나머지 부분은 사실상 '진화가 섹스와 식단, 삶의 방식에 대해 진짜로 알려주는 것'에 대해 다루고 있다. 워리너의 TEDx 강연처럼 내용은 흥미롭지만 비전공자를 위한 과학 개론서다. 워리너의 강연과 주크의 책이 얻은 인기는 팔레오 식이요법을 반박하는 틀에서 나오는 듯하다.

대중이 팔레오 식이요법에 대한 반박을 간절히 원할 뿐 아니라 그 추종자들이 틀렸고 어리석다고 증명하고 싶어 하는 현상은 흥미롭다. 예를 들어, 온라인 사이트 '제저벨Jesebel'에 실린 "미안하지만 신혈거인들이여, 그대들의 식이요법은 개소리에 가깝다Sorry, Neo Cavemen, but Your Paleo Diet Is Pretty Much Bullshit"라는 글에서 매들린 데이비스Madeleine Davis는 이렇게 말한다. "다 큰 어른의 개인적 식단이야 남이 상관할 바 아니지만 … 팔레오는 문제가 다르다. 우리 모두 이 식이요법이 멍청한 사람들을 위한 멍청한 식이요법이며, 그들이 얼마나 멍청한지 알려줘야 한다는 데 동의할 것이다."[5] 이 책에서 우리는 팔레오 식이요법자들이 틀렸다는 걸 증명하거나 그들을 비웃기보다는 이런 사고체계와 실천이 그들에게 어떤 의미가 있는지에 관심이 있다. 우리가 보기에 역사적 정확성과는 별개로 '팔레오' '선조' '원시인' 같은 용어가 아주 많은 사람의 직관에 호소하는 것은 분명하다. 이들 단어에는 뭔가 그럴듯하게 '느껴지는' 것이 있다. 조롱과 냉소로부터 한 발 물러서서 구석기 판타지(판타지라고 한다면)라는 표현에서 타당하고 중요한 것이 무엇인지 한번 생각해보자.

구석기 식단에 대한 온갖 오해가 생기는 가장 큰 이유는 구석기를 다룬 학술적 글들은 과학자가 과학자를 위해 쓴 글이므로 대중이 접근하기 어려워서다. 이를테면, 학술서 《구석기 영양Paleonutrition》은 구석기 식단에 관한 선행 연구를 깔끔하게 요약하고, 고대의 식습관과 건강을 연구하고 이해하기 위해 사용되는 연구법들에 대한 최고 수준의 안내서다.[6] 그러나 학술적으로 어렵고 내용이 광범위하다. 238쪽 본문에 124쪽에 달하는 어마어마한 참고문헌 목록이 달렸는데, 모두 본문에서 인용된 문헌이다. 이 책이 일반 독자에게 얼마나 인기가 없었는지는 재닛이 공공도서관에서 대출한 책이 2012년부터 보존서고에 박혀 있었다는 사실에서도 알 수 있다. 2006년부터 2015년까지는 구석기 식단의 인기가 정점에 달했던 때인데도 이 책이 보존서고에 그대로 있었다는 것은 도서관 이용자들이 자주 대출하지 않았다는 뜻이다. 완전 새 책 같았고, 누군가 읽은 흔적도 없었다.

마찬가지로 티머시 존스의 뛰어난 책 《인류 식단과 약제의 기원: 화학 생태학The Origins of Human Diets and Medicine: Chemical Ecology》은

고대와 구석기시대 식단을 중심으로 식단과 건강의 교차점을 학술적으로 탐구한다. 잘 쓰였고 읽기에 어렵지는 않지만 역시 학술적 스타일이다. 아마존에 달린 유일한 서평(2018년에 올라온 매리언 젠틸루치의 서평)은 이 책에 별점 2점을 주면서 이렇게 표현했다. "매우 전문적이지만 매우 지루하다. 끝까지 다 읽을 수 있다면 흥미롭거나 가치 있는 지식을 얻을 수 있겠지만 읽기가 너무 힘들다. 잠을 이루기 어렵다면 이 책을 사라."[7] 재닛은 영양인류학 대학원 수업에서 이 책을 과제로 냈고, 학생들은 굉장히 흥미롭게 읽었다. 하지만 그들은 식이요법에 관한 책을 찾는 독자는 아니었다. 바로 여기에서 식이요법을 선택하는 일반 대중에게 정확한 식이 정보를 제공하는 데 있어 문제가 발생한다. 곧 학계 저자들은 식이요법에 관심 있는 사람들이 흥미롭게 읽을 만한 방식으로 글을 쓰지 못하고, 인기 있는 유명인 식이요법 지도자들이 제공하는 약속이나 단순화된 논리를 조금도 제시하지 않는다.

《공포의 문화》와 팔레오

사회학자 배리 글래스너는 《공포의 문화The Culture of Fear》에서 미국인들은 소아성애자 범죄나 비행기 추락, 암 발병 같은 잘못된 일들이 실제보다 더 자주 일어난다고 믿기 때문에(흔한 논리 오류다) 지나친 공포에 짓눌려 있다고 말한다.[8] 글래스너는 역사적인 다른 공황들의 맥락 속에서 요즘의 공포를 살펴보면서 이 현상이 현실에 기반한 것이 아니라 대체로 투사의 결과라고 이야기한다. 글래스너는 사람들이 어떻게 위험을 해석하고, 어떻게 사회가 무한한 위험 목록에서 특정 위험을 골라내 거기에 집중하는지를 탐구한 인류학자 메리 더글러스의 연구로부터 영향을 받았다.[9] 달리 말해, 널리 공유된 공포와 도덕적 공황은 모든 사회가 수행하는 일종의 문화 관습이다. 식이요법이 이런 공포를 표현할 수단으로 기능한다고 말하면 이상하게 들릴지 모르겠지만, 우리는 그렇게 생각한다.

보건학자 한스 로슬링은 사람들이 갖는 이와 같은 비관주의와 오해를 보여주는 최근 사례를 소개한다. 그는 사람들에게 빈곤과 예방접종 비율, 기후변화와 관련된 기본 사실을 묻는 12항목짜리 설문지를 제시했는데, 사람들 대부분이 12개의 질문 가운데 2개만 맞추었다.[10] 사람들은 대체로 가난과 전쟁, 질병이 실제보다 훨씬 널리 퍼져 있다고 생각했다. 무작위로 찍어도 12개 중 4개는 맞을 테니, 이 결과는 사람들이 세상을 실제보다 더 무섭고, 혼란스럽고, 폭력적으로 보는 구조적 편향을 갖고 있다는 것을 암시한다. 한스 로슬링은 이를 '과도하게 극적인 세계관Overdramatic Worldview'이라 부른다. 이 결과들을 세계정세를 알지 못한 탓으로 설명할 수는 없다. 로슬링에 따르면, 과학자와 의사, 노벨상 수상자를 포함해서 교육 수준이 대단히 높은 사람들조차 사실을 끔찍할 정도로 잘못 이해하므로 이 결과는 구조적으로 공유된 비합리적 공포 탓일 수밖에 없다.

마찬가지로 심리학자 스티븐 핑커Steven Pinker는 세상이 점점 나빠지고 있다는 생각과 싸우는 일에 경력의 많은 부분을 바쳤고, 오히려 세상이 어떻게 의심의 여지 없이 나아지고 있는지를 꼼꼼히 기록했다.[11] 그는 사람들을 좀먹는 숙명론을 이렇게 묘사한다. "현대적 제도들은 실패했고 삶의 모든 면에서 위기가 점점 심화되는 … 무시무시한 디스토피아로 자신들의 나라가 빨려 들어가고 있다고 묘사하는 정치적 운동들이 2010년대에 등장했다.”[12] 이와 같은 견해를 '진보 공포증Progressophobia'이라 부르는 핑커는 이 생각의 유래를 찾아 쇼펜하우어와 사르트르, 하이데거에 이르는 지식인들까지 거슬러 올라가며 이들이 지나친 비관주의와 회의주의를 퍼뜨리기 시작했다고 주장한다. 비관주의가 쉽게 자리 잡는 이유는 우리가 이른바 '낙관주의 간극Optimism Gap'에 빠지기 쉬워서다. '낙관주의 간극'이란 사회의 고난은 과장하고 개인의 문제는 축소하는 경향을 말한다. 낙관주의 간극을 비롯해 다양한 인지 왜곡 때문에 우리는 나쁜 일이 일어나는 빈도와 가능성을 오판하고, 그 결과 문명이 타락하고 있다고 상상하기 쉽다.

이 모든 학자가 발견한 것은 현재가 과거보다 나빠졌고, 문명은 곧 나락으로 떨어지리라고 보는 체계적인 견해가 있다는 것이다. 핑커를 비롯한 학자들은 이 견해를 반박하는 데 주력했지만, 우리가 어떻게 이런 통념과 두려움, 오해로 인한 불안을 심리적으로 관리하면서 살아가는지는 다루지 않았다. 식이요법, 특히 유행 식이요법이 끼어드는 곳이 바로 이 지점이다. 우리 두 사람은 식이요법 라이프스타일이 이런 불안을 관리하기 위한 체계라고 본다. 판타지와 이상화, 노스탤지어로부터 구성된 체계들인 것이다.

이 지점에서 우리는 궁금해하지 않을 수 없다. 왜 우리는 혈거인들이 인류에게 맞는 완벽한 식사를 하고, 자연의 광채를 느끼며 살았다고, 그러니까 인간답게 먹고 살았다고 상상하는 걸까? 왜냐하면 그런 환상이 우리를 '기분 좋게' 만들기 때문이다. 그런 환상은 우리에게 도움이 된다. 환상과 이상화는 진통제 역할을 하는 심리 방어기제다. 곧 참을 수 없고, 혼란스럽고, 비극적인 현재의 경험들에 대처하도록 돕는다. 매일 아침 차에 앉아 형광등 조명이 켜진 사무실까지 한 시간을 가야 할 때 햇빛을 쬐며 평원을 헤매는 수렵채집인을 상상하면 기분이 좋아진다. 상상에서 한 걸음 더 나아가 구석기 라이프스타일이라 상상되는 것을 선택하면, 그 환상에 더욱 가까워진다. 이런 식이요법 라이프스타일은 힘들고 단조로운 일상에서 잠시 숨을 돌릴 수 있게 해주는 역할극에 다름없다. 달리 말해, 팔레오 식이요법의 표현과 이미지는 과거를 이상화할 뿐 아니라 사람들이 현재를 살며 느끼는 모순된 감정과 공포를 다루는 많은 방법 중 하나다.

《식이요법과 문명의 질병Diet and the Disease of Civilzation》에서 에이드리엔 로즈 비타는 "이 식이요법들은 아담의 타락 서사를 따라 원초적인 순수한 세상을 떠올리며, 인류가 현대의 병폐 때문에 타락한 것을 슬퍼한다"라고 말한다. 비타는 400권이 넘는 식이요법 책을 분석한 뒤 "체중 감량 장르는 전체적으로 유토피아 연구에 시사점이 많다. 식이요법, 특히 팔레오 식이요법의 수사학이 몸의 변화와 사회의 변화를 연결하며 허구적인 유토피아적 미래상을 약속하기 때문"이라고 언급한다.[13] 심리학적 관점에서 이런 허구적 유토피아상은 두려움과 상실, 슬픔을 관리하기 위한 대응 기제인 노스탤지어와 환상의 영향으로 생긴다.

'노스탤지어Nostalgia'라는 개념은 정신분석에서 유래한 감정 상태인데, 이상화되거나 순화된 버전의 옛날을 그리워하는 달콤쌉쌀한 동경으로 정의된다.[14] 노스탤지어는 상상되거나 실제로 존재한 적 없는 것을 그리워하도록 만들 때가 있다는 점에서 재미있는 심리 현상이다. 예를 들어, 사회학자 스테파니 쿤츠Stephanie Coontz는 자신의 책 《결코 존재한 적 없는 우리의 과거The Way We Never Were》에서 과거 미국의 가족에 대한 집단적 이미지는 대체로 〈비버는 해결사Leave It to a Beaver〉와 〈오지와 해리엇Ozzie and Harriet〉 같은 TV 드라마를 통해 형성된 신화라고 주장한다.[15] 학자들은 노스탤지어가 창조한 이상화된 과거가 현대의 사회문화적 현상과 문화유산 계승 작업만이 아니라, 이상화된 정체성과 소속감의 강력한 담론을 구성하는 데 사용된다는 것을 보여주었다.[16] 이런 신화들은 공유된 이야기와 의례를 통해 우리를 더 가깝게 연결하고 사회적 결속을 강화한다. 하지만 우리는 이런 신화가 현재를 과거에 투사한 것임을 잊지 말아야 한다. 이들은 노스탤지어와 동경으로 순화된 현재의 가치와 욕망, 두려움을 표현한다.

처음에 노스탤지어는 자전적 기억을 바탕으로 한 감정 상태로 이해되었지만, 최근 들어 노스탤지어를 연구하는 학자들은 '역사적 노스탤지어'와 '개인적 노스탤지어'를 구별한다. 역사적 노스탤지어는 현재보다 더 우월하고, 더 단순하고, 덜 오염됐다고 인식되는 과거의 한때로 돌아감으로써 현재의 삶에서 물러나려는 욕망을 표현하는 도피 환상으로 정의된다. "욕망하는 속성과(또는) 가치의 보고로 인식되는 과거 시대와 동일시하려는 욕망 … 자아를 지나간 역사 속으로 연장할 수 있도록 하는 일종의 토템적 동일시"다.[17] 몇몇 음식 및 음료 의례에는 일종의 심리역사적 회귀를 통해 자아를 과거의 역사 속으로 연장하려는 의도가 있다. 예를 들어, 대단히 의례화된 유대교의 유월절 만찬 '세데르Seder'의 접시에는 유월절의 중요한 상징이 담겨 있다. 씁쓸한 허브인 마로르는 노예제의 쓴맛을 나타내는 상징으로 쓰인다.

어린 양의 구운 정강이뼈 제로아는 유월절 희생양을, 소금물은 노예제의 눈물을 나타낸다. 세데르는 여러 세대와 먼 장소, 선조들 사이의 문화적 거리와 정서적 경험을 연결하려는 의례다.

노스탤지어는 정체성을 구성하고 재구성하는 심리학적 기제로 쓰인다. 어쩌면 구석기에 대한 노스탤지어는 현재 인류의 실패라 여겨지는 것들로부터 우리 자신을 구별하는 수단일 것이다. 흥미롭게도 상상된 구석기에 대한 노스탤지어는 서부 개척과 팽창 시대와 연결되는 미국의 고유한 특성들도 환기시킨다. 강인한 개인주의, 자립, 고립, 자급자족, 거친 환경에서 번성하기 같은 것들이다. 1893년에 프레데릭 터너Frederick Turner는 이른바 미국의 프론티어(변경) 문화를 설명하면서 프론티어를 야만과 문명이 만나는 지점으로 묘사했다. "황야는 식민주의자를 정복한다. 황야가 식민주의자를 만났을 때 그는 유럽인의 옷과 일, 도구, 교통수단, 생각을 갖고 있었다. 황야는 그 문명의 의복을 벗긴 뒤 그에게 헌팅 셔츠를 입히고 모카신을 신긴다. 체로키족과 이로쿼이족의 통나무집에 그를 집어넣고, 인디언의 울타리로 그를 에워싼다."[18] 여러 면에서 혈거인과 프론티어 개척자, 나중에 등장한 미국 카우보이는 서로 사촌 사이인 신화적 원형으로 강력하고 순수했던 영광스러운 과거를 체현한다.

그러나 역사적 노스탤지어에는 어두운 면이 있다. 가부장제를 정당화하고, 타자의 종속을 덮어두며, 일반적으로 과거 사회의 병폐를 가린다.[19] 하지만 노스탤지어를 연구하는 연구자 대부분은 노스탤지어가 건강한 기능을 수행한다는 점을 발견했다. 역사적 노스탤지어로서 구석기 판타지는 무해하고 만족스러운 환상, 현재의 스트레스 요인으로부터 벗어나 과거 인류와 연결되는 환상을 제공한다. 사람들이 팔레오 라이프스타일을 선택하는 가장 인기 있는 이유는 당뇨병 같은 영양 관련 질병부터 천식이나 암 같은 만성적이거나 치명적인 질환에 이르기까지 다양한 질병을 예방하거나 치료하기 위해서다. 만성질환에 대한 두려움은 일상을 위태롭게 하는 강력한 불안이다. 많은 문화적 서사가 이런 질병을 치유할 수 없거나 잠재적으로 치명적인 것으로 그린다. 그러나 팔레오 전도사들은 상상되고 이상화된 과거에 맞춰 식단과 일상 습관을 고치면 이른바 현대병을 고칠 수 있다고 장담한다.

팔레오 생활방식을 현대의 불안과 위협에 대처하는 심리적 수단이라는 관점에서 바라보면, 이런 생활방식을 따를 때 얻을 수 있는 다른 이점도 볼 수 있다. 예컨대, 의학과 영양학과 기술의 진보에 뒤따르는 한 가지 문제는 환원주의의 위험이다. 의료 환원주의는 지식의 전문화와 파편화 둘 다를 뜻한다. 전문 분야의 의사가 건강을 전인적 관점에서 보지 못하고 검사나 실험실 결과, 신체나 신체 활동의 수치화에만 집중하는 것을 말한다. 마찬가지로 영양학에 대한 대중의 이해에도 '영양주의' 경향이 뚜렷하다. 기오르기 스크리니스의 정의에 따르면, 영양주의는 "음식을 주로 영양의 집합으로, 표준화된 영양 개념과 범주의 관점으로 봄으로써 음식을 다른 방식으로 접하는 방법을 가리는 방식"이다.[20] 음식의 성분을 이해하는 일은 좋지만, 스크리니스는 수십 년간 영양에만 초점을 맞춘 결과 음식에 관한 전통적·문화적 지식의 가치가 낮게 평가되고, 사람들의 감각적·실제적 음식 경험이 약화되었다고 주장한다. 팔레오는 칼로리나 다량영양소 함량을 계산하지 않고, 대신 음식에 대한 전인적 이해를 권장하며 어떤 음식이 먹기 좋은지를 중시하는 많은 식이요법 가운데 하나다. 운동과학의 세계도 환원주의 경향이 있어서 기능적 근력 운동(실생활에서 쓰이는 근력을 키우는 운동 – 옮긴이)이나 몸이 잘 움직이는지보다 칼로리 소모량과 대사율, 체질량지수에 집중할 때가 많다. 운동 면에서도 팔레오 추종자는 더 자연스럽고, 전인적인 운동법을 추구한다는 점에서 현명할 수 있다. 구석기 생활방식을 집중적으로 다루는 책과 팟캐스트, 웹사이트, 블로그, 강의들이 있지만, '팔레오 식이요법'이 등장하기 전에도 구석기의 식습관이나 건강, 질병, 문화를 다룬 인류학과 고고학 연구는 존재했다. 이 연구들은 인류학 분야에서는 잘 알려져 있지만, 대개 학술지 깊숙한 곳에 실려 있어서 일반 대중이 손에 넣기도 힘들고 이해하기도 힘들다. 이전에 나온 인류학 도서 중 식단의 진화를 다룬 것들로는 빌햘머 스테판슨Vilhjalmur Stefansson의 《빵만으로는 안 돼 Not by Bread Only》《땅의 지방The Fat of the Land》만이 아니라 훨씬 나중에 편집된 《사냥꾼 남자Man the Hunter》처럼 학계 밖 대중의 관심을 끌 만한 것들이 있긴 하지만, 일반 독자에게는 잘 알려지지 않았다.[21] 그러나 1988년 《구석기 처방The Paleolithic Prescription》이 출간되면서 구석기에 대한 관심에 불이 붙었고, 일반인들이 예전에 나온 자료들을 다시 찾아 읽으며 학계 연구를 선택적으로 차용해 재현 가능한 구석기 라이프스타일을 구성하고 뒷받침했다.[22] 《구석기 처방》은 이해하기 쉽고 읽기 쉬운 책으로, 선사시대 식단 대신 현대 수렵채집 부족의 식단을 살펴보며 고혈압이나 심장병 같은 현대의 만성질환과 식단의 관계를 공중보건적 관점에서 분석했다. 책을 공저한 S. 보이드 이튼S. Boyd

Eaton 는 의사이고, 마저리 쇼스탁Marjorie Shostak은 사회인류학자로서 수렵채집문화를 가진 쿵족에게서 광범위한 현장 조사를 수행했으며, 멜빈 코너Melvin Konner는 생물인류학자이자 의사다. 세 사람은 각자 학술지에 많은 글을 발표해왔는데, 《구석기 처방》은 수렵채집인의 식단에 대한 선행 학술 연구들을 논리정연하게 개괄하고 통합한 책이었다.

이 책으로부터 일반 대중을 위한 팔레오 식이요법 책 열풍이 시작됐다. 이런 식이요법 책의 초기 저자들은 대체로 《구석기 처방》만이 아니라 이튼과 코너가 이전에 학술지에 발표했던 〈구석기 영양: 그 특성과 현재의 의의에 대한 고찰Paleolithic Nutrition: A Consideration of Its Nature and Current Implications〉을 비롯해 진화론적 건강과 발달에 대한 인류학 연구의 전성기인 1980년대 출간된 다른 연구들을 차용했다.[23] 당시 생물인류학자들은 인간의 기능과 출산 관습과 관련해 건강을 위한 최적의 식단을 이해하는 데 폭넓은 관심이 있었고, 많은 연구자가 소집단으로 수렵채집 생활을 했던 옛 인류의 유사체로 현대의 수렵채집 부족을 들여다봤다. 이와 같은 관심이 등장하게 된 배경에는 현대의 만성질환을 비롯한 신체적·심리적 질환의 선례들을 탐구하는 '건강과 질환의 발달적 기원Developmental Origins of Health and Disease, DOHaD' 모형에 대한 연구가 있다.[24] 이 수렵채집 부족들이 초기 인류의 화신이 아니라 유사체였음을 이해하는 것이 중요하다. 그들은 구석기나 신석기와 비슷한 환경에 사는 현대인으로, 초기 인류의 자원 사용이나 건강 패턴을 이해하는 모델이 될 수 있다. 한편으로 고대 환경이 고고학과 지질학 유적을 통해 연구되는 동안, 그곳에서 발견한 옛 인류의 유골에서 질환과 부상의 흔적이 검토되었고, 비슷한 환경에 거주하는 현대 인구집단의 건강이나 식단과 비교분석되었다. 이런 접근법은 자료를 '삼각검증Triangulation'할 기회를 만들어 학술 연구자들로 하여금 현재와 구석기의 생활 조건의 차이에 대해 검증 가능한 가설을 제안하고, 그 차이를 고혈압과 당뇨병 같은 식이 관련 만성질환의 알려진 연관성과 연결할 수 있도록 해주었다.

재닛은 진화의학과 건강에 대한 연구가 활발했던 시기에 생물인류학 공부를 시작했는데, 진화론적 식단 연구로 현대 식단을 개선해 대중의 건강을 증진시킬 수 있다는 가능성에 끌려 영양에도 관심을 갖게 되었다. 연구자들이 마주한 문제는 대개 병인학의 문제였다. 특히 심장마비와 고혈압, 비만 같은 20세기 중반 서구의 건강 문제와 관련이 있었다. 우리 건강이 어떻게 진화의 패턴이나 고대의 식사, 과거 환경의 제약에 따라 달라졌는지 이해하는 것은 건강을 개선할 놀라운 방법인 듯했다. 그러나 그때만 해도 이런 연구들이 체계도, 맥락도 없이 차용되어 더 넓은 세상으로 스며들 것이라고는 예상치 못했다.

물론, 학계 밖에서는 과거의 식단, 특히 완벽한 건강과 행복이 가득했던 상상 속 황금기의 식단에 대한 관심이 있었다. 미셸 머튼Michelle Mouton과 바이트, 비타가 보여주었듯 이런 서사는 이상주의와 엉터리 민간 전승으로 구성될 때가 많았고, 더러는 인종차별적이까지 했다.[25] 지금까지 팔레오 옹호자들에게 영향을 미치는 초기(그리고 문제적인) 자료는 치과 의사 웨스턴 A. 프라이스Weston A. Price가 쓴《영양과 신체적 퇴화Nutrition and Physical Degeneration》다.[26] 그는 전 세계를 여행하며 서로 다른 인구집단의 치아를 조사해 쓴 이 책에서 '원시' 민족은 '현대' 민족들이 겪는 치아나 건강 문제가 거의 없었는데, 그들의 식단에 설탕과 밀가루, 가공식품이 들어 있지 않았기 때문이라고 주장했다. 인정받는 의학연구 절차가 아니라 느슨한 관찰연구를 사용하기는 했지만, 식단과 건강의 연관성을 토대로 견고하게 논증된 일반화를 제시했고, 100여 장의 사진과 권위 있어 보이는 그래프까지 곁들였다. 그는 '건강하고 고귀한 야만인'이라는 문제적 신화를 퍼뜨린 가장 중요한 초기 저자다. 비슷한 시기에 나온 가이 시어도어 렌치 Guy Theodore Wrench의 《건강의 바퀴: 훈자 사람들의 장수와 건강의 원천Wheel of Health: The Source of Long Life and Health Among the Hunza》도 매우 인기를 끌었는데,[27] 프라이스처럼 렌치도 파키스탄 오지에 사는 부족들이 질병을 드물게 앓고 아주 오래 사는 이유를 조사했다고 주장했다. 그는 영국령 인도의 군의관으로 복무했던 로버트 매커리슨Robert McCarrison 경의 의학 연구를 끌어다 썼다. 매커리슨 경의 주요 관심사는 영양이 불균형한 현대 식단이 파키스탄과 영국 사람들에게 미치는 해로운 영향을 입증하는 것이었다. 자연식품운동을 널리 퍼트린 로데일 출판사의 제롬 로데일Jerome Rodale도 이 저자들의 글을 읽었다. 역사학자 하비 리벤스타인은 로데일이 대중화시킨 자연식품운동이 어떻게 근대화 이전 '야만인'들이 우월한 식단을 먹어서 건강해졌고, 현재 식단과 농업생산 양식이 건강에 해롭다는 믿음을 조장했는지 보여준다.[28] 그 뒤로 옛날 식단이나 라이프스타일이 현대의 것보다 더 건강하다는 가정이 미국의 유기농식품이나 대안식품과 관련된 신념체계의 중심이 되었다. 로데일 출판사는 이런 책들을 토대로 유기농업을 지지했기 때문에 이 책들은 유기농식품과 농업의 가치에 대한 서사의 중요한 부분을 형성했다.

누가 팔레오를 믿는가?

옛날 식단을 높이 평가하는 사고는 건강을 증진시키기 위해 고안된 다른(더러는 비주류인) 신념체계나 실천들과도 연결된다. 영양인류학 관점에서 보면, 유기농식품이나 식이요법, 건강에 관심이 있는 많은 사람이 근대 이전 사람들이 현대 사람들보다 건강했고, 수렵채집시대나 초기 농업 경제의 식품체계가 건강을 지속적으로 유지시켰다는 이야기를 읽거나 들은 적이 있고, 대체로 이를 사실로 받아들인다는 것을 뜻한다. 일반 독자를 위한 구석기 식단을 다룬 초기 책들 중에는 위장병 전문의 월터 L. 보그틀린Walter L. Voegtlin이 1975년 자비 출간한 《석기시대 식단: 인간생태학과 식단의 심층 연구를 토대로The Stone Age Diet: Based on In-Depth Studies of Human Ecology and the Diet of Man》[29]가 있다. 그는 곡물은 피하고 육류와 지방을 섭취하라고 주장했는데, 육류 위주의 식단이 우리의 진화발생학적 필요에 더 맞기 때문에 과거 사람들의 건강이 전반적으로 더 나았다고 말했다. 사실, 그는 고대 인류가 육류만 먹었다고 주장했다. 당시에는 고지방 식단이 건강에 나쁘다고 알려졌기 때문에 사람들은 그의 생각이 진기하고 상당히 과격하다고 생각했다. "우리는 보그틀린 박사의 조언이 타당하다고 생각할 수도 있고 아니라고 생각할 수도 있지만, 그의 재치 있는 글은 즐겁게 읽을 만하다."[30] 10년 뒤 레온 체이토Leon Chaitow는 《석기시대 식단: 자연적인 먹기 방식Stone Age Diet: The Natural Way to Eat》을 출간했는데, 이튼과 코너의 1985년 논문을 많이 끌어다 썼다.[31] 체이토는 접골사로 마사지요법, 예방접종, 비주류 영양학, 수치료를 포함해 대체의학의 여러 다양한 주제에 대해 광범위하게 책을 출간했다. 그의 책들은 대개 자연식품 매장을 비롯해 협동조합이나 히피 매장처럼 주류가 아닌 대안 매장들에서 구할 수 있다.

석기시대의 식단을 옹호하는 것은 1990년대 후반까지도 주변부의 관심사였다. 1990년대 후반에 이르러서야 팔레오 식이요법이 온라인에서 주목받았고, 주류 언론이 팔레오 책들을 더 많은 사람에게 소개하기 시작했다. 재닛이 이런 동향을 처음 알아차린 것은 어느 서점에서 눈에 잘 띄게 진열된 로렌 코데인의《구석기 식이요법The Paleo Diet》을 보았을 때였다.[32] 그 옆에는 주류에 속하는 다른 책 몇 권이 함께 놓여 있었다. 레이 오데트Ray Audette의《날씬한 네안데르탈인Neander Thin》과 엘리자베스 소머Elizabeth Somer의《최초의 식단The Origin Diet》같은 책이었다.[33] 비슷한 시기에 팔레오 라이프스타일 온라인 플랫폼과 토론 그룹들이 운동생리학이나 최적의 건강, 식단을 중심으로 온라인 공동체를 형성하기 시작했는데, 그중 하나가 아트 드 배니Art De Vany가 이끄는 진화론적 건강에 대한 토론 그룹이었다. 팔레오 라이프스타일을 전문으로 다루는 최초의 웹사이트는 1997년 http://paleodiet.com이라는 URL로 출발했다. 팔레오는 체격과 성과(요즘에도 여전한 관심사인)에 초점을 두기 때문에 남성 건강 전도사들의 관심을 주로 사로잡았던 듯하다. 로렌 코데인은 운동생리학으로 박사학위를 받았는데, 최적의 운동 성과를 내기 위해 탐색하던 중 팔레오에 관심을 갖게 되었다. 레이 오데트는 자신을 '현대의 수렵채집인'이라 부르며 우리는 조상들이 먹던 대로 육류와 지방을 많이 먹어야 한다고 주장했다. 그는 컴퓨터 판매원이었는데, 2형당뇨를 진단받은 뒤 팔레오 식단을 먹고

'팔레오' 라이프스타일을 따르기 시작했다. 그는 텔레비전 뉴스 프로그램 〈48 아워스48 Hours〉의 인터뷰에서 덤불에서 따거나 막대기로 죽일 수 없는 것은 먹어서는 안 된다고 주장했다.[34] 요즘에는 주로 육류로 구성된 원시 식단에 대한 관심이 워낙 많다 보니 20세기 중반에 나왔던 스테판슨의《빵만으로는 안 돼》가 "완전 육식의 고전!"이라는 유혹적인 문구를 달고 하드커버와 페이퍼백으로 재발행되기도 했다.

오늘날에는 팔레오를 비롯해 그와 유사한 (대개는) 저탄수화물 식이요법을 다룬 수많은 책이 출간되고 있다. 건강과 웰니스, 영성을 비롯해 그와 연결된 다른 주제에 몰두하는 작은 이색 출판사에서 주로 나오는데, 주류 출판사들도 이런 유행으로 돈을 벌어들이고 있다. '팔레오 식이요법Paleo Diet'을 인터넷에서 검색하면 수천 권의 책이 나온다. 자비 출간한 책이 많지만, 대단히 명성 있는 출판사에서 나온 책도 꽤 있다. 로데일 출판사의 아주 인기 있는 식이요법 책 중에는 드 배니의《새로운 진화 식이요법: 체중 감량과 건강, 노화에 대해 구석기 조상들이 우리에게 가르쳐줄 수 있는 것New Evolution Diet: What Our Paleolithic Ancestors Can Teach Us About Weight Loss, Fitness, and Aging》이 있다.[35] 드 배니의 책을 보면 대안적인 건강 신념들과 팔레오 식이요법에 대한 열광이 어떻게 연결되는지 분명히 알 수 있다. 그가 팔레오 식단을 따라야 한다고 주장하는 이유는 이 식단이 장수와 최적의 건강, 노년까지 남자다운 체격을 유지하는 데 영향을 미쳐서다. 드 배니는 대중적인 팔레오 분야에 비교적 늦게 등장한 저자지만 '팔레오 식이요법의 아버지' '팔레오 식이요법의 할아버지', 심지어 '팔레오 식이요법의 창시자'로 묘사된다. 그가 일찍이 팔레오 식이요법을 주장했다는 증거는 찾을 수 없으니 이런 호칭은 스스로 붙인 듯하다. 어쨌든 로렌 코데인도 자기 책 표지에 자신을 '팔레오운동의 창시자'라 밝히고 있다.[36] 인류학의 과거 식단 연구를 열렬히 차용하는 여러 다른 저자처럼 드 배니도 영양학이나 의학 전문가가 아니다. 그는 경제학자다. 그럼에도 (남성의) 노화 방지를 위한 최적의 건강을 유지하기 위해 팔레오를 따라야 한다는 강연과 워크숍을 열며 엄청난 성공을 거두었다. 그는 비주류 건강운동 영역에서 주로 활동하지만(그의 권위는 부분적으로 그 자신의 건강과 활력에서 나오는 듯하다), 그의 사업은 팔레오 식이요법이 어떻게 이상적인 건강과 체력이라는 신화와 떼려야 뗄 수 없이 얽혀 있는지 보여준다. 많은 팔레오 추종자들은 팔레오 라이프스타일과 식단, 최적의 건강이 진짜로 연관이 있다고 생각한다.

남성, 육류, 그리고 팔레오
– 허약한 남성성과 식이요법

평생에 걸쳐 남성의 정력과 체력을 보장한다는 유혹적인 프로그램을 내놓은 마크 시슨 같은 새로운 전도사의 등장으로 팔레오 식이요법은 체력 그리고 남성성과 더 밀접하게 연결되기 시작했다.[37] 운동선수 출신인 시슨은 자신을 팔레오의 '대부'라 부르면서 자신의 팔레오 라이프스타일을 홍보하는 수업과 강연, 다양한 유료 서비스를 제공한다. 그는 자신의 프로그램에 "원초적 체력Primal Fitness"이라는 이름을 붙였다. 최근에는 이전의 팔레오 식단에 주로 육류로 구성된 케토제닉 식단을 통합했는데, 이는 케토 식이요법을 따르는 남성 보디

빌더 커뮤니티에서 관심의 초점이 되었다. 앞서 등장했던 다른 사람들처럼 그 역시 인류학 연구나 예전 책들에서 식이요법 식단에 대한 영감을 얻었는데, 그의 웹사이트는 주로 상의를 입지 않은 채 근육을 뽐내는 그의 사진이나 구매 가능한 다양한 책과 프로그램, 상품들로 구성되어 있다. 결론은 팔레오 라이프스타일이 나이 든 백인 남성을 활기차고 건강하게 만들어준다는 것이다. 마찬가지로 드 배니의 전설도 남성의 노화를 막는다는 서사를 활용한다. 온라인에서 볼 수 있는 거의 모든 그의 사진은 근육질의 건강한 노년 남성의 모습이다.[38] 2017년 팀 페리스Tim Ferriss는 그의 팟캐스트에서 드 배니를 인터뷰하면서 이렇게 소개했다. "드 배니 박사는 이제 여든 살이 다 되었는데도 완전 몸짱입니다."[39] 물론, 팀 페리스도 개인의 잠재력을 최대화하는 법을 다룬 책들인 '4시간4-hour' 시리즈로 잘 알려져 있다. 드 배니와 시슨처럼 그도 팔레오 식이요법과 케토제닉, 간헐적 단식의 강력한 지지자다. 그들은 이 모든 것이 팔레오 라이프스타일로 살기 위한 핵심 요소라 주장한다.

이처럼 팔레오와 케토, 프라이멀, 육식 라이프스타일의 혼합은 대개 백인 남성을 위한 라이프스타일로 묘사되며, 남성 지배나 정력을 중심으로 정체성을 창조하는 데 열중하는 남자들의 관심사가 되었다. 우리 두 사람은 육식과 남성성, 혈거인 판타지에 대한 분석은 다른 책에서도 찾을 수 있으며, 많은 문화에서 육식이 남성의 권리로 인식된다는 것을 모르지 않는다.[40] 팔레오 지지자들이 현재의 소망이 투사된 자연적이고 남성적인 '황금기의 과거'와 육류, 남성 지배를 얼마나 깊이 연결하는지는 드 배니의 글에서 분명히 볼 수 있다.

거의 200만 년 전 살았던 우리의 조상 호모에렉투스가 오늘을 살아간다면, 밖으로 나가 랄프 로렌 정장(42롱 사이즈)을 사 입고 뉴욕 거리를 자연스럽게 걸을 것이다. 키가 크고 마른 NBA 농구 수비수 같은 체격일 것이다. 4만 년 전 지구 위를 돌아다녔던, 더 현대적인 크로마뇽인은 아마 아르마니 정장(44롱 사이즈)을 입을지 모른다. 그가 남긴 예술과 동굴벽화가 입증하듯 그는 호모에렉투스보다 스타일 감각이 더 좋다. 크로마뇽인은 아마 미식축구 선수를 더 닮았을 것이다. 그는 대부분의 요즘 남자들보다 키가 크고 근육질의 몸을 지닌, 아주 강력하고 무시무시한 운동선수일 것이다. … 마찬가지로 크로마뇽인 여성은 날씬하고, 현대 여성보다 키가 조금 더 크며, 전형적인 모래시계형 몸매에 우아한 자세를 지녔을 것이다. 크로마뇽인들의 예술 속 맵시 있는 여성의 묘사로 보건대 아마 슈퍼모델처럼 보이겠지만 영양실조에 걸린 것처럼 비쩍 마르진 않았을 것이다. 케이트 모스보다는 건강미 넘치는 신디 크로포드와 비슷할 것이다.[41]

이 발언을 분석하는 일은 괴롭지만, 흥미로운 사실을 알려준다. 먼저 이 글은 남성의 신체적·경제적 능력 모두를 강조하며, 문화 자본도 슬쩍 암시한다. 독자는 랄프 로렌과 아르마니를 숭배하는 가치 체계를 분명 알고 있는 사람들이다. 요즘 많은 미국 남성은 운동선수를 남성성의 극치로 여기므로 남자 조상을 프로 선수로 그리면 건강과 신체적 역량, 찬사의 이미지를 잘 결합할 수 있다. 비싼 정장을 살 수 있다는 것은 경제적 승자임을 뜻하며, 고급 정장이나 운동선수 같은 체격은 남성 지배력의 상징이므로, 이들이 다른 사람에게 지배력을 행사하는 지위에 있다는 것을 드러낸다. 이 모든 것이 말하는 바는 팔레오 식이요법을 선택하면 평범했던 미국 남성이 다른 남성(과 여성)들을 지배하게 되리라는 것이다. 결국, 여성은 대상일 뿐이다. 욕망의 대상 말이다. 남자 크로마뇽인의 옷과 달리 여성의 옷은 묘사되지 않는다. 여성은 지배성이 아닌 성적인 신체 특성으로만 묘사된다. 남성의 성적 응시의 대상으로 이상화된 화신이며, 성공한 남성의 팔에 매달린 슈퍼모델로 축소된다. 여성은 행위 주체가 아니라 장식품이거나 부속물이다.

티나 시카Tina Sikka에 따르면, 이런 주제들은 팔레오 식이요법과 다크웹에서 볼 수 있는 남성성 서사의 일부를 이룬다. 그는 이 서사가 "상호연결된 세 가지 인지적·문화적 틀을 토대로 만들어진다"라고 말한다. 첫째 유해한 남성성과 국가주의의 강력한 형태를 유지하는 지배적 젠더 규범의 재천명, 둘째 이미 틀렸다고 밝혀지거나 신빙성이 부족한 진화이론을 기반으로 인종차별주의를 반영하고 퍼뜨리는 담론, 셋째 개인의 자율과 노력, 표현의 자유를 물신화하는 대단히 해로운 신자유주의적 자아관(결국 페미니스트를 비롯한 진보적 좌파에 대한 공공연한 적대감으로 수렴하고 분출된다)이다. 시카는 "팔레오운동은 정치 이데올로그ideologue와 학자, 대중지식인, 젊고 대개는 백인인 남자들을 함께 묶는 운동인데, 그들에게 특정 식습관은 그들이 잃어버렸다고 생각하는 권위와 지위, 권력을 회복하도록 돕는 길이다"라고 말한다.[42] 더군다나 건장한 체격을 만들고 유지하는 것만이 아니라 식사 규칙과 지침을 엄격히 따르기를 강조하는 데서 알 수 있듯, 자기 통제(와 은연중에 암시된 타인의 통제)를 암암리에 중요시한다. 신체와 정신의 통제를 통해 특정 종류의 남성적 자아를 창조한 사람은 자신의 우월성을 입증한 사람이다. 자신을 지배할 만큼 강한 사람은 다른 사람도 지배할 자격이 있기 때문이다.

리처드 니콜라이Richard Nikoley는 지나친 극우 성향이거나 요란한 팔레오 홍보자는 아니지만, 그의 '야수를 해방시켜라Free the Animal' 웹사이트와 책, 블로그를 보면, 그런 가치들이 모여 팔레오 식단을 토대로 겉보기에 자연스럽고 문화적으로 공유된 듯한 남성 정체성을 어떻게 창조하는지 이해할 수 있다. 니콜라이는 《야수를 해방시켜라: 팔레오 식단으로 체중과 지방을 감량하는 법Free the Animal: How to Lose Weight and Fat on the Paleo Diet》을 전자책으로 자비 출간했고, 2003년부터 블로그를 운영하고 있다. 그는 구석기 생활방식에 대한 가설을 사용해 각자의 개인적 능력과 통제력, 남자들이 원하는 것(야수를 해방시키기)을 할 권리를 찬양하면서 그것이야말로 진정하고 자연스러운 삶의 방식이라 주장한다. 예를 들어, 니콜라이는 "인간은 자신과 사회, 심지어 물리적 환경의 중요한 측면까지 재빨리 바꿀 능력을 소유하고 있다"(지침1)라고 말한다. 그리고 "날씬하고 강하고 건강해지기 위한 열쇠는 당신의 머릿속에 있다. … 스스로 식단과 체력 단련 프로그램을 짜야 한다. 그 짐은 오롯이 당신의 몫"이라고 언급한다(지침3). 더 나아가 이런 라이프스타일은 결국 독자적이고 개별적인 것이라고 말한다. "건강은 자기결정 능력과 독립과 비례해 증진된다. … 이런 영향으로부터 당신의 수단으로 스스로를 해방시켜라. 당신은 당신의 행동을 승인하고 허락할 군중 없이 혼자 힘으로 해나가야 한다."(지침10) 이와 같은 자립적 태도는 그가 "과거에는 인류가 자기 힘으로 생존했기 때

문에 개인적·사회적으로 강했다는 것을 우리는 안다"라고 주장할 때
훨씬 더 분명하게 표현된다(지침18). 그의 세상은 사람이 정말 섬으로
존재하는 곳이다.[43]

그가 생각하는 이상적인 팔레오 스타일 남성은 여성 혐오자이
기도 하다. 그의 웹사이트에서 '여성'이라는 단어를 검색하면 노골적
으로 성차별적 게시물들이 나온다. 그중에는 '소유주의Propertarianism'
에 기반한 사회제도를 지지하는 것도 있는데, 그에게 소유주의란 사
람들, 특히 여성들이 자신의 적절한 위치를 알도록 하는 것을 말하는
듯하다.[44] 그 외에도 이성애적 성규범과 남성의 성적 공격성을 노골적
으로 지지하는 글도 있고, 여성의 참정권을 보장한 수정헌법 제19조
를 뒤엎자는 뻔한 호소도 있다. 또 여성의 성격과 심리를 부정적으로
묘사한다. "여자들은 이중성과 기생성으로 얻은 정치적·경제적 권력
을 비롯한 여러 권력을 이용한다. … 물론, 남자들도 똑같은 정치적 기
생 관계에 얽혀 있지만, 적어도 공동 식량 창고를 돌보는 역할은 한다.
아니면 적어도 여자들이 저지르는 약탈과 강탈의 속도를 늦추는 역할
을 하거나."[45] 그가 하려는 말은 분명하다(그리고 분명 일종의 투사다).
남자는 만들고 여자는 빼앗는다는 것. 곧 여자는 남자를 '약탈하고 강
탈한다'는 것이다. 따라서 정당한 권력을 되찾기 위해 남자들은 자신
과 다른 사람을 통제해야 한다. 그러려면 현대 생활의 문제를 해결할
천연 해독제로 '내면의 야수를 해방시키는' 팔레오 식이요법과 라이
프스타일을 선택해야 한다.

또다른 남성 권력 지지자로는 식이보충제와 체력향상보충제,
팔레오와 관련된 영양 조언을 판매하는 사람인 마이크 세르노비치

Mike Cernovich가 있다. 그는 대안 우파이자 노골적인 여성 혐오자이며, 유해한 남성성을 찬양하는 사람이다. 남부빈곤법률센터(미국의 비영리 법률단체로 민권과 공익 소송을 주로 다루는데, 백인 우월주의 단체들에 대한 소송으로 유명하다 - 옮긴이)의 증오범죄 기록에서 한 페이지를 장식하기도 한다.[46] 그가 자비 출간한 책의 제목은 《고릴라 마인드셋Gorilla Mindset》이다. 이 책은 심리학 용어를 별 뜻 없이 늘어놓는, 자기역량 강화에 대한 헛소리 덩어리지만, 다른 한편으로는 내면의 야수, 곧 강력하고 독립적이었던 우리의 선조(또는 유사 선조)인 영장류를 칭송하는 찬가이기도 하다. "고릴라는 강력하고 지배적인 동물이다. 나는 우리의 육체적 본성을 더럽거나 악한 것으로 보지 않고 지배력과 권력을 되찾기 위해 … 나의 고릴라 본성을 끌어안는다."[47] 책에는 그의 블로그와 웹사이트에서 볼 수 있는 백인 우월주의 장광설은 없지만, 대신 그가 '성공의 심리학'이라 부르는 것을 위해 튼튼한 체격과 사고방식을 만들어야 한다고 강조하는 내용은 있다. 이는 그의 대안 우파 페르소나를 주류에 편입시키고 급진주의의 대중화를 촉진하려는 전략의 일환으로 볼 수 있다(존 듀런트John Durant의 전략이기도 하다. 듀런트의 책 《팔레오 선언The Paleo Manifesto》은 대체로 정치적 색채가 없는 반면, 그의 블로그 게시물들은 대안 우파의 주장을 그대로 전달한다).[48] 세르노비치는 남성에게 주어진 자연스러운 생활방식은 식사와 신체를 자율적으로 통제함으로써 개인의 역량을 강화하고, 환경과 다른 사람, 특히 여성을 지배하는 것이라고 주장한다. 그에 따르면, '지배'는 가장 공격적인 수컷이 가장 성공했던 영장류 선조들로부터 남자들에게 새겨진 자연스러운 본성이다.

이 사례들은 티나 시카가 분석한 세 가지 인지구조를 잘 보여준다. 가짜 진화이론을 사용해 남성 헤게모니를 정당화하는 주장은 남성 개인의 자율성의 물신화, 특히 남성들이 사회적 기대나 문화적 규칙과 상관없이 자신들이 하고 싶은 것을 할 권리를 물신화하는 주장과 연결된다. 그리고 마지막으로 이들은 페미니스트와 정치운동가를 비롯해 여자 같은 '좌파' 사람들을 악마화한다. 이런 것들은 혼란을 겪는 미성숙한 사춘기 소년들의 퇴보적 환상이지만, 안타깝게도 이 저자들은 다 자란 남자들이고 수많은 사람에게 영향을 끼치는 이들이다. 니콜라이와 세르노비치의 사이트는 다크웹에 있지도 않다. 방문자가 대단히 많고, 겉보기에는 영양정보나 건강을 다루는 주류 웹사이트처럼 보인다. 이 같은 사이트들이 온라인 남성 팔레오 문화의 핵심을 이룬다. 이들은 다른 남성권 운동 지도자들의 활동을 소개하는 인터뷰와 게시물 사이사이에 팔레오 지도자들을(마크 시슨, 팀 페리스, 존 듀런트, 아트 드 배니) 자주 언급한다.

남성의 경제적 성공과 자기결정 능력 그리고 육식만 하는 극단적 팔레오-케토 식이요법의 결합은 또다른 하위문화에서도 나타난다. 바로 암호화폐에 빠져 있는 테크브로Tech-Bro(기술산업에 종사하는 부유한 남성 청년들-옮긴이)들이다.[49] 주류 테크업계 문화에서는 남성 지배, 자유지상주의나 우파 정치, 대안 화폐가 뚜렷이 연결돼 있다. "비트코인 육식주의자들은 탈중앙화된 디지털 분산원장과 우리 조상들의 상상된 식단 그리고 그 연장선에 있는 생활방식 사이에 일종의 형이상학적 유사성이 있다고 본다. 정치, 음식, 돈. 이 모든 것이 다 연결된다."[50] 이와 같은 자기폐쇄적 문화지대들에서 팔레오 식이요법을 중심으로 테크놀로지를 통한 경제적 지배와 몸의 통제를 통한 개인적 지배, 우파 여성 혐오, 헤게모니를 통한 사회적 지배가 서로 중첩되며 펼쳐질 때가 많다. 이런 식이요법이 추종자들에게 약속하는 것은 타고난 진화심리적 우월성을 지닌 특정 남자들이 '당연하게' 지배하는 문화적·개인적 공간을 되찾을 수 있다는 것이다.[51] 곧 팔레오 식단은 강한 남자, 지배하는 남자, 성공적인 남자를 만든다. 육류는 남성적이고, 식물은 여성적이라는 믿음 때문에 대안 우파 옹호자인 존 듀런트는 육식만 하는 식단을 '좌파 식물 기반 운동'의 대안으로 여긴다.[52] 대안 우파 사이트들은 판에 박힌 생각들과 유명인사가 된 핵심 지지자들, 독자 댓글과 토론의 끝없는 순환과 상호 참조를 통해 일관성 있는 온라인 현실과 공동체를 제공한다. 그리고 안타깝게도 이런 유형의 온라인 공동체들은 식단과 라이프스타일을 개선하기 위해 정보를 찾는 감수성 예민한 젊은 남성들도 동시에 급진화시킬 수 있다.[53]

식이요법에서 정체성으로

독자들은 왜 우리가 팔레오 식이요법을 다루면서 대안 우파나 남성 지배 운동 같은 더 광범위한 사회 정체성들을 이야기하는지 의아할 것이다. 이유는 간단하다. 우리는 팔레오 공동체들을 탐구하는 과정에서 다른 관심사와 정체성 정치집단과도 교차하는 팔레오 라이프스타일을 구성해 제시하는 곳들을 거듭 마주쳤다. 물론, 대안 우파와 거기에서 파생된 신념체계들이 팔레오 공동체의 전부는 아니다. 팔레오 공동체를 구성하는 다른 집단으로는 '귀농인Back-to-the-Lander'과

'프레퍼Prepper'(각종 재난에 대비해 스스로 생존을 준비하는 사람들-옮긴이), 알레르기가 있는 자녀를 걱정하는 엄마들, 환경운동가, 최적의 식단으로 건강을 유지하고픈 사람들이 있다. 주목할 만한 점은 아주 많은 유행 식이요법에서 음식이 정체성을 구성하는 것과 아주 강하게 연결되는데, 특히 팔레오에서 그 점이 분명하게 나타난다는 것이다. 사람들은 자신이 팔레오 식이요법을 따른다고 말할 때 단순히 "팔레오 식이요법을 하고 있습니다"라고 말하지 않았다. "팔레오가 되고 있어요"라거나 "팔레오로 살아요" "나는 팔레오여서 그 음식은 먹을 수 없습니다"라고 이야기했다. 이는 '자신이 무엇이 되고 있으며, 자신이 무엇이다'라고 말하는 강력한 진술이다. 이런 진술은 음식 사용을 넘어 더 많은 것에 대해 말해준다. 사람들이 식이 규칙을 포함한 정체성을 받아들인다는 말인데, 이때 식이요법은 자아 개념의 일부분일 뿐이다. 그리고 비거니즘과 채식주의, 로커보어리즘 같은 다른 식이 트렌드와 마찬가지로 음식과 관련된 공적 정체성을 수행하는 것은 일종의 미덕 과시가 될 수 있다. 팔레오 식이요법에서는 질병 예방, 최적의 건강 성취, 성공 지향적인 '최고의 삶' 살기, 적절한 자기관리 수행 같은 욕망을 전시한다. 최고의 성취를 추구하는 많은 팔레오 사이트들이 지위나 자기결정력, 신자유의적 자아실현을 우선시하는 것으로 보건대 이들의 미덕 과시에는 경제적인 면도 있으리라 짐작된다. 곧 자신이 개인적 정체성 실천과 습관 때문에 성공을 이루었고, 성공을 이룰 만한 사람이라는 것을 모두에게 알리려는 욕망을 보여준다. 이런 정체성의 수행은 자신의 가치만이 아니라 정치적·사회적 성공을 위한 자기변화 과정을 공개적으로 과시하는 것으로도 볼 수 있다. 이들 사이트와 공동체는 모두 식이요법과 정신적 습관, 신체 운동, 자기 통제를 통해 스스로를 변화시키고야 말겠다는 정말 확고한 신념을 드러낸다. 팔레오를 비롯해 비슷한 실천들(키토나 간헐적 단식)은 미국 문화의 상태에 대해, 미국 문화에서 개인과 공동체의 관계에 대해, 적절히 문화화된 시민이 된다는 것이 무슨 뜻인지에 대해 중요한 것을 알려준다.

  팔레오 같은 식이요법은 건강을 위해 식이요법을 선택하는 순간 그것이 개인 정체성의 일부가 되지만, 활발한 대면, 비대면 공동체 활동이 있기에 그 정체성의 합리성이 힘을 얻고, 더 나아가 총체화된 '부족 정체성Tribal Identity'이나 문화가 만들어진다. 온라인 공동체들은 식이요법과 라이프스타일에 대해 일관된 견해를 주고받으며 서로의 신념을 강화한다는 점에서 '실천공동체Community of Practice'로 보는 것이 좋을 것이다.[54] 이와 비슷하게 서로의 신념을 강화하는 과정은 책과 온라인 포털, 웹사이트, 사용자 이익집단을 비롯해 식이요법과 관련 상품을 홍보하는 상호작용적 공간에서 볼 수 있는데, 이는 분명 팔레오 공동체에도 존재한다.[55] 사실, 일단 호기심을 느낀 사람이 이런 곳들을 기웃거리고 나면 팔레오 식이요법의 정당성과 합리성이 당연하고 논쟁의 여지가 없는 것이 된다. 특히 사용자나 독자가 경험 공유 포럼에 참여하기 시작하면 팔레오 라이프스타일에 대한 믿음이 더 강화된다. '팔레오 라이프스타일'을 선택하는 개인은 심리적·문화적으로 새로운 정체성을 갖게 되며, 이 정체성은 자신을 바라보는 사회적·생물학적 관점을 바꿔놓는다. 자신을 '팔레오'라고 부르면서 단순히 음식 섭취나 라이프스타일을 넘어 더 큰 세상에서 자신의 위치를 규정하기 위해 팔레오 식이요법을 사용하게 된다.

또다른 신념 강화 과정은 '주의력 경제Attention Economics'에 따른 '의사결정'이다. '주의력 경제'는 허버트 사이먼Herbert Simon이 발전시킨 개념인데, 시그네 루소Signe Rousseau가 음식에 대한 논의를 위해 더 정교화했다.[56] 거의 무제한으로 쏟아지는 정보 속에서는 여러 생각을 검토할 시간과 에너지가 그리 많지 않으므로, 사람들은 검토의 대상과 방법을 좁히기 위해 정보를 인지적으로 감당할 만한 수준으로 만드는 '제한된 합리성Bounded Rationality'을 토대로 결정을 내리는 경향이 있다. 역설적으로 '제한된 합리성'은 이미 인정된 개념들과 그렇지 않은 생각들을 함께 묶어서 우리의 신념체계에 어느 정도의 비합리성을 경험하고 수용하도록 허락한다. 게다가 우리는 가까운 친구와 유명인 그리고 좋아하는 온라인 포럼이나 블로그 인플루언서들의 생각을 받아들이는 경향이 있다. 사이먼은 이런 경향을 '순응성Docility'이라 부른다. 이와 같은 정신적 지름길 때문에 특정 라이프스타일에 대한 신념을 정당화하고 그 신념에 따른 실천에 참여하려는 욕구를 강화하는 총체적인 문화 공간이 창조된다. 이것은 이데올로기로서의 식이요법이다. 이 이데올로기는 아주 다양한 분야의 증거들로 뒷받침되며 존재론적·인식론적으로 합리화된다.[57] 그러나 겉보기에 '다양한 분야의 증거'라는 것이 우리 두 사람에게는 같은 주장을 주고받는 메아리처럼 들린다.

J. 레이브J. Lave와 E. 벵거E. Wenger의 '실천공동체'처럼 이 공동체들은 서로가 담론 형성에 참여하고, 실천 규범을 협상하고, 습관 목록을 공유하면서 선택된 라이프스타일에 대한 믿음을 강화한다.[58] 한 가

지 영역의 행위(이 경우에는 식이요법)가 다른 영역의 신념이나 실천과 재빨리 손을 잡는다. 왜냐하면 이 공동체들은 서로 다른 영역들을 매끄러운 전체의 일부로 제시하기 때문이다. 주크와 시카가 논의한 것처럼, 바로 이 방식을 통해 팔레오 라이프스타일과 과잉 남성성, 정력, 남성 지배가 서로 연결된다. 그리고 이 연결이 일어나는 주된 이유는 우리 문화에서 단백질 섭취가 남성 정체성과 이어져서인 듯하다.[59]

사냥꾼 남자

육류는 '남자의' 음식이라는 생각이 미국 문화에 아주 깊이 박혀 있긴 하지만, 구석기 식단과 육류, 남성성, 심지어 남성 지배가 연결되는 경향에는 인류학의 책임도 어느 정도 있다.[60] 초기 고인류학자들이 고대인들의 식량 획득 과정을 깊이 연구한 것은 식량 획득이 개인과 종을 유지하는 데 필수적이며, 진화적 적응을 추동하는 주요 동인일 때가 많기 때문이다. 한 동물이 어떻게 먹이를 구하는지는 진화 과정에 영향을 미치며, 식량을 구하는 능력과 관련된 주요 표현 형질을 결정할 때가 많다. 인류학자는 우리의 가장 가까운 친족인 유인원을 호모에렉투스와 오스트랄로피테신의 유사체로 이용할 수 있지만, 대부분의 유인원은 대체로 채식을 한 반면, 거의 모든 인간 사회는 육식을 즐겼다. 그러므로 사냥과 육식은 인간이 큰 뇌를 지닌 사회적·지배적 종으로 빨리 진화하도록 한 행동 요소로 추측된다. 그러나 인간의 중요한 본성을 사냥과 육식, 공격성과 연관 지은 철학적 사색은 인류학보다 오래되었기 때문에(예를 들어, 미셸 드 몽테뉴Michel de

Montaigne의 〈식인종에 관하여Of Cannibals〉를 보라) 사냥과 인간 본성에 대한 서구적 개념이 초기(그리고 이후의) 인류학에 영향을 미쳤으리라는 점을 인정해야 한다.[61] 예를 들어, 에드워드 버넷 타일러Edward Burnett Tylor는《원시문화Primitive Culture》에서 제시한 초기 인류와 수렵인, 수렵 채집인을 후대의 농사 짓는 서구 백인보다 덜 진화한 존재로 보는 단선적인 문화 진화와 발달 과정을 제시한다. 이 이론의 가정에 따르면, 초기 인류는 현재 인류보다 당연히 더 야생적이고, 더 동물적이며, 현재 인류보다 덜 복잡한 뇌와 문화를 지녔다.[62] 타일러는 생물학보다는 비유를 이용해 결론을 끌어내지만, 어쨌든 문화적으로 덜 발달된 존재는 생물학적으로도 덜 발달됐음을 입증한다고 여겨지는 생물학적 속성들을 제시하긴 한다.

초기 호미니드의 화석이 점점 더 많이 발견되면서 과학자들은 진화의 궤적을 추적하기 위해 육식과 사냥의 출현에 대해 그리고 그런 행동이 진화 과정에서 무엇을 의미하는지에 대해 추론했다. 초기 인류의 사냥(과 공격성)을 상정한 비교적 영향력 있는 이론 중 하나는 최초의 오스트랄로피테신 해골을 확인한 레이먼드 다트Raymond Dart의 이론이다. 그는 두개골에서 구멍 자국처럼 보이는 것을 발견했고, 두개골의 주인인 이 진화의 '잃어버린 고리'가 사냥꾼이거나 식인종일 수 있고, 육식을 삶의 중심으로 삼았으리라 가정했다. 그는 오스틀라로피테신 아프리카누스가 육식동물의 위턱을 사용해 먹이(이 경우에는 자신과 같은 종)를 공격하고 죽였다면서 "그들이 인간의 얼굴 형태와 치아기관을 가져서가 아니라 혈거 생활을 했고, 육식을 좋아해서 육류를 얻기 위해 야생동물을 사냥했다는 점, 도구를 사용했다는 점을 고려했을 때 인간에 해당한다"라는 이론을 세웠다. 더 나아가 그는 이 호미니드의 화석만이 아니라 다원과 성경, 기록된 역사를 분석해 '인간man'은 본질적으로 공격성이 있고, 살인을 한다고 주장했다. 그는 "어디에서 발견되든 모든 선사시대와 원시적인 인류는 사냥꾼이다. 곧 고기를 먹는 사람들"이며 "인류에 대한 인류의 역겨운 잔학성은 인류의 피할 수 없는 특징이자 고유한 면모이며, 이런 특징은 인류의 육식적·식인적 기원으로밖에 설명할 수 없다"[63]라고 지적했다. 사실상 그는 육식과 사냥, 공격성, 심지어 식인적 살육이 호미니드를 원숭이에서 사람으로 진화하도록 만든 핵심 특징이며, 사냥과 살육에 필요한 기술 때문에 직립보행과 큰 뇌의 발달이 가능했다고 수십 년간 주장했다. 이 생각은 '사냥 가설'이라 불린다.[64]

그러나 1981년에 고생물학자 찰스 킴버린 브레인Charles Kimberlin Brain은 오스트랄로피테신 아프리카누스의 두개골들에서 발견된 구멍이 표범의 위 송곳니 자국과 깔끔하게 맞아떨어진다는 점에 주목했다. 표범은 먹이를 나무로 끌고 가서 보관했다가 나중에 먹는 것으로 알려져 있다. 달리 말해, 그곳에 쌓인 두개골 화석들은 그곳이 식인종의 살육터가 아니라 아마 표범의 식품 저장소였으리라는 사실을 보여주며, 이 호미니드들은 포식자라기보다는 먹이였을 가능성이 오히려커 보였다.[65] 브레인의 가설은 결국 거의 모든 고생물학자와 인류학자들로부터 인정을 받았고, 인류학자들이 화석을 해석하고, 초기 인류의 본성과 직립보행, 큰 뇌, 언어로 이어지는 진화적 발달의 동인을 상상하는 방식에 큰 지각변동을 일으켰다. 고인류학자들은 살육이 인류의 진화를 위한 최적의 환경을 창조했다고 가정하는 대신, 사냥만이 아니라 채집과 사회적 교환, 아이 돌봄 같은 다른 잠재적 원인들을 살펴보기 시작했다.

그러나 안타깝게도 물은 이미 엎질러졌고, 육식을 즐기는 살인적 수컷 원숭이에서 진화한 사냥꾼 남자의 개념이 호모사피엔스 진화 전문가의 입장으로 일반 문화에 널리 알려진 상태였다. 대중만이 아니라 인류학자마저 사냥 가설에 쉽게 수긍한 것은 화석 증거가 여성의 활동을 비롯해 다른 생계 양식과 발달 과정을 보여주기보다는 사냥 가설의 타당성을 입증하는 것으로 해석될 가능성이 높아서였을 것이다.[66] 사냥꾼 남자라는 개념이 공공영역으로 무리 없이 침투할 수 있었던 데는 로버트 아드리Robert Ardrey가 1960년대에 쓴 대중서의 영향도 무시할 수 없다. 아드리는 인류학자가 아니라 극작가이자 과학 저술가였다. 그러나 그는 글을 잘 썼고 인류학 이론을 이해하기 쉽고 매혹적인 언어로 곧잘 전달했다. 그는 레이먼드 다트(그가 1950년대에 직접 만났던)의 영향을 깊이 받았고, 그의 인류 진화에 대한 해석을 설명하는 책을 여러 권 썼다. 아테네움 출판사에서 출간한 '인간의 본성' 시리즈에 속하는 《아프리칸 창세기African Genesis》 《영역 충동The Territorial Imperative》 《사냥 가설The Hunting Hypothesis》 같은 책이다.[67] 그는 수컷 호미니드의 공격성이 진화의 동력이라는 생각을 옹호한 주요 인물이었고, 이 공격성을 '타고난 공격성Innate Aggression'이라 불렀다.[68]

당시 이런 공격성에 대해 설명한 사람은 아드리만이 아니었다. 그의 책이 나온 뒤 다양한 분야의 학자들이 뒤이어 책을 출간했다. 달리 말해, 이런 생각은 널리 인정받았고, 검증되지 않은 서사로, 곧 그냥 당연히 사실로 인정되는 그럴싸한 이야기가 되었다. 동물학자 콘

라트 로렌츠Konrad Lorenz의《공격성에 관하여On Aggression》는 특히 학계를 넘어 유명해졌는데, 아드리의 글로부터 영향을 받았다.[69] 아드리는 인간의 공격성을 문명 발달을 초래했을 뿐 아니라 큰 뇌, 사회제도, 영역 지배 욕망, 무기를 비롯해 도구를 창조하는 기술적 적성 같은 인간의 특징을 진화시킨 동력으로 여겼다. 그는 살해 욕망이 없었다면 이와 같은 주요한 인간의 특징들이 하나도 발달하지 않았을 것이라고 주장했다. 그러나 그의 시선은 전적으로 남성의 것이었다. 그의 생각에서는 남성만 본질적으로 공격적이다. 따라서 남성만, 남성의 욕망과 능력만 호모사피엔스의 진화에 기여했다. 추정하건대, 여성들은 인류 발달 과정에서 소극적인 승객으로 무임승차했을 뿐이다. 아드리의 책들은 엄청난 인기를 끌었다. 조부모님의 책장을 들여다보면 아마 그의 책을 적어도 한 권쯤 발견할 수 있을 것이다. 그 책들은 무척 이해하기 쉬웠으므로 우리 조상이 폭력적이고 거칠고 육식을 즐기는 사냥꾼이었다는 생각이 대중 사이에 정착되었다. 이 생각은 근래 아주 조금의 미화를 거쳐 몇몇 팔레오 지지자들 사이에서 사용되고 있다.[70]

게다가 1960년대에는 고대 식량경제를 검토하면서 건강과 젠더, 사회 역할 형성을 다룬 연구들이 발표되었다. 이 연구들은 생물문화 연구에서 급성장하는 관심사의 일부로서 진화 기제와 건강, 인구 구성, '최적섭식이론Optimal Foraging Theories'(동물이 가장 효율적인 방식으로 먹이활동을 한다는 가정 아래 먹이행동을 예측하려는 이론 - 옮긴이)을 더 잘 설명하려 했다. 아마 가장 영향력 있는 연구는 1966년 논문집《사냥꾼 남자》였을 것이다.[71] 자연인류학과 생물인류학에서 대단히 영향력 있던 이 연구들은 '사냥하는 남자, 채집하는 여자'라는 신화를 퍼뜨린 것으로도 악명이 높다.[72] 대체로 추측에 근거한 한 연구에서 저자들은 화석과 도구들로 구성된 유물복합체 조사와 현재 살아 있는 수렵채집 부족에 대한 인류학 연구들을 결합해 성별로 다른 사냥과 채집 전략에 기반한 진화 모형을 제시했다. 그들은 많은 도구가 사냥에 사용되었고, 남성과 여성이 가정경제와 식량경제에서 아주 다른 일을 수행했다고 가정했다. 더 나아가 아드리와 다트처럼 사냥 행동이 남성의 것이고, 사냥이 구석기 식단에 가장 중요한 부분이었으며, 사냥에 필요한 행동들이 함께 상승작용을 일으키며 인간종의 진화를 추동했다는 생각을 맹목적으로 받아들였다. 이들의 결론에서 구석기시대 원인류 무리에서는 남성이 식량 생산을 대부분 책임졌고, 여성은 베이스캠프에서 사냥꾼 아빠가 '고기를 들고 오기를' 기다리는 역할로 좌천됐다.

셔우드 워시번Sherwood Washburn과 C. L. 랭카스터C. L. Lancaster는 이렇게 썼다. "동물을 사냥하고 도살하기 위해 남자들의 협력이 대단히 중요시됐다. 협력은 비인간 영장류 사이에서는 전혀 중요시되지 않는다. 게다가 여성과 아이들은 작은 짐승의 사냥에만 참가할 수 있었기 때문에 맹수 사냥을 위한 남자들의 사회 조직은 노동의 성별 분업을 강화하는 결과를 낳았을 것이다. 인간의 사냥은 일련의 삶의 방식이었음을 … 강조하는 것이 중요하다. 사냥에는 남성과 여성의 노동 분업, 관습에 따른 공유, 남성들의 협력과 계획이 필요하다."[73] 그들은 여성과 남성 간의 음식 공유를 호미니드의 핵심 특징이자 다른 동물과 구별되는 새로운 진화 패턴으로 보았다. 그들은 남성이 배우자와 자녀들과 공유하기 위해 집으로 음식을 가져온다고 주장했다.

(남성) 인류학자들은 과거의 유물복합체에서 자신들의 삶의 패턴을 보았던 것이다. 구석기시대의 증거는 20세기 중반 중산층 미국 가족 (아이를 돌보는 엄마와 경제적 생산활동에 참가하는 아빠)과 놀랍도록 닮은 가족제도와 경제제도를 뒷받침하는 방향으로 해석되었다.

이 저자들은 노동 분업에 대해 더 자세히 부연했다. "남자들이 사냥하는 동안 여자들이 채집 활동을 한다면, 여성과 남성의 노동 성과가 어떤 합의된 장소로 운반되어야 한다. 육류는 쉽게 운반할 수 있지만 채소는 그렇지 않다. 채소를 담을 용기의 발달은 인류 진화에서 가장 근본적인 전진 중 하나였음이 분명하다. … 우리는 맹수 사냥을 통해 인간 행동의 이 모든 측면이 … 인간을 다른 영장류와 뚜렷이 분리했다고 믿는다." 그들은 또 이렇게도 썼다. "우리가 들은 바에 따르면, 우리 종의 관습과 생물학, 심리를 결정한 이런 활동은 전적으로 남성의 것이다."[74] 이와 같은 상상에서 여성은 식량의 작은 부분만 공급하는 반면, 남성은 영양의 큼직한 뒷다리를 어깨에 둘러메고 가지고 온다. 상상 속 혈거인의 일반적인 이미지다. 그러나 그다음에 워시번과 랭카스터는 아드리의 길을 따라 사냥에서 공격성으로 이야기를 확장한다. "남자들은 사냥과 살인을 즐긴다. … 그러므로 사냥의 진화적 성공은 인간 심리에 깊은 영향을 미쳤다." 두 사람은 사냥을 전쟁, 곧 다른 생명을 죽이기를 좋아하는 성향과 연결했고, 이때 다른 생명은 같은 종일 때도 잦았다. 그들은 이 경향이 공격성을 우선시하는 사회제도를 낳았다고 보면서 "거의 모든 인간 사회는 특정한 다른 인간 사회의 구성원을 죽이는 것을 바람직하다고 간주했다"라고 썼다. 또 "이런 생물학적 차이들은 노동 분업으로 더 강화되었고, 인간 성인의 성 역할 차이는 다른 비인간 영장류에서 보이는 성 역할의 차이보다 훨씬 크다"라고 언급했다. 이 지점에서부터 저자들은 어떻게 사냥과 음식 공유가 아이들을 부양해 종을 유지하는 수단으로서 인간의 가족구조(곧 핵가족)의 발달로 이어졌는지 설명한다. "우리를 원숭이와 구별하는 생물학과 심리, 관습. 우리는 이 모든 것을 과거의 사냥꾼들에게 빚지고 있다."[75]

이 분석을 요약하자면 이렇다. 사냥은 우리 종을 진화시키고 우리를 다른 동물과 구별하는 사회제도를 창조한 동력이다. 추측하건대 남자만 사냥을 했으므로 남자만 우리 종의 발달에 책임이 있고, 남자들의 행동이 인간의 삶을 정의한다. 그뿐 아니라, 이렇게 구분된 성별 행동 패턴은 우리 종에게는 정상적이고 자연스럽고 일반적이다. 남성과 여성의 심리나 생물학이 본질적으로 다르기 때문이다. 남자들은 사냥한다. 남자들은 죽인다. 그리고 종의 암컷들이 그들과 짝짓기할 수 있게 육류를 집으로 들고 온다. 그것이 우리 종의 기본적인 행동이고, 따라서 육류는 우리의 가장 기본적인 음식이다. 이런 상상은 또한 남성 지배가 진화 과정을 통해 우리 정신에 깊이 새겨진 자연스러운 것이라는 생각을 공고히 한다. 그러나 저자들은 이론을 입증할 증거가 없다. 그들은 과거의 식량경제와 사회구조, 생물학에 대한 가정을 고고학 기록에 투사하고 있을 뿐이다.

구석기 삶에 대한 상상은 여전히 대중 사이에서 지배적이다. 그러나 인류학계는 이 상상에 부정적이었으며, 매우 생산적이고 신속한 반응을 보였다. 곧 최적섭식이론이나 인구통계 패턴과 연결해 젠더와 성 역할을 적극 검토하도록 연구자들을 격려했다. "채집꾼 여자:

인류학의 남성 편향Woman the Gatherer: Male Bias in Anthropology"이라는 주제의 글을 쓴 샐리 슬로컴Sally Slocum은 어떻게 남성들의 세계 이해가 여성들의 기여를 보지 못하게 제한하는지, 어떻게 이런 논리적 허점이 규범적인 문화적 편향에 의해 만들어지는지 다루었다.[76] 슬로컴은 남성 행동의 진화적 중요성을 설명하는 데 이용된 과학적 주장들이 유전학을 고려했을 때 말이 되지 않는다고 장담한다. "사냥에 필요하고, 사냥을 통해 발달했다고 일반적으로 언급되는 능력은 협조와 인내, 좋은 시력, 계획하고 소통하고 협력하는 능력이다. 나는 이런 능력이 Y 염색체로 전달된다거나 Y 염색체의 영향으로 존재하게 되었다는 어떤 증거도 들어본 적이 없다."[77] 슬로컴은 또한 여성들이 자신과 아이들을 부양하기에 충분한 음식을 채집했고, 학습된(타고난 게 아니라) 능력인 사냥은 남성만의 고유한 행동이 아니었으며, 사냥용 도구라 짐작되는 것들이 다른 활동에도 쉽게 쓰일 수 있고, 공격성은 남성에게만 있는 것이 아니라고 지적한다. 이 주장들은 《채집하는 여자 Woman the Gatherer》에서, 특히 에이드리엔 질먼Adrienne Zihlman의 장 "인간 적응의 형성자로서의 여성Women as Shapers of Human Adaptation"[78]에서 상세히 개진된다. 질먼의 주장을 훌륭하게 요약해줄 인용문이 있다. "여성과 아이들은 인간 사회의 적어도 75퍼센트를 구성한다. 여성들은 사회화의 주요 주체다. 인간의 식단은 잡식성이지 육식성이 아니다. 육류와 그 밖의 단백질은 사냥 말고도 많은 방식으로 얻을 수 있다."[79] 질먼과 슬로컴을 비롯한 학자들은 또한 우리의 특수한 진화 경로에 영향을 준 것은 긴 유년기(와 그에 따르는 가족과 공동체의 양육)일 가능성이 가장 크며, 인간과 영장류 사회들이 유년기 생존을 보장하기 위해 다양한 식이 패턴과 가족 구성, 젠더 역할을 사용했음을 입증하는 풍부한 증거가 있다고 언급했다.

이를 둘러싼 학계의 격전은 생산적이었다. 고인류학의 맥락에서 성 역할을 더 잘 이해하고, 최적섭식패턴과 수렵채집 식이 전략을 검증하고, 진화에 대한 여성의 기여를 다루는 연구가 더 많이 나올 수 있도록 자극했기 때문이다. 오늘날에도 여전히 검토되는 이런 주제들은 제2물결 페미니즘의 지적 성과일 수 있다.[80] 성 역할의 본질에 대한 철학적 탐구는 1970년대와 1980년대 동안 인류학 연구의 큰 부분을 차지하며 사회문화인류학부터 생물인류학까지 다양한 연구에 영향을 미쳤고, 이 책의 저자인 재닛이 인류학자로서 성장하는 데도 크게 기여했다. 재닛이 학부생으로 UC버클리에 다닐 때 워시번 박사는 여전히 활동적인 명예교수이자 남녀 학생들 모두에게 큰 도움을 주는 멘토였다. 재닛은 그에게 영향을 미친 한 세미나에서 셔우드 워시번과 낸시 쉬퍼-휴즈Nancy Scheper-Hughes 박사가 1968년 워시번의 논문과 성 역할, 남성 편향을 두고 논쟁했던 것을 기억한다. 워시번은 자신의 논리에 착오가 있었고, 자신이 가정을 철저히 검토하지 않았으며, 그 결과 분석 오류를 저질렀다고 솔직하게 인정했다. 그리고 자신의 생각을 반박했던 많은 학자의 주장을 언급하며 자신이 이후 여러 해 동안 그들로부터 얼마나 많은 것을 배웠는지 따뜻한 태도로 이야기했다. 사실, 그를 가장 격렬하게 비판했던 학자 중 몇몇은 나중에 그의 동료이자 공동 연구자가 되었다.

이 세미나는 재닛에게 깊은 영향을 주었다. 과학적 방법이란 생각과 이론을 검증하고 또 검증하며, 가설과 분석을 끊임없이 개선하고 보완하고 정교화하는 작업이라는 것을 배우게 되었다. 또 인식론, 곧 우리가 어떻게 지식을 얻고 사용하고 검증하고 이해하는지에 대한 철학적 연구도 알게 되었다. 우리의 위치성이 어떻게 우리의 질문과 자료 분석에 영향을 미치는지 깨달은 짜릿한 경험이었다. 우리가 우리의 욕망과 세계관, 이미 형성된 생각과 이상을 뒷받침하는 방식으로 연구를 해석하기가 얼마나 쉬운지도 알게 되었다. 그러므로 만약 우리가 남자들이 세상을 건설했다고 믿는다면, 영양이나 건강 같은 보편적 과정에서도 남성 우월성과 헤게모니의 정당성을 입증하는 증거를 보기 쉽다. 그러나 세상의 성이 동등하다고(또는 다양하다고) '본다면' 그렇지 않을 것이다. 그리고 이 경향은 요즘 구석기 식단을 해석하는 데 대단히 큰 영향을 미치고 있다. 우리 조상이 대체로 사냥으로 식량을 구했고 육식을 즐겼다고 믿는다면, 구석기 식단이 대체로 육식에 의존했다는 연구를 찾아보고 믿을 것이다. 만약 인류의 식단이 잡식성이라고 믿는다면, 다른 종류의 질문을 던질 것이다. 환경과 식이 섭취의 관계나 호미니드 수렵채집 부족의 다양성에 대해 묻거나, 생애사 연구법을 활용해 식량 획득 과정에서의 성 역할을 탐구할 것이다. 간단히 말해, 우리가 발견하고 싶은 것을 찾아다니고, 우리가 기대했던 것을 발견하기가 무척 쉬운 것이다.

혈거인 상상하기

그러면 우리는 옛 조상들을 어떤 모습으로 상상하며, 그들의 행동을 어떻게 그리는가? 이런 이미지는 우리가 그들의 식단이나 라이프스타일(과 우리의 식단과 라이프스타일)을 생각하는 방식에 영향을 미치므로 중요하다. 팔레오와 관련된 글에서는 '혈거인'과 '고귀한 야만인'이 거듭 등장하는데, 그런 단어는 무엇을 뜻하며, 사람들은 그렇게 불리는 조상들을 어떻게 상상하고 있는 걸까? 물론, 이는 두 가지를 묻는다. 우리는 이 상상 속 조상들의 골상과 성격에 대해, 곧 생물학적 특성과 정신 모두에 대해 묻는 것이다. 자, 생각해보자. 누군가가 '혈거인 남자Caveman'를 언급한다면 무엇이 떠오르는가? 당신은 방금 무엇을 상상했는가? 털이 많고 엉성한 가죽옷을 걸친 채 몽둥이를 든, 짙은 눈썹의 땅딸막한 남자인가? 아니면 키가 크고, 마르고, 감탄할 만한 복근에 유혹적인 눈빛을 지닌 근사한 운동선수인가? 오스트랄로피테신이나 네안데르탈인 같은 전형적인 '혈거인'이나 우리와 더 가까운 친족인 크로마뇽인을 상상하는가? 아니면 애니메이션 〈고인돌 가족The Flintstone〉의 프레드 플린스톤을 떠올리는가? 구글 이미지에서 '혈거인 남자'를 검색하면 이런 이미지를 포함해 여러 이미지를 보게 될 것이다.

'혈거인 여자Cavewoman'는 어떤가? 혈거인 여자의 이미지도 떠오르는가? 그도 짙은 눈썹과 튀어나온 눈을 가졌고 털이 많고 땅딸막한가? 아니면 영화 〈동굴 곰의 씨족Clan of the Cave Bear〉에 나오는 대릴 해나를 더 닮았는가? 구글 이미지를 다시 사용해 '혈거인 여자'를 검색하면 의미심장한 차이를 보게 된다. 털 많은 네안데르탈인 여자를 재현한 형상보다는 할로윈 의상을 입은 도발적인 혈거인 여자의 사진이 수십 장 나온다. 표범 무늬 미니드레스(나 비키니)를 걸친 듯 만 듯하게 입고, 헝클어진 머리와 유혹하는 눈빛을 한 현대 여성의 사진들이다. 성애적인 이미지들이다. 미국의 인류학자이자 SF 작가 주디스 버먼Judith Berman은 이런 개념에 의문을 품고 이렇게 말한다. "최근 들어 과학이 생각하는 혈거인과 대중이 생각하는 혈거인이 구별되기 시작했다. 그러나 털이 텁수룩한 남자 혈거인이 공룡과 싸우고, '우가우가'거리며 선사시대 풍 비키니를 입은 여자 혈거인에게 몽둥이를 들고 구애하는 모습이 이미 확고히 자리를 잡았다."[81] 버먼은 거의 모든 옛 호미니드종이 시대를 불문하고 털이 많은 모습으로 묘사된다는 점을 강조한다. 남성에게 이런 묘사는 정력적이고 자연과 가까운 야생성을 뜻한다. 여성(머리에만 털이 있는) 혈거인, 특히 구글 이미지에서 볼 수 있는 여성 혈거인의 헝클어진 머리는 생식능력과 성적 매력을 나타낸다.

 털 많은 근육질의 혈거인 남성 이미지는 인류학보다 몇 세기 앞서 등장했다. 동굴에 사는, 텁수룩한 '야생인Wild Man'을 그린 르네상스 회화들에서 볼 수 있다. 그러나 이 이미지들은 우리 조상들의 이미지가 아니라(진화라는 개념이 아직 알려지지 않았을 때이므로) 원형적인 야생인, 곧 야만적 '타자'의 이미지였다. 이 회화들과 이들에게 영감을 준 민담이나 신앙에 표현된 것은 괴물과 통제 불가능하고 위험한 사람들, 사회 바깥의 존재들, 못된 아이에게 겁주기 좋은 부기맨에 관한 이야기들이다. 나중에 이런 가상의 시각적 서사는 서구 유럽인이 식민화한 지역에서 마주친 사람들을 재현하는 데 이용되었고, 그렇게 해서 야생인, 곧 외부자의 이미지가 인류학적 '타자'와 뒤섞이기 시작했다. 버먼은 이 서사가 초기 인류에 대한 과학적 상상에 영향을 미쳤고, 특히 구약성서 속 카인을 거의 야생인에 가깝게 묘사한 19세기 그림들로 이어졌다고 주장한다. 텁수룩하고, 길들여지지 않았으며, 죄많고 위험한 외부자에 대한 생각이 과학적 상상력과 대중적 상상력에 스며든 것이다. "'혈거인' 이미지의 '진실'은 인류학적 기록이 아니라 그의 '야생인' 선배들에게 있다." 버먼은 이 과정을 깔끔하게 요약한다. "혈거인은 우리 조상들의 재현이다. 진화적 사실 때문에 우리는 우리 안에 혈거인이 산다는 것을 인정할 수밖에 없다. 그는 사회의 경계가 생기기 전 우리 안의 동물, 우리 안의 원시적 자아다."[82]

그러나 야생인의 특징이 우리 안에 살아 있다면, 그 야생인은 무엇인가? 통제 불가능하고 위험한 타자인가? 아니면 독립적이고 진실하고 강하고 고귀한 야만인인가? 우리는 사회의 경계가 생기기 이전의 사람에 대한 생각을 철학적 질문으로 간주하곤 한다. 그러나 사회가 생기기 이전의 사람에 대한 생각들은 사람이 본질적으로 선하고, 별다른 자극이 없다면 도덕적·윤리적으로 행동하리라는 근본적 믿음을 드러낸다. 이 믿음은 물론 창세기에서 유래한다. 타락 이전의 낙원, 타락 이전의 사람에 대한 환상이다. '고귀한 야만인'이라는 표현은 존 드라이든John Dryden의 연극 〈그라나다 정복The Conquest of Granada〉에서 처음 쓰였다. "나는 자연이 처음 나를 만들었을 때만큼, 천한 노예의 법이 시작되기 전만큼, 고귀한 야만인이 숲을 거칠게 달릴 때만큼 자유롭다." 이 표현은 사람이 사회의 구속으로 오염되기 전에는 당연히 자유롭고 진정성 있는 존재였다고 상정한다.[83] 프랑스 작가들이 더 이전에 쓴 글들을 보면, 사회가 구성되기 이전의 사람을 중세가 상상했던 야생인처럼 그렸다는 것을 알 수 있다. 버먼이 언급했던 이 중세의 야생인들은 즉흥적이고, 감정적이며, 진정성 있게 행동하는 자연스러운 생명체들로 상상됐다. 몽테뉴의 에세이 〈식인종에 관하여〉에서 묘사된 브라질의 한 부족은 다른 구성원과 자연과 조화롭게 살아가는 신화적이고 이상화된 존재다. 이들은 필요한 것을 자연에서 모두 얻기 때문에 질병도, 배고픔도 없고, 소유물을 공유하며, 아무런 질투나 부러움을 느끼지 않는 에덴동산의 삶을 사는 것처럼 보인다(인육을 먹는 불쾌한 점만 빼면). 몽테뉴는 이렇게 쓴다. "이 '야만인'들은 자연에서 정상적인 경로로 생산된 과일을 야생적이라 부르는 의미에서 야생적이다. 하지만 사실 야만적이라 불러야 할 것들은 우리가 인공적으로 왜곡하고 보편적 질서로부터 떼어낸 과일들이다. 우리는 첫째 부류의 과일에서 진정성 있고, 건강하고, 생명력 있고, 가장 자연스럽고 유용한 과일의 자질과 미덕을 발견하는데도, 이들을 우리의 타락한 입맛에 맞게 망쳐버렸다."[84] 이 말이 전하는 의미는 분명하다. 야생인은 그 선한 본성이 문화 때문에 변색되지 않고 빛날 수 있기에 문명화된 사람보다 더 낫다는 말이다.

이 생각은 팔레오 지지자들이 사용하는 이미지들에도 들어 있는 듯하다. 그들의 이미지에서 혈거인으로 상상된 고귀한 야만인은 진정성 있고, 자연스러운 삶을 살며, 건강과 '최고의 삶'을 보장하는 내면의 명령에 따라 행동한다. 이 가상의 혈거인은 야생인이나 '그린맨Green Man'(서양의 건축 장식에 자주 등장하는 잎에 둘러싸인 얼굴 형상으로 초목의 신을 상징한다 - 옮긴이)이든, 다른 숲속의 외부자들에 대한 중세 신화에서 나왔든, 철학자와 식민지배자, 계몽주의자들이 상상한 것이든 대중적 신화에 깊이 뿌리를 두고 있다. 영문학자 조엘 파이스터Joel Pfister에 따르면, 20세기 초반과 중반에 심리학자와 도시 지식인들은 낭만적인(고귀한) 혈거인을 감성적이고 진정한 내적 자아를 체화한 형상으로 상상했다. '우리 안의 원시인'이라는 개념과 현실은 자율적이고, 성애화되고, 개인화된 내면의 원시인 형상을 받아들일 여지를 주었고, 이 특성들은 다시 호모사피엔스의 진정한 본성을 구성하는 필수 요소라 여겨졌다. 이런 이상들은 당대에 중요시되었던 사회적·심리적 과정을 반영하면서 '우리 안의 혈거인'을 이상적인 심리 유형의 유사과학적 복제품으로 창조한다.[85] 과거에 대한 관념을 만들 때 우리는 분명 과거를 재창조하곤 한다. 현재의 부정적 영향이 없는 유토피아가 반영된, 이상화된 삶의 양식과 존재를 과거에 투사하는 것이다. 몽테뉴의 〈식인종에 관하여〉는 완벽한 인간을 투사한 것에 다름아니다.[86]

가까운 과거든, 아주 먼 과거든 과거를 재창조하려 할 때 우리는 매력적인 요소들만 선택하는 경향이 있다. 문학자 베네사 애그뉴 Venessa Agnew는 독일의 2007년 역사 리얼리티 TV쇼(특정 시대를 재연한 생활 환경에서 정해진 기간 동안 출연진이 당대의 생활방식을 재연하며 살아가는 리얼리티쇼 - 옮긴이) 시리즈가 석기시대 생활양식을 재창조한 부분을 분석했다. 그는 이를 두고 "우리는 모든 것이 잘못되기 시작한 순간을, 인간이 세운 질서에서 이전과 이후가 결정적으로 나뉘는 전환점을, 삶이 더 단순하고 몸은 더 건강하고 사회생활은 더 투명했던 시간을 찾고 있다"라고 설명했다. 이 리얼리티 TV쇼에서는 '외치Otzi'의 생활방식을 재연하기 위해 작은 무리의 어른과 아이들이 재창조된 석기시대 거주지에서 살았다. 외치는 1991년 이탈리아 알프스산맥에서 발견된 신석기시대 미라다. 그러나 우리에게 잘 알려진 신석기시대를 재창조하는 것조차 쉬운 일이 아니라는 것이 드러났고, 외치의 삶에 대한 많은 세부사항이 대충 꿰어맞춰지거나 무시되었다. 구석기시대는 알려진 것이 훨씬 적기 때문에 선사시대에 대한 상상된 신화의 장막에 더 많이 가려져 있다. 베네사 애그뉴는 "팔레오운동은 실험고고학과 역사 재연극, 야외 민속박물관, 텔레비전 다큐멘터리, 사적지 '역사 테마 산책'과 영향을 주고받는다. 이 모든 활동은 역사 유물이나 관습을 재연함으로써 가설을 만들고, 느슨하게 검증하려는 시도다"라고 말한다.[87] 그러나 이 요소 하나하나는 현대사회가 생각하는 과거의 이미지이며, 현대적 가공과 현대 문화에 의해 창조되고 해석된 것이다.

구석기 생활방식에 대한 상상은 이상적 삶에 대한 우리의 소망을 흡수하거나, 가부장제 또는 남성 지배처럼 사회 구성원 일부가 자연스럽고 규범적이라 여기는 문화적 가치를 반영한다. 몽테뉴도 은유적인 이상 세계를 건설한 죄가 없지는 않다. 그가 묘사한 브라질 부족사회는 극도로 가부장적인 가치를 표현한다. 일부다처제 사회이며, 여성들(아내들)은 오직 남편을 기쁘게 하려는 소망밖에 없다. 몽테뉴는 "그들은 무엇보다 남편의 명성을 위해 되도록 많은 동료 아내들을 두려고 애쓰는데, 그것이 남편의 용맹함의 증거이기 때문이다"라고 언급하며 이런 상황이 성경에 따르면 자연스럽다고 설명한다. "야곱의 아내들은 모두 자신들의 어여쁜 시녀를 남편에게 허락했다."[88] 이 문단은 몇몇 남성 팔레오 지지자들에게 강력한 은유를 제공한다. 남자의 자연스러운 상태는 권력과 성공이며, 권력과 성공으로 다수 여성에게 접근할 수 있다는 생각이다. 진정한 남자는 지배적이고 성욕 과잉이므로 '야수는 해방되어야'(니콜라이) 하고 '내면의 고릴라'(세르노비치)를 깨워야 한다고 말한다. 어떻게? 당연히 팔레오 식단을 먹으면 된다.

구석기시대 식량경제는 성별화되었나?

고고학적 유물복합체는 섭식 패턴을 보여줄 수는 있지만 누가 음식을 공급하는지 또는 누가 음식을 섭취하는지는 정확히 보여줄 수 없다. 달리 말해, 우리는 남자가 사냥꾼이었고 여자가 채집꾼이었는지 알지 못한다. 그런 생각은 현재의 믿음이나 사회적 양식, 기대되거나 선호되는 노동 분업을 토대로 한 추측일 뿐이다. 고고학적 증거에는 생산자의 이름이 깔끔하게 붙어 있지 않으므로, 슬로컴과 질먼이 설득력 있게 주장한 대로 사냥이나 채집을 누가 했는지, 그들의 성별이 무엇인지 알 길이 없다.[89] 현대의 수렵채집 인구집단을 토대로 유추한다면 성별화된 식량 조달 과정에 대한 이론적 모형을 만들 수는 있다. 그러나 현대의 수렵채집 인구는 어쨌든 현대인들이고, 따라서 생리학적·인지적으로 초기 구석기 호모종들과는 다르다. 또 현생인류와 더 닮았다고 추정되는 호모종들과도 어쩌면 다른 존재이므로 이 방법도 문제가 될 수 있다. 게다가 초기 인류가 살았던 환경적·경제적 조건은 현대의 수렵채집인들의 조건과 매우 달랐을지 모른다. 구석기시대가 워낙 방대하기 때문에 그 안에서 적절한 비교 자료를 선택하는 것도 문제가 된다. 이를테면, 오스트랄로피테신의 섭식 전략은 초기 호모사피엔스와는 다르다. 사실상 유추는 비슷할 가능성을 보여줄 뿐이지 과거 식이행동의 형태를 드러내주지는 않는다. 게다가 안타깝게도 우리는 옛 호모종이 성이나 성 역할을 어떻게 이해했는지 모르기 때문에 그들이 현대 수렵채집인과 비슷한 성이나 성 관습을 가졌으리라 생각하는 것은 잘못된 논리이며, 오해를 낳을 가능성이 있다. 현대의 증거들이 가리키는 것은 어쩌면 과거에 존재했을지도 모를 행동 양식일 뿐이다.

그러면 사냥과 채집, 성에 대해 우리에게 알려진 것은 무엇일까? 우선, 아빠가 사냥을 위해 돌아다니고, 엄마가 근거지에 남아 아기를 돌보거나 채소를 채집했다는 이야기보다는 상황이 훨씬 복잡했다. 아주 많은 음식 연구가 가족의 식량 조달에 대한 성별 기여를 연구했는데, 이 연구들은 식량경제의 양상이 집단과 지역, 환경, 문화, 계절마다 크게 다르고, 달라질 수 있다는 것을 보여주었다. 다음 부분에서 수렵채집 인구의 성 역할과 식량 조달에 대해 알려진 것을 아주 간단히 개관하겠지만, 이 또한 확실한 진술이라기보다는 가능성을 뜻한다. 이 연구들을 보면, 남성 지배 팔레오운동 지지자들이 구석기시대의 식량경제에 대해 주장하는 몇몇 가정들이 과학이나 이미 알려진 문화 행동보다는 젠더 관계에 대한 그들의 환상에서 나온다는 것을 알 수 있다. 몇몇 팔레오 지지자는 남자는 생산하고 여자는 소비한다고 생각하면서 이런 경제 양상을 과거에 투사한다. 그러나 대부분의 수렵채집 사회에서는 남자와 여자 모두 음식을 비롯해 다양한 욕구를 채우는 일에 참여했으며, 남성 지배는 가부장제가 생산수단에 대한 접근을 통제하는 자본주의 사회에서보다 덜 두드러지는 편이었다.[90]

우선, 그 유명한 《사냥꾼 남자》조차 수렵채집 집단에서 남자들이 식량 대부분을 공급했다고 주장하지 않았다. 리처드 리Richard Lee가 쓴 영향력 있는 장에서 그는 칼라하리의 쿵족 식단의 60~80퍼센트가 채소라고 분명히 말했다.

여자 한 사람당 일주일에 2~3일씩 채집 활동을 한다. 육류는 식단의 20~40퍼센트를 차지할 뿐이고, 큰 동물보다는 작은 동물(이 또한 여성들이 채집하는)의 고기일 때가 많다. 남자도 식물과 작은 동물을 채집하긴 하지만, 그들이 식단에 가장 크게 기여하는 것은 크기가 중간쯤 되거나 큰 동물들이다. 남자들은 성실하지만 아주 성공적인 사냥꾼은 아니다. 노력의 관점에서 보면 남자와 여자가 들이는 노력은 거의 동등한데, 식량 무게로 따지면 여자가 남자의 두세 배를 공급한다.

58개 수렵채집 문화에 대한 메타분석 결과 리처드 리는 사냥이 식단의 약 35퍼센트를, 채집이 나머지 65퍼센트를 제공한다는 결과를 내놓았다. 그러니까 여성이 채집을 '한다면' 수렵채집 사회에서 획득하는 식량 대부분을 여성이 책임진다는 말이 된다.[91] 그러나 리처드 리와 어빈 드보어Irven Devore는 사냥의 식량 기여도가 여성의 채집 활동보다 적더라도 사냥은 문화적으로 항상 중요했으며, 일반적으로 남성의 활동이었다고 여전히 주장한다.[92] 이런 주장은 수렵채집 사회에 대한 섭식 연구에서 나온 의견이 아니라 성별화된 활동의 투사에 불과하지만, 당시의 인류학 이론과는 일치한다.[93]

1981년 출간된 《채집하는 여자》는 여자가 사실 사냥을 했다는 것을 입증하는 민족지학적 사례 연구를 제시한다.[94] 필리핀의 아그타족은 식단의 많은 부분을 육류로 채우는데, 여성들이 사냥과 낚시를 한다.[95] 마찬가지로 콩고민주공화국의 음부티족 여성들 역시 남성들과 함께 식량을 채집하고 조달한다. 게다가 모성이 대단히 중요하게 인식되고 존중받기 때문에 여성은 남성과 동등한 지위를 갖는다.[96] 그리고 여성들의 식량과 부족경제에 대한 기여도는 남성들과 비슷해 보인다. 반대의 경우로 핸리 S. 샤프Henry S. Sharp가 묘사한 캐나다 북부의 치페와이언족 문화에서는 식단의 90퍼센트가 육류인데, 모두 남자 사냥꾼들이 가지고 온다. 이 문화에서 여성들은 음식을 준비하고 아이를 돌보고 가정을 관리하는 많은 책임을 지는데도 평가절하되고 억압받는다.[97] 이들 사례 연구가 부딪히는 난제는 지위가 식량 조달과 밀접하게 연결돼 있어서 식량을 제공하거나 제공하지 않는다고 '인지된' 성을 높이 평가하거나 낮게 평가하는 사회제도를 만들어내는 것처럼 보인다는 점이다. 우리는 일부러 '인지된'이라는 표현을 집어넣었다. 많은 문화에서 여성의 일은 무시되고 경시되거나, 일로 전혀 간주되지 않기 때문이다("그냥 집에서 놀아."). 그러나 시간 연구를 보면 거의 모든 문화에서 여성이 평균적으로 남성보다 더 많이 일한다는 것을 알 수 있다. 하루 평균 음식 준비와 집안일, 육아에 4.5시간을 추가로(대개 무급으로) 일한다.[98] 《채집하는 여자》의 결론 중 하나는 여성이 음식 조달에 기여할 때 문화 내에서 지위가 더 높고, 사회가 더 평등하다는 것이다.[99]

우리는 지금 음식 문제와 젠더 문제가 교차하는 지점에서 씨름하는 중이다. 둘 다 가정과 집단의 식량경제에 대한 여성의 기여와 연관된다. 첫째, 여성이 얼마나 많이 기여하는가? 둘째, 여성은 무엇을 기여하며, 그 기여가 집단의 식이 섭취에 어떻게 영향을 미치는가? 셋째, 이런 정보는 어디에서, 어떻게 우리의 호미니드 조상들에게 적용할 수 있는가? 처음 두 질문은 쿵족의 인구통계학을 검토한 낸시 하웰 Nancy Howell이 다소 분명하게 정리한다.[100] 하웰은 생애사 접근법을 사용해 긴 시간 동안 성별과 나이대에 따른 기여를 기록했다. 그의 결론은 누가 경제에 기여하는가에 대한 '현대' 미국인들의 생각과는 사실상 정반대다. 그의 계산에 따르면, 나이 든 쿵족 여성(40~60세)이 다른 나이대의 여성 집단보다 일일 칼로리를 더 많이 공급했으며, 나이든 남성(35~60세)도 더 젊은 남성보다 일일 칼로리를 더 많이 공급했다.[101] 25세 미만 남성들은 같은 나이대의 여성들이 공급하는 칼로리의 80퍼센트만 생산했을 뿐이다. 그들이 사냥 기술을 습득해가는 단계에 있어서이기도 하다. 쿵족 여성 전체는 부족 전체가 소모하는 칼로리의 55퍼센트를 제공할 뿐 아니라, 모유 형태로 4퍼센트를 추가로 기여했다. 반면, 남자들은 육류 형태로 30퍼센트를 제공했으며, 채집 활동으로 13퍼센트를 추가했다. 하웰은 생산력의 정점에 도달한 남성은 여성보다 20퍼센트 더 많은 칼로리를 공급했는데, 남성들은 사냥에 쓰는 시간이 여성보다 더 많지만 칼로리는 더 적게 조달했다. 남성들의 성공률이 더 낮은 것이다. 사실, 쿵족 여성들은 큰 동물을 사냥하지는 않았지만, 여전히 쿵족 남성들보다 더 많거나 동등한 양의 칼로리를 생산했다. 이 상황은 칼로리의 30퍼센트를 육류로, 70퍼센트를 채집한 채소로 채우는 식단으로 이어졌다.[102]

다른 수렵채집 집단은 이 결과와는 반대로 남자들이 일단 사냥

기술을 익히고 나면 여성보다 더 많은 칼로리를 생산했다. 또다른 문화에서는 여성들이 종종 더 작은 동물이나 물고기, 갑각류를 사냥했다.[103] 달리 말해, 문화와 생태계가 무척 다양하기 때문에 남성이 여성보다 더 생산적이라거나 그 반대라고 명백히 말하기가 어렵다. 더 나아가 남성이 사냥하고 여성이 채집한다고도 분명히 말할 수 없다. 추운 기후에서는 사냥이 더 중요해 보이지만, 육류로만 구성된 식단은 혹독한 추위로 사냥감의 몸무게가 줄어드는 기간 동안 인간의 영양학적 필요를 충족시키지 못할 것이다.[104] 열대 기후에서는 식단에서 채소가 더 두드러진다.[105] 대체로 수렵채집 사회에서는 칼로리의 약 35퍼센트(일반적으로 25~50퍼센트 사이)를 육류로, 65퍼센트를 채소로 채우는 것으로 추산된다.[106] 그리고 몇몇 사회에서는 식량 조달 활동이 성별화된 생산 양식으로 나뉘지만(또는 그런 것처럼 보이지만), 다른 사회에서는 남성과 여성이 모두 사냥도 하고 채집도 한다. 달리 말해, 수렵채집 사회의 생활양식을 보면, 식물보다 육류를 중요시한다거나, 여성보다 남성에게 특권을 준다는 팔레오운동의 남성 특권화에 쉽게 동의할 수 없다. '사냥하는 남자'라는 신화가 현재와 과거에 대한 우리의 이해에 영향을 미칠지라도, 우리는 남성들이 가족이 소비하는 식량의 많은 부분을 제공하기 때문에 '자연적으로' 지배권을 지닌다고 결론내릴 수 없다. 사실, 20세기 수렵채집 집단을 조사한 연구에서 나온 결론을 보면, 식량경제는 남성과 여성이 함께 책임졌으며, 사회적으로 복잡했고, 남성과 여성 모두 가족과 집단의 식량 조달에 실질적으로 기여했다는 것을 알 수 있다.[107]

구석기시대의 호미니드가
무엇을 먹었는지 우리는 어떻게 아는가?

경제학자 존 메이너드 케인스John Maynard Keynes는 이렇게 말했다. "경제학자와 정치철학자의 생각은 옳든 그르든 일반적으로 알려진 것보다 더 강력하다. 사실, 세계는 거의 그들의 생각이 지배한다. '자신이 어떤 지적 영향도 별로 받지 않는다고 믿는 사람들은 대개 죽은 경제학자들의 노예다.'"(작은따옴표는 첨가)[108] 이 인용문은 서로 연결된 두 가지 원칙을 제시한다. 하나는 우리가 진리라고 인식하는 것들이 과거의 철학적 추론들로 구성된다는 것이고, 다른 하나는 과거의 추론들이 현재 우리 생각에 미치는 영향을 우리가 인식하지 못할 때가 많다는 것이다. 이 둘째 원칙은 더 분명한 인류학적 함의가 있는데 우리로 하여금 과거의 경제가 어떻게 우리가 인식하지 못하는 방식으로 현재의 현실에 영향을 미치는지 생각하게 만든다. 사실, 현재의 식이요법이나 영양 결과를 검토하는 많은 연구가 과거의 식량경제를 이해하는 데 매달린다. 현재 인류의 생물학적 형태가 과거 식량 조건에 성공적으로 적용한 결과인 것과 마찬가지다. 물론, 많은 팔레오추종자들의 추론도 이런 생각을 토대로 한다. 그들은 틀리지 않았다. 그러나 그들이 과거를 이해하는 방식은 케인스가 죽은 경제학자들에 대해 언급한 것처럼 과거 철학자와 인류학자들의 문화 이해와, 이상적 문화와 생활양식에 대한 그들 자신의 희망적 사고로부터 지나친 영향을 받은 듯하다.

그러나 과거의 식단을 어떻게 이해하고, 과거의 식단과 건강 상태를 추정할 수 있게 해줄 생물학적·문화적 변수를 어떻게 재구성할 수 있을까? 앞에서도 이미 많은 방법을 가볍게 언급했지만, 구석기 식단에 대한 현재의 믿음을 살펴보려면 인류학을 비롯한 다른 과학이 어떻게 과거를 재창조하는지 이해하는 것이 중요하다. 한두 개의 분석으로 우리의 모든 질문에 답을 줄 수 있다고, 우리 몸이 구석기 인류와 진짜 비슷하다면 요즘 우리가 무엇을 먹어야 '할지' 알려줄 수 있다고 가정해서는 안 된다. 그보다는 과거의 식생활에 대해 깊이 있는 질문을 던질 필요가 있다. 흔히 간과되는 질문은 다음과 같다. 다양한 유형의 고대 식단이 있는가? 영장류의 식단과 초기 호미니드의 식단, 후기 구석기 식단 사이에 차이가 있는가? 그 차이들은 우리 건강에 중요한가? 이 식단들은 오늘날 우리 건강에 정말 영향을 미치는가? 아니면 우리는 현대의 다른 공중보건 문제를 설명하기 위해 허수아비 논법을 만들어내고 있는 건 아닌가? 그 식단들이 우리가 무엇을 먹어야 '할지' 정말 알려주는가? 정말 '당위적'으로 따라야 할 한 가지 식단이 있는가? 아니면 훨씬 복잡한가? 현대의 팔레오 추종자들은 이와 같은 맥락을 고려하는 질문을 하지 않을 때가 너무 많다. 그들은 과거와 현대라는 이분법에 의존하는데, 그 이분법은 과거의 식단을 현대 건강 문제에 적용하는 것에 대한 복잡성을 보지 못하게 한다.[109]

과거의 식생활을 다루는 인류학자를 비롯한 과학자들은 우리 조상들이 무엇을 먹었는지 탐구하기 위해 일련의 잘 정립된 개념적 방법을 사용한다. 우리가 앞에서 이미 접한 유추도 이런 방법에 포함된다. 그러니까 현대 수렵채집인이 먹는 것과 다른 영장류가 먹는 것을 토대로 구석기인들의 식생활을 유추하는 것이다. 그리고 비교형태학이 있다. 고대인과 현대인의 신체를 비교하면서 생물학적 구조와 기능, 행동의 차이를 끄집어내는 것이다. 또 유물복합체와 도구, 그 밖의 물리적 유물(이를테면, 동물 배설물로 된 화석인 분석coprolite) 같은 고고학적 증거와 과거 환경 조건에 대한 증거를 활용하기도 한다. 발육 정도와 영양 균형, 질병을 영양학적·의학적으로 비교분석하는 방법도 있다. 마지막으로 인간의 식습관을 다른 고등 영장류의 식습관과 비교해 행동을 유추하는 방법이 있다. 이처럼 다양한 학문 분과의 방법들을 사용해 구체적 질문에 답하는 과정을 통해 구석기 생활양식의 형태와 결과를 다각도로 이해할 수 있다.

유추는 구석기인의 식생활과 건강을 이해하기 위해 널리 이용되었다. 현대 수렵채집 집단의 문화를 토대로 과거 수렵채집 집단에 대한 모델을 제시한 '사냥꾼 남자' 논증에서 우리는 이미 유추를 마주했다. 철학에서 유추는 사물이나 사태가 몇 가지 면에서 일치한다면 아마 다른 면에서도 일치할 것이라는, 비교를 통해 유사성을 입증할 수 있다는 추론 행위다. 유추를 사용하면 낯설거나 어려운 생각이나 대상이 더 친숙한 것과 어떻게 유사한지 보여주는 방식으로 그 생각이나 대상을 설명할 수 있다. 예를 들어, 선사시대의 실제 삶을 알 수는 없으므로 우리는 현대의 수렵채집 문화와 살아 있는 영장류를 고고학적 증거와 비교해 과거의 이미지를 합성해낸다.[110] 그러나 현대의 많은 수렵채집 집단은 생산력이 더 좋거나 기후가 온화한 지역에서 쫓겨나 변두리 생태지대에 거주하고 있다. 이들이 잠재적으로 구할 수 있는 식량은 아마 구석기 호미니드 집단보다 극도로 제한될 것이다. 그럼에도 우리는 그들을 연구해서 구석기 수렵채집인들의 식량 조달 과정을 유추해볼 수 있다.

　인류학자와 그 밖의 학자들은 수렵채집 문화의 비교 자료를 이용해 가상의 과거 식단을 창조해왔다. 쿵족과 아체족, 하즈다족을 비롯한 여러 수렵채집인들을 연구하는 인류학자들은 음식 소비 양식, 식사와 영양 섭취, 수렵채집 활동에 필요한 칼로리 소모, 효과적인 수렵채집에 필요한 기술과 능력, 무엇이 '먹기에 좋은지', 누가 그것을 먹는지, 얼마나 많이 먹는지를 결정하는 문화적 신념과 관습체계에 관한 가설들을 시험했다. 이 연구들은 식이 습관과 결과를 훨씬 복잡하게 이해했고, 과거의 수렵채집인이 어떻게 생활하고 식사를 했는지 더 믿을 만하게 보여주었다. 가장 영향력 있는 비교연구는 이튼과 코너, 쇼스탁의 공동 연구다. 그들은 식이 섭취와 영양 구성 자료를 사용해 구석기 시대의 영양 섭취 패턴을 추정했다.[111] 힐러드 캐플런Hillard Kaplan과 킴 힐Kim Hill, 제인 랭카스터Jane Lancaster, A. 막달레나 우르타도A. Magdalena Hurtado는 이와 비슷하게 식이 섭취가 진화를 거치며 어떻게 변화했는지 분석했다.[112] 크리스틴 호크스Kristen Hawkes와 동료 학자들은 생애사 접근법을 사용해 하즈다족의 섭식과 건강, 아동의 발달 정도를 기록했고, 음식 공유와 시간 사용, 아이 돌봄에 이르는 다양한 주제를 검토했다.[113] 이들은 현대 수렵채집인들의 식생활과 과거 인류의 식생활 사이의 관계를 탐구한 말 그대로 수천 권의 논문과 책 가운데 몇 편일 뿐이다. 그리고 앞으로 살펴보겠지만, 이런 연구가 내린 결론들은 대중서가 상상하는 구석기보다 다소 복잡하다.

　유추는 또한 형태학과 수렵채집활동, 식습관을 중심으로 현재의 영장류와 구석기인들을 비교하기 위해서도 쓰였다. 영장류를 유사체로 사용하는 방법은 역사가 깊은데, 연구 과정에서 수많은 인식론적 문제를 불러일으켰다.[114] 간단히 말해, 옛 호모종들을 실제보다 더 영장류와 비슷하다고 가정하면서 영장류의 특성을 그들에게 부여하는 오류를 범하기가 너무나 쉽다. 하지만 비인간 영장류의 형태학적 특성, 특히 섭식과 관련된 특성 중 어떤 것이 우리의 다양한 진화 경로를 결정한 적응과 진화 과정과 관련 있는지는 물을 만한 가치가 있다. 소화기관 형태나 뇌 크기를 비교하면 어떻게 식단의 영향으로 진화 경로가 갈라졌는지 알 수 있다. 또 비인간 영장류와 인간의 내장의 차이는 식단과 행동의 차이를 보여준다. 내장 크기는 몸의 크기만이 아니라 식단에 따라 결정되기 때문이다. 소화율이 낮은 음식(풀, 고섬유질 잎 등)은 복잡한 발효기관이 있는 비교적 큰 소화관이 필요한 반면, 소화율이 높은 음식(달콤한 과일, 단백질과 기름이 풍부한 씨앗, 동물)은 더 작은 소화관과 단순한 위가 필요하지만 작은 창자는 더 길어야 한다.[115] 육식동물은 영양이 풍부한 음식을 먹기 때문에 짧은 소화관과 작은 위를 갖는 편이다. 인간 소화관의 크기와 비율을 보면 호모사피엔스는 과일과 채소, 육류를 먹는 잡식동물이며, 영양학적 필요를 채우려면 다양한 음식을 먹어야 했다는 것을 알 수 있다.[116] 이와 비교했을 때 로랜드 고릴라는 고섬유질, 저밀도 식단을 섭취하며 채식 본성을 갖고 있다는 것을 알 수 있는데, 이는 마이크 세르노비치가 원기왕성한, 공격적인 알파 남성의 은유로 고릴라를 사용할 때 간과한 사실이다. 물론, 고릴라는 매우 크고 털이 아주 많은데, 그런 특성들은 남성의 공격성을 상징한다.[117]

과거와 현재의 호모종과 유인원의 또다른 차이는 몸과 대비했을 때의 뇌의 크기다. 뇌를 키우고 유지하려면 영양이 많이 필요하므로 이는 중요한 문제다. 호미니드의 큰 뇌 진화는 영양밀도가 높고 잡식성인 식단의 선택과 동시에 일어났다. 뇌물질대사에 필요한 에너지는 섭식의 질과 정비례한다. 이는 '고비용 조직 가설Expenseive Tissue Hypothesis'이라도고 불린다.[118] 큰 뇌는 영양 자원을 추가로 더 요구하므로 질 높은 음식을 찾는 욕구가 커지고, 이는 사냥과 채집 전략을 발달시켜 더욱 큰 뇌로 진화하는 것을 촉진하는 긍정의 피드백 고리를 낳는다. 임산과 수유 기간 동안 모체의 대사율이 성체가 도달할 뇌의 크기를 결정하며, 인간의 모체는 영장류와 대략 같은 시간 동안 임신하고 수유하지만 더 큰 몸과 그에 걸맞게 더 큰 뇌를 지닌 아기를 만든다. 뇌는 대략 네 살까지 계속 성장하므로 밀도가 더 높은 인간의 식단은 어머니들로 하여금 성장기 아이의 뇌 발달에 필요한 영양을 공급할 수 있도록 했을 것이다.[119] 호미니드에게 더 나은 뇌가 필요했고, 더 나은 뇌 덕에 더 효과적으로 수렵채집 활동을 하면서 더 잡기 어려운 사냥감을 잡고, 더 찾기 힘든 음식을 채집했다면, 훨씬 양질의 식단을 먹었으리라는 이야기는 말이 된다. 뇌가 더 커졌기 때문에 그들은 환경을 효율적으로 사용했고, 큰 뇌를 지닌 아기를 키울 수 있었고, 그렇게 이어지면서 새로운 종으로 분화될 때마다 더 똑똑해졌다. 사실, 인간 식단의 진화와 종으로서 인류의 진화는 영양이 높은 잡식성 섭식에 의존했다.[120] 그러므로 영양밀도가 높은 육류는 늘 우리 종에게 필요하고 중요한 음식이었지만, 더 커진 뇌에 필요한 농축된 열량과 당의 공급원인 꿀도 가끔씩이긴 해도 마찬가지로 중요했다. 헌신적인 팔레오 추종자들은 고대인의 식단에 당이 포함되지 않았다고 생각하지만 말이다.[121] 결론적으로 우리의 형태학에서 알 수 있듯, 우리는 여전히 잡식성이며, 다양한 섭식 활동은 아마 인간의 진화 과정에서 중요한 부분이었을 것이다.[122]

과학자들은 여러 다른 변수를 검토하며 비교하고, 고고학 유물 복합체에서 기초 자료를 수집한다. 마크 서튼Mark Sutton과 크리스틴 소볼릭Kristin Sobolik, 질 가드너Jill Gardner는 《구석기 영양》에서 과거 식단을 추정하고 이해하기 위해 사용한 방법들을 설명하는데, 그들은 고고학 자료만이 아니라 과거 식단을 분석한 자료나 사례 연구도 검토했다.[123] 화석화된 뼈만이 우리에게 식단에 관해 알려주는 유일한 자료 유형인 것은 아니다. 고민족식물학Paleoethnobotany과 생물고고학Bioarcheology, 고생물병리학Paleopathology도 중요하다.[124] 그리고 뼈와 도구, 인공물, 불에 탄 잔해, 사용 패턴(가공이나 미세 마모), 음식물 찌꺼기(쓰레기), 꽃가루와 식물석, 심지어 화석화된 배설물 조각인 분석까지 들여다보며 과거의 식이 조건을 알려줄 만한 고고학 증거를 검토하는 수많은 연구가 있다. 인류와 원인류의 주거지에는 수천 년 전 뼈와 화살촉, 숯 조각을 비롯해 그 밖의 조리 활동에 대한 증거가 남아 있다. 그런데 거기에는 한 가지 문제가 있다. 뼈들은 환경 속에서 음식 찌꺼기보다 훨씬 오래 남는 경향이 있다. 마찬가지로 육식과 관련된 도구는 대개 돌로 만들어질 때가 많아서(돌날, 긁개, 화살촉 등) 바구니와 뒤지개를 비롯해 그 밖의 나무로 만든 도구나 잘 썩는 물건보다 더 잘 보존돼 있다. 이 말은 곧 유물복합체가 수렵과 육식의 증거를 보여주는 쪽으로 편향돼 있고, 잡식성 식단을 입증하기에는 불리하다는 뜻이다. 게다가 유물복합체는 증거들이 분해되면서 오랜 시간 동안 변화하므로, 그것을 통해 과거에 대해 확정적으로 진술하기가 어렵다.[125] 물론, 자료를 다각도로 분석해서 합리적으로 추측하는 경우가 가끔 있긴 하다. 그럼에도 "우리는 그때 무슨 일이 일어났는지 관찰할 수 없고, 남겨진 찌꺼기에 어떤 일이 있었는지 알 수 없다".

직접적인 고고학 자료 연구들은 이런 복잡성을 가지고 있다. 홀라계곡에서 발견된 초창기(대략 기원전 78만 년) 식물유체 견본은 분명 거주민들이 음식으로 사용한 것으로 보이는 55종의 식물 물질을 제공하는데, 이는 호미니드들이 탄수화물이 풍부한 덩이줄기 식물을 포함해 다양한 식물 물질을 가공하고 먹었다는 것을 암시한다.[126] 네안데르탈인의 치아에 남은 미세마모흔과 치태를 연구한 결과 그들은 곡물과 덩이줄기 식물에서 얻는 복합 탄수화물을 포함하는 잡식성 식단을 섭취한 것으로 나타났다.[127] 생태 변화도 섭식에 일조했다. 개방된 초원에 사는 집단은 육류 섭취가 더 많은 반면, 숲이 있는 환경에 사는 집단은 곡물이나 덩이줄기 식물을 더 많이 먹은 경향이 있다. 이들은 비슷한 생태 환경에 사는 요즘의 수렵채집인들과 비슷한 미세마모흔을 보인다.[128] 지금의 스페인에 살았던 한 집단의 치태에서 나온 박테리아를 분석한 결과 그들이 버섯과 이끼, 잣을 비롯해 숲에서 나는 그 밖의 먹거리를 섭취했다는 것을 알 수 있었다. 이와 대조적으로 벨기에 북부의 개방된 지역에 살던 집단은 육류, 특히 털코뿔소와 야생 양을 더 많이 먹었다.[129] 사실상 구석기 네안데르탈인의 식생활에는 매우 다양한 먹거리가 포함돼 있었고, 오랫동안 식생활의 변화는 크지 않았다. 음식 섭취에 가장 큰 영향을 미친 것은 환경이었다.

우리에게는 또한 5300년 전 알프스산맥에서 살해된 신석기 사냥꾼 외치의 위 내용물을 철저히 분석한 직접적 증거도 있다. 그의 집단은 재배하거나 야생에서 얻은 곡물만이 아니라 알프스산맥 생태계의 모든 자원에 접근할 수 있었다. 그의 위 속 내용물에는 붉은사슴, 아이벡스(길게 굽은 뿔을 가진 야생 염소-옮긴이), 염소, 밀, 아마 약으로 쓰였을 것 같은 고사리가 있었다.[130] 꽃가루 분석에 따르면, 그는 잡식성이었고, 그의 식단은 그 지역에서 구할 수 있는 광범위한 먹거리를 반영했다.[131] 외치는 곡식을 채집하거나 심지어 재배했고, 야생 짐승과 길들여진 짐승의 고기를 모두 먹었던 후기 인간 집단에 속한다. 중요한 점은 그의 식단에 여러 먹거리가 섞여 있었고, 육류 섭취는 현대 수렵채집인에게서도 그렇듯 곡물과 채소 섭취와 균형을 이루었다는 것이다. 그가 지상에서 먹은 마지막 식사는 더 예전에 살았던 유럽의 네안데르탈인들의 식사와 아마 크게 다르지 않을 것이다.

인류학자와 생물학자들은 여러 방면의 증거를 활용해 과거 식생활과 건강의 이미지들을 합성해낸다. 과학적 방법과 이론은 광범위하다. 그리고 유물에 접근하고, 유물을 해석하고, 분석하는 수단으로는 영장류와 수렵채집 부족과의 연관성 유추, 형태와 기능 비교, 고고학과 화석 연구, 환경 재구성, 동위원소 분석, 영양 분석이 포함된다. 과학자들은 과거 식생활에 대한 증거와 영양이 진화에 미친 영향을 알려주는 증거를 더 많이 모으기 위해 온갖 기술과 방법을 동원했을 뿐 아니라 연역적·귀납적 분석을 사용해왔고 지금도 계속하고 있다. 그러나 그 분석 작업에는 대단히 다양한 생태적·문화적 환경과 영장류와 호미니드의 다양한 종, 방대한 역사가 뒤얽혀 있어서 그것을 통해 단순하고 확실한 결론을 내리기란 불가능하다. 팔레오 라이프스타일 요리책으로 깔끔하게 포장하기에는 호모사피엔스의 식생활 역사가 지나치게 복잡해서 과학자들은 구석기 식단의 청사진을 제시하려고 시도조차 하지 않을 정도다. 오늘날 식생활 문화가 광범위하고 다양하듯, 과거에도 그랬다. 그러나 우리는 모든 인류 집단이 널리 공유하지만, 영장류에게는 대체로 없는 특정한 식생활 변수가 있고, 육류만으로는 우리 건강에 필요한 영양소를 공급할 수 없다는 것을 잘 안다. 우리 뇌가 포도당에 의존하고, 소화관은 섬유질을 필요로 하므로 모든 필수 영양소를 육류에서 얻을 수는 없기 때문이다.[132] 인류는 잡식성이 두드러진 존재이고, 다양한 필수 영양소를 필요로 하며, 특정한 선호나 금기에 따라 음식을 요리하고, 음식을 운반하고 저장하며, 식사 준비와 조달에 필요한 복잡한 기술과 노동 분업체계를 창조한다. 또 음식을 나누고, 영양 섭취와 관련 없는 의례에도 먹거리를 사용한다.[133] 이런 변수 하나하나마다 인간은 새로운 행동 패턴과 생물학적 형태를 발달시켰고, 그로 인해 가장 가까운 친척인 유인원들과 다른 길을 걸었다. 따라서 과거와 현재 식단의 이런 문화적 연관성이 우리의 진화를 이해하는 데 식사의 내용만큼이나 중요할지도 모른다.

구석기인들이 무엇을 먹었는지가 중요한가? 아니면 어떻게 먹었는지가 중요한가?

'무엇'을 먹었는지가 그것을 '어떻게' 먹었는지만큼 우리 건강과 진화에 중요하지 않을 수도 있다는 점을 잠깐 생각해보자. 우리는 음식 성분이 식사 문화보다 더 중요하다고 이야기하곤 한다. 영양주의의 영향으로 우리는 식생활 전체보다 영양소에 대해 생각하는 경향이 있고, 음식 섭취의 맥락보다 음식 성분이 진화에 분명 더 중요할 것이라 여긴다.[134] 하지만 이는 매우 틀린 가정일 수도 있다. 불과 음식 공유가 없었다면 우리는 큰 뇌를 키우지도, 긴 아동기가 필요한 자녀를 양육하지도, 몸집이 큰 다른 영장류와 경쟁하거나 번식 면에서 그들을 능가하지도 못했을 것이다.

타오르는 나뭇가지를 놀랍고 두려운 눈빛으로 바라보는 혈거인에 대한 묘사를 본 적이 있을 것이다. 이 이미지들은 불의 발견이 진화의 중요한 문턱이었음을 나타내기 위해 자주 사용된다. 열을 이용해 몸을 따뜻하게 하고, 초원에 불을 놓아 사냥감을 몰고, 음식을 익힐 수 있는 능력은 우리의 삶과 먹는 방식을 완전히 변화시켰다.[135] 아궁이가 가정의 중심을 차지하고, 많은 문화가 이른바 '아궁이 신들'을 가족 건강에 중요한 존재로 숭배하는 데는 이유가 있다. 인류학자 클로드 레비-스트로스는 음식을 요리하는 것이 인류의 출발이었다고 주장했다.[136] 불이 문화적 상징성을 지니며 생물학적으로 중요한 이유는 불을 사용한 요리가 음식을 소화하기 쉽게 만들고 영양가를 증가시켜서다. 많은 고인류학자에 따르면, 불은 우리가 큰 뇌를 발달시킬 수 있었던 이유 가운데 하나다.

리처드 랭엄Richard Wrangham과 동료들 역시 요리 덕에 호모에렉투스의 신체 크기가 커지고 뇌가 발달할 수 있었다고 말한다. 특히 덩이줄기 식물을 비롯한 채소를 먹을 만하게 만들어서 먹거리 선택지와 영양소의 '생체이용률Bioavailability'이 증가했다고 이야기한다.[137] 그들은 뇌가 확장되고, 몸이 커지고, 성적 이형(같은 종에서 암수 개체의 형태가 뚜렷이 다른 현상-옮긴이)이 줄어들고, 불을 사용하기 시작한 것과 거의 비슷한 시기에 치아와 내장 크기가 줄어들었다는 점에 주목한다. 이는 더 적은 물리적 비용으로 음식에서 더 많은 영양소를 얻게 되었다는 것을 뜻한다. 랭엄은 그렇게 '뇌와 내장'을 교환함으로써 더 적은 노력으로 더 많은 칼로리를 얻을 수 있었다고 말한다. 이는 '고비용 조직 가설'을 뒷받침하는 설명이다. 이와 같은 생물학적 변화에는 사회 변화가 수반되었다. 호미니드의 짝짓기 양식이 달라졌고, 음식을 공유하는 가족 단위와 성적 결합의 발달이 촉진되었다. 지난 몇십년 동안 검증되고 확장된 이런 생각들에 따르면, 요리와 요리된 음식은 호모사피엔스에게 필수적이었는데, 이는 우리가 요리된 음식의 농축된 영양을 필요로 하는 생물물리적 발달에 적응해왔기 때문이다.[138] 요약하자면, 불은 집을 편안하고 따뜻하게 해주었을 뿐 아니라 가정의 중심(아궁이)을 형성했고 영양을 개선했다. 또 더 큰 뇌의 발달을 촉진하고 사회적 유대를 증가시켰으며 환경 자원을 더 잘 활용할 수 있도록 하는 '피드백 고리Feedback Loop'를 만들었다.

그런데 그 가정의 중심은 어땠했을까? 우리는 긴 아동기와 비싼 뇌 때문에 엄마와 아이의 성장과 건강을 보장할 좋은 음식이 많이 필요하다. 엄마에게 음식이 많이 필요한 이유는 육아와 수유를 감당해야 해서다. 엄마는 자신과 아이들을 위한 음식을 충분히 구할 수 있었겠지만, 수렵채집 활동은 엄마에게 부담이 되는 일이다. 다른 사람에게 음식을 받는다면 아마도 엄마와 아이는 훨씬 잘 지낼 수 있을 것이다. 이는 일종의 '포괄적응도Inclusive Fitness'(개체가 직접 번식을 통해서만이 아니라 친족의 번식을 도움으로써 유전자를 다음 세대에 전달할 수 있는 가능성 - 옮긴이)다. 인간 생애사의 또다른 측면으로는 긴 아동기(아이들이 스스로 충분히 먹을 것을 구할 수 없는 기간), 집단에서 효율적으로 기능하기 위해 더 많은 인지 과제를 익혀야 한다는 점, 여성들이 가임 상태로 되돌아갈 수 있게 수유기를 줄임으로써 생식력이 향상되었다는 점 등이 있다. 이유기가 지난 어린 세대를 계속 먹여 살려야 한다는 것도 우리 종만의 특성이다.[139] 식량 공급에 대한 연구(재닛의 연구를 포함해)는 무수히 많으므로 여기서는 그 연구를 간단히 소개하겠다. 게다가 식량 공급에 대한 연구는 불에 대한 이론과도 맞물리므로, 서로를 강화하는 한 벌의 행동적응에 대해 고찰할 수 있을 것이다.

초기 호미니드 사이에서 이뤄진 음식 공유는 아이들의 생존율을 높인 행동 변화였으며, 그 덕에 큰 뇌와 아동기의 오랜 학습기가 우리 종의 특징이 될 수 있었다는 가정이 있다. C. 오웬 러브조이C. Owen Lovejoy에 따르면, 남성들이 배우자와 아기를 부양하기 시작하면서 더 많은 아이가 살아남았기 때문에 그들의 전체적인 적응도(한 유전자가 다음 세대로 전달될 수 있는 가능성 - 옮긴이)가 증가했다. 이렇게 살아남은 아이들은 더 큰(비싼) 뇌를 발달시켰고, 엄마들은 생식주기로 더 빨리 돌아갈(아기를 더 자주 가질) 수 있었다. 이렇게 해서 호모종의 고유한 적응 방식을 촉진할 긍정의 피드백 고리가 만들어졌다.[140] 진화에 결정적 영향을 미친 것은 무엇을 먹느냐가 아니라 바로 음식 공유였다. 아마 인류는 양질의 음식을 공유했기 때문에 진화했을 것이다.[141]

포괄적응도를 탐구하는 인류학자들은 그 뒤 생존 가능성을 높이는 음식 공유 양식을 검토하기 위해 수렵채집인들에게 관심을 돌렸다. 이 주제를 연구한 이론들은 크게 두 진영으로 나뉜다. '할머니

Grandmother 가설'과 '체화된 자본Embodied Capital 가설'이다. 하지만 두 가설이 상당히 겹치는 부분이 있고, 결과도 비슷하다. '할머니 가설'은 크리스틴 호크스가 인간의 긴 수명, 특히 완경기 이후의 나이 든 여성의 긴 수명을 설명하기 위해 주장했다. 호크스는 인류가 대형 유인원과 다른 점은 잠재적으로 긴 수명과 늦은 성숙, 중년기의 완경, 이른 이유기라고 봤다.[142] 호크스와 동료들은 아체족과 하드자족이 아이를 돌보는 방식과 음식을 공유하는 행동을 살펴보면서 엄마와 할머니들이 젖을 뗀 아이들을 부양할 때가 잦다는 점에 주목했다. 어린 아기에게 주는 음식 대부분을 여성이 책임졌기 때문에 아기를 돌보느라 채집 활동 시간이 줄어든다면 그보다 조금 더 자란 아동의 건강에 영향을 미칠 수 있었다. 사실, 그들이 연구한 표본 집단에서는 엄마의 식량 채집 활동 시간에 따라 아동의 체중이 달라졌다. 엄마가 어린 아기를 돌보는 동안 할머니는 식량 채집과 조달, 육아에 더 많은 시간을 투자함으로써 젖을 뗀 아이의 체중이 증가할 수 있도록 도왔다. 그 결과 아이들은 더 잘 먹고 더 건강해져서 생존율이 높아졌고, 잠재적으로 자손이 더 많아져 적응도가 전체적으로 개선되었다.[143] 이와 같은 음식 공유 네트워크는 엄마와 아이의 건강을 개선하는 경향이 있다.[144] 이런 형태의 협동적 식이행동은 협동적 번식이라 불리는 것으로 이어진다. 곧 친족을 위해 아이를 함께 돌보고 음식을 공유하면서 포괄적 응도가 증가한 것이다.

힐러드 캐플런이 제시한 '체화된 자본 가설'은 남성이 여성과 아이를 부양함으로써 인간의 진화 패턴을 낳은 적응도 차이가 만들어졌다고 말한다.[145] 남성의 음식 공유, 특히 사냥으로 얻은 육류와 지방의 공유는 더 큰 신체 사이즈와 더 나은 건강 상태, 잠재적으로 더 높은 재생산 성공률과 포괄적응도로 이어졌다. 이 모두가 길고 느린 성장기를 거치며 성공에 필요한 기술을 습득하는 아이들을 키우는 데 도움이 된다. 캐플런은 또한 자원을 얻을 수 있는 환경이 더 복잡해지고 식량 획득을 위해 더 많은 기술이 필요할수록 자식의 능력을 키우기 위한 부모의 투자가 증가한다고 주장한다. 성공적인 사냥법을 배우려면 긴 훈련 기간이 필요한데, 아이들은 그 기간 동안 보살핌과 가르침을 받아야 한다. 하드자족과 아체족의 식량 획득 데이터를 토대로 캐플런은 영양밀도와 음식 공유 사이의 관계를 연관 지었다. 그는 "구하기 쉬운 음식은 인류와 영장류의 어린 새끼가 모두 구할 수 있고, 추출하거나 구하기 힘든 음식은 어린 새끼는 손에 넣을 수 없지만 부모는 획득할 수 있다. … 그 결과 인간 아이들은 식량을 공급받았다"라고 이야기했다.[146] 남성이 식량을 공급하면 (자식들을 공동 부양할 수 있기에) 아이들이 젖을 떼는 연령도 낮아지고 여성의 영양 건강도 좋아지므로 더 많은 아기가 태어나고 생존할 수 있다.[147] 이 저자들이 연구한 수렵채집 집단은 남자들이 큰 동물을 집으로 가져오기 위해 사냥하는 집단이었으므로, 이들의 주장은 '사냥꾼 남자 가설'과 비슷하지만, 이들은 남성이 여성에게 성적으로 접근하기 위해 사냥꾼이 된다는 오랜 신화는 지지하지 않는다. 오히려 남성은 배우자와 아이들의 건강을 보장함으로써 포괄적응도를 높이기 위해 사냥꾼이 되었을 것이다. 이는 미묘하지만 중요한 차이다.

이 세 가설은 서로 잘 들어맞는다. 불의 사용만이 아니라 음식 공유(남성, 할머니, 고모, 삼촌 등)가 서로 상승작용을 일으키면서 우리

종을 다른 거대 유인원보다 더 성공적인 종으로 만들어준 진화상의 우위와 인간의 고유한 생애사가 만들어졌다.[148] 익혀서 쉽게 소화할 수 있는 양질의 음식(육류, 채소, 덩이줄기 식물 등)을 서로에게 먹임으로써 우리는 더 작은 내장과 더 큰 뇌, 더 긴 아동기를 갖게 되었고, 가족 구성원 모두가 잘 먹고 건강할 수 있도록 수렵채집 환경을 성공적으로 활용했다. 언제, 어떻게 남성이 식량을 공급하는지 또는 언제, 어떻게 여성 친족이 식량을 공급하는지를 설명하는 이론들은 음식 공유가 가족이나 공동체 안에서 '좋은 사람'이 되는 법이라고 가르치는 문화적 패턴이 있다는 것을 보여준다. 이 이론들을 통해 우리는 음식 공유가 호모사피엔스의 문화적·생물학적 특징으로 새겨지면서 모든 문화와 가족이 어린이나 서로를 부양하는 것을 우선했다는 것을 알 수 있다. 또 우리가 왜, 어떻게 호모에렉투스에서 호모사피엔스로 진화했는지도 알 수 있다. 어쩌면 진화이론을 너무 많이 언급하는 것처럼 들리겠지만, 우리가 무엇을 먹었는지는 어떻게 먹었는지만큼 중요하지 않을 수도 있다는 생각이 설득력 있게 들렸으면 좋겠다. 그러면 구석기에 어떤 음식을 먹었는지를 둘러싼 격전이 다소 무의미해질 것이다. 결론은 우리 인간은 환경에서 구할 수 있는 것은 무엇이든, 먹거리로 보이는 것은 무엇이든 섭취했으며, 친구나 가족과 함께 음식을 공유했기에 살아남았다는 것이다. 고인류학자들에 따르면, 진화를 추동한 것은 남성의 공격성이 아니라 돌봄과 불의 사용 능력이었다. 이렇게 해서 남성 지배 환상을 떠받치는 주춧돌을 깔끔하게 빼냈다. 해로운 남성성을 부추기는 세르노비치들과 니콜라이들은 자신들이 틀렸다는 것을 증명한 과학을 받아들이거나 혹은 믿지 않겠지만.

그런데 우리의 구석기 조상들은 실제로 무엇을 먹었을까?

우리는 유추와 '화석생성론Taphonomy' 그리고 고고학 증거를 사용해 이 질문에 이미 답을 내렸다. 그들은 먹거리로 알고 있는 것은 무엇이든, 곧 붙잡고, 파내고, 뽑고, 요리하고, 씹고, 소화시킬 수 있는 것은 무엇이든 먹었다. 다양한 환경에서 살았으므로 식단도 무척 다양했다. 구석기 인류가 세계 곳곳으로 뻗어갈 수 있었던 것은 다양한 생태계에서 나오는 다양한 음식을 먹을 수 있었기 때문이다. 그들은 큰 뇌를 가진 잡식동물이었으며, 어떤 음식이 먹기에 안전하고 맛있는지를 서로에게 배웠고, 식사의 맛과 영양을 높이는 요리를 창조해냈다. 함께 먹었고, 음식을 공유했으며, 아이들을 잘 먹였다. 그것이 현재 인류의 식이 패턴이고, 호미니드의 식이 패턴이었다고 추측할 수밖에 없다.

이 장에서 인용한 연구들에 따르면, 완전한 육식에 대한 팔레오 판타지와는 반대로 호미니드는 잡식성이었고, 덩이줄기 식물과 곡물을 비롯한 여러 탄수화물 식품을 섭취했다. 그러니 무엇을 먹었는지는 적절한 질문이 아닐 것이다. 어쩌면 더 중요한 질문은 그들 식단이 어떻게 현대 식단과 다르며, 그 차이가 어떻게 건강에 영향을 미쳤는가다. 이 질문을 던짐으로써 우리는 식단과 음식의 문제로 되돌아가 과거의 잡식성이 현재의 잡식성과 어떻게 다른지 물을 수 있다. 이것이야말로 흥미롭고 중요한 질문이다.

혈거인은 무엇을 먹지 않았을까?

혈거인들은 치토스나 프링글스 같은 우리가 스낵이라 부르는 현대의 가공식품은 먹지 않았다. 유제품은 먹었을 수도, 먹지 않았을 수도 있다. 우리는 알지 못한다. 생강 쿠키나 코카콜라, 스타벅스의 펌킨 스파이스 라떼는 접하지 못했을 것이다. 하지만 포도당과 과당을 함유한 꿀과 과일 같은 단 음식은 먹었을 것이다. 요즘 우리가 식품을 만들 때 쓰는 트랜스지방과 안정제, 착향료 같은 첨가제들 역시 분명 먹지 않았다. 몇몇 농작물에 의존하는 우리 식단보다 그들의 식단이 훨씬 다채롭고 일시적이었을 것이다. 먹는 음식의 가짓수도 (평균적으로) 더 많고, 영양 섭취도 더 다양하게 했으며, 몇몇 음식은 현대의 등가물과는 영양성분비가 매우 달랐을 것이다. 사실《구석기 처방》이 잘 보여주는 것처럼 그들의 영양 섭취는 확실히 우리와 차이가 있다.[149]

《구석기 처방》의 저자들은 현대의 수렵채집 집단을 유사물로 삼아 관찰했고, 영양성분표를 사용해 영양 섭취 정도를 계산했다. 이들 분석에서 가장 중요한 점은 고인류가 지금보다 나트륨을 훨씬 덜 먹었고, 나트륨과 비교했을 때 칼륨은 훨씬 많이 먹었다는 점이다. 일일 칼슘 섭취량도 더 많았을 것이다. 아마 지방은 전반적으로 덜 먹었겠지만, 그들이 먹던 지방은 현대 사육 동물의 지방과는 지방산 개요도가 달랐을 것이다.[150] 자연식품을 먹었기에 비타민C와 섬유질(셀룰로스와 헤미셀룰로스 모두) 섭취가 현대 미국 식단보다 훨씬 많았을 것이다. 또 정제 설탕과 탄수화물을 훨씬 덜 먹었을 테고, 술은 마시지 않거나 아주 조금만 마셨을 것이다.[151] 연구자들이 지적하듯, 이 수렵채집인들의 식단과 미국 식단의 차이는 고혈압과 당뇨, 심장병처럼 오늘날의 공중보건 영양 문제를 일으킨다고 알려진 성분의 섭취와 연관이 있을 때가 많다.[152] 사실, 일반적인 식단을 구석기 식단으로 대체한 영양학 연구들에 따르면, 조금만 시간이 지나도 혈압과 혈당, 인슐린 반응, 저밀도 지질단백질이 감소했다.[153] 이튼과 코너는 이 초기 연구를 재검토하고 재현하면서 몇 가지 결과를 수정했지만, 구석기 식단과 현대 식단의 핵심적 차이는 여전히 같다고 지적했다. 고인류는 나트륨과 정제 설탕, 정제 탄수화물을 훨씬 덜 먹었고, 섬유질과 단백질을 훨씬 많이 먹었으며, 아주 다양한 종류의 지방을 섭취했다.[154]

2016년 코너는 연구 결과를 이렇게 요약했다. "이 문제에 대한 최근 자료 덕에 나는 무엇을 먹지 말아야 할지 훨씬 편안하게 말할 수 있다. 우리 조상은 요즘 우리를 죽이고 있는 정제 탄수화물을 조금도 먹지 않았다. 우리 조상의 먹거리에 거의 들어 있지 않았던 소금과 포화지방은 제한하는 것이 현명할 것이다. 섬유질과 오메가2 지방산은 좋은 것 같다. 대부분의 사람은 유제품을 피해야 한다. 밀을 피해야 하는 사람도 많다. 당신도 그런 사람인지 알아보라. 운동하라. 그 정도면 된다."[155] 이 문장은 현대와 고대 식단의 영양 섭취 차이를 간결하게 요약한다. 하지만 유제품과 밀에 대한 언급에는 문제가 있다. 더 낫게 표현하자면 이럴 것이다. "많은 사람은 성인이 되었을 때 우유를 피해야 하고, 밀을 피해야 하는 소수의 사람도 있다." 코너는 모든 유제품에 유당이 있다고 가정함으로써 오해를 일으켰다. 그러나 치즈는 유제품이긴 해도 제조 과정에서 거의 모든 유당이 제거된다. 그는 또한 밀에 함유된 글루텐 문제를 과장했다. 글루텐은 세계적으로 소수의 사람에게만 영향을 미칠 뿐이다. 그러나 철학적 관점에서 보면 그의 진술은 중요하다. 팔레오 식이요법을 둘러싼 논의(와 주장)에 영향을 미친 절대론적 언어의 유형을 드러내기 때문이다. 1990년대 레이 오데트는 이튼과 코너와 그 밖의 학자들의 연구를 이용해 먹어야 할 음식 목록(육류, 과일, 채소, 견과류, 베리)과 피해야 할 음식 목록(곡물, 콩, 덩이줄기 식물, 유제품, 설탕)을 만들었는데, 이는 2010년대 등장할 더 극단적인 팔레오 추천 음식 목록의 밑바탕이 되었다.[156] 어떤 음식을 언제, 어떻게 먹어야 할지에 대한 의견이 서로 다르다 보니 지지자들은 무엇이 진짜 '팔레오'인지를 놓고 진흙탕 싸움을 벌여왔고, 팔레오 식이요법에 가벼운 호기심을 가진 사람들을 혼란스럽게 했다. 게다가 우리는 고대 호미니드 개인과 집단이 정확히 무엇을 먹었는지, 그로 인한 영양 구성이 어떠했는지 알지 못하기 때문에 대체로 유추나 간접 증거에 의존해 섭취량과 영양 구성을 가정할 뿐이다.[157] 현대 수렵 채집인의 영양 섭취 자료는 얻을 수 있지만, 영양소를 음식으로 옮기는 과정은 논쟁의 여지가 있다. 팔레오 식이요법을 둘러싼 끝없는 논쟁과 무수히 많은 책과 블로그, 사용자 집단들이 이를 증명한다. 소비자들은 구석기 풍 식단을 원하지만 과거에 구할 수 있었던 것과는 아주 다른 음식을 제공하는 식품체계를 마주하게 된다.[158]

팔레오 영양의 실제

팔레오 식이요법 책은 말 그대로 수천 권에 이른다. 요리부터 웰빙 프로그램, 의사(와 가짜 의사)들이 노화를 되돌릴 수 있다거나, 병을 고친다거나, 몹시 두려운 질병 대부분(전부는 아닐지라도)을 예방할 수 있다고 약속하는 건강 증진 계획까지 다양한 주제를 언급하고 있다. 이 책들은 대개 두 부류로 나뉜다. 요리와 식단을 다루는 부류와 건강 증진을 다루는 부류다. 요리와 식단이 주제인 책들은 '팔레오가 되기' 위한 주방 혁신법을 알려주고 사진들을 많이 보여준다. 건강 증진이 주제인 책들은 자신들의 방법을 따르면 원기를 되찾을 수 있고, 건강한 사람이 된다고 약속한다. 온라인과 오프라인 서점, 지역 도서관에서 이 주제를 검색하면 가장 인기 있는 책이 무엇인지 알 수 있다. 재닛은 델러웨어 지역 도서관 시스템에서 가장 대출 빈도가 높은 책들을 찾아봤다. 많은 경우 팔레오 책들은 다른 식이요법 책들과 겹친다. 특히 케토와 글루텐프리, 안티 밀, 안티 유제품 식이요법 책들(과 팔레오와 비슷한 건강 프로그램을 발표한 건드리와 윌스, 페리콘 같은 의사들이 쓴 책들)과 비슷한데, 분명 멜빈 코너 같은 전문가들의 발언으로 지지자들 머릿속에서 이 식이요법들이 하나로 뭉뚱그려져 있기 때문일 것이다. 재닛이 보기에는 《초보자를 위한 팔레오 식단The Complete Idiot's Guide to Eating Paleo》(249회)이 괜찮았지만, 윌리엄 데이비스의 《밀가루 똥배Wheat Belly》(685회)만큼 자주 대출되지는 않았다. 팔레오 책들은 구조가 비슷하다. 구석기시대의 먹기에 대한 배경지식을 조금 소개하고, 팔레오 식단의 이점을 제시하며, 무엇을 먹고 무엇을 피해야 하는지 알려준다. 또 팔레오 식단과 맞지 않은 간식과 디저트에 대한 식욕을 어떻게 절제해야 하는지 알려주는 부분이 하나 정도 있다. 요리법은 대개 단순하고, 밀가루 대신 아몬드가루를, 옥수수기름이나 콩기름 대신 코코넛기름을 쓰는 것처럼 대체 음식으로 구성된 짧은 요리 재료 목록이 따라온다.《초보자를 위한 팔레오 식단》은 모든 곡물과 콩류, 정제 설탕, 대부분의 조리용 기름, 감자, 가짓과 식물을 금하지만, 술은 허락하는 너그러움을 보이는데, 마사이족이 술을 먹기 때문이라고 한다.[159] 이 책의 식단은 다른 유행 식이요법처럼 가짓과 식물을 피하는데, 사실 토마토와 가지의 야생 선조가 고인류의 식단에 속하지 않았다는 증거는 없다. 책의 두 저자 모두 영양학자는 아니지만, 그중 한 사람인 닐리 퀸Neely Quinn이 콜로라도주 보울더에 있는 비인가 기관인 '세븐보울즈 영양과 영양 섭취, 치유 학교'에서 '영양 치료' 자격증을 받긴 했다. 또다른 저자인 제이슨 글래스피Jason Glaspey는 크로스핏 프로그램을 통해 팔레오 식이요법을 접했지만 '테크 스타트업'에서 일한다. 두 사람 모두 팔레오 식이요법을 지지하는데, 그들이 겪은 다양한 질병을 팔레오 식단으로 치유했기 때문이라고 한다. 아몬드가루로 만든 팔레오 피자가 어떻게 병을 치료할 수 있는지, 어떻게 초리조 스크램블에그와 새우아보카도 오믈렛이 수렵채집인의 식단이었을 수 있는지 의구심이 들긴 하지만, 맛있어 보이는 요리들이기는 하다.

인기 요리책들의 요리법은 대체로 레시피가 반복되지만, 시간의 흐름에 따른 동향이 눈에 띈다. 초기 책들은 나중에 금지된 곡물과 덩이줄기 식물을 어느 정도 허락하는 경향이 있다.《최초의 식단》에서 엘리자베스 소머가 제시한 식품 피라미드는 탄수화물식품을 기초 식품으로 맨 밑에 배치한다. 이 피라미드는 당시 미국농무부가 제시한 피라미드와 비슷하지만, 소고기 대신 기름기 없는 붉은 고기(들소)를 넣었고, 가공식품을 거의 넣지 않았다는 점에서 차이가 있다.[160] 소머는 나중에 등장한 팔레오 저자들이 금지한 콩류도 허락한다. 그는 영양학자이고, 자신의 지식과 교육을 토대로 보이드와 쇼스탁, 코너가 제시한 지침에 맞춰 추천 목록을 구성했다. 그러나 2015년이 되자 로렌 코데인이 등장해 그 누구도 이런 음식을 먹어서는 안 되며, 모든 종류의 설탕(메이플과 코코넛, 대추야자 시럽과 꿀을 포함해서)을 식단에서 배제해야 한다고 강조했다. 그는 조리용 기름도 허락하지 않았다. 여러 팔레오 요리책 저자들이 대체식품으로 쓰는 견과류 가루마저 반대했다. 그의 초기 책들에 실린 목록은 덜 구체적인 편인데, 유제품이나 곡물, 콩류, 가공식품을 금한다.[161]

마찬가지로 린다 라슨Linda Larsen은 《팔레오 요리법의 빅 북The Big Book of Paleo Recipes》에서 모든 곡물과 덩이줄기 식물, 땅콩을 먹지 말라고 한다. 구석기 수렵채집인들은 이 음식들을 결코 먹지 않았으며, 이들 속에는 그가 '새는 장'의 원인이라 부르는 렉틴이 들어 있다고 주장한다. 코데인을 비롯한 여러 저자가 반복하는 주장이다.[162] 라슨은 유제품 섭취를 반대했지만, 유기농인 경우에는 허락했다. 줄리 메이필드Julie Mayfield와 찰스 메이필드Charles Mayfield는 가족친화적 팔레오라는 개념으로 라이프스타일 브랜드와 작은 출판 제국을 건설했는데, 이들은 《퇴근 후 팔레오Weeknight Paleo》에서 글루텐과 곡물, 유제품, 콩류, 설탕, 가공식품, 술을 금지하되 덩이줄기 식물은 먹어도 좋다고 이야기한다.[163] 사실, 해가 지날수록 팔레오 식이요법은 더 엄격해지고, 더 많은 논쟁을 불러일으키고, 더 교조주의적이 되었다. 코데인마저 어떤 음식을 먹어도 되는지를 두고 팔레오 공동체 내부에서 격렬한 논쟁이 있었다고 인정했다.[164] 어쩌면 팔레오 식이요법이 실제로 엄격해졌을 수도 있고, 아니면 저자와 홍보자들이 책을 계속 팔기 위해 새로운 식이요법 유행(글루텐프리나 케토 같은)에 편승했을 수도 있다. 이 책들은 대개 많지 않은 재료와 향신료를 사용하는 간단한 요리법을 소개한다. 또 많은 인기를 끌기 위해 미국인이 좋아하는 타코와 버거, 캐서롤을 포함한다. 요리법은 TV 셰프 레이첼 레이Rachel Ray가 소개하는 것들과 비슷하고, 대개 '쉬운'이나 '가족을 위한' 같은 요리하기 쉽고 친숙한 느낌을 전달하는 단어가 이름에 붙는다.

영양 기준으로 보건대 대부분의 요리법은 아주 건강해 보인다. 무엇보다 가공식품을 피하기 때문이다. 채소를 더 넣는 것은 언제나 좋은 생각이고, 단순 탄수화물과 정제 탄수화물 섭취를 줄이는 것도 마찬가지다. 재닛이 놀란 점은 많은 식이요법 지도자가 지방을 더 많이 섭취해야 한다고 장려하면서《구석기 처방》의 식이 조언의 핵심인 기름기 없는 고기를 항상 추천하지는 않는다는 것이다. 오데트와 퀸, 글래스피, 메이필드 부부, 심지어 라슨까지 베이컨이 상당히 많이 들어간 요리법을 여럿 선보인다. 야생동물의 고기는 사육동물의 고기보다 고도불포화지방산이 훨씬 많고 기름기가 적은 편이어서 팔레오 지지자들 사이에서는 방목으로 키운 동물의 고기가 인기 있다.[165] 소머는 방목동물과 야생동물 고기를 추천하지만, 다른 저자들은 그런 대체식품은 강조하지 않는다. 이는 다양한 요리책이 접근하기 쉬운 요리법을 제시하는데, 방목동물 고기는 상당히 비싸다는 점을 생각하면 이해할 만하다. 또 이튼과 코너에 따르면, 나트륨 섭취가 구석기와 현대 식단의 핵심 차이 중 하나인데도, 대부분의 저자는 나트륨 섭취를 특별히 신경 쓰지 않는 편이다. 팔레오 요리책들은 기본 요리법을 소개하지만, 우아해 보이고 건강한 집밥을 먹으려는 독자를 겨냥한 요리 잡지에서 볼 만한 요리를 선보인다. 그러나 그들을 '팔레오' 요리법이라 부를 만한 특징은 유제품과 탄수화물(특히 밀)을 쓰지 않고 코코넛기름이나 칡 녹말, 아몬드가루 같은 대체식품을 사용하는 정도인 듯하다. 베이컨만 빼면 1980년대 저지방 요리책에서 볼 만한 요리들이다. 또 신비로운 이름의 식재료를 제외하면 1990년대 〈헬시 이팅 Healthy Eating〉과 〈이팅 웰〉을 비롯해 다른 식이요법 잡지에서 봤을 법한 요리들이기도 하다. '건강한' 요리법이란 지구상에 몇 개 없지만, 끊임없이 재활용되고, 유행에 따라 재포장해서 선물하는 과일 케이크 같은 것이 아닌가 싶기도 하다.

변신하는 팔레오

팔레오에 대한 또다른 대중서들은 질환을 치유하거나 건강과 활력 개선, 수명 연장에 집중하는 의학서이거나 가짜 의학서다. 어쩌면 식이요법보다는 라이프스타일 도서로 봐야 할 것이다. '팔레오'라고 분류되는 책들 중에는 엄밀히 따지면 팔레오운동에 속하지 않는 것들도 있지만, 지지자들이 거의 차이를 느끼지 못할 정도로 팔레오운동과 아주 많은 생각을 공유한다. 가장 좋은 예는 여러 해 동안 식이요법산업을 지배해온 거대 출판사이자 라이프스타일 브랜드인 '건강한 30일'이다. '건강한 30일'의 공동 창시자들은 선언문에서 설탕과 감미료, 술, 곡물, 콩류(땅콩과 대두를 포함해), 유제품을 전혀 섭취하지 않는다고 선언한다.[166] 팔레오 특성을 포함한 라이프스타일 도서는 여기에서 검토하기 힘들 만큼 아주 많다. 가장 인기 있는 책 세 권은 모두 제목에 '팔레오'를 넣었다. 로렌 코데인의 《팔레오 해법Paleo Answer》, 크리스 크레서Chris Kresser의 《당신의 팔레오 코드Your Personal Paleo Code》(나중에 《팔레오 큐어The Paleo Cure》로 재출간), 테리 월스Terry Wahls의 《월스 프로토콜: 나는 어떻게 팔레오 원칙과 기능의학으로 진행형 다발성경화증을 극복했나The Wahls Protocol: How I Beat Progressove MS Using Paleo Principles and Functional Medicine》다.[167] 이 책들은 책 표지에서 팔레오 원칙을 사용한 간단한 변화(3단계 프로그램)로 질환(다발성경화증, 만성 자가면역질환)을 치유하고, 최대한 빠르게(7일 만에!) "체중을 감량하고, 상쾌한 기분을 맛보고, 젊음을 유지할 수 있도록" 돕겠다고 약속한다.

코데인의 라이프스타일 책 《팔레오 해법》은 '팔레오 2.0'을 제안하는데, 이는 이미 팔레오를 신봉하고 있는 테크브로들의 눈길을 끌기 위해 '웹 2.0'을 연상시키는 교묘한 전략이다.[168] 코데인은 자신의 제안과 실제 삶의 현실 사이에서 균형을 잡아야 한다고 말한다. 그래서 책의 많은 부분은 일상에 맞게 언제, 어디에서, 어떻게 팔레오 식단을 융통성 있게 적용할 수 있는지 설명한다. 각 장마다 그가 추천한 식단으로 질환을 치료한 사람들이 1인칭 관점에서 증언하는 '실화'들이 몇 편 실려 있고, 사례 연구를 토대로 식재료와 음식, 요리 과정에 대한 정보를 제공하면서 무엇이 팔레오 2.0인지(그리고 아닌지)를 구체화한다. 또 특정 유형의 음식과 건강 문제, 효능의 연관성을 입증하는 과학 논문에 대한 언급이 여러 번 등장한다. 코데인에 따르면, 곡물과 감자, 카사바, 옥수수, 모든 콩류 그리고 일반 설탕이나 인공 설탕, 채식주의, 유제품 등을 피해야 한다. 먹을 수 있는 음식으로는 신선한 채소와 과일, 육류, 생선, 달걀, 견과류, '광천수'라 불리는 것, 특정 영양소 섭취를 늘리기 위한 식이보충제 그리고 놀랍게도 포도주가 포함된다. 그의 '7일 프로그램'은 매일 저녁 식사와 함께 포도주 한 잔을 허락한다. 이 식이요법 프로그램에서 잘못된 점은 없다. 건강에 나쁘지도 않고, 성인이 건강을 유지할 만한 다량영양소와 미량영양소도 충분히 제공한다. 문제를 일으킬 만한 것이 없어서 어쩌면 체중까지 감량할 수 있을지 모른다. 하지만 문제는 이 식이요법으로 얻을 수 있다고 홍보하는 결과에 있다. 코데인에 따르면, 그의 식이요법은 거의 모든 질환을 완화하거나 치유한다. 고혈압, 심장병, 대사증후군, 궤양, 여드름, 면역질환, 임신성 당뇨병, 녹내장에 이르기까지. 그는 또한 채식 식단은 월경 문제를 일으키고 정자를 감소시킬 수 있다고(아마 같은 사람에게는 아니겠지만) 주장한다. 이 식이요법의 문제는 이를 뒷받침하는 과학이 단지 연관성에만 의존하며(X의 섭취는 Y의 높은 위험과 연관성이 있다), 증거를 개인의 경험담에서 찾는다는 것이다. 곧 한 사람에게서 나타난 연관성을 인과성으로 추정하는 것인데, 언제나 유혹적인 1인 임상시험(N of 1)이라 할 만하다. 그의 팔레오 식이요법은 정말 건강에 대한 긍정적인 결과와 연관성이 있을 수도 있지만, 경험담과 연관성은 확실한 과학적 인과성과는 다르다는 점을 짚고 넘어가야겠다.

마찬가지로 크리스 크레서는 그의 '당신의 팔레오' 책 시리즈에서 '체중을 감량하고, 질환을 없애며, 평생 건강을 유지하는 3단계 계획'을 제시한다. 다른 식이요법 지도자들처럼 그 역시 영양학을 전공하지 않았지만 악화된 건강을 스스로 치유한 매혹적인 경험을 가지고 있다. 그리고 다른 유형의 지도자들처럼 에솔렌인스티튜트Esalen

Institute(캘리포니아에 위치한 명상과 인본주의 교육을 중심으로 하는 대안교육센터 - 옮긴이) 지지자였고, 이런 관심은 이후 웨스턴 A. 프라이스 재단으로 이어졌다.[169] 그곳에서 배운 식이요법 원칙들을 따르면서 그는 자신의 모든 만성질환을 치유했다. 그렇게 해서 다른 사람을 안내할 능력을 적절히 갖추게 된 그는 온라인 상담사업을 시작했고, 이는 다시 강연과 출판을 비롯한 더 많은 활동으로 이어졌다. 그는 '인간 유전자에 적절하지 않은 현대 식품들'을 제거한 '30일 리셋 프로그램'을 홍보한다. 그는 팔레오 식이요법을 설명하면서 육류가 "우리를 인간으로 만들어주었다"라고 강조한다. 또 '고비용 조직 가설'을 언급하면서 "먹거리 채집 활동은 위험한 동시에 시간 소모적이기에 우리 선조들이 완전한 생채식을 했을 것 같지 않으므로" 식물 채집으로는 인간의 필요를 충족할 수 없다는 놀라운 주장을 펼치기도 했다.[170] 수렵과 채집, 초기 인류 식단의 에너지학에 대한 인류학적 자료를 혼란스럽고 부정확하게 뒤섞은 주장이다. 그의 '30일 리셋 프로그램'은 산업 식품 섭취를 허락하지 않는다. 그에 따르면, 산업식품은 독성물질이 가득하기 때문에 유제품, 곡물, 콩류, 감미료, 초콜릿, 가공식품, '산업' 종자와 식물성 기름, 탄산음료, 술, 가공 소스와 양념 등은 먹지 않아야 한다. 그러나 육류와 내장육, 뼛국물, 생선, 달걀, 전분질 식물(감자는 제외), 채소, '전통적인' 지방, 올리브, 아보카도, 코코넛, 바다소금은 먹을 수 있다. 그가 유독하다고 부르는 글루텐과 가공 종자기름, 정제 설탕 같은 식품은 항상 피해야 한다. 목표는 모든 설탕과 탄수화물 대부분, 가공식품을 제거하는 것이다. 대체로 코데인의 프로그램과 비슷하고, '건강한 30일' 식단과는 거의 똑같다. 크레서의 다른 점은 자신의 식이 규칙을 정당화하기 위해 인류학을 더 많이 언급한다는 점이다. 그는 농약과 비료에 대한 공포에 상상된 구석기 식단을 뒤섞어 몇몇 음식에 유독하다는 딱지를 붙인다. 그리고 식단에서 이런 유독한 음식을 제거해 병을 고쳤다는 경험담을 들려준다. 크레서는 웨스턴 A. 프라이스 재단의 생각에 코데인을 비롯한 다른 사람의 팔레오 식이요법을 뒤섞어 현대성을 거부하고 이상적인 건강을 약속하는 새로운 식이요법을 창조했다.

마지막으로 다룰 인기 있는 식이요법은 '월스 프로토콜Wahls Protocol'이다. '월스 프로토콜'은 '팔레오 원칙과 기능의학'으로 자가면역질환을 치료할 수 있다고 약속한다.[171] 테리 월스의 경험담도 흔한 '고통받는 치유자'의 서사다. 그는 진행성 다발성경화증 진단을 받고 휠체어에 의지하게 되었다. 월스 또한 의사인데, 일반적인 치료법이 도움이 되지 않자 쥐의 뇌와 신경 퇴화를 반전시키는 약과 영양을 실험하는 연구들을 탐독했다. 월스는 효험 있는 영양보충제들의 양을 확대해 그것을 식단에 적용함으로써 해당 영양소를 증가시킨 식이요법을 개발했다. 월스의 식이요법은 필수 미량영양소, 특히 신경전달세포가 사용하는 미량영양소를 더 많이 섭취하는 데 초점을 둔다. 이 식이요법에는 세 가지 단계가 있다. '몇 가지를 더하고 몇 가지를 빼는' 단계에서부터 '빠르고 심각한 개입이 필요한 사람들을 위한' 가장 강도 높고 어렵다는 단계인 '월스 팔레오 플러스' 단계까지다.[172] 그는 처음부터 팔레오에서 출발하지는 않았다. 처음에는 특정 미량영양소를 증가시키는 데 집중하다가 팔레오 식단이 그런 영양소를 제공한다는 것을 알게 됐다. 월스는 자신의 식이요법이 일반적인 팔레오와 다르다고 주장한다. 그의 식이요법은 영양밀도를 강조하는 고지방 식단이며 유제품과 달걀, 글루텐, 콩류의 섭취를 금지하고, 영양 손실이 적도록 지역에서 생산된 식품을 먹도록 권장한다. 월스 식이요법 1단계에서는 글루텐 섭취는 피하고 하루에 채소 9컵을 반드시 먹어야 한다. 또 유기농 축산으로 키웠거나, 야생에서 자랐거나, 목초를 먹인 육류를 먹어야 한다. 2단계에서는 모든 곡물과 콩류, 감자 섭취를 일주일에 2회로 줄이고, 해조류와 조류, 발효식품, 내장육, 견과류, 씨앗, 익히지 않은 음식을 추가한다. 3단계(팔레오 플러스)에서는 모든 곡물과 감자, 콩류를 금지한다. 또 전분성 채소와 과일 섭취를 줄이는 대신 코코넛유와 코코넛오일을 더하고, 하루에 채소 6컵을 반드시 먹어야 한다. 거기에 식사를 하루에 2회로 줄이고, 매일 12~16시간 동안 단식해야 한다. 패스트푸드나 탄산음료, 설탕, 전자레인지로 데운 음식은 조금도 허락되지 않는다. 사실, 월스의 식이요법은 감산 식이요법이라 할 수 있는데, 칼로리를 빼는 것이 아니라(지방 섭취를 증가시켰으므로) 섭취하는 음식 유형을 줄이는 식이요법이다.

월스 프로토콜은 팔레오 유형의 식이요법 중 단연 엄격하다. 제안들은 훌륭하지만(매일 채소를 9컵 먹는다면 모두에게 도움이 될 것이다) 이 식이요법을 따르려면 행동과 습관의 놀라운 변화가 필요하다. 《월스 프로토콜 평생 요리The Wahls Protocol Cooking for Life》는 쉽게 따라 할 수 있는 식단과 요리법으로 이 식이요법을 단순화했고, 요리들은 다른 팔레오 요리책에 나오는 것처럼 간단하고 쉽다.[173] 대부분 잘게 썬 채소에 단백질 식품 한 가지를 곁들여서 샐러드나 수프, 후라이팬 볶음 요리로 만들어 먹는다. 칼로리가 낮은 편일 때가 많지만 누구에게든 해가 될 음식은 아니라서 어쩌면 체중 감량에 도움이 될 수도 있다. 하지만 월스 식단은 식이요법이라기보다는 치료에 가깝다. 이는 영양소와 보충제를 강조한다는 점(월스는 자신의 식이요법이 치료가 아니라고 주장하지만), 음식에 관련된 이야기보다 의학적 조언을 많이 한다는 점에서 그렇다. 2014년판 책 후기에서 월스는 임상시험을 하고 싶었지만 연구지원금을 받지 못해 진행하지 못했고, 자신의 논문이 동료검토를 거친 학술지로부터 승인되지 않았다고 인정했다. 그의 의학적 조언이 의심스러울 수 있다는 것은 그가 일반 의사들이 하는 검사(이를테면, 글루텐민감성 검사)가 정확하지 않고, 거짓음성 오류가 있으므로 피해야 한다고 조언하는 데서 분명히 드러난다. 결론은? 월스 프로토콜은 치료로서의 식이요법이며, 연관성과 미심쩍은 과학을 근거로 거의 기적에 가까운 치유를 약속한다. 해가 될 만한 식이요법은 아니지만, 사람들이 일반적 치료 대신 이 식이요법을 선택할지도 모른다는 생각을 하면 오싹하다.

실천하기 힘든 팔레오,
왜 그렇게 인기 있을까?

팔레오 요리법과 라이프스타일 도서들에는 여러 유사성이 있고, 팔레오의 인기에 기여하는 몇 가지 눈에 띄는 경향이 있다. 먼저 이 요리책들은 온라인 팔레오운동가와 공동체가 추천하는 완전 육식, 완전 지방식 식단과는 매우 다르다. 사실, 팔레오 식단이 주로 육식으로 이뤄진다는 가정은 문화적으로 만들어진 생각이지만 당연시될 때가 많다. 이런 문제가 일어나는 이유는 아마 많은 팔레오운동가가 저탄수화물 식단 전도사여서일 것이다. 그리고 사람들은 자신이 먹는다고 말하는 것과 실제 식습관이 꽤 다를 때가 많다. 요리법과 라이프스타일 책들은 식사를 더 맛있고, 영양 면에서 균형이 잡히도록 만들어줄 식물성 탄수화물을 포함한다. 재닛은 식습관을 바꾸고 싶은 사람에게 이들 요리책을 기꺼이 추천할 것이다. 위험한 식단을 추천하지는 않기 때문이다. 그러므로 어쩌면 사람들이 장기간 팔레오 식이요법을 따를 수 있는 것은 실제 먹는 것과 먹는다고 생각하는 것이 다르기 때문일지도 모른다. 패스트푸드와 가공식품과 정제 설탕을 줄이는 (또는 없애는) 것은 특히 미국인에게는 언제나 좋은 생각이다. 자신이 어떤 식품을 선택하는지 곰곰이 생각해보게 하는 식이요법은 더 신중하고 사려 깊게 음식을 섭취하는 데 도움이 된다. 그리고 신선한 채소를 많이 먹으면 영양을 개선하는 데 언제나 효과가 있다. 재닛은 누군가에게 '팔레오가 되라'라고 딱히 추천하지는 않겠지만, 체중 감량이나 신중한 식습관을 위해서라면 기꺼이 이 요리책들을 추천할 것이다. 몸에 해롭지 않기 때문이다.

이 책들의 다른 경향은 그러나 긍정적이지는 않다. 첫째, 이 식이요법은 흔치 않은, 비싼 특수식품 섭취를 부추긴다. 이를테면, 코코넛오일과 밀가루 대체식품, 광천수, 보충제, 브랜드 파생상품 같은 것들이다. 이 식품들은 홍보되는 것처럼 만능 영양제는 아닐 테지만, 만든 사람에게는 경제적 이윤을 안겨줄 것이다. 둘째, 시간이 흐를수록 식이요법에 더 새롭고 진화된 통속 서사가 달라붙으면서 지침이 더욱 엄격해지는 경향이 있다. 이 경향은 음식 섭취에 대한 강한 불안과 무엇이 좋고 나쁜 음식인지에 대한 걱정으로 이어질 수 있다. 이와 같은 불안과 걱정은 식이요법의 정통 교리와 실천을 고집하기에 완벽한 문화심리적 발판이 되어 오소렉시아나 '회피적·제한적 섭식장애 Avoidant-Restrictive Food Intake Disorder, ARFID'를 낳을 수 있다. 무엇이 팔레오이고, 무엇이 아닌가를 두고 온라인에서 벌어지는 소란스러운 논쟁은 이 과정을 완벽히 보여준다. 점진적 제한('월스 팔레오 플러스' 단계 같은)은 건강에 좋다는 인식이 있어서 그 단계를 따르지 못하면 자신이 충분히 신중하거나 엄격하게 프로그램을 수행하지 않아서 건강을 해칠지도 모른다는 불안이 생긴다. 게다가 극도로 제한적인 식이요법을 지키는 일은 무척 어려워서 식이요법자들은 일상에서 음식을 선택할 때마다 '잘함'이나 '못함'으로 평가받는 끔찍한 순환고리에 갇히는 느낌이 들고, 장기적으로는 문제가 있는 식습관을 갖게 된다. 이처럼 치료로서의 식이요법에는 나쁜 건강이 신중한 식습관이나 의료적 대응으로 연결되지 않고, 식이요법자의 행동을 더욱 제약한다거나 자기비난을 낳는 잠재적 위험이 따른다.

마지막으로 서로 연결된, 가장 문제가 되는 두 가지 측면이 있다. 팔레오는 부유층을 위한 비싼 식이요법이며, 지구온난화를 부추기는 특권적 음식 선택에 해당한다는 점이다. 어떤 팔레오 식단이든 살펴보면 비용이 많이 드는 식품(육류, 유기농 채소, 희귀한 재료)을 쓴다는 것을 알 수 있다. 팔레오 식품 피라미드의 여러 변이형에서 가장 넓은 공간을 차지하는 아래 칸(주식)에는 육류와 달걀, 생선이 들어가는데 모두 값나가는 식품이다. 그 위 칸에는 유기농 채소와 과일, 견과류가 있다. 이들도 산업농업으로 생산되는 주곡에 비하면 역시 비용이 많이 든다. 경제적 측면을 더 지적하자면, 육류는 방목해 키운 동물이거나 야생이거나, 유기농으로 키운 것들인데, 이렇게 생산된 육류는 소비자가격이 두세 배 높다.[174] 이런 피라미드 이미지들을 보면 대체로 저렴한 곡물을 기반으로 한 식품 또는 슈퍼마켓 선반에 진열된 식품들을 금지한다는 것을 분명히 알 수 있다. 육류와 채소, 신선한 과일(특히 유기농)은 식비에서 비교적 비싼 품목에 속하므로, 이 식단은 고소득자가 아니면 비용을 감당할 수 없다. 게다가 고단백질 식단은 지구에도 높은 대가를 물린다. 기후변화 요인에 대한 최근 보고서들은 육류 생산이 온실가스 배출의 주요 원인임을 보여준다.[175] 이 보고서들을 보면 육류가 많이 들어간 식단(팔레오 식단으로 대표되는 제1세계의 식단)은 생태적으로나 사회적으로 지속 가능하지 않다. 게다가 팔레오 식단에서 쓰이는 희귀한 재료들인 캐슈넛버터나 아보카도오일, 아몬드밀크는 어마어마한 양의 물을 필요로 하며, 꿀벌 군집 붕괴 현상을 촉진한다.[176] 이 식품들을 대량생산하는 것은 습지나 숲 파괴를 가속화해 온실가스를 대량 배출시켜 결과적으로 다른 작물을 몰아낸다. '지혜로운 전통'과 '진화적 합리성'에 뿌리를 둔 것처럼 보이는 식이요법이 실제로는 생태계를 황폐화하고 붕괴를 가속화하는 것이다. 팔레오 식이요법은 석유가 고갈돼가는 세계에서 연비 나쁜 SUV를 몰고 다니는 것과 같다. 부유층만 감당할 수 있고 공공선을 파괴한다.

우리 두 사람은 팔레오가 사람들을 사로잡는 주된 이유가 팔레오 식단의 엘리트주의 때문이 아닐까 생각한다. 팔레오 식사들은 최고급 레스토랑에서 나옴 직한 비싼 음식들이기 때문에 바로 부유층이 칭송할 만하다. 오마카세나 미슐랭 스타 레스토랑의 식사는 여러 비싼 육류(사슴고기 필렛, 참치 뱃살, 당일 잡은 관자)와 산지에서 직송한 제철 채소를 사용하지만, 녹말식품은 거의 쓰지 않는다. 중류층과 하류층의 배를 채우는 주식이 나오지 않는 것이 두드러진 특징이다. 많은 사람에게 이런 식사는 아마 특별한 날을 위한 과시적인 식사겠지만, 이를 즐길 수 있는 사람에게는 좋은 음식과 좋은 삶의 기준이 되기도 한다. 부와 권력을 가진 사람이라는 정체성을 수행하는 방식이 되는 것이다. 아트 드 배니가 찬양하는 고급 정장을 입은 신사들이 그가 홍보하는 '원초적' 식단에 가까운 음식을 내놓는 레스토랑에서 식사하는 것은 부와 권력, 특권을 보여주는 행동이다. 그뿐 아니라 이런 식단은 부유층으로 하여금 자신들이 먹는 것이 다른(더 가난한) 사람들이 먹는 것보다 개념적으로 더 우월하다고 생각하게끔 한다. 물론, 어느 것이 먼저인지, 특권이 먼저인지 우월하다는 서사가 먼저인지는 판단하기 쉽지 않다. 어쩌면 예외적 특권 문화가 사회적으로 인정받는 음식 선택에 영향을 미치다 보니, 부유층이 자신들이 선호하는 식단(대부분의 사람이 구할 수 없다는 바로 그 이유 때문에 특별함의 표시가 되는)이 완벽한 건강을 창조한다고 믿기 위한 가짜 과학적 이유들을 만들어낸다고도 말할 수 있다. 그렇다면 그들만큼 운이 좋지 않은 사람이 먹는 것은 사회적·생물학적으로 유독한 음식이 된다. 곡물과 패스트푸드, 슈퍼마켓 식품, 산업농업의 생산물 등 하위 99퍼센트를 먹여 살리는 모든 음식이 경제적 성공을 수행하는 데 해로운 음식이 되는 것이다. 팔레오 식이요법은 위신과 권력, 특권, 지배와 연결되기 때문에 한창 계층 상승 중이거나 이미 기득권층에 있어서 지배력을 확실히 보여주어야 하는 사람에게 완벽한 식단이 된다. 게다가 실천하기 힘든 건강과 웰니스 관리법이라는 서사까지 따라오기 때문에 부유층에게 자신이 나머지 사람들보다 더 낫다는 확신을 주는, 곧 자기만족, 자기 절제, 자아실현을 제공하는 핵심적 기능을 한다.

이제 식이요법을 선택하는 한 가지 이유가 정체성 수행을 위해서라는 견해로 다시 돌아왔다. 사회적 성공과 권력은 여러 방식으로 표현될 수 있지만, 팔레오 식이요법은 부와 특정 유형의 젠더 정체성을 함의하므로 이 식이요법을 공개적으로 따르는 것은 '성공'을 수행하는 이상적 사례에 해당할 수 있다. 진짜 남자는 육류를 먹고, '내면의 고릴라'를 상징하는 근육질 몸매의 우월한 신체를 가진, 경제적 성공을 이뤄낸 남자다. 근육(단백질로 만들어진)은 남성적 성공을 뜻하고, 단백질은 힘이다. 따라서 단백질로만 구성된 식단(이나 그런 식단의 허상)은 힘을 주며, 그 힘은 성공을 창조한다. 이것이야말로 저항할 수 없는 사회적 의식화의 사례다. 이런 생각이 얼마나 널리 받아들여지는지 생물인류학자조차 팔레오에 대해 쓰면서 마크 시슨의 체격과 식습관에 대해 신나게 떠들 정도다. "마크 시슨이 유명 영화배우 같은 모습으로 쾌활하게 말리부 카페로 들어온다. 헐렁한 티셔츠, 길게 물결치는 백발, 잘 그을린 피부. 그는 아보카도와 베이컨, 닭고기, 페타 치즈, 버섯, 양파가 들어간 오믈렛을 주문한다. 음식은 감자와 함께 나왔지만, 마크는 감자는 쳐다보지도 않는다. 전직 장거리 육상선수이자 트라이애슬론 선수, 철인 3종 선수⋯."[177] 얼마나 매력적인가. 1퍼센트만 번영하는 후기자본주의 경제를 살아가는 불안한 남성이라면 더욱 흥미가 동할 것이다. 유명 영화배우처럼 보이려면(그것도 아주 비싼 곳인 말리부에서) 반드시 팔레오 전사가 되어야 한다. 매우 매력적인 남성 정체성이 육류를 많이 먹는 것으로 상징되고, 이 강력한 문화적 은유를 통해 오늘의 가치와 감성을 이상화된 과거로 투사한 구석기 판타지가 지탱된다. 이처럼 문화적으로 구성된 구석기 판타지가 역설적으로 과거의 식단과 행동에 대한 고고학적 현실을 가리면서 생물학적·사회적으로 부정확한 환영을 만들어내고 있다. 식생활의 진화를 더 잘 이해한다면 분명 건강과 질병에 대해 많은 것을 배울 수 있겠지만, 우리의 현재를 과거에 투사하는 방식으로는 결코 배우지 못할 것이다.

팔레오 개

우리는 도서관에서 《팔레오 개Paleo dog》라는 인기 있는 책을 발견했다. 수의사와 박사 수준의 영양학자가 쓴 책인데, 이 장에서 논의한 많은 주제가 식이요법과 영양을 다룬 대중서들에서 어떻게 나타나는지 보여주는 흥미로운 사례였다.[178] 《팔레오 개》는 개에게 필요한 영양을 다루지만, 책을 읽는 독자는 사람일 테니, 책의 주장과 수사학은 식생활에 대한 우리의 사고방식을 좌우하는 인간적 환상과 갈망에 호소한다.

《팔레오 개》는 이렇게 시작한다. "인류 역사에는 우리가 우리 친족 동물들과 비슷하게 움직였던 시기가 있었다. 인간과 늑대가 다르기보다 비슷했던 시기였다. … 우리는 무리 지어 이동했고 늑대도 그러했다." 저자는 책 도입부부터 길들여지지 않은 야생의 늑대 무리와 더불어 살아가는, 문명화되지 않은 거친 원시적 인간에 대한 환상에 호소하고 있다. 저자는 이어서 이렇게 말한다.

우리는 더 순수했던 시절로 여겨지곤 하는 1950년대에 성장했다. …
그 시절에 우리는 의사와 수의사들이 모든 것에 해답을 가지고 있다
고 믿었다. 우리는 이 전문가들에게 우리의 건강과 행복을 쉽게 내맡
길 수 있는 사고방식에 길들여져 있었다. … 그러나 그 뒤 모든 것이
점점 더 복잡해졌다. … 새로운 의료 모델과 돌봄의 기준이 개발되었
다. 질병 예방을 위해 예방접종이 권장되었고, 우리는 그것을 당연하
게 받아들였다. 문제는 이 새로운 전문가들이 우리가 그들에게 준 신
뢰를 받을 만하지 않았다는 것이다.[179]

이 글에는 순수했던 가까운 과거에 대한 향수가 드러난다. 권
위를 신뢰할 만한 이유가 있었고, 삶이 더 순정하고 단순했던 1950년
대를 그리워한다. 그다음에 저자들은 기술과 과학이 너무 복잡해졌다
는, 심지어 위협적이라는 일반적인 불안을 표현한다. 대응책은 새로운
것에 대한 반현대주의적 불신과 과거에 대한 이상화와 갈망이다.

이어서 저자들은 스크리니스의 영양주의와 비슷하게 수량화와
검사에 집중하는 관행이 의학을 약화시켰다는 흔한 비판을 제기한다.
그들은 이렇게 말한다. "현대 의학은 노력에 비해 얻는 것이 너무 적
다. 질환의 명명이나 병변의 위치 파악, 정확한 문제 파악에 집착한다.
그런 지식이 실제 결과로 조금이라도 이어지는지는 신경 쓰지 않는
다." 저자들은 이런 의료 환원주의 문제를 해결하기 위해 단순하고 직
관적인 지식으로 돌아가야 한다고 주장한다. "우리는 아기였을 때부

터 영양이나 의료에 대한 결정을 다른 사람에게 의존하도록 끊임없이 세뇌되고 강요받았다. 어쩌다 가끔 불붙는 팔레오-본능적 사고는 질식당했다." 여기에서는 이성과 본능 사이의 오랜 논쟁이 현대의 소외와 악화된 건강을 설명하기 위해 동원되고 있다.[180]

식이요법 책들이 역사적·정치적 사태에 응답하는 문화적 인공물이라는 생각으로 다시 돌아간다면,《팔레오 개》가 들려주는 이야기는 현대 문명에 대한 해묵은 공포와 기술의 부작용에 대한 걱정으로 뒤척이는 문화의 이야기임을 알 수 있다. 이 책은 의료 환원주의와 영양 환원주의를 지적한 다음, 흔히 그렇듯 공포와 비운, 재앙을 환기한다. 과거에 대한 향수를 위안 삼아 과거를 이상화하고 고귀한 야만인이라는 원형을 불러낸다. 마지막으로 이 위험을 막는 부적 같은 행동으로 특정 식이요법 이데올로기를 추천한다.

6장

마지막으로

기네스 펠트로와 구프

기네스 펠트로의 요리책《클린 플레이트: 먹고, 리셋하고, 치유하라The Clean Plate: Eat, Reset, Heal》의 표지 이미지와 제목은 유행 식이요법의 매혹적인 문화적 메시지를 잘 보여준다.[1] "100가지가 넘는 요리법과 의사가 승인한 6가지 클렌즈"라는 카피와 함께 책 표지에서 기네스는 환하게 미소 지으며 칼을 옆으로 눕힌 채 통마늘 껍질을 벗기고 있다(재료 준비마저 안전하다!). 기네스는 헐렁하고 자연스러운 느낌의 흰옷을 걸쳤다. 전문적인 동시에 축제 같은 분위기를 자아낸다. 이 여신이 머무는 주방은 온통 흰색이다. 투명한 유리 수납장 안에는 흰 접시들이 진열되어 있고, 조리대에는 흰색 조리기구와 금빛 나무 주걱들이 꽂혀 있다. 냄비들은 반짝이는 스테인리스 재질이고, 유리컵들은 투명하고 두툼하며 소박해 보인다. 화면에서 최소한으로 사용된 색은 조리대 가운데에 놓인 허브 다발과 깨끗한 유리통에 든 익히지 않은 베이지색 재료들에서 나온다. 집에서 만든 초록색 피클과 빨간색과 오렌지색 잼이 가득 담긴 병들이 있지만 사진 가장자리에 놓였고, 프랑스 카페 스타일의 깨끗한 물잔으로 가려져 있다. 상상할 수 있는 한 가장 위생적인 이 주방은 몸에 '좋은 것들'로 가득하다. 한가운데 놓인 음식 재료(건강하고 깨끗한 식생활의 기본인 싱싱한 허브)의 초록을 따뜻하게 감싸 안은 주방의 티 없이 깨끗한 환경에서 재료나 요리 과정의 자연스러움과 순수함을 보여주려는 의도가 보인다. 미묘하지는 않지만 매우 보기 좋은 이미지이긴 하다.

표지 이미지에 음식이 하나도 나오지 않는다는 점이 눈에 띈다. 재료들은 있지만 향신료나 소스일 뿐 여러 요리와 식단의 중추를 이루는 투박하고 질퍽한 실제 음식은 없다. 이미지 속 식단의 비물질성은 우리의 주인공이 내뿜는 천상의 존재 같은 분위기를 반영한다. 양념과 향신료, 소스, 빛으로 이뤄진 식단이다. 모든 것이 아주 (상징적으로) 가볍다. 구프를 추천하는 의사들과 기네스의 요리법 그리고 라이프스타일 조언을 따르는 독자 역시 말 그대로 가벼워질 것만 같다. 요리법들은 주류 클린식 처방을 반영하는데, 밀가루와 탄수화물, 가공식품이 없다. '서문'의 자랑스러운 선언에 따르면, "'이 책 어디에서도'(이 부분이 강조해 쓰였다) 술이나 카페인, 유제품, 글루텐, 가짓과 식물, 땅콩, 가공식품, 설탕, 붉은 고기, 콩을 볼 수 없을 것"이다. 책장을 넘길 때마다 미소 짓는 기네스의 모습이 익히지 않은 싱싱한 채소들의 근접 이미지, 예술적으로 배치된 음식, 자연(파도, 해변, 하늘, 나무들)

의 이미지와 대비를 이룬다. 클렌즈 계획은 의사들과의 문답 형식으로 소개하고 있는데, 몸에서 지방과 중금속을 제거하는 데 집중하고, '부신 건강 지원' '칸디다균 제거' '심장 건강' '채식 친화형 아유르베다'를 제공한다. 클렌즈 계획마다 피해야 할 음식 목록이 등장하고 클렌즈 목표에 도달할 수 있게 해주는 7일간의 '구프화된Goopified' 메뉴가 제시된다.

요리법은 맛있어 보이긴 하지만 많은 준비가 필요하다. 비싸고 싱싱한 재료를 사들여 잘게 썰어야 한다. 작가 린디 웨스트Lindy West가 구프 문화를 재미있게 분석할 때도 이 점을 강조했다.[2] 솔직히 다소 수고로운 일인 것 같지만 아마 그럴 만한 가치가 있을 것이다. 기네스처럼 될 수 있다면 말이다. 웨스트가 말한 대로 "기네스는 백조처럼 빛이 난다."[3] 표제지 바로 뒤에는 기네스가 먼 곳을 응시하며 미소 짓는 이미지가 있다. 환한 노란색 추리닝 상의를 입고 있는데 눈이 없다. 눈이 있어야 할 곳에 햇빛이 있다. 해가 기네스의 옆얼굴을 비추는 사진이어서 그의 눈이 햇빛처럼 보인다. 빛을 뿜어내는 듯이 말이다. 그 빛은 명상을 통해 도달한다는 '깨달음Enlightenment'의 상징이다. 그리고 이것이 책의 전반적인 분위기다. 사실, '깨달음'이라는 것이 '빛Light'이 되는 것이 아니면 무엇이겠는가? 빛처럼 무겁지 않게, 호리호리하고 우아하게, 유연하고 늘씬하고 가볍게, 깨끗하고 순수하게…. 바로 이것이 클린 이팅 식이요법의 목표다.

아, 그리고 기네스처럼 되는 것. 그것이 바로 '클린' 식단이 파는 것이다. 책에는 표지를 포함해 기네스의 전면 사진이 31장 실려 있다. 대부분 환하게 웃는 모습이다. 한 사진은 아련한 미소를 지으며 깊은 생각에 잠긴 영적인 모습을 자아내기도 한다. 침대에 있는 장면은 세 장인데, 시트가 하얗다. 또 매력적인 남자와 아침을 먹는 사진이 두 쪽을 차지한다. 둘 다 막 잠에서 깨어나 정리되지 않은 머리를 하고 있고, 대단히 만족스러워 보인다. 무슨 의미인지는 각자 판단할 수 있을 것이다. 그 사진을 제외하면 이미지 속에 있는 사람이라고는 기네스뿐이다. 그는 혼자서 이 완벽한 세계에 완벽한 몸으로 존재한다. 기네스는 자신의 삶으로 왜 우리가 채소를 잘게 썰어야 하는지, 왜 처음 듣는 식재료들을 사 모아야 하는지, 왜 커피와 스카치위스키를 포기해야 하는지 잘 말해준다. 그래도 음식은 맛있어 보이긴 한다. 요리법도 어렵지 않고 간단하며, 다채로운 색을 가진 채소와 허브, 향신료가 들어가서 정말 '건강해' 보인다. 모든 것이 반짝이고, 윤기가 흐르고, 합리적인 듯하다. 굉장히 매혹적이다. 게다가 기네스는 이 모든 것을 너무나 간단하게 만든다! 이 요리책은 과잉된 감정으로 넘치는 글과 희망을 주는 이미지를 오가며 비천한 독자조차 빛나는 여신과 같이 자신의 삶을 바꿀 수 있다고 약속하며 유혹한다. 클린 플레이트 식단을 선택하기만 하면 건강과 인간관계, (아마도) 체형이 달라지며, 이상적인 삶을 사는 완벽한 자아로 변신할 것이라고.

　이 요리책은 우리가 서론에서 말했던 유행 식이요법 정의를 잘 보여주는 사례다. 패닝턴생물의학연구집단의 정의에 따르면, 유행 식이요법은 다음과 같다.

- 한 가지나 몇 가지 식품군을 식단에서 배제해야 한다.
- 일주일에 2킬로그램 이상 감량 같은 빠른 결과를 약속한다.

- 개인의 경험담을 효과의 증거로 사용한다.

- 체중 감량에 도움이 된다는 특정 식품이나 특별 식품만 사용한다.

- 영양보조제나 약을 식이요법에 포함할 것을 추천한다.

- 유명인사가 극찬하거나 광고한다.

- 사실이라고 믿기 힘들 만큼 너무 좋아 보인다.[4]

기네스의 요리책과 라이프스타일 식이요법은 이 정의의 모든 항목과 거의 일치한다. 물론 (암묵적으로) 체중 감량보다 독성 제거를 강조하긴 한다. 각 부분마다 독성을 없애거나, 칸디다균을 억제하거나, 부신 기능을 돕는다는 보충제와 특별 식품을 추천하는, 입증되지 않은 주장이 실려 있다. 책에서 특히 중요한 것은 식이요법의 기적적 효과를 보장하는 개인적 증언을 사용하는 방식이다. 그 모든 증언은 기네스가 제공한다. 기네스의 빛나는, 자연스럽고 황홀한 미소가 식이요법의 효능을 보여주고(31번씩이나!) 독자의 변신을 약속한다. 이 책은 상류층들이 거주하는 해변 근처 티 하나 없이 깔끔한 집에서 휴식을 취하는 클린 전사와 웰니스 승리자들을 위한 책이다. 이 책이 제공하는 것은 개인 소비자가 이상적인 건강을 구매함으로써 이룰 수 있는, 대단히 매혹적이면서 따라 하고 싶은 라이프스타일이다. "그것을 사라, 그것을 준비하라, 그것을 먹어라, 그것이 되라." "지금 당장 클린, 지금 당장 새로운 당신!"

기네스의 요리책은 우리가 앞에서 검토한 유행 식이요법 인기의 동력이 되는 핵심 주제와 문화적 과정을 그대로 따른다. 통제, 지위, 건강, 정체성, 순수, 변화 같은 주제는 미국인에게 기이할 정도로 강력한 영향을 미치는데, 전 세계적으로도 관심을 끌고 있다.《클린 플레이트》는 건강을 변화시키는 것을 목표로 내세우며 의학적 효능이 있다고 주장하는데, 혹 의학적 효능을 미심쩍어할 독자가 있을까 봐 효능을 장담하는 의사들의 인터뷰도 함께 실었다. 그러나 그들의 주장은 과학적 증거의 시금석인 동료검토를 거친 임상연구에 기대거나 그런 연구를 참고하지 않는다. 이들의 주장은 입증되지 않았으며 유사과학적이다. 책에 실린 이미지는 순수를 가리키고 표현하는데, 이를 위해 흰색을 압도적으로 많이 사용하고, 가공하지 않은 신선한 채소가 담긴 선명한 사진과 자연 풍광을 이용한다. 텍스트 전반에서 과도하게 사용되는 '깨끗한'이라는 단어도 순수를 암시한다. '깨끗한Clean' '순수한Pure'은 언어학적·은유적으로 연결된다. 기네스의 사진은 대개 청명한 하늘의 자연광을 역광 기법으로 찍었기에 사진 속에서 빛을 발하는 그의 모습은 종교적 성자나 신성한 형상, 영적 스승의 이미지를 연상시킨다. 기네스는 미국적인 자아 변신과 소비주의의 샤먼이다.

기네스의 날씬한 몸은 그의 통제력을 보여주는 것이기도 하다. 클린 라이프스타일의 이상과 실천, 제품을 고수하면서 구프적 삶을 산다는 사실도 마찬가지다. 구프 브랜드의 정의에 따르면, 구프적 삶이란 소비를 통해 생활 환경을 최대한 통제함으로써 개인의 건강을 확보하는 것이다. 마지막으로 이 책에서는 지위와 정체성이 서로 연결돼 있고 노골적으로 표현된다. '클린' 정체성을 선택하는 것은 열망하는 특정 형태의 지위를 체화하는 것이다. 곧 신선한 재료를 넉넉히 구할 수 있고, 그 재료를 음미하고 준비할 시간이 있는, 전문적 성공을 거둔 중상류층을 체화한다. 사회계급은 단지 소득이나 정체성만의 문제가 아니다. 계급 수행을 응시하는 사람들의 기대를 충족하기 위해 고안된 수행의 문제이기도 하다. 이런 주장이 절대주의적이고 지나친 일반화라고 생각한다면 맥도널드 치즈버거나 프라이스를 먹고 있는 기네스를 상상해보라. 그것도 차 안에서. 치즈버거와 프라이스에 들어간 재료 대부분이 그의 요리책에서 금지 목록에 있을 뿐 아니라, 워낙 대중적인 음식이어서 그것을 먹는다는 것 자체가 계급 하락을 뜻한다. 《클린 플레이트》의 음식은 특권층, 건강에 관심이 많은 사람들, 자신을 의식하는 사람들, 자신을 돌보는 사람들의 음식이다. 문화적 계층체계에서 기네스의 자리와 지위를 모방하고 싶은 사람들의 음식이다. 그의 요리책이 추천하는 클린식은 높은 계층 상승 열망을 반영한다. '클린 플레이트'의 지침을 받아들인다는 것은 자아는 변화할 수 있으며, 소비를 통해 변신할 수 있다는 아메리칸 드림을 믿는 일이다.

중요한 건 음식이 아니다

기네스를 포함해 이 책에서 다룬 라이프스타일 식이요법 지도자들은 자아와 몸, 인간관계에 대한 깊은 문화적 불안을 드러내는 하나의 증상이자 표현이다. 그들은 문제의 원인이 아니다. 그들은 문화의 병적 징후를 드러내는 결정체일 뿐이다.[5] 유행 식이요법 책을 읽고, 그 식이요법을 선택한 사람들과 대화하다 보면, 유행 식이요법이 사실 음식에 관한 것이 아니라는 것이 분명해진다. 이들의 인기는 더 깊은 문화적 시대정신에서 나온다. 지금 이 시대와 이 장소에서 음식은 훨씬 더 큰 사회적·정치적·경제적 변화에 대한 불안이 모이는 초점이 되었다. 우리는 그 변화를 통제할 수 없고, 오히려 그 변화에 압도되곤 한다. 사람들은 세계적 위기(기후변화, 전쟁, 경제적 불평등, 다른 외적 스트레스 요인 등)는 통제할 수 없지만, 자기 입속에 넣는 것은 통제할 수 있다고 여기는 것 같다. 어쩌면 지나친 일반화일지도, 우리가 다루는 문제에 지나치게 의미를 부여하는 말인지도 모른다. 그러나 우리는 과장하려는 게 아니라 음식이 방대한 문화적 함의가 실린 사회적 행동이 일어나는 (어쩌면 여러) 장소 가운데 하나라는 것과 음식 사용과 음식에 대한 공포를 살펴봄으로써 더 큰 고통의 구조를 드러낼 수 있다는 점을 지적하고 있을 뿐이다. 사람들은 무엇이 '음식 안에' 있는지, 그것이 건강에 어떤 영향을 미치는지 진심으로 걱정한다. 또 자기 몸에 대해서도 진심으로 염려한다. 신체 치수나 체형만이 아니라 '건강'의 일반적 상태 그리고 어떻게 그 상태가 자신의 일상적 기능과 자아의식, 잠재적 건강을 결정하는지도 걱정한다. 또 자신이 먹는 것이 어떻게 자신이 누구인지, 어떤 종류의 시민인지, 어떤 사회적 지위를 갖고 있는지를 드러내는지에 대해서도 정말 걱정한다.

이 문제들은 사람들이 식이요법에 대해 생각하고 식이요법을 사용하는 방식을 통해 드러난다. 사람들이 통제, 지위, 건강(웰니스), 정체성, 순수성에 관심이 아주 많기 때문에 식이요법도 그런 것에 관심을 기울인다. 유행 식이요법은 문화적 구성물이며, 책과 웹사이트, 소셜미디어의 계정은 그 텍스트다. 무엇이 닭이고 무엇이 달걀인가? 그것은 대답할 수 없는 문제다. 사람들이 식이요법을 선택하는 이유는 문화적으로 구성되기도 하지만, 동시에 문화를 구성하기도 한다. 앞에서 언급한 주제들에서 알 수 있듯 음식은 음식에 부여되는 의미에 비해 부차적일 때가 잦다. 상징과 신호로 기능하는 음식이 영양으로서의 음식을 집어삼키고 있는 것이다. 사람들은 음식에 은유적 범주를 투사하고, 그 범주는 음식의 실제 효용(곧 사용 가치)을 대신한다. 그러면 우리는 이와 같은 상징적 범주가 생물학적 범주인 것마냥 경험하게 된다. 물론, 새로운 현상은 아니다. 인류학자들은 문화는 대체로 신화와 우화들로 이뤄진 상징들이 교차하는 직물이며, 그것이 우리가 생각하고 느끼고 행동하는 방식을 결정한다는 것을 잘 안다. 사실, 인류학자들은 수십 년간 음식의 상징주의를 연구해왔다. 클로드 레비-스트로스와 메리 더글러스, 주디스 구드Judith Goode, 재닛 테오파노Janet Theophano와 그 밖에 이 책에서 논의한 많은 인류학자의 연구가 이를 입증한다. 이들의 연구는 문화적 행위로서 상징에 초점을 맞출 때가 많았다. 그러나 유행 식이요법은 어떻게 상징이 문화적 은유를 통해 사람들에게 스며들고 재연되며 사회적으로 구성되고 개인적으로 체화되는 결과물을 창조하는지 드러낸다. 따라서 유행 식이요법의 음식 상징체계는 문화적 은유가 어떻게 개인들에 의해 적용되고 조정되는지, 어떻게 사회와 개인을 잇는 의미의 결정체가 되는지 이해할 실마리를 제공한다.

정체성

자본주의 사회가 소비를 통해 정체성을 창조하도록 우리를 부추긴다는 말은 아마 상투적으로 들릴 것이다. 하지만 정말 그렇다. 그렇게 우리는 우리가 구매하는 것, 우리가 전시하는 것, 우리가 소화시키는 것이다. 곧 우리는 우리가 소비하는 것이 된다. 음식의 경우에 이런 '되기'는 물질적인 동시에 상징적이다. 내가 먹는 것은 나라는 사람과 나의 사회적 지위 그리고 소속을 다른 사람에게 알리는 상징과 신호가 되기도 한다. 유행 식이요법은 내가 생각하는 자아와 내가 되고싶은 자아의 비전을 세상에 투사할 수 있게 해준다. 자신이 선택한 식이요법으로 자신을 설명하는 사람이 많다. "나는 팔레오입니다" "나는클린 이팅자입니다" 심지어 "나는 음식 중독자입니다"처럼. 식이요법을 선택하는 동기는 몸을 변화시키려는 욕망을 훌쩍 넘어선다. 이런식이요법은 자아를 바꾸고, 그 자아가 사회에서 기능하는 방식을 개조할 수 있다고 약속한다. 팔레오 식이요법으로 정력적이고, 강하고, 자신과 타인을 통제하는 사람이 되기를 바라는 알파남 지망생들은 아마 팔레오 식이요법의 사회적 수행이 잠재적인 생물학적 이점 못지않게 문화적으로 의미가 있다고 느낄 것이다. 이때 육식은 그들의 신체와 감정, 정신을 변화시킬 생물문화적 체화를 수행하도록 해준다. 육식으로 커다란 근육을 만들거나 '내면의 고릴라'를 해방시키지는 못할지라도 다른 사람에게 정력과 힘을 보여줄 수는 있을 것이다. 그들에게는 그것만으로도 충분하다. 마찬가지로 클린 이팅을 선택한 사람들은 자신이 '정화'되고 있으며, 자신이 건강이나 웰빙, 자신이 열망하는 중상류층 생활양식에 꼭 필요한 실천에 대단히 신경을 쓰는 중이라는 것을 보여준다. 또 자연적이고, 깨끗하고, 순수하고, 건강한 음식을 고집함으로써 지구와 가족의 건강을 염려하고 있다는 미덕을 과시한다. 사실, 어떤 집단에서는 훌륭한 모성을 수행하려면 가공식품과패스트푸드를 공개적으로 피해야 한다. 그런 음식을 어린 재러드나 애슐리에게 준다면, 그 아이들의 현재의 몸만이 아니라 미래의 잠재력에도 손상을 입힐 수 있기 때문이다. 이런 사례들에서 음식은 미래에 바라는 정체성과 자아(완전해질 수 있고, 완전해진 새로운 자신)를 표현하는 방법이 된다.

지위

자본주의·소비주의 사회에서 정체성을 뒤집으면 그 이면에는 지위의 수행이 나타난다. 여기에서 지위란 성취되는 것일 뿐 아니라 타인들과의 관계에서 속성으로 부여되는 지위, 개인의 정체성과 떼려야 뗄 수 없는 지위를 뜻한다. 또 변신의 과정을 통해 '상승하고' 싶은 지위를 말하기도 한다. 여러 식이요법은 먹기를 통해 원하는 어떤 지위에 도달하려는 욕구를 드러낸다. 미래의 자아를 수행하려면 상위계층의 음식을 선택해야 하고, 하위계층을 대표하는 음식은 엄격히 배제해야 한다. 기네스가 맥도널드에서 햄버거를 결코 먹지 않는 것처럼, 당신도 기네스처럼 성공하고 싶다면 그래야 하는 것이다. 이런 이유 하나만으로도 특정 음식을 배제하는 식이요법들이 값싸고, 풍부하며, 쉽게 구할 수 있는 일반 농산물이나 값싸고, 풍부한 가공식품을 중점적으로 배제하는 것을 이해할 수 있다. 특히 팔레오와 클린 이팅의 경우 평균 소득자는 엄두도 낼 수 없을 만큼 '비싼' 식이요법이다. 가난한 소작농의 음식은 지배계급의 음식에 자리를 내주어야 하며, 하층 사회와 연결되는 음식들은(이를테면 플러퍼너터[땅콩버터마시멜로]샌드위치) 장난삼아 먹을 뿐이다. 마찬가지로 음식 중독자의 타락이나 밑바닥 경험도 물리적일 뿐 아니라 사회적이다. 중독의 수난자는 밀가루와 단 음식, 가공식품을 피해야만 질병에서 건강으로, 살찐 패자에서 날씬한 승자로 변신할 수 있다.

순수

우리는 우리가 먹는 음식을 두려워하는 듯하다. '클린식' 욕망은 상징적일 뿐 아니라 현실적인 욕망이다. 우리 마음속 깊은 곳에는 음식 안에 있는 나쁜 요소를 피함으로써 질환을 예방하고 최적의 건강에 도달하려는 욕망이 있다. 유기농이든, 글루텐프리든, 자연식품이든, 비가공식품이든, 무엇으로 분류되든, 순수하고 완전한 식품에 대한 욕망은 실재한다. 그리고 당연히 자연식품은 가공식품보다 실제로 몸에 더 좋다. 우리 모두 그게 사실이라는 것을 안다. 또 유기농업이 잠재적인 생물학적 위험 요소를 제거함으로써 환경과 농업 노동자, 소비자를 보호할 수 있다는 것도 안다. 그러나 우리 두 사람은 이것 또한 더 깊은 은유가 아닐까 생각한다. 환경오염에 대한 두려움은 사회적이거나 문화적 오염에 대한 두려움의 표현일지 모른다. 적어도 이런 오염이 미래의 자아에 끼칠 해로움에 대한 두려움을 뜻할 수도 있다. 암을 피하기 위해 '깨끗한 유기농' 음식을 먹는 사람들은 단지 건강에 대한 두려움만 표현하고 있는 것이 아니다. 그들은 환경을 위험한 것으로, 우리에게 침투하는(어쩌면 심지어 의도적으로) 것으로 경험하고 있다. 그러므로 바깥세상이 그들 몸과 마음에 관여하는 것을 통제해야 할 필요를 표현한다. 클린 이팅은 정화 의례다. 곧 더 큰 환경 무대에서 우리 모두가 생물문화적 행위자로서 살아가는 '세계 속의 삶'인 체화를 정의하는 경계를 보호하기 위해 자아 바깥의 요소들을 거부하는 것이다. 갈수록 오염되고 있는 세상에 대한 정상 반응일수도 있지만, 그 해법을 모두를 위해 오염을 줄이려는 정치적·환경적 공동체 행동이 아니라, 개인의 구매 선택 안에서 찾는다는 점에서 문제적이기도 하다.[6] 인지된 위협에 대한 개인주의적 소비자 대응은 유독물질 확산 문제를 부분적으로 줄일 뿐이다. 진정한 해법은 위협을 선제적으로 줄일 수 있는 집단행동에 있다. 게다가 개인의 선택에 기반한 해법은 세상을 더 낫게 만들기 위해 다른 사람과 함께 노력할 욕망을 감소시킬 수도 있다. 어느 시점에 이르면, 아무리 클린 이팅을 따르고 유기농식품을 먹는다 해도 기후변화나 환경오염으로부터 자신을 보호할 수 없을 것이다. 돈을 써서 문제를 해결하려는 아주 미국적인 사고방식에 저항하기는 어렵지만, 우리는 안전으로 가는 길을 결코 돈으로 살 수 없다.

정화 의례의 관점에서 보면, 클린 이팅과 음식 배제 식이요법, 음식 중독 치유 식이요법 사이의 유사성이 보인다. 셋 모두 해롭다고 분명히 표시된 음식을 피함으로써 독소를 제거하려 한다. 클린 이팅은 우리를 둘러싼 환경에 포함된 오염물질로부터, 음식 배제 식이요법은 모든 사람의 몸에 본질적으로 해로운 성분으로부터, 음식 중독 치유 식이요법은 고통을 경험하는 당사자의 몸에 영향을 미치는 다량 영양소로부터 몸을 보호하려 한다. 그들은 또한 자아를 규정하고, 좋은 행동과 나쁜 행동을 구분하는 유사종교적 체계를 제공한다. 셋 모두 자신과 타자 사이에 생물물리적 경계를 강화하려 한다. 이때 '타자'

는 세상이나 음식, 중독된 자아(곧 규제하고 억압해야 할 또다른 자아나 '나쁜 자아') 같은 다른 근원에서 나오는 것이다. 클린 이팅은 외부 세계의 광범위한 범주를 자아에게 위험한 것으로 여겨 거부하는 반면, 음식 배제 식이요법은 취약한 자아의 몸 안에 들어왔을 때 해로운 것으로 간주되는 음식을 거부한다. 음식 중독 치유 식이요법은 중독자, 곧 세계에 의해 잠재적으로 파손된 자아에게 해로운 세계의 부분들을 차단한다.

음식 중독을 이해하는 수단으로 '고통의 관용구' 개념을 기억하면 좋다. 고통의 관용구란 한 집단 안에서 심리적 고통과 그 원인, 대응 전략, 도움 청하기에 대해 말하고 경험하는 집단적으로 공유된 방식이다. 또 이 개념은 우리가 어떻게 오염을 이해하고 피하는지, 어떻게 인지된 해로움으로부터 자아를 보호하는지 적절하게 생각할 수 있도록 해준다. 우리가 매일 몸속에 집어넣는 친밀한 물질인 음식을 두려워한다는 것은 우리의 식단보다 훨씬 더 큰 고통의 위치를 가리키는 은유로 볼 수 있다.

통제

궁극적으로 통제 식이요법들의 핵심은 몸을 변화시키기 위해 몸을 통제하는 것, 적어도 몸속으로 들어가는 것을 통제하는 데 있다. 식이요법에서 통제의 성공과 실패는 거듭 반복되는 주제다. 단 음식이나 빵, 가공식품을 피하기 위해, 항상 올바른 음식을 먹기 위해 자신을 통제해야 한다. 통제는 식이요법을 위해서도 필요하고, 식이요법을 유지함으로써 긍정적 결과를 얻기 위해서도 필요하다. 먹어도 되는 음식이나 먹지 말아야 할 음식 목록을 보면, 이런 식이요법이 통제를 필요로 한다는 것이 분명히 드러난다. 목록의 식품 하나하나는 식이요법자가 거부하거나 먹기 위해 통제력을 발휘해야 하는 대상이다. 이는 좋은 음식과 나쁜 음식이라는 이분법을 바탕에 둔 의식적 결정이다. 간헐적 단식이나 시간 제한 식이요법처럼 특정 음식을 처방하거나 금지하지 않는 식이요법에서조차 시간과 몸의 통제가 중요하다.

특정 음식을 배제하거나 포함하는 것은 물론 식이요법에서 따라야 할 의례다. 이 의례는 자신과 다른 사람에게 자신이 특별한 식이요법을 따른다고 알리는 신호이기도 하다. 또 그 식이요법은 식이요법자를 특별한 존재로 만든다. 음식을 배제하거나 섭취하기 위해 끊임없이 경계해야 하는 식이요법을 따른다는 것은 그 사람의 통제력을 보여주는 것이기도 하다. 그리고 통제력은 미국 사회에서 대단히 찬양받는 자질이다. 또 환경에 대한 지배와 개인주의를 칭송하는 미국의 집단 정체성을 형성한 '개척자 남성'이라는 가공의 원형적 형상을 연상시키는 자질이기도 하다. 통제력을 입증하기 위해 식이요법을 선택하는 경우도 있다. 팔레오 식이요법의 육식 상징을 사용해 자신이 스스로를 통제하고 있으며, 따라서 다른 사람을 지배할 자격이 있다는 것을 사람들에게 알리려는 남성이 그런 경우다. 클린 이팅과 음식 배제 식이요법, 팔레오 식이요법처럼 통제가 혼자 수행해야 하는 과정인 경우도 있다. 이들 식이요법에서는 개별 식이요법자가 통제의 성공이나 실패를 좌우할 선택을 내리며, 자기효율감과 강한 내적통제 위치를 키운다. 음식 중독 식이요법에서는 중독에 빠진 사람이 타자들(동료와 위대한 힘)과 함께 금욕과 절제를 유지하려 애쓴다. 하지만 이들에게도 통제위치는 여전히 개인의 몸이다.

앞에서 우리는 미국인들이 자신과 다른 사람에 대한 통제를 대단히 가치 있게 여긴다는 이야기를 했다. 최근에는 성공적인 '테크브로'들이 자기최적화와 지위, '지배할' 권리를 입증하기 위해 활용하는 '바이오해킹Biohacking'(의료 장비와 보충제, 운동과 식이요법 처방 등 과학기술을 사용해 건강을 최적화하는 방법 – 옮긴이)과 간헐적 단식의 등장으로 통제 의례들이 새롭게 인기를 끌고 있다. 바이오해킹과 간헐적 단식은 다양한 통제위치(시간, 체형, 일, 식단, 건강)를 결합함으로써 경제적 성공을 거둔 사람이 궁극적으로 다른 사람보다 더 통제력이 있다는 것을 보여주려 한다. 사실상, 그들의 성공 근원이 통제력에 있다고 말한다.[7] 순환논리에 불과하지만 대단히 상징적이며, 자신들의 우위가 노력으로 얻은 대가임을 암시하는 말이다. 바이오해킹은 팔레오 식이요법과 클린 이팅과도 만나는 지점이 있다. 이 두 식이요법의 많은 지침을 따르는 데다, 수렵채집인의 삶에서 간헐적 단식이 유래한다고 가정한다는 점에서 그렇다. 엄격한 하루 시간표와 더불어 음식 섭취를 배제하거나 신중하게 규제한다는 것은 생활과 몸을 극도로 통제한다는 뜻이다. 몸을 구성하는 모든 것이 신중히 관리되고 규제되며, 몸의 경계가 자기 인식에 가장 중요한 것으로 인식된다.

역설적으로 정반대 현상도 일어나고 있다. 먹기 대회나 먹방의 인기가 보여주는 통제의 익살스러운 포기다. 먹방은 대개 온라인에서 상호적(사회적)으로 일어나는 폭식인데, 주로 프라이드치킨이나 라면, 그 밖의 값싼 식료품 같은 가공식품이나 패스트푸드를 엄청나게 먹는다.[8] 이 책에서 다루는 유행 식이요법이나 경쟁적인 식이요법 문화, 간헐적 단식과는 정반대로, 열망계급에게서 두드러지게 나타나는 통제와 순수의 서사에 대한 거부를 공유하고 체화하는 현상이다. 갈수록 길어지는 금지식품 목록은 우리의 주식을 식탁에서 제거하기 때문에 식이요법을 유지하는 게 점점 힘들어진다. 그리고 이는 엄격하게 통제된 식이요법을 철저히 거부하며 금지된 음식을 공개적으로 먹어대는 결과로 이어진다. 모든 종교에서와 마찬가지로 금지된 것은 죄스럽고 외설적인 것이 된다. 그러니 기네스의 요리책 표지에 진짜 음식이 거의 나오지 않는 것도 이상해 보이지 않는다. 우리는 음식이 없는 공간, 시간표에 따라 음식 섭취가 통제되거나 고급 향신료로 대체되는 문화적 공간을 향해 나아가고 있는 걸까?

통제는 웰니스산업 전반에서 아주 중요하다. 당연히 여러 식이요법은 웰니스 문화와 그 수익성의 일부이기도 하다. 웰니스산업이 끌어안은 자기관리 의례들은 결국 체화된 자아를 바꾸기 위해 고안된 식이요법과 상품, 실천을 통해 개인 또는 개인의 몸에 집중된다. 그리고 의례를 제대로 실천하려면 몸이나 정신을 통제해야 하고, 심지어 올바른 결과를 내기에 적당한 환경을 만들기 위해 시간과 공간까지 제어할 수 있어야 한다. 소피 맥베인Sophie McBain에 따르면, "웰니스 실천가의 몸은 사원이다. '깨끗'하거나, '건강'하거나, '순수'한 음식으로만 영양을 공급받는다. 웰니스를 실천한 유명인은 한때 체중 문제로 고심했으나 자신의 '강점'을 끌어내는 법을 배운 사람"이다.[9] 이런 통제를 위해서는 선택을 내리거나 유지해야 할 것이 많은데, 이는 환경과 몸을 대단히 많이 통제해야 한다는 뜻이다. 웰니스 사원으로서 몸을 유지하는 일은 잠시도 쉴 수 없다. 그랬다가는 모든 진전이 허사가 되기 때문이다. 기네스의 개인 트레이너는 일주일에 6일 동안, 하루에 2시간씩 운동을 해야 한다고 말한다.[10] 이는 엄청난 시간 투자다. 일하는 엄마들은 아마 가능하지 않을 것이다. 너무나 많은 유행 다이어트와 웰니스 의례들이 시간과 돈을, 그것도 아주 많이 요구한다는 것만으로도 웰니스가 '획득한 성공Earned Success'의 상징이라는 것을 상기시키기에 충분하다. 이때 획득한 성공이란 물론 자기 통제 덕에 얻은 성공을 뜻한다. 기네스의 웰니스사업 구프는 이런 경향을 완벽히 대표한다. 천상의 존재 같은 기네스의 모습은 분명 성공의 결과인 것 못지않게 그가 지닌 통제력을 보여준다.

융합

여러 식이요법은 서로를 복제한다. 시간이 흐르는 동안 결국 서로 겹쳐지고, 반복하고, 강화하는 일련의 실천들로 수렴한다. 몇십 년마다 페전트원피스의 재유행을 예상할 수 있는 것처럼, 저지방 식이요법이 곧 부활하리라 기대할 수 있다. 1980년대와 1990년대에는 앳킨스와 저탄수화물 식이요법을 선택해야 했지만, 2000년대가 되자 팔레오 식이요법이 필수가 되었다. 그다음에는 클린 이팅이 인기를 끌었다. 클린 이팅은 여러 탄수화물을 배제했고, 거기에 '더해' 팔레오가 사랑하는 자연식품을 먹어야 한다고 강조했다(팔레오 식이요법과 같은 이유로). 음식 중독자들을 위한 12단계 프로그램은 탄수화물을 제한하는데, 이는 음식 중독 치유단체들이 1980년대에 자리 잡았다는 점을 생각하면 이해가 된다. 이 단체들은 당시의 문화생물학적 시대와 장소의 산물이다. '건강한 30일' 같은 최근 식이요법은 짧은 기간이긴 하지만 훨씬 많은 것을 배제해야 한다. 이제 식이요법자들은 다른 모든 웰니스 프로그램과 점점 비슷해지는 식이요법들을 끝없이 갈아탈 수 있다. 금지된 음식의 긴 목록은 21세기 들어 점점 더 길어지고 있고, 갈수록 훨씬 많은 주의력이 요구된다. 물론 이 목록은 해당 식이요법을 선택한 사람에게 그 식이요법을 정당화하는 역할을 한다. 건강 규칙과 식이 실천을 중요하게 생각하는 선례들이 이미 자리잡은 상태이기 때문이다. 한 가지 식이요법을 선택하고 나면, 다음 식이요법을 선택하기가 쉬워진다. 두 번째 식이요법이 첫 번째 식이요법을 토대로 한다면 더욱 그렇다. 식이요법이 명상이나 무술 같은 수련처럼 느껴지기 시작한다. 학문처럼 공부하면서 여러 해에 걸쳐 수양을 쌓아야 한다. 결국, 모든 식이요법이 나쁘다고 말하기에 모든 사람이 나쁘다고 알고 있는 음식을 금지하는 문화적 시대정신이 뚜렷해진다. 식이요법자들은 팔레오에서 클린 이팅으로, 다시 '건강한 30일'로, 뒤캉 식이요법으로 매끄럽게 옮겨 다니고, 각 식이요법은 다음 식이요법에 정당성을 부여한다. 따라 하거나 유지하기 힘들지라도 이런 식이요법을 인정하고 믿는 문화가 형성된다. 어려움은 문제가 되지 않는다. 모든 사람이 탄수화물과 가공식품, 토마토 등을 피해야 한다는 것을 '알기' 때문이다. 정당성의 표시는 먼저 등장했던 식이요법들로부터 물려받은 것이다.

주술적 사고

주술적 사고가 유행 식이요법에 대한 신념을 지탱한다는 것은 분명하다. 자가진단한 건강 문제를 영양보충제로 해결할 수 있다는 간단한 믿음이든, 탄수화물은 위험하다는 포괄적 주장이든, 이런 식이요법들은 의례적이고, 독특한 실천들을 통해 대체로 과장되고, 복합적인 반응을 얻을 수 있다고 주장한다. 간단한 추가(보충제나 특허제품 복용)나 간단한 제거(설탕, 탄수화물, 토마토 등)로 체중 감량부터 전반적인 웰빙에 이르기까지 긍정적이고 다양한 건강 반응을 성취할 수 있다고 말한다. 물론, 이 해법들이 책이나 제품, 상담 서비스, 유료 회원제 웹사이트나 온라인 공동체를 통해 수익으로 연결되는 것은 우연이 아니다. 식이요법자들은 이 플랫폼에 더 많이 참여하고 더 많은 제품을 구매할수록 '매몰비용Sunk Cost'이 커지기 때문에 신념을 포기하려면(또는 검토하려면) 인지부조화가 따른다. 이와 같은 주술적 사고를 의문시한다면 자신들의 실천과 신념, 건강 결과, 심지어 식이요법 사용자와 운동가로서 갖게 된 정체성과 소속감에 대한 믿음조차 위협받을 수 있다.

주술적 사고는 또한 좋은 평가를 받는 식품군에 지나친 이점이 있다거나 그 식품에 원래 들어 있지 않은 특성이 있는 것처럼 생각하게 한다. 예를 들어, 4장에서 다뤘던 유기농식품 사용자를 대상으로 한 조사 결과를 보면, 많은 사람이 유기농식품이 암을 예방할 뿐 아니라(입증되지 않았다) 치료한다고(분명 입증되지 않았다) 믿었다. 또 유기농식품이 일반식품보다 맛이 더 좋다고 답했지만, 맛처럼 복잡한 쾌락 범주는 대체로 유기농 생산법과는 다른 생산법과 가공 과정에서 나온다. 그럼에도 그들은 그렇게 믿고, 그렇게 믿기 때문에 그렇게 지각한다. 이것이 주술적 사고다. 유행 식이요법은 사회적으로 영향을 발휘하기 위해 이런 주술적 사고에 의존한다.

자기변신

자, 이제 우리는 문화적 시대정신의 핵심에 이르렀다. 그것은 더 낫고, 더 멋지고, 더 깨끗하고, 더 완전하고, 잠재력을 더 많이 실현하고, 더 순결하고, 기네스의 집처럼 깨끗한 집에 살 만한 사람으로 자신을 변신시키려는 욕구다. 그러나 걱정하지 않아도 된다. 식이요법 스승들이 샤먼처럼 당신을 인도해서 변화에 필요한 의례를 통과해 완전한 변신에 이르게 할 것이다. 여러 식이요법은 하나도 빠짐없이 변신을 약속한다. 완전히 새로운, 극적으로 개선된 당신이 될 것이라고 말한다. 체중 감량부터 크고 작은 질환 치료에 이르기까지 당신은 완전한 웰니스에 이르는 길에 들어서게 될 것이다. 당신이 할 일이라고는 몇 가지 규칙을 따르는 것밖에 없다. 그러면 완전히 새롭고, 빛이 나고, 더 진정한 모습의 당신이 될 것이다.

애석하게도 이런 문화의 씨를 뿌린 것은 심리학, 아니 적어도 미국식 심리치료의 관행이다. 제2차 세계대전 이후 풍요로운 환경에서 순수한 의도로 개인 성장을 위해 시작되었던 것이 지금의 유행 식이요법을 통해 표현되는 소비자 중심의 자기변신 문화로 변천한 것이다. 크리스토퍼 래시Charistopher Lasch는《나르시시즘의 문화The Culture of

Narcissism》에서 이렇게 자기변신 문화로 방향을 바꾼 것을 두고 이렇게 한탄한다. "1960년대 반문화운동 이후 미국인들은 순전히 개인적인 몰두로 후퇴했다. 의미 있는 어떤 방식으로도 삶을 개선할 희망을 잃어버린 사람들은 정신적인 자기 개선이 중요하다고 스스로를 설득했다. 자신의 감정을 인식하거나, 건강한 음식을 먹거나, 발레나 벨리댄스를 배우거나, 동양의 수련에 몰입하는 것. … 이 활동들은 그 자체로는 무해하지만 진정성과 각성의 수사학과 프로그램으로 포장되어 정치로부터의 후퇴와 가까운 과거의 부인을 뜻하게 됐다."[11] 마찬가지로 정신분석가 폴 와텔Paul Wachtel은 '개인 성장'은 성장에 집착하는 사회의 또다른 징후라고 주장한다. 그는 이렇게 말한다. "심리학은 그 자체로 경제성장의, 경제성장을 위한 학문이다. 경제성장과 똑같은 정복과 팽창 이미지를 사용하며 우리 문화를 특징 짓는 대단히 개인주의적인 가정을 공유한다."[12] 달리 말해, 심리학은 미국인이나 서구인들을 초소비자로 변화시키는 자기변신과 소비주의 엔진의 일부다. 솔직히 우리는 학문으로서 심리학에 전적으로 책임을 물을 수만은 없다. 지난 100년간 심리학의 발전은 그 발전의 원인인 문화의 반영일 가능성이 크기 때문이다.

유행 식이요법이 새로운 당신을 약속하는 것은 더이상 새롭지 않다. 식습관을 분석한 학자들은 여러 식이요법의 인기 아래에 변신을 추구하는 욕망이 있다고 입을 모아 말한다. 우리 모두는 더 나은 자신이 되고자 한다. 이 소망은 자본주의의 현실만이 아니라 프로테스탄트 윤리(미국에서 대단히 중요한 가치들)에도 내재되어 있다. 결국, 자기실현은 열망계급의 종교다. 유행 식이요법이 존재하는 이유는 이들이 음식을 넘어선 무언가와 관련이 있어서다. 완벽해질 수 있는 자아, 열망하는 자아, 변형된 자아와 연결되어서다. 한편으로는 우리가 세상을 이해하는 방식에 영향을 미치는 깊은 문화적 불안과 관련이 있기도 하다. 그러나 우리가 물어야 할 질문은 더 크고 더 복잡하다. 왜 식이요법이 체중 감량보다 훨씬 광범위한 변신의 수단이 되었는가? 왜 개선과 변화를 바라는 문화적 욕망이 신체와 정신, 영혼, 심지어 사회를 변화시키는 수단으로서 식이요법이나 식습관을 중심으로 구체화하는가? 왜 음식 선택 같은 (개인의) 평범한 실천이 더 심각하고 거창한 의미와 결과를 부여받고 성격, 능력, 지위를 근본적으로 변화시키리라 기대되는가? 이것이 우리 자신과 우리 문화에 물어야 하는 것들이며, 우리가 이 책에서 탐구했던 질문이다.

우리가 이 책을 마무리하던 날에 게재된 기사에서 웨일스의 한 농부는 이렇게 말했다. "나는 10년간 같은 저녁을 먹었다. 생선 두 조각과 양파 하나, 달걀 하나, 베이크드빈스와 비스킷이다."[13] 기사(구술 기록으로 작성된)는 타이피계곡에서 농부로 살아가는 윌프 데이비스Wilf Davies의 72년을 묘사했다. 그는 잉글랜드의 어느 농장을 방문하기 위해 딱 한 번 그 계곡을 떠난 적이 있다. 웰니스와 자기계발을 독촉하는 문화적 지시로부터 분명 벗어나 있는 데이비스는 이렇게 말한다. "슈퍼마켓에 가면 내게 필요한 게 무엇인지 정확히 압니다. 다른 음식에는 관심이 없어요. 중국, 인도, 프랑스 음식은 먹어본 적이 없습니다. 왜 식단을 바꾸나요? 내가 좋아하는 음식을 이미 아는데요. 나를 변화시키는 건 힘들 겁니다." 물론, 이 기사가 나온 이유는 데이비스가 우리 대부분과 아주 달라서다. 왠지 모르지만 그는 지위의 표시나 순결, 통제에 관한 불안이라는 문화적 영향력으로부터 취약하지 않아 보인다. 그야말로 기네스 펠트로처럼 될 수 있다는 유혹에 저항력을 갖춘 사람이다.

글을 마치며

지금쯤 우리가 식이요법을 믿는 이유들이 음식에 대한 생각과 늘 연결되는 것은 아니라는 점이 분명해졌길 바란다. 우리가 우리의 식단에 대해 갖는 많은 생각은 복잡하고 모호하며, 음식을 선택할 때 의식적으로 떠오르지 않는다. 그것이 우리가 이 책에서 음식과 관련된 서사들을 살펴본 이유 중 하나다. 우리가 우리 자신에 대해 들려주는 이야기가 우리의 행동 방식을 바꿀 수 있듯, 우리가 음식에 대해 하는 이야기는 우리가 무엇을 먹는지 결정한다. 유행 식이요법이 경험담 서사를 홍보에 사용하는 것은 우연이 아니다. 우리는 사회적인 종이며, 개인의 경험담들은 세상을 배우는 중요한 통로 가운데 하나다. 우리는 서사와 경험담, 입에서 입으로 전해지는 지식들에 귀가 솔깃해진다. 그런 서사들로 우리는 세상을 이해하고, 자신이 누구인지 다른 사람에게 표현하며, 12단계 프로그램에서 알 수 있듯 치료도 한다. 이 책에서 우리는 음식에 대한 그 서사들이 우리가 무엇을, 어떻게 먹는지에 어떤 영향을 미치는지 이해하고 싶었다. 이제 마지막으로 당신이 음식에 대해 어떻게 생각하는지 이해하는 데 도움이 될 만한 활동을 제안하겠다.

재닛은 가끔 워크숍에서 사람들이 자신의 무의식적 식습관을 생각해보도록 음식에 대해 어떤 가치와 믿음을 갖고 있는지 알아보는 활동을 한다. 재닛이 좋아하는 활동 중 하나는 사람들에게 음식을 '좋은' 범주와 '나쁜' 범주로 나눠보라고 하는 것이다. 본질적으로 좋거나 나쁜 음식이 있다고 믿기 때문이 아니라(대개는 그렇지 않으며, 그건 복잡한 문제다) 사람들로 하여금 그들이 머릿속에 구성한 생각이 어떻게 음식에 대한 결정에 영향을 미치는지 이해하도록 돕기 위해서다. 그러니 여러분도 이 활동을 해보면 좋을 것이다. 큰 종이 한 장을 꺼내 중간쯤에 세로로 선을 긋고 한 쪽에는 '좋은 음식', 다른 쪽에는 '나쁜 음식'이라고 써보자. 그리고 각 칸에 음식 이름을 적어보자. 너무 깊이 생각하지 말고 자유연상으로 음식을 떠올려야 한다. 칸을 채웠다면 펜을 내려놓고 심호흡을 하라. '좋은 음식' 칸부터 시작해 음식을 하나하나 살펴보며 그 칸에 그 음식을 쓴 이유를 적어보라. '나쁜 음식' 칸에서도 똑같이 하면 된다. 당신의 분류 이유를 곰곰이 생각하면서 음식마다 스스로에게 물어라. "나는 이 음식이 왜 좋다고 또는 나쁘다고 믿게 되었을까? 이 음식을 여기에 쓴 이유가 무엇이며, 그 이유는 타당한 걸까?" 마지막으로 이렇게 묻는다. "이 음식을 이렇게 생각하게끔 내게 영향을 미친 것은 무엇인가?" 이 심리게임을 통해 당신은 자신이 그 음식을 왜 선택했는지, 왜 음식에 의미와 은유들이 주렁주렁 매달리게 되었는지 알게 될 것이다. 그리고 왜 식이요법이 '단지 음식에 관한 것'이 결코 아닌지 깨닫게 될 것이다.

들어가는 말

1. Heli Roy, "Fad Diets Defined," Pennington Nutrition Series (Baton Rouge, Louisiana: Pennington Biomedical Research Center, Louisiana State University, 2011).

1장 우리는 왜 유행 식이요법을 사랑하는가

1. Pew Research Center, "Americans Stand Out on Individualism," survey, October 9, 2014, in George Gao, "How Do Americans Stand Out from the Rest of the World?," https://www.pewresearch.org/fact-tank/2015/03/12/how-do-americans-stand-out-from-the-rest-of-the-world/.
2. Daniel T. Rodgers, *Age of Fracture* (Cambridge, MA: Belknap Press of Harvard University Press, 2011), 3.
3. Julian B. Rotter, "Generalized Expectancies for Internal Versus External Control of Reinforcement," *Psychological Monographs: General and Applied* 80, no. 1 (1966): 1-28, https://doi.org/10.1037/h0092976.
4. S. Stotland and D. C. Zuroff, "A New Measure of Weight Locus of Control: The

Dieting Beliefs Scale," *Journal of Personality Assessment* 54, nos. 1-2 (1990): 191-203, https://doi.org/10.1080/00223891.1990.9673986.

5. Warren Belasco, *Appetite for Change: How the Counterculture Took on the Food Industry*, 1966-1988 (New York: Pantheon, 1989); Warren Belasco, Food: The Key Concepts (Oxford: Berg, 2008).

6. Harvey Levenstein, *Fear of Food: A History of Why We Worry About What We Eat* (Chicago: University of Chicago Press, 2012).

7. Harvey Levenstein, *Revolution at the Table: The Transformation of the American Diet* (Oxford: Oxford University Press, 1988); Harvey Levenstein, *Paradox of Plenty: A Social History of Eating in Modern America* (Oxford: Oxford University Press, 1993).

8. Hillel Schwartz, *Never Satisfied: A Cultural History of Diets, Fantasies, and Fat* (New York: Free Press, 1986), 6, 268.

9. David Grotto and Elisa Zied, "The Standard American Diet and Its Relationship to the Health Status of Americans," *Nutrition in Clinical Practice* 25, no. 6 (2010): 603.

10. Loren Cordain et al., "Origins and Evolution of the Western Diet: Health Implications for the 21st Century," *American Journal of Clinical Nutrition* 81, no. 2 (2005): 341.

11. Michael Pollan, *The Omnivore's Dilemma: A Natural History of Four Meals* (New York: Penguin, 2006); Michael Pollan, *In Defense of Food: An Eater's Manifesto* (New York: Penguin, 2008); Michael Pollan, *Food Rules: An Eater's Manual* (New York: Penguin, 2009); Barry Glassner, *The Gospel of Food: Everything You Think You Know About Food Is Wrong* (New York: HarperCollins, 2007); Barry Popkin, *The World Is Fat: The Fads, Trends, Policies, and Products That Are Fattening the Human Race* (New York: Avery, 2008); Michael Moss, *Salt, Sugar, Fat: How the Food Giants Hooked Us* (New York: Random House, 2013); Marion Nestle, *What to Eat* (New York: North Point, 2007); Marion Nestle, *Food Politics: How the Food Industry Influences Nutrition and Health*, vol. 3, California Studies in Food and Culture (Berkeley: University of California Press, 2013); Mark Schatzker, *The Dorito Effect: The Surprising New Truth About Food and Flavor* (New York: Simon and Schuster, 2015).

12. Organisation for Economic Co-operation and Development, "Obesity Update 2017" (Paris: OECD, 2017), http://www.oecd.org/health/obesity-update.htm; NCHS (National Center for Health Statistics), "Prevalence of Obesity Among Adults and Youth: United States, 2015-2016," NCHS Data Brief, October 2017.

13. Lisa Young and Marion Nestle, "Expanding Portion Sizes in the US Marketplace:

Implications for Nutrition Counseling," *Journal of the American Dietetic Association* 103 (2003): 231-34; Barbara Rolls, "The Supersizing of America: Portion Size and the Obesity Epidemic," *Nutrition Today* 38, no. 2 (2003): 42-53.

14. Robert Paarlberg, *The United States of Excess: Gluttony and the Dark Side of American Exceptionalism* (Oxford: Oxford University Press, 2013), 7-8, 190.

15. OECD, "Obesity Update 2017."

16. Paarlberg, *The United States of Excess*, 7.

17. Paarlberg, *The United States of Excess*, 8, 162, 190.

18. Helen Zoe Veit, *Modern Food, Moral Food: Self-Control, Science, and the Rise of Modern American Eating in the Early Twentieth Century* (Chapel Hill: University of North Carolina Press, 2013).

19. Veit, *Modern Food, Moral Food*, 14.

20. Veit, *Modern Food, Moral Food*, 31.

21. Veit, *Modern Food, Moral Food*, 163.

22. Veit, *Modern Food, Moral Food*, 179.

23. Alice Julier, "The Political Economy of Obesity: The Fat Pay All," in *Food and Culture: A Reader*, 2nd ed., ed. Carole Counihan and Penny Van Esterik (New York: Routledge, 2008), 482-99; Charlotte Biltekoff, *Eating Right in America: The Cultural Politics of Food and Health* (Durham, NC: Duke University Press, 2013).

24. Peter Jackson, *Anxious Appetites: Food and Consumer Culture* (London: Bloomsbury, 2015), 47, 123.

25. Belasco, *Food*, 92.

26. Pierre Bourdieu, *Distinction: A Social Critique of the Judgment of Taste* (Cambridge, MA: Harvard University Press, 1984); Colin Campbell, *The Romantic Ethic and the Spirit of Modern Consumerism* (Oxford: Basil Blackwell, 1987).

27. Young and Nestle, "Expanding Portion Sizes in the US Marketplace"; Barbara Rolls, Erin L. Morris, and Liane S. Roe, "Portion Size of Food Affects Energy Intake in Normal-Weight and Overweight Men and Women," *American Journal of Clinical Nutrition* 76 (2002): 1207-13; Rolls, "The Supersizing of America"; Paul Rozin et al., "The Ecology of Eating: Smaller Portion Sizes in France Than in the United States Help Explain the French Paradox," *Psychological Science* 14 (2003): 450-54.

28. Gerda Reith, *Addictive Consumption: Capitalism, Modernity and Excess* (London: Routledge, 2019), 70.

29. Reith, *Addictive Consumption*, 70.

30. Sidney Mintz, *Sweetness and Power: The Place of Sugar in Modern History* (New York: Viking, 1985).

31. Reith, *Addictive Consumption*, 123.

32. Reith, *Addictive Consumption*, 155.

33. Julier, "The Political Economy of Obesity."

34. United States Bureau of Labor Statistics and the Census Bureau, "Current Population Survey (CPS) Annual Social and Economic (ASEC) Supplement," 2018, https://www.census.gov/programs-surveys/saipe/guidance/model-input-data/cpsasec.html; "Adult Obesity in the United States," The State of Obesity, 2019, https://media.state-ofobesity.org/wp-content/uploads/2019/09/16100613/2019ObesityReportFINAL.pdf/.

35. Alisha Coleman-Jensen et al., "Household Food Security in the United States in 2017," U.S. Department of Agriculture, Economic Research Service, 2018.

36. Michael Marmot, *The Status Syndrome: How Social Standing Affects Our Health and Longevity* (New York: Henry Holt, 2004); Richard Wilkerson, *The Impact of Inequality: How to Make Sick Societies Healthier* (New York: New Press, 2005).

37. "US States by Gini Coefficient," WorldAtlas, 2017, https://www.worldatlas.com/articles/us-states-by-gini-coefficient.html.

38. Marilyn Townsend et al., "Food Insecurity Is Positively Related to Overweight in Women," *Journal of Nutrition* 131 (2001): 1738-45; Kate Pickett et al., "Wider Income Gaps, Wider Waistbands? An Ecological Study of Obesity and Income Inequality," *Journal of Epidemiology and Community Health* 59, no. 8 (2005): 670-74; Avner Offer, Rachel Pechey, and Stanley Ulijaszek, "Obesity Under Affluence Varies by Welfare Regimes: The Effect of Fast Food, Insecurity, and Inequality," *Economics and Human Biology* 8, no. 3 (2010): 297-308; Alexandra Brewis, *Obesity: Cultural and Biological Perspectives* (New Brunswick, NJ: Rutgers University Press, 2011); Gerardo Otero et al., "The Neoliberal Diet and Inequality in the United States," *Social Science and Medicine* 142 (2015): 47-55; Gerardo Otero, *The Neoliberal Diet: Healthy Profits, Unhealthy People* (Austin: University of Texas Press, 2018); World Health Organization, "Obesity and Inequities: Guidance for Addressing Inequities in Overweight and Obesity," World Health Organization Regional Office for Europe, 2014; Jacob Bor, Gregory Cohen, and Sandro Galea, "Population Health in an Era of Rising Income Inequality: USA, 1980-2015," *The Lancet* 389, no. 10077 (2017): 8-14; OECD, "Obesity Update 2017."

39. Richard Wilkerson and Kate Pickett, *The Spirit Level: Why More Equal Societies*

Almost Always Do Better (London: Bloomsbury, 2010); Otero et al., "The Neoliberal Diet and Inequality in the United States."

40. Kevin Hall et al., "Ultra-Processed Diets Cause Excess Calorie Intake and Weight Gain: An Inpatient Randomized Controlled Trial of Ad Libitum Food Intake," *Cell Metabolism* 30 (2019): 1-11.

41. Janet Chrzan, "Social Support and Nutrition During Adolescent Pregnancy: Effects of Health Outcomes of Baby and Mother" (PhD diss., University of Pennsylvania, 2008); Michael R. Kramer et al., "Geography of Adolescent Obesity in the U.S., 2007-2011," *American Journal of Preventive Medicine* 51, no. 6 (2016): 898-909; Sarah Bowen, Joslyn Brenton, and Sinikka Elliott, *Pressure Cooker: Why Home Cooking Won't Solve Our Problems and What We Can Do About It* (Oxford: Oxford University Press, 2019).

42. Bourdieu, Distinction, 190-99; Anneke van Otterloo, "Taste, Food Regimens, and Fatness: A Study in Social Stratification," in *Social Aspects of Obesity*, vol. 1, *Culture and Ecology of Food and Nutrition*, ed. Igor de Garine and Nancy Pollock (Amsterdam: Gordon and Breach, 1995), 111-26; Carlos Monteiro et al., "Socioeconomic Status and Obesity in Adult Populations of Developing Countries: A Review," *Science in Context* 82, no. 12 (2004): 940-50; Ann Caldwell and R. Drew Sayer, "Evolutionary Considerations on Social Status, Eating Behavior, and Obesity," *Appetite* 132 (2019): 238-48.

43. Barry Glassner, *The Culture of Fear: Why Americans Are Afraid of the Wrong Things* (New York: Basic Books, 1999), 263.

44. Marco Caliendo and Markus Gehrsitz, "Obesity and the Labor Market: A Fresh Look at the Weight Penalty," *Economics and Human Biology* 23 (2016): 209-25; Aapo Hiilamo et al., "Obesity and Socioeconomic Disadvantage in Midlife Female Public Sector Employees: A Cohort Study," *BMC Public Health* 17 (2017): 842-52.

45. Amy Farrell, *Fat Shame: Stigma and the Fat Body in American Culture* (New York: New York University Press, 2011); Susan Greenhalgh, *Fat-Talk Nation: The Human Costs of America's War on Fat* (Ithaca, NY: Cornell University Press, 2015).

46. Janet Chrzan, "No, You're Not Addicted to Carbohydrates: You Simply Prefer to Eat Sweets" (음식과 사회 학회 연례 학술대회 발표 논문, CA, 2017).

47. Pew Research Center, "U.S. Public Becoming Less Religious," Pew Charitable Trusts, November 3, 2015, https://www.pewforum.org/2015/11/03/u-s-public-becoming-less-religious/.

48. Levenstein, *Fear of Food*, 12.

49. G. M. Fahy et al., *The Future of Aging: Pathways to Human Life Extension* (Heidelberg: Springer Netherlands, 2010).

50. Alan Levinovitz, *The Gluten Lie: And Other Myths About What You Eat* (New York: Regan Arts, 2015), 12, 13, 73, 103-4.

51. Adrienne Rose Bitar, *Diet and the Disease of Civilization* (New Brunswick, NJ: Rutgers University Press, 2018), 4.

52. 유사성의 원칙을 훌륭하게 다룬 자료로 Ken Albala, *Eating Right in the Renaissance* (Berkeley: University of California Press, 2002), 79-81을 보라.

53. Levinovitz, *The Gluten Lie*, 73.

54. Reith, *Addictive Consumption*, 30-31; Mintz, *Sweetness and Power*; Mary Douglas, *Purity and Danger: An Analysis of Concepts of Pollution and Taboo* (London: Routledge and Kegan Paul, 1966).

55. Bitar, *Diet and the Disease of Civilization*, 6, 55, 149.

56. Bitar, *Diet and the Disease of Civilization*, 149.

57. Leighann Chaffee and Corey Cook, "The Allure of Food Cults: Balancing Pseudoscience and Healthy Skepticism," in *Food Cults: How Fads, Dogma, and Doctrine Influence Diet*, ed. Kima Cargill, Rowman and Littlefield Studies in Food and Gastronomy (Lanham, MD: Rowman and Littlefield, 2017), 22-23.

58. Damien Thompson, *Counter-Knowledge: How We Surrendered to Conspiracy Theories, Quack Medicine, Bogus Science, and Fake History* (London: Atlantic, 2008); Damien Thompson, *The Fix* (London: Collins, 2012).

59. Matt Fitzgerald, *Diet Cults: The Surprising Fallacy at the Core of Nutrition Fads and a Guide to Healthy Eating for the Rest of Us* (New York: Pegasus, 2014).

60. Marlene Zuk, *Paleofantasy: What Evolution Really Tells Us About Sex, Diet, and How We Live* (New York: Norton, 2013), 270.

61. David Kessler, *The End of Overeating: Taking Control of the Insatiable American Appetite* (Emmaus, PA: Rodale, 2009); Moss, *Salt, Sugar, Fat*; Schatzker, *The Dorito Effect*; Steven R. Gundry, *The Plant Paradox: The Hidden Dangers in "Healthy" Foods That Cause Disease and Weight Gain* (New York: Harper Wave, 2017); Mark Sisson, *Keto for Life: Reset Your Biological Clock in 21 Days and Optimize Your Diet for Longevity* (New York: Harmony, 2019).

62. Pollan, *Food Rules*, 1.

2장 음식 배제 식이요법

1. Amanda Mull, "It's the Most Inadequate Time of the Year," *The Atlantic*, January 2, 2019, https://www.theatlantic.com/health/archive/2019/01/new-years-resolutions-marketing/579241/.

2. Deborah Lupton, *Food, the Body, and the Self* (London: Sage, 1996), 137.

3. L. Girz et al., "The Effects of Calorie Information on Food Selection and Intake," *International Journal of Obesity* 36, no. 10 (2005): 1340-45; Christina A. Roberto et al., "Evaluating the Impact of Menu Labeling on Food Choices and Intake," *American Journal of Public Health* 100, no. 2 (2010): 312-18; Catherine E. Cioffi et al., "A Nudge in a Healthy Direction: The Effect of Nutrition Labels on Food Purchasing Behaviors in University Dining Facilities," *Appetite* 92 (2015): 7-14; Greta Kresic, Nikolina Liovic, and Jelka Pleadin, "Effects of Menu Labelling on Students' Food Choice: A Preliminary Study," *British Food Journal* 122, no. 2 (2019): 479-91.

4. Gyorgy Scrinis, "On the Ideology of Nutritionism," *Gastronomica* 8, no. 1 (2008): 39-48; Gyorgy Scrinis, *Nutritionism: The Science and Politics of Dietary Advice*, Arts and Traditions of the Table: Perspectives on Culinary History (New York: Columbia University Press, 2013).

5. Joana Angelica Pellerano, Maria Gimenes-Minasse, and Henriqueta Sperandio Garcia, "'Low Carb, High Fat': Commensality and Sociability in Restrictive Diets Times," *Demetra* 10, no. 3 (2015): 496.

6. M. Harris, *Good to Eat: Riddles of Food and Culture* (New York: Simon and Schuster, 1985).

7. Christine Knight, "'We Can't Go Back a Hundred Million Years': Low-Carbohydrate Dieters' Responses to Nutritional Primitivism," *Food, Culture and Society* 18, no. 3 (2015): 441-61.

8. Christine Knight, "'If You're Not Allowed to Have Rice, What Do You Have with Your Curry?': Nostalgia and Tradition in Low-Carbohydrate Diet Discourse and Practice," *Sociological Research Online* 16, no. 2 (2011): 8; Christine Knight, "'Most People Are Simply Not Designed to Eat Pasta': Evolutionary Explanations for Obesity in the Low-Carbohydrate Diet Movement," *Public Understanding of Science* 20, no. 5 (2011): 706-19.

9. Hillel Schwartz, *Never Satisfied: A Cultural History of Diets, Fantasies and Fat* (New

York: Free Press, 1986), 100-101; Michelle Mouton, "'Doing Banting': High-Protein Diets in the Victorian Period and Now," *Studies in Popular Culture* 24, no. 1 (2001): 17-32; Andreas Gunnarsson and Mark Elam, "Food Fight! The Swedish Low-Carb/ High Fat (LCHF) Movement and the Turning of Science Popularisation Against the Scientists," *Science as Culture* 21, no. 3 (2012): 315-34.

10. Robert C. Atkins, *Dr. Atkins' Diet Revolution: The High Calorie Way to Stay Thin Forever* (New York: D. McKay, 1972); Robert C. Atkins, *Atkins for Life: The Complete Controlled Carb Program for Permanent Weight Loss and Good Health* (New York: St. Martin's, 2003), 5-6.

11. Amy Bentley, "The Other Atkins Revolution: Atkins and the Shifting Culture of Dieting," *Gastronomica* 4, no. 3 (2004): 34-45.

12. Gunnarsson and Elam, "Food Fight!".

13. Atkins, *Dr. Atkins' Diet Revolution*, 5.

14. Laura E. Matarese and Glenn K. Harvin, "The Atkins Diet," in *Clinical Guide to Popular Diets*, ed. Caroline Apovian, Elizabeth Brouillard, and Lorraine Young (Boca Raton, FL: CRC, 2018), 1-13.

15. Eric C. Westman, Stephen D. Phinney, and Jeff S. Volek, *The New Atkins for a New You: The Ultimate Diet for Shedding Weight and Feeling Great* (New York: Simon and Schuster, 2010); Colette Heimowitz, *The New Atkins Made Easy: A Faster, Simpler Way to Shed Weight and Feel Great—Starting Today!* (New York: Simon and Schuster, 2013).

16. Arthur Agatston, *The South Beach Diet* (New York: Random House, 2003), 47, 41; Meghan Ariagno, "The South Beach Diet," in Apovian, Brouillard, and Young, *Clinical Guide to Popular Diets*, 87-97.

17. Michael Greger, *How Not to Diet* (New York: Flatiron, 2019), 94-99.

18. Arthur Agatston, *The New Keto Friendly South Beach Diet* (Carlsbad, CA: Hay House, 2019), 6.

19. Arthur Agatston, *The South Beach Diet Supercharged* (Emmaus, PA: Rodale, 2008); Arthur Agatston, *The South Beach Diet Gluten Solution: The Delicious, Doctor-Designed, Gluten-Aware Plan for Losing Weight and Feeling Great—FAST!* (Emmaus, PA: Rodale, 2014); *Agatston, The New Keto Friendly South Beach Diet*. See also https://palm.southbeachdiet.com/.

20. Nicholas Perricone, *The Perricone Prescription: A Physician's 28-Day Program for Total Body and Face Rejuvenation* (New York: William Morrow, 2002); Nicholas

Perricone, *Forever Young: The Science of Nutrigenomics for Glowing, Wrinkle-Free Skin and Radiant Health* (New York: Atria, 2010).

21. Steven R. Gundry, *The Plant Paradox: The Hidden Dangers in "Healthy" Foods That Cause Disease and Weight Gain* (New York: Harper Wave, 2017).

22. Pierre Dukan, *The Dukan Diet: Two Steps to Lose the Weight, Two Steps to Keep It Off Forever* (New York: Crown Archetype, 2011); Pierre Dukan, *The Dukan Diet Made Easy: Cruise Through Permanent Weight Loss—and Keep It Off for Life!* (New York: Harmony, 2014).

23. William Davis, *Wheat Belly: Lose the Wheat, Lose the Weight, and Find Your Path Back to Health* (Emmaus, PA: Rodale, 2011), 206–14; William Davis, *Wheat Belly 10-Day Grain Detox: Reprogram Your Body for Rapid Weight Loss and Amazing Health* (Emmaus, PA: Rodale, 2015), 26–37.

24. William Davis, *Undoctored: Why Health Care Has Failed You and How You Can Become Smarter than Your Doctor* (Emmaus, PA: Rodale, 2017).

25. Dallas Hartwig and Melissa Hartwig, *It Starts with Food: Discover the Whole30 and Change Your Life in Unexpected Ways* (Las Vegas, NV: Victory Belt, 2014); Melissa Hartwig Urban and Dallas Hartwig, *The Whole30: The 30-Day Guide to Total Health and Food Freedom* (Boston: Houghton Mifflin Harcourt, 2015), 3–8, 60–77, 56.

26. Claude Levi-Strauss, *The Raw and the Cooked* (New York: Harper Torchbooks, 1970), 476; Jack Goody, *Cooking, Cuisine and Class* (Cambridge: Cambridge University Press, 1982), 21; Claude Fischler, "Food Habits, Social Change, and the Nature/Culture Dilemma," *Social Science Information* 19, no. 6 (1980): 937–53; Claude Fischler, "Food, Self, and Identity," *Social Science Information* 27, no. 2 (1988): 275–92; Maurice Bloch, "Commensality and Poisoning," *Social Research* 66, no. 1 (1999): 133–49.

27. Mary Douglas, "Deciphering a Meal," *Daedalus*, no. 1 (1972): 61–81; Mary Douglas and Michael Nicod, "Taking the Biscuit: The Structure of British Meals," *New Society* 19 (1974): 744–47.

28. Anne Murcott, "On the Social Significance of the Cooked Dinner in South Wales," *Social Science Information* 25 (1982): 677–96; Anne Murcott, *The Sociology of Food and Eating: Essays on the Sociological Significance of Food* (Aldershot, UK: Gower, 1983); Nickie Charles and Marion Kerr, Women, *Food and Families* (Manchester, UK: Manchester University Press, 1988); D. Marshall and C. Pettinger, "Revisiting British Meals," in *Meals in Science and Practice: Interdisciplinary Research and*

Business Applications, ed. Herbert L. Meiselman (Cambridge: Woodhead, 2009), 638-64.

29. Luke Yates and Alan Warde, "The Evolving Content of Meals in Great Britain: Results of a Survey in 2012 in Comparison with the 1950s," *Appetite* 84 (2015): 299-308; Luke Yates and Alan Warde, "Eating Together and Eating Alone: Meal Arrangements in British Households," *British Journal of Sociology* 68, no. 1 (2017): 97-118; Alan Warde and Luke Yates, "Understanding Eating Events: Snacks and Meal Patterns in Great Britain," *Food, Culture and Society* 20, no. 1 (2017): 15-36.

30. Douglas and Nicod, "Taking the Biscuit."

31. Yates and Warde, "The Evolving Content of Meals in Great Britain," 305.

32. Marshall, D., and C. Pettinger. "Revisiting British Meals." In *Meals in Science and Practice: Interdisciplinary Research and Business Applications*, ed. Herbert L. Meiselman, 638-64 (Cambridge: Woodhead, 2009).

33. J. Makela et al., "Nordic Meals: Methodological Notes on a Comparative Survey," *Appetite* 32, no. 1 (1999): 73-79, https://doi.org/10.1006/appe.1998.0198; Annechen Bahr Bugge and Runar Doving, *The Norwegian Meal Pattern* (Oslo, Norway: SIFO: National Institute for Consumer Research, 2000); Unni Kjarnes, *Eating Patterns: A Day in the Lives of Nordic Peoples* (Oslo, Norway: SIFO, 2001); Lotte Holm et al., "The Modernisation of Nordic Eating: Studying Changes and Stabilities in Eating Patterns," *Anthropology of Food* S7 (2012): 1-16.

34. Virginie Amilien, "Thoughts About Food Culture and Patterns of Eating in Norway: Interview with Dr. Unni Kjarnes," *Anthropology of Food* S7 (2012): 1-5, https://journals.openedition.org/aof/7106.

35. Holm et al., "The Modernisation of Nordic Eating."

36. Makela et al., "Nordic Meals."

37. Annechen Bahr Bugge and Reidar Almas, "Domestic Dinner: Representations and Practices of a Proper Meal Among Young Suburban Mothers," *Journal of Consumer Culture* 6, no. 2 (2006): 203-28, https://doi.org/10.1177/1469540506064744.

38. Bugge and Almas, "Domestic Dinner," 220.

39. John W. Bennett, Harvey L. Smith, and Herbert Passin, "Food and Culture in Southern Illinois: A Preliminary Report," *American Sociological Review* 7 (1942): 645-60.

40. Norge Jerome, "On Determining Food Patterns of Urban Dwellers in Contemporary Society," in *Gastronomy*, ed. Margaret L. Arnott (The Hague: Mouton, 1975), 91-111.

41. Judith Goode, "Cultural Patterning and Group-Shared Rules in the Study of Food Intake," in *Research Methods in Nutritional Anthropology*, ed. Gretel Pelto, Ellen Messer, and Judith Goode (Tokyo: United Nations University, 1989).

42. Judith Goode, Karen Curtis, and Janet Theophano, "Meal Formats, Meal Cycles, and Menu Negotiation in the Italian American Food System," in *Food and the Social Order*, ed. Mary Douglas (New York: Russell Sage Foundation, 1984), 135-99.

43. Judith Goode, Karen Curtis, and Janet Theophano, "Group-Shared Food Patterns as a Unit of Analysis," in *Nutrition and Behavior*, ed. Sanford Miller (Philadelphia: Franklin Institute Press, 1981), 19-30; Goode, Curtis, and Theophano, "Meal Formats, Meal Cycles, and Menu Negotiation in the Italian American Food System"; Janet Theophano and Karen Curtis, "Sisters, Mothers and Daughters: Food Exchange and Reciprocity in an Italian-American Community," in *Diet and Domestic Life in Society*, ed. Anne Sharman et al. (Philadelphia: Temple University Press, 1991), 147-72.

44. Goode, "Cultural Patterning and Group-Shared Rules in the Study of Food Intake," table 6.

45. Alice P. Julier, *Eating Together: Food, Friendship and Inequality* (Urbana: University of Illinois Press, 2013), 5, 16, 61-62.

46. Claude Fischler, "Commensality, Society and Culture," *Social Science Information* 50, nos. 3-4 (2011): 528-48.

47. Julier, *Eating Together*, 51-52; Amy Bentley, "Martha's Food: Whiteness of a Certain Kind," *American Studies* 42, no. 2 (2001): 89-100.

48. Bentley, "Martha's Food," 98.

49. Fabio Parasecoli, "Deconstructing Soup: Ferran Adria's Culinary Challenges," *Gastronomica* 1, no. 1 (2001): 60-73, https://doi.org/10.1525/gfc.2001.1.1.60.

50. Julier, *Eating Together*, 149-50.

51. Amy Trubek, *Making Modern Meals: How Americans Cook Today* (Berkeley: University of California Press, 2017), 205.

52. Bugge and Almas, "Domestic Dinner."

53. Emile Durkheim, *The Rules of Sociological Method and Selected Texts on Sociology and Its Method*, ed. Steven Lukes, trans. W. D. Halls (New York: Free Press, 1982), 142.

54. Marcel Mauss, *The Gift: Forms and Functions of Exchange in Archaic Societies*, trans. W. D. Halls (London: Routledge, 1990), 76-77.

55. Audrey Richards, *Hunger and Work in a Savage Tribe; a Functional Study of Nutrition Among the Southern Bantu* (London: Routledge, 1932), 1.

56. U.S. Department of Agriculture, What Is MyPlate?, accessed December 21, 2021, https://www.choosemyplate.gov/eathealthy/WhatIsMyPlate.

57. E. N. Anderson, *The Food of China* (New Haven, CT: Yale University Press, 1988), 25.

58. YuTang Lin, *My Country and My People* (New York: Halcyon House, 1935); Hsiang Ju Lin and Tsuifeng Lin, *The Art of Chinese Cuisine* (Clarendon, VT: Tuttle, 1996); K. C. Chang, *Food in Chinese Culture: Anthropological and Historical Perspectives* (New Haven, CT: Yale University Press, 1977); Anderson, *The Food of China*; Ken Albala, *Three World Cuisines* (Lanham, MD: Alta Mira, 2012); Anne Mendelson, *Chow Chop Suey: Food and the Chinese American Journey* (New York: Columbia University Press, 2016), 32–33.

59. Bentley, "Martha's Food."

60. Mendelson, *Chow Chop Suey*, 173–87.

61. Tanis Furst et al., "Food Classifications: Levels and Categories," *Ecology of Food and Nutrition* 39 (2000): 337.

62. Fischler, "Commensality, Society and Culture," 532.

63. Garrick Mallory, "Manners and Meals," *American Anthropologist* 1, no. 3 (1888).

64. Vamik D. Volkan, "Intergenerational Transmission and 'Chosen' Traumas: A Link Between the Psychology of the Individual and That of the Ethnic Group," in *Psychoanalysis at the Political Border: Essays in Honor of Rafael Moses* (Madison, WI: International Universities Press, 1996), 257–82.

65. M. E. Ross and C. L. Ross, "Mothers, Infants, and the Psychoanalytic Study of Ritual," *Signs: Journal of Women in Culture and Society* 9 (1983): 38.

66. Michael Symons, "Simmel's Gastronomic Sociology: An Overlooked Essay," *Food and Foodways* 5, no. 4 (1994): 333–51; Sigmund Freud, *Totem and Taboo*, trans. A. A. Brill (London: George Routledge, 1919); Mauss, *The Gift*.

67. Jeffrey Sobal and Mary K. Nelson, "Commensal Eating Patterns: A Community Study," *Appetite* 41 (2003): 181–90; Fischler, "Commensality, Society and Culture"; Paul Freedman, "Medieval and Modern Banquets: Commensality and Social Categorization," in *Commensality: From Everyday Food to Feast*, ed. Susanne Kerner, Cynthia Chou, and Morten Warmind (London: Bloomsbury Academic, 2015), 99–108.

68. Janet Chrzan, "The Family Meal as a Culturally Relevant Nutrition Teaching Aid," in Meiselman, *Meals in Science and Practice*, 251-69; Janet Chrzan, "No, You're Not Addicted to Carbohydrates: You Simply Prefer to Eat Sweets" (음식과 사회 학회 연례 학술대회 발표 논문, Occidental, CA, 2017).

69. Herbert L. Meiselman, ed., *Dimensions of the Meal: The Science, Culture, Business, and Art of Eating* (New York: Aspen, 2000); Meiselman, *Meals in Science and Practice.*

70. Symons, "Simmel's Gastronomic Sociology."

71. Chee-Beng Tan, "Commensality and the Organization of Social Relations," in Kerner, Chou, and Warmind, *Commensality*, 13-30.

72. Penny Van Esterik, "Commensal Circles and the Common Pot," in Kerner, Chou, and Warmind, *Commensality*, 31-42.

73. Fischler, "Commensality, Society and Culture."

74. Bloch, "Commensality and Poisoning."

75. Nina Etkin, *Foods of Association: Biocultural Perspectives on Foods and Beverages That Mediate Sociability* (Tuscon: University of Arizona Press, 2009); Martin Jones, *Feast: Why Humans Share Food* (Oxford: Oxford University Press, 2007).

76. Freedman, "Medieval and Modern Banquets."

77. Douglas, "Deciphering a Meal."

78. Julier, *Eating Together.*

79. Bloch, "Commensality and Poisoning."

80. Fischler, "Commensality, Society and Culture."

81. Joanne Finkelstein, *Dining Out: An Observation of Modern Manners* (New York: New York University Press, 1989); Alan Warde and Lydia Martens, *Eating Out: Social Differentiation, Consumption and Pleasure* (Cambridge: Cambridge University Press, 2000).

82. Ray Oldenburg, *The Great Good Place: Cafes, Coffee Shops, Community Centers, Beauty Parlors, General Stores, Bars, Hangouts, and How They Get You Through the Day* (New York: Paragon House, 1989).

83. Sobal and Nelson, "Commensal Eating Patterns"; P. Pliner and R. Bell, "A Table for One: The Pain and Pleasure of Eating Alone," in Meiselman, *Meals in Science and Practice*, 169-89; Estelle Masson, "Towards Customized Diets? Personal Dietary Regimens and Collective Habits," in *Selective Eating: The Rise, Meaning and Sense of Personal Dietary Requirements: An Interdisciplinary Perspective,*

ed. Claude Fischler (Paris: Odile Jacob, 2013), 243‑52; Estelle Masson, Sandrine Bubendorff, and Christele Fraisse, "Toward New Forms of Meal Sharing? Collective Habits and Personal Diets," *Appetite* 123 (2018): 108‑13, https://doi.org/10.1016/j.appet.2017.12.006.

84. Fischler, "Commensality, Society and Culture"; Chrzan, "No, You're Not Addicted to Carbohydrates"; I. M. Jonsson and M. Pipping Ekstrom, "Gender Perspectives on the Solo Diner as Restaurant Customer," in Meiselman, *Meals in Science and Practice*, 236‑50.

85. Julie Creswell, "'I Just Need the Comfort': Processed Foods Make a Pandemic Comeback," *New York Times*, April 7, 2020, https://www.nytimes.com/2020/04/07/business/coronavirus-processed-foods.html.

86. Masson, Bubendorff, and Fraisse, "Toward New Forms of Meal Sharing?"

87. Pellerano, Gimenes-Minasse, and Sperandio Garcia, "'Low Carb, High Fat,'" 500.

88. Piia Jallinoja et al., "Food Choices, Perceptions of Healthiness, and Eating Motives of Self-Identified Followers of a Low-Carbohydrate Diet," *Food and Nutrition Research* 58, no. 1 (2014): 1‑9.

89. Virginia Sole-Smith, *The Eating Instinct: Food Culture, Body Image, and Guilt in America* (New York: Henry Holt, 2018), 55, 68.

90. D. L. Katz and S. Meller, "Can We Say What Diet Is Best for Health?," *Annual Review of Public Health* 35, no. 1 (2014): 86.

91. Agatston, *The South Beach Diet*, 101.

92. Dena M. Bravata et al., "Efficacy and Safety of Low-Carbohydrate Diets: A Systematic Review," *JAMA* 289, no. 14 (2003): 1837‑50, https://doi.org/10.1001/jama.289.14.1837.

93. Katz and Meller, "Can We Say What Diet Is Best for Health?," 83.

94. Vasanti S. Malik and Frank Hu, "Popular Weight-Loss Diets: From Evidence to Practice," *Nature Clinical Practice Cardiovascular Medicine* 4, no. 1 (2007): 34‑41.

95. Alice A. Gibson and Amanda Sainsbury, "Strategies to Improve Adherence to Dietary Weight Loss Interventions in Research and Real-World Settings," *Behavioral Sciences* 7, no. 3 (2017): 44‑55.

96. Iris Shai et al., "Weight Loss with a Low-Carbohydrate, Mediterranean, or Low-Fat Diet," *New England Journal of Medicine* 359, no. 3 (2008): 229‑41, https://doi.org/10.1056/NEJMoa0708681.

97. Bonnie J. Brehm et al., "A Randomized Trial Comparing a Very Low Carbohydrate

Diet and a Calorie-Restricted Low Fat Diet on Body Weight and Cardiovascular Risk Factors in Healthy Women," *Journal of Clinical Endocrinology and Metabolism* 88, no. 4 (2003): 1617–23; Gary D. Foster et al., "A Randomized Trial of a Low-Carbohydrate Diet for Obesity," *New England Journal of Medicine* 348, no. 21 (2003): 2082–90, https://doi.org/10.1056/NEJMoa022207; Frederick F. Samaha et al., "A Low-Carbohydrate as Compared with a Low-Fat Diet in Severe Obesity," *New England Journal of Medicine* 348, no. 21 (2003): 2074–81, https://doi.org/10.1056/NEJMoa022637; William S. Yancy et al., "A Low-Carbohydrate, Ketogenic Diet Versus a Low-Fat Diet to Treat Obesity and Hyperlipidemia," *Annals of Internal Medicine* 140, no. 10 (2004); Helen Truby et al., "Randomised Controlled Trial of Four Commercial Weight Loss Programmes in the UK: Initial Findings from the BBC 'Diet Trials,'" *BMJ* 332, no. 7553 (2006): 1309–14, https://doi.org/10.1136/bmj.38833.411204.80; Shai et al., "Weight Loss with a Low-Carbohydrate, Mediterranean, or Low-Fat Diet"; Nichola J. Davis et al., "Comparative Study of the Effects of a 1-Year Dietary Intervention of a Low-Carbohydrate Diet Versus a Low-Fat Diet on Weight and Glycemic Control in Type 2 Diabetes," *Diabetes Care* 32, no. 7 (2009): 1147–52; Malik and Hu, "Popular Weight-Loss Diets"; M. Hession et al., "Systematic Review of Randomized Controlled Trials of Low-Carbohydrate vs. Low-Fat/Low-Calorie Diets in the Management of Obesity and Its Comorbidities," *Obesity Reviews* 10, no. 1 (2009): 36–50, https://doi.org/10.1111/j.1467-789X.2008.00518.x; Nassib Bezerra Bueno et al., "Very-Low-Carbohydrate Ketogenic Diet v. Low-Fat Diet for Long-Term Weight Loss: A Meta-Analysis of Randomised Controlled Trials," *British Journal of Nutrition* 110, no. 7 (2013): 1178–87, https://doi.org/10.1017/S0007114513000548; Katz and Meller, "Can We Say What Diet Is Best for Health?"; Matarese and Harvin, "The Atkins Diet."

98. Eric C. Westman et al., "Effect of 6-Month Adherence to a Very Low Carbohydrate Diet Program," *American Journal of Medicine* 113, no. 1 (2002): 30–36, https://doi.org/10.1016/S0002-9343(02)01129-4; Kelly A. Meckling and Rachel Sherfey, "A Randomized Trial of a Hypocaloric High-Protein Diet, with and Without Exercise, on Weight Loss, Fitness, and Markers of the Metabolic Syndrome in Overweight and Obese Women," *Applied Physiology, Nutrition, and Metabolism* 32, no. 4 (2007): 743–52; Christy L. Boling, Eric C. Westman, and William S. Yancy, "Carbohydrate-Restricted Diets for Obesity and Related Diseases: An Update," *Current Atherosclerosis Reports* 11, no. 6 (2009): 462–69.

99. Bravata et al., "Efficacy and Safety of Low-Carbohydrate Diets"; Katz and Meller, "Can We Say What Diet Is Best for Health?"; Antonio Paoli, "Ketogenic Diet for Obesity: Friend or Foe?," *International Journal of Environmental Research and Public Health* 11 (2014): 2092-107; Deirdre K. Tobias et al., "Effect of Low-Fat Diet Interventions Versus Other Diet Interventions on Long-Term Weight Change in Adults: A Systematic Review and Meta-Analysis," *The Lancet* 3, no. 12 (2015): 968-79; Matarese and Harvin, "The Atkins Diet"; Robert Oh, Brian Gilani, and Kalyan Uppaluri, *Low Carbohydrate Diet* (Washington DC: StatPearls, 2020), https://www.ncbi.nlm.nih.gov/books/NBK537084/#.

100. Katz and Meller, "Can We Say What Diet Is Best for Health?," 86.

101. 이와 관련된 과정을 알기 쉽게 검토한 자료들은 다음과 같다. Julie Eisenstein et al., "High-Protein Weight-Loss Diets: Are They Safe and Do They Work? A Review of the Experimental and Epidemiologic Data," *Nutrition Reviews* 60, no. 71 (2002): 189-200; F. Joseph McClernon et al., "The Effects of a Low-Carbohydrate Ketogenic Diet and a Low-Fat Diet on Mood, Hunger, and Other Self-Reported Symptoms," *Obesity* 15, no. 1 (2007): 182-87, https://doi.org/10.1038/oby.2007.516; Gibson and Sainsbury, "Strategies to Improve Adherence to Dietary Weight Loss Interventions in Research and Real-World Settings"; Paoli, "Ketogenic Diet for Obesity,"

102. David S. Weigle et al., "A High-Protein Diet Induces Sustained Reductions in Appetite, Ad Libitum Caloric Intake, and Body Weight Despite Compensatory Changes in Diurnal Plasma Leptin and Ghrelin Concentrations," *American Journal of Clinical Nutrition* 82, no. 1 (2005): 41-48, https://doi.org/10.1093/ajcn/82.1.41; Priya Sumithran and Joseph Proietto, "The Defence of Body Weight: A Physiological Basis for Weight Regain After Weight Loss," *Clinical Science* 124, no. 4 (2013).

103. Sumithran and Proietto, "The Defence of Body Weight."

104. Ariagno, "The South Beach Diet"; Matarese and Harvin, "The Atkins Diet."

105. Jallinoja et al., "Food Choices, Perceptions of Healthiness, and Eating Motives of Self-Identified Followers of a Low-Carbohydrate Diet."

106. Katz and Meller, "Can We Say What Diet Is Best for Health?"; Walter Willett et al., "Food in the Anthropocene: The EAT-Lancet Commission on Healthy Diets from Sustainable Food Systems," *The Lancet* 393, no. 10170 (2019): 447-92, https://doi.org/10.1016/S0140-6736(18)31788-4; Nick Watts et al., "The 2019 Report of The

Lancet Countdown on Health and Climate Change," *The Lancet* 394, no. 10211 (2019): 1836-78.

107. David J. A. Jenkins et al., "The Effect of a Plant-Based Low-Carbohydrate ('Eco-Atkins') Diet on Body Weight and Blood Lipid Concentrations in Hyperlipidemic Subjects," *Archives of Internal Medicine* 169, no. 11 (2009): 1046-54, https://doi.org/10.1001/archinternmed.2009.115.

108. Paoli, "Ketogenic Diet for Obesity"; Antonio Paoli et al., "Long Term Successful Weight Loss with a Combination Biphasic Ketogenic Mediterranean Diet and Mediterranean Diet Maintenance Protocol," *Nutrients* 5 (2013): 5205-17.

109. Jallinoja et al., "Food Choices, Perceptions of Healthiness, and Eating Motives of Self-Identified Followers of a Low-Carbohydrate Diet."

110. Knight, "'If You're Not Allowed to Have Rice, What Do You Have with Your Curry?'"; Knight, "'Most People Are Simply Not Designed to Eat Pasta.'"

111. Jennifer Marie Garza, *Bake It Keto* (Boston: Houghton Mifflin Harcourt, 2020).

112. Elizabeth Ward, *The Low-Carb Bible* (Lincolnwood, IL: Publications International, 2003).

113. Leah Webb, *The Grain-Free, Sugar-Free, Dairy-Free Family Cookbook: Simple and Delicious Recipes for Cooking with Whole Foods on a Restrictive Diet* (White River Junction, VT: Chelsea Green, 2018).

114. Mark Sisson, *Keto for Life: Reset Your Biological Clock in 21 Days and Optimize Your Diet for Longevity* (New York: Harmony, 2019), 60-61.

115. Priya Arora, "Busy Philipps's Week: Coffee, 'Little Women' and Keeping It Together," *New York Times*, September 27, 2020. See also https://www.rubirosanyc.com/menus/.

3장 음식 중독

1. Kay Sheppard, *From the First Bite: A Complete Guide to Recovery from Food Addiction* (Deerfield Beach, FL: Health Communications, 2000).

2. "From the First Bite: A Complete Guide to Recovery from Food Addiction: Sheppard MA, Kay: 9781558747548: Amazon.Com: Books," https://www.amazon.com/First-Bite-Complete-Recovery-Addiction/dp/1558747540/ref=sr_1_1?dchild=1&keywords=from+the+first+bite&qid=1616693605&sr=8-1.

3. Vera Tarman and Philip Werdell, *Food Junkies: Recovery from Food Addiction* (Toronto: Dundurn, 2014): 책 뒤표지 홍보문 인용.

4. Julia Ross, *The Craving Cure: Identify Your Craving Type to Activate Your Natural Appetite Control* (New York: Flatiron, 2017); Nicole M. Avena and John R. Talbott, *Why Diets Fail (Because You're Addicted to Sugar): Science Explains How to End Cravings, Lose Weight, and Get Healthy* (Berkeley, CA: Ten Speed, 2013); Jack Challem, *The Food-Mood Solution: All-Natural Ways to Banish Anxiety, Depression, Anger, Stress, Overeating, and Alcohol and Drug Problems—and Feel Good Again* (Hoboken, NJ: Wiley, 2007).

5. Pam Peeke, *The Hunger Fix: The Three-Stage Detox and Recovery Plan for Overeating and Food Addiction* (New York: Rodale, 2012).

6. Neal D. Barnard, *The Cheese Trap: How Breaking a Surprising Addiction Will Help You Lose Weight, Gain Energy, and Get Healthy* (New York: Grand Central Life and Style, Hachette Book Group, 2017).

7. Mark S. Gold, William S. Jacobs, and Kimberly Frost-Pineda, "Overeating, Binge Eating, and Eating Disorders as Addictions," *Psychiatric Annals* 33, no. 2 (2003): 117–22.

8. Robert C. Atkins, *Atkins for Life: The Complete Controlled Carb Program for Permanent Weight Loss and Good Health* (New York: St. Martin's, 2003), 43–50; Amy Bentley, "The Other Atkins Revolution: Atkins and the Shifting Culture of Dieting," *Gastronomica* 4, no. 3 (2004): 34–45. See also https://www.atkins.com/how-it-works/library/articles/sugar-addiction-real-or-imagined.

9. Michelle Mouton, "'Doing Banting': High-Protein Diets in the Victorian Period and Now," *Studies in Popular Culture* 24, no. 1 (2001): 17–32.

10. Nany Appleton, *Lick the Sugar Habit* (New York: Avery, 1988); Nancy Appleton and G. N. Jacobs, *Suicide by Sugar: A Startling Look at Our #1 National Addiction* (Parker, CO: Square One, 2008); Nancy Appleton and G. N. Jacobs, *Killer Colas: The Hard Truth About Soft Drinks* (Parker, CO: Square One, 2011).

11. Mark Hyman, *The Blood Sugar Solution 10-Day Detox Diet: Activate Your Body's Natural Ability to Burn Fat and Lose Weight Fast* (New York: Little, Brown, 2014).

12. Richard F. Heller and Rachael F. Heller, *The Carbohydrate Addict's Diet: The Lifelong Solution to Yo-Yo Dieting* (New York: Berkley, 1993). 10점짜리 중독 테스트는 다음 사이트를 보라. http://carbohydrateaddicts.com/bcarbaddictsquickquiz.html.

13. Jacob Teitelbaum, *Beat Sugar Addiction Now! The Cutting-Edge Program That Cures*

Your Type of Sugar Addiction and Puts You on the Road to Feeling Great—and Losing Weight! (Beverly, MA: Fair Winds, 2010).

14. A. N. Gearhardt, W. R. Corbin, and K. D. Brownell, "Preliminary Validation of the Yale Food Addiction Scale," *Appetite* 52, no. 2 (2009): 430–36; Peeke, *The Hunger Fix*, 22–23; Avena and Talbott, *Why Diets Fail (Because You're Addicted to Sugar)*, 70; Challem, *The Food-Mood Solution*, 14–18.

15. Ross, *The Craving Cure*, 13.

16. Barnard, *The Cheese Trap*, 38–41.

17. Peeke, *The Hunger Fix*, 6.

18. Mika Brzezinski, *Obsessed: America's Food Addiction—and My Own* (New York: Hachette Book Group, 2014).

19. William Leith, *The Hungry Years: Confessions of a Food Addict* (London: Bloomsbury, 2006).

20. Avena and Talbott, *Why Diets Fail (Because You're Addicted to Sugar)*.

21. Andie Mitchell, *It Was Me All Along: A Memoir* (New York: Clarkson Potter, 2015), 1.

22. Nancy Goodman, *It Was Food vs. Me . . . and I Won* (New York: Viking Adult, 2004), 1–2.

23. 세부 정보와 인용문은 www.OA.org.

24. 세부 정보와 인용문은 from https://www.foodaddictsanonymous.org/what-is-faa.

25. 인용문은 https://www.foodaddictsanonymous.org/faa-food-plan.

26. 세부 정보는 https://www.foodaddicts.org/what-is-fa.

27. Food Addicts in Recovery Anonymous, *Food Addicts in Recovery Anonymous* (Woburn, MA: Food Addicts in Recovery Anonymous, 2013), 11.

28. Tarman and Werdell, *Food Junkies*.

29. 최신판을 보라. See the most recent edition: Kay Sheppard, *Food Addiction: The Body Knows*, rev. and exp. ed. (Deerfield Beach, FL: Health Communications, 1993).

30. 인용문은 http://www.recoveryfromfoodaddiction.org/about-rfa.

31. Sheppard, *From the First Bite*, 6–7.

32. Anne Katherine, *Anatomy of a Food Addiction: The Brain Chemistry of Overeating* (Carlsbad, CA: Gurze, 1991), 1–2.

33. Christina Fisanick Greer, *The Optimistic Food Addict: Recovering from Binge Eating Disorder* (Hollister, CA: MSI, 2016), 84.

34. Tarman and Werdell, *Food Junkies*, 112.

35. Debbie Danowski and Pedro Lazaro, *Why Can't I Stop Eating? Recognizing,*

Understanding, and Overcoming Food Addiction (Center City, MN: Hazelden, 2000), 94-95.

36. Greer, *The Optimistic Food Addict*, 84.

37. Tarman and Werdell, *Food Junkies*, 193.

38. Food Addicts in Recovery Anonymous, *Food Addicts in Recovery Anonymous*, 285, 339-40.

39. Michael Moss, *Salt, Sugar, Fat: How the Food Giants Hooked Us* (New York: Random House, 2013); David Kessler, *The End of Overeating: Taking Control of the Insatiable American Appetite* (Emmaus, PA: Rodale, 2009).

40. Barbara Mason and Amanda Higley, "Human Laboratory Models of Addiction," in *Food and Addiction: A Comprehensive Handbook*, ed. Kelly D. Brownell and Mark S. Gold (Oxford: Oxford University Press, 2012).

41. K. C. Berridge, "Brain Substances of Liking and Wanting," *Neuroscience and Biobehavioral Reviews* 20 (1995): 1-25.

42. Cara M. Murphy, Monika K. Stojek, and James MacKillop, "Interrelationships Among Impulsive Personality Traits, Food Addiction, and Body Mass Index," *Appetite* 73 (February 2014): 45-50, https://doi.org/10.1016/j.appet.2013.10.008.

43. Joan Ifland, Marianne T. Marcus, and Harry G. Preuss, *Processed Food Addiction: Foundations, Assessment, and Recovery* (Bota Raton, FL: CRC, 2017).

44. M. L. Cooper et al., "Drinking to Regulate Positive and Negative Emotions: A Motivational Model of Alcohol Use," *Journal of Personality and Social Psychology* 69, no. 5 (November 1995): 990-1005, https://doi.org/10.1037/0022-3514.69.5.990; L. Canetti, E. Bachar, and E. M. Berry, "Food and Emotion," *Behavioural Processes* 60, no. 2 (November 2002): 157-64.

45. Joyce A. Corsica and Bonnie J. Spring, "Carbohydrate Craving: A Double-Blind, Placebo-Controlled Test of the Self-Medication Hypothesis," *Eating Behaviors* 9, no. 4 (2008): 447-54.

46. Louk Vanderschuren and Barry J. Everitt, "Drug Seeking Becomes Compulsive After Prolonged Cocaine Self-Administration," *Science* 305, no. 5686 (2004): 1017-19, https://doi.org/10.1126/science.1098975.

47. Ashley Gearhardt, Caroline Davis, Rachel Kuschner, and Kelly D. Brownell, "The Addiction Potential of Hyperpalatable Foods," *Current Drug Abuse Reviews* 4, no. 3 (September 2011): 140-45.

48. Victor Bluml et al., "Relationship Between Substance Use and Body Mass Index in

Young Males," *American Journal on Addictions* 21, no. 1 (2012): 72-77; Gregory E. Simon et al., "Association Between Obesity and Psychiatric Disorders in the US Adult Population," *Archives of General Psychiatry* 63, no. 7 (2006): 824-30; J. A. Blendy et al., "Reduced Nicotine Reward in Obesity: Cross-Comparison in Human and Mouse," *Psychopharmacology* 180, no. 2 (2005): 306-15, https://doi.org/10.1007/s00213-005-2167-9; Gold, Jacobs, and Frost-Pineda, "Overeating, Binge Eating, and Eating Disorders as Addictions."

49. Kenneth Blum et al., "Neuro-Genetics of Reward Deficiency Syndrome (RDS) as the Root Cause of 'Addiction Transfer': A New Phenomenon Common After Bariatric Surgery," *Journal of Genetic Syndrome and Gene Therapy* 2012, no. 1 (2011): S2-001; Gold, Jacobs, and Frost-Pineda, "Overeating, Binge Eating, and Eating Disorders as Addictions."

50. Gearhardt et al., "The Addiction Potential of Hyperpalatable Foods."

51. Joel M. Hanna and Conrad A. Hornick, "Use of Coca Leaf in Southern Peru: Adaptation or Addiction," *Bulletin on Narcotics* 29, no. 1 (1977): 63-74; Karl Verebey and Mark S. Gold, "From Coca Leaves to Crack: The Effects of Dose and Routes of Administration in Abuse Liability," *Psychiatric Annals* 18, no. 9 (1988): 513-19.

52. M. A. El Sohly et al., "Potency Trends of Delta9-THC and Other Cannabinoids in Confiscated Marijuana from 1980-1997," *Journal of Forensic Sciences* 45, no. 1 (2000): 24-30; G. S. Wang, K. E. Simone, and R. B. Palmer, "Description of Edible Marijuana Products, Potency Ranges, and Similarities to Mainstream Foods," *Clinical Toxicology* 52 (2014): 805.

53. Serge Ahmed, "Is Sugar as Addictive as Cocaine?," in *Food and Addiction: A Comprehensive Handbook*, ed. Kelly D. Brownell and Mark S. Gold (Oxford: Oxford University Press, 2012), 231-37; M. Lenoir et al., "The Value of Heroin Increases with Extended Use but Not Above the Value of a Non-Essential Alternative Reward" (신경과학회Society for Neuroscience 38회 연례 학술대회 발표 논문, Washington, DC, 2008).

54. Gearhardt et al., "The Addiction Potential of Hyperpalatable Foods," 141.

55. J. Blundell, S. Coe, and B. Hooper, "Food Addiction—What Is the Evidence?," *Nutrition Bulletin* 39, no. 2 (2014): 218-22, https://doi.org/10.1111/nbu.12092.

56. Richard A. Friedman, "What Cookies and Meth Have in Common," *New York Times*, June 30, 2017, https://www.nytimes.com/2017/06/30/opinion/sunday/what-

cookies-and-meth-have-in-common.html.

57. Moss, *Salt, Sugar, Fat.*

58. Johannes Hebebrand et al., "'Eating Addiction,' Rather than 'Food Addiction,' Better
Captures Addictive-Like Eating Behavior," *Neuroscience and Biobehavioral Reviews*
47 (2014): 295-306; H. Ziauddeen and P. C. Fletcher, "Is Food Addiction a Valid and
Useful Concept?," *Obesity Reviews* 14, no. 1 (2013): 19-28, https://doi.org/10.1111/
j.1467-789X.2012.01046.x.

59. Hebebrand et al., "'Eating Addiction,' Rather than 'Food Addiction,' Better Captures
Addictive-Like Eating Behavior," 299.

60. Blundell, Coe, and Hooper, "Food Addiction—What Is the Evidence?"

61. Ziauddeen and Fletcher, "Is Food Addiction a Valid and Useful Concept?"

62. Blundell, Coe, and Hooper, "Food Addiction—What Is the Evidence?," 219.

63. Howard R. Moskowitz, "Relative Importance of Perceptual Factors to Consumer
Acceptance: Linear vs. Quadratic Analysis," *Journal of Food Science* 46, no. 1 (1981):
244-48.

64. Ifland, Marcus, and Preuss, *Processed Food Addiction.*

65. Karen Throsby, "Pure, White and Deadly: Sugar Addiction and the Cultivation of
Urgency," *Food, Culture and Society* 23, no. 1 (2020): 11-29, https://doi.org/10.108
0/15528014.2019.1679547.

66. Derek Heim, "Addiction: Not Just Brain Malfunction," *Nature* 507, no. 7490 (2014):
40, https://doi.org/10.1038/507040e.

67. Annemarie Mol, *The Body Multiple: Ontology in Medical Practice* (Durham, NC:
Duke University Press, 2003).

68. J. Strang, W. N. Arnold, and T. Peters, "Absinthe: What's Your Poison? Though
Absinthe Is Intriguing, It Is Alcohol in General We Should Worry About," *BMJ:
British Medical Journal* 319, no. 722 (1999): 1590-92.

69. Kima Cargill, "The Myth of the Green Fairy: Distilling the Scientific Truth About
Absinthe," *Food, Culture and Society: An International Journal of Multidisciplinary
Research* 11, no. 1 (2008): 87-99, https://doi.org/10.2752/155280108X2276069;
Kima Cargill, "Sugar Highs and Lows: Is Sugar Really a Drug?," *New American Notes*,
no. 9 (2016).

70. Jacques Derrida, *Points: Interviews, 1974-1994*, ed. E. Weber (Stanford, CA: Stanford
University Press, 1995), 229.

71. Howard S. Becker, "Becoming a Marihuana User," *American Journal of Sociology*

59, no. 3 (1953): 234, 235–42, https://doi.org/10.2307/2771989.

72. Julia Llewellyn Smith, "John Yudkin: The Man Who Tried to Warn Us About Sugar," *The Telegraph* 17 (2014): 14; John Yudkin, *Pure, White, and Deadly: The Problem of Sugar* (London: Davis-Poynter, 1972).

73. Robert Lustig, "Sugar: The Bitter Truth" (University of California Television, July 27, 2009), https://www.uctv.tv/shows/sugar-the-bitter-truth-16717; Mark Schatzker, *The Dorito Effect: The Surprising New Truth About Food and Flavor* (New York: Simon and Schuster, 2015).

74. Gregory E. Gray, "Diet, Crime and Delinquency: A Critique," *Nutrition Reviews* 44, no. suppl 3 (1986): 89–94, https://doi.org/10.1111/j.1753-4887.1986.tb07683.x.

75. Brzezinski, *Obsessed*, 7.

76. American Psychiatric Association, *Diagnostic and Statistical Manual of Mental Disorders*, 4th ed. (Washington, DC: American Psychiatric Association, 1994), 844.

77. Susan Bordo, "Anorexia Nervosa: Psychopathology as the Crystallization of Culture," *Philosophical Forum* 17 (1986): 226.

78. Dykes Young, "Depression," in *Culture and Psychopathology: A Guide to Clinical Assessment*, ed. W. S. Tseng and J. Strelzer, Routledge Philosophy Guidebooks (Milton Park, UK: Taylor and Francis, 2013), 39.

79. Arthur Kleinman, *The Illness Narratives: Suffering, Healing, and the Human Condition* (New York: Basic Books, 1988).

80. Brzezinski, *Obsessed*, 14.

81. Andrea Wiley and John S. Allen, *Medical Anthropology: A Biocultural Approach* (New York: Oxford University Press, 2009), 363–68; Robert A. Hahn, *Sickness and Healing: An Anthropological Perspective* (New Haven, CT: Yale University Press, 1995), 40–56.

82. Paul Antze, "Symbolic Action in Alcoholics Anonymous," in *Constructive Drinking*, ed. Mary Douglas (London: Routledge, 1987), 149–81; Maria Gabrielle Swora, "Commemoration and the Healing of Memories in Alcoholics Anonymous," Ethos 29, no. 1 (2001): 58–77; Robin Room, "The Cultural Framing of Addiction," *Janus Head* 6, no. 2 (2003): 221–34; H. G. Levine, "The Discovery of Addiction: Changing Conceptions of Habitual Drunkenness in America," *Journal of Studies on Alcohol* 39 (1978): 143–74; Dwight B. Heath, *Drinking Occasions: Comparative Perspectives on Alcohol and Culture*, International Center for Alcohol Policies Series on Alcohol in Society (Philadelphia: Taylor and Francis, 2000).

83. Mark Nichter, "Idioms of Distress Revisited," *Culture, Medicine and Psychiatry* 34 (2010): 405.

84. Mark Nichter, "Idioms of Distress Revisited," *Culture, Medicine and Psychiatry* 34 (2010): 408.

85. Mark Nichter, "Idioms of Distress: Alternatives in the Expression of Psychosocial Distress: A Case Study from South India," *Culture, Medicine and Psychiatry* 5, no. 4 (1981): 379-408.

86. Byron J. Good, "The Heart of What's the Matter: Semantics and Illness in Iran," *Culture, Medicine and Psychiatry* 1 (1977): 57.

87. Arthur Kleinman, *Patients and Healers in the Context of Culture: An Exploration of the Borderland Between Anthropology, Medicine, and Psychiatry* (Berkeley: University of California Press, 1980), 3-5.

88. Kleinman, *The Illness Narratives*, 3-5.

89. Talcott Parsons, "Definitions of Health and Illness in the Light of American Values and Social Structure," in Patients, *Physicians and Illness*, ed. E. D. Jaco (New York: Free Press, 1958), 97-117.

90. Good, "The Heart of What's the Matter," 57.

91. I. M. Lewis, "Spirit Possession and Deprivation Cults," *Man, New Series* 1, no. 3 (1966): 307-29; I. M. Lewis, *Ecstatic Religion; an Anthropological Study of Spirit Possession* (Harmondsworth, UK: Penguin, 1971).

92. Victor Turner, *The Forest of Symbols: Aspects of Ndembu Ritual* (Ithaca, NY: Cornell University Press, 1967).

93. Swora, "Commemoration and the Healing of Memories in Alcoholics Anonymous."

94. Antze, "Symbolic Action in Alcoholics Anonymous."

95. Dwight Conquergood and Paja Thao, *I Am a Shaman: A Hmong Life Story with Ethnographic Commentary*, Southeast Asian Refugee Studies, Number Eight (Minneapolis: Center for Urban and Rural Affairs, University of Minnesota, 1989), 44.

96. John M. Janzen, "Cults of Affliction," in *Encyclopedia of Religion*, ed. Lindsay Jones (New York: Macmillan, 2005), 2.

97. Tarman and Werdell, *Food Junkies*, 141.

98. Howard Brody, "The Placebo Response: Recent Research and Implications for Family Medicine," *Journal of Family Practice* 49 (2000): 649-54.

99. Ted J. Kaptchuk, "The Placebo Effect in Alternative Medicine: Can the Performance

of a Healing Ritual Have Clinical Significance?," *Annals of Internal Medicine* 136 (2002): 817–25; Bruce Barrett et al., "Placebo, Meaning, and Health," *Perspectives in Biology and Medicine* 49, no. 2 (2006): 178–98; Franklin Miller, Luana Colloca, and Ted J. Kaptchuk, "The Placebo Effect: Illness and Interpersonal Healing," *Perspectives in Biology and Medicine* 52, no. 4 (2009): 518–39; Jennifer Jo Thompson, Cheryl Ritenbaugh, and Mark Nichter, "Reconsidering the Placebo Response from a Broad Anthropological Perspective," *Culture, Medicine and Psychiatry* 33, no. 1 (2009): 112–52, https://doi.org/10.1007/s11013-008-9122-2; Howard Brody, "Ritual, Medicine and the Placebo Response," in *The Problem of Ritual Efficacy*, ed. William Sax (Oxford: Oxford University Press, 2010), 151–67.

100. Barrett et al., "Placebo, Meaning, and Health."

101. Ted J. Kaptchuk et al., "Components of Placebo Effect: Randomised Controlled Trial in Patients with Irritable Bowel Syndrome," *BMJ: British Medical Journal* 336, no. 7651 (2008): 999–1003; Luana Colloca and Fabrizio Benedetti, "Placebo Analgesia Induced by Social Observational Learning," *Pain* 144, no. 1 (2009): 28–34, https://doi.org/10.1016/j.pain.2009.01.033; Fabrizio Benedetti and Martina Amanzio, "The Placebo Response: How Words and Rituals Change the Patient's Brain," *Patient Education and Counseling* 84, no. 3 (2011): 413–19.

102. Colloca and Benedetti, "Placebo Analgesia Induced by Social Observational Learning"; Robert B. Michael, Maryanne Garry, and Irving Kirsch, "Suggestion, Cognition, and Behavior," *Current Directions in Psychological Science* 21, no. 3 (2012): 151–56; Emery R. Eaves et al., "Modes of Hoping: Understanding Hope and Expectation in the Context of a Clinical Trial of Complementary and Alternative Medicine for Chronic Pain," *Explore* 10, no. 4 (2014): 225–32, https://doi.org/10.1016/j.explore.2014.04.004; Brody, "Ritual, Medicine and the Placebo Response."

103. Arthur Kleinman and Lilias H. Sung, "Why Do Indigenous Practitioners Successfully Heal?," *Social Science and Medicine* 13, no. 1 (1979): 7–26.

104. Laurence J. Kirmeyer, "Unpacking the Placebo Response: Insights from Ethnographic Studies of Healing," *Journal of Mind-Body Regulation* 1, no. 3 (2011): 112–24.

105. Howard Brody, "The Doctor as Therapeutic Agent," in *The Placebo Effect: An Interdisciplinary Exploration*, ed. Anne Harrington (Cambridge, MA: Harvard University Press, 1997), 77–92.

106. Daniel E. Moerman, *Meaning, Medicine and the "Placebo Effect"* (Cambridge: Cambridge University Press, 2002); Daniel E. Moerman, "Examining a Powerful Healing Effect Through a Cultural Lens, and Finding Meaning," *Journal of Mind-Body Regulation* 1, no. 2 (2011): 63-72.

107. Thompson, Ritenbaugh, and Nichter, "Reconsidering the Placebo Response from a Broad Anthropological Perspective."

108. Eaves et al., "Modes of Hoping"; Emery R. Eaves, Mark Nichter, and Cheryl Ritenbaugh, "Ways of Hoping: Navigating the Paradox of Hope and Despair in Chronic Pain," *Culture, Medicine and Psychiatry* 40, no. 1 (2016): 35-58, https://doi.org/10.1007/s11013-015-9465-4.

109. Thompson, Ritenbaugh, and Nichter, "Reconsidering the Placebo Response from a Broad Anthropological Perspective."

110. Ted J. Kaptchuk and David M. Eisenberg, "The Persuasive Appeal of Alternative Medicine," *Annals of Internal Medicine* 129 (1998): 1061-65; Kaptchuk, "The Placebo Effect in Alternative Medicine?"; Eaves et al., "Modes of Hoping."

111. Cory S. Harris and Timothy Johns, "The Total Food Effect: Exploring Placebo Analogies in Diet and Food Culture," *Journal of Mind-Body Regulation* 1, no. 3 (n.d.): 143-60.

112. Swora, "Commemoration and the Healing of Memories in Alcoholics Anonymous."

113. Barrett et al., "Placebo, Meaning, and Health."

114. Susan S. Sered and Linda L. Brown, "Teaching Healing Rituals/Ritual Healing," in *Teaching Ritual*, ed. Catherine Bell (Oxford: Oxford University Press, 2007), 195-208.

115. Laurence J. Kirmeyer, "Healing and the Invention of Metaphor: The Effectiveness of Symbols Revisited," *Culture, Medicine and Psychiatry* 17 (1993): 161-95; Moerman, *Meaning, Medicine and the "Placebo Effect"*; Sered and Brown, "eaching Healing Rituals/Ritual Healing."

116. Kirmeyer, "Healing and the Invention of Metaphor," 163.

117. Laurence J. Kirmeyer, "Asklepian Dreams: The Ethos of the Wounded-Healer in the Clinical Encounter," *Transcultural Psychiatry* 40, no. 2 (2003): 249. See also Jerome Frank, *Persuasion and Healing: A Comparative Study of Psychotherapy* (Baltimore, MD: Johns Hopkins University Press, 1973.

118. Deborah C. Glik, "Symbolic, Ritual and Social Dynamics of Spiritual Healing," *Social Science and Medicine* 27, no. 11 (1988): 1197-1206.

119. Thomas J. Csordas, "The Rhetoric of Transformation in Ritual Healing," *Culture, Medicine and Psychiatry* 7 (1983): 333–75; Meredith McGuire, "Words of Power: Personal Empowerment and Healing," *Culture, Medicine and Psychiatry* 1 (1983): 221–40; Donald Joralemon, "The Performing Patient in Ritual Healing," *Social Science and Medicine* 23, no. 9 (1986): 841–45; Joanne B. Mulcahy, "Magical Thinking," *Anthropology and Humanism* 35, no. 1 (2010): 38–46.

120. McGuire, "Words of Power."

121. Anna Harris, "Embodiment," in Oxford Bibliographies (Oxford: Oxford University Press, 2016), https://www.oxfordbibliographies.com/view/document/obo-9780199766567/obo-9780199766567-0151.xml.

122. Nancy Scheper-Hughes and Margaret Lock, "The Mindful Body: A Prolegomenon to Future Work in Medical Anthropology," *Medical Anthropology Quarterly* 1, no. 1 (1987): 16–41; Thomas J. Csordas, "Elements of Charismatic Persuasion and Healing," *Medical Anthropology Quarterly* 2, no. 2 (1988): 121–42; Mary Douglas, *Purity and Danger: An Analysis of Concepts of Pollution and Taboo* (London: Routledge and Keegan Paul, 1966), xii.

123. Thomas J. Csordas, *The Sacred Self: A Cultural Phenomenology of Charismatic Healing* (Berkeley: University of California Press, 1997), 4.

124. Thomas J. Csordas and Elizabeth Lewton, "Practice, Performance and Experience in Ritual Healing," *Transcultural Psychiatry* 34, no. 4 (1998): 496.

125. Michael Winkelman, "Shamanism as the Original Neurotherapy," *Zygon* 39, no. 1 (2004): 193–217.

126. Claude Levi-Strauss, "The Sorcerer and His Magic," in *Structural Anthropology* (New York: Basic Books, 1963), 167–85; Claude Levi-Strauss, "The Effectiveness of Symbols," in *Structural Anthropology*, 186–201; Mircea Eliade, *Shamanism: Archaic Techniques of Ecstasy* (Princeton, NJ: Princeton University Press, 1964); Winkelman, "Shamanism as the Original Neurotherapy"; Wolfgang G. Jilek, "Transforming the Shaman: Changing Western Views of Shamanism and Altered States of Consciousness," *Investigacion En Salud* (Universidad de Guadalajara, Mexico) 7, no. 1 (2005): 8–15.

127. Conquergood and Thao, *I Am a Shaman*, 51.

128. Kirmeyer, "Asklepian Dreams"; Galia Benziman, Ruth Kannai, and Ayesha Ahmad, "The Wounded Healer as Cultural Archetype," *Comparative Literature and Culture* 14, no. 1 (2012): 11–20.

129. Eliade, Shamanism; Turner, *The Forest of Symbols*, 10-15; Joan Halifax, *Shamanic Voices: A Survey of Visionary Narratives* (New York: E. P. Dutton, 1979); Joan Halifax, *Shaman: The Wounded Healer* (New York: Crossroad, 1982); Kaja Finkler, "The Social Consequence of Wellness: A View of Healing Outcomes from Micro and Macro Perspectives," *International Journal of Health Services* 16, no. 4 (1986): 627-42; Conquergood and Thao, *I Am a Shaman*; Winkelman, "Shamanism as the Original Neurotherapy"; Jilek, "Transforming the Shaman"; Joan B. Townsend, "Individualistic Religious Movements: Core and Neo-Shamanism," *Anthropology of Consciousness* 15, no. 1 (2005): 1-9; Anita Hannig, "Sick Healers: Chronic Affliction and the Authority of Experience at an Ethiopian Hospital," *American Anthropologist* 117, no. 4 (2015): 640-51. (이 자료들은 샤머니즘의 입문병을 다루는 많은 자료 가운데 일부일 뿐이다.)

130. Hannig, "Sick Healers," 644.

131. Halifax, *Shaman*, 10.

132. Kirmeyer, "Asklepian Dreams," 267-68.

133. Winkelman, "Shamanism as the Original Neurotherapy," 198.

134. Ross, *The Craving Cure*, 1-6.

135. Peeke, *The Hunger Fix*, xi에서 재인용.

4장 클린 이팅

1. Andrew Szasz, *Shopping Our Way to Safety: How We Changed from Protecting the Environment to Protecting Ourselves* (Minneapolis: University of Minnesota Press, 2007).

2. Paul Rozin and April Fallon, "A Perspective on Disgust," *Psychological Review* 94, no. 1 (1987): 23-41; Paul Rozin, "Food Is Fundamental, Fun, Frightening, and Far-Reaching," *Social Research* 66, no. 6 (1999): 9-30.

3. Tosca Reno, *The Eat-Clean Diet: Fast Fat Loss That Lasts Forever!* (Mississauga, ON: R. Kennedy, 2007), vi; Tosca Reno, "Tosca Reno: My Story," 2019, https://toscareno.com/; Alejandro Junger, *Clean: The Revolutionary Program to Restore the Body's Natural Ability to Heal Itself*, 2nd ed. (New York: HarperCollins, 2009), 24.

4. Helen Zoe Veit, *Modern Food, Moral Food: Self-Control, Science, and the Rise of Modern American Eating in the Early Twentieth Century* (Chapel Hill: University of

North Carolina Press, 2013).

5. Dan Kahn, "Eating Too Healthy? Precise Nutrition Is a Way of Life, But You Can Have Too Much of a Good Thing," *Joe Weider's Muscle and Fitness*, March 2002.

6. Reno, *The Eat-Clean Diet*; Michael Pollan, *The Omnivore's Dilemma: A Natural History of Four Meals* (New York: Penguin, 2006); Michael Pollan, *In Defense of Food: An Eater's Manifesto* (New York: Penguin, 2008).

7. Michael Pollan, *Food Rules: An Eater's Manual* (New York: Penguin, 2009).

8. Alicia Taylor, "What Is Clean Eating?," *Clean Eating*, 2019, 9.

9. Michelle Dudash, *Clean Eating for Busy Families* (Beverly, MA: Fair Winds, 2012).

10. Diane Welland, *The Complete Idiot's Guide to Eating Clean* (New York: Alpha, 2009), 4–5; Diane Welland, "Eat Well Eat Clean," *Nutrition Close-Up* 27, no. 2 (2010): 6–7.

11. Jonathan Wright and Linda Johnson Larsen, "Eating Clean for Dummies Cheat Sheet," Dummies.com, 2019, https://www.dummies.com/food-drink/special-diets/eating-clean-for-dummies-cheat-sheet/.

12. Anthony Warner, *The Angry Chef: Bad Science and the Truth About Healthy Eating* (London: Oneworld, 2017); Sophie Medlin, "A Dietitian Puts Extreme 'Clean Eating' Claims to the Test—and the Results Aren't Pretty," *The Conversation*, September 8, 2016, https://theconversation.com/a-dietitian-puts-extreme-clean-eating-claims-to-the-test-and-the-results-arent-pretty-63675; Michael Easter, "Eating Clean Is Useless," *Vice*, July 14, 2017, https://www.vice.com/en_us/article/zmvwb4/eating-clean-wont-make-you-any-healthier?utm_source=tonicfbus; Olivia Petter, "'Clean Eating Is Ugly, Malevolent and Damaging,' Says Eating Disorder Specialist," *The Independent*, July 19, 2017, https://www.independent.co.uk/life-style/food-and-drink/clean-eating-disorders-ugly-damaging-health-diet-food-pemberton-ella-woodward-a7848381.html?cmpid=facebook-post; Jancee Dunn, "Clean Plate," *Vogue*, 2019.

13. Stevie Shephard, "7 Ways 'The Food Babe' Spectacularly Fails to Grasp Science," *Offbeat*, August 2, 2016, http://whatculture.com/offbeat/7-ways-39-the-food-babe-39-spectacularly-fails-to-grasp-science.

14. Samuel Epstein and Beth Leibson, *Good Clean Food: Shopping Smart to Avoid GMOs, rBGH, and Products That May Cause Cancer and Other Diseases* (New York: Skyhorse, 2013); Tiffany McCauley, "Clean Eating Grocery Shopping List for Beginners," *The Gracious Pantry* (blog), 2019, https://www.thegraciouspantry.com/clean-eating-shopping-list-for-beginners/. Quotation from What Is Clean Eating?,

https://www.thegraciouspantry.com/what-is-clean-eating/.

15. What Is Clean Eating?, https://www.thegraciouspantry.com/what-is-clean-eating/.

16. What Is Clean Eating?, https://www.thegraciouspantry.com/what-is-clean-eating/.

17. The Annual goop Detox, 2019, https://goop.com/wellness/detox/detox-2019-new-year-detox/.

18. Junger, *Clean*, 142-43.

19. Greg Daugherty, "The Brief History of Americanitis," *Smithsonian Magazine*, March 25, 2015, https://www.smithsonianmag.com/history/brief-history-americanitis-180954739/.

20. Epstein and Leibson, *Good Clean Food*, 109.

21. Epstein and Leibson, *Good Clean Food*, 53-56; for the Environmental Working Group, see https://www.ewg.org/foodnews/dirty-dozen.php; see also Tosca Reno, *The Eat-Clean Diet Recharged!* (Mississauga, ON: Robert Kennedy, 2009), 133.

22. Steven Bratman, "Orthorexia vs. Theories of Healthy Eating," *Eating and Weight Disorders* 22 (2017): 381-85; Michelle Allen, Kacie Dickinson, and Ivanka Pritchard, "The Dirt on Clean Eating: A Cross Sectional Analysis of Dietary Intake, Restrained Eating and Opinions About Clean Eating Among Women," *Nutrients* 10 (2018): 1266-78; Kacie Dickinson, Michelle Watson, and Ivanka Pritchard, "Are Clean Eating Blogs a Source of Healthy Recipes? A Comparative Study of the Nutrient Composition of Foods with and Without Clean Eating Claims," *Nutrients* 10, no. 10 (2018): 1440-50; Sarah McComb and Jennifer Mills, "Orthorexia Nervosa: A Review of Psychosocial Risk Factors," *Appetite* 140 (2019): 50-75.

23. Sudha Chandrasekaran, "Orthorexia: An Outcome of Healthy Food Obsession," *Woman's Era*, March 16, 2015; Isabel Hardman and Lara Prendergast, "The Dangerous Food Fad," *The Spectator*, August 2015; Demelo Juno, "Never. Healthy. Enough.," *Self*, 2015; Jenna Birch, "Could Social Media and Diet Trends Be Contributing to a Little-Known Eating Disorder?," *Washington Post*, July 24, 2019, https://www.washingtonpost.com/lifestyle/wellness/could-social-medias-healthy-food-focus-be-contributing-to-a-little-known-eating-disorder/2019/07/15/8eb38fbe-9db9-11e9-b27f-ed2942f73d70_story.html; Dunn, "Clean Plate."

24. Warren Belasco, *Appetite for Change: How the Counterculture Took on the Food Industry 1966-1988* (New York: Pantheon, 1989); Harvey Levenstein, *Fear of Food: A History of Why We Worry About What We Eat* (Chicago: University of Chicago Press, 2012), 116-21.

25. Jill Nienhiser, "Dietary Guidelines," Weston A. Price Foundation, January 1, 2000, https://www.westonaprice.org/health-topics/abcs-of-nutrition/dietary-guidelines/.

26. Carey Gillam, "Neurotoxins on Your Kid's Broccoli: That's Life Under Trump," *The Guardian*, July 21, 2019, https://www.theguardian.com/commentisfree/2019/jul/21/epa-chlorpyrifos-trump-food.

27. Hartman Group, "The 'Clean Label' Trend: When Food Companies Say 'Clean Label,' Here's What Consumers Understand," Newsletter, February 22, 2018, https://www.hartman-group.com/infographics/1859150243/the-clean-label-trend-when-food-companies-say-clean.

28. Hartman Group, "'Clean' Is About Something Much More than What's on a Product's Label," Newsletter, July 25, 2017, https://www.hartman-group.com/newsletters/1275571494/clean-is-about-something-much-more-than-whats-on-a.

29. Paul Rozin, Claude Fischler, and Christy Shields-Argeles, "Additivity Dominance: Additives Are More Potent and More Often Lexicalized Across Languages Than Are 'Subtractives,'" *Judgment and Decision Making* 5 (2009): 475–78; Paul Rozin, Claude Fischler, and Christy Shields-Argeles, "European and American Perspectives on the Meaning of Natural," *Appetite* 59, no. 2 (2012): 448–55, https://doi.org/10.1016/j.appet.2012.06.001.

30. Rozin, Fischler, and Shields-Argeles, "Additivity Dominance."

31. Claude Levi-Strauss, *The Elementary Structures of Kinship*, rev. ed. (New York: Beacon, 1969); Roland Barthes, *Mythologies* (London: Jonathan Cape, 1974), 58–61.

32. David Zinczenko, *Eat This, Not That! The Best (and Worst) Foods in America* (Emmaus, PA: Rodale, 2009); Reno, *The Eat-Clean Diet Recharged!*, 228.

33. Epstein and Leibson, *Good Clean Food*.

34. Deborah Lupton, *Food, the Body, and the Self* (London: Sage, 1996), 1–2.

35. 식품 회사들이 '클린' 상표를 이용하는 방법에 대한 분석으로는 Lisa Lefferts, *Clean Labels: Public Relations or Public Health?* (Washington, DC: Center for Science in the Public Interest, 2017)를 보라.

36. Paul Rozin, Jonathan Haidt, and Clark R. McCauley, "Disgust," in *Handbook of Emotions*, 3rd ed. (New York: Guilford, 2008), 817.

37. Nicholas Troop and Anna Baker, "Food, Body, and Soul: The Role of Disgust in Eating Disorders," in *Disgust and Its Disorders: Theory, Assessment, and Treatment Implications* (Washington, DC: American Psychological Association, 2009), 229–51, https://doi.org/10.1037/11856-011.

38. Nancy S. Koven and Alexandra W. Abry, "The Clinical Basis of Orthorexia Nervosa: Emerging Perspectives," *Neuropsychiatric Disease and Treatment* 11 (2015): 385–94, https://doi.org/10.2147/NDT.S61665.

39. Hans Rosling, Ola Rosling, and Anna Rosling Ronnlund, *Factfulness: Ten Reasons We're Wrong About the World—and Why Things Are Better than You Think* (New York: Flatiron, 2018).

40. Rockridge Press, *Clean Eating Made Simple: A Healthy Cookbook with Delicious Whole-Food Recipes for Eating Clean* (New York: Rockridge, 2014), ix.

41. Rockridge Press, *Clean Eating Made Simple.* https://www.amazon.com/gp/customer-reviews/R1AFAXIV1HQUB1/ref=cm_cr_arp_d_rvw_ttl?ie=UTF8&ASIN=1623154014.

42. Levenstein, *Fear of Food.*

43. Peter Jackson, *Anxious Appetites: Food and Consumer Culture* (London: Bloomsbury, 2015).

44. S. Stephens-Davidowitz, *Everybody Lies: Big Data, New Data, and What the Internet Can Tell Us About Who We Really Are* (New York: HarperCollins, 2017).

45. Jason Keisling and J. D. Tuccille, "Which States Have the Most Libertarians? This Map Will Tell You," *Reason*, June 26, 2015, https://reason.com/2015/06/26/this-mapshows-how-many-libertarians-are/; Centers for Disease Control and Prevention, "ChildVaxView: 2016 Childhood Combined 7-Vaccine Series Coverage Report," 2016, https://www.cdc.gov/vaccines/imz-managers/coverage/childvaxview/data-reports/7-series/index.html.

46. Centers for Disease Control and Prevention, "Sugar-Sweetened Beverage Consumption Among U.S. Adults, 2011–2014," January 2017, https://www.cdc.gov/nchs/products/databriefs/db270.htm; Centers for Disease Control and Prevention, "Fast Food Consumption Among Adults in the United States, 2013–2016," October 2018, https://www.cdc.gov/nchs/products/databriefs/db322.htm; Alisha Coleman-Jensen et al., *Household Food Security in the United States in 2019* (Washington, DC: U.S. Department of Agriculture, Economic Research Service, 2020).

47. Elizabeth Currid-Halkett, *The Sum of Small Things: A Theory of the Aspirational Class* (Princeton, NJ: Princeton University Press, 2017).

48. Jeanne E. Arnold, *Life at Home in the Twenty-First Century: 32 Families Open Their Doors* (Los Angeles: Cotsen Institute of Archaeology, 2012).

49. Marie Kondo, *The Life-Changing Magic of Tidying Up: The Japanese Art of Decluttering and Organizing*, trans. Cathy Hirano (Berkeley, CA: Ten Speed, 2014);

Margareta Magnusson, *The Gentle Art of Swedish Death Cleaning: How to Free Yourself and Your Family from a Lifetime of Clutter* (New York: Scribner, 2018).

50. goop.com.

51. Alison Blay-Palmer, "Eating Organic in an Age of Uncertainty," in *Food Fears: From Industrial to Sustainable Food Systems* (London: Routledge, 2016), 109-20; Suman Ambwani et al., "Is Clean Eating a Healthy or Harmful Dietary Strategy? Perceptions of Clean Eating and Associations with Disordered Eating Among Young Adults," *Journal of Eating Disorders* 7, no. 1 (2019): 1-9.

52. Reno, *The Eat-Clean Diet Recharged!*, 133.

53. Taylor, "What Is Clean Eating?"

54. Henrik Schifferstein and Peter Ophuis, "Health-Related Determinants of Organic Food Consumption in the Netherlands," *Food Quality and Preference* 9, no. 3 (1998): 119-33; Bente Halkier, "Risk and Food: Environmental Concerns and Consumer Practices," *International Journal of Food Science and Technology* 36 (2001): 801-12; Maria K. Magnusson et al., "Choice of Organic Foods Is Related to Perceived Consequences for Human Health and to Environmentally Friendly Behaviour," *Appetite* 40 (2003): 109-17; Nina Michaelidou and Louise Hassan, "The Role of Health Consciousness, Food Safety Concern and Ethical Identity on Attitudes and Intentions Towards Organic Food," *International Journal of Consumer Studies* 32 (2008): 163-70; Leila Hamzaoui Essoussi and Mehdi Zahaf, "Exploring the Decision-Making Process of Canadian Organic Food Consumers," *Qualitative Market Research: An International Journal* 12, no. 4 (2009): 443-59; Manuela Vega-Zamora et al., "A Powerful Word: The Influence of the Term 'Organic' on Perceptions and Beliefs Concerning Food," *International Food and Agribusiness Management Review* 16, no. 4 (2013): 51-76.

55. Hui-Shung Chang and Lydia Zepeda, "Consumer Perceptions and Demand for Organic Food in Australia: Focus Group Discussions," *Renewable Agriculture and Food Systems* 30, no. 3 (2005): 155-67; Samantha Smith and Angela Paladino, "Eating Clean and Green? Investigating Consumer Motivations Towards the Purchase of Organic Food," *Australasian Marketing Journal* 18 (2010): 93-104; J. de Boer, H. Schosler, and J. J. Boersema, "Climate Change and Meat Eating: An Inconvenient Couple?," *Journal of Environmental Psychology* 33, no. 1 (2013): 1-8; John Lang, *What's So Controversial About Genetically Modified Food?* (London: Reaktion, 2016); Norah MacKendrick and Teja Pristavec, "Between Careful and Crazy: The Emotion

Work of Feeding the Family in an Industrialized Food System," *Food, Culture and Society* 22, no. 4 (2019): 446-63.

56. Hartman Group, "Healthy Eating in America: Why Organic and Natural Foods Continue to Grow," Newsletter, March 14, 2019, https://s3.us-west-2.amazonaws. com/storage.www.hartman-group.com/infographics/fullsize/spK8o4KJSVeBJWh4AJ PW3GajRqOvWMWJHBJQjYIo.pdf.

57. Vega-Zamora et al., "A Powerful Word"; Manuela Vega-Zamora et al., "Organic as a Heuristic Cue: What Spanish Consumers Mean by Organic Foods," *Psychology and Marketing* 31, no. 5 (2014): 349-59; Janet Chrzan, "Organics: Food, Fantasy or Fetish?," in *Pseudoscience and Nutrition: The Enduring Appeal of Magical Thinking, Dietary Fads and Nutritional Extremism* (Association for the Study of Food and Society Annual Conference, Toronto, 2016).

58. Claude Levi-Strauss, "The Culinary Triangle," *Partisan Review* 33 (1965): 586-95; Claude Levi-Strauss, *The Raw and the Cooked* (New York: Harper Torchbooks, 1970); Nancy Scheper-Hughes and Margaret Lock, "The Mindful Body: A Prolegomenon to Future Work in Medical Anthropology," *Medical Anthropology Quarterly* 1, no. 1 (1987): 16-41; Margaret Lock and Nancy Scheper-Hughes, "A Critically Interpretive Approach in Medical Anthropology: Rituals and Routines of Discipline and Dissent," in *Medical Anthropology: Contemporary Theory and Method*, ed. Carolyn Sargent and Mark Johnson, rev. ed. (Westport, CT: Praeger, 1996), 41-70.

59. Mary Douglas, *Purity and Danger: An Analysis of Concepts of Pollution and Taboo* (London: Routledge and Keegan Paul, 1966).

60. Emily Martin, *Flexible Bodies: Tracking Immunity in American Culture from the Days of Polio to the Age of AIDS* (Boston: Beacon, 1994).

61. Ulrich Beck, *Risk Society: Towards a New Modernity* (London: Sage, 1992); Anthony Giddens, "Risk and Responsibility," *Modern Law Review* 62, no. 1 (1999): 1-10.

62. Mary Douglas, *Risk and Blame: Essays in Cultural Theory* (London: Routledge, 1992), 46.

63. Douglas, *Purity and Danger*, 39-40, 77.

64. Douglas, *Purity and Danger*, 40.

65. Reno, *The Eat-Clean Diet Recharged!*, 229-35; Junger, *Clean*, 214-44.

66. Douglas, *Purity and Danger*, 76.

67. Emily Martin, "Toward an Anthropology of Immunology: The Body as Nation State,"

Medical Anthropology Quarterly 4, no. 4 (1990): 410-26; Martin, *Flexible Bodies*.

68. Martin, *Flexible Bodies*, 53.

69. Mary Douglas, *Implicit Meanings* (London: Routledge, 1975), 249-75.

70. Mary Douglas, "Plenary Address," in *Anthropology and the Health of Populations: Global Trends and Local Contexts*, Third Annual International Social Anthropology Conference, London, 2002.

71. Martin, "Toward an Anthropology of Immunology," 414.

72. Epstein and Leibson, *Good Clean Food*.

73. 이 팟캐스트의 업데이트 버전은 다음을 보라. https://whohurtyoupodcast.com/. See also Sofie Hagen, "The Unexpected History of Clean Eating," Seriously..., https://www.podchaser.com/podcasts/seriously-42137/episodes/the-unexpected-history-of-clea-42070634.

74. Margaret McCartney, "Clean Eating and the Cult of Healthism," *British Medical Journal* 354 (2016): i4095.

75. Reno, *The Eat-Clean Diet Recharged!*, 199-200.

76. Ana Eksouzian-Cavadas, "How to Get Glowing, Red Carpet Worthy Skin According to Beyonce's Makeup Artist: Working from the Inside Out," *Harper's Bazaar Magazine*, February 1, 2018, https://www.harpersbazaar.com.au/beauty/how-to-get-red-carpet-worthy-glowing-skin-15679; Alejandro Junger, *Clean Expanded Edition: The Revolutionary Program To Restore The Body's Natural Ability To Heal Itself* (New York, Harper Collins, 2012), 뒤표지에서 인용.

77. Szasz, *Shopping Our Way to Safety*; Thomas Szasz, *The Ethics of Psychoanalysis: The Theory and Method of Autonomous Psychotherapy* (New York: Basic Books, 1965).

78. Beck, *Risk Society*; Giddens, "Risk and Responsibility."

79. Ewa Jarosz, "Class and Eating: Family Meals in Britain," *Appetite* 116 (2017): 527-35; Julie Parsons, "'Good' Food as Family Medicine: Problems of Dualist and Absolutist Approaches to 'Healthy' Family Foodways," *Food Studies* 4, no. 2 (2015): 1-13.

80. Dickinson, Watson, and Pritchard, "Are Clean Eating Blogs a Source of Healthy Recipes?"; Suzanne Nevin and Lenny Vartanian, "The Stigma of Clean Dieting and Orthorexia Nervosa," *Journal of Eating Disorders* 5 (2017): 37-47; Allen, Dickinson, and Pritchard, "The Dirt on Clean Eating"; Ambwani et al., "Is Clean Eating a Healthy or Harmful Dietary Strategy?"; Editors, Vegetus Publishing, "Dirty Truths of Clean Eating," *Nutrition Health Review* 122 (Spring 2019): 11, https://www.thefreelibrary.com/Dirty+Truths+of+%22Clean%22+Eating.-a0584177440.

81. Alicia Tyler, *Clean Eating for Every Season: Fresh, Simple Everyday Meals* (Guilford, CT: Globe Pequot, 2017), xvii-xviv.

82. Hardman and Prendergast, "The Dangerous Food Fad"; Ambwani et al., "Is Clean Eating a Healthy or Harmful Dietary Strategy?"; Hagen, "The Unexpected History of Clean Eating."

83. Dickinson, Watson, and Pritchard, "Are Clean Eating Blogs a Source of Healthy Recipes?"

84. Reno, *The Eat-Clean Diet Recharged!*, 24.

85. Chandrasekarans, "Orthorexia"; Juno, "Never. Healthy. Enough."; Connie Musolino et al., "'Healthy Anorexia': The Complexity of Care in Disordered Eating," *Social Science and Medicine* 139 (2015): 18-25; McCartney, "Clean Eating and the Cult of Healthism"; Ambwani et al., "Is Clean Eating a Healthy or Harmful Dietary Strategy?"; McComb and Mills, "Orthorexia Nervosa"; Editors, Vegetus Publishing, "Dirty Truths of Clean Eating."

86. Hagen, "The Unexpected History of Clean Eating."

87. Rosling, Rosling, and Ronnlund, *Factfulness*.

88. Warner, *The Angry Chef*, x, 18.

89. S. Bordo, "Anorexia Nervosa: Psychopathology as the Crystallization of Culture," *Philosophical Forum* 17 (1986),226.

5장 팔레오 식이요법

1. Peter Gluckman and Mark Hanson, *Mismatch: The Lifestyle Diseases Timebomb* (Oxford: Oxford University Press, 2006).

2. Alyssa Crittenden and Stephanie Schnorr, "Current Views on Hunter-Gatherer Nutrition and the Evolution of the Human Diet," *American Journal of Physical Anthropology* 162 (2017): 84-109.

3. Christina Warinner, "Debunking the Paleo Diet," *YouTube*, February 12, 2013, https://www.youtube.com/watch?v=BMOjVYgYaG8.

4. Marlene Zuk, *Paleofantasy: What Evolution Really Tells Us About Sex, Diet, and How We Live* (New York: Norton, 2013).

5. Madeleine Davis, "Sorry, Neo Cavemen, but Your Paleo Diet Is Pretty Much Bullshit," *Jezebel*, 2013, https://jezebel.com/sorry-neo-cavemen-but-your-paleo-diet-is-pretty-

much-512277993.

6. Mark Sutton, Kristin Sobolik, and Jill Gardner, *Paleonutrition* (Tucson: University of Arizona Press, 2010).

7. Timothy Johns, *The Origins of Human Diet and Medicine: Chemical Ecology*, Arizona Studies in Human Ecology (Tucson: University of Arizona Press, 1996). 인터넷 서평에 서 인용. Quote from online review: https://www.amazon.com/Origins-Human-Diet-Medicine-Chemical/dp/0816516871/ref=sr_1_1?crid=PGGIUATB2K26&keywords=Th e+Origins+of+Human+Diet+and+Medicine&qid=1642093342&sprefix=the+origins+of +human+diet+and+medicine%2Caps%2C153&sr=8-1.

8. Barry Glassner, *The Culture of Fear: Why Americans Are Afraid of the Wrong Things* (New York: Basic Books, 1999).

9. Mary Douglas and Aaron Wildavsky, *Risk and Culture: An Essay on the Selection of Technological and Environmental Dangers* (Berkeley: University of California Press, 1983).

10. Hans Rosling, Ola Rosling, and Anna Rosling Ronnlund, *Factfulness: Ten Reasons We're Wrong About the World—and Why Things Are Better than You Think* (New York: Flatiron, 2018).

11. Steven Pinker, *The Better Angels of Our Nature: Why Violence Has Declined* (New York: Viking, 2011); Steven Pinker, *Enlightenment Now: The Case for Reason, Science, Humanism, and Progress* (New York: Viking, 2018).

12. Pinker, *Enlightenment Now*, 5.

13. Adrienne Rose Bitar, *Diet and the Disease of Civilization* (New Brunswick, NJ: Rutgers University Press, 2018), 6, 27.

14. Susan L. Holak and William J. Havlena, "Nostalgia: An Exploratory Study of Themes and Emotions in the Nostalgic Experience," *ACR North American Advances* 19 (1992): 380–87.

15. Stephanie Coontz, *The Way We Never Were: American Families and the Nostalgia Trap* (New York: Basic Books, 1992).

16. David Lowenthal, *The Heritage Crusade and the Spoils of History* (Cambridge: Cambridge University Press, 1997); David Lowenthal, *The Past Is a Foreign Country Revisited*, 2nd ed. (Cambridge: Cambridge University Press, 2015); Svetlana Boym, *The Future of Nostalgia* (New York: Basic Books, 2001).

17. Barbara B. Stern, "Historical and Personal Nostalgia in Advertising Text: The Fin de Siecle Effect," *Journal of Advertising* 21, no. 4 (1992): 15.

18. Frederick Jackson Turner, *The Significance of the Frontier in American History* (London: Penguin UK, 2008), 2.

19. Grant McCracken, "Culture and Consumption: A Theoretical Account of the Structure and Movement of the Cultural Meaning of Consumer Goods," *Journal of Consumer Research* 13, no. 1 (1986): 71–84.

20. Gyorgy Scrinis, *Nutritionism: The Science and Politics of Dietary Advice*, Arts and Traditions of the Table: Perspectives on Culinary History (New York: Columbia University Press, 2013), 37.

21. Vilhjalmur Stefansson, *Not by Bread Alone* (New York: Macmillan, 1946); Vilhjalmur Stefansson, *The Fat of the Land* (New York: Macmillan, 1956); Richard B. Lee and Irven Devore, eds., *Man the Hunter: The First Intensive Survey of a Single, Crucial Stage of Human Development—Man's Once Universal Hunting Way of Life* (Chicago: Aldine, 1968).

22. S. Boyd Eaton, Marjorie Shostak, and Melvin Konner, *The Paleolithic Prescription: A Program of Diet and Exercise and a Design for Living* (New York: Harper and Row, 1988).

23. S. Boyd Eaton and Melvin Konner, "Paleolithic Nutrition: A Consideration of Its Nature and Current Implications," *New England Journal of Medicine* 312, no. 5 (1985): 283–89.

24. Rene J. Dubos, "Lasting Biological Effects of Early Influences," *Perspectives in Biology and Medicine* 12 (1969): 479–91; Alan C. Logan, Martin A. Katzman, and Vicent Balanza-Martinez, "Natural Environments, Ancestral Diets, and Microbial Ecology: Is There a Modern 'Paleo-Deficit Disorder'? Part 1," *Journal of Physiological Anthropology* 34, no. 1 (2015): 1–18; Alan C. Logan, Martin A. Katzman, and Vicent Balanza-Martinez, "Natural Environments, Ancestral Diets, and Microbial Ecology: Is There a Modern 'Paleo-Deficit Disorder'? Part 2," *Journal of Physiological Anthropology* 34, no. 9 (2015): 1–22.

25. Christine Knight, "'An Alliance with Mother Nature': Natural Food, Health, and Morality in Low-Carbohydrate Diet Books," *Food and Foodways* 20 (2012): 102–22; Michelle Mouton, "'Doing Banting': High-Protein Diets in the Victorian Period and Now," *Studies in Popular Culture* 24, no. 1 (2001): 17–32; Helen Zoe Veit, *Modern Food, Moral Food: Self-Control, Science, and the Rise of Modern American Eating in the Early Twentieth Century* (Chapel Hill: University of North Carolina Press, 2013); Bitar, *Diet and the Disease of Civilization*.

26. Weston A. Price, *Nutrition and Physical Degeneration; a Comparison of Primitive and Modern Diets and Their Effects* (London: P. B. Hoeber, 1935).

27. Guy Theodore Wrench, *Wheel of Health: The Source of Long Life and Health Among the Hunza* (New York: Schocken, 1935).

28. Harvey Levenstein, *Fear of Food: A History of Why We Worry About What We Eat* (Chicago: University of Chicago Press, 2012), 108-11.

29. Walter L. Voegtlin, *The Stone Age Diet: Based on In-Depth Studies of Human Ecology and the Diet of Man* (New York: Vantage, 1975).

30. William S. Haubrich, "Book Review: The Stone Age Diet," *Gastrointestinal Endoscopy* 22, no. 4 (1976): 217.

31. Leon Chaitow, *Stone Age Diet: The Natural Way to Eat* (London: MacDonald Optima, 1987); Eaton and Konner, "Paleolithic Nutrition."

32. Loren Cordain, *The Paleo Diet* (New York: Wiley, 2001).

33. Ray Audette, *NeanderThin: Eat like a Caveman to Achieve a Lean, Strong, Healthy Body*, 3rd ed. (New York: St. Martin's, 1996); Elizabeth Somer, *The Origin Diet: How Eating like Our Stone Age Ancestors Will Maximize Your Health* (New York: Henry Holt, 2001).

34. Peter Van Sant, "Ray Audette Interview on '48 Hours,'" *48 Hours*, January 20, 2000, https://www.cbsnews.com/news/the-caveman-diet-19-01-2000/.

35. Arthur De Vany, *The New Evolution Diet: What Our Paleolithic Ancestors Can Teach Us About Weight Loss, Fitness, and Aging* (Emmaus, PA: Rodale, 2010).

36. Loren Cordain, *The Paleo Answer: 7 Days to Lose Weight, Feel Great, Stay Young* (Hoboken, NJ: Wiley, 2012).

37. 마크 시슨의 웹사이트는 다음을 보라. https://www.marksdailyapple.com/.

38. Arthur De Vany, "Arthur De Vany—Renewing Cycles" (Florida Institute for Human and Machine Cognition Evening Lecture Series, Pensacola, Florida, December 1, 2016), https://www.ihmc.us/lectures/20161201/.

39. Tim Ferriss, "How to Reverse Aging with Art De Vany," *The Tim Ferriss Show*, n.d., https://tim.blog/2017/05/12/art-de-vany/.

40. Mouton, "'Doing Banting'"; Amy Bentley, "The Other Atkins Revolution: Atkins and the Shifting Culture of Dieting," *Gastronomica* 4, no. 3 (2004): 34-45; Jeffrey Sobal, "Men, Meat, and Marriage: Models of Masculinity," *Food and Foodways* 13, nos. 1-2 (2005): 135-58; Donna Hart and Robert Sussman, *Man the Hunted: Primates, Predation, and Human Evolution* (Boulder, CO: Westview, 2005), 228;

Martha McCaughey, *The Caveman Mystique: Pop-Darwinism and the Debates over Sex, Violence, and Science* (London: Routledge, 2007); Matthew B. Ruby and Steven J. Heine, "Meat, Morals, and Masculinity," *Appetite* 56 (2011): 447-50; Zuk, *Paleofantasy*; Carol James Adams, *The Sexual Politics of Meat: A Feminist-Vegetarian Critical Theory* (New York: Bloomsbury, 2015); Tina Sikka, "The Foodways of the Intellectual Dark Web: To 'Meat' or Not to 'Meat,'" *Social Politics* 28, no. 3 (Fall 2021): 730-54; Bitar, *Diet and the Disease of Civilization*, 34-46; Adrienne Rose Johnson, "The Paleo Diet and the American Weight Loss Utopia 1975-2014," *Utopian Studies* 26 (2015): 101-24.

41. De Vany, *The New Evolution Diet*, 2.

42. Sikka, "The Foodways of the Intellectual Dark Web," 2, 1.

43. Richard Nikoley, "Free the Animal: A Manifesto, Version 3.0: Third Time's the Charm?," October 14, 2011, https://www.freetheanimal.com/2011/10/free-the-animal-a-manifesto-version-30-third-times-the-charm.html.

44. Richard Nikoley, "Male and Female Calculus and Realm: A Propertarian Perspective," April 21, 2018, https://freetheanimal.com/2018/04/calculus-propertarian-perspective.html.

45. Richard Nikoley, "The Maddening Yet Delightful Gulf Between Man and Woman," April 23, 2018, https://freetheanimal.com/2018/04/maddening-delightful-woman.html.

46. "Mike Cernovich," accessed January 20, 2022, https://www.splcenter.org/fighting-hate/extremist-files/individual/mike-cernovich.

47. Mike Cernovich, *Gorilla Mindset* (Seattle, WA: CreateSpace Independent Publishing Platform, 2015), 14.

48. John Durant, *The Paleo Manifesto: Ancient Wisdom for Lifelong Health* (New York: Harmony, 2014).

49. Sonya Mann, "Steak Is the New Salad: Why These Techies Are Embracing an All-Meat Diet," *Inc.*, September 22, 2017, https://www.inc.com/sonya-mann/bitcoin-carnivores.html.

50. Jordan Pearson, "Inside the World of the 'Bitcoin Carnivores': Why a Small Community of Bitcoin Users Is Eating Meat Exclusively," *Vice*, September 29, 2017, https://www.vice.com/en_us/article/ne74nw/inside-the-world-of-the-bitcoin-carnivores.

51. Oliver Lee Bateman, "The Alt-Right's Favorite Diet," *Vice*, February 5, 2017, https://

www.vice.com/en/article/78wepx/the-alt-rights-favorite-diet.

52. Bateman, "The Alt-Right's Favorite Diet." John Durant, *The Paleo Manifesto: Ancient Wisdom for Lifelong Health* (New York: Harmony (Penguin Random House), 2014).

53. Andrew Marantz, *Antisocial: Online Extremists, Techno-Utopians, and the Hijacking of the American Conversation* (New York: Viking, 2019).

54. J. Lave and E. Wenger, *Situated Learning: Legitimate Peripheral Participation* (Cambridge: Cambridge University Press, 1991); Etienne Wenger, *Communities of Practice: Learning, Meaning and Identity* (Cambridge: Cambridge University Press, 1998).

55. Melanie Chang and April Nowell, "How to Make Stone Soup: Is the 'Paleo Diet' a Missed Opportunity for Anthropologists?," *Evolutionary Anthropology* 25 (2016): 228-31.

56. Herbert Simon, "Altruism and Economics," *American Economic Review* 83, no. 2 (1993): 156-61; Signe Rousseau, *Food Media: Celebrity Chefs and the Politics of Everyday Interference* (London: Berg, 2012); Signe Rousseau, "The Celebrity Quick-Fix: When Good Food Meets Bad Science," *Food, Culture and Society* 18, no. 2 (2015): xxvii-xxviii.

57. Chad Lavin, *Eating Anxiety: The Perils of Food Politics* (Minneapolis: University of Minnesota Press, 2013), 16-19.

58. Lave and Wenger, *Situated Learning.*

59. Zuk, *Paleofantasy*, 164-218; Sikka, "The Foodways of the Intellectual Dark Web."

60. Sobal, "Men, Meat, and Marriage"; Ruby and Heine, "Meat, Morals, and Masculinity"; Adams, *The Sexual Politics of Meat.*

61. Barrett Brenton, "Dr. Brenton's Revolutionary Cave-Diet Plan: Evolutionary Eating and Paleolithic Prescriptions on Eating Part I," *Northeastern Anthropological Association* 26, no. 1 (2003): 4-6; Barrett Brenton, "Dr. Brenton's Revolutionary Cave-Diet Plan: Evolutionary Eating and Paleolithic Prescriptions on Eating Part II," *Northeastern Anthropological Association* 26, no. 4 (2004): 4-6.

62. Edward Burnett Tylor, *Primitive Culture* (London: John Murray, 1871).

63. Raymond Dart, "The Predatory Transition from Ape to Man," *International Anthropological and Linguistic Review* 1, no. 4 (1953): 209.

64. Matt Cartmill, *A View to a Death in the Morning: Hunting and Nature Through History* (Cambridge, MA: Harvard University Press, 1993); Matt Cartmill, "Hunting Hypothesis of Human Origins," in *History of Physical Anthropology*, ed. Frank

Spencer (London: Routledge, 1997), 508-12.

65. Charles Kimberlin Brain, *The Hunters or the Hunted? An Introduction to African Cave Taphonomy* (Chicago: University of Chicago Press, 1981); Robert Sussman, "The Myth of Man the Hunter, Man the Killer and the Evolution of Human Morality," *Zygon Journal of Religion and Science* 34, no. 3 (1999): 453-71; Hart and Sussman, *Man the Hunted*.

66. Sally Slocum, "Woman the Gatherer: Male Bias in Anthropology," in *Women in Perspective: A Guide for Cross-Cultural Studies*, ed. Sue-Ellen Jacobs (Urbana: University of Illinois Press, 1971), 31-50; J. M. Adovasio, Olga Soffer, and Jake Page, *The Invisible Sex: Uncovering the True Roles of Women in Prehistory* (London: Routledge, 2007).

67. Robert Ardrey, *African Genesis: A Personal Investigation into the Animal Origins and Nature of Man* (New York: Atheneum, 1961); Robert Ardrey, *The Territorial Imperative: A Personal Inquiry into the Animal Origins of Property and Nations* (New York: Atheneum, 1966); Robert Ardrey, *The Hunting Hypothesis: A Personal Conclusion Concerning the Evolutionary Nature of Man* (New York: Atheneum, 1976).

68. Slocum, "Woman the Gatherer"; Nadine Weidman, "Popularizing the Ancestry of Man: Robert Ardrey and the Killer Instinct," *Isis* 102 (2011): 269-99.

69. Konrad Lorenz, *On Aggression* (New York: Harcourt, Brace and World, 1966).

70. Judith Berman, "Bad Hair Days in the Paleolithic: Modern (Re)Constructions of the Cave Man," *American Anthropologist* 101, no. 2 (1999): 288-304.

71. Lee and Devore, *Man the Hunter*.

72. Sherwood Washburn and C. L. Lancaster, "The Evolution of Hunting," in Lee and Devore, *Man the Hunter*.

73. Washburn and Lancaster, "The Evolution of Hunting," 296.

74. Washburn and Lancaster, "The Evolution of Hunting," 297, 303.

75. Washburn and Lancaster, "The Evolution of Hunting," 299, 300, 303.

76. Slocum, "Woman the Gatherer"; Kay Milton, "Male Bias in Anthropology," *Man, New Series* 14, no. 1 (1979): 40-54.

77. Slocum, "Woman the Gatherer," 43.

78. Frances Dalhberg, ed., *Woman the Gatherer* (New Haven, CT: Yale University Press, 1981); Adrienne Zihlman, "Women as Shapers of Human Adaption," in Dalhberg, *Woman the Gatherer*, 75-120.

79. Zihlman, "Women as Shapers of Human Adaption," 82; Nancy Tanner and Adrienne Zihlman, "Women in Evolution, Part I: Innovation and Selection in Human Origins," *Signs* 1, no. 3 (1976): 585–608; Adrienne Zihlman, "Women in Evolution, Part II: Subsistence and Social Organization Among Early Hominids," *Signs* 4, no. 1 (1978): 4–20.

80. Kathleen Sterling, "Man the Hunter, Woman the Gatherer? The Impact of Gender Studies on Hunter-Gatherer Research (A Retrospective)," in *The Oxford Handbook of the Archaeology and Anthropology of Hunter-Gatherers* (Oxford: Oxford University Press, 2014), 151–76; Erika Lorraine Milam, *Creatures of Cain: The Hunt for Human Nature in Cold War America* (Princeton, NJ: Princeton University Press, 2019).

81. Berman, "Bad Hair Days in the Paleolithic," 289.

82. Berman, "Bad Hair Days in the Paleolithic," 297.

83. 드라이든의 문장은 다음 글에서 재인용. Norris Brock Johnson, "Cannibals and Culture: The Anthropology of Michel de Montaigne," *Dialectical Anthropology* 18, no. 2 (1993): 153.

84. Michel de Montaigne, "Of Cannibals," in *Michel de Montaigne—The Complete Essays*, trans. M. A. Screech (New York: Penguin, 1993), 231.

85. Joel Pfister, "Glamorizing the Psychological: The Politics of the Performances of Modern Psychological Identities," in *Inventing the Psychological: Toward a Cultural History of Emotional Life in America*, ed. Joel Pfister and Nancy Schnog (New Haven, CT: Yale University Press, 1997), 167–213.

86. Johnson, "The Paleo Diet and the American Weight Loss Utopia 1975–2014."

87. Vanessa Agnew, "Reenacting the Stone Age: Journeying Back in Time Through the Uckermark and Western Pomerania," in *A Companion to Public History*, ed. David Dean (Hoboken, NJ: Wiley, 2018), 365, 373.

88. de Montaigne, "Of Cannibals," 239.

89. Slocum, "Woman the Gatherer"; Zihlman, "Women as Shapers of Human Adaption."

90. Eleanor Burke Leacock, *Myths of Male Dominance* (Chicago: Monthly Review, 1981), 138–40.

91. Richard B. Lee, "What Hunters Do for a Living, or How to Make Out on Scarce Resources," in Lee and Devore, *Man the Hunter*, 33, 42.

92. Lee and Devore, *Man the Hunter*, 7.

93. See, for example, Edmund Ronald Leach, *Culture and Nature of "La Femme Savage"* (London: Bedford College, 1968), 4; Claude Levi-Strauss, *The Elementary Structures*

of *Kinship*, rev. ed. (New York: Beacon, 1969).

94. Dalhberg, *Woman the Gatherer*.

95. Agnes Estioko-Griffin and P. Bion Griffin, "Woman the Hunter: The Agta," in Dalhberg, *Woman the Gatherer*, 128-32.

96. Colin Turnbull, "Mbuti Womanhood," in Dalhberg, *Woman the Gatherer*, 219.

97. Henry S. Sharp, "The Null Case: The Chipewyan," in Dalhberg, *Woman the Gatherer*, 221.

98. Till Alexander Leopold, Vesselina Ratcheva, and Saadia Zahidi, *World Economic Forum's Global Gender Gap Report 2016* (Geneva, Switzerland: World Economic Forum, 2016).

99. Dalhberg, *Woman the Gatherer*, 16; Leacock, *Myths of Male Dominance*.

100. Nancy Howell, *Demography of the Dobe !Kung* (New York: Academic, 1979).

101. Nancy Howell, *Life Histories of the Dobe !Kung: Food, Fatness, and Well-Being over the Life Span* (Berkeley: University of California Press, 2010), 111.

102. Richard B. Lee, *The !Kung San: Men, Women, and Work in a Foraging Society* (Cambridge: Cambridge University Press, 1979), 261; Howell, *Life Histories of the Dobe !Kung*, 116.

103. Hillard Kaplan et al., "The Embodied Capital Theory of Human Evolution," in *Reproductive Ecology and Human Evolution*, ed. Peter Ellison (New York: Aldine de Gruyter, 2001), 293-317.

104. John D. Speth, "Early Hominid Subsistence Strategies in Seasonal Habitats," *Journal of Archaeological Science* 14 (1987): 13-29; John D. Speth and Katherine A. Spellman, "Energy Source, Protein Metabolism, and Hunter-Gatherer Subsistence Strategies," *Journal of Anthropological Archeology* 2 (1983): 1-31.

105. Dalhberg, *Woman the Gatherer*, 15.

106. Lee, "What Hunters Do for a Living," 42; Eaton and Konner, "Paleolithic Nutrition"; Steven J. C. Gaulin and Melvin Konner, "On the Natural Diet of Primates, Including Humans," *Nutrition and the Brain* 1 (1977): 1-86.

107. Eaton, Shostak, and Konner, *The Paleolithic Prescription*, 229-64; Michael Gurven and Kim Hill, "Why Do Men Hunt? A Reevaluation of 'Man the Hunter' and the Sexual Division of Labor," *Current Anthropology* 50, no. 1 (2009): 51-62.

108. John Maynard Keynes, *The General Theory of Employment, Interest and Money* (London: Macmillan, 1936), 383.

109. Knight, "'An Alliance with Mother Nature.'"

110. 이 주제를 이해하기 위해 유추를 사용하는 방법의 강점과 약점에 대한 포괄적 논의는 다음
을 보라. David Van Reybrouck, *From Primitives to Primates: A History of Ethnographic and Primatological Analogies in the Study of Prehistory* (Leiden: Sidestone, 2012); Robert L. Kelly, *The Lifeways of Hunter-Gatherers: The Foraging Spectrum*, 2nd ed. (Cambridge: Cambridge University Press, 2013), chap. 10.

111. Eaton and Konner, "Paleolithic Nutrition"; Eaton, Shostak, and Konner, *The Paleolithic Prescription*.

112. Kaplan et al., "The Embodied Capital Theory of Human Evolution."

113. J. F. O'Connell, Kristen Hawkes, and N. G. Blurton-Jones, "Grandmothering and the Evolution of Homo Erectus," *Journal of Human Evolution* 36 (1999): 461-85; Kristen Hawkes, J. F. O'Connell, and N. G. Blurton-Jones, "Hadza Meat Sharing," *Evolution and Human Behavior* 22 (2001): 113-42; Kristen Hawkes, "Grandmothers and the Evolution of Human Longevity," *American Journal of Human Biology* 15 (2003): 380-400.

114. Van Reybrouck, *From Primitives to Primates*.

115. Robert Sussman, "Foraging Patterns of Nonhuman Primates and the Nature of Food Preferences in Man," *Federal Proceedings* 37, no. 1 (1978): 55-60; Robert Sussman, "Species-Specific Dietary Patterns in Primates and Human Dietary Adaptations," in *The Evolution of Human Behavior: Primate Models*, ed. Warren G. Kinzey (Albany: State University of New York Press, 1987), 151-79; D. J. Chivers and C. M. Hladik, "Morphology of the Gastrointestinal Tract in Primates: Comparisons with Other Mammals in Relation to Diet," *Journal of Morphology* 166 (1980): 337-86; D. J. Chivers and C. M. Hladik, "Diet and Gut Morphology in Primates," in *Food Acquisition and Processing in Primates*, ed. D. J. Chivers (New York: Plenum, 1982); Katharine Milton, "Primate Diets and Gut Morphology: Implications for Human Evolution," in *Food and Evolution: Toward a Theory of Human Food Habits*, ed. M. Harris and E. B. Ross (Philadelphia: Temple University Press, 1987), 93-116; Katharine Milton, "The Critical Role Played by Animal Source Foods in Human (Homo) Evolution," *Journal of Nutrition* 133, no. 11 (2003): 3886S-3892S, https://doi.org/10.1093/jn/133.11.3886S.

116. Gaulin and Konner, "On the Natural Diet of Primates, Including Humans"; Robert Harding, "An Order of Omnivores: Nonhuman Primate Diets in the Wild," in *Omnivorous Primates*, ed. Robert Harding and G. Teleki (New York: Columbia University Press, 1981), 191-214; Milton, "The Critical Role Played by Animal

Source Foods in Human (Homo) Evolution."

117. Berman, "Bad Hair Days in the Paleolithic."

118. William R. Leonard and M. L. Robertson, "Evolutionary Perspectives on Human Nutrition: The Influence of Brain and Body Size on Diet and Metabolism," *American Journal of Human Biology* 6 (1994): 77-88; William R. Leonard et al., "Metabolic Correlates of Hominid Brain Evolution," *Comparative Biochemistry and Physiology Part A* 136 (2003): 5-15; Leslie C. Aiello and Peter Wheeler, "The Expensive Tissue Hypothesis: The Brain and the Digestive System in Human and Primate Evolution," *Current Anthropology* 36 (1995): 199-221; Leslie C. Aiello and Jonathan C. K. Wells, "Energetics and the Evolution of the Genus Homo," *Annual Review of Anthropology* 31 (2002): 323-38.

119. Robert D. Martin and P. H. Harvey, "Brain Size Allometry: Ontogeny and Phylogeny," in *Size and Scaling in Primate Biology*, ed. W. L. Jungers (New York: Plenum, 1985); Robert D. Martin, "Evolution of the Brain in Early Hominids," *Ossa* 4 (1989): 49-62.

120. Barry Bogin, "The Evolution of Human Nutrition," in *The Anthropology of Medicine*, ed. Lola Romanucci-Ross, Daniel E. Moerman, and Lawrence R. Tancredi (New York: Bergin and Garvey, 1991), 96-142; Barry Bogin, "From Caveman Cuisine to Fast Food: The Evolution of Human Nutrition," *Growth Hormone and IGF Research* 8 (1998): 79-86; Sonia Ragir, "Diet and Food Preparation: Rethinking Early Hominid Behavior," *Evolutionary Anthropology* 9, no. 4 (2000): 153-55, https://doi.org/10.1002/1520-6505(2000)9:4<153::AID-EVAN4>3.0.CO;2-D; Miki Ben-Dor et al., "Man the Fat Hunter: The Demise of *Homo erectus* and the Emergence of a New Hominin Lineage in the Middle Pleistocene (ca. 400 kyr) Levant," *PLOS One* 6, no. 12 (2011): e28689, https://doi.org/10.1371/journal.pone.0028689; Frederic Leroy and Istvan Praet, "Meat Traditions: The Co-Evolution of Humans and Meat," *Appetite* 90 (2015): 200-211, https://doi.org/10.1016/j.appet.2015.03.014; Katherine Zink and Daniel E. Lieberman, "Impact of Meat and Lower Palaeolithic Food Processing Techniques on Chewing in Humans," *Nature* 531, no. 7595 (2016): 500-510.

121. Milton, "The Critical Role Played by Animal Source Foods in Human (Homo) Evolution"; Frank W. Marlowe et al., "Honey, Hadza, Hunter-Gatherers, and Human Evolution," *Journal of Human Evolution* 71 (2014): 119-28.

122. Sussman, "Foraging Patterns of Nonhuman Primates and the Nature of Food

Preferences in Man"; Bogin, "From Caveman Cuisine to Fast Food"; Peter S. Unger, Frederick Grine, and Mark F. Teaford, "Diet in Early Homo: A Review of the Evidence and a New Model of Adaptive Versatility," *Annual Review of Anthropology* 35 (2006): 209-28; Susan C. Anton, Richard Potts, and Leslie C. Aiello, "Evolution of Early Homo: An Integrated Biological Perspective," *Science* 345, no. 6192 (2011): 1-13.

123. Sutton, Sobolik, and Gardner, *Paleonutrition*.

124. Karen Hardy and Lucy Kubiak Martens, eds., *Wild Harvest: Plants in the Hominin and Pre-Agrarian Human Worlds, Studying Scientific Archaeology* (Oxford: Oxbow, 2016).

125. Henry T. Bunn, "A Taphonomic Perspective on the Archaeology of Human Origins," *Annual Review of Anthropology* 20 (1991): 433-67.

126. Yoel Melamed et al., "The Plant Component of an Acheulian Diet at Gesher Benot Ya'aqov, Israel," *PNAS* 113, no. 51 (2016): 14674-79.

127. Amanda G. Henry, Alison Brooks, and Dolores Piperno, "Plant Foods and the Dietary Ecology of Neanderthals and Early Modern Humans," *Journal of Human Evolution* 69 (2014): 44-54.

128. Christina J. Adler et al., "Sequencing Ancient Calcified Dental Plaque Shows Changes in Oral Microbiota with Dietary Shifts of the Neolithic and Industrial Revolutions," *Nature Genetics* 45 (2013): 450; Henry, Brooks, and Piperno, "Plant Foods and the Dietary Ecology of Neanderthals and Early Modern Humans"; Almudena Estalrrich, Sireen El Zaatari, and Antonio Rosas, "Dietary Reconstruction of the El Sidron Neandertal Familial Group (Spain) in the Context of Other Neandertal and Modern Hunter-Gatherer Groups: A Molar Microwear Texture Analysis," *Journal of Human Evolution* 104 (2017): 13-22.

129. Laura S. Weyrich et al., "Neanderthal Behaviour, Diet, and Disease Inferred from Ancient DNA in Dental Calculus," *Nature* 544 (2017): 357-361.

130. Frank Maixner et al., "The Iceman's Last Meal Consisted of Fat, Wild Meat, and Cereals," *Current Biology* 28 (2018): 2348-55.

131. James H. Dickson et al., "The Omnivorous Tyrolean Iceman: Colon Contents (Meat, Cereals, Pollen, Moss and Whipworm) and Stable Isotope Analyses," *Philosophical Transactions of the Royal Society B* 355 (2000): 1843-49.

132. Peter J. Butterworth, Peter R. Ellis, and Michele Wollstonecraft, "Why Protein Is Not Enough: The Roles of Plants and Plant Processing in Delivering the Dietary

Requirements of Modern and Early Homo," in Hardy and Martens, *Wild Harvest*, 31-54.

133. Bogin, "The Evolution of Human Nutrition"; Gretel Pelto, Alan Goodman, and Darna Dufour, "The Biocultural Perspective in Nutritional Anthropology," in *Nutritional Anthropology: Biocultural Perspectives on Food and Nutrition*, ed. Gretchen Pelto, Alan Goodman, and Darna Dufour (Mountain View, CA: Mayfield, 1999), 4; Bryan Hockett and Jonathan Haws, "Nutritional Ecology and Diachronic Trends in Paleolithic Diet and Health," *Evolutionary Anthropology* 12 (2003): 211-16; George Armelagos, "Brain Evolution, the Determinates of Food Choice, and the Omnivore's Dilemma," *Critical Reviews in Food Science and Nutrition* 54, no. 10 (2014): 1330-41.

134. Scrinis, *Nutritionism*.

135. J. A. J. Gowlett, "The Discovery of Fire by Humans: A Long and Convoluted Process," *Philosophical Transactions of the Royal Society B* 371 (2016): 1-12; Christopher H. Parker et al., "The Pyrophilic Primate Hypothesis," *Evolutionary Anthropology* 25 (2016): 54-63.

136. Claude Levi-Strauss, "The Culinary Triangle," *Partisan Review* 33 (1965): 586-95; Claude Levi-Strauss, *The Raw and the Cooked* (New York: Harper Torchbooks, 1970).

137. Ann Gibbons, "Food for Thought," *Science* 316, no. 5831 (2007): 1558-60; Richard W. Wrangham et al., "The Raw and the Stolen: Cooking and the Ecology of Human Origins," *Current Anthropology* 40, no. 5 (1999): 567-94; Rachel N. Carmody and Richard W. Wrangham, "The Energetic Significance of Cooking," *Journal of Human Evolution* 57, no. 4 (2009): 379-91, https://doi.org/10.1016/j.jhevol.2009.02.011; Richard W. Wrangham, *Catching Fire: How Cooking Made Us Human* (New York: Basic Books, 2009); Karen Hardy et al., "The Importance of Dietary Carbohydrate in Human Evolution," *Quarterly Review of Biology* 90, no. 3 (2015): 251-68, https://doi.org/10.1086/682587; Melamed et al., "The Plant Component of an Acheulian Diet at Gesher Benot Ya'aqov, Israel."

138. Laura Attwell, Kris Kovarovic, and Jeremy R. Kendal, "Fire in the Plio-Pleistocene: The Functions of Hominin Fire Use, and the Mechanistic, Developmental and Evolutionary Consequences," *Journal of Anthropological Sciences* 93 (2015): 1-20; Rachel N. Carmody et al., "Genetic Evidence of Human Adaptation to a Cooked Diet," *Genome Biology and Evolution* 8, no. 4 (2016): 1091-103; Michael

Gross, "How Our Diet Changed Our Evolution," *Current Biology* 27 (2017): 731–45; Hardy et al., "The Importance of Dietary Carbohydrate in Human Evolution"; Richard W. Wrangham and Rachel Carmody, "Human Adaptation to the Control of Fire," *Evolutionary Anthropology* 19 (2010): 187–99; Richard W. Wrangham, "Control of Fire in the Paleolithic: Evaluating the Cooking Hypothesis," *Current Anthropology* 58, no. 16 (2017): S303–13.

139. C. Owen Lovejoy, "The Origin of Man," *Science* 211, no. 4480 (1981): 341–50; Bogin, "The Evolution of Human Nutrition."

140. Lovejoy, "The Origin of Man"; C. Owen Lovejoy, "Reexamining Human Origins in Light of *Ardipithecus ramidus*," *Science* 326 (2009): 74–85; C. Owen Lovejoy, "*Ardipithecus* and Early Human Evolution in Light of Twenty-First-Century Developmental Biology," *Journal of Anthropological Research* 70, no. 3 (2014): 337–63.

141. G. E. Kennedy, "From the Ape's Dilemma to the Weanling's Dilemma: Early Weaning and Its Evolutionary Context," *Journal of Human Evolution* 48, no. 2 (2005): 123–45, https://doi.org/10.1016/j.jhevol.2004.09.005; Brian F. Codding, Rebecca Bliege Bird, and Douglas W. Bird, "Provisioning Offspring and Others: Risk–Energy Trade-Offs and Gender Differences in Hunter–Gatherer Foraging Strategies," *Proceedings of the Royal Society B* 278 (2011): 2502–9.

142. Hawkes, "Grandmothers and the Evolution of Human Longevity"; Kristen Hawkes, "The Grandmother Effect," *Nature* 428 (2004): 128–29.

143. Kristen Hawkes, "Sharing and Collective Action," in *Evolutionary Ecology and Human Behavior*, ed. E. A. Smith and Bruce Winterhalder (New York: Aldine de Gruyter, 1992), 269–300; K. Hawkes, J. F. O'Connell, and N. G. Blurton Jones, "Hadza Women's Time Allocation, Offspring Provisioning, and the Evolution of Long Postmenopausal Life Spans," *Current Anthropology* 38, no. 4 (1997): 551–77, https://doi.org/10.1086/204646; K. Hawkes et al., "Grandmothering, Menopause, and the Evolution of Human Life Histories," *Proceedings of the National Academy of Sciences* 95, no. 3 (1998): 1336–39, https://doi.org/10.1073/pnas.95.3.1336; Hawkes, "Grandmothers and the Evolution of Human Longevity."

144. Janet Chrzan, "Social Support and Nutrition During Adolescent Pregnancy: Effects of Health Outcomes of Baby and Mother" (PhD diss., University of Pennsylvania, 2008); Brooke Scelza and Rebecca Bliege Bird, "Group Structure and Female Cooperative Networks in Australia's Western Desert," *Human Nature* 19, no. 3

(2008): 231–48, https://doi.org/10.1007/s12110-008-9041-5; Codding, Bliege Bird, and Bird, "Provisioning Offspring and Others."

145. Hillard Kaplan, "A Theory of Fertility and Parental Investment in Traditional and Modern Human Societies," *Yearbook of Physical Anthropology* 39 (1996): 91–135; Kim Hill and Hillard Kaplan, "Life History Traits in Humans: Theory and Empirical Studies," *Annual Review of Anthropology* 28 (1999): 397–430; Kaplan et al., "The Embodied Capital Theory of Human Evolution"; Hillard Kaplan et al., "A Theory of Human Life History Evolution: Diet, Intelligence, and Longevity," *Evolutionary Anthropology* 9, no. 4 (2000): 156–85.

146. Kaplan, "A Theory of Fertility and Parental Investment in Traditional and Modern Human Societies," 106.

147. Hillard Kaplan, Jane Lancaster, and Arthur Robson, "Embodied Capital and the Evolutionary Economics of the Human Life Span," *Population and Development Review* 29, no. 1 (2003): 152–82.

148. Wrangham, *Catching Fire.*

149. Eaton, Shostak, and Konner, *The Paleolithic Prescription.*

150. Speth and Spellman, "Energy Source, Protein Metabolism, and Hunter-Gatherer Subsistence Strategies"; Speth, "Early Hominid Subsistence Strategies in Seasonal Habitats"; Bogin, "From Caveman Cuisine to Fast Food."

151. Eaton, Shostak, and Konner, *The Paleolithic Prescription,* 77–87.

152. Bogin, "From Caveman Cuisine to Fast Food"; Crittenden and Schnorr, "Current Views on Hunter-Gatherer Nutrition and the Evolution of the Human Diet."

153. L. A. Frassetto et al., "Metabolic and Physiologic Improvements from Consuming a Paleolithic, Hunter-Gatherer Type Diet," *European Journal of Clinical Nutrition* 63, no. 8 (2009): 947–55; Inge Boers et al., "Favourable Effects of Consuming a Paleolithic-Type Diet on Characteristics of the Metabolic Syndrome: A Randomized Controlled Pilot-Study," *Lipids in Health and Disease* 13 (2014): 160–73; Knight, "'An Alliance with Mother Nature,'"

154. Melvin Konner and S. Eaton Boyd, "Paleolithic Nutrition," *Nutrition in Clinical Practice* 25, no. 6 (2010): 594–602.

155. Melvin Konner, "Confessions of a Paleo Diet Pioneer," *Wall Street Journal,* January 20, 2016, http://www.wsj.com/articles/an-evolutionary-guide-revised-on-what-to-eat-1453306447.

156. Audette, *NeanderThin,* 57–58.

157. Sutton, Sobolik, and Gardner, *Paleonutrition.*

158. Bogin, "From Caveman Cuisine to Fast Food."

159. Neely Quinn and Jason Glaspey, *The Complete Idiot's Guide to Eating Paleo: Discover the Health and Weight Loss Benefits of Eating like Our Ancestors* (New York: Alpha, 2012), 44; William Davis, *Wheat Belly: Lose the Wheat, Lose the Weight, and Find Your Path Back to Health* (Emmaus, PA: Rodale, 2014).

160. Somer, *The Origin Diet,* 126.

161. Loren Cordain, *The Paleo Diet: Lose Weight and Get Healthy by Eating the Foods You Were Designed to Eat* (Hoboken, NJ: Wiley, 2002), 23; Cordain, *The Paleo Answer;* Loren Cordain, *The Real Paleo Diet Cookbook* (Boston: Houghton Mifflin Harcourt, 2015).

162. Linda Larsen, *The Big Book of Paleo Recipes: More than 500 Recipes for Healthy, Grain-Free, and Dairy-Free Foods* (Avon, MA: Adams Media, 2015), 19; Cordain, *The Paleo Answer,* 137-38.

163. Julie Mayfield and Charles Mayfield, *Weeknight Paleo: Easy and Delicious Family-Friendly Meals* (New York: William Morrow, 2017).

164. Cordain, *The Real Paleo Diet Cookbook,* 14-19.

165. Speth, "Early Hominid Subsistence Strategies in Seasonal Habitats"; Eaton, Shostak, and Konner, *The Paleolithic Prescription,* 75.

166. Melissa Hartwig Urban and Dallas Hartwig, *The Whole30: The 30-Day Guide to Total Health and Food Freedom* (Boston: Houghton Mifflin Harcourt, 2015), 8.

167. Cordain, The Paleo Answer; Chris Kresser, *Your Personal Paleo Code: The 3-Step Plan to Lose Weight, Reverse Disease, and Stay Fit and Healthy for Life* (New York: Little, Brown, 2013); Chris Kresser, *The Paleo Cure: Eat Right for Your Genes, Body Type, and Personal Health Needs—Prevent and Reverse Disease, Lose Weight Effortlessly, and Look and Feel Better than Ever* (New York: Little, Brown, 2014); Terry Wahls, *The Wahls Protocol: How I Beat Progressive MS Using Paleo Principles and Functional Medicine* (New York: Avery, 2014); Terry Wahls, *The Wahls Protocol Cooking for Life: The Revolutionary Modern Paleo Plan to Treat All Chronic Autoimmune Conditions* (New York: Avery, 2017).

168. Cordain, *The Paleo Answer.*

169. Price, *Nutrition and Physical Degeneration.*

170. Kresser, *Your Personal Paleo Code,* 29-30.

171. Wahls, *The Wahls Protocol; Wahls, The Wahls Protocol Cooking for Life.*

172. Wahls, *The Wahls Protocol*, 39.

173. Wahls, *The Wahls Protocol Cooking for Life*.

174. 식품 피라미드의 사례는 다음 자료를 보라. Loren Cordain, "Humanity's Evolutionary Food Pyramid," January 11, 2020, https://4.bp.blogspot.com/_9nMHFYF7uT4/SvmGSVJzMVI/AAAAAAAAAA8/faaRRIASnKY/s1600-h/paleo_diet_food_pyramid.jpg; Paleo Diet, "What Is the Paleo Diet?," January 10, 2020, https://www.paleodiet.co.uk/what-is-the-primal-diet/.

175. IPCC, "Climate Change and Land" (Geneva, Switzerland: United Nations Intergovernmental Panel on Climate Change, 2019), https://www.ipcc.ch/srccl/; Nick Watts et al., "The 2019 Report of The Lancet Countdown on Health and Climate Change," *The Lancet* 394, no. 10211 (2019): 1836-78.

176. Annette McGivney, "'Like Sending Bees to War': The Deadly Truth Behind Your Almond Milk Obsession," *The Guardian*, January 8, 2020, https://www.theguardian.com/environment/2020/jan/07/honeybees-deaths-almonds-hives-aoe.

177. Stephen Le, *100 Million Years of Food: What Our Ancestors Ate and Why It Matters Today* (New York: Picador, 2016), 182.

178. H. Jean and C. Yarnall, *Paleo Dog: Give Your Best Friend a Long Life, Healthy Weight, and Freedom from Illness by Nurturing His Inner Wolf* (Emmaus, PA: Rodale, 2014).

179. Jean and Yarnall, *Paleo Dog*, 13-14.

180. Jean and Yarnall, *Paleo Dog*, 14-15, 17.

6장 마지막으로

1. Gwyneth Paltrow, *The Clean Plate: Eat, Reset, Heal* (New York: Goop Press, Grand Central Life and Style, Hachette, 2019), xv.

2. Lindy West, *The Witches Are Coming* (New York: Hachette, 2019), 93-98.

3. Lindy West, "'Gwyneth Glows Like a Radioactive Swan'—My Day at the Goop Festival," *The Guardian*, June 14, 2017, https://www.theguardian.com/lifeandstyle/2017/jun/14/gwyneth-glows-like-a-radioactive-swan-my-day-at-the-goop-festival.

4. Heli Roy, *Fad Diets Defined*, Pennington Nutrition Series (Baton Rouge, LA: Pennington Biomedical Research Center, Louisiana State University, 2011).

5. S. Bordo, "Anorexia Nervosa: Psychopathology as the Crystallization of Culture," *Philosophical Forum* 17 (1986): 73-103.

6. James McWilliams, "You Are What You (Don't) Eat," *Hedgehog Review* 21, no. 3 (2019): 32-39.

7. Anna Peele, "A Hero's Journey," *Men's Health*, 2020; Nick Bilton, "'They Present a Version of Themselves That Isn't Real': Inside the Dark, Biohacked Heart of Silicon Valley," *Vanity Fair*, April 9, 2021.

8. Rose Cara DeFabio, "Why Millions of People Watch Videos of Strangers Eating Huge Amounts of Food," *Splinter*, August 25, 2016, https://splinternews.com/why-millions-of-people-watch-videos-of-strangers-eating-1793861391; Melissa Matthews, "These Viral 'Mukbang' Stars Get Paid to Gorge on Food—at the Expense of Their Bodies," *Men's Health*, 2019, https://www.menshealth.com/health/a25892411/youtube-mukbang-stars-binge-eat/; EunKyo Kang et al., "The Popularity of Eating Broadcast: Content Analysis of 'Mukbang' YouTube Videos, Media Coverage, and the Health Impact of 'Mukbang' on Public Health," *Health Informatics Journal* 26, no. 3 (2020): 2237-48, https://doi.org/10.1177/1460458220901360; Yeran Kim, "Eating as a Transgression: Multisensorial Performativity in the Carnal Videos of Mukbang (Eating Shows)," *International Journal of Cultural Studies*. 24, no. 1 (2021): 107-22.

9. Sophie McBain, "The Dark Side of Wellness," *New Statesman*, no. 19 (June 2020): 34-38.

10. Amy LaRocca, "The Wellness Epidemic," *New York Magazine*, 2017.

11. Christopher Lasch, *The Culture of Narcissism: American Life in an Age of Diminishing Expectations* (New York: Warner, 1980), 4-5.

12. Paul Wachtel, *The Poverty of Affluence: A Psychological Portrait of the American Way of Life* (New York: Free Press, 1983), 112.

13. Wilf Davies, "Experience: I've Had the Same Supper for 10 Years," *The Guardian*, April 16, 2021, http://www.theguardian.com/lifeandstyle/2021/apr/16/experience-ive-had-the-same-supper-for-10-years.

Adams, Carol James. *The Sexual Politics of Meat: A Feminist-Vegetarian Critical Theory*. New York: Bloomsbury, 2015.

Adler, Christina J., Keith Dobney, Laura S. Weyrich, John Kaidonis, Alan W. Walker, Wolfgang Haak, Corey J. A. Bradshaw, et al. "Sequencing Ancient Calcified Dental Plaque Shows Changes in Oral Microbiota with Dietary Shifts of the Neolithic and Industrial Revolutions." *Nature Genetics* 45 (2013): 450.

Adovasio, J. M., Olga Soffer, and Jake Page. *The Invisible Sex: Uncovering the True Roles of Women in Prehistory*. London: Routledge, 2007.

"Adult Obesity in the United States." The State of Obesity. https://www.stateofobesity.org/adult-obesity/.

Agatston, Arthur. *The New Keto Friendly South Beach Diet*. Carlsbad, CA: Hay House, 2019.

——. *The South Beach Diet*. New York: Random House, 2003.

——. *The South Beach Diet Gluten Solution: The Delicious, Doctor-Designed, Gluten-Aware Plan for Losing Weight and Feeling Great—FAST!* Emmaus, PA: Rodale, 2014.

——. *The South Beach Diet Supercharged*. Emmaus, PA: Rodale, 2008.

Agnew, Vanessa. "Reenacting the Stone Age: Journeying Back in Time Through the Uckermark and Western Pomerania." In *A Companion to Public History*, ed. David

Dean, 365-76. Hoboken, NJ: Wiley, 2018.

Ahmed, Serge. "Is Sugar as Addictive as Cocaine?" In *Food and Addiction: A Comprehensive Handbook*, ed. Kelly D. Brownell and Mark S. Gold, 231-37. Oxford: Oxford University Press, 2012.

Aiello, Leslie C., and Jonathan C. K. Wells. "Energetics and the Evolution of the Genus Homo." *Annual Review of Anthropology* 31 (2002): 323-38.

Aiello, Leslie C., and Peter Wheeler. "The Expensive Tissue Hypothesis: The Brain and the Digestive System in Human and Primate Evolution." *Current Anthropology* 36 (1995): 199-221.

Albala, Ken. *Eating Right in the Renaissance*. Berkeley: University of California Press, 2002.

———. *Three World Cuisines*. Lanham, MD: Alta Mira, 2012.

Allen, Michelle, Kacie Dickinson, and Ivanka Pritchard. "The Dirt on Clean Eating: A Cross-Sectional Analysis of Dietary Intake, Restrained Eating, and Opinions About Clean Eating Among Women." *Nutrients* 10 (2018): 1266-78.

Ambwani, Suman, Meghan Shippe, Ziting Gao, and S. Bryn Austin. "Is Clean Eating a Healthy or Harmful Dietary Strategy? Perceptions of Clean Eating and Associations with Disordered Eating Among Young Adults." *Journal of Eating Disorders* 7, no. 1 (2019): 1-9.

Amilien, Virginie. "Thoughts About Food Culture and Patterns of Eating in Norway. Interview with Dr. Unni Kjærnes." *Anthropology of Food*, no. S7 (2012): 1-5. https://doi-org.proxy.library.upenn.edu/10.4000/aof.7106.

Anderson, E. N. *The Food of China*. New Haven, CT: Yale University Press, 1988.

Anton, Susan C., Richard Potts, and Leslie C. Aiello. "Evolution of Early Homo: An Integrated Biological Perspective." *Science* 345, no. 6192 (2011): 1-13.

Antze, Paul. "Symbolic Action in Alcoholics Anonymous." In *Constructive Drinking*, ed. Mary Douglas, 149-81. London: Routledge, 1987.

Appleton, Nancy. *Lick the Sugar Habit*. New York: Avery, 1988.

Appleton, Nancy, and G. N. Jacobs. *Killer Colas: The Hard Truth About Soft Drinks*. Parker, CO: Square One, 2011.

———. *Suicide by Sugar: A Startling Look at Our #1 National Addiction*. Parker, CO: Square One, 2008.

Ardrey, Robert. *African Genesis: A Personal Investigation into the Animal Origins and Nature of Man*. New York: Atheneum, 1961.

——. *The Hunting Hypothesis: A Personal Conclusion Concerning the Evolutionary Nature of Man.* New York: Atheneum, 1976.

——. *The Territorial Imperative: A Personal Inquiry into the Animal Origins of Property and Nations.* New York: Atheneum, 1966.

Ariagno, Meghan. "The South Beach Diet." In *Clinical Guide to Popular Diets*, ed. Caroline Apovian, Elizabeth Brouillard, and Lorraine Young, 87-97. Boca Raton, FL: CRC, 2018.

Armelagos, George. "Brain Evolution, the Determinates of Food Choice, and the Omnivore's Dilemma." *Critical Reviews in Food Science and Nutrition* 54, no. 10 (2014): 1330-41.

Arnold, Jeanne E. *Life at Home in the Twenty-First Century: 32 Families Open Their Doors.* Los Angeles: Cotsen Institute of Archaeology Press, 2012.

Arora, Priya. "Busy Philipps's Week: Coffee, 'Little Women,' and Keeping It Together." *New York Times*, September 27, 2020.

Atkins, Robert C. *Atkins for Life: The Complete Controlled Carb Program for Permanent Weight Loss and Good Health.* New York: St. Martin's, 2003.

——. *Dr. Atkins' Diet Revolution: The High Calorie Way to Stay Thin Forever.* New York: D. McKay, 1972.

Attwell, Laura, Kris Kovarovic, and Jeremy R. Kendal. "Fire in the Plio-Pleistocene: The Functions of Hominin Fire Use, and the Mechanistic, Developmental, and Evolutionary Consequences." *Journal of Anthropological Sciences* 93 (2015): 1-20.

Audette, Ray. *NeanderThin: Eat Like a Caveman to Achieve a Lean, Strong, Healthy Body.* 3rd ed. New York: St. Martin's, 1996.

Avena, Nicole M., and John R. Talbott. *Why Diets Fail (Because You're Addicted to Sugar): Science Explains How to End Cravings, Lose Weight, and Get Healthy.* Berkeley, CA: Ten Speed, 2013.

Barnard, Neal D. *The Cheese Trap: How Breaking a Surprising Addiction Will Help You Lose Weight, Gain Energy, and Get Healthy.* New York: Grand Central Life and Style (Hachette), 2017.

Barrett, Bruce, Daniel Muller, David Rakel, David Rabago, Lucille Marchand, and Jo Scheder. "Placebo, Meaning, and Health." *Perspectives in Biology and Medicine* 49, no. 2 (2006): 178-98.

Barthes, Roland. *Mythologies.* London: Jonathan Cape, 1974.

Bateman, Oliver Lee. "The Alt-Right's Favorite Diet." *Vice*, February 5, 2017. https://

www.vice.com/en/article/78wepx/the-alt-rights-favorite-diet.

Beardsworth, Alan, and Teresa Keil. *Sociology on the Menu: An Invitation to the Study of Food and Society.* London: Routledge, 1997.

Beck, Ulrich. *Risk Society: Towards a New Modernity.* London: Sage, 1992.

Becker, Howard S. "Becoming a Marihuana User." *American Journal of Sociology* 59, no. 3 (1953): 235–42. https://doi.org/10.2307/2771989.

Belasco, Warren. *Appetite for Change: How the Counterculture Took on the Food Industry 1966-1988.* New York: Pantheon, 1989.

——. Food: *The Key Concepts.* Oxford: Berg, 2008.

Ben-Dor, Miki, Avi Gopher, Isreal Hershkovitz, and Ran Barkai. "Man the Fat Hunter: The Demise of *Homo erectus* and the Emergence of a New Hominin Lineage in the Middle Pleistocene (ca. 400 kyr) Levant." *PLOS One* 6, no. 12 (2011): e28689. https://doi.org/10.1371/journal.pone.0028689.

Benedetti, Fabrizio, and Martina Amanzio. "The Placebo Response: How Words and Rituals Change the Patient's Brain." *Patient Education and Counseling* 84, no. 3 (2011): 413–19.

Bennett, John W., Harvey L. Smith, and Herbert Passin. "Food and Culture in Southern Illinois: A Preliminary Report." *American Sociological Review* 7 (1942): 645–60.

Bentley, Amy. "Martha's Food: Whiteness of a Certain Kind." *American Studies* 42, no. 2 (2001): 89–100.

——. "The Other Atkins Revolution: Atkins and the Shifting Culture of Dieting." *Gastronomica* 4, no. 3 (2004): 34–45.

Benziman, Galia, Ruth Kannai, and Ayesha Ahmad. "The Wounded Healer as Cultural Archetype." *Comparative Literature and Culture* 14, no. 1 (2012): 11–20.

Berman, Judith. "Bad Hair Days in the Paleolithic: Modern (Re)Constructions of the Cave Man." *American Anthropologist* 101, no. 2 (1999): 288–304.

Berridge, K. C. "Brain Substances of Liking and Wanting." *Neuroscience and Biobehavioral Reviews* 20 (1995): 1–25.

Biltekoff, Charlotte. *Eating Right in America: The Cultural Politics of Food and Health.* Durham, NC: Duke University Press, 2013.

Bilton, Nick. "'They Present a Version of Themselves That Isn't Real': Inside the Dark, Biohacked Heart of Silicon Valley," *Vanity Fair,* April 9, 2021.

Birch, Jenna. "Could Social Media and Diet Trends Be Contributing to a Little-Known Eating Disorder?" *Washington Post,* July 24, 2019. https://www.washingtonpost.com/

lifestyle/wellness/could-social-medias-healthy-food-focus-be-contributing-to-a-little-known-eating-disorder/2019/07/15/8eb38fbe-9db9-11e9-b27f-ed2942f73d70_story. html?fbclid=IwAR3f_ugmII98X7yjoSHGB_LSeyz0vZEfMk7ijrrwNHK7AupJZorqikZryM M&utm_term=.8408cb5e2786.

Bitar, Adrienne Rose. *Diet and the Disease of Civilization.* New Brunswick, NJ: Rutgers University Press, 2018.

Blay-Palmer, Alison, and Alison Blay-Palmer. "Eating Organic in an Age of Uncertainty." In *Food Fears: From Industrial to Sustainable Food Systems*, 109–20. London: Routledge, 2016.

Blendy, J. A., A. Strasser, C. L. Walters, K. A. Perkins, F. Patterson, R. Berkowitz, and C. Lerman. "Reduced Nicotine Reward in Obesity: Cross-Comparison in Human and Mouse." *Psychopharmacology* 180, no. 2 (2005): 306–15. https://doi.org/10.1007/s00213-005-2167-9.

Bloch, Maurice. "Commensality and Poisoning." *Social Research* 66, no. 1 (1999): 133–49.

Blum, Kenneth, John Bailey, Anthony M. Gonzalez, Marlene Oscar-Berman, Yijun Liu, John Giordano, Eric Braverman, and Mark Gold. "Neuro-Genetics of Reward Deficiency Syndrome (RDS) as the Root Cause of 'Addiction Transfer': A New Phenomenon Common After Bariatric Surgery." *Journal of Genetic Syndrome and Gene Therapy* 2012, no. 1 (2011): S2-001.

Bluml, Victor, Nestor Kapusta, Benjamin Vyssoki, Dagmar Kogoj, Henriette Walter, and Otto M. Lesch. "Relationship Between Substance Use and Body Mass Index in Young Males." *American Journal on Addictions* 21, no. 1 (2012): 72–77.

Blundell, J., S. Coe, and B. Hooper. "Food Addiction—What Is the Evidence?" *Nutrition Bulletin* 39, no. 2 (2014): 218–22. https://doi.org/10.1111/nbu.12092.

Boer, J. de, H. Schosler, and J. J. Boersema. "Climate Change and Meat Eating: An Inconvenient Couple?" *Journal of Environmental Psychology* 33, no. 1 (2013): 1–8.

Boers, Inge, Frits A. J. Muskiet, Evert Berkelaar, Erik Schut, Ria Penders, Karine Hoenderdos, Harry J. Wichers, and Miek C. Jong. "Favourable Effects of Consuming a Paleolithic-Type Diet on Characteristics of the Metabolic Syndrome: A Randomized Controlled Pilot-Study." *Lipids in Health and Disease* 13 (2014): 160–73.

Bogin, Barry. "The Evolution of Human Nutrition." In *The Anthropology of Medicine*, ed. Lola Romanucci-Ross, Daniel E. Moerman, and Lawrence R. Tancredi, 96–142. New York: Bergin and Garvey, 1991.

———. "From Caveman Cuisine to Fast Food: The Evolution of Human Nutrition." *Growth Hormone and IGF Research* 8 (1998): 79-86.

Boling, Christy L., Eric C. Westman, and William S. Yancy. "Carbohydrate-Restricted Diets for Obesity and Related Diseases: An Update." *Current Atherosclerosis Reports* 11, no. 6 (2009): 462-69.

Bor, Jacob, Gregory Cohen, and Sandro Galea. "Population Health in an Era of Rising Income Inequality: USA, 1980-2015." *The Lancet* 389, no. 10077 (2017): 8-14.

Bordo, Susan. "Anorexia Nervosa: Psychopathology as the Crystallization of Culture." *Philosophical Forum* 17 (1986): 73-103.

Bourdieu, Pierre. *Distinction: A Social Critique of the Judgment of Taste.* Boston: Harvard University Press, 1984.

Bowen, Sarah, Joslyn Brenton, and Sinikka Elliott. *Pressure Cooker: Why Home Cooking Won't Solve Our Problems and What We Can Do About It.* Oxford: Oxford University Press, 2019.

Boym, Svetlana. *The Future of Nostalgia.* New York: Basic Books, 2001.

Brain, Charles Kimberlin. *The Hunters or the Hunted? An Introduction to African Cave Taphonomy.* Chicago: University of Chicago Press, 1981.

Bratman, Steven. "Orthorexia vs. Theories of Healthy Eating." *Eating and Weight Disorders* 22 (2017): 381-85.

Bravata, Dena M., Lisa Sanders, Jane Huang, Harlan M. Krumholz, Ingram Olkin, Christopher D. Gardner, and Dawn M. Bravata. "Efficacy and Safety of Low-Carbohydrate Diets: A Systematic Review." *JAMA* 289, no. 14 (2003): 1837-50. https://doi.org/10.1001/jama.289.14.1837.

Brehm, Bonnie J., Randy J. Seeley, Stephen R. Daniels, and David A. D'Alessio. "A Randomized Trial Comparing a Very Low Carbohydrate Diet and a Calorie-Restricted Low Fat Diet on Body Weight and Cardiovascular Risk Factors in Healthy Women." *Journal of Clinical Endocrinology and Metabolism* 88, no. 4 (2003): 1617-23.

Brenton, Barrett. "Dr. Brenton's Revolutionary Cave-Diet Plan: Evolutionary Eating and Paleolithic Prescriptions on Eating Part I." *Northeastern Anthropological Association* 26, no. 1 (2003): 4-6.

———. "Dr. Brenton's Revolutionary Cave-Diet Plan: Evolutionary Eating and Paleolithic Prescriptions on Eating Part II." *Northeastern Anthropological Association* 26, no. 4 (2004): 4-6.

Brewis, Alexandra. *Obesity: Cultural and Biological Perspectives.* New Brunswick, NJ:

Rutgers University Press, 2011.

Brody, Howard. "The Doctor as Therapeutic Agent." In *The Placebo Effect: An Interdisciplinary Exploration*, ed. Anne Harrington, 77-92. Cambridge, MA: Harvard University Press, 1997.

———. "The Placebo Response: Recent Research and Implications for Family Medicine." *Journal of Family Practice* 49 (2000): 649-54.

———. "Ritual, Medicine and the Placebo Reponse." In *The Problem of Ritual Efficacy*, ed. William Sax, 151-67. Oxford: Oxford University Press, 2010.

Brzezinski, Mika. *Obsessed: America's Food Addiction—and My Own*. New York: Hachette, 2014.

Bueno, Nassib Bezerra, Ingrid Sofia Vieira de Melo, Suzana Lima de Oliveira, and Terezinha da Rocha Ataide. "Very-Low-Carbohydrate Ketogenic Diet v. Low-Fat Diet for Long-Term Weight Loss: A Meta-Analysis of Randomised Controlled Trials." *British Journal of Nutrition* 110, no. 7 (2013): 1178-87. https://doi.org/10.1017/S0007114513000548.

Bugge, Annechen Bahr, and Reidar Almas. "Domestic Dinner: Representations and Practices of a Proper Meal Among Young Suburban Mothers." *Journal of Consumer Culture* 6, no. 2 (2006): 203-28. https://doi.org/10.1177/1469540506064744.

Bugge, Annechen Bahr, and Runar Doving. *The Norwegian Meal Pattern*. Oslo, Norway: SIFO: National Institute for Consumer Research, 2000.

Bunn, Henry T. "A Taphonomic Perspective on the Archaeology of Human Origins." *Annual Review of Anthropology* 20 (1991): 433-67.

Butterworth, Peter J., Peter R. Ellis, and Michele Wollstonecraft. "Why Protein Is Not Enough: The Roles of Plants and Plant Processing in Delivering the Dietary Requirements of Modern and Early Homo." In *Wild Harvest: Plants in the Hominin and Pre-Agrarian Human Worlds*, ed. Karen Hardy and Lucy Kubiak Martens, 31-54. Oxford: Oxbow, 2016.

Caldwell, Ann, and R. Drew Sayer. "Evolutionary Considerations on Social Status, Eating Behavior, and Obesity." *Appetite* 132 (2019): 238-48.

Caliendo, Marco, and Markus Gehrsitz. "Obesity and the Labor Market: A Fresh Look at the Weight Penalty." *Economics and Human Biology* 23 (2016): 209-25.

Campbell, Colin. *The Romantic Ethic and the Spirit of Modern Consumerism*. Oxford: Basil Blackwell, 1987.

Canetti, L., E. Bachar, and E. M. Berry. "Food and Emotion." *Behavioural Processes* 60, no. 2 (November 2002): 157-64.

Cargill, Kima. "The Myth of the Green Fairy: Distilling the Scientific Truth About Absinthe." *Food, Culture and Society: An International Journal of Multidisciplinary Research* 11, no. 1 (2008): 87-99. https://doi.org/10.2752/155280108X2276069.

——. *The Psychology of Overeating: Food and the Culture of Consumerism Test.* London: Bloomsbury, 2015.

——. "Sugar Highs and Lows: Is Sugar Really a Drug?" *New American Notes*, no. 9 (2016).

Carmody, Rachel N., Michael Dannemann, Adrian W. Briggs, Birgit Nickel, Emily E. Groopman, Richard W. Wrangham, and Janet Kelso. "Genetic Evidence of Human Adaptation to a Cooked Diet." *Genome Biology and Evolution* 8, no. 4 (2016): 1091-103.

Carmody, Rachel N., and Richard W. Wrangham. "The Energetic Significance of Cooking." *Journal of Human Evolution* 57, no. 4 (2009): 379-91. https://doi.org/10.1016/j.jhevol.2009.02.011.

Cartmill, Matt. "Hunting Hypothesis of Human Origins." In *History of Physical Anthropology*, ed. Frank Spencer, 508-12. London: Routledge, 1997.

——. *A View to a Death in the Morning: Hunting and Nature Through History.* Cambridge, MA: Harvard University Press, 1993.

Centers for Disease Control and Prevention. "ChildVaxView: 2016 Childhood Combined 7-Vaccine Series Coverage Report," 2016. https://www.cdc.gov/vaccines/imz-managers/coverage/childvaxview/data-reports/7-series/index.html.

——. "Fast Food Consumption Among Adults in the United States, 2013-016," October 2018. https://www.cdc.gov/nchs/products/databriefs/db322.htm.

——. "Sugar-Sweetened Beverage Consumption Among U.S. Adults, 2011-014," January 2017. https://www.cdc.gov/nchs/products/databriefs/db270.htm.

Cernovich, Mike. *Gorilla Mindset.* Seattle, WA: CreateSpace, 2015.

Chaffee, Leighann, and Corey Cook. "The Allure of Food Cults: Balancing Pseudoscience and Healthy Skepticism." In *Food Cults: How Fads, Dogma, and Doctrine Influence Diet*, ed. Kima Cargill. Rowman and Littlefield Studies in Food and Gastronomy. Lanham, MD: Rowman and Littlefield, 2017.

Chaitow, Leon. *Stone Age Diet: The Natural Way to Eat.* London: MacDonald Optima, 1987.

Challem, Jack. *The Food-Mood Solution: All-Natural Ways to Banish Anxiety, Depression, Anger, Stress, Overeating, and Alcohol and Drug Problems—and Feel Good Again.*

Hoboken, NJ: Wiley, 2007.

Chandrasekarans, Sudha. "Orthorexia: An Outcome of Healthy Food Obsession." *Woman's Era*, 2015. https://link.galegroup.com/apps/doc/A406845844/STND?u=upenn_main&sid=STND&xid=31673f9b.

Chang, Hui-Shung, and Lydia Zepeda. "Consumer Perceptions and Demand for Organic Food in Australia: Focus Group Discussions." *Renewable Agriculture and Food Systems* 30, no. 3 (2005): 155‑67.

Chang, K. C. *Food in Chinese Culture: Anthropological and Historical Perspectives*. New Haven, CT: Yale University Press, 1977.

Chang, Melanie, and April Nowell. "How to Make Stone Soup: Is the 'Paleo Diet' a Missed Opportunity for Anthropologists?" *Evolutionary Anthropology* 25 (2016): 228‑31.

Charles, Nickie, and Marion Kerr. *Women, Food and Families*. Manchester, UK: Manchester University Press, 1988.

Chivers, D. J., and C. M. Hladik. "Diet and Gut Morphology in Primates." In *Food Acquisition and Processing in Primates*, ed. D. J. Chivers. New York: Plenum, 1982.

——. "Morphology of the Gastrointestinal Tract in Primates: Comparisons with Other Mammals in Relation to Diet." *Journal of Morphology* 166 (1980): 337‑86.

Chrzan, Janet. "The Family Meal as a Culturally Relevant Nutrition Teaching Aid." In *Meals in Science and Practice: Interdisciplinary Research and Business Applications*, ed. Herbert L. Meiselman, 251‑69. Cambridge: Woodhead, 2009.

——. "No, You're Not Addicted to Carbohydrates: You Simply Prefer to Eat Sweets." In *Is Food Addictive?* Paper presented at the Association for the Study of Food and Society Annual Conference, Occidental, CA, 2017.

——. "Organics: Food, Fantasy or Fetish?" In *Pseudoscience and Nutrition: The Enduring Appeal of Magical Thinking, Dietary Fads and Nutritional Extremism*. Association for the Study of Food and Society Annual Conference, Toronto, 2016.

——. "Social Support and Nutrition During Adolescent Pregnancy: Effects of Health Outcomes of Baby and Mother." PhD diss., University of Pennsylvania, 2008.

Cioffi, Catherine E., David A. Levitsky, Carly R. Pacanowski, and Fredrik Bertz. "A Nudge in a Healthy Direction: The Effect of Nutrition Labels on Food Purchasing Behaviors in University Dining Facilities." *Appetite* 92 (2015): 7‑14.

Codding, Brian F., Rebecca Bliege Bird, and Douglas W. Bird. "Provisioning Offspring and Others: Risk‑Energy Trade‑Offs and Gender Differences in Hunter‑Gatherer

Foraging Strategies." *Proceedings of the Royal Society B* 278 (2011): 2502-9.

Coleman-Jensen, Alisha, Matthew Rabbitt, Christian A. Gregory, and Anita Singh. *Household Food Security in the United States in 2019.* Washington, DC: U.S. Department of Agriculture, Economic Research Service, 2020.

Coleman-Jensen, Alisha, Matthew P. Rabbitt, Christian A. Gregory, and Anita Singh. *Household Food Security in the United States in 2017.* Washington, DC: U.S. Department of Agriculture, Economic Research Service, 2018.

Colloca, Luana, and Fabrizio Benedetti. "Placebo Analgesia Induced by Social Observational Learning." *Pain* 144, no. 1 (2009): 28-34. https://doi.org/10.1016/j.pain.2009.01.033.

Conquergood, Dwight, and Paja Thao. *I Am a Shaman: A Hmong Life Story with Ethnographic Commentary.* Southeast Asian Refugee Studies, Number Eight. Minneapolis: Center for Urban and Rural Affairs, University of Minnesota, 1989.

Coontz, Stephanie. *The Way We Never Were: American Families and the Nostalgia Trap.* New York: Basic Books, 1992.

Cooper, M. L., M. R. Frone, M. Russell, and P. Mudar. "Drinking to Regulate Positive and Negative Emotions: A Motivational Model of Alcohol Use." *Journal of Personality and Social Psychology* 69, no. 5 (November 1995): 990-1005. https://doi.org/10.1037/0022-3514.69.5.990.

Cordain, Loren. "Humanity's Evolutionary Food Pyramid," January 11, 2020. https://4.bp.blogspot.com/_9nMHFYF7uT4/SvmGSVJzMVI/AAAAAAAAAA8/faaRRIASnKY/s1600-h/paleo_diet_food_pyramid.jpg.

——. *The Paleo Answer: 7 Days to Lose Weight, Feel Great, Stay Young.* Hoboken, NJ: Wiley, 2012.

——. *The Paleo Diet.* New York: Wiley, 2001.

——. *The Paleo Diet: Lose Weight and Get Healthy by Eating the Foods You Were Designed to Eat.* Hoboken, NJ: Wiley, 2002.

——. *The Real Paleo Diet Cookbook.* Boston: Houghton Mifflin Harcourt, 2015.

Cordain, Loren, S. Boyd Eaton, Anthony Sebastian, Neil Mann, Staffan Lindeberg, Bruce A. Watkins, James H. O'Keefe, and Janette Brand-Miller. "Origins and Evolution of the Western Diet: Health Implications for the 21st Century." *American Journal of Clinical Nutrition* 81, no. 2 (2005): 341-54.

Corsica, Joyce A., and Bonnie J. Spring. "Carbohydrate Craving: A Double-Blind, Placebo-Controlled Test of the Self-Medication Hypothesis." *Eating Behaviors* 9, no. 4

(2008): 447-54.

Creswell, Julie. "'I Just Need the Comfort': Processed Foods Make a Pandemic Comeback." *New York Times,* April 7, 2020. https://www.nytimes.com/2020/04/07/business/coronavirus-processed-foods.html.

Crittenden, Alyssa, and Stephanie Schnorr. "Current Views on Hunter-Gatherer Nutrition and the Evolution of the Human Diet." *American Journal of Physical Anthropology* 162 (2017): 84-109.

Crossfit623. "What Is Not the Paleo Diet Diagram," January 11, 2020. http://i1.wp.com/www.crossfit623.com/wp-content/uploads/whats-in-paleo-diet-whats-not.jpg.

Csordas, Thomas J. "Elements of Charismatic Persuasion and Healing." *Medical Anthropology Quarterly* 2, no. 2 (1988): 121-42.

——. "The Rhetoric of Transformation in Ritual Healing." *Culture, Medicine, and Psychiatry* 7 (1983): 333-75.

——. *The Sacred Self: A Cultural Phenomenology of Charismatic Healing.* Berkeley: University of California Press, 1997.

Csordas, Thomas J., and Elizabeth Lewton. "Practice, Performance and Experience in Ritual Healing." *Transcultural Psychiatry* 34, no. 4 (1998): 435-512.

Currid-Halkett, Elizabeth. *The Sum of Small Things: A Theory of the Aspirational Class.* Princeton, NJ: Princeton University Press, 2017.

Dalhberg, Frances. *Woman the Gatherer.* New Haven, CT: Yale University Press, 1981.

Danowski, Debbie, and Pedro Lazaro. *Why Can't I Stop Eating? Recognizing, Understanding, and Overcoming Food Addiction.* Center City, MN: Hazelden, 2000.

Dart, Raymond. "The Predatory Transition from Ape to Man." *International Anthropological and Linguistic Review* 1, no. 4 (1953): 201-17.

Daugherty, Greg. "The Brief History of Americanitis." Smithsonian Magazine, March 25, 2015. https://www.smithsonianmag.com/history/brief-history-americanitis-180954739/.

Davies, Wilf. "Experience: I've Had the Same Supper for 10 Years." *The Guardian,* April 16, 2021. http://www.theguardian.com/lifeandstyle/2021/apr/16/experience-ive-had-the-same-supper-for-10-years.

Davis, Madeleine. "Sorry, Neo Cavemen, But Your Paleo Diet Is Pretty Much Bullshit." *Jezebel,* 2013. https://jezebel.com/sorry-neo-cavemen-but-your-paleo-diet-is-pretty-much-512277993.

Davis, Nichola J., Nora Tomuta, Clyde Schechter, Carmen R. Isasi, C. J. Segal-Isaacson, and Daniel Stein. "Comparative Study of the Effects of a 1-Year Dietary Intervention of a Low-Carbohydrate Diet Versus a Low-Fat Diet on Weight and Glycemic Control in Type 2 Diabetes." *Diabetes Care* 32, no. 7 (2009): 1147–52.

Davis, William. *Undoctored: Why Health Care Has Failed You and How You Can Become Smarter than Your Doctor*. Emmaus, PA: Rodale, 2017.

———. *Wheat Belly 10-Day Grain Detox: Reprogram Your Body for Rapid Weight Loss and Amazing Health*. Emmaus, PA: Rodale, 2015.

———. *Wheat Belly: Lose the Wheat, Lose the Weight, and Find Your Path Back to Health*. Emmaus, PA: Rodale, 2011.

De Vany, Arthur. "Arthur De Vany—Renewing Cycles." Presented at the Florida Institute for Human and Machine Cognition Evening Lecture Series, Pensacola, Florida, December 1, 2016. https://www.ihmc.us/lectures/20161201/.

———. *The New Evolution Diet: What Our Paleolithic Ancestors Can Teach Us About Weight Loss, Fitness, and Aging*. Emmaus, PA: Rodale, 2010.

DeFabio, Rose Cara. "Why Millions of People Watch Videos of Strangers Eating Huge Amounts of Food." *Splinter*, August 25, 2016. https://splinternews.com/why-millions-of-people-watch-videos-of-strangers-eating-1793861391.

Derrida, Jacques. *Points: Interviews, 1974-1994*, ed. E. Weber. Stanford, CA: Stanford University Press, 1995.

Dickinson, Kacie, Michelle Watson, and Ivanka Pritchard. "Are Clean Eating Blogs a Source of Healthy Recipes? A Comparative Study of the Nutrient Composition of Foods with and Without Clean Eating Claims." *Nutrients* 10, no. 10 (2018): 1440–50.

Dickson, James H., Klaus Oeggl, Timothy G. Holden, Linda L. Handley, Tamsin C. O'Connell, and Thomas Preston. "The Omnivorous Tyrolean Iceman: Colon Contents (Meat, Cereals, Pollen, Moss and Whipworm) and Stable Isotope Analyses." *Philosophical Transactions of the Royal Society B* 355 (2000): 1843–49.

Douglas, Mary. "Deciphering a Meal." *Daedalus*, no. 1 (1972): 61–81.

———. *Implicit Meanings*. London: Routledge, 1975.

———. "Plenary Address." In *Anthropology and the Health of Populations: Global Trends and Local Contexts*, Third Annual International Social Anthropology Conference. London, 2002.

———. *Purity and Danger: An Analysis of Concepts of Pollution and Taboo*. London: Routledge and Keegan Paul, 1966.

———. *Risk and Blame: Essays in Cultural Theory*. London: Routledge, 1992.

Douglas, Mary, and Michael Nicod. "Taking the Biscuit: The Structure of British Meals." *New Society* 19 (1974): 744-47.

Douglas, Mary, and Aaron Wildavsky. *Risk and Culture: An Essay on the Selection of Technological and Environmental Dangers*. Berkeley: University of California Press, 1983.

Dubos, Rene J. "Lasting Biological Effects of Early Influences." *Perspectives in Biology and Medicine* 12 (1969): 479-91.

Dudash, Michelle. *Clean Eating for Busy Families*. Beverly, MA: Fair Winds, 2012.

Dukan, Pierre. *The Dukan Diet Made Easy: Cruise Through Permanent Weight Loss— and Keep It Off for Life!* New York: Harmony, 2014.

———. *The Dukan Diet: Two Steps to Lose the Weight, Two Steps to Keep It Off Forever*. New York: Crown Archetype, 2011.

Dunn, Jancee. "Clean Plate." *Vogue*, 2019.

Durant, John. *The Paleo Manifesto: Ancient Wisdom for Lifelong Health*. New York: Harmony (Penguin Random House), 2014.

Durkheim, Emile. *The Rules of Sociological Method and Selected Texts on Sociology and Its Method*, ed. by Steven Lukes, trans. W. D. Halls. New York: Free Press, 1982.

Easter, Michael. "Eating Clean Is Useless." *Vice*, July 14, 2017. https://www.vice.com/en_us/article/zmvwb4/eating-clean-wont-make-you-any-healthier?utm_source=tonicfbus.

Eaton, S. Boyd, and Melvin Konner. "Paleolithic Nutrition: A Consideration of Its Nature and Current Implications." *New England Journal of Medicine* 312, no. 5 (1985): 283-89.

Eaton, S. Boyd, Marjorie Shostak, and Melvin Konner. *The Paleolithic Prescription: A Program of Diet and Exercise and a Design for Living*. New York: Harper and Row, 1988.

Eaves, Emery R., Mark Nichter, and Cheryl Ritenbaugh. "Ways of Hoping: Navigating the Paradox of Hope and Despair in Chronic Pain." *Culture, Medicine, and Psychiatry* 40, no. 1 (2016): 35-58. https://doi.org/10.1007/s11013-015-9465-4.

Eaves, Emery R., Cheryl Ritenbaugh, Mark Nichter, Allison L. Hopkins, and Karen J. Sherman. "Modes of Hoping: Understanding Hope and Expectation in the Context of a Clinical Trial of Complementary and Alternative Medicine for Chronic Pain." *Explore* 10, no. 4 (2014): 225-32. https://doi.org/10.1016/j.explore.2014.04.004.

Editors, Vegetus Publishing. "The Dirty Truths of Clean Eating." *Nutrition Health Review* 122 (Spring 2019): 11.

Eisenstein, Julie, Susan B. Roberts, Gerard Dallal, and Edward Saltzman. "High-Protein Weight-Loss Diets: Are They Safe and Do They Work? A Review of the Experimental and Epidemiologic Data." *Nutrition Reviews* 60, no. 7 I (2002): 189–200.

Eksouzian-Cavadas, Ana. "How to Get Glowing, Red Carpet Worthy Skin According to Beyonce's Makeup Artist: Working from the Inside Out." *Harper's Bazaar Magazine*, 2018. https://www.harpersbazaar.com.au/beauty/how-to-get-red-carpet-worthy-glowing-skin-15679.

El Sohly, M. A., S. A. Ross, Z. Mehmedic, R. Arafat, B. Yi, and B. F. Banahan. "Potency Trends of Delta9-THC and Other Cannabinoids in Confiscated Marijuana from 1980–1997." *Journal of Forensic Sciences* 45, no. 1 (2000): 24–30.

Eliade, Mircea. *Shamanism: Archaic Techniques of Ecstasy*. Princeton, NJ: Princeton University Press, 1964.

Epstein, Samuel, and Beth Leibson. *Good Clean Food: Shopping Smart to Avoid GMOs, rBGH, and Products That May Cause Cancer and Other Diseases*. New York: Skyhorse, 2013.

Essoussi, Leila Hamzaoui, and Mehdi Zahaf. "Exploring the Decision-Making Process of Canadian Organic Food Consumers." *Qualitative Market Research: An International Journal* 12, no. 4 (2009): 443–59.

Estalrrich, Almudena, Sireen El Zaatari, and Antonio Rosas. "Dietary Reconstruction of the El Sidron Neandertal Familial Group (Spain) in the Context of Other Neandertal and Modern Hunter-Gatherer Groups: A Molar Microwear Texture Analysis." *Journal of Human Evolution* 104 (2017): 13–22.

Estioko-Griffin, Agnes, and P. Bion Griffin. "Woman the Hunter: The Agta." In *Woman the Gatherer*, ed. Frances Dalhberg, 121–52. New Haven, CT: Yale University Press, 1981.

Etkin, Nina. *Foods of Association: Biocultural Perspectives on Foods and Beverages That Mediate Sociability*. Tuscon: University of Arizona Press, 2009.

Fahy, G. M., M. West, L. S. Coles, and S. B. Harris. *The Future of Aging: Pathways to Human Life Extension*. Heidelberg, Germany: Springer Netherlands, 2010. https://books.google.com/books?id=0yiSaEVY4RIC.

Farrell, Amy. *Fat Shame: Stigma and the Fat Body in American Culture*. New York: New York University Press, 2011.

Ferriss, Tim. "How to Reverse Aging with Art De Vany." *The Tim Ferriss Show*, n.d. https://tim.blog/2017/05/12/art-de-vany/.

Finkelstein, Joanne. *Dining Out: An Observation of Modern Manners.* New York: New York University Press, 1989.

Finkler, Kaja. "The Social Consequence of Wellness: A View of Healing Outcomes from Micro and Macro Perspectives." *International Journal of Health Services* 16, no. 4 (1986): 627‑42.

Fischler, Claude. "Commensality, Society and Culture." *Social Science Information* 50, no. 3‑4 (2011): 528‑48.

———. "Food Habits, Social Change, and the Nature/Culture Dilemma." *Social Science Information* 19, no. 6 (1980): 937‑53.

———. "Food, Self, and Identity." *Social Science Information* 27, no. 2 (1988): 275‑92.

Fitzgerald, Matt. *Diet Cults: The Surprising Fallacy at the Core of Nutrition Fads and a Guide to Healthy Eating for the Rest of Us.* New York: Pegasus, 2014.

Food Addicts in Recovery Anonymous, *Food Addicts in Recovery Anonymous.* Woburn, MA: Food Addicts in Recovery Anonymous, 2013.

Foster, Gary D., Holly R. Wyatt, James O. Hill, Brian G. McGuckin, Carrie Brill, B. Selma Mohammed, Philippe O. Szapary, Daniel J. Rader, Joel S. Edman, and Samuel Klein. "A Randomized Trial of a Low-Carbohydrate Diet for Obesity." *New England Journal of Medicine* 348, no. 21 (2003): 2082‑90. https://doi.org/10.1056/NEJMoa022207.

Frank, Jerome D. *Persuasion and Healing: A Comparative Study of Psychotherapy.* Baltimore, MD: John Hopkins University Press, 1973.

Frassetto, L. A., M. Schloetter, M. Mietus-Synder, R. C. Morris Jr., and A. Sebastian. "Metabolic and Physiologic Improvements from Consuming a Paleolithic, Hunter-Gatherer Type Diet." *European Journal of Clinical Nutrition* 63, no. 8 (2009): 947‑55.

Freedman, Paul. "Medieval and Modern Banquets: Commensality and Social Categorization." In *Commensality: From Everyday Food to Feast,* ed. Susanne Kerner, Cynthia Chou, and Morten Warmind, 99‑108. London: Bloomsbury, 2015.

Freud, Sigmund. *Totem and Taboo,* trans. A. A. Brill. London: Routledge, 1919.

Friedman, Richard A. "What Cookies and Meth Have in Common." *New York Times,* June 30, 2017. https://www.nytimes.com/2017/06/30/opinion/sunday/what-cookies-and-meth-have-in-common.html.

"From the First Bite: A Complete Guide to Recovery from Food Addiction: Sheppard MA, Kay: 9781558747548: Amazon.Com: Books." https://www.amazon.com/First-Bite-Complete-Recovery-Addiction/dp/1558747540/ref=sr_1_1?dchild=1&keywords=from+the+first+bite&qid=1616693605&sr=8-1.

Garza, Jennifer Marie. *Bake It Keto*. Boston: Houghton Mifflin Harcourt, 2020.

Gaulin, Steven J. C., and Melvin Konner. "On the Natural Diet of Primates, Including Humans." *Nutrition and the Brain* 1 (1977): 1-86.

Gearhardt, A. N., W. R. Corbin, and K. D. Brownell. "Preliminary Validation of the Yale Food Addiction Scale." *Appetite* 52, no. 2 (2009): 430-36.

Gearhardt, Ashley, Caroline Davis, Rachel Kuschner, and Kelly D. Brownell, "The Addiction Potential of Hyperpalatable Foods," *Current Drug Abuse Reviews* 4, no. 3 (September 2011): 140-45.

Gearhardt, Ashley, Carlos M. Grilo, Ralph J. DiLeone, Kelly D. Brownell, and Marc N. Potenza. "Can Food Be Addictive? Public Health and Policy Implications." *Addiction* 106, no. 7 (2011): 1208-12.

Gibbons, Ann. "Food for Thought." *Science* 316, no. 5831 (2007): 1558-60.

Gibson, Alice A., and Amanda Sainsbury. "Strategies to Improve Adherence to Dietary Weight Loss Interventions in Research and Real-World Settings." *Behavioral Sciences* 7, no. 3 (2017): 44-55.

Giddens, Anthony. "Risk and Responsibility." *Modern Law Review* 62, no. 1 (1999): 1-10.

Gillam, Carey. "Neurotoxins on Your Kid's Broccoli: That's Life Under Trump." *The Guardian*, July 21, 2019. https://www.theguardian.com/commentisfree/2019/jul/21/epa-chlorpyrifos-trump-food?CMP=share_btn_fb&fbclid=IwAR30aooqlLp32Cc1dmg6O2cg3Yun6GFr00NMxR6uCqb5x_vTeC7-VkYlqZg.

Girz, L., J. Polivy, C. P. Herman, and H. Lee. "The Effects of Calorie Information on Food Selection and Intake." *International Journal of Obesity* 36, no. 10 (2005): 1340-45.

Glassner, Barry. *The Culture of Fear: Why Americans Are Afraid of the Wrong Things*. New York: Basic Books, 1999.

——. *The Gospel of Food: Everything You Think You Know About Food Is Wrong*. New York: HarperCollins, 2007.

Glik, Deborah C. "Symbolic, Ritual and Social Dynamics of Spiritual Healing." *Social Science and Medicine* 27, no. 11 (1988): 1197-206.

Gluckman, Peter, and Mark Hanson. Mismatch: *The Lifestyle Diseases Timebomb*. Oxford: Oxford University Press, 2006.

Gold, Mark S., William S. Jacobs, and Kimberly Frost-Pineda. "Overeating, Binge Eating, and Eating Disorders as Addictions." *Psychiatric Annals* 33, no. 2 (2003): 117-22.

Good, Byron J. "The Heart of What's the Matter: Semantics and Illness in Iran." *Culture,*

Medicine and Psychiatry 1 (1977): 25-58.

Goode, Judith. "Cultural Patterning and Group-Shared Rules in the Study of Food Intake." In *Research Methods in Nutritional Anthropology*, ed. Gretel Pelto, Ellen Messer, and Judith Goode. Tokyo: United Nations University, 1989.

Goode, Judith, Karen Curtis, and Janet Theophano. "Group-Shared Food Patterns as a Unit of Analysis." In *Nutrition and Behavior*, ed. Sanford Miller, 19-30. Philadelphia: Franklin Institute Press, 1981.

———. "Meal Formats, Meal Cycles, and Menu Negotiation in the Italian American Food System." In *Food and the Social Order*, ed. Mary Douglas, 135-99. New York: Russell Sage Foundation, 1984.

Goodman, Nancy. *It Was Food vs. Me . . . and I Won.* New York: Viking Adult, 2004.

Goody, Jack. *Cooking, Cuisine and Class.* Cambridge: Cambridge University Press, 1982.

Gowlett, J. A. J. "The Discovery of Fire by Humans: A Long and Convoluted Process." *Philosophical Transactions of the Royal Society B* 371 (2016): 1-12.

Gray, Gregory E. "Diet, Crime and Delinquency: A Critique." *Nutrition Reviews* 44, Suppl 3 (1986): 89-94. https://doi.org/10.1111/j.1753-4887.1986.tb07683.x.

Greenhalgh, Susan. *Fat-Talk Nation: The Human Costs of America's War on Fat.* Ithaca, NY: Cornell University Press, 2015.

Greer, Christina Fisanick. *The Optimistic Food Addict: Recovering from Binge Eating Disorder.* Hollister, CA: MSI, 2016.

Greger, Michael. *How Not to Diet.* New York: Flatiron, 2019.

Gross, Michael. "How Our Diet Changed Our Evolution." *Current Biology* 27 (2017): 731-45.

Grotto, David, and Elisa Zied. "The Standard American Diet and Its Relationship to the Health Status of Americans." *Nutrition in Clinical Practice* 25, no. 6 (2010): 603-12.

Gundry, Steven R. *The Plant Paradox: The Hidden Dangers in "Healthy" Foods That Cause Disease and Weight Gain.* New York: Harper Wave, 2017.

Gunnarsson, Andreas, and Mark Elam. "Food Fight! The Swedish Low-Carb/High Fat (LCHF) Movement and the Turning of Science Popularisation Against the Scientists." *Science as Culture* 21, no. 3 (2012): 315-34.

Gurven, Michael, and Kim Hill. "Why Do Men Hunt? A Reevaluation of 'Man the Hunter' and the Sexual Division of Labor." *Current Anthropology* 50, no. 1 (2009): 51-62.

Hagen, Sofie. "The Unexpected History of Clean Eating." *Seriously...*, August 11, 2019. https://www.listennotes.com/podcasts/seriously/the-unexpected-history-of-lFf4U5jSbYd/.

Hahn, Robert A. *Sickness and Healing: An Anthropological Perspective*. New Haven, CT: Yale University Press, 1995.

Halifax, Joan. *Shaman: The Wounded Healer*. New York: Crossroad, 1982.

———. *Shamanic Voices: A Survey of Visionary Narratives*. New York: E. P. Dutton, 1979.

Halkier, Bente. "Risk and Food: Environmental Concerns and Consumer Practices." *International Journal of Food Science and Technology* 36 (2001): 801–12.

Hall, Kevin, et al. "Ultra-Processed Diets Cause Excess Calorie Intake and Weight Gain: An Inpatient Randomized Controlled Trial of Ad Libitum Food Intake." *Cell Metabolism* 30 (2019): 1–11.

Hanna, Joel M., and Conrad A. Hornick. "Use of Coca Leaf in Southern Peru: Adaptation or Addiction." *Bulletin on Narcotics* 29, no. 1 (1977): 63–74.

Hannig, Anita. "Sick Healers: Chronic Affliction and the Authority of Experience at an Ethiopian Hospital." *American Anthropologist* 117, no. 4 (2015): 640–51.

Harding, Robert. "An Order of Omnivores: Nonhuman Primate Diets in the Wild." In *Omnivorous Primates*, ed. Robert Harding and G. Teleki, 191–214. New York: Columbia University Press, 1981.

Hardman, Isabel, and Lara Prendergast. "The Dangerous Food Fad." *The Spectator*, 2015.

Hardy, Karen, Jennie Brand-Miller, Katherine D. Brown, Mark G. Thomas, and Les Copeland. "The Importance of Dietary Carbohydrate in Human Evolution." *Quarterly Review of Biology* 90, no. 3 (2015): 251–68. https://doi.org/10.1086/682587.

Hardy, Karen, and Lucy Kubiak Martens, eds. *Wild Harvest: Plants in the Hominin and Pre-Agrarian Human Worlds*. Studying Scientific Archaeology. Oxford: Oxbow, 2016.

Harris, Anna. *Embodiment*. Oxford: Oxford University Press, 2016. https://www.oxfordbibliographies.com/view/document/obo-9780199766567/obo-9780199766567-0151.xml.

Harris, Cory S., and Timothy Johns. "The Total Food Effect: Exploring Placebo Analogies in Diet and Food Culture." *Journal of Mind-Body Regulation* 1, no. 3 (n.d.): 143–60.

Harris, M. *Good to Eat: Riddles of Food and Culture*. New York: Simon and Schuster, 1985.

Hart, Donna, and Robert Sussman. *Man the Hunted: Primates, Predation, and Human*

Evolution. Boulder, CO: Westview, 2005.

Hartman Group. "'Clean' Is About Something Much More Than What's on a Product's Label." Newsletter, July 25, 2017. https://www.hartman-group.com/newsletters/1275571494/clean-is-about-something-much-more-than-whats-on-a.

———. "The 'Clean Label' Trend: When Food Companies Say 'Clean Label,' Here's What Consumers Understand." Newsletter, February 22, 2018. https://www.hartman-group.com/infographics/1859150243/the-clean-label-trend-when-food-companies-say-clean.

———. "Healthy Eating in America: Why Organic and Natural Foods Continue to Grow." Newsletter, March 14, 2019. https://s3.us-west-2.amazonaws.com/storage.www.hartman-group.com/infographics/fullsize/spK8o4KJSVeBJWh4AJPW3GajRqOvWMWJHBJQjYIo.pdf.

Hartwig, Dallas, and Melissa Hartwig. *It Starts with Food: Discover the Whole30 and Change Your Life in Unexpected Ways.* Las Vegas, NV: Victory Belt, 2014.

Hartwig Urban, Melissa, and Dallas Hartwig. *The Whole30: The 30-Day Guide to Total Health and Food Freedom.* Boston: Houghton Mifflin Harcourt, 2015.

Haubrich, William S. "Book Review: The Stone Age Diet." *Gastrointestinal Endoscopy* 22, no. 4 (1976): 217.

Hawkes, K., J. F. O'Connell, and N. G. Blurton Jones. "Hadza Women's Time Allocation, Offspring Provisioning, and the Evolution of Long Postmenopausal Life Spans." *Current Anthropology* 38, no. 4 (1997): 551–77. https://doi.org/10.1086/204646.

Hawkes, K., J. F. O'Connell, N. G. Blurton Jones, H. Alvarez, and E. L. Charnov. "Grandmothering, Menopause, and the Evolution of Human Life Histories." *Proceedings of the National Academy of Sciences* 95, no. 3 (1998): 1336–39. https://doi.org/10.1073/pnas.95.3.1336.

Hawkes, Kristen. "The Grandmother Effect." *Nature* 428 (2004): 128–29.

———. "Grandmothers and the Evolution of Human Longevity." *American Journal of Human Biology* 15 (2003): 380–400.

———. "Sharing and Collective Action." In *Evolutionary Ecology and Human Behavior,* ed. E. A. Smith and Bruce Winterhalder, 269–300. New York: Aldine de Gruyter, 1992.

Hawkes, Kristen, J. F. O'Connell, and N. G. Blurton-Jones. "Hadza Meat Sharing." *Evolution and Human Behavior* 22 (2001): 113–42.

Heath, Dwight B. *Drinking Occasions: Comparative Perspectives on Alcohol and*

Culture. International Center for Alcohol Policies Series on Alcohol on Society. Philadelphia: Taylor and Francis, 2000.

Hebebrand, Johannes, Ozgur Albayrak, Roger Adan, Jochen Antel, Carlos Dieguez, Johannes de Jong, Gareth Leng, John Menzies, Julian G. Mercer, and Michelle Murphy. "'Eating Addiction,' Rather than 'Food Addiction,' Better Captures Addictive-Like Eating Behavior." *Neuroscience and Biobehavioral Reviews* 47 (2014): 295–306.

Heim, Derek. "Addiction: Not Just Brain Malfunction." *Nature* 507, no. 7490 (2014): 40. https://doi.org/10.1038/507040e.

Heimowitz, Colette. *The New Atkins Made Easy: A Faster, Simpler Way to Shed Weight and Feel Great—Starting Today!* New York: Simon and Schuster, 2013.

Heller, Richard F., and Rachael F. Heller. *The Carbohydrate Addict's Diet: The Lifelong Solution to Yo-Yo Dieting.* New York: Berkley, 1993.

Henry, Amanda G., Alison Brooks, and Dolores Piperno. "Plant Foods and the Dietary Ecology of Neanderthals and Early Modern Humans." *Journal of Human Evolution* 69 (2014): 44–54.

Hession, M., C. Rolland, U. Kulkarni, A. Wise, and J. Broom. "Systematic Review of Randomized Controlled Trials of Low-Carbohydrate vs. Low-Fat/Low-Calorie Diets in the Management of Obesity and Its Comorbidities." *Obesity Reviews* 10, no. 1 (2009): 36–50. https://doi.org/10.1111/j.1467-789X.2008.00518.x.

Hiilamo, Aapo, Tea Lallukka, Minna Manty, and Anne Kouvonen. "Obesity and Socioeconomic Disadvantage in Midlife Female Public Sector Employees: A Cohort Study." *BMC Public Health* 17 (2017): 842–52.

Hill, Kim, and Hillard Kaplan. "Life History Traits in Humans: Theory and Empirical Studies." *Annual Review of Anthropology* 28 (1999): 397–430.

Hockett, Bryan, and Jonathan Haws. "Nutritional Ecology and Diachronic Trends in Paleolithic Diet and Health." *Evolutionary Anthropology* 12 (2003): 211–16.

Holak, Susan L., and William J. Havlena. "Nostalgia: An Exploratory Study of Themes and Emotions in the Nostalgic Experience." *ACR North American Advances* 19 (1992): 380–87.

Holm, Lotte, Marianne Pipping Ekstrom, Jukka Gronow, Unni Kjærnes, Thomas Bøker Lund, Johanna Makela, and Mari Niva. "The Modernisation of Nordic Eating: Studying Changes and Stabilities in Eating Patterns." *Anthropology of Food* S7 (2012): 1–16.

Howell, Nancy. *Demography of the Dobe !Kung.* New York: Academic, 1979.

——. *Life Histories of the Dobe !Kung: Food, Fatness, and Well-Being over the Life Span.*

Berkeley: University of California Press, 2010.

Hyman, Mark. *The Blood Sugar Solution 10-Day Detox Diet*. New York: Little, Brown, 2014.

Ifland, Joan, Marianne T. Marcus, and Harry G. Preuss. *Processed Food Addiction: Foundations, Assessment, and Recovery*. Boca Raton, FL: CRC, 2017.

IPCC. "Climate Change and Land." Geneva, Switzerland: United Nations Intergovernmental Panel on Climate Change, 2019. https://www.ipcc.ch/srccl/.

Jackson, Peter. *Anxious Appetites: Food and Consumer Culture*. London: Bloomsbury, 2015.

Jallinoja, Piia, Mari Niva, Satu Helakorpi, and Nina Kahma. "Food Choices, Perceptions of Healthiness, and Eating Motives of Self-Identified Followers of a Low-Carbohydrate Diet." *Food and Nutrition Research* 58, no. 1 (2014): 1-9.

Janzen, John M. "Cults of Affliction." In *Encyclopedia of Religion*, ed. Lindsay Jones, 1:60-64. New York: Macmillan, 2005.

Jarosz, Ewa. "Class and Eating: Family Meals in Britain." *Appetite* 116 (2017): 527-35.

Jean, H., and C. Yarnall. *Paleo Dog: Give Your Best Friend a Long Life, Healthy Weight, and Freedom from Illness by Nurturing His Inner Wolf*. Emmaus, PA: Rodale, 2014.

Jenkins, David J. A., Julia M. W. Wong, Cyril W. C. Kendall, Amin Esfahani, Vivian W. Y. Ng, Tracy C. K. Leong, Dorothea A. Faulkner, et al. "The Effect of a Plant-Based Low-Carbohydrate ('Eco-Atkins') Diet on Body Weight and Blood Lipid Concentrations in Hyperlipidemic Subjects." *Archives of Internal Medicine* 169, no. 11 (2009): 1046-54. https://doi.org/10.1001/archinternmed.2009.115.

Jerome, Norge. "On Determining Food Patterns of Urban Dwellers in Contemporary Society." In *Gastronomy*, ed. Margaret L. Arnott, 91-111. The Hague: Mouton, 1975.

Jilek, Wolfgang G. "Transforming the Shaman: Changing Western Views of Shamanism and Altered States of Consciousness." *Investigacion En Salud [Universidad de Guadalajara, Mexico]* 7, no. 1 (2005): 8-15.

Johns, Timothy. *The Origins of Human Diet and Medicine: Chemical Ecology*. Arizona Studies in Human Ecology. Tucson: University of Arizona Press, 1996.

Johnson, Adrienne Rose. "The Paleo Diet and the American Weight Loss Utopia 1975-2014." *Utopian Studies* 26 (2015): 101-24.

Johnson, Norris Brock. "Cannibals and Culture: The Anthropology of Michel de Montaigne." *Dialectical Anthropology* 18, no. 2 (1993): 153-76.

Jones, Martin. *Feast: Why Humans Share Food*. Oxford: Oxford University Press, 2007.

Jonsson, I. M., and M. Pipping Ekstrom. "Gender Perspectives on the Solo Diner as Restaurant Customer." In *Meals in Science and Practice: Interdisciplinary Research and Business Applications*, ed. Herbert L. Meiselman, 236-50. Cambridge: Woodhead, 2009.

Joralemon, Donald. "The Performing Patient in Ritual Healing." *Social Science and Medicine* 23, no. 9 (1986): 841-45.

Julier, Alice. "The Political Economy of Obesity: The Fat Pay All." In *Food and Culture: A Reader*, ed. Carole Counihan and Penny Van Esterik, 482-99. New York: Routledge, 2008.

Julier, Alice P. *Eating Together: Food, Friendship and Inequality.* Urbana: University of Illinois Press, 2013.

Junger, Alejandro. *Clean: The Revolutionary Program to Restore the Body's Natural Ability to Heal Itself.* 2nd ed. New York: HarperCollins, 2009.

Juno, Demelo. "Never. Healthy. Enough." *Self*, 2015.

Kahn, Dan. "Eating Too Healthy? Precise Nutrition Is a Way of Life, but You Can Have Too Much of a Good Thing." *Joe Weider's Muscle and Fitness*, March 2002.

Kang, EunKyo, Jihye Lee, Kyae Hyung Kim, and Young Ho Yun. "The Popularity of Eating Broadcast: Content Analysis of 'Mukbang' YouTube Videos, Media Coverage, and the Health Impact of 'Mukbang' on Public Health." *Health Informatics Journal* 26, no. 3 (2020): 2237-48. https://doi.org/10.1177/1460458220901360.

Kaplan, Hillard. "A Theory of Fertility and Parental Investment in Traditional and Modern Human Societies." *Yearbook of Physical Anthropology* 39 (1996): 91-135.

Kaplan, Hillard, Kim Hill, A. Magdalena Hurtado, and Jane Lancaster. "The Embodied Capital Theory of Human Evolution." In *Reproductive Ecology and Human Evolution*, ed. Peter Ellison, 293-317. New York: Aldine de Gruyter, 2001.

Kaplan, Hillard, Kim Hill, Jane Lancaster, and A. Magdalena Hurtado. "A Theory of Human Life History Evolution: Diet, Intelligence, and Longevity." *Evolutionary Anthropology* 9, no. 4 (2000): 156-85.

Kaplan, Hillard, Jane Lancaster, and Arthur Robson. "Embodied Capital and the Evolutionary Economics of the Human Life Span." *Population and Development Review* 29, no. 1 (2003): 152-82.

Kaptchuk, Ted J. "The Placebo Effect in Alternative Medicine: Can the Performance of a Healing Ritual Have Clinical Significance?" *Annals of Internal Medicine* 136 (2002): 817-25.

Kaptchuk, Ted J., and David M. Eisenberg. "The Persuasive Appeal of Alternative Medicine." *Annals of Internal Medicine* 129 (1998): 1061-65.

Kaptchuk, Ted J., John M. Kelley, Lisa A. Conboy, Roger B. Davis, Catherine E. Kerr, Eric E. Jacobson, Irving Kirsch, et al. "Components of Placebo Effect: Randomised Controlled Trial in Patients with Irritable Bowel Syndrome." *BMJ: British Medical Journal* 336, no. 7651 (2008): 999-1003.

Katherine, Anne. *Anatomy of a Food Addiction: The Brain Chemistry of Overeating.* Carlsbad, CA: Gurze, 1991.

Katz, D. L., and S. Meller. "Can We Say What Diet Is Best for Health?" *Annual Review of Public Health* 35, no. 1 (2014): 83-103. https://doi.org/10.1146/annurev-publhealth-032013-182351.

Keisling, Jason, and J. D. Tuccille. "Which States Have the Most Libertarians? This Map Will Tell You." *Reason*, June 26, 2015. https://reason.com/2015/06/26/this-map-shows-how-many-libertarians-are/.

Kelly, Robert L. *The Lifeways of Hunter-Gatherers: The Foraging Spectrum.* 2nd ed. Cambridge: Cambridge University Press, 2013.

Kennedy, G. E. "From the Ape's Dilemma to the Weanling's Dilemma: Early Weaning and Its Evolutionary Context." *Journal of Human Evolution* 48, no. 2 (2005): 123-45. https://doi.org/10.1016/j.jhevol.2004.09.005.

Kessler, David. *The End of Overeating: Taking Control of the Insatiable American Appetite.* Emmaus, PA: Rodale, 2009.

Keynes, John Maynard. *The General Theory of Employment, Interest and Money.* London: Macmillan, 1936.

Kim, Yeran. "Eating as a Transgression: Multisensorial Performativity in the Carnal Videos of Mukbang (Eating Shows)." *International Journal of Cultural Studies.* 24, no. 1 (2021): 107-22.

Kirmeyer, Laurence J. "Asklepian Dreams: The Ethos of the Wounded-Healer in the Clinical Encounter." *Transcultural Psychiatry* 40, no. 2 (2003): 248-77.

———. "Healing and the Invention of Metaphor: The Effectiveness of Symbols Revisited." *Culture, Medicine, and Psychiatry* 17 (1993): 161-95.

———. "Unpacking the Placebo Response: Insights from Ethnographic Studies of Healing." *Journal of Mind-Body Regulation* 1, no. 3 (2011): 112-24.

Kjaernes, Unni. "Eating Patterns: A Day in the Lives of Nordic Peoples." Oslo, Norway: SIFO, 2001.

Kleinman, Arthur. *The Illness Narratives: Suffering, Healing, and the Human Condition*. New York: Basic Books, 1988.

——. *Patients and Healers in the Context of Culture: An Exploration of the Borderland Between Anthropology, Medicine, and Psychiatry*. Berkeley: University of California Press, 1980.

Kleinman, Arthur, and Lilias H. Sung. "Why Do Indigenous Practitioners Successfully Heal?" *Social Science and Medicine* 13, no. 1 (1979): 7–26.

Knight, Christine. "'An Alliance with Mother Nature': Natural Food, Health, and Morality in Low-Carbohydrate Diet Books." *Food and Foodways* 20 (2012): 102–22.

——. "'If You're Not Allowed to Have Rice, What Do You Have with Your Curry?' Nostalgia and Tradition in Low-Carbohydrate Diet Discourse and Practice." *Sociological Research Online* 16, no. 2 (2011): 8.

——. "'Most People Are Simply Not Designed to Eat Pasta': Evolutionary Explanations for Obesity in the Low-Carbohydrate Diet Movement." *Public Understanding of Science* 20, no. 5 (2011): 706–19.

——. "'We Can't Go Back a Hundred Million Years': Low-Carbohydrate Dieters' Responses to Nutritional Primitivism." *Food, Culture and Society* 18, no. 3 (2015): 441–61.

Kondo, Marie. *The Life-Changing Magic of Tidying Up: The Japanese Art of Decluttering and Organizing*, trans. Cathy Hirano. Berkeley: Ten Speed, 2014.

Konner, Melvin. "Confessions of a Paleo Diet Pioneer." *Wall Street Journal*, January 20, 2016. http://www.wsj.com/articles/an-evolutionary-guide-revised-on-what-to-eat-1453306447.

Konner, Melvin, and S. Eaton Boyd. "Paleolithic Nutrition." *Nutrition in Clinical Practice* 25, no. 6 (2010): 594–602.

Koven, Nancy S., and Alexandra W. Abry. "The Clinical Basis of Orthorexia Nervosa: Emerging Perspectives." *Neuropsychiatric Disease and Treatment* 11 (2015): 385–94. https://doi.org/10.2147/NDT.S61665.

Kramer, Michael R., Ilana G. Raskind, Miriam E. Van Dyke, Stephen A. Matthews, and Jessica N. Cook-Smith. "Geography of Adolescent Obesity in the U.S., 2007–2011." *American Journal of Preventive Medicine* 51, no. 6 (2016): 898–909.

Kresic, Greta, Nikolina Liovic, and Jelka Pleadin. "Effects of Menu Labelling on Students' Food Choice: A Preliminary Study." *British Food Journal* 122, no. 2 (2019): 479–91.

Kresser, Chris. *The Paleo Cure: Eat Right for Your Genes, Body Type, and Personal*

Health Needs—Prevent and Reverse Disease, Lose Weight Effortlessly, and Look and Feel Better than Ever. New York: Little, Brown, 2014.

———. *Your Personal Paleo Code: The 3-Step Plan to Lose Weight, Reverse Disease, and Stay Fit and Healthy for Life*. New York: Little, Brown, 2013.

Lang, John. *What's So Controversial About Genetically Modified Food?* London: Reaktion, 2016.

LaRocca, Amy. "The Wellness Epidemic." *New York Magazine*, 2017.

Larsen, Linda. *The Big Book of Paleo Recipes: More than 500 Recipes for Healthy, Grain-Free, and Dairy-Free Foods*. Avon, MA: Adams Media, 2015.

Lasch, Christopher. *The Culture of Narcissism: American Life in an Age of Diminishing Expectations*. New York: Warner, 1980.

Lave, J., and E. Wenger. *Situated Learning: Legitimate Peripheral Participation*. Cambridge: Cambridge University Press, 1991.

Lavin, Chad. *Eating Anxiety: The Perils of Food Politics*. Minneapolis: University of Minnesota Press, 2013.

Le, Stephen. *100 Million Years of Food: What Our Ancestors Ate and Why It Matters Today*. New York: Picador, 2016.

Leach, Edmund Ronald. *Culture and Nature of "La Femme Savage."* London: Bedford College, 1968.

Leacock, Eleanor Burke. *Myths of Male Dominance*. Chicago: Monthly Review Press, 1981.

Lee, Richard B. *The !Kung San: Men, Women, and Work in a Foraging Society*. Cambridge: Cambridge University Press, 1979.

———. "What Hunters Do for a Living, or How to Make Out on Scarce Resources." In *Man the Hunter*, ed. Richard B. Lee and Irven Devore, 30–48. Chicago: Aldine, 1968.

Lee, Richard B., and Irven Devore, eds. *Man the Hunter: The First Intensive Survey of a Single, Crucial Stage of Human Development—Man's Once Universal Hunting Way of Life*. Chicago: Aldine, 1968.

Lefferts, Lisa. *Clean Labels: Public Relations or Public Health?* Washington, DC: Center for Science in the Public Interest, 2017.

Leith, William. *The Hungry Years: Confessions of a Food Addict*. London: Bloomsbury, 2006.

Lenoir, M., L. Cantin, F. Serre, and S. H. Ahmed. "The Value of Heroin Increases with Extended Use but Not Above the Value of a Non-Essential Alternative Reward." Paper presented at the 38th Annual Meeting of the Society for Neuroscience, Washington, DC, 2008.

Leonard, William R., and M. L. Robertson. "Evolutionary Perspectives on Human Nutrition: The Influence of Brain and Body Size on Diet and Metabolism." *American Journal of Human Biology* 6 (1994): 77-88.

Leonard, William R., Marcia L. Robertson, J. Josh Snodgrass, and Christopher W. Kuzawa. "Metabolic Correlates of Hominid Brain Evolution." *Comparative Biochemistry and Physiology Part A* 136 (2003): 5-15.

Leopold, Till Alexander, Vesselina Ratcheva, and Saadia Zahidi. *World Economic Forum's Global Gender Gap Report 2016*. Geneva, Switzerland: World Economic Forum, 2016.

Leroy, Frederic, and Istvan Praet. "Meat Traditions: The Co-Evolution of Humans and Meat." *Appetite* 90 (2015): 200-211. https://doi.org/10.1016/j.appet.2015.03.014.

Levenstein, Harvey. *Fear of Food: A History of Why We Worry About What We Eat*. Chicago: University of Chicago Press, 2012.

———. *Paradox of Plenty: A Social History of Eating in Modern America*. Oxford: Oxford University Press, 1993.

———. *Revolution at the Table: The Transformation of the American Diet*. Oxford: Oxford University Press, 1988.

Levine, H. G. "The Discovery of Addiction: Changing Conceptions of Habitual Drunkenness in America." *Journal of Studies on Alcohol* 39 (1978): 143-74.

Levinovitz, A. *The Gluten Lie: And Other Myths About What You Eat*. New York: Regan Arts, 2015.

Levi-Strauss, Claude. "The Culinary Triangle." *Partisan Review* 33 (1965): 586-95.

———. "The Effectiveness of Symbols." In *Structural Anthropology*, 186-201. New York: Basic Books (HarperCollins), 1963.

———. *The Elementary Structures of Kinship*. Rev. ed. New York: Beacon, 1969.

———. *The Raw and the Cooked*. New York: Harper Torchbooks, 1970.

———. "The Sorcerer and His Magic." In *Structural Anthropology*, 167-85. New York: Basic Books (HarperCollins), 1963.

Lewis, I. M. *Ecstatic Religion; an Anthropological Study of Spirit Possession*. Harmondsworth, England: Penguin, 1971.

———. "Spirit Possession and Deprivation Cults." *Man, New Series* 1, no. 3 (1966): 307-29.

Lin, Hsiang Ju, and Tsuifeng Lin. *The Art of Chinese Cuisine*. Clarendon, VT: Tuttle, 1996.

Lin, YuTang. *My Country and My People*. New York: Halcyon House, 1935.

Lock, Margaret, and Nancy Scheper-Hughes. "A Critically Interpretive Approach in Medical Anthropology: Rituals and Routines of Discipline and Dissent." In *Medical Anthropology: Contemporary Theory and Method*, ed. Carolyn Sargent and Mark Johnson, rev. ed., 41–70. Westport, CT: Praeger, 1996.

Logan, Alan C., Martin A. Katzman, and Vicent Balanza-Martinez. "Natural Environments, Ancestral Diets, and Microbial Ecology: Is There a Modern 'Paleo-Deficit Disorder'? Part 1." *Journal of Physiological Anthropology* 34, no. 1 (2015): 1–18.

———. "Natural Environments, Ancestral Diets, and Microbial Ecology: Is There a Modern 'Paleo-Deficit Disorder'? Part 2." *Journal of Physiological Anthropology* 34, no. 9 (2015): 1–22.

Lorenz, Konrad. *On Aggression*. New York: Harcourt, Brace and World, 1966.

Lovejoy, C. Owen. "*Ardipithecus* and Early Human Evolution in Light of Twenty-First-Century Developmental Biology." *Journal of Anthropological Research* 70 (2014): 337–63.

———. "The Origin of Man." *Science* 211, no. 4480 (1981): 341–50.

———. "Reexamining Human Origins in Light of *Ardipithecus ramidus*." *Science* 326 (2009): 74–85.

Lowenthal, David. *The Heritage Crusade and the Spoils of History*. Cambridge: Cambridge University Press, 1997.

———. *The Past Is a Foreign Country Revisited*. 2nd ed. Cambridge: Cambridge University Press, 2015.

Lupton, Deborah. *Food, the Body, and the Self*. London: Sage, 1996.

MacKendrick, Norah, and Teja Pristavec. "Between Careful and Crazy: The Emotion Work of Feeding the Family in an Industrialized Food System." *Food, Culture and Society* 22, no. 4 (2019): 446–63.

Magnusson, Margareta. *The Gentle Art of Swedish Death Cleaning: How to Free Yourself and Your Family from a Lifetime of Clutter*. New York: Scribner, 2018.

Magnusson, Maria K., Anne Arvola, Ulla-Kaisa Koivisto Hursti, Lars Aberg, and Per-Olow Sjoden. "Choice of Organic Foods Is Related to Perceived Consequences for Human Health and to Environmentally Friendly Behaviour." *Appetite* 40 (2003): 109–17.

Maixner, Frank, Dmitrij Turaev, Amaury Cazenave-Gassiot, et al. "The Iceman's Last Meal Consisted of Fat, Wild Meat, and Cereals." *Current Biology* 28 (2018): 2348-55.

Makela, J., U. Kjaernes, M. Ekstrom, E. Furst, J. Gronow, and L. Holm. "Nordic Meals: Methodological Notes on a Comparative Survey." *Appetite* 32, no. 1 (1999): 73-79. https://doi.org/10.1006/appe.1998.0198.

Malik, Vasanti S., and Frank Hu. "Popular Weight-Loss Diets: From Evidence to Practice." *Nature Clinical Practice Cardiovascular Medicine* 4, no. 1 (2007): 34-41.

Mallory, Garrick. "Manners and Meals." *American Anthropologist* 1, no. 3 (1888): 193-208.

Mann, Sonya. "Steak Is the New Salad: Why These Techies Are Embracing an All-Meat Diet." *Inc.*, September 22, 2017. https://www.inc.com/sonya-mann/bitcoin-carnivores.html.

Marantz, Andrew. *Antisocial: Online Extremists, Techno-Utopians, and the Hijacking of the American Conversation*. New York: Viking, 2019.

Marlowe, Frank W., J. Colette Berbesque, Brian Wood, Alyssa Crittenden, Claire Porter, and Audax Mabulla. "Honey, Hadza, Hunter-Gatherers, and Human Evolution." *Journal of Human Evolution* 71 (2014): 119-28.

Marmot, Michael. *The Status Syndrome: How Social Standing Affects Our Health and Longevity*. New York: Henry Holt, 2004.

Marshall, D., and C. Pettinger. "Revisiting British Meals." In *Meals in Science and Practice: Interdisciplinary Research and Business Applications*, ed. Herbert L. Meiselman, 638-64. Cambridge: Woodhead, 2009.

Martin, Emily. *Flexible Bodies: Tracking Immunity in American Culture from the Days of Polio to the Age of AIDS*. Boston: Beacon, 1994.

———. "Toward an Anthropology of Immunology: The Body as Nation State." *Medical Anthropology Quarterly* 4, no. 4 (1990): 410-26.

Martin, Robert D. "Evolution of the Brain in Early Hominids." *Ossa* 4 (1989): 49-62.

Martin, Robert D., and P. H. Harvey. "Brain Size Allometry: Ontogeny and Phylogeny." In *Size and Scaling in Primate Biology*, ed. W. L. Jungers. New York: Plenum, 1985.

Mason, Barbara, and Amanda Higley. "Human Laboratory Models of Addiction." In *Food and Addiction: A Comprehensive Handbook*, ed. Kelly D. Brownell and Mark S. Gold. Oxford: Oxford University Press, 2012.

Masson, Estelle. "Towards Customized Diets? Personal Dietary Regimens and Collective Habits." In *Selective Eating: The Rise, Meaning and Sense of Personal Dietary*

Requirements: An Interdisciplinary Perspective, ed. Claude Fischler, 243-52. Paris: Odile Jacob, 2013.

Masson, Estelle, Sandrine Bubendorff, and Christele Fraisse. "Toward New Forms of Meal Sharing? Collective Habits and Personal Diets." *Appetite* 123 (2018): 108-13. https://doi.org/10.1016/j.appet.2017.12.006.

Matarese, Laura E., and Glenn K. Harvin. "The Atkins Diet." In *Clinical Guide to Popular Diets*, ed. Caroline Apovian, Elizabeth Brouillard, and Lorraine Young, 1-13. Boca Raton, FL: CRC, 2018.

Matthews, Melissa. "These Viral 'Mukbang' Stars Get Paid to Gorge on Food—at the Expense of Their Bodies." *Men's Health*, 2019. https://www.menshealth.com/health/a25892411/youtube-mukbang-stars-binge-eat/.

Mauss, Marcel. *The Gift: Forms and Functions of Exchange in Archaic Societies*, trans. W. D. Halls. London: Routledge, 1990.

Mayfield, Julie, and Charles Mayfield. *Weeknight Paleo: Easy and Delicious Family-Friendly Meals*. New York: William Morrow, 2017.

McBain, Sophie. "The Dark Side of Wellness." *New Statesman*, no. 19 (June 2020): 34-38.

McCartney, Margaret. "Clean Eating and the Cult of Healthism." *British Medical Journal* 354 (2016): i4095.

McCaughey, Martha. *The Caveman Mystique: Pop-Darwinism and the Debates over Sex, Violence, and Science*. London: Routledge, 2007.

McCauley, Tiffany. "Clean Eating Grocery Shopping List for Beginners." *The Gracious Pantry* (blog), 2019. https://www.thegraciouspantry.com/clean-eating-shopping-list-for-beginners/.

McClernon, F. Joseph, William S. Yancy Jr., Jacqueline A. Eberstein, Robert C. Atkins, and Eric C. Westman. "The Effects of a Low-Carbohydrate Ketogenic Diet and a Low-Fat Diet on Mood, Hunger, and Other Self-Reported Symptoms." *Obesity* 15, no. 1 (2007): 182-87. https://doi.org/10.1038/oby.2007.516.

McComb, Sarah, and Jennifer Mills. "Orthorexia Nervosa: A Review of Psychosocial Risk Factors." *Appetite* 140 (2019): 50-75.

McCracken, Grant. "Culture and Consumption: A Theoretical Account of the Structure and Movement of the Cultural Meaning of Consumer Goods." *Journal of Consumer Research* 13, no. 1 (1986): 71-84.

McGivney, Annette. "'Like Sending Bees to War': The Deadly Truth Behind Your

Almond Milk Obsession." *The Guardian*, January 8, 2020. https://www.theguardian. com/environment/2020/jan/07/honeybees-deaths-almonds-hives-aoe.

McGuire, Meredith. "Words of Power: Personal Empowerment and Healing." *Culture, Medicine, and Psychiatry* 1 (1983): 221–40.

McWilliams, James. "You Are What You (Don't) Eat." *Hedgehog Review* 21, no. 3 (2019): 32–39.

Meckling, Kelly A., and Rachel Sherfey. "A Randomized Trial of a Hypocaloric High-Protein Diet, with and Without Exercise, on Weight Loss, Fitness, and Markers of the Metabolic Syndrome in Overweight and Obese Women." *Applied Physiology, Nutrition, and Metabolism* 32, no. 4 (2007): 743–52.

Medlin, Sophie. "A Dietitian Puts Extreme 'Clean Eating' Claims to the Test—and the Results Aren't Pretty." *The Conversation*, September 8, 2016. https://theconversation. com/a-dietitian-puts-extreme-clean-eating-claims-to-the-test-and-the-results-arent-pretty-63675.

Meiselman, Herbert L., ed. *Dimensions of the Meal: Science, Culture, Business, and Art of Eating*. New York: Aspen, 2000.

———, ed. *Meals in Science and Practice: Interdisciplinary Research and Business Applications*. Oxford: Woodhead, 2009.

Melamed, Yoel, Mordechai Kislev, Eli Geffen, Simcha Lev-Yadun, and Naama Goren-Inbar. "The Plant Component of an Acheulian Diet at Gesher Benot Ya'aqov, Israel." *PNAS* 113, no. 51 (2016): 14674–79.

Mendelson, Anne. *Chow Chop Suey: Food and the Chinese American Journey*. New York: Columbia University Press, 2016.

Michael, Robert B., Maryanne Garry, and Irving Kirsch. "Suggestion, Cognition, and Behavior." *Current Directions in Psychological Science* 21, no. 3 (2012): 151–56.

Michaelidou, Nina, and Louise Hassan. "The Role of Health Consciousness, Food Safety Concern and Ethical Identity on Attitudes and Intentions Towards Organic Food." *International Journal of Consumer Studies* 32 (2008): 163–70.

Milam, Erika Lorraine. *Creatures of Cain: The Hunt for Human Nature in Cold War America*. Princeton, NJ: Princeton University Press, 2019.

Miller, Franklin, Luana Colloca, and Ted J. Kaptchuk. "The Placebo Effect: Illness and Interpersonal Healing." *Perspectives in Biology and Medicine* 52, no. 4 (2009): 518–39.

Milton, Katharine. "The Critical Role Played by Animal Source Foods in Human

(Homo) Evolution." *Journal of Nutrition* 133, no. 11 (2003): 3886S-3892S. https://doi. org/10.1093/jn/133.11.3886S.

———. "Primate Diets and Gut Morphology: Implications for Human Evolution." In *Food and Evolution: Toward a Theory of Human Food Habits*, ed. M. Harris and E. B. Ross, 93-116. Philadelphia: Temple University Press, 1987.

Milton, Kay. "Male Bias in Anthropology." *Man, New Series* 14, no. 1 (1979): 40-54.

Mintz, Sidney. *Sweetness and Power: The Place of Sugar in Modern History*. New York: Viking, 1985.

Mitchell, Andie. *It Was Me All Along: A Memoir*. New York: Clarkson Potter, 2015.

Moerman, Daniel E. "Examining a Powerful Healing Effect Through a Cultural Lens, and Finding Meaning." *Journal of Mind-Body Regulation* 1, no. 2 (2011): 63-72.

———. *Meaning, Medicine and the "Placebo Effect."* Cambridge: Cambridge University Press, 2002.

Mol, Annemarie. *The Body Multiple: Ontology in Medical Practice*. Durham, NC: Duke University Press, 2003.

Montaigne, Michel de. "Of Cannibals." In *Michel de Montaigne—The Complete Essays*, trans. M. A. Screech, 228-41. New York: Penguin, 1993.

Monteiro, Carlos, Erly C. Moura, Wolney L. Conde, and Barry Popkin. "Socioeconomic Status and Obesity in Adult Populations of Developing Countries: A Review." *Science in Context* 82, no. 12 (2004): 940-50.

Moskowitz, Howard R. "Relative Importance of Perceptual Factors to Consumer Acceptance: Linear vs. Quadratic Analysis." *Journal of Food Science* 46, no. 1 (1981): 244-48.

Moss, Michael. *Salt, Sugar, Fat: How the Food Giants Hooked Us*. New York: Random House, 2013.

Mouton, Michelle. "'Doing Banting': High-Protein Diets in the Victorian Period and Now." *Studies in Popular Culture* 24, no. 1 (2001): 17-32.

Mulcahy, Joanne B. "Magical Thinking." *Anthropology and Humanism* 35, no. 1 (2010): 38-46.

Mull, Amanda. "It's the Most Inadequate Time of the Year." *The Atlantic*, January 2, 2019. https://www.theatlantic.com/health/archive/2019/01/new-years-resolutions-marketing/579241/.

Murcott, Anne. "On the Social Significance of the Cooked Dinner in South Wales." *Social Science Information* 25 (1982): 677-96.

―――. *The Sociology of Food and Eating: Essays on the Sociological Significance of Food*. Aldershot, UK: Gower, 1983.

Murphy, Cara M., Monika K. Stojek, and James MacKillop. "Interrelationships Among Impulsive Personality Traits, Food Addiction, and Body Mass Index." *Appetite* 73 (February 2014): 45–50. https://doi.org/10.1016/j.appet.2013.10.008.

Musolino, Connie, Megan Warin, Tracey Wade, and Peter Gilchrist. "'Healthy Anorexia': The Complexity of Care in Disordered Eating." *Social Science and Medicine* 139 (2015): 18–25.

NCHS (National Center for Health Statistics). "Prevalence of Obesity Among Adults and Youth: United States, 2015–2016." NCHS Data Brief, October 2017.

Nestle, Marion. *Food Politics: How the Food Industry Influences Nutrition and Health*. Vol. 3. California Studies in Food and Culture. Berkeley: University of California Press, 2013.

―――. *What to Eat*. New York: North Point, 2007.

Nevin, Suzanne, and Lenny Vartanian. "The Stigma of Clean Dieting and Orthorexia Nervosa." *Journal of Eating Disorders* 5 (2017): 37–47.

Nichter, Mark. "Idioms of Distress: Alternatives in the Expression of Psychosocial Distress: A Case Study from South India." *Culture, Medicine and Psychiatry* 5, no. 4 (1981): 379–408.

―――. "Idioms of Distress Revisited." *Culture, Medicine and Psychiatry* 34 (2010): 401–16.

Nienhiser, Jill. "Dietary Guidelines." Weston A. Price Foundation, January 1, 2000. https://www.westonaprice.org/health-topics/abcs-of-nutrition/dietary-guidelines/.

O'Connell, J. F., Kristen Hawkes, and N. G. Blurton-Jones. "Grandmothering and the Evolution of Homo Erectus." *Journal of Human Evolution* 36 (1999): 461–85.

Offer, Avner, Rachel Pechey, and Stanley Ulijaszek. "Obesity Under Affluence Varies by Welfare Regimes: The Effect of Fast Food, Insecurity, and Inequality." *Economics and Human Biology* 8, no. 3 (2010): 297–308.

Oh, Robert, Brian Gilani, and Kalyan Uppaluri. *Low Carbohydrate Diet*. Washington, DC: StatPearls, 2020. https://www.ncbi.nlm.nih.gov/books/NBK537084/#.

Oldenburg, Ray. *The Great Good Place: Cafes, Coffee Shops, Community Centers, Beauty Parlors, General Stores, Bars, Hangouts, and How They Get You Through the Day*. New York: Paragon House, 1989.

Organisation for Economic Co-operation and Development. "Obesity Update 2017."

Paris: OECD, 2017. http://www.oecd.org/health/obesity-update.htm.

Otero, Gerardo. *The Neoliberal Diet: Healthy Profits, Unhealthy People*. Austin: University of Texas Press, 2018.

Otero, Gerardo, Gabriela Pechlaner, Giselle Liberman, and Efe Gurcan. "The Neoliberal Diet and Inequality in the United States." *Social Science and Medicine* 142 (2015): 47-55.

Otterloo, Anneke van. "Taste, Food Regimens and Fatness: A Study in Social Stratification." In *Social Aspects of Obesity*, ed. Igor de Garine and Nancy Pollock, 1:111-26. Culture and Ecology of Food and Nutrition. Amsterdam: Gordon and Breach Science, 1995.

Paarlberg, Robert. *The United States of Excess: Gluttony and the Dark Side of American Exceptionalism*. Oxford: Oxford University Press, 2013.

Paleo Diet. "What Is the Paleo Diet Food Pyramid," January 10, 2020. https://www.paleodiet.co.uk/what-is-the-paleo-diet/.

Paltrow, Gwyneth. *The Clean Plate: Eat, Reset, Heal*. New York: Goop Press, Grand Central Life and Style, Hachette, 2019.

Paoli, Antonio. "Ketogenic Diet for Obesity: Friend or Foe?" *International Journal of Environmental Research and Public Health* 11 (2014): 2092-107.

Paoli, Antonio, Antonino Bianco, Keith A. Grimaldi, and Allessandro Lodi. "Long Term Successful Weight Loss with a Combination Biphasic Ketogenic Mediterranean Diet and Mediterranean Diet Maintenance Protocol." *Nutrients* 5 (2013): 5205-17.

Parasecoli, Fabio. "Deconstructing Soup: Ferran Adria's Culinary Challenges." *Gastronomica* 1, no. 1 (2001): 60-73. https://doi.org/10.1525/gfc.2001.1.1.60.

Parker, Christopher H., Earl R. Keefe, Nicole M. Herzog, James F. O'Connell, and Kristen Hawkes. "The Pyrophilic Primate Hypothesis." *Evolutionary Anthropology* 25 (2016): 54-63.

Parsons, Julie. "'Good' Food as Family Medicine: Problems of Dualist and Absolutist Approaches to 'Healthy' Family Foodways." *Food Studies* 4, no. 2 (2015): 1-13.

Parsons, Talcott. "Definitions of Health and Illness in the Light of American Values and Social Structure." In *Patients, Physicians and Illness*, ed. E. D. Jaco, 97-117. New York: Free Press, 1958.

Pearson, Jordan. "Inside the World of the 'Bitcoin Carnivores': Why a Small Community of Bitcoin Users Is Eating Meat Exclusively." *Vice*, September 29, 2017. https://www.vice.com/en_us/article/ne74nw/inside-the-world-of-the-bitcoin-carnivores.

Peeke, Pam. *The Hunger Fix: The Three-Stage Detox and Recovery Plan for Overeating and Food Addiction*. New York: Rodale, 2012.

Peele, Anna. "A Hero's Journey." *Men's Health*, 2020.

Pellerano, Joana Angelica, Maria Gimenes-Minasse, and Henriqueta Sperandio Garcia. "'Low Carb, High Fat': Commensality and Sociability in Restrictive Diets Times." *Demetra* 10, no. 3 (2015): 493–506.

Pelto, Gretel, Alan Goodman, and Darna Dufour. "The Biocultural Perspective in Nutritional Anthropology." In *Nutritional Anthropology: Biocultural Perspectives on Food and Nutrition*, ed. Gretchen Pelto, Alan Goodman, and Darna Dufour, 1–6. Mountain View, CA: Mayfield, 1999.

Perricone, Nicholas. *Forever Young: The Science of Nutrigenomics for Glowing, Wrinkle-Free Skin and Radiant Health*. New York: Atria, 2010.

———. *The Perricone Prescription: A Physician's 28-Day Program for Total Body and Face Rejuvenation*. New York: William Morrow, 2002.

Petter, Olivia. "'Clean Eating Is Ugly, Malevolent and Damaging,' Says Eating Disorder Specialist." *The Independent*, July 19, 2017. https://www.independent.co.uk/life-style/food-and-drink/clean-eating-disorders-ugly-damaging-health-diet-food-pemberton-ella-woodward-a7848381.html?cmpid=facebook-post.

Pew Research Center. "Americans Stand Out on Individualism." Survey, October 9, 2014. In George Gao, "How Do Americans Stand Out from the Rest of the World?" https://www.pewresearch.org/fact-tank/2015/03/12/how-do-americans-stand-out-from-the-rest-of-the-world.

Pew Research Center. "U.S. Public Becoming Less Religious." Pew Charitable Trusts, November 3, 2015. https://www.pewforum.org/2015/11/03/u-s-public-becoming-less-religious/.

Pfister, Joel. "Glamorizing the Psychological: The Politics of the Performances of Modern Psychological Identities." In *Inventing the Psychological: Toward a Cultural History of Emotional Life in America*, ed. Joel Pfister and Nancy Schnog, 167–213. New Haven, CT: Yale University Press, 1997.

Pickett, Kate, Shona Kelly, Eric Brunner, Tim Lobstein, and Richard Wilkinson. "Wider Income Gaps, Wider Waistbands? An Ecological Study of Obesity and Income Inequality." *Journal of Epidemiology and Community Health* 59, no. 8 (2005): 670–74.

Pinker, Steven. *The Better Angels of Our Nature: Why Violence Has Declined*. New York:

Viking, 2011.

———. *Enlightenment Now: The Case for Reason, Science, Humanism, and Progress.* New York: Viking, 2018.

Pliner, P., and R. Bell. "A Table for One: The Pain and Pleasure of Eating Alone." In *Meals in Science and Practice: Interdisciplinary Research and Business Applications,* ed. Herbert L. Meiselman, 169‒89. Cambridge: Woodhead, 2009.

Pollan, Michael. *Food Rules: An Eater's Manual.* New York: Penguin, 2009.

———. *In Defense of Food: An Eater's Manifesto.* New York: Penguin, 2008.

———. *The Omnivore's Dilemma: A Natural History of Four Meals.* New York: Penguin, 2006.

Popkin, Barry. *The World Is Fat: The Fads, Trends, Policies, and Products That Are Fattening the Human Race.* New York: Avery, 2008.

Press, Rockridge. *Clean Eating Made Simple: A Healthy Cookbook with Delicious Whole-Food Recipes for Eating Clean.* New York: Rockridge, 2014.

Price, Weston A. *Nutrition and Physical Degeneration; a Comparison of Primitive and Modern Diets and Their Effects.* London: P. B. Hoeber, 1935.

Quinn, Neely, and Jason Glaspey. *The Complete Idiot's Guide to Eating Paleo: Discover the Health and Weight Loss Benefits of Eating like Our Ancestors.* New York: Alpha, 2012.

Ragir, Sonia. "Diet and Food Preparation: Rethinking Early Hominid Behavior." *Evolutionary Anthropology* 9, no. 4 (2000): 153‒55. https://doi.org/10.1002/1520-6505(2000)9:4<153::AID-EVAN4>3.0.CO;2-D.

Reith, Gerda. *Addictive Consumption: Capitalism, Modernity and Excess.* London: Routledge, 2019.

Reno, Tosca. *The Eat-Clean Diet.* Mississauga, ON: Robert Kennedy, 2007.

———. *The Eat-Clean Diet: Fast Fat Loss That Lasts Forever!* Mississauga, ON: R. Kennedy, 2007.

———. *The Eat-Clean Diet Recharged!* Mississauga, ON: Robert Kennedy, 2009.

———. "Tosca Reno: My Story," 2019. https://toscareno.com/.

Richards, Audrey. *Hunger and Work in a Savage Tribe; a Functional Study of Nutrition Among the Southern Bantu.* London: Routledge, 1932.

Roberto, Christina A., Peter D. Larsen, Henry Agnew, Jenny Baik, and Kelly D. Brownell. "Evaluating the Impact of Menu Labeling on Food Choices and Intake." *American Journal of Public Health* 100, no. 2 (2010): 312‒18.

Rodgers, Daniel T. *Age of Fracture*. Cambridge: Belknap Press of Harvard University Press, 2011.

Rolls, Barbara. "The Supersizing of America: Portion Size and the Obesity Epidemic." *Nutrition Today* 38, no. 2 (2003): 42–53.

Rolls, Barbara, Erin L. Morris, and Liane S. Roe. "Portion Size of Food Affects Energy Intake in Normal-Weight and Overweight Men and Women." *American Journal of Clinical Nutrition* 76 (2002): 1207–13.

Room, Robin. "The Cultural Framing of Addiction." *Janus Head* 6, no. 2 (2003): 221–34.

Rosling, Hans, Ola Rosling, and Anna Rosling Ronnlund. *Factfulness: Ten Reasons We're Wrong About the World—and Why Things Are Better than You Think*. New York: Flatiron, 2018.

Ross, Julia. *The Craving Cure: Identify Your Craving Type to Activate Your Natural Appetite Control*. New York: Flatiron, 2017.

Ross, M. E., and C. L. Ross. "Mothers, Infants, and the Psychoanalytic Study of Ritual." *Signs: Journal of Women in Culture and Society* 9 (1983): 26–39.

Rotter, Julian B. "Generalized Expectancies for Internal Versus External Control of Reinforcement." *Psychological Monographs: General and Applied* 80, no. 1 (1966): 1–28. https://doi.org/10.1037/h0092976.

Rousseau, Signe. "The Celebrity Quick-Fix: When Good Food Meets Bad Science." *Food, Culture and Society* 18, no. 2 (2015): 265–87.

———. *Food Media: Celebrity Chefs and the Politics of Everyday Interference*. London: Berg, 2012.

Roy, Heli. *Fad Diets Defined*. Pennington Nutrition Series. Baton Rouge, LA: Pennington Biomedical Research Center, Louisiana State University, 2011.

Rozin, Paul. "Food Is Fundamental, Fun, Frightening, and Far-Reaching." *Social Research* 66, no. 6 (1999): 9–30.

Rozin, Paul, and April Fallon. "A Perspective on Disgust." *Psychological Review* 94, no. 1 (1987): 23–41.

Rozin, Paul, Claude Fischler, and Christy Shields-Argeles. "Additivity Dominance: Additives Are More Potent and More Often Lexicalized Across Languages Than Are 'Subtractives.'" *Judgment and Decision Making* 5 (2009): 475–78.

———. "European and American Perspectives on the Meaning of Natural." *Appetite* 59, no. 2 (2012): 448–55. https://doi.org/10.1016/j.appet.2012.06.001.

Rozin, Paul, Jonathan Haidt, and Clark R. McCauley. "Disgust." In *Handbook of*

Emotions, 3rd ed., 757–76. New York: Guilford, 2008.

Rozin, Paul, Kimberly Kabnick, Erin Pete, Claude Fischler, and Christy Shields. "The Ecology of Eating: Smaller Portion Sizes in France Than in the United States Help Explain the French Paradox." *Psychological Science* 14 (2003): 450–54.

Ruby, Matthew B., and Steven J. Heine. "Meat, Morals, and Masculinity." *Appetite* 56 (2011): 447–50.

Samaha, Frederick F., Nayyar Iqbal, Prakash Seshadri, Kathryn L. Chicano, Denise A. Daily, Joyce McGrory, Terrence Williams, Monica Williams, Edward J. Gracely, and Linda Stern. "A Low-Carbohydrate as Compared with a Low-Fat Diet in Severe Obesity." *New England Journal of Medicine* 348, no. 21 (2003): 2074–81. https://doi.org/10.1056/NEJMoa022637.

Sartre, Jean-Paul. *Being and Nothingness: An Essay on Phenomenological Ontology.* New York: Philosophical Library, 1956.

Scelza, Brooke, and Rebecca Bliege Bird. "Group Structure and Female Cooperative Networks in Australia's Western Desert." *Human Nature* 19, no. 3 (2008): 231–48. https://doi.org/10.1007/s12110-008-9041-5.

Schatzker, Mark. *The Dorito Effect: The Surprising New Truth About Food and Flavor.* New York: Simon and Schuster, 2015.

Scheper-Hughes, Nancy, and Margaret Lock. "The Mindful Body: A Prolegomenon to Future Work in Medical Anthropology." *Medical Anthropology Quarterly* 1, no. 1 (1987): 16–41.

Schifferstein, Henrik, and Peter Ophuis. "Health-Related Determinants of Organic Food Consumption in the Netherlands." *Food Quality and Preference* 9, no. 3 (1998): 119–33.

Schwartz, Hillel. *Never Satisfied: A Cultural History of Diets, Fantasies and Fat.* New York: Free Press, 1986.

Scrinis, Gyorgy. *Nutritionism: The Science and Politics of Dietary Advice.* Arts and Traditions of the Table: Perspectives on Culinary History. New York: Columbia University Press, 2013.

———. "On the Ideology of Nutritionism." *Gastronomica* 8, no. 1 (2008): 39–48.

Sered, Susan S., and Linda L. Brown. "Teaching Healing Rituals/Ritual Healing." In *Teaching Ritual*, ed. Catherine Bell, 195–208. Oxford: Oxford University Press, 2007.

Shai, Iris, Dan Schwarzfuchs, Yaakov Henkin, Danit R. Shahar, Shula Witkow, Ilana Greenberg, Rachel Golan, et al. "Weight Loss with a Low-Carbohydrate,

Mediterranean, or Low-Fat Diet." *New England Journal of Medicine* 359, no. 3 (2008): 229-41. https://doi.org/10.1056/NEJMoa0708681.

Sharp, Henry S. "The Null Case: The Chipewyan." In *Woman the Gatherer*, ed. Frances Dalhberg, 221-44. New Haven, CT: Yale University Press, 1981.

Shephard, Stevie. "7 Ways 'The Food Babe' Spectacularly Fails to Grasp Science." *Offbeat*, August 2, 2016. http://whatculture.com/offbeat/7-ways-39-the-food-babe-39-spectacularly-fails-to-grasp-science.

Sheppard, Kay. *From the First Bite: A Complete Guide to Recovery from Food Addiction*. Deerfield Beach, FL: Health Communications, 2000.

Sikka, Tina. "The Foodways of the Intellectual Dark Web: To 'Meat' or Not to 'Meat.'" *Social Politics* (Summer 2019): 1-25.

Simon, Gregory E., Michael Von Korff, Kathleen Saunders, Diana L. Miglioretti, Paul K. Crane, Gerald van Belle, and Ronald C. Kessler. "Association Between Obesity and Psychiatric Disorders in the US Adult Population." *Archives of General Psychiatry* 63, no. 7 (2006): 824-30.

Simon, Herbert. "Altruism and Economics." *American Economic Review* 83, no. 2 (1993): 156-61.

Sisson, Mark. *Keto for Life: Reset Your Biological Clock in 21 Days and Optimize Your Diet for Longevity*. New York: Harmony, 2019.

Slocum, Sally. "Woman the Gatherer: Male Bias in Anthropology." In *Women in Perspective: A Guide for Cross-Cultural Studies*, ed. Sue-Ellen Jacobs, 31-50. Urbana: University of Illinois Press, 1971.

Smith, Julia Llewellyn. "John Yudkin: The Man Who Tried to Warn Us About Sugar." *The Telegraph* 17 (2014): 14.

Smith, Samantha, and Angela Paladino. "Eating Clean and Green? Investigating Consumer Motivations Towards the Purchase of Organic Food." *Australasian Marketing Journal* 18 (2010): 93-104.

Sobal, Jeffrey. "Men, Meat, and Marriage: Models of Masculinity." *Food and Foodways* 13, no. 1-2 (2005): 135-58.

Sobal, Jeffrey, and Mary K. Nelson. "Commensal Eating Patterns: A Community Study." *Appetite* 41 (2003): 181-90.

Sole-Smith, Virginia. *The Eating Instinct: Food Culture, Body Image, and Guilt in America*. New York: Henry Holt, 2018.

Somer, Elizabeth. *The Origin Diet: How Eating like Our Stone Age Ancestors Will*

Maximize Your Health. New York: Henry Holt, 2001.

Speth, John D. "Early Hominid Subsistence Strategies in Seasonal Habitats." *Journal of Archaeological Science* 14 (1987): 13-29.

Speth, John D., and Katherine A. Spellman. "Energy Source, Protein Metabolism, and Hunter-Gatherer Subsistence Strategies." *Journal of Anthropological Archeology* 2 (1983): 1-31.

State of Obesity. "Adult Obesity in the United States" https://stateofchildhoodobesity. org/adult-obesity/.

Stefansson, Vilhjalmur. *The Fat of the Land*. New York: Macmillan, 1956.

———. *Not by Bread Alone*. New York: Macmillan, 1946.

Stephens-Davidowitz, S. *Everybody Lies: Big Data, New Data, and What the Internet Can Tell Us About Who We Really Are*. New York: HarperCollins, 2017.

Sterling, Kathleen. "Man the Hunter, Woman the Gatherer? The Impact of Gender Studies on Hunter-Gatherer Research (A Retrospective)." In *The Oxford Handbook of the Archaeology and Anthropology of Hunter-Gatherers*, 151-76. Oxford: Oxford University Press, 2014.

Stern, Barbara B. "Historical and Personal Nostalgia in Advertising Text: The Fin de Siecle Effect." *Journal of Advertising* 21, no. 4 (1992): 11-22.

Stotland, S., and D. C. Zuroff. "A New Measure of Weight Locus of Control: The Dieting Beliefs Scale." *Journal of Personality Assessment* 54, no. 1-2 (1990): 191-203. https:// doi.org/10.1080/00223891.1990.9673986.

Strang, J., W. N. Arnold, and T. Peters. "Absinthe: What's Your Poison? Though Absinthe Is Intriguing, It Is Alcohol in General We Should Worry About." *BMJ* 319, no. 722 (1999): 1590-92.

Sumithran, Priya, and Joseph Proietto. "The Defence of Body Weight: A Physiological Basis for Weight Regain After Weight Loss." *Clinical Science* 124, no. 4 (2013).

Sussman, Robert. "Foraging Patterns of Nonhuman Primates and the Nature of Food Preferences in Man." *Federal Proceedings* 37, no. 1 (1978): 55-60.

———. "The Myth of Man the Hunter, Man the Killer and the Evolution of Human Morality." *Zygon Journal of Religion and Science* 34, no. 3 (1999): 453-71.

———. "Species-Specific Dietary Patterns in Primates and Human Dietary Adaptations." In *The Evolution of Human Behavior: Primate Models*, ed. Warren G. Kinzey, 151-79. Albany: State University of New York Press, 1987.

Sutton, Mark, Kristin Sobolik, and Jill Gardner. *Paleonutrition*. Tucson: University of

Arizona Press, 2010.

Swora, Maria Gabrielle. "Commemoration and the Healing of Memories in Alcoholics Anonymous." *Ethos* 29, no. 1 (2001): 58‑77.

Symons, Michael. "Simmel's Gastronomic Sociology: An Overlooked Essay." *Food and Foodways* 5, no. 4 (1994): 333‑51.

Szasz, Andrew. *Shopping Our Way to Safety: How We Changed from Protecting the Environment to Protecting Ourselves.* Minneapolis: University of Minnesota Press, 2007.

Szasz, Thomas. *The Ethics of Psychoanalysis: The Theory and Method of Autonomous Psychotherapy.* New York: Basic Books, 1965.

Tan, Chee-Beng. "Commensality and the Organization of Social Relations." In *Commensality: From Everyday Food to Feast*, ed. Susanne Kerner, Cynthia Chou, and Morten Warmind, 13‑30. London: Bloomsbury, 2015.

Tanner, Nancy, and Adrienne Zihlman. "Women in Evolution, Part I: Innovation and Selection in Human Origins." *Signs* 1, no. 3 (1976): 585‑608.

Tarman, Vera, and Philip Werdell. *Food Junkies.* Toronto: Dundurn, 2014.

Taylor, Alicia. "What Is Clean Eating?" *Clean Eating*, 2019.

Teitelbaum, Jacob. *Beat Sugar Addiction Now! The Cutting-Edge Program That Cures Your Type of Sugar Addiction and Puts You on the Road to Feeling Great—and Losing Weight!* Beverly, MA: Fair Winds, 2010.

Theophano, Janet, and Karen Curtis. "Sisters, Mothers and Daughters: Food Exchange and Reciprocity in an Italian-American Community." In *Diet and Domestic Life in Society*, ed. Anne Sharman, Janet Theophano, Karen Curtis, and Ellen Messer, 147‑72. Philadelphia: Temple University Press, 1991.

Thompson, Damien. *Counter-Knowledge: How We Surrendered to Conspiracy Theories, Quack Medicine, Bogus Science, and Fake History.* London: Atlantic, 2008.

———. *The Fix.* London: Collins, 2012.

Thompson, Jennifer Jo, Cheryl Ritenbaugh, and Mark Nichter. "Reconsidering the Placebo Response from a Broad Anthropological Perspective." *Culture, Medicine and Psychiatry* 33, no. 1 (2009): 112‑52. http://dx.doi.org.proxy.library.upenn.edu/10.1007/s11013-008-9122-2.

Throsby, Karen. "Pure, White and Deadly: Sugar Addiction and the Cultivation of Urgency." *Food, Culture and Society* 23, no. 1 (2020): 11‑29. https://doi.org/10.1080/15528014.2019.1679547.

Tobias, Deirdre K., et al. "Effect of Low-Fat Diet Interventions Versus Other Diet Interventions on Long-Term Weight Change in Adults: A Systematic Review and Meta-Analysis." *The Lancet* 3, no. 12 (2015): 968-79.

Townsend, Joan B. "Individualistic Religious Movements: Core and Neo-Shamanism." *Anthropology of Consciousness* 15, no. 1 (2005): 1-9.

Townsend, Marilyn, Janet Peerson, Bradley Love, Cheryl Achterberg, and Suzanne Murphy. "Food Insecurity Is Positively Related to Overweight in Women." *Journal of Nutrition* 131 (2001): 1738-45.

Troop, Nicholas, and Anna Baker. "Food, Body, and Soul: The Role of Disgust in Eating Disorders." In *Disgust and Its Disorders: Theory, Assessment, and Treatment Implications*, 229-51. Washington, DC: American Psychological Association, 2009. https://doi.org/10.1037/11856-011.

Trubek, Amy. *Making Modern Meals: How Americans Cook Today*. Berkeley: University of California Press, 2017.

Truby, Helen, et al. "Randomised Controlled Trial of Four Commercial Weight Loss Programmes in the UK: Initial Findings from the BBC 'Diet Trials.'" *BMJ* 332, no. 7553 (2006): 1309-14. https://doi.org/10.1136/bmj.38833.411204.80.

Turnbull, Colin. "Mbuti Womanhood." In *Woman the Gatherer*, ed. Frances Dalhberg, 205-20. New Haven, CT: Yale University Press, 1981.

Turner, Frederick Jackson. *The Significance of the Frontier in American History*. London: Penguin UK, 2008.

Turner, Victor. *The Forest of Symbols: Aspects of Ndembu Ritual*. Ithaca, NY: Cornell University Press, 1967.

Tyler, Alicia. *Clean Eating for Every Season: Fresh, Simple Everyday Meals*. Guilford, CT: Globe Pequot, 2017.

Tylor, Edward Burnett. *Primitive Culture*. London: John Murray, 1871.

Unger, Peter S., Frederick Grine, and Mark F. Teaford. "Diet in Early Homo: A Review of the Evidence and a New Model of Adaptive Versatility." *Annual Review of Anthropology* 35 (2006): 209-28.

United States Bureau of Labor Statistics and the Census Bureau. "Current Population Survey (CPS) Annual Social and Economic (ASEC) Supplement," 2018. https://www.census.gov/data/tables/time-series/demo/income-poverty/cps-pov/pov-01.html.

"US States by Gini Coefficient." WorldAtlas, 2017. https://www.worldatlas.com/articles/us-states-by-gini-coefficient.html.

Van Esterik, Penny. "Commensal Circles and the Common Pot." In *Commensality: From Everyday Food to Feast*, ed. Susanne Kerner, Cynthia Chou, and Morten Warmind, 31-42. London: Bloomsbury Academic, 2015.

Van Reybrouck, David. *From Primitives to Primates: A History of Ethnographic and Primatological Analogies in the Study of Prehistory*. Leiden: Sidestone, 2012.

Van Sant, Peter. "Ray Audette Interview on '48 Hours.'" *48 Hours*, January 20, 2000. https://www.cbsnews.com/news/the-caveman-diet-19-01-2000/.

Vanderschuren, Louk, and Barry J. Everitt. "Drug Seeking Becomes Compulsive After Prolonged Cocaine Self-Administration." *Science* 305, no. 5686 (2004): 1017-19. https://doi.org/10.1126/science.1098975.

Vega-Zamora, Manuela, Manuel Parras-Rosa, Eva Maria Murgado-Armenteros, and Francisco Jose Torres-Ruizd. "A Powerful Word: The Influence of the Term 'Organic' on Perceptions and Beliefs Concerning Food." *International Food and Agribusiness Management Review* 16, no. 4 (2013): 51-76.

Vega-Zamora, Manuela, Francisco Jose Torres-Ruiz, Eva Maria Murgado-Armenteros, and Manuel Parras-Rosa. "Organic as a Heuristic Cue: What Spanish Consumers Mean by Organic Foods." *Psychology and Marketing* 31, no. 5 (2014): 349-59.

Veit, Helen Zoe. *Modern Food, Moral Food: Self-Control, Science, and the Rise of Modern American Eating in the Early Twentieth Century*. Chapel Hill: University of North Carolina Press, 2013.

Verebey, Karl, and Mark S. Gold. "From Coca Leaves to Crack: The Effects of Dose and Routes of Administration in Abuse Liability." *Psychiatric Annals* 18, no. 9 (1988): 513-19.

Voegtlin, Walter L. *The Stone Age Diet: Based on In-Depth Studies of Human Ecology and the Diet of Man*. New York: Vantage, 1975.

Volkan, Vamik D. "Intergenerational Transmission and 'Chosen' Traumas: A Link Between the Psychology of the Individual and That of the Ethnic Group." In *Psychoanalysis at the Political Border: Essays in Honor of Rafael Moses*, ed. L. Rangell and R. Moses-Hrushovski, 257-82. Madison, WI: International Universities Press, 1996.

Wachtel, Paul. *The Poverty of Affluence: A Psychological Portrait of the American Way of Life*. New York; Collier Macmillan, 1983.

Wahls, Terry. *The Wahls Protocol Cooking for Life: The Revolutionary Modern Paleo Plan to Treat All Chronic Autoimmune Conditions*. New York: Avery, 2017.

———. *The Wahls Protocol: How I Beat Progressive MS Using Paleo Principles and Functional Medicine*. New York: Avery, 2014.

Wang, G. S., K. E. Simone, and R. B. Palmer. "Description of Edible Marijuana Products, Potency Ranges, and Similarities to Mainstream Foods." *Clinical Toxicology* 52 (2014): 805.

Ward, Elizabeth. *The Low-Carb Bible*. Lincolnwood, IL: Publications International, 2003.

Ward, C. A., S. Bochner, and A. Furnham. *The Psychology of Culture Shock*. New York: Routledge, 2001.

Warde, Alan, and Lydia Martens. *Eating Out: Social Differentiation, Consumption and Pleasure*. Cambridge: Cambridge University Press, 2000.

Warde, Alan, and Luke Yates. "Understanding Eating Events: Snacks and Meal Patterns in Great Britain." *Food, Culture and Society* 20, no. 1 (2017): 15-36.

Warinner, Christina. "Debunking the Paleo Diet." *YouTube*, February 12, 2013. https://www.youtube.com/watch?v=BMOjVYgYaG8.

Warner, Anthony. *The Angry Chef: Bad Science and the Truth About Healthy Eating*. London: Oneworld, 2017.

Washburn, Sherwood, and C. L. Lancaster. "The Evolution of Hunting." In *Man the Hunter*, ed. Richard B. Lee and Irven Devore. Chicago: Aldine, 1968.

Watts, Nick, et al. "The 2019 Report of The Lancet Countdown on Health and Climate Change." *The Lancet* 394, no. 10211 (2019): 1836-78.

Webb, Leah. *The Grain-Free, Sugar-Free, Dairy-Free Family Cookbook: Simple and Delicious Recipes for Cooking with Whole Foods on a Restrictive Diet*. White River Junction, VT: Chelsea Green, 2018.

Weidman, Nadine. "Popularizing the Ancestry of Man: Robert Ardrey and the Killer Instinct." *Isis* 102 (2011): 269-99.

Weigle, David S., Patricia A. Breen, Colleen C. Matthys, Holly S. Callahan, Kaatje E. Meeuws, Verna R. Burden, and Jonathan Q. Purnell. "A High-Protein Diet Induces Sustained Reductions in Appetite, Ad Libitum Caloric Intake, and Body Weight Despite Compensatory Changes in Diurnal Plasma Leptin and Ghrelin Concentrations." *American Journal of Clinical Nutrition* 82, no. 1 (2005): 41-48. https://doi.org/10.1093/ajcn/82.1.41.

Welland, Diane. *The Complete Idiot's Guide to Eating Clean*. New York: Alpha, 2009.

———. "Eat Well Eat Clean." *Nutrition Close-Up* 27, no. 2 (2010): 6-7.

Wenger, Etienne. *Communities of Practice: Learning, Meaning and Identity*. Cambridge:

Cambridge University Press, 1998.

West, Lindy. "'Gwyneth Glows like a Radioactive Swan': My Day at the Goop Festival." *The Guardian*, June 14, 2017. https://www.theguardian.com/lifeandstyle/2017/jun/14/gwyneth-glows-like-a-radioactive-swan-my-day-at-the-goop-festival.

——. *The Witches Are Coming*. New York: Hachette, 2019.

Westman, Eric C., Stephen D. Phinney, and Jeff S. Volek. *The New Atkins for a New You: The Ultimate Diet for Shedding Weight and Feeling Great*. New York: Simon and Schuster, 2010.

Westman, Eric C., William S. Yancy, Joel S. Edman, Keith F. Tomlin, and Christine E. Perkins. "Effect of 6-Month Adherence to a Very Low Carbohydrate Diet Program." *American Journal of Medicine* 113, no. 1 (2002): 30-36. https://doi.org/10.1016/S0002-9343(02)01129-4.

Weyrich, Laura S., Sebastian Duchene, Julien Soubrier, Luis Arriola, Bastien Llamas, James Breen, Alan G. Morris, et al. "Neanderthal Behaviour, Diet, and Disease Inferred from Ancient DNA in Dental Calculus." *Nature* 544 (March 2017): 357.

Wiley, Andrea, and John S. Allen. *Medical Anthropology: A Biocultural Approach*. New York: Oxford University Press, 2009.

Wilkerson, Richard. *The Impact of Inequality: How to Make Sick Societies Healthier*. New York: New Press, 2005.

Wilkerson, Richard, and Kate Pickett. *The Spirit Level: Why More Equal Societies Almost Always Do Better*. London: Bloomsbury, 2010.

Willett, Walter, Johan Rockstrom, Brent Loken, Marco Springmann, Tim Lang, Sonja Vermeulen, Tara Garnett, et al. "Food in the Anthropocene: The EAT-ancet Commission on Healthy Diets from Sustainable Food Systems." *The Lancet* 393, no. 10170 (2019): 447-92. https://doi.org/10.1016/S0140-6736(18)31788-4.

Winkelman, Michael. "Shamanism as the Original Neurotherapy." *Zygon* 39, no. 1 (2004): 193-217.

World Health Organization. "Obesity and Inequities: Guidance for Addressing Inequities in Overweight and Obesity." Copenhagen: World Health Organization Regional Office for Europe, 2014.

Wrangham, Richard. *Catching Fire: How Cooking Made Us Human*. New York: Basic Books, 2010.

Wrangham, Richard W. *Catching Fire: How Cooking Made Us Human*. New York: Basic Books, 2009.

——. "Control of Fire in the Paleolithic: Evaluating the Cooking Hypothesis." *Current Anthropology* 58, no. 16 (2017): S303–13.

Wrangham, Richard W., and Rachel Carmody. "Human Adaptation to the Control of Fire." *Evolutionary Anthropology* 19 (2010): 187–99.

Wrangham, Richard W., James Holland Jones, Greg Laden, David Pilbeam, and NancyLou Conklin-Brittain. "The Raw and the Stolen: Cooking and the Ecology of Human Origins." *Current Anthropology* 40, no. 5 (1999): 567–94.

Wrench, Guy Theodore. *Wheel of Health: The Source of Long Life and Health Among the Hunza.* New York: Schocken, 1935.

Wright, Jonathan, and Linda Johnson Larsen. "Eating Clean for Dummies Cheat Sheet." Dummies.com, 2019. https://www.dummies.com/food-drink/special-diets/eating-clean-for-dummies-cheat-sheet/.

Yancy, William S., Maren K. Olsen, John R. Guyton, Ronna P. Bakst, and Eric C. Westman. "A Low-Carbohydrate, Ketogenic Diet Versus a Low-Fat Diet to Treat Obesity and Hyperlipidemia." *Annals of Internal Medicine* 140, no. 10 (2004).

Yates, Luke, and Alan Warde. "Eating Together and Eating Alone: Meal Arrangements in British Households." *British Journal of Sociology* 68, no. 1 (2017): 97–118.

——. "The Evolving Content of Meals in Great Britain: Results of a Survey in 2012 in Comparison with the 1950s." *Appetite* 84 (2015): 299–308.

Young, Dykes. "Depression." In *Culture and Psychopathology: A Guide to Clinical Assessment*, ed. W. S. Tseng and J. Strelzer, 28–45. Routledge Philosophy Guidebooks. Milton Park, UK: Taylor and Francis, 2013.

Young, Lisa, and Marion Nestle. "Expanding Portion Sizes in the US Marketplace: Implications for Nutrition Counseling." *Journal of the American Dietetic Association* 103 (2003): 231–34.

Yudkin, John. *Pure, White and Deadly: The Problem of Sugar.* London: Davis-Poynter, 1972.

Ziauddeen, H., and P. C. Fletcher. "Is Food Addiction a Valid and Useful Concept?" *Obesity Reviews* 14, no. 1 (2013): 19–28. https://doi.org/10.1111/j.1467-789X.2012.01046.x.

Zihlman, Adrienne. "Women as Shapers of Human Adaption." In *Woman the Gatherer*, ed. Frances Dalhberg, 75–120. New Haven, CT: Yale University Press, 1981.

——. "Women in Evolution, Part II: Subsistence and Social Organization Among Early Hominids." *Signs* 4, no. 1 (1978): 4–20.

Zinczenko, David. *Eat This, Not That! The Best (and Worst) Foods in America.* Emmaus, PA: Rodale, 2009.

Zink, Katherine, and Daniel E. Lieberman. "Impact of Meat and Lower Palaeolithic Food Processing Techniques on Chewing in Humans." *Nature* 531, no. 7595 (2016): 500–510.

Zuk, Marlene. *Paleofantasy: What Evolution Really Tells Us About Sex, Diet, and How We Live.* New York: Norton, 2013.

잡지·논문·TV

불안을 먹는 사람들

1판 1쇄 찍음 2024년 01월 15일
1판 1쇄 펴냄 2024년 01월 25일

지은이 재닛 츠르잔·키마 카길
옮긴이 강경이
펴낸이 천경호
종이 월드페이퍼
제작 (주)아트인
펴낸곳 루아크
출판등록 2015년 11월 10일 제2021-000135호
주소 10881 경기도 파주시 회동길 480, 아트팩토리 NJF B동 233호
전화 031.998.6872
팩스 031.5171.3557
이메일 ruachbook@hanmail.net

ISBN 979-11-88296-69-9 03300

이 책의 내용을 이용하려면 반드시 저작권자와 루아크의
동의를 받아야 합니다.